OEDOLYN
(ISH!)

I fy rhieni, am eich holl gariad a chefnogaeth.
Rydyn ni wedi dod mor bell heb orfod mynd i
therapi teuluol – dwi'n gobeithio nad y llyfr yma
fydd yn ein gwthio ni dros y dibyn.

OEDOLYN (ISH!)

MELANIE OWEN

Ceir themâu a golygfeydd all beri gofid i rai yn y gyfrol hon.
(Co fi'n cynnwys 'trigger warnings' ar dechrau fy llyfr…
dwi'n millennial wanker go iawn!)

Llywodraeth Cymru
Welsh Government

Cymru Greaðigol
Creative Wales

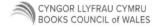

CYNGOR LLYFRAU CYMRU
BOOKS COUNCIL of WALES

Argraffiad cyntaf: 2024
© Hawlfraint Melanie Owen a'r Lolfa Cyf., 2024

*Mae hawlfraint ar gynnwys y llyfr hwn ac mae'n
anghyfreithlon llungopïo neu atgynhyrchu unrhyw ran ohono
trwy unrhyw ddull ac at unrhyw bwrpas (ar wahân i adolygu) heb
gytundeb ysgrifenedig y cyhoeddwyr ymlaen llaw*

Cynllun y clawr: Cyngor Llyfrau Cymru

Rhif Llyfr Rhyngwladol: 978-1-80099-621-2

Dymuna'r cyhoeddwyr gydnabod cymorth ariannol
Cyngor Llyfrau Cymru a Chymru Greadigol

Cyhoeddwyd ac argraffwyd yng Nghymru
ar bapur o goedwigoedd cynaliadwy gan
Y Lolfa Cyf., Talybont, Ceredigion SY24 5HE
e-bost ylolfa@ylolfa.com
gwefan www.ylolfa.com
ffôn 01970 832 304

Rhagair

Os ydych chi'n chwilio am lyfr self-help, rhowch hwn lawr. Plis. Rydych chi wedi dod i'r lle anghywir. Actsiwali, os ydych chi'n dod o hyd i lyfr self-help da, gyrrwch DM i fi gyda'r enw, achos, fel wneith y cofiant yma ddangos, dwi angen yr help a'r cyngor yn fwy na neb.

Os ydych chi'n chwilio am gelf llenyddol teilwng o wobrau eisteddfodol a chlod cenedlaethol, eto mae'n ddrwg gen i, ond rydych chi'n gwastraffu eich amser fan hyn. Falle bydd rhywbeth gan T. Llew Jones neu Non o Eden fwy at eich dant chi (nhw ydy dau bilar y diwylliant Cymraeg, dwi'n siŵr y gwnewch chi gytuno).

Co, dwi wedi'ch rhybuddio chi nawr felly os ydych chi'n cyrraedd yr ail bennod ac yn sylweddoli nad ydy hwn yn gampwaith fydd yn trawsnewid Llenyddiaeth Gymraeg, eich bai chi ydy e am anwybyddu fy ngonestrwydd. Dwi'm yn bod yn humble, dwi'n trial osgoi cael fy mhortreadu fel gelyn yr iaith ar Twitter Cymraeg. Os oeddech chi'n un o'r bobl yn 2023 benderfynodd mai Sage Todz oedd y bygythiad mwyaf i'r iaith Gymraeg ers y Welsh Not, plis rhowch y llyfr yma lawr achos dyw e ddim yn mynd i wella eich teimladau am Wenglish na phobl Frown.

Serch hynny, dwi kind of yn gobeithio bydd rhywun yn cwyno amdana i yn y pits of hell – AKA Rhwydwaith Menywod Cymru. Os nad oes rhywun o'r enw Myfanwy neu Gladys yn dragio fi am fod yn hwch anfoesol ar Rwydwaith Menywod Cymru, fydda i'n reit siomedig.

Mae 'cofiant' yn teimlo fel disgrifiad bach yn od am yr hyn dwi wedi'i ysgrifennu. Mae e'n fwy o gasgliad o'r gwersi dwi wedi eu dysgu cyn i fi droi'n dri deg, a pham mae'r gwersi yma mor bwysig i unrhyw un sydd, fel fi, yn esgus bod yn oedolyn.

Mae'r straeon yn cael eu hadrodd fel dwi'n eu cofio nhw, ac er mwyn diogelu preifatrwydd rhai o'r cymeriadau dwi wedi newid eu henwau. Byddwch chi wedi deall hyn eniwe, os na'ch bod chi wir yn credu 'mod i wedi mynd i'r ysgol gyda Zac Efron a Vin Diesel.

Os ydych chi'n meddwl eich bod chi'n nabod y bobl tu ôl i'r llysenwau – coeliwch fi, dydych chi ddim. Heblaw am y ffrindiau sydd wedi ymddiried yndda i i ddefnyddio eu henwau go iawn – mae'n debyg na fyddech chi'n gwybod pwy ydyn nhw. Ac wrth gwrs, Mam a Dad. Doedd dim gobaith y byddwn i'n defnyddio llysenwau i fy rhieni, ac os ydych chi'n byw yn Aberystwyth, mae'n debyg eich bod chi'n fy ngalw i'n 'merch Donna' eniwe felly doedd preifatrwydd fy nheulu erioed yn opsiwn, ta beth.

Tra'n bod ni'n sôn am Aberystwyth, tre orau Cymru (a'r byd), dyna lle cefais i fy magu gan deulu sydd bach yn Gardi a bach yn sir Ddinbych, felly mae fy ngeirfa yn gymysgedd o Gog, canolbarth a pha bynnag shit maen nhw'n siarad i'r de o Landysul. Mae fy ffrindiau deheuol yn cymryd y piss ohona i fel mae hi am ddweud pethau fel 'fatha' a 'sdi' er 'mod i'n 25 oed cyn mynd i unrhyw le yn y gogledd heblaw am Ddinbych ac Wrecsam, a doedden ni Gymry Cymraeg ddim yn cyfri Wrecsam fel ardal oedd actsiwali yng Nghymru cyn 2020, nad oedden ni?

Os ydy fy nghymysgedd o dafodieithoedd gwahanol yn weindio chi lan, rhowch y teledu mlaen, gwyliwch y newyddion ac mi welwch chi'r pethau gwir uffernol sy'n digwydd yn y byd. Os ydy fy nefnydd o 'fferins' a 'winwns' yn yr un frawddeg dal yn eich gwylltio chi, rydych chi angen mynd i ryw fath o Crachach therapi.

Yn olaf, os ydych chi'n dal i ddarllen – diolch. Dwi wir yn gobeithio y gwnewch chi fwynhau'r gwersi pwysicaf i mi eu dysgu hyd yn hyn.

Bydd yr un mor garedig tuag atat ti dy hun ag wyt ti tuag at bawb arall

Dwi'm yn gwybod os ydw i'n grefyddol – dwi'n credu mewn evolution a'r esboniadau gwyddonol am sut wnaethon ni bennu lan yma, a dydw i ddim rili'n deall sut fase Duw yn gallu bodoli, ond iesgob, dwi'n gloi i ofyn iddo fe am ffafr pan dwi mewn dŵr poeth.

'Haia Duw, sori bo fi heb gadw mewn cysylltiad yn ddiweddar. Bydda i'n well o hyn ymlaen, addo. Eniwe, plis gallet ti wneud yn siŵr 'mod i ddim yn cael y sac am ddweud "ffyc" ar y newyddion.'

'Hei Duw, fi sy 'ma. Mae llygoden yn y gegin lawr llofft. Allet ti annog hi i fynd drws nesa'n lle? 'Sa i eisiau mynd yn agos iddi, ac mae Karen drws nesa'n haeddu bach o bad karma ar ôl ffonio'r traffic warden arna i!'

'Nosweth dda, Duw. Mel Owen yma. Mae gen i arholiad yn y bore a dydw i ddim yn hyderus i ddweud y lleia. Os baset ti'n gallu trefnu rhyw fath o drychineb naturiol i fwrw Caerdydd dros nos base hynny'n grêt i fi, diolch. Dim byd rhy ddinistriol obviously, jyst rhywbeth fel llifogydd neu storm anferth sy'n rhwygo to Ysgol y Gyfraith.'

Dwi'm yn siŵr os oes 'na Dduw lan yna'n gwrando, yn chwerthin am ben fy audacity am fynnu cael be dwi moyn pan dydw i heb fod i'r eglwys na'r capel ers i fi fod yn 16 oed, heblaw am i briodasau, a rili mae'r seremoni i fi jyst yn means to an end er mwyn mynychu'r parti nes mlaen. Os ydy e lan 'na, weithiau mae e'n derbyn fy ngofynion,[1] ac weithiau dyw e rili ddim.[2] Ond dwi'n sicr bod yna rywbeth yn y bydysawd – naill ai Duw neu rywun arall – yn danfon heriau er mwyn gweld os ydw i'n ddigon doeth i ddysgu o gyn-wersi.

Un her sy'n cael ei thaflu ata i dro ar ôl tro ydy'r dewis rhwng fy hunan-barch neu ddyn sydd yn bendant yn mynd i ddinistrio fy mywyd. Mae'r frwydr rhwng y ddau wedi parhau trwy gydol fy mywyd fel oedolyn, os nad yn fy arddegau hefyd.

Wnaeth y bydysawd ddim danfon y wers honno i mi nes o'n i'n bymtheg oed. Ro'n i bach yn hwyr i'r trawma o ddêtio achos doedd gan fechgyn absoliwtli ddim diddordeb yndda i o gwbwl nes i fi droi'n pymtheg. Funnily enough, wnaeth bŵbs fi balwnio pan o'n i'n bymtheg... cyd-ddigwyddiad llwyr, dwi'n siŵr.

Pan ddechreuais i ddweud wrth fy ffrindiau am yr erchyllterau ro'n i'n eu cael gyda bechgyn oedd fod i'n 'hoffi' i, ymateb y merched oedd: 'Ie, croeso i'r parti trawma. Dyma gwpwl o dips ar sut i oroesi heb golli dy iechyd meddwl yn gyfan gwbwl.'

Y tro cyntaf i fi gael fy nheimladau wedi'u rhwygo'n ddarnau, roedd cymaint o gymeriadau'n involved, roedd e'n hollol humiliating. Dychmyga cael dy mygio off a bod hanner y dre yn gwybod.

Y diffynnydd oedd bachgen gyda'r llysenw 'Zac' achos ro'n i a fy ffrindiau yn meddwl bod e'n edrych fel Zac Efron. Mewn gwirionedd, doedd e ddim byd tebyg i Zac Efron – un o

---

1   Mae gen i yrfa er i mi regi'n fyw ar S4C.

2   Mae to Ysgol y Gyfraith dal yn gryf. Siom.

ddynion mwyaf golygus ein cenhedlaeth. Y tro cyntaf i fi a fy ffrindiau wylio'r olygfa yn *17 Again* lle mae Zac Efron yn dod allan o'r Audi R8… we lost our 14 year old minds. Roedd hi fel exorcism yn lolfa tŷ Serena – roedd rhaid i'w mam ddod i checio arnon ni achos roedd y sgrechian mor uchel. Dechreuodd un ferch grio. Dechreuais i bwnsio clustog am reswm alla i ddim esbonio. Rhwygodd un ferch y cyrtens bant o'r ffenest. Roedd yr effaith corfforol arnon ni yn quite frightening.

Mewn gwirionedd, roedd y boi 'ma jyst yn eithaf tal gyda gwallt brown tywyll a breichiau olréit – 'na i gyd. Ond ar y sgêl o fechgyn o gwmpas fy oed i yn Aberystwyth yn y noughties hwyr, fe oedd ein Zac Efron ni.

Ar y diwrnod cyntaf nôl yn yr ysgol ym mis Medi 2009, Zac oedd yr unig berson ro'n i a fy ffrindiau'n gallu siarad amdano. Roedd e'n dechrau'r Chweched Dosbarth felly roedd ganddo wisg ysgol wahanol – crys go iawn gyda thei yn lle'r polo shirts afiach roedd bechgyn ein blwyddyn ni (Blwyddyn 10) dal yn gorfod eu gwisgo. Roedd e'n gwisgo sgidiau du proper grown up, dim treinyrs, ac roedd e'n gyrru i'r ysgol achos roedd e wedi pasio'i dest yn barod. Roedden ni'n pedair yn hyperfentilato yn ein dosbarth cofrestru jyst wrth feddwl amdano. Wrth i'r athrawes ddarllen y gofrestr, roedd y pedair ohonon ni'n syllu drwy'r ffenest at Ganolfan y Chweched – adeilad nad oedd gennyn ni hawl mynd i mewn iddo am ddwy flynedd arall, ond adeilad oedd yn gartref i bob bachgen roedden ni eisiau bachu.

Doedd tu mewn i Ganolfan y Chweched ddim yn gymaint o ddirgelwch hudol i fi gan taw fy mam oedd Rheolwr y Chweched Dosbarth. Baswn i'n mynd i'w swyddfa ar ôl ysgol i aros amdani os oeddwn i eisiau lifft yn lle dal y bws, neu faswn i'n gallu gollwng fy mag chwaraeon 'na os nad oeddwn i am gario fe drwy'r dydd. Roedd cael fy mam yn y Chweched yn ddelfrydol y rhan fwyaf o'r amser, ac oherwydd bod y Chweched ar wahân i weddill yr ysgol, doeddwn i byth yn ei gweld hi o gwmpas yr ysgol o ddydd i ddydd. Win-win.

Trwy'r amser cinio wnaethon ni'r merched hofran tu allan i Ganolfan y Chweched – digon pell i ffwrdd fel bod e ddim yn amlwg bod ni'n stalco rhywun,[3] ond digon agos i ni gael gweld e os oedd e'n dod allan. O'r diwedd, ar ôl 45 munud hir o geisio edrych yn cŵl a casual, wnaethon ni sbotio fe'n mynd am y maes parcio.

'Heno dwi'n mynd i adio fe ar MSN,' cyhoeddodd un o'r merched. Yn ein grŵp ni, hi oedd yr un roedd y bechgyn i gyd yn ffansïo, felly roedd e'n gwneud synnwyr i ni i gyd taw hi oedd yr un fase'n mynd ar ei ôl e. Yn y pen draw, os oedd e'n mynd i fynd allan gydag un ohonon ni, hi fydde'r dewis amlwg.

'Actsiwali, Mel,' dywedodd hi, 'well i ti adio fe ar MSN ac wedyn dweud wrtho fe am adio fi. Ffordd 'na bydda i'n edrych yn llai desperate.'

'Mae hynny'n hollol wirion,' oedd yr hyn ddylswn i wedi'i ddweud. Ond roedd hi'n amlwg yn gwneud rhywbeth yn iawn gyda bechgyn, felly wnes i jyst rhagdybio bod 'na elfen o'r cynllun doeddwn i jyst ddim yn ei ddeall.

Es i adre ar ôl ysgol yn barod i gyflawni fy rhan i o'r cynllun. Cyn i fi fod ym Mlwyddyn 10, dim ond un cyfrifiadur oedd gennyn ni yn y tŷ i'r teulu ei rannu, a'r unig amser oedd gen i arno heb unrhyw ymyrraeth oedd yr awr a hanner rhwng cyrraedd adre o'r ysgol a Mam yn dod nôl o'r gwaith. Ond

---

3   Mewn gwirionedd roedd e'n hollol amlwg i bawb. Doedd dim byd hamddenol am y ffordd roedden ni'n pipio rownd y gornel, yn sgrechian bob tro roedden ni'n meddwl i ni weld ei ysgwydd neu ei quiff.

nawr roedd gen i laptop yn anrheg gan fy nhad-cu a Nain i helpu i astudio at yr arholiadau TGAU. Dwi'm yn gwybod ai setio lan fy ffrindiau gyda bechgyn poethaf y Chweched Dosbarth oedd prif ddefnydd y laptop newydd i fod, ond gwnaeth e'r job yn berffaith.

Logies i mewn i fy laptop newydd sgleiniog a danfon gwahoddiad MSN i Zac. Doeddwn i ddim yn nerfus – dim fi oedd yn mynd i'w ddêtio fe, jyst gwneud fy rôl i oeddwn i. Ac eniwe, base ganddo fe ddim syniad pwy oeddwn i, felly roedd e'n siŵr o dderbyn y gwahoddiad oherwydd chwilfrydedd (roedd ymagweddau at ddiogelwch ar-lein yn wahanol iawn yn y noughties).

O fewn 15 munud roedd e wedi derbyn y gwahoddiad. Gwichiais i wrth decstio fy ffrind yn gofyn iddi beth oedd hi eisiau i fi ddweud. Sut oeddwn i fod i ddechrau'r sgwrs? Pa mor gyflym oeddwn i fod i ddweud wrtho fe i adio hi?

Danfonodd hi'r neges roedd hi eisiau i fi ei chopïo, gyda rhybudd cryf iawn i beidio mynd off-script. Ond cyn i fi allu hala dim, pingiodd e lan ar fy sgrin.

'Diolch am yr ad. Ti yw merch Donna?'

'Ie 😊'

'Mae hi'n cŵl.'

'Haha na dyw hi ddim. Ond falle bod hi mwy cŵl na fi.'

'Na, ti'n ciwt.'

Neidiodd fy nghalon o fy mrest. *Ciwt? CIWT????!!!* Safe to say, ar ôl hynny es i bach off-script.

Siaradon ni trwy'r nos, gyda dim ond seibiant bach i mi fynd i fy ngwers biano. Rasies i drwy Mozart's Sonata No. 11 fel trên cyn dychwelyd adre i neidio'n syth nôl ar fy laptop i weld os oedd e'n dal ar-lein. Roedd 'na euogrwydd tawel yn crafu arna i wrth i fy ffrind decstio i ofyn os oeddwn i wedi dweud wrtho fe am adio hi eto. Ond wrth iddo fe fflyrto gyda fi, doeddwn i ddim yn gallu gorfodi fy hun i gyflawni'r cynllun. Doedd bechgyn erioed wedi hoffi fi, a dyma Zac yn dweud wrtha i pa mor ciwt oeddwn i... diflannodd fy Girl Code yn llwyr.

Y bore wedyn, wrth i fi gyrraedd fy nosbarth cofrestru, neidiodd fy ffrind arna i.

'Wel... aeth rhywbeth o'i le achos nath e ddim adio fi,' cwynodd hi. 'Beth ddigwyddodd?'

'Popies i lan yn dweud "Haia", ond nath e ddim ateb,' dywedais, fy mochau'n cochi gydag euogrwydd.

'I fod yn deg, roedd y cynllun bach yn stiwpid achos pam fydde fe'n ateb *ti* nôl?'

Sylles i arni'n methu credu bod hi wedi dweud rhywbeth mor greulon.

'Oh c'mon, no offence. Fi jyst yn dweud doedd e ddim yn debygol bod e actsiwali'n mynd i fod eisiau siarad gyda ti pan mai fe yw fe, a ti wyt ti.'

'Ie, I suppose bod ti'n iawn,' dywedais yn dawel, yr holl euogrwydd yn anweddu.

Trwy'r dydd ro'n i'n cyfri'r oriau nes allwn i fynd adre, logio mewn i MSN a siarad gyda Zac. Fe oedd yn dweud helô gyntaf bob tro – cwpwl o weithiau wnaeth e ddim gwneud yn syth felly ro'n i'n logio mas a logio nôl mewn i gael ei sylw – standard MSN practice. Mewn chwap roedd e'n popio lan ar fy sgrin a base fy stumog yn gwneud somersaults. Fel 'na fuon ni am bythefnos, nôl ac ymlaen bob nos.

Ddywedais i ddim byd wrth y merched – roedd yr elfen gyfrinachol yn gwneud ein sefyllfa yn fwy intimate rywsut. Roedd yn fy nifyrru i'w clywed nhw'n trafod Zac, yn meddwl beth oedd e'n gwneud gyda'r nos, beth oedd ei hoff fwyd, pwy oedd e'n tecsto, a thrwy'r cwbwl ro'n i'n gwybod yr atebion i gyd. Ar adegau roedd y gyfrinach yn llosgi tu mewn i mi achos ro'n i eisiau i fy ffrindiau wybod 'mod i'n ddigon cŵl a digon 'ciwt' (geiriau fe!) i gael sylw bachgen poetha'r ysgol. Doeddwn i ddim yn gallu aros i weld eu hwynebau pan fyddan nhw'n clywed taw fi oedd yr un roedd e wedi'i dewis.

Ro'n i'n dychmygu gwahodd nhw i'n priodas, rhywun yn y wledd nos yn gwneud jôc yn ei araith am sut o'n i'n ceisio setio fe lan gyda rhywun arall yn wreiddiol ond fi oedd e wir moyn. Ro'n i'n gwybod dylswn i aros i ddweud wrth y merched nes iddo fe actsiwali gofyn i fi fod yn gariad iddo fe, jyst rhag ofn i rywun fynd yn genfigennus a cheisio swoopio mewn i'w ddwyn e cyn bod ni'n 'official'.

Ar ddydd Iau'r ail wythnos, gofynnodd Zac beth ro'n i'n gwneud ar y nos Sadwrn. Doeddwn i ddim eisiau dweud y gwir – gwylio'r X Factor gyda Mam, sharer size bag o Doritos a falle cwpwl o J2Os os oedd hi wedi cofio prynu rhai o Morrisons. Felly, dywedais 'mod i wedi cael gwahoddiad i barti rhai o fechgyn Penweddig,[4] yn ceisio gwneud iddo fod bach yn genfigennus bod gan fechgyn eraill ddiddordeb yndda i hefyd.[5]

'Mae'r bechgyn ym Mlwyddyn 13, felly byddan nhw'n cael booze digon rhwydd,' dywedais wrth drio creu'r darlun o fy hun fel rhyw Kate Moss effortlessly cool party girl aeddfed, er 'mod i'n gwybod dim byd am alcohol na chyffuriau. Ro'n i ac un ffrind wedi rhannu WKD melyn ym mharti pen-blwydd ei

---

4   Os oedd bechgyn Penglais – yr ysgol ro'n i'n ei mynychu – ddim yn gwybod pwy oeddwn i, doedd bechgyn Penweddig ddim, yn bendant! Doedd newyddion am fy mŵbs newydd heb deithio o'r Waunfawr i Lanbadarn eto, felly doeddwn i'n sicr ddim yn cael gwahoddiad i bartis gan fechgyn o ysgol arall y dre.

5   Doedden nhw rili ddim.

chwaer, a hyd yn oed bryd hynny roedd rhaid i'w mam brynu fe i ni.

'Mae'n iawn though,' cariais i ymlaen. 'Dydy'r bechgyn ddim yn malio sortio'r booze i gyd achos dwi'n mynd i ddod â'r heroin.'

Es i bach rhy bell. Doedd dim syniad gen i beth oedd heroin. Ro'n i'n gwybod bod e'n rhyw fath o gyffur cryf a jyst yn rhagdybio taw dyna oedd y standard house party drug of choice.

'Ti'n gwneud heroin?!' gofynnodd, naill ai mewn sioc fy mod i'n closeted smackhead, neu yn methu credu 'mod i wedi creu celwydd mor wirion. Er budd fy malchder, dwi'n gobeithio taw'r cyntaf o'r opsiynau oedd e.

'Dim ond ar achlysuron arbennig,' atebais i, yn llongyfarch fy hunan am swnio mor chill ac edgy.

'Ocê, wel pam na wnei di sgipio'r parti a dod allan gyda fi?'

Sgrechiais i nes i waliau'r tŷ ddechrau crynu. Roedd Zac eisiau mynd â fi ar ddêt. Roedd fy nêt cyntaf go iawn[6] yn mynd i fod gyda fe, y bachgen base merched ein hysgol ni'n lladd eu mam-gus i fynd ar ddêt gyda fe. Oedd e'n mynd i bigo fi lan yn ei gar? Oedd e'n mynd i fynd â fi i rywle rhamantus? Oedd e'n mynd i ofyn i fi fod yn gariad iddo fe?

Rhuthrodd Mam i mewn i'r lolfa, wedi dychryn gan yr holl sgrechian.

'Be sy'n bod?!'

'Mam, dwi'n mynd ar ddêt nos Sadwrn gyda ZAC!'

'Wyt ti?' gofynnodd hi, ei chyffro'n dechrau matsio'r lefel ro'n i arno. Roedd Mam yn gwybod yn iawn taw fe oedd un o

---

6   Ro'n i wedi bod ar double-date gyda fy ffrind Jey y flwyddyn cynt i'r sinema, ond roedd y pedwar ohonon ni wedi eistedd fynna mewn tawelwch llwyr yn dweud dim byd wrth ein gilydd ac wedyn gadawodd y bechgyn heb ddweud ta-ra, felly wnaeth hynny ddim rili cyfri.

fechgyn mwyaf poblogaidd yr ysgol a bod hyn felly yn big deal i mi – os oes 'na rywbeth mae Mam yn ei wneud yn uffernol o dda, bod yr hype woman gore erioed ydy hynny.

'Ie, rydyn ni wedi bod yn siarad am bron i bythefnos a nawr mae e eisiau mynd â fi allan nos Sadwrn!'

Dechreuodd y ddwy ohonon ni sgrechian. Gwthiodd Dad ei ben mewn i'r lolfa, gweld bod 'run ohonon ni wedi brifo, a dychwelyd i'r llofft i ddarllen ei *Farmer's Weekly* a gadael ni yn ein frenzy o gyffro.

Es i i'r ysgol y diwrnod wedyn gyda chymaint o hyder, ro'n i'n cerdded lawr y coridor fel Beyoncé yn y fideo 'Crazy In Love'. Ro'n i ar dân.

Amser cofrestru, mi wnes i gyhoeddiad.

'Ferched, dwi'n mynd ar ddêt nos Sadwrn.' Dechreuodd pawb wichian.

'Gyda phwy?'

'Ydyn ni'n nabod e?'

'Penglais neu Benweddig?'

'Pa flwyddyn?'

Ro'n i'n teimlo fel Lady Gaga mewn press conference, ac yn caru bob blydi eiliad.

'Alla i ddim dweud wrthoch chi pwy, ond dwi'n eithaf sicr bod e'n mynd i ofyn i fi fod yn gariad iddo fe ar y dêt, felly bydda i'n gallu dweud wrthoch chi wedyn.'

'O Mel, c'mon!'

'Jyst rho initials e i ni!'

'Hint bach, plis.'

'Alla i ddim dweud dim byd, ond galla i gadarnhau bod e'n mynd i nôl fi yn ei gar felly falle newn ni stwff mewn fanna.'

Sgrechiodd y merched mewn unsain. Doedd dim un ohonon ni wedi gwneud stwff eto, ac roedd ras ddi-eiriau i fod y cyntaf. Fel y Cold War, ond gyda hand jobs yn lle space landings.

Erbyn dydd Sadwrn, roedd fy nghyffro wedi cyrraedd lefelau peryglus. Doeddwn i ddim yn gallu bwyta na thalu sylw i unrhyw beth roedd unrhyw un yn ei ddweud heb adael i fy meddwl grwydro at Zac a'r dêt. Base rhywun wedi gallu cyhoeddi bod asteroid yn mynd i fwrw'r blaned, Ceredigion yn benodol, a weipio ni i gyd allan, a buaswn i fel 'ie ocê, cŵl… ti'n meddwl bod e'n mynd i gusanu fi yn ei gar, though?'

Amser cinio dydd Sadwrn doedd gen i'n dal ddim manylion am beth roedden ni am ei wneud na pha amser roedd e'n dod i nôl fi, felly arhosais ar MSN drwy'r dydd yn aros i Zac ddod ar-lein. Am 5yh popiodd e lan yn gofyn os oeddwn i am gwrdd â fe wrth dop Park Avenue.

Nawr, i unrhyw un sydd ddim o Aberystwyth, esboniad bach am Park Avenue. Mae'n stretch coedwigol sy'n dechrau yng nghanol y dre ac yn ymestyn tua Llanbadarn Fawr, gydag afon ar un ochr a pharc plant yr ochr arall. Mae Park Run yn cwrdd 'na bob bore Sadwrn i guro eu PBs, ac mae pobl ifanc yn cwrdd 'na bob nos i gael rhyw. Mae darn o'r afon wedi cael y llysenw 'Chlamydia River' am reswm teg iawn. Roedd si ar led bod un ferch yn ein hysgol ni wedi dal herpes wrth eistedd ar un o'r meinciau – ar y pryd, roedd e'n swnio'n hollol gredadwy gan bod gymaint yn mynd lawr yn Park Avenue (no pun intended).

Suddodd fy nghalon tamed bach – doedd e ddim cweit lle ro'n i wedi dychmygu base ni'n mynd ar ein dêt cyntaf, ond dyma ddweud wrth fy hunan taw yn Park Avenue roedd e eisiau cwrdd a base'r dêt yn rhywle arall. Ro'n i'n siomedig bod e ddim yn dod i fy nôl yn ei gar, ond roedd rhaid i mi gofio bod bachgen mwyaf deniadol ein hysgol ni, falle hyd yn oed y bachgen mwyaf deniadol yng Nghymru, neu'r byd, eisiau treulio ei nos Sadwrn gyda fi. Fi! Dim y merched oedd yn rhawio Dream Matte Mousse oren dros eu hwynebau ac yn cymryd y piss ohona i am beidio gwisgo colur eto. Dim y merched oedd yn gwneud dawnsio modern gyda'u french plaits perffaith, slic – rhywbeth na faswn i fyth yn gallu gwneud gyda fy ngwallt frizzy. Dim y merched oedd yn snogio bechgyn ar y bws ar y tripiau ysgol tra 'mod i'n chwydu mewn i sick-bag. Fi!

Pan gyrhaeddes i'r man cwrdd, doedd e heb gyrraedd eto. Base fe ddim yn cyrraedd am 35 munud arall. Ro'n i'n dechrau gwylltio gyda fe wrth sefyll yna fel myg, ond y munud welais i fe, diflannodd unrhyw annifyrrwch yn llwyr. Roedd e jyst... mor... ffit!

'Ewn ni am dro bach lawr fan hyn o'n i'n meddwl,' awgrymodd e.

'Ie siŵr,' cytunais i'n wên o glust i glust, fy mhengliniau'n dechrau bwclo a fy synnwyr cyffredin yn toddi. Base fe wedi gallu awgrymu mynd am wâc trwy anialwch y Sahara a baswn i wedi cytuno heb feddwl ddwywaith.

Wrth i ni gerdded i lawr Park Avenue, doeddwn i ddim yn gallu credu pa mor hawdd oedd e i siarad gyda fe. Roedd siarad gyda bechgyn yn fy mlwyddyn i fel siarad â thaten, jyst yn llai diddorol. Weithiau roeddet ti'n cael grynt allan ohonyn nhw oedd yn gwneud dim synnwyr i neb arall heblaw iddyn nhw, ond dyma fe'n gallu ffurfio brawddegau cyflawn ac yn gofyn cwestiynau i fi. Roedd e wedi cofio pethau roedden ni wedi'u trafod dros y bythefnos ddiwethaf – manylion doeddwn i fyth yn disgwyl i rywun fel fe i'w cofio amdana i. Cawson ni sit-down bach yn y parc plant. Ro'n i wedi drysu ychydig bach pan awgrymodd e i eistedd fynna pan oedd 'na feinciau ar gael yr holl ffordd lawr y llwybr.

'Bydd e jyst bach mwy preifat i ni,' dywedodd e, wrth gydio yn fy llaw. Roedd teimlo ei law yn fy llaw i wedi hala fi'n hollol benysgafn. Dal dwylo… am ramantus! Ac i fod yn deg, doedd e siŵr o fod ddim eisiau risgio dal herpes o'r meinciau heintiedig 'na. Eisteddon ni ar y ffrâm ddringo am blwc, fe'n siarad a fi'n giglo. Doeddwn i ddim yn gallu stopio fy hunan rhag jyst gwylio fe, ac roedd pob symudiad oedd e'n gwneud yn hala fy nghalon i sgipio. Roedden ni'n dal dwylo o hyd, felly ro'n i'n sicr base cusan ar y cardiau hefyd.

Mewn gwirionedd, roedd gan Zac ddigon o gynlluniau i lanw dec llawn o gardiau, ac roedd y rhan fwyaf o'r cynlluniau hynny'n cynnwys fi'n gwneud pethau doeddwn i erioed wedi'u gwneud o'r blaen. Pan fflingiodd ei hunan ata i gyda'r un subtlety â tharw, roedd gen i ddewis cyflym iawn i'w wneud. Oeddwn i am wrthod ei gynlluniau fel ro'n i eisiau, ond cymryd y risg o golli sylw bachgen mwyaf deniadol y dre? Neu oeddwn i am wneud beth roedd e eisiau er 'mod i'n bendant ddim moyn… yn enwedig mor agos i Chlamydia River?!

'Sa i eisiau,' dywedais yn dawel, fy llais yn styc yn fy ngwddf.

'Wyt ti yn,' dywedodd.

'Na, dwi'm yn meddwl 'mod i,' mynnes i, bach mwy uchel y tro hwn.

Safodd e nôl ac edrych arna i. Yn sydyn ro'n i'n teimlo mor fabïaidd, mor ifanc o gymharu â fe. Base merched y Dream Matte Mousse wedi gwneud beth roedd e moyn heb greu ffws, ond ro'n i'n gwybod taw nid dyma beth ro'n i eisiau.

Ro'n i'n disgwyl iddo fe fod yn grac, ond roedd yr olwg ar ei wyneb yn drist a siomedig, fel ci bach newydd gael stŵr.

'Dydw i heb wneud dim byd… fel hyn… o'r blaen,' sibrydais. 'Ac nid dyma lle dwi eisiau i'r lle cyntaf i fod.'

'Wel, lle ti eisiau mynd? Y castell?'[7]

'Na, so ti'n deall. Fi eisiau gwneud stwff 'ma gyda rhywun sy fel… boyfriend… I suppose.'

'Reit,' dywedodd e. 'Y peth yw, dwi'n mynd i'r brifysgol cyn bo hir ac felly sa i eisiau bod mewn perthynas gydag unrhyw un.[8] Ond ti'n sbesial. Ti'n gwybod bod ti'n meddwl lot i fi. Rydyn ni basically fel boyfriend a girlfriend yn dydyn, jyst heb yr holl labeli boring.'

Ystyries i beth roedd e'n ei ddweud. Oedd e'n boyfriend i fi? Ife hyn oedd bod mewn perthynas?

Sylles i arno, ei lygaid mor fawr yn aros am fy ymateb. Sut oeddwn i, y ferch doedd neb yn ei hadnabod, wedi landio fel girlfriend y bachgen mwyaf poblogaidd yn yr ysgol i gyd?

'So, jyst i fi fod yn glir, ti yw boyfriend fi?'

'Umm, rwyt ti'n hoffi fi, a dwi'n hoffi ti.'

'OH MY GOD, TI YW BOYFRIEND FI,' gwichiais i. Doedd e'n nunlle'n agos i'r un lefel o gyffro â fi, ond doedd dim ots achos FI oedd girlfriend Zac. FI!

Ar ôl i fi stopio bownsio lan a lawr ar y ffrâm ddringo, gofynnodd e os base ni'n gallu ailddechrau lle bennon ni rai munudau ynghynt. Doeddwn i'n dal ddim eisiau i 'nhro cyntaf fod ym mharc plant Park Avenue, ond fe oedd boyfriend fi.[9] Nac ife dyma beth ro'n i fod i'w wneud? Wnaethon ni gyfaddawdu i wneud rhai pethau, ond dim pethau eraill. Ro'n i'n ymwybodol bod e'n flin bod e ddim yn cael gwneud – na derbyn – gymaint ag oedd e'n obeithio,

---

7   Hot spot arall am ryw i teenagers y dre. Ymddiheuriadau i fwrdd Croeso Cymru.

8   Aeth e ddim i'r brifysgol. Aeth e i'r carchar am gael ffeit tu allan i'r Llew Du.

9   Ro'n i'n meddwl.

ond fel boyfriend fi roedd e'n amlwg yn caru fi[10] a felly base fe'n ddigon amyneddgar i aros i fi deimlo'n ddigon hyderus a chyfforddus.

Wrth gerdded 'nôl at ganol y dre, gofynnais i a fyddai'n gyrru fi adre.

'Alla i ddim sori,' dywedodd e. 'Ummm… mae angen i fi fynd ag un o'r bois i gwaith.'

'Mae'n iawn, 'na i ffonio Dad,' dywedais. Ro'n i'n meddwl base fe'n sefyll gyda fi tra 'mod i'n aros i Dad ddod i fy nôl, ond dywedodd bod rhaid iddo fynd yn syth i nôl ei ffrind. Ond doedd dim allai ddod â fi lawr o fy nghwmwl.

Daeth Mam gyda Dad i fy nôl yn awyddus i glywed pob dim am y dêt. Yn amlwg, doeddwn i ddim yn awyddus i ddweud *bob* dim, ond dywedais wrthon nhw bod ni – fi a Zac – yn golden couple newydd Aberystwyth. Tra bod Mam yn bownsio gyda chyffro drosta i, doedd Dad ddim yn hoff iawn o'r syniad ohona i'n mynd allan gyda bachgen o'r Chweched, ond cadwodd ei anfodlonrwydd yn dawel er mwyn peidio glawio dros falchder Mam a fi.

Canodd fy Blackberry i hysbysu bod gen i BBM. Gwichiodd Mam.

'Ife Zac sy'n gofyn os wyt ti adre'n ddiogel? Mor ciwt!'

Ond nid enw Zac oedd ar y sgrin. Un o'r merched oedd wedi BBMio yn mynnu cael manylion am y dêt.

'Be sy wedi digwydd? Wyt ti yn ei gar e nawr? Gallen ni wbod pwy ydy e nawr, PLIS?'

'Na i ddweud wrthot ti bob dim yn dosbarth cofrestru bore Llun,' teipies i nôl.

Doeddwn i'n methu aros am y press conference ro'n i'n mynd i'w gael, y merched i gyd yn gwrando'n astud wrth i mi

---

10   Ro'n i'n meddwl.

ddatgan bod Zac a fi nawr yn eitem. Doeddwn i ddim yn gallu aros i weld eu hwynebau pan fydden nhw'n clywed bod Zac wedi gofyn i fi fod yn girlfriend iddo fe. Ro'n i mor gyffrous am y press conference, wnes i ddim hyd yn oed sylwi bod Zac heb popio lan ar MSN unwaith ar y dydd Sul.

Wnes i ymdrech anferthol gyda fy ngwallt ar y bore Llun. Doedd Mam ddim yn gadael i fi wisgo colur eto, felly'r unig ffordd y gallwn i edrych yn fwy glam oedd i wneud rhywbeth ffasiynol i fy ngwallt. Yn anffodus, yn 2010, gwallt super syth gyda side fringe dodgy oedd y ffasiwn, nid storom o wallt amlhil cyrliog doeddwn i methu ei reoli o gwbwl, felly'r gorau ro'n i'n gallu ei wneud oedd pony tail uchel cyrliog gyda chwpwl o strands random yn y ffrynt ro'n i wedi eu sythu gyda straighteners Mam. Doeddwn i ddim yn sylweddoli bod e'n angenrheidiol i sychu fy ngwallt cyn ymosod arno gyda'r GHDs, felly mewn gwirionedd beth wnes i oedd sinjo'r strandiau random mor ddrwg aeth y larwm tân bant.

'Fashion is pain,' dywedais wrth fy hunan wrth stabio'r larwm gyda brwsh. Ac mi oedd rhaid i fi fod yn ffasiynol nawr gan mai fi oedd girlfriend bachgen mwyaf poblogaidd y dre.

Ro'n i wedi addo i fy hunan 'mod i am fynd ar y deiet Branflakes – deiet roedd rhywun ym Mhenglais wedi clywed fod Cheryl Cole yn ei wneud. Daeth yr inside knowledge yma gan ferch oedd gyda chyfnither yn Llundain oedd wedi bod yn runner ar X Factor ac mi wnaethon ni i gyd, wrth gwrs, ei chredu hi heb feddwl ddwywaith. Roedd y deiet yn cynnwys bwyta dim byd heblaw Branflakes. Wnes i bara chwech awr.

Ac er gwaethaf gwaharddiad Mam, ro'n i'n mynd i ddechrau gwisgo colur. Ro'n i'n mynd i gael bag ysgol o Jane Norman ac ro'n i'n mynd i wisgo esgidiau mwy girly na fy Sketchers chunky gwyn. Roedd merched y Dream Matte Mousse yn hoff iawn o ballerina pumps o New Look, felly dyna ro'n i eu hangen.

Roedd y cyffro yn ystod y press conference mor swnllyd, cefais i a'r merched ein hel o'r dosbarth cofrestru. Pan ddywedais taw Zac oedd y bachgen, sgrechiodd un o'r merched 'SHUT THE FUCK UP' mor uchel, daeth athrawes o'r dosbarth drws nesa i roi stŵr iddi, yn ogystal â'n hathrawes gofrestru. Ond doedden ni ddim yn becso – dyma oedd y peth mwyaf trawiadol oedd wedi digwydd i unrhyw un ohonon ni ac roedd lefel ein sgrechian yn adlewyrchu hynny'n berffaith.

Wrth i ni sefyll yn y coridor ar ôl cael ein taflu allan o'r dosbarth cofrestru, parhaodd y cwestiynau.

'Ti'n mynd i newid dy relationship status ar Facebook?'

'Ydw, ond ro'n i eisiau dweud wrthoch chi i gyd gynta.'

Sgrechian

'Wnaethoch chi gusanu?'

'Do!'

Sgrechian hyd yn oed yn uwch

'Wnaethoch chi fwy na cusanu?'

'Do!'

Sgrechian yn uwch fyth

'Nath e alw ti'n bêb?'

'Na... nath e alw fi'n "bach".'

Sgrechian mor uchel nes dechreuodd cŵn lleol udo.

Lledaenodd y newyddion trwy'n blwyddyn ni fel tân gwyllt. Roedd sibrwd yn y coridorau ac roedd 'na hyd yn oed rumour bod ni wedi mynd 'yr holl ffordd'. Doeddwn i erioed wedi bod yn ddigon adnabyddus i gael rumour yn lledaenu amdana i o'r blaen, ac ro'n i'n caru pob eiliad. Wrth gwrs, doedd e ddim yn wir a doeddwn i ddim yn mad keen fod pawb yn siarad amdana i'n cael rhyw, ond dyma oedd yn mynd gyda bod yn 'it-girl', nac ife? Roedd rhaid i fi arfer gyda fake news os taw poblogrwydd ro'n i eisiau. Jyst fel Vanessa Hudgens a'r Zac Efron go iawn, ro'n i a Zac Aberystwyth yn mynd i fod yr hyn oedd pawb yn ei drafod.

Ar ôl ysgol roedd gen i ymarfer côr felly roedd rhaid i fi fynd adre gyda Mam yn lle dal y bws. Sgipiais i'w swyddfa yn hymian 'Can You Feel The Love Tonight', yn dal ar ben y byd ar ôl bod yn ferch fwyaf news-worthy'r dydd. Ond pan gyrhaeddes i'r swyddfa, roedd golwg dorcalonnus ar ei hwyneb. Rhewais – oedd hi wedi clywed y rumours? Nac oedd siŵr, base dim o'r disgyblion yn dweud wrthi. Neu oedd un o'r athrawon wedi clywed a dweud wrthi?

'Ti'n iawn, baban?' gofynnodd hi, fel petai hi eisiau llefain. Doedd hi'n bendant ddim wedi clywed y rumours. Tase hi, base hi'n drist, ond ddim yn drist mewn ffordd gariadus – trist mewn ffordd fase'n bennu gyda fi'n cael fy nghloi yn y tŷ am weddill fy mywyd fel ryw fath o Rapunzel ond gydag Afro. Doedd hi ddim hyd yn oed yn gadael i fi wisgo masgara, doedd dim ffordd base hi on board gyda'r syniad o fi'n cael fy rêlio ar ffrâm ddringo ger Chlamydia River.

'Ie, fi'n iawn,' dywedais wrth luchio fy mag i gornel ei swyddfa. 'Aeth y merched yn wallgof pan wedes i wrthon nhw am Zac.'

Fflachiodd wên wan ata i, a throi yn ôl at ei chyfrifiadur. Roedd rhywbeth yn bendant o'i le. Weithiau roedd pethau erchyll yn digwydd i ddisgyblion y Chweched – pethau roedd Mam yn eu cymryd i'w chalon ond fyth yn rhannu'r manylion gyda fi er mwyn gwarchod preifatrwydd y disgyblion. Rhagdybiais i taw dyna beth oedd wedi digwydd, a gadael iddi bennu ei gwaith.

'Weles i ddim o Zac heddi,' parablais i, wrth gerdded mewn i'w walk-in stationery cupboard. 'Siom rili, ond 'na i siarad 'da fe heno, dwi'n siŵr.' Wrth i fi dwrio yn y cwpwrdd yn edrych am unrhyw snacs oedd ganddi, cerddodd Pennaeth y Chweched i mewn i'r swyddfa.

'Am ffycin diwrnod,' dywedodd, ei hiaith yn awgrymu nad oedd hi'n gwybod 'mod i yn y cwpwrdd walk-in. Sefais yn stond ac yn dawel, yn gobeithio clywed unrhyw goss roedd hi'n mynd i'w rannu'n anfwriadol. 'Does neb yn hyfforddi ti yn teacher training sut i ddweud wrth rieni bod eu merch annwyl wedi bod yn cael rhyw yng nghefn car...'

'Umm... Ummm... ummm,' roedd Mam mewn panig wrth geisio torri ar ei thraws, yn gwybod 'mod i yn y cwpwrdd yn gwrando. Yn lwcus i mi, roedd Pennaeth y Chweched yn stresio gormod i gymryd sylw.

'Base dweud wrthon nhw am y rhyw yn un peth, ond roedd dweud wrthon nhw am y ffeit yn humiliating i bawb. Dychmyga orfod ffonio rhiant a dweud "gallet ti ddod i nôl dy ferch o'r ysgol plis? Mae hi wedi bod yn paffio gyda merch arall yng Nghanolfan y Chweched ar ôl ffeindio mas bod y ferch arall wedi cael rhyw gyda bachgen yng nghefn ei gar nos Sadwrn, awr ar ôl iddi hi gael rhyw gyda'r un bachgen yn yr un car." Dwi fod yn dysgu academia, ond dwi wedi treulio'r prynhawn yn delio gyda'r repercussions o'r ffycin sex tour mae'r bachgen gwarthus 'ma wedi bod arno dros y penwythnos.'

Suddodd fy nghalon i'n stumog. Ro'n i'n gwybod beth roedd hi'n mynd i'w ddweud nesaf, ond doeddwn i'n pallu gadael i fy hunan gredu'r gwir nes i mi glywed ei geiriau.

'Sori ond beth mae'r merched yma'n gweld yn y Zac 'na?'

Rhewodd y byd o fy amgylch. Roedd y pennaeth yn dal i

siarad gyda Mam, ond y cwbwl glywais i oedd geiriau – roedd fy ymennydd yn chwyrlïo'n rhy gyflym i fi allu ei deall hi.

Pan adawodd y pennaeth y swyddfa, camais i allan o'r cwpwrdd, dagrau'n llifo'n ddistaw lawr fy mochau. Edrychodd Mam arna i, yr un dagrau yn ei llygaid hi.

'Dwi mor sori, baban.'

Es i ati am cwtsh, y math o cwtsh diogel all dim ond Mam ei roi. Ro'n i wedi mynd o deimlo fel dynes hyderus, soffistigedig oedd yn camu mewn i bennod newydd, aeddfed o'i bywyd, i ferch ifanc fabïaidd oedd eisiau neb ond ei mam yn yr eiliad yna.

'He's an absolute bastard,' dywedodd Mam. 'Base fi'n caru rhoi good slap iddo fe.'

'Pwy oedd y merched?'

'Alla i ddim dweud, baban. Ond roedd eu ffeit nhw'n eithaf mega, so pan ti'n gweld dwy ferch gyda black eyes fory... byddi di'n gwybod. Ac eniwe, dwi'n siŵr bydd rhywun yn siarad am y ffeit ar The Facebook heno.'

'Mam,' sibrydais, fy mhen yn dal i bwyso arni wrth iddi ddal ei breichiau o fy amgylch. 'It's just Facebook. Does dim "The".'

'O, sori,' chwarddodd hi.

'Mae bywyd fi drosto,' llefais.

'Na dyw e ddim,' dywedodd hi'n bendant. 'Anghofia Zac. Ti'n mynd i ffeindio rhywun gymaint gwell na fe ac mae e'n mynd i fod mor sori bod e wedi neud hyn i ti.'

'Na dydw i ddim. Does 'na neb yn well na Zac.'

'Oes mae 'na! Ti jyst ddim yn nabod e 'to.'

'Ond bydd y bechgyn eraill gwell 'na ddim yn hoffi fi, so what's the point?'

Daliodd Mam fi o'i blaen fel ei bod hi'n gallu edrych reit i fy wyneb.

'Mi fydden nhw! Pam wyt ti'n meddwl y basen nhw ddim?' Edrychais ar y llawr. 'Melanie, doeddet ti ddim yn *lwcus* i gael Zac. Wrth gwrs ro'n i'n gyffrous iawn bod chi'n dêtio, achos mae e o hyd yn gyffrous i fynd allan gyda rhywun newydd. Gosh, pan o'n i dy oedran di roedd e'n teimlo fel y peth pwysica yn y byd. A dwi'n deall gymaint o big deal oedd e i fynd allan gyda bachgen mor... boblogaidd. Ond doeddet ti ddim yn lwcus i gael e, Melanie. Dyw e ddim yn well na ti.'

'Ydy mae e,' mynnes i.

'Ocê, sut? Dweud wrtha i sut?!' gofynnodd Mam, ei llais yn codi.

'Mae e lot mwy ffit na fi...'

'Who cares pa mor gyflym mae'n gallu rhedeg?'

'Na Mam, ffit... fel good-looking ffit!'

'Na dyw e ddim! Ti'n BIWTIFFYL, Melanie.'

Doeddwn i ddim yn credu Mam o gwbwl, ond ro'n i'n gwybod yn well nag i anghytuno gyda hi pan oedd ganddi'r olwg siriys, rhybuddiol ar ei hwyneb.

'Mae e'n cŵl...'

'Ti'n cŵl,' torrodd Mam ar fy nhraws. Roedd hi'n gallu gweld 'mod i ddim yn credu'r hyn roedd hi'n ei ddweud wrtha i, ond yn lle gwylltio mwy, cwympodd ei hwyneb a'i hysgwyddau mewn tristwch. 'Melanie, I really wish bod ti'n gallu gweld dy hunan yn y ffordd mae pobl eraill yn gweld ti.'

Y diwrnod wedyn roedd y frawddeg yna yn chwarae ar fy meddwl. Sut oedd pobl eraill yn fy ngweld i? Ro'n i'n edrych yn y drych ac yn gweld geek oedd lot rhy dal, gyda gwallt hyll a phersonoliaeth od. Sut base unrhyw un arall yn gallu 'ngweld i fel rhywbeth gwahanol? Mewn gwirionedd, baswn i wedi gwneud unrhyw beth i beidio gweld neb y diwrnod yna. Roedd y newyddion am y ffeit – ac yn bwysicach fyth, y rheswm dros y ffeit – wedi lledaenu drwy'r ysgol ac roedd y rhan fwyaf o bobl yn meddwl bod fy mherthynas gyda Zac yn gelwydd llwyr. Ro'n i mor embarrassed. Tecstiais Mam ar ôl brêc bore i ofyn os gallwn i fynd adre. Wnaeth hi ddim gadael i fi. Aparyntli, roedd yr ysgol yn fwy pwysig na drama am fechgyn, ac eniwe, base cuddio yn gadael iddo fe ennill. Wrth i fi guddio yn y llyfrgell amser cinio, doeddwn i ddim yn teimlo fel taswn i wedi ennill, ond rhoddodd yr amser ynysig 'na'r cyfle i fi bendroni ymhellach am yr hyn roedd Mam wedi'i ddweud y noson gynt.

Parhaodd y cwestiwn yna i fod yn ddirgelwch i fi am dros ddegawd. Dro ar ôl tro ar ôl tro, dwi wedi gosod pobl – bechgyn dodgy neu ffrindiau gwael – ar bedestal nad oedd ganddyn nhw'r hawl i fod arno, a dweud wrth fy hunan 'mod i mor lwcus bod ganddyn nhw ddiddordeb yndda i.

Daeth geiriau Mam yn ôl i fi fel fflach o sylweddoliad un noson yn 2022, pan o'n i'n dawnsio gyda bachgen ar lawr canol Clwb Ifor Bach, lleoliad y rhan fwyaf o fy fflachiau o sylweddoliad. Roedd e'n ffrind i ffrind a ro'n i wedi cwrdd â fe dair neu bedair gwaith. Roedden ni wedi cael cheeky snog un o'r troeon hynny, a wedyn ro'n i wedi cael crysh eithaf trwm arno. Ro'n i'n gwingo wrth feddwl pa mor cŵl oedd e a pha mor weird oeddwn i – yn weindio fy hunan lan wrth argyhoeddi fy hunan bod e'n chwerthin gyda'i ffrindiau am fynd gyda fi, fel petawn i'n rhyw fath o embarrassing drunken story. Tra oedden ni'n dawnsio, cydiodd e yn fy llaw a phlygu i siarad yn fy nghlust, ei lais yn gorfod cystadlu gyda 'Boogie Wonderland' yn bympian yn y cefndir.

'Ti eisiau mynd allan rhywbryd wythnos nesa?' gofynnodd e. Gwenais a nodio.

'Oh thank God,' chwarddodd e. 'Dwi wedi bod eisiau gofyn

i ti ers wythnosau ond ti jyst y person mwyaf cŵl erioed, do'n i ddim yn meddwl y base ti'n dweud ie.'

Doeddwn i ddim yn gallu credu ei eiriau. Trwy gydol yr holl amser ro'n i wedi bod yn dweud wrth fy hunan 'mod i ddim yn ddigon da, roedd e wedi bod yn nerfus i ofyn fi mas achos roedd e'n fy ngweld mewn ffordd hollol wahanol i'r ffordd ro'n i'n gweld fy hunan. Wnes i addewid i ddechrau bacio fy hunan tipyn mwy. Mae'r addewid yna wedi bod yn anodd i'w gyflawni – dydy hyder ddim jyst yn ymddangos allan o unman ar ôl blynyddoedd o insecurity achos bod un ymchwilydd lanci o Dreganna yn gofyn ti mas.

Wrth geisio dod i ddeall pam o'n i'n gweld fy hunan fel 'lwcus' neu 'anhaeddiannol', roedd rhaid i fi wneud y deep dive mwyaf meta erioed mewn i fy newisiadau bywydol – a phan wyt ti wedi gwneud gymaint o ddewisiadau batshit, dydy hynny ddim yn deep dive rhwydd. Ond o'r diwedd, ym mlwyddyn olaf fy ugeiniau, dwi wedi stopio gofyn os ydw i'n ddigon da i bobl, ac yn lle hynny, yn gofyn os ydyn nhw'n ddigon da i fi. Mae gofyn y cwestiwn yna wedi dod â rhai o berthnasau pwysicaf fy mywyd i ben – o'r bechgyn ro'n i'n meddwl ro'n i'n eu caru, i rai o fy ffrindiau agosaf (mwy am hynny nes mlaen).

Mae'r meddylfryd newydd wedi trawsnewid fy mywyd heb os. Ond yn y cyfnod rhwng cael fy nghalon wedi'i thorri gan Zac Efron a'i sex tour o Geredigion, a fy fflach o sylweddoliad ar lawr canol Clwb, roedd yna lot fawr o gamgymeriadau, oedd, gan amlaf, wedi eu hachosi gan fy niffyg hunanhyder. Fatha corwynt o drawma a digrifwch gwirion, mae'r camgymeriadau yna wedi dysgu llawer o wersi amhrisiadwy i fi… llond llyfr o wersi hyd yn oed.

Dy bwysau yw'r peth lleia diddorol amdanat ti

Dwi'n hoffi meddwl am fy hunan fel Gen Z-Millennial hybrid. Cefais fy ngeni yn 1995 felly dwi'n dechnegol reit ar y ffin rhwng y ddwy genhedlaeth, ac i fi, mae'r elfen Gen Z 'na yn rhywbeth dydw i ddim am adael i bobl ei anghofio. Dwi'n ifanc, dwi'n down with the kids, dwi'n dweud geiriau fel 'leng' a 'butters' (does dim syniad 'da fi beth mae rhain yn feddwl. Gallen nhw fod yn racial slurs hyd y gwn i, ond maen nhw'n gwneud i fi swnio'n cŵl i freshers a dyna sy'n bwysig).

Ond mewn gwirionedd, pan dwi'n clywed Gen Zs yn sgwrsio gyda'i gilydd trwy gyfrwng caneuon TikTok ac yn cyfeirio at steils o'r 90au fel 'vintage', dwi'n llythrennol yn gallu teimlo gwallt llwyd yn sbrowtio o fy mhen.[1]

Be sy'n fy nrysu'n fwy na dim yw ddim eu hobsesiwn nhw gyda Snap Streaks a Marxism, ond y ffaith eu bod nhw – yn wirfoddol – wedi dod â dillad low-rise nôl mewn i ffasiwn. Wnaeth fy nghenhedlaeth i frwydro'n ddi-stop i gael gwared o'r muffin-top-slicing jîns oedd yn dod lan i jyst dros dy ffwff, a nawr ma'r heretics 'ma eisiau dod â nhw nôl? Dydyn nhw

---

1   Y diwrnod ro'n i'n gwybod 'mod i'n agosach at fod yn Boomer na Gen Z oedd y diwrnod pan wnaeth merch 15 oed ofyn i fi pwy oedd y 'random dancing man' mewn gif. Carlton o *Fresh Prince of Bel Air* oedd e. Un munud ti yw un o'r wynebau mwyaf enwog yn un o raglenni mwyaf poblogaidd y byd, a'r diwrnod nesa mae'r to ifanc yn dy ddarostwng i 'random dancing man'. Savage.

ddim yn gweddu unrhyw un sy'n pwyso mwy na phlentyn naw oed, ac mae'n siŵr bod y math yna o densiwn o gwmpas dy organau hanfodol yn gwneud rhyw fath o niwed i dy iechyd atgenhedlol. Fel arwydd o barch i'r cenedlaethau o'u blaen, dylse Gen Z adael y denim torture chambers 'ma yn y gorffennol a sticio gyda'r yoga pants a baggy t-shirt combo wnaethon ni ymgyrchu'n selog i'w gwneud yn ffasiynol.

Roedd ffasiwn y 90au a'r 00au cynnar yn eiconig, ond oedd e'n shit os nad oeddet ti'n denau. 'Heroin-chic' oedd yr height of fashion, sef edrych mor denau roedd e'n gredadwy dy fod yn gaeth i un o'r cyffuriau mwyaf niweidiol yn y byd. Roedd e'n fwy deniadol i edrych fel petaet ti'n marw o gaethiwed i heroin nag oedd e i edrych fel petaet ti'n mwynhau Twix nawr ac yn y man. Ac er mai plentyn oeddwn i ar y pryd, doedd dim dianc rhag y pwysau yma i, wel... i golli pwysau.

Roedd y menywod hŷn o'n hamgylch ni ferched ifanc yn obsessed gyda bod mor denau â phosib. Roedd y teledu, y cylchgronau a'r cyfryngau yn argyhoeddi menywod o bob oed bod rhaid iddyn nhw rywsut ddychwelyd i'r un pwysau ag oedden nhw pan oedden nhw'n ddeuddeg oed. Roedd puberty, neu oed, neu'r angen i gael organau gweithredol yn esgusodion – os oeddet ti'n llwgu dy hunan yn ddigon hir, mi faset ti'n ddigon tenau rhyw diwrnod.

Roedd yna ymgyrch farchnata boblogaidd oedd yn addo taset ti'n newid dy brydau bwyd am bowlenni o Special K, fyddet ti'n cyrraedd pwysau derbyniol o fewn dim. Felly, roedd yna dorfeydd o fenywod ledled y wlad yn rhoi'r gorau i fwyta bwyd go iawn er mwyn sgwpio llwyed ar ôl llwyed o gardfwrdd a mafon sych i mewn i'w cyrff, ac wedyn yn meddwl tybed pam doedd ganddyn nhw mo'r egni na'r boddhad oedd ganddyn nhw pan oedden nhw'n bwyta bwyd go iawn. Wrth gwrs, roedd y rhan fwyaf o fenywod yn methu sticio at fwyta cardfwrdd am fwy nag wythnos ar y mwya, felly roedden nhw'n dychwelyd i fwyta fatha oedolyn normal, ond yn gorfod derbyn y siom oedd yn dod gyda hynny.

Doedd y deiet Special K ddim yn unigryw – basech chi'n nabod o leia un menyw oedd ar Atkins, neu Slim Fast neu Weight Watchers neu Slimming World neu ba bynnag ddeiet arall oedd wedi ei greu i wneud arian allan o hunangasineb ac ansicrwydd menywod – hunangasineb ac ansicrwydd gynhyrchwyd gan y cyfryngau.

Roedd y cyfryngau yn gwneud i fenywod deimlo'n afiach os nad oedden nhw'n ddigon 'cryf' i lwgu eu hunain, neges oedd heb os yn annog anhwylderau bwyta. Mantra it-girl y foment, Kate Moss, oedd 'Nothing tastes as good as skinny feels'. Doedd Kate yn amlwg heb flasu Halloumi fries.

Roedd yr ymosodiad yma ar fenywod yn cael effaith niweidiol trickle down arnon ni ferched ifanc hefyd. Roedden ni'n gweld ein mamau yn bwyta llai na ni rownd y bwrdd bwyd, roedden ni'n clywed ein hathrawon yn sgwrsio ymhlith ei gilydd amser brêc am ba ddeiet roedden nhw arno yr wythnos honno, ac roedd rhaglenni teledu yn pardduo unrhyw seleb benywaidd oedd wedi rhoi pwysau mlaen.

Yn naw oed, ro'n i'n gwylio bwletin newyddion ar The Hits – sianel oedd yn dangos fideos miwsig ar lŵp, fel MTV-light i bobl oedd ddim yn gallu fforddio Sky. Roedd y bwletin yn trafod dim byd ond bola Christina Aguilera. Wrth glywed nhw'n ei llusgo hi drwy'r baw am feiddio cael bol oedd ddim yn hollol concave, ystyries i gymaint mwy na hi oeddwn i. Teimlais gymaint o siom am fy maint, a thybed beth fase'r gohebwyr yma'n ei ddweud am fy mol jigli i tasen nhw'n fy ngweld i. Teimlais gymaint o gywilydd o fy nghorff, yn naw oed. Rhedais i'r cwpwrdd a thwlu'r Penguins a'r Walkers Salt & Vinegars i'r bin, yn mynnu fy mod i'n gorfod mynd ar ddeiet. Pan ddaeth Dad adre a gweld y bwyd yn y bin, cefais stŵr uffernol.

'Mae yna blant yn y byd yma sy'n llwgu ac rwyt ti'n twlu bwyd i'r bin!' gwaeddodd e.

'Wel, dylsen nhw gael y Penguins felly!' atebais. Fel plentyn naw oed, roedd hyn yn swnio'n hollol resymol i fi. Doeddwn i'n bendant ddim yn disgwyl cael fy hala i fy ngwely am fod yn 'cheeky'![2]

Yn ystod fy estraddodiad i'r ystafell wely, meddyliais yn fwy manwl am ba mor dew oeddwn i. Sut 'mod i heb weld hyn erioed o'r blaen? Sut oeddwn i wedi gweld fy hunan mewn lluniau llwyth o weithiau, ac ddim wedi sylwi ar siâp fy nghorff?

Unwaith ro'n i'n ymwybodol bod fy mhwysau yn broblem, dechreuais i ddeall pam fod y menywod hŷn o fy amgylch mor obsessed gyda deiets. Dydw i ddim yn beio y menywod yma. Roedden nhw'n ganlyniadau o'r gymdeithas o'u hamgylch – yr ymgyrch o gasineb oedd wedi eu hargyhoeddi bod eu gwerth yn dibynnu ar eu pwysau. Ond roedd clywed y sgwrsio yma am bwysau drosto a throsto wedi gwreiddio'r meddylfryd yndda i taw fy mhwysau oedd y peth pwysicaf amdana i.

Doeddwn i heb hyd yn oed gyrraedd puberty eto, ac yn barod ro'n i'n meddwl bob dydd am ffyrdd i golli pwysau. Ond fel sawl unigolyn sydd wedi cael ei ddysgu i deimlo'n siomedig

---

2   Pan o'n i'n blentyn, roedd y gair 'cheeky' yn teimlo fel code word i 'cywir' – yr unig amser ro'n i'n cael fy nghyhuddo o fod yn 'cheeky' oedd pan oeddwn i wedi darparu ateb cywir doedd fy rhieni neu fy athrawon ddim yn gallu ei wrthbrofi. Nawr, fel modryb i sawl plentyn ifanc sydd â lot i'w ddweud, galla i gadarnhau bod 'cheeky' actsiwali yn code word i argumentative little prick.

am fwyta, fy ffordd i o ddelio gyda'r hunangasineb yna oedd i chwilio am gysur gan fwyd. Ro'n i'n siomedig am fy mol, yn teimlo'n bryderus, ac yn cael digestive neu dri i ddarparu mymryn bach o hapusrwydd i fy hunan. Ond wedyn, baswn i'n teimlo hyd yn oed mwy o gywilydd am fwyta'r bisgedi. Ac yna es i rownd mewn cylchoedd.

Roedd y cylch yma yn hollol niweidiol i fy iechyd corfforol a meddyliol. Er fy mod i ddim hyd yn oed yn yr ysgol uwchradd eto, ro'n i'n poeni am fy mhwysau o un pen o'r dydd i'r llall. Un diwrnod ro'n i'n edrych yn y drych ac yn weld disgybl A* oedd newydd cael 10/10 yn ei phrawf sillafu ac oedd yn edrych mor cŵl yn ei Sketchers newydd, a thros nos trodd yr adlewyrchiad yna mewn i ferch dew oedd yn rhy hyll i fod yn dderbyniol.

Ro'n i'n ofni cael fy llusgo i siopa am ddillad achos roedd maint y dillad oedd yn fy ffitio yn meddwl bob dim i fi. Roedd dillad i blant fy oedran i wedi stopio ffitio fi, felly ro'n i'n gwisgo meintiau i blant yn eu harddegau cynnar – ffaith oedd yn fy siomi'n fawr. Un prynhawn pan o'n i'n un ar ddeg oed, yn cael fy llusgo i Claire's Accessories yn y Bull Ring yn Birmingham, dywedodd Mam y baswn i'n gallu dewis belt i fynd gyda fy jîns bŵtcyt newydd. Dewisais un binc llachar gyda styds mewn siâp sêr arno, yn gyffrous gymaint fyddwn i'n edrych fel seren bop ynddo fe.[3] Wrth sylweddoli mai'r maint oedd yn ffitio fi orau oedd yr 'Almost Adult', teimlais fy holl fyd yn cwympo o fy amgylch. Roedd

3   Fel plentyn, ro'n i'n credu gyda fy holl enaid y byddwn i'n seren bop. Ro'n i'n ysgrifennu yn fy nyddiadur bob nos fel bod MTV yn gallu ei ddefnyddio pan fydden nhw'n gwneud rhaglen ddogfen am fy rise to stardom. Ro'n i wedi cynllunio i ennill BRIT Award am Breakthrough Artist, Female Solo Artist a British Album i gyd yn yr un flwyddyn. Ac roedd Duncan o'r band Blue yn mynd i fod yn gariad i mi. Obviously.

cynhesrwydd yn codi trwy fy mochau lan i gefn fy llygaid wrth i hunangasineb sefydlu ei hunan yndda i. O'r diwrnod yna mlaen, bob tro rhoies i 'r belt trwy lŵps fy jîns, cefais fy atgoffa o'r siom ansigladwy o fod mor dew.

Doeddwn i erioed wedi ystyried y posibilrwydd fy mod i angen y seis 'Almost Adult' achos ro'n i'n 5'8' yn barod – yn dalach na'r rhan fwyaf o oedolion benywaidd, heb sôn am y rhan fwyaf o blant. Ro'n i wedi tyfu mor dal mor gyflym, ac yn amlwg roedd gweddill fy nghorff wedi tyfu yn gymesur. Er fy mod i ddim ond yn un ar ddeg oed, ro'n i'n edrych fel oedolyn. Yn y llun swyddogol o fy nosbarth ym Mlwyddyn 6, ro'n i'n edrych fel athrawes lanw, fy mhen yn sticio allan o leia troedfedd dros bennau gweddill fy nghyd-ddisgyblion. Cefais y fraint chwenychedig o gael chwarae pêl-rwyd dros Geredigion, nid achos bod gen i unrhyw fath o sgil arbennig, na 'mod i wedi cael fy mendithio gyda gallu athletaidd dros nos, ond achos ro'n i ddwywaith taldra'r rhan fwyaf o'r chwaraewyr eraill. Roedd amddiffyn yn piece of piss pan doedd yr ymosodwyr ddim ond yn cyrraedd gwaelod fy mrest.

Gwaethygodd y pryder yma yn yr ysgol uwchradd. Wrth i mi aeddfedu, roedd fy siâp yn newid, fy nghoesau'n tyfu'n fwy ac yn fwy llydan bob tro ro'n i'n edrych arnyn nhw, yn ogystal â fy hips a fy mhen-ôl. Doeddwn i ddim yn gallu deall pam nad oeddwn i'n tyfu yn yr un ffordd â'r merched eraill – roedd fy ffrindiau'n tyfu'n dalach, ond roedden nhw'n dal i edrych yn denau ac yn ifanc. Doedd circumference eu coesau nhw heb ledaenu fel fy rhai i, a doedd maint eu hips nhw ddim yn eu gorfodi i brynu trowsus mwy o faint. Wrth i fi fynd rownd a rownd trwy'r cylch o lwgu fy hunan, methu a binjo, ro'n i'n sicr bod rhywbeth meddygol yn bod arna i. Doeddwn i heb sylweddoli fy mod i'n tyfu'n wahanol achos… dwi'n hanner du.

Roedd cael fy magu yn Aberystwyth yn arbennig, ond roedd yna lond llaw fach o anfanteision o fod yn blentyn Brown mewn ardal mor wyn. Wedi ei gynnwys yn yr anfanteision yna oedd y diffyg merched Brown neu Ddu eraill o fy amgylch i mi gael gweld a sylweddoli bod gennyn ni bethau yn gyffredin. Pethau oedd yn digwydd nid achos bod rhywbeth yn bod arna i, ond achos 'mod i ddim yn wyn.

Doedd gen i ddim syniad fod merched Du, fel arfer, yn tyfu'n lot cyflymach na merched gwyn. Mae cyrff merched Du, yn enwedig merched o dras Caribïaidd, yn dueddol o gyrraedd taldra a chryfder oedolyn flynyddoedd cyn merched gwyn Ewropeaidd.

Wrth gwrs, mae yna eithriadau. Mae yna ferched gwyn sy'n aeddfedu'n gorfforol yn iau na'r rhan fwyaf, ac mae yna rai merched Du sy'n aros blynyddoedd ar ôl eu ffrindiau i gyrraedd puberty. Ond mae yna bapur ymchwil ar ôl papur ymchwil sy'n cefnogi'r casgliad fod merched Du – fel arfer – yn aeddfedu'n gorfforol tipyn yn iau na merched gwyn Ewropeaidd. Gwelwch y troednodiadau am enwau'r papurau ymchwil yma.[4]

Mae edrych yn hŷn yn swnio'n ddelfrydol – onid ydy pob merch yn ei harddegau eisiau cael ei thrin fel oedolyn? Roedd yna fanteision yn bendant– ro'n i'n cael fy ngadael mewn i dafarndai pan o'n i'n bymtheg, roedd pobl yn rhagdybio 'mod i wedi datblygu'n feddyliol yn fwy hefyd felly roedden nhw'n cymryd fy marn mwy o ddifri, ac roedd fy edrychiad yn rhoi awdurdod i fi – awdurdod oedd yn ddefnyddiol iawn i rywun oedd mor bosi ag oeddwn i.

Ond pan ydych chi'n edrych o dan wyneb y 'manteision' yma gyda llygad oedolyn go iawn, rydych chi'n sylweddoli

---

4   Rili? Ydy hwn wir yn teimlo fel PhD i chi? Ewch i gwglo fel pawb arall!

pa mor beryglus ydy hi i gael eich trin fel oedolyn cyn eich bod chi wir wedi gadael eich plentyndod. Mae'r peryglon yma mor gyffredin i ferched Du, mae 'na enw wedi ei greu gan ymgyrchwyr wrth iddyn nhw geisio mynd i'r afael â'r broblem: 'adultification'.

Dydy adultification ddim i gyd am y gallu i brynu peints i dy ffrindiau a chael dy wneud yn Head Girl. Mae e hefyd am gael dy rywioli gan ddynion sy'n gweld corff oedolyn yn lle merch deuddeg oed. A mynd i drwbwl gwaeth na dy ffrindiau am ymddygiad plentynnaidd achos dy fod ti 'yn ddigon hen i wybod yn well', er bod ti ddim mewn gwirionedd yn ddigon hen o gwbwl. A chael dy drin fel y drwg yn y caws ym mhob ffrae gyda dy gyd-ddisgyblion achos mai ti yw'r mwyaf ac felly yn siŵr o fod yr un ymosodol.

Mae'r broblem o adultification ymhlith merched Du yn y Deyrnas Unedig yn cael effaith ddifrifol y gellir ei weld ar draws ein cymdeithas. Merched Du ydy'r demograffig sy'n perfformio orau'n academaidd yn yr ysgol, ond hefyd y demograffig sydd fwyaf tebygol o gael cic owt o'r ysgol am ymddygiad drwg. Sut allai'r ddau fod yn wir? Os ydy merched Du yn rhagori yn eu gwaith ysgol, sut mai nhw hefyd yw'r rhai mwyaf tebygol o gael eu gwahardd? Wel, diolch i adultification mae merched Du yn cael eu cosbi'n waeth am ymddygiad y byddai eu cyd-ddisgyblion gwyn yn cael get away 'da.

Dydy'r cosbau llymach yma ddim yn dod i ben yn yr ysgol. Yn ôl yr ystadegau diweddaraf,[5] mae merched ifanc Du yn cael cosbau llymach yn y llysoedd barn na merched gwyn o'r un oedran. Mae merched Du yn fwy tebygol o fynd i garchar, naill ai juvenile detention neu garchar oedolion, am yr un

---

5   Wnes i ddim cyfeirio'n gywir yn y brifysgol a dwi'm yn mynd i'w wneud e yma chwaith. Os ydych chi'n dal ddim yn credu fi, eto, ewch i gwglo.

camymddygiad y base merch wen yn cael dim ond rhybudd neu wasanaeth cymunedol amdano.

Yn fy myd bach i yn Aberystwyth, teimlais yr effeithiau o adultification yn uniongyrchol. Es i ddim i juvi – dwi'm yn siŵr y base S4C cweit mor cîn arna i taswn i'n ex-con. Ond ro'n i'n bendant wedi sylweddoli bod mwy o bwysau arna i i ymddwyn yn fwy aeddfed na fy ffrindiau. Os oeddwn yn ymddwyn fel plentyn, ro'n i'n siomi fy athrawon neu'n cael fy nghyhuddo o greu trwbwl. Er, wrth i fi edrych nôl trwy lens oedolyn go iawn, doeddwn i ddim yn gwneud unrhyw beth nad oedd merched eraill fy oedran i yn ei wneud. Ond pan wyt ti'n edrych fel oedolyn, rwyt ti'n cael dy drin fel oedolyn, er gwaetha'r ffaith bod ti'n dal yn ofni'r tywyllwch ac yn hoffi gwylio Disney Channel.

Achos fod 'na gyn lleied o ferched Du eraill yn yr ardal i fi gael uniaethu gyda nhw, doeddwn i ddim yn siŵr pam o'n i'n cael fy nhrin yn fwy llym, neu pham nad oeddwn i'n cael fy niogelu yn yr un ffordd â'r merched eraill. Ond mi oeddwn i'n gwybod fy mod i'n wahanol. Pan o'n i'n edrych yn y drych, yn ceisio deall beth oedd yn fy ngwneud i'n wahanol, doedd fy llygaid naïf ddim yn gweld fy lliw na fy hil. Doedd y sylweddoliad fod anffafriaeth hiliol yn mynd i chwarae rhan yn fy mywyd heb sbrowtio yn fy mhen plentynnaidd eto. Ond mi oeddwn i'n gweld gwahaniaeth yn fy nhewdra. Ro'n i'n edrych yn y drych ac yn gweld pa mor llydan oeddwn i, pa mor grwn oedd fy mol a pha mor jigli oedd fy nghoesau. Dyna, benderfynais i, oedd y rheswm ro'n i'n cael fy nhrin fel rhywun llai gwerthfawr.

Roedd fy mhwysau ar flaen fy meddylfryd am weddill fy mywyd yn yr ysgol, ac yna yn y brifysgol hefyd. Wrth symud i fyw gyda freshers eraill – freshers oedd gan amlaf yn methu paratoi powlen o basta i'w hunain eto ac yn ystyried chips McDonald's fel un o'u five-a-day – ro'n i'n cwestiynu fy hunan sut oedd y merched yma'n gallu bwyta fel racŵns ac aros yn size 8, tra 'mod i'n llwgu a dwywaith eu maint nhw.

Dros fy Nadolig cyntaf yn y brifysgol, bwrodd y 'freshers flu' fi fel mwrthwl i'r stumog. Dwi'n dweud 'freshers flu' – ro'n i'n edrych mwy fel plentyn amddifad o Oes Fictoria yn dioddef o cholera. Roedd y gymysgedd o yfed nes i fi chwydu bob nos am wyth wythnos, ceisio goroesi ar bedair awr o gwsg bob nos a diffyg unrhyw fath o wres canolog wedi fy chwalu i. Doedd gen i ddim llais, roedd fy nghroen fel uwd ac ro'n i'n chwydu bob tro ro'n i'n ceisio bwyta unrhyw beth. Am gwpwl o wythnosau wnes i ddim ond byw ar ice-lollies a Haribo Tangfastics – ddim cweit y bŵst maethlon o fitaminau roedd fy nghorff ei angen er mwyn gwella, ond o leia pan o'n i'n chwydu nhw nôl i fyny doedd fy sic ddim yn blasu'n rhy erchyll.[6]

Am wythnosau wnes i fethu cadw bwyd yn fy nghorff am fwy nag ugain munud, ac yn amlwg, colles i lot o bwysau mewn amser byr iawn. Diolch i fynydd o antibiotics, seibiant o 2-for-1 Jägerbombs Oceana a chynhesrwydd gwres canolog Mam a Dad, wnes i wella o'r diwedd, ond ro'n i wedi cyrraedd pen draw'r cholera ddau dress size yn llai.

Derbyniais ganmoliaeth ar ôl canmoliaeth am fy siâp newydd. Fy hoff achlysuron oedd pan o'n i'n gweld pobl doeddwn i heb eu gweld ers sbel, a chlywed yr anadliad wrth iddyn nhw weld y fi newydd 'ma. Roedden nhw'n fy llongyfarch ac yn fy nghanmol fel taswn i wedi datgelu gwobr Oscar, nid skinny jîns size 10. A'r mwyaf o sylw roedd fy

---

6   Mae'r math yma o logic gwallgof yn gwneud i fi sylweddoli jyst pa mor
     lwcus oeddwn i i gael fy hun mewn i brifysgol.

siâp heb muffin-top yn ei ddenu, y mwyaf ro'n i'n teimlo fel Beyoncé.

Y broblem oedd, y munud wnes i wella ac ailgydio yn fy ngallu i fwyta, dechreuais i roi'r pwysau nôl mlaen. Pob bore ro'n i'n pwyso fy hunan, yn gweld y rhifau'n dechrau dringo wrth i fi ddychwelyd i fwyta dau neu dri phryd o fwyd y dydd heb chwydu.

Ro'n i'n dechrau galaru am fy salwch, fel rhyw fath o Stockholm Syndrome rhwng fi a'r cholera. Ro'n i wedi clywed bod rhai merched yn gallu gwneud eu hunain yn sâl.

Falle taswn i'n gallu gwneud yr un peth faswn i'n parhau i golli pwysau a base'r ymatebion a'r canmol yn parhau hefyd, meddyliais.

Y tro cyntaf i fi geisio gwneud i fy hunan chwydu wnes i frifo fy ngwddf gymaint, roedd gen i ormod o ofn mynd i gysgu rhag ofn i fi stopio anadlu a marw. Ro'n i wedi argyhoeddi fy hunan bod gwthio fy acrylics miniog i gefn fy ngwddf yn bendant wedi crafu rhyw feinwe hanfodol ac achosi anaf hir-dymor. Mae'n debyg 'mod i'n bod bach yn ddramatig, ond roedd y boen yn uffernol ac ro'n i'n teimlo mor stiwpid am hyd yn oed trial gwneud rhywbeth mor niweidiol yn y lle cyntaf.

Ond yna, wrth weld y rhifau ar y sgêls yn dringo i fyny ac i fyny, trodd yr euogrwydd ro'n i'n ei deimlo ar ôl bwyta bob pryd yn llethol. Ro'n i'n styc rhwng y teimlad o fod mor llwglyd ar ôl gwahardd fy hunan rhag bwyta, a'r teimlad o hunangasineb ar ôl bwyta.

Meddyliais pa mor rhwydd y base hi i dorri'r cylch yma taswn i jyst yn gallu gwneud i fy hunan chwydu ar ôl pob pryd. Un noson, wedi fy ngorchfygu gan euogrwydd ar ôl bwyta platiaid o salad a thiwna, penliniais wrth doiled fy en suite[7] a cheisio eto i orfodi fy hunan i chwydu. Roedd yn anghyfforddus ac yn eithaf poenus, ond o'r diwedd llwyddais i wagu'r bwyd o fy nghorff.

Gyda phoen yn fy ngwddf a dagrau poeth yn llosgi fy llygaid nes eu bod nhw'n llawn ac yn goch, llithrais fel sach ar y teils plastig gyda rhyddhad. Doedd croen noeth fy nghoesau ddim yn teimlo oerfel y llawr, roedd fy synhwyrau wedi eu llethu gan y llosgi yn fy mol a'r blas asid afiach yn fy ngheg. Llusgais fy nghorff lluddedig i fy ngwely, yn ystyried gymaint haws fyddai fy mywyd taswn i'n parhau i chwydu'r bwyd ro'n i'n ei fwyta. Wrth i fymryn bach o synnwyr cyffredin amlygu ei hunan yn fy isymwybod, poenais am yr effaith hir dymor base hyn yn ei gael ar fy nghorff ac fy iechyd. Wnes i addewid, felly, i ddim ond gwneud hyn ar ôl swper, gan adael i fy hunan gadw fy mrecwast a fy nghinio neu unrhyw snacs rhyngddynt.

Ond wrth i fi arfer â'r peth, ac i'r llosgiad asidig droi'n gyfarwydd yn lle'n ffiaidd, dechreuais chwydu ar ôl cinio, ac yna ar ôl brecwast hefyd. Palles i feddwl am y peth fel problem – sut allai e fod yn broblem pan oedd cymaint o bobl yn dweud wrtha i pa mor ffantastig ro'n i'n edrych?

Base bobl ddim yn fy nghanmol a gwneud sylwadau am ba mor ffit ro'n i'n edrych os oedd problem gen i, na fydden nhw?

Roedd y ffrindiau prifysgol ro'n i'n byw gyda nhw ar y pryd wedi dechrau sylweddoli beth oedd yn digwydd. Pan oedden nhw'n fy nghwestiynu, baswn i'n gwadu'r cyfan, neu'n dweud celwydd bod gen i wenwyn bwyd.

---

7   Mae 'en suite' yn derm lot rhy grand am beth oedd yn ein hystafelloedd student halls De Talybont. Toilet a chawod mewn cornel o'r ystafell oedden nhw – cornel oedd, nawr ac yn y man, yn heidio â Silverfish. Not exactly ystafell ymolchi y Ritz, ond yn gwneud y tro i freshers oedd jyst yn hapus i fod wedi dianc o dŷ Mam a Dad.

'Mae Coco Pops 'di roi food poisoning i ti, do?' gofynnodd un o'r merched, yn amlwg ddim yn credu fy mwlshit.

Baswn i'n dweud wrthon nhw fy mod i'n iawn a bod angen iddyn nhw feindio'u busnes, ond wnaethon nhw ddim atal rhag swnian arna i. Hyd yn oed pan o'n i'n meddwl fy mod i'n bod yn hollol ddistaw wrth wneud, roedden nhw'n gwybod. Ac yn gadael i mi wybod eu bod nhw'n gwybod.

'So chi'n deall, chi o hyd wedi bod yn sgini,' brwydrais yn ôl. 'Dwi'n llwgu rownd y ffycin rîl a dwi'n dal dwbl eich seis chi. Felly cadwch eich beirniadaeth i'ch hunain, os gwelwch yn dda.'

Ond ceisio fy nghefnogi i oedden nhw, ac wnaethon nhw ddim rhoi'r gorau i geisio fy helpu. Gwnaeth un o'r merched fygwth dweud wrth fy rhieni os nad oeddwn i'n stopio – yr unig fygythiad wnaeth wir fy siglo. Ystyriais gymaint base fe'n torri calon fy nheulu i wybod fy mod i wedi bod yn gwneud rhywbeth oedd mor niweidiol i fy hun. Ond roedd gen i gymaint o ofn rhoi'r pwysau nôl ymlaen ac i ddychwelyd i fod y ferch anweledig o'n i gynt.

Addewais i roi'r gorau iddi, ac y gallwn i wella heb help. Ond bob tro ro'n i'n bwyta, roedd pryder yn crafu ar fy ngwythiennau, fy meddwl yn gallu canolbwyntio ar ddim byd heblaw gwneud i fy hunan chwydu.

Derbyniais, o'r diwedd, bod y broblem wedi mynd yn rhy bell yn ystod dêt coffi ym mis Mai. Roedd y dêt gyda bancwr Ffrangeg oedd yn 6'7' – yr unig beth oedd yn bwysig i fi yn fy anaeddfedrwydd arddegol. Base fe wedi gallu cyfaddef i fi bod e'n serial killer oedd yn bwriadu herwgipio fi a fy nghadw mewn atic, a faswn i fel idiot 19 oed wedi clymu'r cable ties rownd migyrnau fy hunan, jyst yn gyffrous bod y boi mwyaf tal i fi erioed ei gwrdd wedi dewis fi! Baswn i'n tecsto fy ffrind gorau o fŵt ei gar:

'Getting kidnapped. Mae o bach o psycho ond ddylset ti weld seis ei freichiau! Mae'r holl siarad am ladd fi yn bach o ick, ond mae'n 6ft7 so that makes up for it. BRB cyrraedd yr atic nawr. Cadwa cactws fi'n fyw nes i fi ddianc xx'

'Wyt ti wir yn ffansïo fe, neu yw e jyst yn dal?' oedd y cwestiwn roedd angen i fi ofyn i fy hunan yn ystod fy arddegau. Roedd yna rywbeth deniadol iawn am ddyn oedd yn gallu gwneud i fi deimlo'n petite ar ôl magwraeth yn Aberystwyth oedd yn gwneud i fi deimlo mwy fel Gulliver yn Liliput. Base therapist decent, neu'n llythrennol unrhyw un sy'n gwylio fideos self-help ar TikTok, yn dweud bod fy fetishization o ddynion tal yn arwydd o fy ansicrwydd personol am fod mor dal. Diolch byth fy mod i wedi dysgu bod lot mwy i ddynion na'u taldra – mae'n debyg bod personoliaeth, hiwmor, caredigrwydd neu unrhyw elfen o'u henaid sy'n eu gwneud nhw'n bobl dda yn golygu eu bod nhw'n lot gwell cariadon na dyn diflas sy'n digwydd bod dros 6'4'.

Roedd Mr Ffrainc – doedd e erioed wedi actsiwali bygwth fy herwgipio i, jyst i fod yn glir – yn uffernol o ddiflas. Ro'n i'n eistedd yn Starbucks yn gwrando arno fe'n parablu ymlaen ac ymlaen am ei gariad tuag at golff (fflag goch) pan alwodd y barista ein henwau ni i ddweud fod ein coffis ni'n barod. Aeth e lan i nôl y coffis, ond dod â'r un anghywir i fi – mae'n debyg ei fod e wedi llwyr anghofio fy enw i (fflag ddu) a dyfalu mai'r coffi i 'Josie' oedd y coffi i fi. Wnes i ddim dweud wrtho fe bod e wedi gwneud camgymeriad – doeddwn i ddim eisiau embaraso fe. Felly yn lle ei gywiro fe, wnes i esgus fy mod i ddim yn gallu clywed y barista yn gweiddi 'IS THERE A MELANIE HERE?' ar lŵp yn ogystal â'r Josie go iawn yn cician off bod ei choffi hi heb ddod.

Wrth gymryd sip o goffi Josie, sylweddolais mai latte

hufennog oedd e, gyda sawl pwmp o surop hazelnut. Paniciais i ar unwaith, yn ystyried cymaint o galorïau oedd yn y coffi yma o gymharu â'r Skinny Matcha ro'n i wedi ei archebu. Roedd rhaid i fi yfed y coffi. Doeddwn i ddim eisiau i'r golffiwr / banciwr / cawr 'ma feddwl bod gen i broblem. Ond wrth iddo fe barhau gyda'r bregeth am Birdies ac Eagles a Handicaps, 'na i gyd ro'n i gallu meddwl amdano oedd cael yr holl galorïau yma allan o fy nghorff i. Y munud cymerais y sip ola, wnes i esgusodi fy hun, mynd i'r tŷ bach a gorfodi fy hunan i chwydu.

Cwympais o fy mhengliniau i fy mhen ôl ar y llawr oer, stici. Doeddwn i ddim yn gwybod pwy oeddwn i ragor. Oedd yr angen i fod yn denau wir werth y cywilydd o grogi fy hunan ar lawr Starbucks tra bod yna ddyn digon ffein – os nad bach yn pretentious – yn aros i fi ddod nôl i glywed mwy am ei precious handicaps? Dechreuais i lefain, a gadael i fy hunan wir deimlo'r boen yn fy mol a fy ngwddf. Am fisoedd ro'n i wedi bod yn gwadu bod y boen wir yno, yn anwybyddu'r llosgi a'r cleisio fel petaen nhw ddim actsiwali yn tynnu fy nghorff yn ddarnau. Wrth deimlo'r crafu poeth tu fewn i fi, addewais i fy hunan mai dyna oedd y tro olaf.

Pan ddychwelais i nôl at y bwrdd, ro'n i'n edrych fel extra o ffilm zombie. Gyda fy masgara lawr fy wyneb, llygaid coch a siŵr o fod bach o sic ar fy ffrog, wnes i esgus a mynd am adre.

Wrth gwrs, chlywais i ddim gan Mr Ffrainc eto. Roedd e wedi fy mlocio i cyn i fi hyd yn oed gyrraedd adre – a digon teg! Baswn i wedi ei barchu fe tipyn llai tase fe wedi gweld golwg zombie-like fi a dal i weld potensial yndda i.

Dydw i erioed wedi gorfodi fy hunan i chwydu eto ar ôl y prynhawn yna. Wnes i geisio'i wneud un noson tua mis wedyn, ond roedd fy nghorff jyst yn pallu gwneud. Fel petai 'na elfen o fy isymwybod yn gwybod nad dyna oeddwn i wir eisiau gwneud. Roedd y methiant yna fel rhyw fath o closure, fel tystiolaeth 'mod i ddim yn gallu rhoi fy hunan yn y sefyllfa dorcalonnus 'na eto, er bod fy meddwl weithiau yn credu 'mod i eisiau.

Dydy rhoi'r gorau iddi ddim mor rhwydd â hynny i'r rhan fwyaf o bobl – bues i'n lwcus dros ben. Taswn i heb fethu ar yr achlysur olaf hwnnw, dwi'n sicr y baswn i wedi llithro'n syth yn ôl mewn iddi a gorfod chwilio am help proffesiynol.

Mae cyfaddef fy mod i'n dioddef o anhwylder bwyta wedi bod yn galed iawn i fi, os nad yn amhosib ar adegau. Mae'r stigma wedi fy nhawelu gymaint, allan o'r ofn o gael fy meirniadu, yn enwedig achos 'mod i ddim yn denau. Bob tro ro'n i'n ystyried dweud wrth rhywun, baswn i'n pryderu bod y person yn mynd i edrych arna i a meddwl 'Wel, dyw e heb weithio!'. Achos pan ydyn ni'n meddwl am anhwylderau bwyta, rydyn ni'n dueddol o feddwl yn syth am rywun sy'n dioddef o Anorexia difrifol, sydd yn beryglus o denau; dydyn ni ddim yn ystyried y rhai ohonon ni sydd, o'r tu allan, jyst yn edrych fel petai ein pwysau ni'n mynd lan a lawr fel io-io. Dydyn ni ddim yn edrych ar rywun sydd wedi mynd lawr cwpwl o dress sizes ond sydd dal gyda bach o jigl yn y pen-ôl a phoeni os ydyn nhw'n bwyta'n gywir.

Ar ôl blynyddoedd o waith i gryfhau fy mherthynas gyda bwyd a bwyta, y gwir amdani yw dydy'r berthynas yna'n dal ddim yn hollol iach. Er na fydda i byth eisiau chwydu ar ôl bwyta, alla i ddim cofio'r tro diwethaf wnes i actsiwali fwyta pryd o fwyd heb deimlo'n euog. Does gen i ddim syniad faint dwi'n bwyso achos mae gen i ormod o ofn edrych, ac mae'n gas gen i drial dillad mlaen mewn siopau achos mae'r holl ddrychau yn galluogi fi i weld fy hunan o onglau sy'n gwneud dim i fy hunanhyder.[8]

Ond er gwaetha'r camau dwi'n dal angen eu cyflawni, dwi wedi gweld datblygiadau enfawr yn fy hunan. Serch yr euogrwydd, dydw i byth yn atal fy hunan rhag mwynhau bwyd gyda fy ffrindiau – dwi wrth fy modd yn coginio i'r bobl dwi'n eu caru, ac mi fydda i mewn Uber ar fy ffordd i fwyty o fewn 0.2 eiliad o unrhyw un yn gofyn os ydw i eisiau mynd allan am fwyd.[9]

Dwi wedi dechrau mwynhau'r teimlad o gyflawniad ar ôl ymarfer corff yn lle canolbwyntio ar sawl calori dwi wedi eu llosgi. A dydw i ddim yn becso dam beth yw maint y dillad dwi'n eu gwisgo. Dydy'r ffaith bod size 10 yn H&M yn ffitio fi er 'mod i methu cael hyd yn oed un droed mewn i drowsus size 14 yn Zara ddim yn mynd i gael dylanwad ar fy hunan-werth. Dydy trywydd fy niwrnod ddim yn mynd i gael ei lywio gan ryw rhif arbitrary ar label. Ac mae fy mywyd i'n lot rhy brysur i wastraffu amser yn twerk-io mewn i bar o jîns a sugno fy hunan mewn nes i'r botwm gau, pan faswn i jyst yn gallu prynu seis sydd actsiwali'n ffitio fi'n gyfforddus.

Pan dwi'n marw, hoffwn i feddwl bod bobl yn mynd i 'nghofio i am y pethau wnes i eu cyflawni, am fod yn ferch dda i fy rhieni ac yn ffrind caredig i'r bobl dwi'n eu caru. Bydda i'n gutted os mai'r unig beth positif mae unrhyw un yn gallu ysgrifennu ar fy ngharreg fedd ydy:

---

8   Sut yn y byd mae e'n ddefnyddiol i gael drych sy'n dangos fy mhen-ôl o 45 degree angle?! Gadewch i mi fyw fy mywyd gyda'r heddwch meddwl o gredu fy mod i'n edrych fel Jennifer Lopez o'r cefn, plis.

9   Er bod hyn yn ddatblygiad positif i fy iechyd meddwl, dyw e ddim cweit mor bositif i fy nghyfrif banc. Does dim ots gymaint dwi yn y coch, mi wna i chwilota am geiniogau lawr cefn y soffa pan mae rhywun yn gofyn os hoffwn i fynd am tacos.

Melanie Carmen Owen
Size 12 (a weithiau size 10 os oedd hi'n trial yn rili caled)

Pan dwi'n meddwl am y bobl yn fy mywyd dwi'n eu caru, does yna ddim un dwi wedi dewis eu cael o fy amgylch oherwydd eu pwysau. Dwi'n eu caru nhw achos yr hwyl rydyn ni'n ei gael gyda'n gilydd, y ffordd rydyn ni'n chwerthin nes i ni grio, y gefnogaeth a'r teyrngarwch dwi'n ei dderbyn ganddyn nhw sydd yn fy ngalluogi i fod fy hunan yn gyfan gwbwl yn eu cwmni. Dyw eu pwysau ddim hyd yn oed yn ffactor. Felly pam ddylswn i feddwl bod fy mhwysau i o unrhyw ots i unrhyw un arall?!

Fy mhwysau ydy'r peth lleia diddorol amdana i. Dwi'n weithgar, dwi'n garedig a dwi'n amyneddgar gyda'r trends mae Gen Z yn mynnu dod nôl. Heblaw am y deiet Special K. Y jîns low-rise a'r tie-dye galla i dderbyn, ond mi fydd 'na ryfel rhyng-genhedlaethol os ydyn nhw'n trial dod â'r deiet Special K yn ôl.

BFFs... anaml maen nhw am byth

Taswn i'n mynd ar *Mastermind*, dim ond dau bwnc baswn i'n gallu dewis fel fy specialised subject – naill ai Killer Whales neu'r rhaglen *Friends*.

Dwi wedi bod yn hollol obsessed gyda Killer Whales / Orca / Orcinus Orca[1] ers i fi wylio *Free Willy* am y tro cynta'n dair mlwydd oed. Ro'n i'n gwylio fe ar lŵp i'r pwynt lle roedd Mam a Dad yn pallu mynd â fi i Disneyworld achos roedden nhw wir yn poeni faswn i'n ceisio rhyddhau Shamu o Sea World.[2]

Y noson symudodd fy nheulu i Gymru, pedair oed oeddwn i, ac roedd fy rhieni am wneud sioe fawr o ddangos fy nghartref newydd i fi. Roedden nhw'n gwybod mai dyma oedd y tŷ lle ro'n i'n mynd i gael fy magu, y tŷ ro'n i'n mynd i'w alw'n gartre am weddill fy oes. Hyd yn oed pan faswn i'n tyfu lan a symud i ffwrdd, roedden nhw'n gwybod mai dyma'r tŷ baswn i'n dychwelyd ato pan o'n i'n hiraethus, pan o'n i angen brêc

---

1   Ydw, dwi'n gwybod yr enw Lladin. Ac ydw, dwi'n ei ddefnyddio fe'n smyg i gyd mewn trafodaethau i brofi i'r person arall bod gen i wybodaeth aruchel am y Black Fish.

2   Genuinely dyma oedd y rheswm yn ôl y sibrydion glywais un noson pan o'n i'n wyth oed. Roedd Mam a Dad yn anghytuno ar lot yn ystod fy mhlentyndod, ond roedd y ddau yn ffrynt unedig am eu diffyg ymddiriedaeth yndda i i beidio cyflawni trosedd ffederal er mwyn ceisio achub pod o forfilod sydd – yn ôl y sôn – reit keen ar fwyta'u hyfforddwyr.

o'r byd go iawn, pan o'n i angen amser teuluol neu hyd yn oed jyst pan oedd gen i ddillad i'w golchi. O'r noson honno mlaen, y tŷ hwn fyddai noddfa sanctaidd ein teulu ac roedd fy rhieni eisiau nodi'r achlysur gyda dadorchuddiad bendigedig roedden nhw wedi ei baratoi i fi.

Yr ystafell gyntaf welais i ar y daith frenhinol oedd y gegin. Yno, roedd 'na Blackcurrent Squash a digon o Penguins i fwydo pentre bychan. *Smashing start,* meddyliais i.

Yna wnaethon ni gamu i fewn i'r lolfa lle roedd 'na soffas newydd gwyrdd a theledu sgwâr trwchus. Clocies i bod yna ddau dŵr o fy fideos VHS wedi eu gosod o dan y teledu. Sganies i drwyddon nhw... *Lion King, Mulan, Pocahontas, Tweenies Christmas Special...*

'Beth wyt ti'n feddwl o'r lolfa, Babs?' gofynnodd Mam.

'Lle mae *Free Willy?*'

'Ma fe reit fynna,' gwenodd hi gan bwyntio at yr hen fideo chunky yng nghanol y tŵr ar y chwith. 'Ewn ni lan i weld dy ystafell wely di?'

'Hoffwn i wylio *Free Willy*, plis,' gofynnais wrth ddechrau chwalu'r ddau dŵr fel rhyw fath o homemade preview o 9/11.

'Beth am weld lan...'

'*Free Willy*, plis.' Ro'n i'n hynod gwrtais, hyd yn oed pan oeddwn i'n ymddwyn fatha aelod o Al-Qaeda.

Yn wahanol i fy nghyd-derfysgwyr yn y 2000au cynnar, ro'n i'n fodlon negydu, ac wnaethon ni gytuno baswn i'n gweld gweddill y tŷ tra oedd golygfa agoriadol *Free Willy* yn chwarae – doeddwn i erioed wedi bod yn hoff o wylio Willy druan yn cael ei rwygo o freichiau / flippers ei fam, felly doedd y golled ddim yn fawr.

Rhywle marciau un ar ddeg oed – fy ngwaharddiad rhag Sea World yn dal mewn gorfodaeth – deffrais un noson yn chwys domen gyda'r sylweddoliad bod yna dwll enfawr yn yr hyn ro'n i wedi bod yn ei gredu ers fy nghyflwyniad cyntaf i *Free Willy.*

Dyma ffilm am ryddhau morfil o'i gaethiwed, ffilm oedd wedi fy ngwneud i'n sicr mai fy mhwrpas mewn bywyd oedd i baffio am hawliau morfilod i fyw yn y gwyllt. Ond... er mwyn y ffilmio, mae'n rhaid eu bod nhw wedi defnyddio Orcinus Orca oedd wedi cael ei dynnu o'r gwyllt yn y lle cyntaf?!?!?!

Sut bod y ffilm a oedd wedi ffurfio fy nghred gryfaf yn y byd wedi cyflawni'r union drosedd foesol oedd yn cael ei difrïo yn y ffilm ei hunan?

Fel merch Frown yn cael fy magu ar fferm yng nghefn gwlad Ceredigion, pan oedd hi'n dod i identity crises mae'n deg i ddweud bod 'na dipyn ar fy mhlât yn barod. Felly roedd sylweddoli bod fy nghred mwyaf yn y byd yn gelwydd llwyr wedi fy ngwthio dros y clogwyn ac i fewn i'r môr – môr na fyddai fy Willy annwyl byth yn ei weld. Palles i wylio *Free Willy* eto – ddim hyd yn oed pan oedd e ar gylchdro ITV2 gyda *Jurassic Park* ac *ET* bob Nadolig am y degawd nesaf.

I lanw'r twll yn fy mhatrymau gwylio, roedd y sioe ffyni 'ma oedd wastad ar Comedy Central wrth i fi ddod nôl o'r ysgol. Sioe am chwe pherson deniadol iawn oedd yn byw yn Efrog Newydd ac yn cael reit laff. Roedd Ross, Rachel, Chandler, Monica, Joey a Phoebe yn byw bywydau yn union fel ro'n i'n disgwyl i fy ugeiniau i fod – llawn dêtio a hwyl a chwerthin, gyda dim un gair am student loans na chrefu ar fy landlady i sortio'r llwydni yn fy ystafell ymolchi. Roedd Efrog Newydd yn berchen iddyn nhw,[3] ac ro'n i'n hollol gaeth i'r penodau diddiwedd oedd yn cael eu darlledu bob dydd. Y munud roedd y credydau yn rolio ar ôl pennod ola'r ddegfed gyfres, ro'n i'n

---

3   A dim ond dau berson du o fewn deg cyfres, but I'll let it slide.

dychwelyd yn syth nôl i bennod gynta'r gyfres gyntaf i gael ymgolli unwaith eto ym myd y chwe ffrind eiconig.

Roedd *Friends* yn escapism llwyr. Ro'n i'n ferch o gefn gwlad Ceredigion oedd â 'welis bob dydd' a 'welis smart', ond am hanner awr fan hyn a fan draw ro'n i'n teimlo fel New Yorker slic gydag apartment yn Manhattan a sgertiau mini Ralph Lauren.

Diolch i unigedd fy fferm oedd dros filltir o'r pentref – pentref oedd, ei hunan, dros bum milltir o'r siop agosaf – os oeddwn i eisiau gweld fy ffrindiau, roedd rhaid i fi ofyn i fy rhieni am lifft. Lifft oedd fel arfer yn cynnwys ymchwiliad ar lefel CSI:

'Pwy sy'n mynd i fod 'na?'

'Beth ma'u rhieni nhw'n neud fel job?'

'Pa amser, i'r eiliad sbesiffig, wyt ti eisiau i fi dy nôl di?'

'Fydd 'na fechgyn yna?'

'Fydd 'na gyffuriau yna?'

'Wyt ti'n addo peidio cyffwrdd ag unrhyw fechgyn nac unrhyw gyffuriau?'

'Wyt ti'n addo peidio dal awyren i Florida er mwyn rhyddhau Shamu o Sea World?'

Allwn i ddim aros am y rhyddid i jyst gallu cerdded i fflatiau fy ffrindiau fel oeddwn i'n moyn, ac i'n bywydau ni blethu'n llwyr nes ein bod ni fel teulu bach ein hunain.

Wrth i fi symud i Gaerdydd i'r brifysgol, trodd y freuddwyd yna'n wirionedd yn ddigon cyflym. Ro'n i'n caru byw yn neuadd De Talybont gyda thair merch arall o lefydd hollol egsotic doeddwn i erioed wedi bod ynddyn nhw, fel Winchester a Swindon. Roedd bob noson fatha sleepover, y pedair ohonon ni'n stwffio ein hunain mewn i un gwely sengl i rannu goss y diwrnod neu i helpu ein gilydd i anfon neges i un o'r bechgyn oedd yn y fflatiau lan llofft.

Yn ogystal â fy nheulu bach yn Fflat 1, Tŷ 21, De Talybont, roedd yna ferch yn byw cwpwl o ddrysau i lawr oedd yn mynd i fod yn astudio'r Gyfraith a Ffrangeg jyst fel fi. Y noson cyn ein darlith gyntaf, derbyniais neges gan Pippa ar Facebook yn gofyn, 'Wyt ti eisiau cerdded i Ysgol y Gyfraith gyda'n gilydd yn y bore? Sori, gwybod bod ni heb actsiwali cwrdd, a dim probs o gwbwl os oes gen ti rywun arall i gerdded gyda ti. Ond os na, ti eisiau cwrdd ar bwys y skip am 8.15?'

Y meet-cute yna ar bwys y skip yng nghanol adeiladau Talybont oedd dechrau un o'r perthnasau agosaf dwi erioed wedi ei rannu gyda rhywun arall yn fy mywyd. O'r bore hwnnw mlaen, doedden ni byth ar wahân. Roedden ni'n gwneud bob dim gyda'n gilydd – bob darlith, bob sesh rygbi, bob pilgrimage i sêl River Island. Yn syml, roedd bob dim mewn bywyd gan gwaith gwell pan fydden ni gyda'n gilydd.

I bawb arall ar ein cwrs, doedden ni ddim yn bodoli fel unigolion – 'Mel & Pippa' oedden ni. Roedd e'n amhosib gweld un heb y llall. Fatha'r Ant & Dec o Gaerdydd, jyst heb y miliynau yn y banc, na'r yfed a gyrru.

Un noson allan yn Revs, roedd Pippa yn bachu athro trwmped o Drefforest, felly bagles i ar ben fy hunan nôl i Dalybont.[4] Gwelodd car heddlu fi'n crwydro trwy'r tywyllwch ar ben fy hunan, yn cael trafferth gosod un droed o flaen y llall. Tynnodd y car i fyny ata i a gofyn os oeddwn i eisiau

---

4   Ro'n i'n 19, yn meddwl 'mod i'n gwybod y cwbwl lot, heb syniad pa mor beryglus oedd hi i gerdded gartre yn y nos ar ben fy hunan. Ro'n i wedi clywed am drais yn erbyn menywod ond ro'n i'n sicr mai dim ond mewn dinasoedd mawr, pell i ffwrdd fel Johannesburg neu Leicester fyddai hynny'n digwydd, nid yn ein Caerdydd bach ni. Doedd dynion Cymraeg ddim yn brifo menywod, surely? Doedd neb oedd yn gallu cynganeddu hefyd yn gallu brifo merched? Dysges i fy ngwers, yn anffodus.

help. Gwichiais i gyda rhyddhad, bownsio mewn i gefn y car a dweud, 'Home please, drive!'

Yn ôl y 'mandatory welfare call' gefais i gan un o'r plismyn y bore wedyn, treuliais y siwrne yn gofyn pethau fel 'You been busy tonight 'en drive?' a 'Why haven't you put the meter on?'

Roedd y plismyn eisiau gwneud yn siŵr fy mod i'n cyrraedd y fflat cywir, ond roedd fy nhaith fach yng nghefn y car heddlu wedi 'ngwneud i hyd yn oed yn fwy chwil nag oeddwn i pan wnaethon nhw fy narganfod yn wreiddiol. Dwi wastad wedi dioddef o salwch car – wnes i ddim goroesi un siwrne car rhwng 2001 a 2004 heb chwydu yn fy nghôl / ar sêt gefn y car / mewn i dun o Quality Streets oedd i fod yn anrheg Nadolig i fy Aunty Jacky. So rili, y daith wnaeth fi'n sâl, nid y Jägerbombs niferus, na'r chwech WKD melyn. Doedd y plismyn ddim yn cytuno gyda fi yn ôl yr incident report, ond dwi'n gwybod y gwir.

Roedd y corwynt oedd yn chwyrlïo o fy mhen i fy stumog ac yn ôl wedi atal fy ngallu i ateb cwestiynau syml fel 'Pa dŷ yw d'un di?'. Felly, propiodd y plismon fi lan yn erbyn y skip fatha deckhair toredig tra bod e'n canu'r clychau ar bob drws yn gofyn i bwy bynnag oedd yn ateb yr intercom os oedden nhw'n gwybod lle roedd Melanie Owen yn byw.

Ar ôl sawl cais aflwyddiannus, atebodd merch o'r enw Sophie. Roedd hi ar fy nghwrs i ac yn hyfryd, ond mi oedd hi'n un o'r merched mae pawb yn eu cwrdd yn y brifysgol, yr un sy'n mynnu bod hi ddim yn posh achos mae'n hoffi gwrando ar fiwsig garage (wedi ei ynganu fel 'gah-raaaj' – mor authentic) ac mae ganddi dri ffrind du, serch y ffaith bod ei thad hi'n diplomat ac mae ganddi dai yn ne Ffrainc a Barbados. Roedd Sophie ym mhob un o fy seminars i ac roedden ni hyd yn oed wedi gweithio gyda'n gilydd ar gyflwyniad rhyw dair wythnos ynghynt.

'Hi, wyt ti'n digwydd gwybod lle mae Melanie Owen yn byw, plis?' gofynnodd y plismon.

'Melanie Owen? Sa i'n nabod hi, sori.'

Roedd y ddwy ohonon ni yn llythrennol wedi bod i social y tîm pel-rwyd gyda'n gilydd bum diwrnod ynghynt.

'Ocê, dim problem, diolch,' hyffiodd y plismon.

'Hang on,' meddai Sophie trwy'r intercom cracli. 'Mel, as in Mel & Pippa?'

Dechreuais i ffurfio rhyw fath o frawddeg i ddangos ei bod hi'n gywir, ond erbyn hyn yr unig fath o gyfathrebu ro'n i'n gallu ei gyflawni oedd y math o sŵn mae buwch yn ei wneud tra'n rhoi genedigaeth.[5]

'Ie, ie, dyna hi dwi'n meddwl,' dywedodd y plismon, wedi deall fy nghyfathrebiad buchol.

'Ohhhhh Mel & Pippa, ie, ma un ohonyn nhw'n byw yn nhŷ 21 ac mae'r llall yn byw yn nhŷ 23. Sa i'n gwybod pa un sy'n byw ym mhle, ond dwi'n siŵr eu bod nhw'n gwpwl eniwe so jyst rho hi yn un ohonyn nhw!'

Doedd Mel ddim yn bodoli heb Pippa, a doedd Pippa ddim yn bodoli heb Mel, hyd yn oed i'r bobl oedd yn ein gweld ni bob dydd. Roedd y ddwy ohonon ni'n llwyr gyd-ddibynnol, a doedden ni ddim yn gallu aros nes ein blwyddyn ERASMUS lle bydden ni'n byw gyda'n gilydd yn Rennes, Llydaw.

Roedd ein tiwtor Ffrangeg wedi gofyn i ni i ystyried mynd i ddinasoedd gwahanol ar ein blwyddyn dramor, ond wnaethon ni gwympo ambiti yn chwerthin wrth jyst clywed yr awgrym o wahanu. Wnaethon ni ddim hyd yn oed goroesi'r gwyliau

---

[5]   Y cyfeiriad mwyaf hambon wnes i erioed, ond un sy'n bang on.

Nadolig heb gwrdd o leia unwaith – sut yffach oedden ni fod i wneud blwyddyn gyfan?

Byw gyda fy ffrind gorau oedd fy mreuddwyd. Yn y misoedd wrth i ni baratoi i symud i Ffrainc, meddyliais am bob dim gallen ni wneud wrth fod dan yr un to bob dydd. Wrth sticio *Friends* mlaen am y 600ed tro wrth bacio fy mocsys, teimlais ffrwd o gynhesrwydd yn saethu trwydda i wrth feddwl sut faswn i a Pippa jyst fel Monica a Rachel, er, yn anffodus doeddwn i ddim yn ffansïo brawd Pippa o gwbwl. Roedd e'n teimlo'r un fath, yn ôl y ffordd roedd e'n rolio'i lygaid bob tro ro'n i'n siarad. Yndw, dwi'n annoying, ond roedd e'n ddyn yn ei dridegau oedd yn dal i fyw gyda'i fam a gyda tatŵ o ddau ffured ar ei goes, felly pwy oedd e i fod yn feirniadol? Ond heblaw am yr hiccup bach yna, ni fase Monica a Rachel gogledd Ffrainc.

Wrth i ni gyrraedd ein cartref newydd yn Rennes, cymerodd hi dair wythnos i'n perthynas bwletprwff ddechrau cwympo yn ddarnau.

Dwi wedi meddwl ac ailfeddwl am flynyddoedd sut aeth pethau o chwith mor gyflym. Yr ateb syml yw – wnaeth y pethau roedden ni'n gweld yn annwyl am ein gilydd ar y dechrau, droi mewn i'r pethau roedden ni'n casáu fwya.

O'r blaen ro'n i'n deffro yn y bore a methu aros i fynd i gwrdd â Pippa, ond nawr... roedd hi 'na yn barod. Doeddwn i ddim yn gallu bwyta brecwast cyn ei gweld hi yn y gegin, doeddwn i ddim yn gallu cael cawod heb bwmpio mewn iddi yn yr hallway... ac achos roedden ni'n cymryd yr un cwrs doedd 'na ddim un cyfnod o fy niwrnod lle ro'n i jyst yn gallu cael amser i fi fy hunan.

Roedd yr unig blentyn yndda i yn sgrechian am ddiwrnod, neu hyd yn oed jyst noswaith, heb Pippa. Pan geisiais i esbonio hyn, fy mod i jyst angen gwneud rhywbeth heb fy ffrind gorau yn dal fy llaw, beth glywodd hi oedd, 'dwi'n dy gasáu di ac yn difaru byw gyda ti.'

Yn lle rhoi'r lle ac amser i fi gael anadlu, daliodd Pippa arna i yn dynnach fyth. Trodd hi'n bosi i lefel annerbyniol a dechrau fy rheoli a fy newisiadau. Ac yn lle gwthio'n ôl, cadwes i fy nheimladau tu mewn i mi fel na fydden ni'n cwympo mas. Y broblem gyda llethu fy nheimladau oedd fy mod i wedi dechrau dweud celwydd wrthi – celwyddau oedd yn achosi ni i gwympo mas hyd yn oed yn fwy yn y diwedd.

Un prynhawn, ar ôl darlith olaf y dydd, ro'n i'n rili ffansïo mynd i gaffi i fwyta baguette, yfed coffi ac ysgrifennu diweddariad i fy mlog (Millennial gyda blog... what a maverick). Ceisiais i ysmygu hefyd jyst i rili byw fy #BestFrenchLife ond roedd y lludw yn mynd dros fy keyboard ac ro'n i'n tagu fatha milwr yn paffio drwy Mustard Gas ar y Western Front, felly sticies i at fy nghafé crème a fy maguette jambon.[6] Ar ôl awr fach o deipio blog fase dim ond fy mam, ffrind fy mam a chwaer fy mam yn ei ddarllen, es i adre'n teimlo'n fodlon ar ôl jyst pwt byr o amser ar ben fy hunan.

Y noson honno, cerddais i fewn i'r gegin i weld Pippa yn syllu mewn i'r bin, a dagrau yn ei llygaid.

'Beth yw hwn?' gofynnodd hi, yn dal lan derbynneb o'r caffi lle ro'n i wedi bod yn teipio.

Dechreuais i gecian.

---

6   I fod yn gywir, cefais i bump café crème – mae pobl Ffrengig yn meddwl bod thimbles o goffi yn dderbyniol i'w rhoi i gwsmeriaid. Mae 'na fwy o hylif yn y syrinjis bach o Calpol ro'n i'n eu cael fel plentyn nag sydd mewn cwpan safonol o goffi yn Ffrainc. Baswn i'n rhoi coffi mwy o faint i fochdew nag mae unrhyw barista wedi ei roi i fi ar ochr arall y Sianel. Mae pawb yn sydyn iawn i gwyno am hiliaeth Le Front National ac am amharodrwydd Macron i sefyll lan i Tseina, ond does neb yn fodlon mynd i'r afael â throsedd fwyaf y Ffrancwyr, sef seis eu ffycin coffis.

'Wedest ti bod gen ti gyfarfod gyda'r tiwtor.'

'Mi oedd 'na ond wedyn es i…'

'Mel, ma hynny obviously yn bullshit! Pam wyt ti'n dweud celwydd wrtha i?'

'Achos ro'n i jyst eisiau bach o amser i fynd am ginio ar ben fy hunan,' mymbles i, y cywilydd am fy nghelwydd yn rhwystro fi rhag edrych ar ei hwyneb.

'Beth ydw i wedi neud i ti fel bod well 'da ti gael cinio ar ben dy hunan, na chael cinio gyda fi?'

'Rydyn ni'n cael cinio gyda'n gilydd bob dydd, Pippa! Ro'n i jyst eisiau'r un prynhawn yma a doeddwn i ddim yn gallu dweud wrthot ti achos baset ti'n sylcio!'

'Sut ydw i'n sylcio?' gwaeddodd hi.

'Ti'n gweiddi a ti'n dechrau slamio pethau…'

'Pryd? Rho un enghraifft i fi pryd dwi wedi neud hynny.'

Doeddwn i ddim yn gallu meddwl yng nghanol fflamau yr holl ffraeo.

'Wel?' mynnodd hi.

'Ti'n gwybod bod ti'n neud e, Pippa. Mae'n neud e mor anodd i fi siarad gyda ti…'

'Dwi eisiau un enghraifft o pan dwi'n slamio pethau!'

Caeais i lawr o dan y pwysau o drial dadlau'n ôl. Rho fi mewn unrhyw sefyllfa o wrthdaro a faswn i'n gallu dadlau fy ffordd allan ohoni, hyd yn oed os dwi'n gwybod fy mod i'n anghywir. Ond y munud mae'n rhaid i fi wrthdaro gyda rhywun dwi'n eu caru, mae fy ngeiriau'n diflannu.

'Dwi jyst angen bach o le, weithiau,' sibrydais.

'Sut alla i roi mwy o le i ti? Ni'n litryli'n byw dan yr un to.'

'Wel, does dim angen i ti ddweud wrtha i be dwi'n bwyta i swper bob nos, a does dim angen i ti ddewis drosta i lle dwi'n cael eistedd ar y bws. A bore Sadwrn pan oedden ni yn y farchnad, wedest ti bo fi ddim yn cael tynnu mwy o luniau…'

'Does neb angen deg llun o'r un stondin bysgod!'[7]

'Pwy sy'n dweud? Ti?! Dwi eisiau gallu neud beth dwi moyn a beth dwi'n mwynhau heb i ti bosio fi o gwmpas na 'meirniadu i. Felly weithiau mae'n haws i fi wneud pethau hebddot ti, fel bo fi jyst yn gallu mwynhau'r profiad fel dwi moyn.'

Taranodd Pippa i'w hystafell wely, a slamio'r drws mor galed gwnaeth yr holl fflat grynu. Ro'n i eisiau gweiddi rhywbeth ar ei hôl hi fel 'dyna un enghraifft o ti'n slamio pethau!' ond roedd dagrau yn fy nhagu. Ymlwybrais i fy ystafell wely a chyfri faint o ddiwrnodau oedd ar ôl nes y gwyliau Nadolig. Ro'n i'n desperate am bi,[8] ond arhosais nes oriau mân y bore i sleifio i'r tŷ bach, rhag ofn i fi bwmpio mewn iddi.

Y diwrnod wedyn, clywais Pippa yn mynd mas cyn i fi godi o fy ngwely. Welais i ddim ohoni nes chwech o'r gloch y noson honno. Wrth iddi ddod i mewn, ro'n i'n ceisio reslo sheets newydd ar fy ngwely heb lot o lwyddiant.

'Ti isio help?' gofynnodd hi, yn cydio mewn cornel o'r sheet heb aros am ateb. Ro'n i'n ddiolchgar am yr help, ac i'w chlywed hi'n siarad gyda fi.

'Ydyn ni'n ocê?' gofynnodd hi.

'Dwi rili eisiau bod,' esboniais i.

Trafodon ni sut allen ni'n dwy fod bach yn well i'n gilydd, ac am wythnosau roedd pethau bron fel oedden nhw nôl yng Nghaerdydd. Dechreuon ni chwerthin eto a gwir fwynhau cwmni ein gilydd ar ein hantur fawr Ffrengig. Cawson ni drip Nadoligaidd i Baris sydd, serch y strydoedd mochaidd a'r knife

---

7   In my defence, wnaeth y tri darllenwr o fy mlog actsiwali fwynhau'r galeri o luniau o bysgod yn ôl eu sylwadau ar Facebook.

8   Mae'n debyg mai'r pump café crème oedd ar fai.

crime eithafol, yn ddinas sydd rhywsut yn gallu iacháu hyd yn oed y perthnasau mwyaf pigog. Mae 'na jyst rhywbeth am afon lygredig a phlismyn hiliol sy'n rili gwneud i ti ystyried gymaint rwyt ti'n caru'r bobl agosaf atat ti.

Ro'n i'n edrych mlaen at yr amser ar wahân dros wyliau'r Nadolig, gyda'r gobaith base'r pellter rhyngon ni'n gwneud i fi deimlo'r cyffro o gael bod nôl gyda hi eto yn ein fflat bach cysurus yn Rennes. Ond yn lle hynny, rhoddodd flas i fi o gyn lleied o feirniadaeth a rheolaeth ro'n i'n ei deimlo pan nad oeddwn i dan yr un to â hi.

Camais ar yr awyren nôl i Ffrainc ddechrau Ionawr gyda theimlad o bryder yn fy mol, yn poeni am y chwe mis oedd i ddod. Alla i ddim rhoi'r holl fai am y pryder ar ysgwyddau Pippa – y gwir amdani oedd nad oeddwn i'n mwynhau byw yn Ffrainc o gwbwl. Doedd y diwylliant ddim yn un ro'n i'n gallu uniaethu ag e,[9] roedd Rennes yn dre mor dawel,[10] roedd y brifysgol yn rili anodd a doedd gen i fawr o ffrindiau. Ac ar ben hyn i gyd, doedd gen i ddim cartref hapus i ddychwelyd iddo achos roedd Pippa yna.

Ro'n i'n ysu i wneud fel Rachel a Ross a chael brêc o fy nghyfeillgarwch gyda Pippa, ond gyda chwe mis i fynd ro'n i'n gwybod base hynny ddim yn bosib. Base jyst yr awgrymiad yn achosi rhyfel lefel niwcliar fase'n gwneud bywyd yn ein fflat hyd yn oed yn fwy annioddefol, felly llynces i fy mhryder a dechreuais gyfri lawr i'r diwrnod pan fyddwn i'n hwylio i ffwrdd o borth Saint Malo gan roi dau fys lan i Ffrainc, ei choffis minuscule, ei phlismyn fascist a'r cymylau diddiwedd o fwg sigaréts.

Serch fy nghynllun i gadw'r heddwch, dechreuodd y fflat

---

9   Roedd y coffis yn siriysli ffycin fach.
10   Roedd yn gwneud i Aberystwyth edrych fatha Las Vegas.

deimlo fel carchar. Ro'n i'n dianc rhag Pippa bob cyfle gallwn i, jyst i gael munud neu ddeg i fy hunan. Baswn i'n creu rheswm i fynd i'r boulangerie neu'r Carrefour, yn cymryd y lôn hir adre i ymestyn yr amser bach yna ar wahân.

Cymerais gam egstrîm dydw i ddim yn falch ohono – cam fydd yn fy siomi nes i fi gyrraedd fy medd. Dechreuais i redeg. Dim rhedeg i ffwrdd o bethau fel cŵn gwyllt neu o ddynion yn gofyn am fy Snapchat. Actsiwali rhedeg fel hobi.

Dydw i erioed wedi deall pobl sy'n mwynhau rhedeg. Yn waeth fyth, mae dynion yn rhedeg yn rhoi'r ick mwyaf difrifol i fi. Mae'r ick mor gryf, mae'n rhaid i fi adael Caerdydd bob tro mae 'na farathon neu hanner marathon, achos dwi'n ofni bydd gweld yr holl ddynion yna'n rhedeg yn gwneud fi'n anffrwythlon. Bob tro dwi'n sgrolio trwy Instagram a gweld bod dyn wedi uwchlwytho map Strava, dwi'n gallu teimlo wy arall yn ymadael â'm croth.

Ond er fy nghasineb tuag at yr hobi mwyaf dibwrpas erioed, roedd rhedeg yn rhoi cyfle i fi gael dianc am hanner awr ar ben fy hunan i wrando ar bodlediad, gweld gwyrddni'r ddinas a meddwl tybed oedd hi'n bosib i ferch ugain oed ddioddef trawiad ar y galon ar ôl rhedeg dim ond 3km.

Bythefnos i fewn i fy mywyd newydd fel rhedwr, cyrhaeddodd parsel i Pippa. Ynddo roedd pâr o sgidiau rhedeg. Ro'n i eisiau sgrechian nerth fy ysgyfaint a'u twlu nhw trwy'r ffenest. Ond yn ymwybodol ei bod hi'n well i deimlo wedi fy mygu na byw mewn warzone – llyncais fy nicter.

Am yr wythnosau nesaf, roedd Pippa yn dod i redeg gyda fi ac ro'n i wedi colli fy unig hanner awr o ryddid. Dylswn i fod wedi defnyddio fy ngeiriau, a dweud wrthi bod angen yr hanner awr o lonydd arna i, ond roedd fy mhryder am y gweiddi a'r slamio a'r sylcian yn fy nghyfyngu. Felly, un bore

Sadwrn, codais yn gynnar i redeg ar ben fy hunan. Sleifiais o'r adeilad fel llygoden, heb wneud smic nes fy mod i'n ddiogel o glyw ar y palmant tu allan. Dim ond hanner awr fyddwn i, ro'n i'n sicr faswn i adre cyn i Pippa hyd yn oed ddeffro. Tase fy nghynllun wedi gweithio, faswn i wedi cael hanner awr o les i fy iechyd meddwl a base ei theimladau hi ddim wedi eu brifo.

Wrth gwrs, nid dyna ddigwyddodd.

Wrth i fi gripian nôl drwy'r drws ffrynt, sylweddolais bod treinyrs Pippa ddim yna. Sticies i fy mhen i fewn i'w hystafell wely – mynydd o lyfrau am y gyfraith, stac dwt o o leia deuddeg pâr o skinny jeans, ond dim Pippa. Es i i'r gegin i ddechrau paratoi ein brecwast yn y gobaith base cwpwl o pain au chocolats cynnes yn tawelu'r corwynt oedd am ddod trwy'r drws unrhyw eiliad.

Mae gan bob rhyfel ei drobwynt allweddol – Brwydr Gettysburg, Brwydr Stalingrad, bomio Pearl Harbour... a'r bore Sadwrn yma oedd ein Pearl Harbour ni.

Swingiodd Pippa y drws ffrynt ar agor, ei bochau wedi eu brathu'n goch gan y gwynt oer tu allan. Roedd yn amlwg o'i llygaid gwlyb ei bod hi wedi bod yn crio, ond erbyn hyn roedd y tristwch wedi troi'n gynddaredd llwyr.

'ARE YOU FUCKING SHITTING ME?' gwaeddodd hi wrth slamio'r drws ffrynt ar gau. 'PAM NA WNEST TI DDEFFRO FI I FYND I REDEG GYDA TI?'

'Doeddwn i ddim yn meddwl baset ti eisiau i fi ddeffro ti mor gynnar,' mymbles i, y celwydd yn pallu dod allan o fy ngheg yn glir.

'PAM WYT TI'N DWEUD CELWYDD?' sgrechiodd hi. Cwestiwn teg – ond ddim yn gwestiwn hawdd i'w ateb tra bod rhywun yn edrych arnat ti fel taset ti newydd ladd eu mam o'u blaen nhw.

'Roe… roe… r… Ro'n i eisiau mynd i redeg ar ben fy hunan, jyst i gael bach o amser a llonydd. Dwi'n unig blentyn ac weithiau…'

'Felly ti'n dweud base'n well gen ti redeg ar ben dy hunan na rhedeg gyda fi?'

'…Ie. Ma fe jyst yn rhoi…'

'PAM?! Ydw i'n berson erchyll i ti? Wyt ti'n casáu fi?'

'Wrth gwrs nad ydw…'

'Felly pam base'n well gennyt ti fynd hebdda i?'

'ACHOS DWI'N CASÁU BYW GYDA TI!'

Bu fy ngeiriau yn hongian yn yr awyr rhyngon ni am beth oedd yn teimlo fel degawd. Roedd e'n wir – mi oeddwn i'n casáu byw gyda hi. Ond doeddwn i ddim eisiau ei brifo hi chwaith.

Edrychodd arna i mewn tawelwch llwyr, ei cheg jyst yn agored fel tase ei geiriau'n styc yn ei gwddf.

'Pippa, dwi'm yn meddwl hynny. Dwi'n sori.'

'Fuck you!' splytrodd hi, a rhedeg i'w hystafell wely.

Llusges i fy hunan i fy ystafell a llithro'n swp ar ochr fy ngwely, fy mhen yn fy nwylo wrth i'r dagrau ddechrau llifo. Doeddwn i ddim yn gallu credu ein bod ni wedi cyrraedd y pwynt yma. Roedden ni wedi bod yn fwy na ffrindiau gorau, roedden ni'n arfer bod fel dau hanner o'r un person. Pan mae bobl yn sôn am 'the one', maen nhw fel arfer yn siarad am bartner rhamantaidd, ond cyn Ffrainc, Pippa oedd fy 'one', fy mherson, fy soulmate. A nawr roedd hi jyst y person ro'n i eisiau dianc rhagddi, a'r person ro'n i wedi ei brifo yn fwy na neb.

Gorweddais yn ôl ar fy ngwely, yn gadael i'r dagrau wlychu fy nghlustog, nes i'r larwm tân darfu ar fy nhoriad calon. Rhedais i'r gegin i weld mwg du yn llifo o'r ffwrn. Roedd ein pain au chocolats wedi troi'n ddau lwmp o lo – roedd y brecwast ro'n i wedi gobeithio fyddai'n ein huno ni nawr jyst yn ddarn arall o collateral damage Brwydr Rennes 2016.

Bloeddiais dros y sŵn dychrynllyd i ofyn i Pippa helpu fi i ddiffodd y larwm, ond daeth dim ateb. Des i allan o'r gegin i floeddio eto pan welais i fod drws ei hystafell ar agor a'i hesgidiau wedi mynd. Yn lwcus iddi hi, roedd hi wedi ffrwydro allan o'r fflat cyn i lanast y pain au chocolats hyd yn oed ddechrau.

Gwelais i ddim ohoni am 48 awr.

Pan dychwelodd hi, wnaethon ni ddim trafod y ffrae. Wnaethon ni ddim trafod fawr o ddim byd. Buodd gair fan hyn a fan draw rhyngon ni pan oedd hi'n angenrheidiol, ond heblaw am hynny roedden ni fel dau ddieithryn am y cwpwl o fisoedd nes i fi adael Ffrainc.

Gadewais i'r diwrnod ar ôl fy arholiad olaf, wedi llwytho fy holl eiddo mewn i gefn pick-up fy nhad oedd wedi gyrru gyda fy mam i fy nghasglu. Wrth i fi adael, roedd Pippa yn gweithio – ers y ffrae roedd hi wedi cael swydd mewn tafarn Wyddelig oedd yn gwneud jello-shots am 1€ bob nos Lun. Wrth i fi gerdded trwy ddrws ein fflat am y tro olaf, roedd tristwch yn pwyso arna i ein bod ni ddim wedi cael y cyfle i gau'r llyfr ar ein bywyd yn Ffrainc gyda'n gilydd – yn y bore roedden ni'n byw gyda'n gilydd ac erbyn y prynhawn doedden ni ddim. Roedd e drosto mor syml â hynny. Gadewais pain au chocolat ar y cownter iddi gan obeithio base hynny yn dweud bob dim doeddwn i ddim yn gallu ei gyfleu gyda geiriau. Dwi'n gobeithio welodd hi'r pain au chocolat a deall gymaint ro'n i'n difaru'r ffordd roedd ein perthynas wedi datgymalu, pa mor sori oeddwn i am fethu bod yn fwy gonest a pha mor drist oeddwn i ei bod hi wedi troi mor ormesol. Ond falle welodd hi'r pain au chocolat a meddwl, 'O leia dyw hi heb blydi barbeciwo fo'r tro 'ma.'

Teimlais i fel petai'r flwyddyn yna yn Ffrainc wedi gollwng bom ar y berthynas gryfaf ro'n i erioed wedi'i theimlo gydag unrhyw un tu allan i fy nheulu. Ond mewn gwirionedd, er gymaint o'n i eisiau beio Ffrainc, roedd yna expiry date amlwg i'n cyfeillgarwch. Hyd yn oed tasen ni heb fynd ar flwyddyn ERASMUS, basen ni, heb os, wedi ceisio byw gyda'n gilydd a base'r un problemau wedi rhwygo ein perthynas yn ddarnau mân.

Ar ben bob dim, wrth i ni heneiddio mae'r gwahaniaethau yn ein bywydau a'n gobeithion wedi amlygu eu hunain yn gryf. Tua blwyddyn ar ôl dychwelyd o Ffrainc, wnaethon ni geisio ailgysylltu. Roedd e'n eithaf llwyddiannus – y dicter a'r tristwch wedi toddi erbyn hynny, ond hefyd bob dim oedd gennyn ni yn gyffredin. Roedd hi'n blaenoriaethu prynu tŷ, ffeindio gŵr a sefydlu ei hunan mewn swydd gadarn am ddegawdau i ddod. Ac wedyn dyna fi, yn rhedeg nerth fy nghoesau i ffwrdd o unrhyw fath o gyfrifoldeb ac ymrwymiad.[11]

Dydw i erioed wedi gweld eisiau Pippa, aeth gormod o'i le i hynny. Ond mae'n codi ofn arna i fod teimladau mor gryf o gariad a chysylltiad gyda rhywun yn gallu troi'n chwerw mor annisgwyl. Mae'r pryder yna'n chwarae yng nghefn fy meddwl bob tro dwi'n teimlo fy hunan yn cwympo mewn cariad gyda ffrind – pan dwi'n croesi'r llinell 'na o wybod ein bod ni'n 'ffrindiau da' i wybod baswn i'n eu helpu nhw i guddio corff yn ddigwestiwn tasen nhw'n gofyn.[12] Dwi'n atgoffa fy hunan

---

11 Rhedeg i ffwrdd o fywyd go iawn – yr unig fath o redeg sy'n dderbyniol yn fy marn i.

12 I fod yn deg, base gen i gwpwl o gwestiynau ond faswn i'n eu cadw nhw nes ein bod ni yn y car yn gyrru gartre.

ei bod hi'n bosib i bobl dyfu mewn cyfeiriadau gwahanol a datblygu anghenion dydy'r llall ddim yn gallu eu bodloni. Ac felly, mae llwyddo i ddal mlaen i ffrind gorau am byth yn her aruthrol.

Weithiau dydy'r berthynas rhwng dau ffrind gorau ddim yn dod i ben ar ôl trychineb ffrwydrol fel Brwydr Rennes 2016. Weithiau, mae'r byd jyst yn rhwystr ac mae eich bywydau'n datblygu ar gyflymder mor wahanol, mae dal mlaen i'ch gilydd yn amhosib, heb unrhyw fai ar neb. Mae'r toriadau hynny weithiau'n gallu brifo'n waeth na'r toriadau mwy dramatig – yn enwedig i'r ffrind sy'n cael ei adael ar ôl – achos does dim trobwynt allweddol y gallwch chi roi eich bys arno. Dim diwrnod pendant lle rydych chi'n cau'r llyfr ar eich perthynas. Weithiau rydych chi jyst yn sylweddoli bod chwe mis wedi pasio a dydyn nhw heb ateb eich WhatsApp eto, neu mae pen-blwydd yn pasio ac rydych chi'n sylweddoli eu bod nhw heb alw.

Wrth eistedd mewn plasty yng nghanol Hampshire ar un o ddiwrnodau poethaf haf 2023, crashiodd y sylweddoliad fy mod i fy hunan wedi bod ar ochr arall un o'r fade outs 'ma. Wrth i fwstásh o chwys halenog ffurfio ar fy ngwefus uchaf, gofynnais i fy hunan pam ddiawl nad oeddwn i wedi dod â ffan gyda fi, ond hefyd pam oeddwn i'n teimlo fel dieithryn ym mhriodas un o fy ffrindiau gorau, Jack.

Ro'n i a Jack wedi cwrdd trwy gwaith. Wel, i fod yn deg wnaethon ni actsiwali gwrdd ar Tinder yn wreiddiol. Popiodd e lan yn dweud 'If you were a chicken, you'd be im-peck-able'. Fel bob merch synhwyrol, wnes i flocio fe. Tua deufis ar ôl ein meetcute[13] lletchwith, welon ni ein gilydd eto mewn parti

---

13   Neu 'meet cyw-t' dylswn i ddweud. (At the time of writing dwi'n gomedïwr proffesiynol, onest).

gwaith. Mae Jack yn dal, hyd heddiw, yn mynnu taw'r parti yna oedd y tro cyntaf i ni siarad ac yn gwadu fflat-owt nad fe oedd wedi danfon y pickup line diarhebol. Serch y ffaith wnes i fygwth dangos y dystiolaeth ar fy ffôn, chwarddodd e yn ei acen Efrog, 'I probably would've tried it on, but I never would've laid it on that thick.'[14]

Datblygodd ein trafod egniol ni i mewn i gyfeillgarwch arbennig ac agos. Ac, yn bwysig, un platonig. Buon ni'n treulio diwrnodau a nosweithiau cyfan gyda'n gilydd, aethon ni ar wyliau tramor fel pâr, a thros y blynyddoedd roedden ni yna, yn y cefndir tra bod cariadon yn mynd a dod, fel cefnogaeth goncrit i'n gilydd.

Ond i Jack, mi oedd 'na un cariad wnaeth byth adael. Cwympodd Jack a'i wraig mewn cariad yn gyflym ar ôl i fi eu cyflwyno nhw[15] ac o fewn blwyddyn roedden nhw'n disgwyl babi.

Pan roies y ffôn i lawr ar ôl clywed bod Jack Jr ar ei ffordd, beichiais i fewn i fy nghlustog mor swnllyd nes i Mam ddod i weld os oedd 'na anifail wedi ei anafu yn yr ystafell. Ro'n i'n gwybod tra bod y ferch yma ym mywyd Jack y baswn i'n cwympo lawr y rhestr i fod yr ail berson pwysicaf yn ei fywyd… ond doeddwn i ddim yn disgwyl iddi aros! Yn fy mhen anaeddfed a hunanol, ro'n i wedi dychmygu cwrdd â rhywun o'n i'n ei garu ac y byddai Jack yn aros yn sengl trwy gydol ei oes er mwyn i ni allu gwylio'r bocsio, chwarae Mario Kart a mynd i Croatia pryd bynnag ro'n i moyn. Ond nawr bod yna fabi ar y ffordd, doedd hynny ddim jyst yn meddwl bod y ddynes yma'n mynd i fod dan draed am byth, ro'n i hefyd yn mynd i gwympo'n bellach

---

14   Neu 'laid it on that chick'… dwi wir yn sori.
15   Ie, fi wnaeth ei gyflwyno fe i'r ddynes fyddai'n gwthio fi o'r sîn.

fyth i lawr y rhestr o'r bobl oedd yn bwysig yn ei fywyd.

Wnes i gyfaddef fy mhryderon iddo dros rac o ribs mewn bar Americanaidd taci yng nghanol Caerdydd.

'Look, I don't want to make this baby thing all about me,' dywedais i. 'But I'm scared that we'll just never see each other once it arrives.'

'The baby is a *he*, not an *it*,' chwarddodd e.

'The baby is the worst thing to happen to me this year!' Y flwyddyn oedd 2020, felly mae'n bosib mai overexaggeration oedd hyn.

Ar ôl iddo stopio chwerthin ar fy mhen i a fy nhantrym, mi sicrhaodd Jack fod y babi ddim yn mynd i roi diwedd ar ein cyfeillgarwch.

'Look, we've promised ourselves we're not going to be those types of parents who stay in once the baby comes. The baby has to fit around us, not the other way around. When we want to go to the pub, the baby will just come with us!'

Does gen i ddim plant, a dwi hyd yn oed yn gwybod pa mor naïf oedd yr addewid yma. Diflannodd Jack y munud daeth y babi mewn i'r byd. Es i i'w gweld nhw cyn gynted ag oeddwn i'n gallu a – damo fe – roedd y babi actsiwali'n uffernol o ciwt. Ro'n i'n caru ei wylio fe'n tyfu, a faswn i'n ymweld â nhw gyda dillad newydd iddo o leia unwaith y mis.

Ond cyn bod y babi mwyaf gorjys erioed yn flwydd oed, roedd rhaid i'r tri symud i sybyrbia ochre Llundain oherwydd gwaith cariad Jack. Yn fy nghalon ro'n i'n gwybod bod hyn yn mynd i dynnu fy ffrind yn bellach o fy mywyd. Roedd yr amser oedd ganddo i'w roi i mi yn brin fel oedd hi – doedd symud tair awr i ffwrdd ddim yn mynd i wella hynny.

Aeth y ddau ohonon ni am ein rac o ribs traddodiadol cyn iddyn nhw symud, ond y tro 'ma wnes i ddim lleisio fy mhryderon. Ro'n i wedi derbyn yn dawel na fyddai ein cyfeillgarwch byth yn dychwelyd i'r nosweithiau o chwarae'r Wii neu weiddi cefnogaeth i Anthony Joshua trwy sgrin fy nheledu. Roedd ei fywyd e wedi symud mlaen a doedd dim bai arno fe bod fy mywyd i'n dal yn styc nôl yn fynna.

Er 'mod i'n drist, roedd e'n llenwi fy nghalon i weld pa mor hapus oedd e. Roedd e mor gyffrous yn dangos lluniau o'i fabi yn y tŷ roedden nhw newydd ei brynu, yn rowlio o gwmpas ar y carped pinc yn y lolfa. Roedd Jack wrth ei fodd gyda'i fyd, a serch y ffaith amlwg bod dim lle i fi yn y byd hwnnw, ro'n i mor hapus ei fod e'n hapus.

Dwy flynedd i lawr y lein, ro'n i ar fy ffordd i eglwys yng nghanol Hampshire ar gyfer priodas Jack a'i wraig. Doeddwn i ddim yn gallu credu bod fy Jack i – Jack oedd wedi chwydu ar lawr dawnsio Tiger Tiger a chael gwaharddiad oes, Jack oedd erioed wedi fy nghuro i ar Rainbow Road, Jack oedd bron â boddi yn y bath ar ôl cwympo i gysgu – yn mynd i sefyll o'n blaenau ni i gyd yn yr eglwys a chymryd y cam mwyaf adult erioed.

Wrth wisgo ar fore'r briodas, ystyries i pa mor wahanol oedd ein bywydau ni y munud hwnnw. Er mai dim ond pum mlynedd yn hŷn na fi oedd Jack, ro'n i'n teimlo fel bod cenhedlaeth gyfan rhyngon ni. Roedd Jack siŵr o fod yn camu o amgylch ei ystafell wely yn ymarfer beth i'w ddweud wrth iddo briodi y person roedd e'n caru fwyaf yn y byd, a dyna fi yn rhoi masgara mlaen gydag un llaw ac yn ateb negeseuon Tinder gyda'r llall.

Roedd Jack yn oedolyn go iawn, ac ro'n i jyst yn gwisgo lan er mwyn esgus bod yn un. Yn syllu ar fy hunan yn y drych, ro'n i'n edrych fel 'mod i'n mynd i barti gwisg ffansi, yn smalio bod yn oedolyn soffistigedig oedd yn ddigon hen i gael ffrindiau oedd yn priodi ac yn gwybod yn bendant beth oedd hi am wneud gyda'i bywyd. Doedd y Mel yn y drych ddim yn bwyta caws dros y sinc yn syth o'r bag, nac yn chwydu mewn clawdd ar Cathedral Road wrth wneud y walk-of-shame adre ar fore Sul,[16] a doedd hi erioed wedi troi lan i ddarlledu o stiwdios y BBC am chwech y bore dal bach yn half-cut ers y noson cynt.[17]

Argyhoeddais fy hun fy mod i ddim mor wahanol i'r Mel yn y drych ag oeddwn i'n meddwl. Doeddwn i ddim cweit yn coelio fy hunan, ond roedd yn ddigon i gael fi allan o ddrws y gwesty a mewn i'r tacsi.

'You going to your prom are you love?' gofynnodd y gyrrwr.

'Sorry?'

'You look lovely. You're heading to your prom are you?'

Roedd ei eiriau fel cleddyf trwy fy stumog. Ro'n i'n ymwybodol iawn fy mod i'n bell o fod yn oedolyn go iawn pan oedd hi'n dod at fy newisiadau mewn bywyd, ond doeddwn i ddim yn sylweddoli 'mod i'n llythrennol yn edrych fel arddegwr oedd ar fin gadael ysgol.

'Yeah...' atebais yn dawel, yn crogi trwy fy nagrau.

Sleifiais i fewn i'r eglwys yn pryderu 'mod i wedi mynd trwy fy holl stoc o hancesi diolch i'r menty-b (llysenw dwi a fy ffrindiau yn ei roi i mini mental breakdowns i'w gwneud nhw i swnio bach llai difrifol) yn fy ystafell a'r menty-b dilynol yn y tacsi. Os oedd menty-b arall ar ei ffordd – neu os oedd y seremoni mor brydferth bod e'n dod â dagrau i fy llygaid – baswn i'n gorfod sychu fy wyneb gyda hen dderbynneb Superdrug oedd yng ngwaelod fy nghlytsh.

Yn ffodus, daeth dim trydydd menty-b, ac roedd y

16   Os wyt ti'n byw ar Cathedral Road, jôc ydy hyn.
17   Os wyt ti'n gweithio i Radio Cymru, mae hwn yn BENDANT yn jôc.

seremoni'n fwy doniol na phrydferth. Penderfynodd mab Jack ei fod e wedi cael hen ddigon o'r holl beth ar ôl tua pymtheg munud, a treuliodd weddill y gwasanaeth yn gwneud roli-polis lawr yr eil. Wrth i'w rieni ddweud 'I do', roedd y bachgen bach biwtiffyl yn ceisio gwneud handstand o flaen y morwynion. Y seremoni berffaith.

Cefais lifft i'r brecwast priodas ar gefn beic modur gan gyngydweithiwr oedd yn ei gweld hi'n lot rhy ddoniol gymaint ro'n i'n sgrechian y munud aeth o dros 20 milltir yr awr. Doedd fy ffrog prom ddim y wisg ddelfrydol i fod ar gefn moto-beic, ond yn amlwg doedd hi ddim yn ddelfrydol ar gyfer y briodas chwaith yn ôl y gyrrwr tacsi.

Yn gwrando ar yr areithiau yn y plasty swanci, ac yn clapio a chwerthin lle dylwn i, sylweddolais jyst pa mor fawr oedd y bwlch rhyngof fi a bywyd Jack. Cwpwl o flynyddoedd yn ôl baswn i wedi bod yn chwerthin ar yr holl in-jokes, yn gwybod o wyneb Jack gymaint oedd e'n trial peidio edrych yn nerfus, ac yn bownsio gyda'r cyffro bod rhywun oedd fel brawd i fi yn mwynhau diwrnod gorau ei fywyd. Ond y gwir amdani oedd, ro'n i'n teimlo fel dieithryn. Doedd gen i ddim mwy o gysylltiad gyda fe na rhyw random gwraig ail gefnder i'w fam. Ro'n i jyst yn rhywun oedd y cwpwl kind of yn nabod ond yn bell o fod ar y top table.

Pan o'n i'n gwrando ar y chweched araith, sylweddolais gyda thristwch bod ein perthynas heb dorri'n rhacs oherwydd rhyw ddigwyddiad allweddol; bywyd wnaeth jyst tynnu Jack oddi wrtha i. Doeddwn i ddim yn ffitio yn ei fywyd rhagor, ac er gymaint oedd hynny'n brifo, roedd e'n iawn i hynny ddigwydd.

Pan ydyn ni'n dweud BFFs – best friends forever – anaml iawn ydyn ni wir yn dal mlaen i'r person hwnnw am byth.

Rydyn ni'n dathlu datblygiadau bywyd, llwyddiannau a chyflawniadau, ond weithiau mae'r holl elfennau positif yma'n cael effaith niweidiol ar ein perthynas gyda'r bobl sydd yn ein bywydau. Os ydych chi'n teithio trwy fywyd, mae'n debygol eich bod chi'n mynd i golli cwpwl o bobl ar y ffordd. Roedd rhaid i *Friends* hyd yn oed gau'r llenni ar berthynas fy chwe arwr.[18]

Pan ydych chi'n gadael i ffrind lithro o'ch gafael fel wnes i gyda Pippa, neu mae ffrind yn eich gollwng chi fel y gwnaeth Jack i fi, dydy hynny ddim yn dileu'r amseroedd hapus rydych chi wedi eu cael. Dyw e ddim yn dad-wneud yr holl adegau rydych chi wedi chwerthin nac yn difetha pa mor bwysig rydych chi wedi bod i fywydau eich gilydd. Mae e jyst yn meddwl bod eich perthynas yn perthyn i gyfnod yn eich bywyd sydd, erbyn hyn, wedi pasio. Mae'n iawn i garu ffrind ond hefyd i dderbyn bod eu hamser nhw yn eich bywyd wedi dod i ben. Pwy a ŵyr, falle fydd 'na amser yn eich bywyd pan fyddan nhw'n dod nôl. Ac os ydyn nhw, er mwyn Duw gwnewch yn siŵr bod eich aduniad yn well na'r *Friends Reunion*. Ugain mlynedd arhoson ni am y shambyls 'na. Ugain! Iasu.

---

18   Bob tro dwi'n cyrraedd y bennod olaf, dwi'n pallu gwylio'r olygfa derfynol. Sgen i ddim y cryfder emosiynol.

Weithiau ti angen therapi, ond weithiau ti jyst angen brechdan

Dylswn i fod wedi hala wythnos gyntaf 2023 ar ben y byd – ro'n i'n dechrau swydd newydd gyffrous, roedd pob dim wedi ei gadarnhau ar gyfer trip stand-yp i LA ac ro'n i'n cael fy mombardio gyda chynigion gwaith.

Ond yr unig le ro'n i eisiau bod oedd yn fy ngwely, ddim hyd yn oed jyst i sylcio ond i gysgu er mwyn cael bach o ryddid o'r tristwch oedd yn pwyso arna i.

Ar y dydd Mercher ro'n i wedi bod yn fy swydd newydd yn cwrdd â'r tîm ac i gael syniad o beth i ddisgwyl. Gyda chymaint o bobl yn awyddus i ddod i gyflwyno eu hunain gyda dymuniadau da, dylswn i fod wedi teimlo fel prif gymeriad go iawn, ond trwy'r dydd ro'n i'n dal y dagrau nôl. Bob tro roedd rhywun yn rhoi hyg i fi, roedd rhaid i fi ganolbwyntio'n galed ar beidio gadael i'r floodgates agor a dechrau sobian mewn i chest rhywun – her enfawr pan oedd pawb mor keen i roi cwtsh bach o groeso i fi.

Wrth yrru gartre ffoniais i Mam a Dad oedd mor gyffrous i glywed am fy niwrnod. Beth oeddwn i wedi ei ddysgu? Beth oedd angen ei baratoi cyn i fi ddechrau go iawn? Beth oeddwn i'n mynd i'w wisgo? Y peth diwethaf ro'n i eisiau gwneud oedd torri ar draws eu cyffro a dweud, 'Dwi'n teimlo'n hollol shit a sgen i ddim syniad pam.'

Mae fy rhieni – er gymaint dwi'n eu cyhuddo o fod yn hen ffasiwn – mor agored i drafodaethau heriol ac anghyfforddus am deimladau. Galla i ddweud unrhyw beth wrthon nhw, trafod popeth o deimladau o iselder reit lawr i broblemau dibwys.

Un noson yn ystod Cwpan y Byd 2022, ro'n i'n cerdded i Glwb Ifor Bach i MC-io gig comedi oedd i fod ar thema pêl-droed Cymraeg.[1] Ffoniodd fy nhad i ddweud bod Rocky, y ceffyl wnaeth siapio fy arddegau ac oedd yn aelod allweddol o'r teulu, wedi marw. Ond cyn i Dad allu dweud y newyddion wrtha i, gweiddais: 'Diolch byth bod ti 'di ffonio. Rhywsut dwi 'di mynd o ddau ddyn i ddim un dyn mewn llai na 24 awr! Be sy'n bod 'da fi?!'

Wnes i rantio lawr y ffôn am hanner awr cyn mynnu cyngor oddi wrtho fe, cyngor ro'n i'n mynd i'w anwybyddu ta beth.

'So be sy 'di digwydd yw,' atebodd e'n ofalus. 'Mae gen ti un bachgen oedd yn dda ac yn dy hoffi di go iawn, ond ti wedi bod yn ei gadw fe on the backburner achos oedd well 'da ti'r bachgen oedd jyst yn defnyddio ti fel bach o adloniant. Felly mae'r un da wedi cael digon yn aros amdanat ti, ac mae'r un drwg wedi penderfynu ei fod e wedi diflasu 'da ti nawr a dy roi di yn y bin. Ydw i'n gywir?'

'Ie, os wyt ti eisiau 'roi fe fel yna,' tagais drwy fy nagrau wrth ddod i ddiwedd Cathedral Road. Wrth i'r dagrau gyflymu, llithrais ar fy mhen-ôl, fy emosiwn wedi fy rhwystro

---

1   Pam, felly, wnaethon nhw ddewis fi fel yr MC dydw i ddim yn siŵr. Yr unig beth dwi'n ei wybod am y gêm yw fy mod i wedi cwrdd â Ben Davies unwaith mewn parti ac yna cymryd y piss ohono fe am geisio argyhoeddi fi ei fod e'n chwaraewr pêl-droed proffesiynol. Doeddwn i jyst ddim yn ei gredu fe. 'Os wyt ti'n chwaraewr pêl-droed, dwi'n Beyoncé' dywedais i wrtho fe sawl gwaith. Teimlais i'n reit sili yr wythnos wedyn pan welais i ei lun ar ben drws JD Sports ar Queen Street.

i rhag cadw llygad ar yr holl ddail sy'n troi'r palmant yn ice rink bob hydref.[2]

'Ti'n meddwl mai bai fi ydy e Dad?' criais, wrth bigo fy hunan lan o'r ddaear, dail myshi 'di sticio i fy nheits.

'Mae'n… mae'n galed.' Cadarnhad ei fod e'n meddwl mai fy mai i oedd e'n gyfan gwbwl ond roedd e'n gwbod yn well nag i sticio'r gylleth i fewn yn bellach tra 'mod i, yn llythrennol, ar y llawr.

Gwrandawodd arna i'n cwyno'n ddi-stop am hanner awr arall, yr holl amser yn ceisio dal gap i ddweud wrtha i bod Rocky annwyl wedi'n gadael ni. Yn y diwedd, penderfynodd nad dyna'r amser gorau gan 'mod i ddim egsactli mewn lle da yn feddyliol, yn sglefrio ar fy mhen-ôl ar Cathedral Road fel chwilen yn styc ar ei chefn. Dewisodd, yn lle, i ffonio fi eto gyda'r newyddion y bore wedyn.

'Wnest ti adel i fi bangio mlân am y ddau idiot yna, a'r holl amser roedd Rocky 'di marw?' gwichiais i wrth glywed y newyddion.

'Wel, doeddet ti'n pallu stopio crio. "Dad, pwy dwi isio",' dechreuodd e mimicio fi. '"Prick 1 neu prick 2?" A'r holl amser ma Rocky druan yn gorwedd yma.'

Gigles i trwy'r dagrau, yn meddwl am Dad yn sefyll yn oerfel y sied wrth ochr fy ngheffyl annwyl, yn meddwl ein bod ni'n mynd i gael moment fawr emosiynol ac yna fi'n dinistrio'r cwbwl wrth weiddi lawr y ffôn am drychineb ro'n i'n bendant wedi ei greu fy hun.

Dydy siarad am deimladau neu bynciau emosiynol ddim yn rhwydd i Dad, ond mae degawdau o fod yr unig ddyn yn y tŷ wedi cael effaith amlwg ar ei allu i ddewis y foment a'r

---

2   Cais gyhoeddus i Gyngor Dinas Caerdydd i sortio'r blydi dail 'na allan – mae Pontcanna fatha death trap am ddeufis bob blwyddyn!

geiriau cywir. Ar y tu allan, mae'n ymddangos fel dyn arferol ei genhedlaeth, yn teimlo dim byd ac yn pallu dangos unrhyw emosiwn heblaw am niwtraliti llwyr, ond mewn gwirionedd fe ydy'r person mwyaf empathetic dwi erioed wedi ei nabod. Ganddo fe dwi wedi dysgu ystyried teimladau pobl eraill cyn rhai fy hunan, i fod yn garedig heb feddwl ddwywaith ac i gofio pa mor ffodus ydw i o gymharu â rhai, cyn i fi gwyno am broblem hollol first-world.

Mae fy mam lot mwy agored i drafod sut mae hi'n teimlo – mae'r drws hwnnw'n hollol agored. I fod yn deg, does 'na ddim drws o gwbwl. Os bydd Mam yn teimlo rhyw ffordd, rydyn ni i gyd yn gwybod!

Bob tro dwi'n gwylio *Love Actually*, yn benodol yr olygfa pan mae cymeriad Emma Thompson yn darganfod bod ei gŵr hi wedi prynu cadwyn i ddynes arall ond mae'n llyncu ei dagrau ac yn esgus bod bob dim yn iawn, dwi'n cael gigl bach yn meddwl pa mor wahanol base fy mam i'n ymateb. Tra mae Emma Thompson yn mynd yn ôl mewn i'r lolfa â gwên wan ar ei hwyneb, y dagrau dan glo, fase Mam fi wedi ffrwydro mewn i'r lolfa 'na fatha corwynt a chrogi fy nhad yn y fan a'r lle.

Mae'r ffaith bod Mam yn gwrthod cuddio'i theimladau yn golygu bod 'na byth elephant in the room. Dydyn ni'n dwy byth yn mynd i'r gwely ar ganol ffrae – dydyn ni ddim hyd yn oed yn gallu gadael yr ystafell nes ein bod ni wedi cyrraedd rhyw fath o truce. Weithiau bydd un ohonon ni'n ceisio stormio i ffwrdd yn ddramatig, ond bob tro mae'n bennu gyda ni'n dychwelyd i'r war zone dau funud wedyn yn gweiddi rhywbeth fel 'AND ANOTHER THING...'

Serch ei pharodrwydd i fod yn fwy angerddol a thanllyd nag sydd wir ei angen, mae Mam yn dda iawn am ymddiheuro pan fydd angen. Mae ganddi'r hunan gryfder i ddweud, 'Dwi ar fai, yn 'dw?' – cryfder sy'n lot rhy brin. Mae hi 'di dysgu fi i byth adael i neb gerdded drosta i, na gadael i neb fy siomi i am ddisgwyl cael fy nhrin gyda pharch. Ond ar yr un pryd, i garu mor ddwfn ag y galla i gyda theyrngarwch llwyr.

Dyna beth dwi'n ei deimlo wrth drafod pethau caled gyda fy rhieni – cariad amhosibl ei dorri a'r sicrwydd bod yna ddau berson hollol wahanol sy'n gweithio fel tîm i wneud i fi deimlo fel y person sy'n derbyn y gefnogaeth a'r diogelwch mwyaf yn y byd. Ynddyn nhw, mae gen i bobl fase'n cymryd fy mhroblemau i gyd i ffwrdd i'w datrys eu hunain tasen nhw'n gallu. Ond fel sy'n digwydd wrth i blant droi'n oedolion, dydy hynny ddim wir yn bosib rhagor. Dydyn nhw ddim yn gallu darparu byd perffaith heb dristwch na heriau i fi, ond dwi'n gwybod eu bod nhw'n teimlo fy nheimladau i eu hunain. Os ydw i'n drist, maen nhw'n drist. Os ydw i'n isel, maen nhw'n isel. Dyna pam base fe wedi torri fy nghalon i rwygo trwy eu cyffro nhw am fy swydd newydd, a chyfaddef 'mod i'n teimlo'n hynod drist heb syniad pam.

Ar ôl ateb eu holl gwestiynau a chlywed pa mor falch oedden nhw ohona i, es i M&S Croescwrlwys i wneud bach o late night hunt am fŵts cowboi crîm. Roedd gan fy housemate Gwenno bâr biwtiffyl ac ro'n wedi penderfynu base cael rhai hefyd yn datrys fy mhroblemau meddyliol i gyd.

Cyn mynd mewn cefais Insta-scroll yn y car, a gweld bod bachgen ro'n i 'di bod yn tecsto rhyw flwyddyn a hanner ynghynt, nawr gyda chariad. Doedd e ddim jyst yn teimlo fel cic yn fy nannedd – roedd yn teimlo fel brad llwyr. Ie ocê, doedden ni heb siarad ers tua deunaw mis, ac ie ocê, doedden ni ddim hyd yn oed yn dêtio go iawn ac os oes rhaid bod yn bedantig, ie, fi wnaeth orffen pethau 'da fe, ond rhag cywilydd iddo fe am feiddio symud mlaen! Ac i rwbio ei gariad newydd yn fy wyneb ar ddiwrnod oedd 'di bod mor galed eniwe… sut allai e fod mor hunanol?

Stompies i mewn i M&S yn teimlo'n barod i rwygo arddangosfa i lawr os oedd unrhyw beth arall yn mynd o'i le. Diolch byth, roedd ganddyn nhw'r bŵts yn fy maint i – tasen nhw wedi rhedeg allan mae'n debyg faswn i wedi cael fy arestio am roi WWE-style cweir i mannequin. Dewisais i drîtio fy hunan i M&S Mac 'n' Cheese, sef fy hoff comfort food… ro'n i fod ar gynllun bwyd strict cyn LA, ond os oedd 'na siawns o deimlo bach o hapusrwydd am jyst deg munud tra 'mod i'n sgoffian, wel roedd cyfri macros yn gallu mynd i'r bin am un noson. Taranes i rownd y siop yn edrych am fy Mac 'n' Cheese, yn grymblan o dan fy ngwynt gymaint o bric oedd y boi am fod mor smyg gyda'i gariad newydd.

'Pwy mae e'n feddwl ydy e? Oedd rhaid iddo fe edrych mor ffit yn y llun? Mewn siwt hefyd. Siwt? Ble roedden nhw'n mynd, y blydi MET Gala?'

Ac yna, fel cic lan y tin i wthio fi'n syth dros y dibyn, daeth 'Someone Like You' gan Adele mlaen dros speakers y siop.

'I heard that you settled down…'

Na Mel, hold it together.

'That you found a girl and you're happy now…'

Jyst cân 'di e. Dim byd i wneud â ti a fe.

'Guess she gave you things I couldn't give to you…'

Does 'na ddim byd gall hi wneud yn well na ti. Er ei bod hi'n blonde ac yn stunning a basically yn efaill i Margot Robbie. O mam bach.

'Never mind I'll find someone like you. I wish nothing but the best for you two…'

Yn union, dymuniadau gorau iddyn nhw. Gobeithio gewn nhw berthynas hyfryd ac iach… to hell with that, gobeithio neith hi dorri ei galon e ac y bydd e'n difaru erioed symud mlaen ar ôl fi.

'Don't forget me, I beg...'

Sut bod e wedi symud mlaen gyda Margot Robbie, wedi anghofio'n llwyr amdana i, a dwi'n fan hyn ar fy mhen fy hun mewn Marks & Spencer gwag am hanner awr wedi wyth y nos yn chwilio am Mac 'n' Cheese i ddarparu briwsionyn bach o hapusrwydd i fi fy hun?

'Sometimes it lasts in love...'

Paid crio, paid crio.

'But sometimes it hurts instead.'

Ocê shit, dwi'n crio.

Sefais i yn yr eil Ready Meals yn sobian a sobian. Roedd fy nagre'n dal i lifo tra o'n i'n sganio'r Mac 'n' Cheese a fy mŵts cowboi trwy'r peiriant hunanwasanaeth. Wnaeth y dagrau ddim stopio nes i fi gyrraedd adre – nid fy mod i wedi teimlo'n well yn sydyn wrth ddychwelyd i'r tŷ ond jyst bod dim yr egni 'da fi i barhau gyda'r llefain.

Roedd fy nghalon yn dal i frifo, fel petai eliffant yn eistedd ar fy mrest. Roedd y teimlad wedi crwydro lan i fy ngwddf, fel petai oren bach yn styc mewn 'na yn stopio fi rhag gallu siarad nac anadlu'n iawn. Doedd gen i ddim awydd y blydi Mac 'n' Cheese wedi'r cwbwl, a doedd gen i ddim diddordeb mewn gweld sut oedd y bŵts yn edrych arna i. Ro'n i jyst eisiau mynd i gysgu fel bod y teimlad erchyll yma'n mynd i ffwrdd.

Wrth gyrraedd fy ngwely, cefais deimlad o ofn fy mod i'n mynd i ddeffro yn y bore yn teimlo'r un fath. Doedd mynd i gysgu ddim yn mynd i ddiddymu'r teimlad yma, roedd e jyst yn mynd i wasgu'r botwm pause am saith awr. Ac yna byddwn i'n deffro ar ddiwrnod ddylai fod yn hynod gyffrous, yn teimlo fel byddai well 'da fi jyst aros yn fy ngwely.

Doedd iselder ddim yn rhywbeth newydd i fi, ac erbyn hyn ro'n i'n gyfarwydd â phryd roedd y symptomau wedi mynd yn rhy ddifrifol i fi eu datrys nhw ar ben fy hunan. Roedd therapi yn rhywbeth ro'n i wedi'i dderbyn ddwywaith yn barod, a'r ddau dro hynny ro'n i wedi gadael i fy hunan ddioddef yn rhy hir cyn gofyn am help. Penderfynais i 'mod i ddim yn mynd i wneud yr un camgymeriad eto'r tro 'ma.

Cyn i fi newid fy meddwl, wnes i dynnu swm eye-wateringly swmpus o fy nghyfrif cynilo a chofrestru fy hunan am gwrs o therapi yn y fan a'r lle.[3] Er 'mod i heb siarad â neb eto, roedd y teimlad o gymryd cam i helpu fy hunan wedi rhoi bach o gysur i fi, digon i godi fy hwyliau ac actsiwali mwynhau fy niwrnodau nesa o waith. Roedd y cwmwl yn dal drosta i, ond wnaeth y salwch ddim dwyn y diwrnodau yn gyfan gwbwl.

Un o'r pethau mwyaf effeithiol dwi wedi dysgu mewn therapi ydy pa mor bwysig yw cael therapydd rwyt ti wir yn gallu dod ymlaen gyda nhw. Dyna pam fod yr argyfwng o ddiffyg adnoddau iechyd meddwl yn waeth byth i bobl o liw, achos mae cyn lleied o therapyddion o liw yn y Deyrnas Unedig. Er bod gan lawer o therapyddion y cymwysterau cywir i allu ymateb yn gywir i nifer o achlysuron sydd falle ddim yn berthnasol i'w bywydau nhw, mae yna hefyd amseroedd lle dydyn nhw jyst ddim yn deall pam fod digwyddiad mor drawmatig os nad ydyn nhw wedi dioddef yr un profiad. Sylweddolais i hyn tra o'n i'n sôn wrth fy therapydd cyntaf pam o'n i wedi rhoi lan gyda chymaint o achlysuron cas yn fy nghyn-weithle, yn esbonio 'mod i wedi bod ofn rhoi'r ffidl yn y to ar ôl gorfod gweithio ddwywaith mor galed â phawb arall i gyrraedd lle ro'n i yn fy ngyrfa.

'Beth wyt ti'n feddwl, roedd rhaid i ti weithio ddwywaith mor galed â phawb arall?' gofynnodd hi.

---

3   Dwi'n ymwybodol iawn o ba mor lwcus ydw i fy mod i'n gallu talu am therapi yn lle aros ar restr y GIG. Mae'n ddigon hawdd i rywun fel fi annog pawb i fynd am therapi, ond y gwir yw ei bod hi jyst ddim yn bosib yn ariannol i lot o bobl. Does gen i mo'r atebion sut i wella hynny, ond yn sicr mae'n argyfwng difrifol.

'Wel, dwi'n ddynes o liw, yndw.'

'A pham fase hynna wedi golygu bod raid i ti weithio'n galetach na phawb arall?'

Ro'n i'n ymwybodol bod terfyn ar faint oedd y ddynes yma'n gallu helpu fi os nad oedd hi'n deall pam bod hyn mor amlwg. Baswn i wedi gallu esbonio iddi bod cyn lleied o gred mewn gallu menywod Du, bod rhaid iddyn nhw weithio gymaint caletach na phawb arall i ddatblygu'n broffesiynol... ond ar ddiwedd y dydd, ro'n i'n talu £65 yr awr i gael fy nhrin, nid i roi gwers am hiliaeth systemig iddi hi.

Mae'r un her yn wynebu pobl sy'n teimlo'n fwy cyfforddus yn siarad Cymraeg – gyda diffyg therapyddion iaith Cymraeg, mae yna anghyfartaledd llethol yn wynebu bobl yng Nghymru sy'n edrych i gael eu trin drwy gyfrwng eu mamiaith. Falle bod hyn ddim yn gymaint o broblem gyda thriniaethau meddygol eraill – os ydw i wedi torri fy nghoes, dwi'm yn becso dam os mai dim ond Hawaiaidd mae'r doctor yn ei siarad a bod rhaid i ni gyfathrebu trwy gyfrwng Google Translate a lot o bwyntio, gyn belled â'u bod nhw'n gallu cael fi nôl ar fy nhraed yn dawnsio ar ben byrddau mewn chwap.[4] Ond mae effeithlonrwydd therapi yn dibynnu ar y gallu i gyfathrebu'n

---

4   Dwi'm yn amau, os bydda i byth yn torri fy nghoes, mai dawnsio ar ben byrddau fydd ar fai. Yn ystod un noson allan gyda chôr, ro'n i'n benderfynol o gael sylw bachgen oedd, yn reit amlwg, â dim diddordeb o gwbwl yndda i. Penderfynais mai dawnsio ar ben un o'r byrddau ar lawr canol Clwb Ifor Bach fase'r tric i'w gael e i sylweddoli fy mod i'n bodoli, ond o fewn tua 2.6 eiliad o fod ar ben y bwrdd, cwympais fel sach i'r llawr. Gyda fy mhengliniau'n gwaedu a fy mochau yn sticio'r llawr, daeth dau fownser i roi cic owt i fi. Panicies i, a dweud bod nhw ddim yn gallu 'ngwahardd i gan fod fy nhad yn fownser 'na hefyd. Pwynties i at fownser oedd o hyd yn garedig pan o'n i'n ei weld e – dyn canol oed oedd yn edrych dim byd fel fi heblaw bod e'n Frown. Gofynnon nhw i'r boi os oedd e'n dad i fi, a heb oedi, wnaeth e gadarnhau ei fod e. Cefais i byth gic owt, a dwi a'r bownser yn rhannu fist bump a gigl bob tro rydyn ni'n gweld ein gilydd.

hawdd a heb rwystrau. Dydych chi ddim eisiau ei gwneud hi hyd yn oed yn galetach nag ydy hi'n barod i ddefnyddio geiriau gonest ac agored. Os nad yw pobl yn gallu derbyn y gwasanaeth yna yn yr iaith maen nhw'n hyderus ynddi, dyw'r gwelliannau ddim yn mynd i fod cystal.

Ar ôl fy mhrofiad gyda'r therapydd cyntaf, cymerais seibiant o therapi am blwc. Roedd fy iechyd meddwl wedi gwella tipyn ac erbyn diwedd 2019 ro'n i'n teimlo'n ddigon hyderus i geisio taclo heriau bywyd yn annibynnol. Ro'n i'n byw nôl yn Aberystwyth, ro'n i wedi dechrau fy musnes fy hun, ro'n i wedi talu off fy overdraft… sut allai 2020 fod yn unrhyw beth heblaw anhygoel?

Fel mae'n digwydd, doedd e ddim cweit yn anhygoel. Anghredadwy? Oedd. Anrhagweladwy? Yn bendant. Hollol fucked? Heb os. Ond anhygoel? Not exactly.

Yn ystod y cyfnod clo, datblygodd bobl ddiddordebau ac arferion newydd. I lwyth o bobl, pobi digon o fara banana i fwydo ynys fechan oedd y dewis. Wnaeth eraill ddechrau gwneud Couch To 5K, ac wedyn atgoffa ni i gyd pa mor superior oedden nhw wrth lanlwytho'u Strava maps bach smyg i'w Instastories. Ac i rai, binjo *Tiger King* gyda sawl tyb o Halo Top oedd yr unig ffordd i oroesi'r pandemig.

Y datblygiad personol welais i yn ystod y crisis rhyngwladol 'ma, oedd fy natblygiad o attachment anxiety. Dim cweit mor Insta-worthy â'r bara banana na'r Couch To 5K, ond roedd yr effeithiau yn bendant yn cynnwys bwyta bwcedi o Halo Top. Roedd e'n teimlo fel 'mod i heb weld unrhyw un heblaw am fy rhieni ers dwy flynedd. Symudes i nôl i'r fferm jyst cyn i 'Covid-19' ddod yn rhan allweddol o'n geirfa genedlaethol. Un munud dwi'n sôn 'mod i mor hapus i symud nôl i gefn gwlad i ailfeddwl pa yrfa dwi eisiau ei dilyn, a'r peth nesa dwi'n sprintio at y teledu bob nos am 6.00 i gael clywed os ydy Chris Witty yn meddwl ein bod ni i gyd yn mynd i farw. Cyfnod dryslyd, swreal tu hwnt.

Ro'n i'n lwcus iawn i fod adre ar y fferm dros y cyfnodau clo. Roedd gen i naw deg erw i grwydro yn yr haul heb gael fy arestio gan yr heddlu, doeddwn i na fy nheulu gydag iechyd bregus, ac roedd yna hen ddigon o fananas yn y Morrisons lleol i fi fentro i ymuno â'r heip am fara banana. Ond serch hyn i gyd, ro'n i'n dal i deimlo fel 'mod i'n colli fy synhwyrau fwy a mwy bob dydd.

Fel sy'n arferol i sawl unig blentyn, dwi'n agos iawn at fy rhieni. Mae'r llinellau rhwng rhiant a phlentyn wedi blyrio – ry'n ni mwy fel uned dynn o dri ac wedi bod felly ers fy mod i'n gallu cofio. Maen nhw'n rieni a ffrindiau i fi ac alla i ddim dychmygu mynd am ddiwrnod heb sgwrs sydyn gyda nhw, na bod yn hollol blethedig ym mywydau'n gilydd. Er hynny, erbyn diwedd y cyfnod clo doeddwn i ddim yn ymddiried yn fy hunan i beidio eu stabio nhw yn eu cwsg gyda chleddyf.

Ar ôl misoedd o weld neb heblaw amdanyn nhw, roedd bob dim roedden nhw'n ei wneud yn weindio fi lan, a dwi'm yn amau eu bod nhw'n teimlo'r un fath. Roedd y noson lle wnes i wylltio achos roedd Dad yn 'anadlu'n rhy ddwfn' yn teimlo fel pwynt reit isel yn ein perthynas.

Un noson cefais i a Mam ddadl ffyrnig achos roedd hi – am y miliynfed tro – wedi dweud wrtha i i ddefnyddio coaster cyn rhoi fy niod i lawr ar ynys y gegin, er 'mod i actsiwali ar fy ffordd i'r drôr i nôl coaster ar y pryd.

'Be ti'n feddwl dwi'n ôl o'r drôr 'ma, Mam?' gweiddais i.

'Ocê, ocê, dwi jyst yn neud yn siŵr bod ti'n cofio,' atebodd hi wrth dwlu ei dwylo yn yr awyr yn defensive i gyd.

Berwais i.

'Cofio? Mam, pryd yn y 25 blwyddyn diwethaf ydw i erioed wedi anghofio? Rho un enghraifft i fi lle wnes i ddim defnyddio coaster? Go on!' mynnes i, yn chwifio coaster yn yr awyr fatha arf.

'Pam bod gen ti broblem mor fawr gyda fi'n gofyn i ti i ddefnyddio coaster? Gei di wneud be ti moyn pan mae gen ti dy dŷ dy hunan, ond yn y tŷ 'ma ni'n defnyddio nhw,' atebodd hi gan godi ei llais.

'Does dim problem 'da fi i ddefnyddio coaster. Mae gen i broblem gyda ti!' gweiddais gan slamio'r coaster ar yr ynys.

'Slamia hwnna un waith eto a wna i slamio ti!' gwaeddodd hi.[5]

'Pregetha di wrtha i am ddefnyddio coaster un waith eto a dwi'n mynd i ysgrifennu at yr Home Office a dweud wrthon nhw am dy dystysgrif geni di![6] Pacia dy fag, fyddan nhw'n hala ti i Guiana unrhyw ddiwrnod nawr.'

'Dwi'm o Guiana...'

'I DON'T THINK PRITI PATEL IS FUSSY.'

Ie, ar ôl bron blwyddyn o gwmni fy rhieni a neb arall, ro'n i angen rhyw fath o gysylltiad gyda'r byd tu fas, cyn i fi actsiwali gyrraedd y pwynt o gael fy arestio.

'Miss Owen you have the right to remain silent, but anything you do say can be used against you in a court of law.'

---

5   Dwi'n dal ddim yn deall y bygythiad yma. Dwi'm yn meddwl wnaeth hi feddwl e trwyddo cyn ei ddweud e, i fod yn deg. Ond mae ynys y gegin yn golygu mwy i fy mam na rhai aelodau o'r teulu, felly roedd hi'n gandryll a ddim yn y man cywir yn feddyliol i ystyried ei bygythiadau'n llawn.

6   Mae yna wall sillafu ar dystysgrif genedigaeth Mam, ac yn ystod y Windrush Scandal cafodd pobl eu danfon nôl i'r Caribî am anghysondebau lot llai. Sgandal hollol hiliol a thorcalonnus sydd wedi gadael craith hyll ar y berthynas rhwng pobl Ddu a'r sefydliad Prydeinig... ond o ongl bersonol, roedd bygwth fy mam gyda chael ei halltudio yn arf reit ddefnyddiol pan fyddai hi'n weindio fi lan.

'OK but, in my defence, the way my dad eats an apple is really bloody annoying.'

Doedd gen i ddim lot o ffrindiau oedd yn dal i fyw yn Aberystwyth ac anaml fyddai gen i rywun i fynd am wâc ar y prom na choffi o Alana's 'da nhw. Roedd y tafarndai'n dal ar gau, roedd y bwytai'n dal ar gau ac roedd fy iechyd meddwl yn dechrau cau lawr hefyd.

Roedd yna ffarmwr ifanc lleol[7] wedi bod yn siarad gyda'i hunan yn fy WhatsApp ers tua blwyddyn, yn amlwg yn meddwl os oedd e'n gofyn digon o weithiau baswn i'n ildio a gadael iddo fe fynd â fi allan. Yn lwcus iddo fe, danfonodd ei ugeinfed neges ar jyst y diwrnod cywir – ro'n i wedi cyrraedd pwynt llofruddiol ac roedd unrhyw esgus i adael y tŷ yn fwy ffafriol na gwrando ar fy nhad yn crynshan trwy afal fatha ceffyl 'da dannedd gosod.

'Iawn. 'Na i gwrdd â ti am 7.00. Lle?' gofynnais.

'Der i garreg Cofiwch Dryweryn. Wela i di 'na.'

Eisteddon ni yn ffrynt ei pick-up am awr yn edrych ar y tirnod enwog ac yn sgwrsio. Ro'n i wedi disgwyl mai dim ond y man cwrdd oedd e, ac y basen ni'n mynd mlaen i rywle arall am ein dêt, ond i fod yn deg, roedd pob dim arall ar gau ac roedd cwrdd fel hyn yn dal ar y ffin o fod yn erbyn y gyfraith. Cwpwl ifanc yn torri'r gyfraith gyda'n gilydd a chuddio rhag yr heddlu, fel rhyw fath o Bonnie & Clyde Cardi.

'Mad i feddwl beth nath actsiwali digwydd i Dryweryn yn dydy,' dywedais i, ar ôl rhedeg allan o unrhyw beth arall diddorol i siarad amdano.

'Ie mae e,' atebodd e. 'Dychmyga rhywun jyst yn troi lan

---

7   Pan dwi'n dweud 'ffarmwr ifanc', dwi'm yn meddwl litryli CFfI… roedd e siŵr o fod yn ei ugeiniau hwyr, os nad falle ei dridegau cynnar. Falle dydy hynny ddim rili yn 'ifanc', ond roedd e tua chwe deg mlynedd yn iau na'r ffermwyr eraill roedd fy nhad-cu yn treulio amser gyda nhw yn y mart.

a rhoi cic-owt i chi a boddi eich cartre, fel petai'ch bywydau chi o ddim bwys o gwbwl. Pwy sy'n cael dewis bywydau, cartrefi a bywoliaethau pwy sy bwysica? Pwy ddylai gael yr hawl moesol i ddewis hanes pwy i'w boddi?'

Sylles i arno fe. Doeddwn i ddim yn disgwyl iddo fe ddweud rhywbeth mor ddwfn, mor athronyddol. Teimlais i bilipala yn dechrau fflytran yn fy mol.

'Eniwe,' dywedodd e, yn rhwygo ar draws fy nhawelwch. 'Mae meddwl am yr holl ddŵr 'na'n neud fi'n sychedig.'

Chwarddais i fel trwmped, a swyrliodd y pilipala o gwmpas yn gryfach fyth. O fewn eiliadau, roedd e wedi cymryd fy wyneb yn ei ddwylo a fy nghusanu. Dechreuodd pob dim symud yn gyflym, cyn i fi'n stopio ni rhag mynd dim pellach.

'Gallwn ni ddim neud hyn... fan hyn,' esboniais i, yn cyfeirio at garreg Cofiwch Dryweryn. 'Dyw e ddim yn iawn. Fel rhyw fath o blasphemy.'

Heb sôn am y ffaith ein bod ni'n llythrennol ar ochr yr hewl. Ro'n i'n hoff o'r syniad o fod yn Bonnie & Clyde Cardi, ond doeddwn i ddim am esbonio i fy nhad 'mod i wedi cael fy arestio am foncio ffarmwr ifanc o flaen cymudwyr yr A487. Cytunodd e'n anfoddog, a'n gyrru ni i rywle bach mwy tawel tu allan i Lanrhystud. Ailddechreuon ni, y ddau ohonon ni'n awyddus i wneud lan am bron i flwyddyn o weld neb arall. Ond cyn i fi allu tynnu fy ail Converse, clywais i rywbeth yn symud yng nghefn y pick-up.

'Beth oedd hynna?' gofynnais i.

'O jyst Meg?' atebodd e, yn stryglan i gael ei grys rygbi dros ei ben.

'Pwy ffwc yw Meg?' Ro'n i'n gwybod yr ateb yn iawn, ond doeddwn i wir ddim eisiau credu ei fod e wedi dod â'i gi defaid gyda fe ar ein dêt. Dwi'n hala gymaint o fy mywyd yn amddiffyn bois Ceredigion rhag stereotypes hambon, ond roedd hwn yn cymryd y piss.

'Meg fy nghi defaid.'

'Pam dest ti â ci defaid gyda ti? Rhag ofn bod angen i ti lywio fi trwy gwpwl o gatiau ar ein ffordd 'ma?'

Erbyn hyn, roedd Meg wedi deffro'n llwyr o'i chwsg ac yn cwyno'n swnllyd i fynd adre.

'Roedd gen i rywbeth roedd angen i fi wneud ar y ffordd yma,' dywedodd e, yn dal i reslan gyda'i grys.

'Fel beth?' gwaeddais i gystadlu â chyfarth Meg.

'Meg, isht!' gwaeddodd hambon mwya'r Gorllewin wrth agor drws y car. Camais i allan hefyd – ro'n i am weld beth yn y byd oedd yn hala Meg druan mor wyllt.

Cwrddon ni wrth gefn y pick-up, lle cododd e'r hatch. Yna, yn y cefn roedd un ci defaid pert – ond swnllyd – iawn, ac un hwrdd Texel wedi trigo.

'Odd angen i fi gasglu'r hwrdd 'ma twel, cyn dod 'ma. Mae e 'di marw.'

'Ie, galla i weld hynny,' dywedais i, methu credu beth ro'n i newydd glywed. 'Ar dy ffordd i gwrdd â fi, nest ti a Meg pit stop i bigo lan dafad sy – yn amlwg – wedi bod yn pydru ers diwrnodau?!'

'Wel do,' cadarnhaodd e, yn edrych arna i'n syn fel mai fi oedd yr un gwallgof.

Ro'n i am ofyn iddo fe pam yn y byd oedd e angen ci defaid i gasglu hwrdd oedd wedi marw, ond doeddwn i ddim eisiau normaleiddio'r ffaith bod e wedi dod â dafad yn y lle cyntaf. Felly gofynnais iddo fe fynd â fi nôl i fy nghar oedd yn dal ger y garreg Cofiwch Dryweryn sanctaidd.

Yn fy ngwely'r noson honno, cefais notification bod rhywun ro'n i'n arfer mynd i'r ysgol gyda nhw wedi dilyn fi ar

Instagram. Ro'n i a fy ffrindiau wedi rhoi'r llysenw Vin Diesel iddo fe, achos roedd e'n un o'r bobl cyntaf yn y Chweched i gael car, ac roedd Vin Diesel yn brif actor yn y ffilmiau *Fast & Furious*. Roedd y gymhariaeth i Vin Diesel lot, lot rhy flattering i fachgen oedd tua'r un seis ag un o freichiau'r Vin Diesel go iawn, ac oedd, mewn gwirionedd, yn gyrru Vauxhall Astra. Ond pan ydych chi'n 17, mae car yn gar.

Cefais snŵp ar ei grid – ro'n i wedi gweld llun ohono fe fan hyn a fan draw dros y blynyddoedd, ond ar ôl iddo fe ghostio fi pan oeddwn i'n ddeunaw er mwyn mynd allan gyda merch brydferth o Lundain, ro'n i'n dal i deimlo bach yn salty. Gwelais i fod yr holl luniau ohono fe a'i gariad wedi cael eu dileu – yr arwydd digidol byd-eang bod perthynas wedi dod i ben. Yna popiodd neges lan oddi wrtho fe:

'Hey, long time no speak![8] Dwi 'di symyd nôl i Aber ers cwpwl o fisoedd ac wedi bod yn meddwl gofyn os ti'n ffansïo cael catch-up rhyw bryd? Coffi falle?'

Catch-up? Ar ôl wyth mlynedd dydych chi ddim yn cael catch-up – chi'n dechrau 'to. A ta beth, doedden ni ddim wir yn ffrindiau agos yn y lle cyntaf. Beth oeddwn i'n mynd i ofyn?

'Sut mae dy… actsiwali oes brawd neu chwaer 'da ti?'

'Ydy'r gath dal yn fyw? Neu ci oedd e?'

'Wnaeth y ferch o Lundain roi cic i ti a nawr ti eisiau sylw fi er mwyn i ti gael teimlo'n well am dy hunan?'

Y math yna o beth?

Gadawais y neges er mwyn ei ateb yn y bore, yn chwerthin

---

8   Y frawddeg mae bron pob bachgen yn ei ddefnyddio pan maen nhw eisiau sleidio nôl mewn i dy fywyd heb esboniad na chyfaddefiad o pham iddyn nhw fod yn absennol yn y lle cyntaf. Roedd wyth mlynedd wedi bod. Oes 'na expiry date lle maen nhw'n meddwl bod 'long time no speak' ddim cweit yn briodol rhagor? Ar ôl degawd? Mewn canrif newydd? Ar ôl total eclipse?

i fy hunan am ba mor transparent oedd Vin Diesel. Ond erbyn i fi ddeffro roedd e wedi DM'io fi eto.

'Sori i popio lan allan o nunman. Ro'n i'n meddwl cysylltu'n gynt ond roedd bob dim bach yn mad gyda'r symud nôl. Ond baswn i'n rili hoffi gweld ti eniwe if you're up for it x'

Ar ôl blwyddyn o weld neb heblaw fy rhieni, ac yn enwedig ar ôl #HwrddGate y noson gynt, doeddwn i ddim yn casáu'r sylw gan Vin. Ro'n i'n gwybod dylswn i fod wedi ei anwybyddu, fel reparations am y tro wnaeth e ddiflannu. Ond roedd wyth mlynedd yn amser hir. A faswn i'n gweld e'n reit annheg tase rhywun yn fy meirniadu i am bethau wnes i pan o'n i'n 17.

Cytunais i fynd am goffi a thro gyda fe, yn ceisio bod mor nonchalant â phosib wrth wneud trefniadau. Doedd esgus bod yn brysur yn ystod cyfnod clo ddim yn rhwydd ond ro'n i'n sicr bod fy atebion un neu ddau air yn cyfleu'r neges 'mod i'n super chilled a not bothered.

Bennodd y 'catch-up' gyda threfniant i gael 'catch-up' arall dridiau yn ddiweddarach, ac wedyn un arall yr wythnos wedyn. Mewn chwinc, ro'n i wedi'i weld e ddeg gwaith o fewn mis.

'Mae pethau i weld reit siriys gyda ti a Vin?' meddai Mam yn obeithiol.

'Ydyn,' cytunais. 'Os ga i fod yn onest, dwi'n meddwl bod e'n hoffi fi tipyn mwy na dwi'n hoffi fe, ond dwi'n dal i fwynhau ei gwmni e a newn ni weld sut mae'n mynd.'

Ro'n i'n ofni ein bod ni ddim cweit yn rhannu'r un meddylfryd pan oedd e'n dod i *beth* oedden ni. Doeddwn i ddim yn siŵr os oeddwn i'n hoffi fe ddigon i ymrwymo i unrhyw beth mwy difrifol na dêtio, ond ro'n i'n bendant yn mwynhau dod i'w nabod e eto.

Os unrhyw beth, doeddwn i ddim yn cael amser na lle i feddwl yn ormodol am y peth, yn enwedig achos pan doedden ni ddim gyda'n gilydd, roedden ni'n tecsto trwy'r dydd. A dwi'n meddwl *trwy'r* dydd. Pan o'n i'n ateb ei negeseuon e, roedd e wedi danfon un nôl erbyn i fi osod fy ffôn nôl yn fy mhoced. Ceisiais i osod ambell i derfyn, ond mewn gwirionedd, roedd ein situationship yn goresgyn bob elfen o fy mywyd.

Un prynhawn pan oedd e'n gyrru fi adre,[9] gofynnodd os oedd e'n gallu cwrdd â fy rhieni. Panicies i – roedd hynny jyst yn teimlo mor siriys.

'Be ti'n meddwl *cwrdd*? Ti'n nabod Mam yn barod!' gwenais, yn y gobaith y base hyn yn esgus derbyniol i ohirio ei awgrymiad.

'Ie, ond dwi heb gweld hi ers y Chweched,' chwarddodd e. 'Ac eniwe, dwi'n siŵr bod nhw eisiau cwrdd â fi ar ôl i ni wario gymaint o amser gyda'n gilydd. Maen nhw wedi gofyn amdana i, mae'n siŵr?'

Roedd e'n iawn – roedden nhw wedi holi amdano fe. Ond ro'n i wedi esbonio iddyn nhw bod dim eisiau gor-gyffroi eto nac edrych am wisg Mother of the Bride, gan 'mod i ddim cweit yn sicr os oedd y berthynas yn mynd i fynd lot pellach.

'Beth am nos Lun?' gofynnodd e.

'Nos Lun as in drennydd?' gwichiais i.

'Ie!'

'Ocê, na i checio os fyddan nhw adre'. Roedd hi jyst about dal i fod yn gyfnod clo – wrth gwrs, roedden nhw'n mynd i fod adre.

O fewn deg munud o gyrraedd fy nhŷ, roedd Vin wedi tecsto i ofyn os oedd nos Lun yn iawn. Ceisiais i feddwl am esgus, ond sylweddolais pa mor blentynnaidd ro'n i'n bod.

---

9   Galla i gadarnhau nad oedd anifail marw yn y cefn.

Dyma fachgen oedd yn gwneud cymaint o ymdrech i 'ngweld i, oedd yn talu am bob dim, yn roi anrhegion i fi am ddim rheswm o gwbwl, oedd eisiau cwrdd â fy rhieni a bod mewn perthynas ymroddedig gyda fi. Nac ife dyma beth dylswn i ddisgwyl o berthynas aeddfed? Nac ife dyma beth dylswn i eisiau? Ocê, roedd e gyd bach yn full-on a sydyn, ond pam oeddwn i'n dal nôl?

Sleifiais i fewn i'r gegin yn ceisio edrych yn hollol hamddenol, yn dal fy anadl yn ymwybodol o'r ffrwydrad o gyffro oedd yn mynd i ddod y munud ro'n i'n gofyn os oedd fy rhieni ar hyd lle ar nos Lun gan fod Vin eisiau cwrdd â nhw. Wrth i'r geiriau adael fy ngheg, bron i Mam fwrw'r nenfwd. Wnaeth Dad hyd yn oed roi ei bapur newydd i lawr – arwydd cyffredinol ei fod e hefyd yn gyffrous.

Esboniais i mai paned oedd e – dim byd mwy. Ro'n i'n chilled, roedd e'n chilled, roedd yr holl beth jyst angen bod yn chilled. Ond wrth gwrs doedd yr un ohonyn nhw'n gwrando arna i rhagor – roedd y ddau mor chilled â thu mewn i ffwrn pizza.

Ar ôl darlith fanwl am bwysigrwydd bod yn chilled, roedd y nos Lun yn ddigon pleserus. Wnaeth pawb gwrdd gyda digon o wenu a chwerthin – gwnaeth Dad gadw rhag datgelu gwn ac mi wnaeth Mam gadw rhag datgelu ei bwrdd Pinterest o syniadau am colour schemes priodas. Roedd Vin yn chuffed bod e wedi cael y cyfle i gwrdd â fy nheulu a dechreuais i adael i fy hunan gredu fy mod i hefyd ar yr un dudalen ag e. Falle doedd e ddim y person ro'n i wedi bod yn darogan baswn i gyda fe, ond roedd ei ymdrech a'i fwriadau i'w weld yn hyfryd, felly dewisais i beidio gadael i fy hunan ddifetha'r potensial oedd gennyn ni.

Wnes i ymdrech yr wythnos honno i fod yr un oedd yn

awgrymu cwrdd a gwneud ffýs mawr ohono fe ar ei ben-blwydd. Wrth glywed gymaint oedd e'n gwerthfawrogi, teimlais yn falch 'mod i wedi gadael i fy hunan i fod yn gyffrous am ein perthynas. Ar ddiwedd y dydd, roedd e'n gwneud fi'n hapus ac ro'n i'n ei wneud e'n hapus. Roedd bob dim jyst mor addawol.

Pythefnos wedyn, cyhoeddodd Mark Drakeford bod rhwystrau'r cyfnod clo yng Nghymru yn llacio'n gyfan gwbwl, a heb feddwl ddwywaith aeth Mam a Dad i Gaerdydd am noson i wneud y gorau o'r rhyddid oedd wedi bod mor ddieithr am flwyddyn. Gofynnais i Vin os oedd e eisiau cadw cwmni i fi tra 'mod i adre ar fy mhen fy hun, ac wrth gwrs roedd e'n awyddus. Ro'n i'n edrych mlaen i gael coginio iddo fe[10] a dangos fy mod i wir yn gwerthfawrogi'r ymdrech roedd e wedi bod yn gwneud.

Cawson ni noson hyfryd gyda lot o siarad a lot o win,[11] ac o'r diwedd gadawais i fy mhryderon olaf am y berthynas ddiflannu. Fel petai e'n gallu darllen fy meddyliau, dywedodd wrtha i bod e eisiau i ni fod yn 'exclusive'.

Base fe wedi bod yn neis iddo fe ofyn, yn lle jyst cyhoeddi mai dyma beth oedd y sefyllfa'n mynd i fod, meddyliais i. Ond dyna beth ro'n i moyn, felly dywedais bod y label 'exclusive' yn siwtio fi hefyd. Ar lefel ymarferol, ro'n i'n hala gymaint o amser yn ei weld e ac yn siarad gyda fe, doedd 'na ddim ffordd

10 Fy mhrif love-language. Dwi'n gofidio fy mod i'n mynd i droi mewn i un o'r 'feeders' 'na chi'n gweld ar raglenni dogfen Americanaidd, sef pobl sy'n bwydo a bwydo eu cariadon nes eu bod nhw angen forklift jyst i gael nhw bant o'r soffa. Mae gwneud bwyd i bobl dwi'n eu caru jyst yn gwneud fi mor hapus, ac – wrth gwrs – dwi'n hoff iawn o'r clod sy'n dod wrth iddyn nhw fwyta. 'Mel, ma hwn yn anhygoel.' 'Mel, dyma'r peth gorau dwi erioed wedi'i fwyta.' 'Mel, doedd y ferch biwtiffyl 'na o Lundain ddim patch arnat ti.' OMG, rili? Stop!

11 Ac – yn bwysig – lot o glod am fy nghoginio.

o gwbwl base gen i amser i ddêtio rhywun arall ta beth. Pan mae bobl yn dweud, 'You've got the same 24 hours in the day as Beyoncé', dydyn nhw ddim yn ystyried nad oes gan Beyoncé Vin Diesel yn ei diweddaru hi ar bob munud o'i fywyd, ac yn disgwyl diweddariadau yn ôl. Roedd e'n llenwi bob eiliad o fy niwrnod tra o'n i ar ddihun, o'r tecst 'Bore Da x' cyntaf i'r 'Nos da x' diwethaf.

Yn y bore dihunais yn gidi i gyd ei fod e wedi gofyn i fi, neu ddweud wrtha i ei bod ni'n 'exclusive' a tecstiais i Ellie, oedd hefyd yn nabod Vin o'r ysgol, i ddweud wrthi.

'Mel, ife dyna beth wyt ti actsiwali eisiau?' gofynnodd Ellie. 'Neu yw e wedi dewis mai dyna beth sy'n digwydd. Because I feel like he's railroaded you thus far.'

'Defnydd hyfryd o "thus" ar fore Sul.'

'Diolch yn fawr. Ond siriys, dyma ti moyn?'

'Ydw, onest. Dwi'n rili hapus. Dwi'n meddwl mai jyst defense mechanism fi oedd yn dal fi nôl o'r blaen #PTSD.'

'Neu dy gut feeling di oedd yn cicio mewn?'

Gadawais y neges heb ei hateb, bach yn flin bod hi ddim mor gyffrous â fi, ond yn gwerthfawrogi gymaint roedd hi'n gofalu amdana i. Fel rhywun oedd wedi bod yna trwy fy newisiadau dwl i gyd ers ein blynyddoedd yn yr ysgol, roedd gan Ellie fwy o reswm na neb i fod yn wyliadwrus. Fel serial monogamist, anaml fydd Ellie yn dod â'r un lefel drychinebus o gaos i'r plot ac ydw i, ond rhywsut, mae ganddi wastad ddoethineb i'w rannu sydd, heb eithriad, yn gywir.[12]

---

12   Mae'r sylweddoliad newydd fy mwrw mai falle dyna pam mae hi mor llwyddiannus yn ei pherthnasau – achos ei bod hi mor ddoeth. Baswn i'n dweud 'mod i angen dilyn ei dylanwad, ond mewn bob pâr mae angen un synhwyrol ac un sy'n disaster, felly mewn gwirionedd dwi jyst yn chwarae fy rôl i yn rili da. Fel lefel Daniel Day Lewis o method acting.

Pan ddychwelodd fy rhieni o Gaerdydd, datgelais fy newyddion: 'mod i a Vin Diesel nawr yn 'exclusive'.

'Beth mae hynny'n feddwl?' gofynnodd y ddau, ddim cweit yn cyfleu'r lefel o gyffro ro'n i'n ei ddisgwyl.

'Bod ni ddim yn dêtio unrhyw un arall, jyst ein gilydd,' esboniais, bach yn frustrated 'mod i'n gorfod egluro rhywbeth oedd, i fi, yn gwbl amlwg.

'Ond oeddet ti'n dêtio unrhyw un arall cynt?' gofynnodd Mam.

'Wel na, ond…'

'Felly beth yw'r gwahaniaeth, 'te?'

'Wel ma hwn jyst yn fwy o ymrwymiad. Felly er bod ni ddim yn gweld pobl eraill o'r blaen, roedd gennyn ni'r dewis i wneud os oedden ni eisiau. Ond nawr, mae'r opsiwn yna off y bwrdd.'

'Felly mae e'n boyfriend ti?' gofynnodd Dad, ei lygaid yn gul wrth iddo fe geisio deall.

'Na dim eto. Ni jyst yn "exclusive" am nawr.'

'Ond beth yw'r gwahaniaeth?'

'Wel… does dim lot o wahaniaeth rili, I suppose…'

'Ma hyn yn ridiciwlys,' hyffiodd Mam, ei gên yn ei dwylo.

'Hollol ridiciwlys,' ategodd Dad. 'Yn ein dyddie ni doedd dim o'r fflip fflopian 'ma. Os oeddech chi'n gweld rhywun oeddech chi'n hoffi, roeddech chi'n gofyn nhw mas, ac os oedd e'n mynd yn dda… wel roeddech chi jyst yn rhoi go arni.'

'Diolch am hynna, mae Oes Fictoria yn swnio lot yn haws ond nid dyna sut mae'n gweithio nawr, so if we could all just get on board with the news base hynna'n grêt.'

Edrychodd y ddau ar ei gilydd ac yna parhau i ddadbacio'u bagiau.

Serch eu diffyg dealltwriaeth o'r gwahanol lefelau

gwirion roedd rhaid eu cyflawni er mwyn cyrraedd y pwynt o actsiwali bod mewn perthynas, ro'n i'n gwybod bod ein cam ymlaen yn un positif. Roedd fy niffyniadau wedi ymlacio tipyn o wybod 'mod i ddim yn ymddiried yn rhywun oedd yn dal eisiau asesu pa opsiynau eraill oedd 'na. Er bod gorfod defnyddio labeli fel 'exclusive' wrth gwrs yn hollol ridiciwlys, roedd y cadarnhad mai jyst ni oedd yn y darlun yn galluogi fi i deimlo'n ddiogel wrth fod yn agored a bregus ar lefel emosiynol.

Parhaodd y teimlad o ddiogelwch yna am lai na 72 awr.

Pingiodd fy ffôn ar y nos Fercher tra o'n i'n bwydo fy ngheffylau. Doeddwn i ddim eisiau cael hyd yn oed mwy o wellt yn styc yng nghâs fy ffôn, felly arhosais nes 'mod i allan o'r tŷ gwair i'w checio. Pan mae bobl yn dweud wrtha i, 'Wel, dwyt ti ddim yn edrych fatha ffarmwr', dwi o hyd yn tybio os ydyn nhw'n meddwl bod gen i wellt yn fy ngwallt, gwellt yng nghâs fy ffôn, a gwellt ym mhob poced o bob côt dwi'n berchen, jyst achos bod fi'n hoffi'r aesthetic.

Yn lle gweld enw Vin ar y sgrin fel ro'n i'n ei ddisgwyl, enw fy ffrind Annabella oedd yna, merch ro'n i wedi'i nabod o'r ysgol ac wedi ailgysylltu gyda hi ers symud nôl i Aber. Doedd gennyn ni fawr o ddim yn gyffredin heblaw am fyw yn Aberystwyth felly doedden ni ddim yn treulio lot o amser gyda'n gilydd, ond roedd y quarter life crisis roedden ni'n dwy yn ceisio ei oroesi yn ddigon i sbarduno cyfeillgarwch bach digon ffein.

'Hei Mel, sori os dyw hyn ddim yn briodol ond jyst rhag ofn bod ti dal yn gweld Vin Diesel, dwi newydd weld e ar Tinder. Falle bod pethau ddim mor siriys a 'ny rhyngddoch chi, ond jyst wanted to give you a heads up.'

Stopiais i fy hunan rhag gorymateb, er bod darllen y

neges yn teimlo fel cleddyf yn gwthio'i hun trwy fy mrest.

'Diolch am weud 'tha fi, Anna. Good to know. Ydy e'n dweud y tro diwetha oedd e ar yr ap?'

Plis bydd cyn y penwythnos, begiais yn fy mhen. *Plis bydd cyn y penwythnos.*

Pan ddaeth y ping, cymerodd hi gwpwl o eiliadau i fi adeiladu'r hyder i agor fy llygaid.

'Ugain munud yn ôl.'

Wrth i fi sefyll wrth dap y buarth, bwcedi gwag o ffîd y ceffylau wrth fy nhraed yn disgwyl cael eu golchi, teimlais y cleddyf yn plymio'n ddyfnach fyth mewn i fi.

Rhoies i'r ffôn nôl yn fy mhoced a meddwl am y sefyllfa.

Pam fase fe'n dweud ein bod ni'n exclusive os yw e'n dal eisiau bod ar aps dêtio, gofynnais i fy hun. *Fe wnaeth godi'r pwnc, nid fi! Os nad oedd e eisiau rhoi'r gorau i siarad gyda merched eraill, pam wnaeth e awgrymu bod yn exclusive? Neu fi wnaeth awgrymu bod yn exclusive? Na, bendant fe! Fe sydd wedi llywio bob dim hyd at hyn a rywsut mae e dal yn chatio lan merched eraill.*

Aeth y meddyliau rownd a rownd yn fy mhen nes i fi ddychwelyd i'r tŷ a tecsto Jack. Mae cael ffrind platonic gwrywaidd i ofyn cwestiynau iddo am fechgyn yn rili defnyddiol – dwi'n awgrymu bod pob merch syth yn cael un. Ond paid â mynd atyn nhw os wyt ti mewn sefyllfa feddyliol rhy wan i glywed y gwir yn y ffordd mwyaf oer eto. Iasu, dydyn nhw ddim yn dal nôl. Os wyt ti angen rhywun i heipio ti lan, cer at dy ferched. Pan wyt ti'n barod i glywed y gwir caled mewn ffordd wneith dorri dy ysbryd, cer at dy ffrindiau gwrywaidd. Sawl gwaith dwi 'di gwneud y camgymeriad o fynd at Jack yn gobeithio bod e'n mynd i gadarnhau bod bachgen yn anwybyddu fi achos bod e wedi ei lethu gan y cariad rhyfeddol sydd gyda fe tuag ata i, dim ond iddo fe esbonio bod y boi yn amlwg ddim actsiwali yn hoffi fi. Os oes fersiwn o Jack yn dy fywyd di, paid gofyn am ei farn nes wyt ti wir yn barod i'w chlywed. Coelia fi.

Er 'mod i'n barod i gician off fel un o'r teirw 'na chi'n gweld yn chasio bobl rownd strydoedd Pamplona yn ceisio stabio bobl gyda'u cyrn,[13] ro'n i eisiau i fachgen nodi rhywbeth fase'n esbonio'r cyfan.

'Dydy o ddim yn ddelfrydol,' sylwebodd Jack. 'Ond weithiau 'dan ni jyst yn mynd ar Tinder i sweipio heb feddwl lot mwy am y peth. Mae o fel gêm – os dan ni'n cael sweip nôl, ffab. Ond dydy o ddim yn meddwl bod gynnon ni fwriad i siarad gyda'r ferch 'na. Dwi ddim yn gwybod os dyna mae o'n neud, ond faswn i ddim yn slashio'i deiars o nes bod ti'n gwybod mwy.'

'Dwi erioed 'di slashio teiars neb!'

'Dwi'm yn credu ti o gwbwl.'

Rhoddodd mewnwelediad Jack bach o obaith i fi bod hyn ddim mor ddifrifol wedi'r cwbwl, a pherswadiais fy hun i beidio danfon tecst at Vin i ofyn be ffwc oedd o'n wneud.

Daeth teimlad o heddwch nôl i fy ymennydd a cheisiais fynd nôl at fy noswaith gyda bodlondeb yn fy nghalon.

Parhaodd y teimlad yna o fodlondeb am lai na hanner awr.

Daeth tecst arall gan Annabella: 'Mae ffrind fi, Megan, newydd weud 'tha i bod hi a Vin 'di bod yn siarad ar Tinder ac maen nhw'n mynd am ddêt nos fory. Eto, jyst eisiau rhoi heads up i ti.'

---

13   Nid fy mod i eisiau amharchu diwylliant gwlad arall, ond i bwy yn y
      byd mae'r Bull Runs 'na'n hwyl? Dyw'r teirw ddim yn edrych fel petaen
      nhw'n mwynhau ryw lawer, a dydw i erioed wedi deffro ar fore Sadwrn
      a meddwl, 'Ti'n gwybod beth fase'n gwneud y penwythnos ma'n well...
      cael fy sathru gan darw sydd eisiau sticio'i gorn drwy fy asgwrn cefn.'
      Dwi'n gwybod bod diwylliant Cymru'n gallu bod bach yn od, ond o leia
      gei di ddim dy stabio wrth ddawnsio gwerin.

'OH FOR GOODNESS SAKE!' gweiddais i fy hunan.

Y tro 'ma, do'n i ddim yn gallu stopio fy hunan rhag gorymateb. Gyrrais neges i Vin, yn syml reit: 'Ffrind yn dweud bod nhw newydd weld ti ar Tinder.'

Darllenodd y neges yn syth ond cymerodd rai munudau i ateb.

'Rhaid bod fi jyst heb ddileu'r ap. Mae'n un o'r aps 'na sy'n gweithio yn y cefndir hyd yn oed pan dwyt ti ddim yn defnyddio fe.'

Daliais fy ffôn i fy mrest, yn gofyn i fy hunan os oedd e'n niweidiol neu yn ddoniol pa mor pathetic oedd y celwydd.

Tra o'n i'n meddwl sut i ateb, daeth Vin nôl eto: 'Galla i fod ar Tinder oes dwi moyn, Mel. Dydyn ni ddim mewn perthynas.'

Ffrwydrodd fy mhen. Na, doedden ni ddim mewn perthynas yn swyddogol, ond fe wnaeth sioe fawr o fod yn exclusive, felly pam oedd e'n dal yn mynd â merched eraill allan?

'Ti wnaeth ddweud dylsen ni fod yn exclusive, nac ife? Wrth ystyried hynny, dwi jyst yn meddwl bod hyn bach yn od?'

'Ti'n disgwyl gormod ohona i yn rhy fuan. Ni ddim ond wedi bod yn dêtio am gwpwl o fisoedd a ti eisiau fi ymrwymo i neb heblaw am ti?'

Gosodais fy ffôn lawr ar fy ngwely a gofyn i fy hunan beth yn y byd oedd yn digwydd. Oeddwn i jyst wedi camddeall yr holl sefyllfa, bob dim oedd e wedi dweud a gwneud dros y misoedd diwethaf? Ife fi oedd ar fai?

Foneddigion a boneddigesau, dyma i chi enghraifft berffaith o 'gaslighting'. Wrth gwrs, o'r tu allan gyda'r gallu i edrych yn ôl, mae'n glir. Ond ar y pryd wnaeth e wir hala i fi feddwl 'mod i'n deliriys. Doedd y theori fy mod i'n cael fy ngaslight-io erioed wedi croesi fy meddwl achos doeddwn i ddim yn disgwyl i hynna ddigwydd i bobl fel fi. Ro'n i wedi darllen amdano fe yn *Cosmopolitan* ac wedi gweld TikToks amdano fe,[14] ond doeddwn i ddim wedi disgwyl gorfod wynebu shwt beth fy hunan.

Am y tro cyntaf mewn misoedd, roedd tawelwch rhyngon ni. Ro'n i'n gallu ei weld e'n dod ar-lein ac wedyn yn gadael eto, ac argyhoeddais fy hun mai dod mlaen i siarad gyda merched eraill oedd e – ac fe dorrodd fy nghalon 'm bach. Meddyliais sut i ateb, cyn dewis ymddiheuro. Roedd ei resymeg yn benbleth ond ro'n i'n sicr ei fod e'n gywir. Ac yn fwy na dim, ro'n i eisiau dychwelyd i'r bybl bach cynnes o deimlo bod ei ymdrech a'i weithredoedd hyd at hyn wedi golygu rhywbeth.

Daeth dim ateb i fy ymddiheuriad. Ceisiais alw ond wnaeth e ddim ateb hynny chwaith. Sylles i ar fy sgrin, yn gweld bod e 'na, bod e ar-lein, ond yn dewis peidio agor fy neges.

Sut ydw i wedi bod mor wirion? gofynnais i fy hun. *Sut ydw i wedi gadael i fy hunan ddinistrio rhywbeth mor addawol?*

Cydiais yn fy ffôn yn disgwyl am ateb nes i fy nghorff fy ngorfodi i gysgu. Yn y bore, yn lle dihuno i'r 'Bore da x' arferol, doedd dim byd. Jyst tecst gan NatWest yn rhybuddio fy mod i'n agos iawn at gwympo mewn i fy overdraft. Derbyniais 'mod i ddim yn mynd i glywed ganddo fe – fy mod i wedi gwneud traed moch o'r berthynas a bod angen i fi symud mlaen. Roedd yr holl beth – y misoedd ohono fe'n gwneud i fi deimlo'n sbesial – yn teimlo fel gwastraff gan fy mod i wedi chwalu'r cwbwl lot gyda dau WhatsApp. Doedden nhw ddim yn wastraff ond mi oedden nhw'n gelwydd… mae hindsight yn biwtiffyl, tydi.

---

14 Ironically, dydw i heb ddarllen na gweld y ddrama *Gas Light* gan Patrick Hamilton wnaeth sefydlu'r dywediad yn wreiddiol.

Gorweddais ar y soffa am y rhan fwyaf o'r diwrnod, yn aros i'r boen adael fy nghorff. Roedd Mam a Dad yn ymwybodol bod rhywbeth o'i le – roedd y ffaith 'mod i'n gorwedd gyda hood dros fy mhen er 'mod i tu mewn yn y lolfa heb unrhyw fygythiad o law, yn hint eithaf clir. Ond pan wnaethon nhw geisio gofyn beth oedd wedi digwydd, roedd y geiriau yn brifo fy ngwddf ormod i'w lleisio.

Wrth baratoi i fynd i fy ngwely'r noson honno, ar ôl diwrnod llafurus o orwedd yn y tywyllwch yn meddwl am beth ro'n i wedi'i wneud, pingiodd fy ffôn gyda'r ringtone unigryw ro'n i wedi ei roi i Vin. Rhedais mor gyflym o'r sinc i fy ngwely, bron i fi dislocatio fy nghoes.

'Dydw i ddim eisiau i bethau fod drosto rhyngon ni, ond dwi angen i ti ddeall bod fi ddim yn gallu brysio mewn i ddim byd. Dydw i heb fod yn sengl am hir iawn, felly dwi angen gadael i fy hunan fwynhau hynny am bach.'

Ro'n i wedi drysu'n fwy fyth, ond roedd y teimlad o ryddhad bod pethau ddim drosto yn gryfach na'r benbleth. Meddyliais yn ofalus iawn am ba eiriau i'w defnyddio wrth ateb; do'n i ddim eisiau gwaethygu'r sefyllfa fregus yma unwaith eto.

'Ocê, dwi'n hapus i ni gario mlaen fel ydyn ni ond dal i weld pobl eraill os mai dyna beth wyt ti eisiau.'

'Na Mel, dim dyna dwi'n deud,' atebodd yn syth.

'Vin, dwi'n trial fy ngorau ond dwi'm yn deall beth wyt ti moyn.'

Beth roedd e moyn – yn amlwg – oedd iddo fe gael gweld pobl eraill tra o'n i'n aros yn ffyddlon iddo fe. Ond wrth gwrs, doedd e ddim yn gallu dweud hynny mewn geiriau clir achos mae'n swnio'n ddychrynllyd. Ac roedd gen i lot gormod o ofn colli'r potensial i'n perthynas i weld mai dyna oedd ei fwriad.

Cytunon ni i anghofio'r holl ffrae a jyst mynd nôl i sut oedd pethau o'r blaen, ateb oedd yn datrys dim o'r dryswch ond oedd yn rhoi gobaith i fi fy mod i'n mynd i ddychwelyd i'r teimlad bod Vin eisiau fi ac yn fy rhoi ar bedestal.

Ond y gwir yw, wnaeth dim byd ddychwelyd i sut oedd e o'r blaen. Roedd Vin yn gwybod ei fod e'n gallu gwneud fel oedd e moyn a bod gen i ormod o ofn ei golli fe i wneud unrhyw beth am y peth. Trodd y byrddau mor sydyn, cefais i whiplash.

Roedden ni'n gweld ein gilydd dim ond pan oedd e eisiau. Cawson ni hiccup Tinder arall oedd, wrth gwrs, fy mai i. Os oedd e'n mynd allan gyda'i ffrindiau baswn i ddim yn clywed gair ganddo fe – rhywbeth ro'n i'n ddigon hapus gyda fe achos does 'na neb mwy annoying na'r ffrind sy'n hala'r holl noson allan yn tecsto'i chariad. Ond yna, os oeddwn i allan baswn i'n derbyn WhatsApp ar ôl WhatsApp os nad oeddwn i'n ei ateb e nôl.

Yn ystod un noson o goctels yn Bañera gyda Rhys ac Ellie, mynnon nhw wybod beth oedd mor bwysig ar fy ffôn bod angen i fi anwybyddu nhw trwy'r nos.

'Sori sori sori, mae Vin jyst yn mynd reit snarci os nac ydw i'n ateb e.'

'Vin? VIN?' Doedd Ellie ddim yn ffan. 'Pa hawl sy 'da Vin i fod yn snarci? Mae e'n lwcus i gael ti. Pam yn y byd mae 'da ti gymaint o ofn ei wylltio fe?'

'Dwi'm yn ofni dim byd, mae e jyst yn haws i ni beidio cael ffrae ond yw e.'

Edrychodd Rhys ac Ellie arna i o ochr arall y bwrdd gyda wynebau oedd yn cadarnhau eu bod nhw ddim yn hoffi beth oedden nhw'n glywed. Dim o gwbwl.

'Ydy e'n tecsto ti pan mae e gyda'i ffrindiau e?' gofynnodd

Rhys, ei aeliau sgrynshd yn amlygu bod e'n gwybod yr ateb yn barod.

'Wel nac ydy, ond...'

'Ond mae e eisiau i ti'i ateb e tra bod ti gyda ni?'

'Chi'n neud i hyn swnio'n lot gwaeth nac ydy e,' mynnes i heb hyd yn oed argyhoeddi fy hunan.

'Rho dy ffôn di i fi, 'te,' heriodd Ellie.

'Be? Na. Does dim angen.'

'Os nad oes gen ti ofn pisso fe off, rho dy ffôn i fi a gei di fe nôl pan ni'n mynd adre.'

'Ti'n bod yn ridiciwlys,' chwarddais i'n nerfus. Ond yna roedd Rhys wedi dod i fy ochr i o'r bwrdd a fy rhoi i mewn headlock tra bod Ellie yn cymryd fy ffôn. Ceisiais baffio'n ôl, ond doedd gen i ddim gobaith yn erbyn Rhys sydd yn 6'1' ac yn gryf uffernol am rywun sydd ddim yn mynd i'r gym nac wedi cyfri macro yn ei fywyd. Ro'n i'n gwichio a thrasho fel cath mewn bocs, ond doedd dim pwynt.

Dwi'm yn siŵr os oedd staff Baňera yn gwerthfawrogi ein hychwanegiad plentynnaidd i'r awyrgylch soffistigedig roedden nhw'n ceisio ei feithrin yn eu bar, ond ar ôl blwyddyn o fethu croesawu unrhyw gwsmeriaid dwi'n gobeithio eu bod nhw jyst yn ddiolchgar bod ni mewn 'na, hyd yn oed os oedden ni'n reslo.

'Rhys, ma Ellie 'da'r ffôn, gad i fi gael pen fi nôl nawr plis,' mynnes i, yn ceisio aildwtio fy ngwallt wrth iddo fe 'ngollwng i.

'O fi'n meddwl bod ti ddim hyd yn oed yn hoffi fe gymaint â 'ny?' gofynnodd Rhys, yn hamddenol i gyd fel petai o ddim newydd bron â decapitatio fi.

'Mae e wedi love bomio hi,' meddai Ellie.

'Beth ydy love bomio?' gofynnais i a Rhys ar yr un pryd.

'Mae e 'di twlu bob dim atat ti – llwyth o ymdrech, llwyth o sylw, llwyth o obaith nes bod ti'n dechrau dweud wrth dy hunan bod ti'n hoffi fe nôl. Ac unwaith ti yn y trap, boom, mae e'n tynnu i ffwrdd a ti'n dechrau sgramblo am y sylw oeddet ti'n gael o'r blaen. Absoliwt classic love bomb.'

Eisteddais i yn ddistaw wrth i bopeth ddechrau gwneud synnwyr am y tro cyntaf. Ond yn y diwedd chwarddais i a gwrthod crynhoad Ellie.

'Ymmm, sneb 'di love bomio fi, diolch yn fawr. Mae e'n... gymhleth.'

Edrychodd Rhys ac Ellie ar ei gilydd, yn amlwg ddim yn coelio fi, ond wedi derbyn yr hint i symud y drafodaeth mlaen i rywbeth mwy hwyliog, fel y pandemig oedd yn amlyncu'r blaned a'r ffaith bod Llywydd yr Unol Daleithiau yn awgrymu i bobl yfed bleach.

Ar ddiwedd y noson, wrth i Dad ddod i gasglu'r tri ohonon ni a mynd â ni nôl i'n tai un ar y tro, cefais i fy ffôn nôl gan Ellie. Fel ro'n i wedi'i ddisgwyl, roedd sawl neges a hyd yn oed galwad ffôn gan Vin, bob un yn mynd yn fwy a mwy stropi.

Y peth toxic yw... ro'n i'n hoffi bod fy absenoldeb wedi ei ddychryn. Bod y dirgelwch o lle'r oeddwn i a gyda phwy oeddwn i yn dân ar ei groen e. Os oedd e'n flin, roedd hynny'n golygu bod e yn becso dam, ac am wythnosau doeddwn i heb gael unrhyw gliw bod ganddo fe ots un ffordd neu'r llall os oedd e byth yn clywed gen i eto. Roedd y negeseuon llidiog ar fy sgrin yn darparu'r validation ro'n i wedi bod yn edrych amdano.

Danfonais neges i ddweud 'mod i adre, a chefais ateb dros Snapchat ohono fe[15] yn eistedd gyda chi ei fam. Atebais gyda

---

15   Dyn dros 25 ar Snapchat – os oedd 'na unrhyw fflag goch i rybuddio fi bod hyn yn mynd i bennu mewn dagrau, dyma fe.

Snapchat (dwi'n teimlo'n pathetic jyst yn ysgrifennu'r geiriau yma) ohona i yn fy mhyjamas,[16] yn falch bod e wedi aros yn effro i glywed gen i.

Ond yna cefais ateb yn dweud, 'Dyw hwnna ddim yn edrych fel tŷ ti, gad i fi weld y llawr'.

Roedd e'n rili hoffi'r llawr yn fy nhŷ i am ryw reswm – tipyn mwy nag oedd e'n hoffi fi, o edrych yn ôl. Dyw'r llawr ddim yn rhagorol, jyst teils gwyn. Ond yn amlwg roedd e'n meddwl bod y dyluniad arloesol yma yn unigryw i fy nhŷ i a fy nhŷ i yn unig.

Mae e wir yn meddwl 'mod i 'di mynd adre gyda rhywun, meddyliais, bach yn smyg mai fi oedd gyda'r pŵer am y tro cyntaf yn yr wythnosau uffernol diwethaf. Danfonais lun o'r teils a mynd i gysgu, heddwch yn fy meddwl wrth ailsefydlu bach o fy rheolaeth yn y berthynas.

Ond erbyn i'r bore gyrraedd ac i niwl y Pornstar Martinis niferus glirio o fy ymennydd, trodd fy nheimlad smyg yn deimlad o siom llwyr. Doedd gen i ddim rheolaeth... iasu, doedd gen i ddim hunan-barch rhagor chwaith. Oeddwn i wir wedi danfon llun ato fe i brofi 'mod i adre achos doedd e ddim yn fy nghredu i? Oedd e wir yn teimlo bod e'n iawn i ofyn am dystiolaeth, ac oeddwn i'n ddigon hapus i'w anfon?

Ro'n i wedi colli fy hun yn llwyr, sylweddolais. Dri mis yn ôl faswn i byth wedi credu y byddai yna fersiwn ohona i oedd yn fodlon profi lle ro'n i achos roedd yna fachgen – bachgen oedd yn pallu ymrwymo i fi o gwbwl – yn mynnu cael cadarnhad.

---

16   Roedd yn lot llai secsi na mae'n swnio. Sgen i ddim pyjamas secsi... dwi'm yn gweld y pwynt. Pan dwi'n dychwelyd adre ac yn tynnu fy sgidiau a fy mra, y peth diwethaf dwi moyn yw gwisgo rhywbeth yr un mor anghyfforddus. Os nad yw bechgyn yn gallu derbyn fi yn fy nhrowsus Mr Urdd a fy nghrys-T Sports Relief 2010, eu bai nhw yw hynny.

Ro'n i'n gwybod bod angen i ni, y berthynas, be bynnag yn y byd oedd y llanast 'ma, ddod i ben. Ac er bod torri bob dim bant yn fy mrifo'n llethol, roedd ein sefyllfa'n rhy niweidiol i barhau. Beth siomodd fi fwyaf am fy hunan oedd gymaint o'n i'n gweld ei eisiau fe wedyn. Roedd e wedi brifo fy nheimladau a bychanu fy hunanhyder gymaint gyda'i addewidion ffug a'i gaslight-io, ond eto, ro'n i'n llefain bob dydd yn hiraethu am yr amseroedd hapus. Er bod yr amseroedd hapus yna wedi bod ar ei dermau ef yn llwyr.

Arhosais i'r tristwch basio, ond gadawodd e ddim. Doeddwn i ddim yn siŵr a fyddai'n pasio heb gefnogaeth gan rywun niwtral, rhywun baswn i'n gallu bod yn hollol onest gyda nhw. Roedd fy ffrindiau a fy nheulu heb os ar fy ochr i, yn adrodd yr un llinellau – 'mod i'n rhy dda i Vin eniwe, a bod gymaint mwy o ddynion allan 'na fyddai'n well i fi. Ond ro'n i eisiau mynd i'r afael â'r ffaith fy mod i wedi mynd mor gaeth i sylw rhywun – rhywun doeddwn i ddim hyd yn oed mor ffysd â 'ny amdano yn y lle cyntaf. Doeddwn i byth eisiau i hynny ddigwydd eto, ac ro'n i'n pryderu base'r ofn yna yn rhwystro fi rhag gadael i fy hunan ymchwilio perthnasau eraill.

Felly, rhoies i go arall ar therapi. O ystyried y problemau gefais i gyda'r therapydd cyntaf, a'r diffyg dewis yng nghefn gwlad Ceredigion, dewisais dderbyn therapi ar-lein gyda dynes roedd y wefan Better Help wedi awgrymu oedd yn matsh da i mi: Sheila, dynes ganol oed gydag acen Essex gref a thôn garedig i'w llais.

Heb fod yn ddramatig, wnaeth Sheila newid fy mywyd.

Gwrandawodd arna i'n sôn am beth oedd wedi digwydd, a gofynnodd fwy o gwestiynau am fy mherthnasau eraill – nid jyst y rhai rhamantaidd ond y rhai gyda fy nheulu a fy ffrindiau hefyd. Esboniodd bod hi'n meddwl fy mod i'n dioddef o anxious attachment, sef teimlo dy fod ti ddim yn haeddu cariad na serch, ac felly pan wyt ti yn ei dderbyn, rwyt ti'n dal arno mor dynn â phosib, yn derbyn unrhyw shit mae bobl yn twlu atat ti. Yn anffodus, roedd y gymysgedd o rywun gyda anxious attachment, a narsisist oedd yn hoff o love bomio,[17] yn storom berffaith.

Aeth Sheila at wraidd y broblem, sef fy hunanhyder. Roedd e ar y llawr. Ac felly roedd ymdrech a datganiadau o serch gan unrhyw un yn mynd i fod yn gaethiwus i fi. Esboniais nad oeddwn i eisiau teimlo fel hynny eto. Felly gweithion ni ar y ffordd ro'n i'n gwerthfawrogi fy hunan, a pha ffiniau oeddwn i'n teimlo oedd yn allweddol i fi eu gosod mewn perthynas. Er enghraifft, doedd gyrru negeseuon trwy'r dydd ddim yn dda i fi, gan fy mod i'r math o berson sy'n mynd i ddarllen gormod rhwng y llinellau os nad ydw i'n cael ateb mor gyflym ag arfer.

Roedd yr hunan-werth a'r hyder yn y gwerth yna wnaeth Sheila fy helpu i'w ddarganfod, yn ddarganfyddiad wnaeth drawsnewid fy meddylfryd. Er fy mod i wedi llithro ar adegau, mae geiriau a chyfarwyddiadau Sheila o hyd yng nghefn fy meddwl pan mae'n amser i fi gofio pwy ydw i, a chymaint sydd gen i i'w roi.

Mae rhai o'r slip ups yn waeth nag eraill, ac roedd wythnos fy swydd newydd yn Ionawr 2023 yn un wael. Os dydy llefain yng nghanol M&S gyda phâr o fŵts cowboi a phaced o Mac 'n' Cheese ddim yn arwydd, dwi'm yn gwybod be sy. Felly ailgysylltais â Sheila, ddeunaw mis ers i ni siarad ddiwethaf, ac esbonio'r cwbwl iddi.

O fewn dwy sesiwn ro'n i'n teimlo'n well, o fewn pedair sesiwn roedden ni wedi mynd i'r afael â beth oedd wedi

---

17 Roedd Sheila'n cytuno'n llwyr gydag asesiad Ellie. Dwi'm yn gywbod lle mae Ellie'n cael yr holl ddoethineb 'ma, dwi rili ddim.

achosi'r bagliad, ac o fewn chwe sesiwn ro'n i'n teimlo'n ddigon hyderus i fynd nôl i daclo'r byd a'i drafferthion heb Sheila yn dal fy llaw.[18]

Pedwar mis ar ôl ein sesiwn olaf, cefais i ddiwrnod uffernol. Ro'n i'n cyflwyno i'r BBC o Ŵyl y Gelli – cyfle arbennig, yn enwedig i rywun sy'n caru darllen gymaint ag ydw i. Ond roedd fy hwyliau yn stormus. Roedd bob dim yn fy ngwylltio, ro'n i'n casáu'r wisg ro'n i wedi dod gyda fi, ac wnes i hyd yn oed wylltio'n fewnol yn y Green Room pan wnaeth Joe Wicks gynnig gwneud coffi i fi a dod â the peppermint yn ei le.

Be ddiawl mae o'n trial dweud wrtha i? meddyliais i. *I know you're the 'nation's PE teacher' a bod coffi technically ddim yn dda iawn i fi ond iasu, take a day off, Joe.*

Sylweddolais nad oedd y ffordd ro'n i'n teimlo yn rhesymol o gwbwl a bod angen help Sheila arna i. Danfonais neges ati yn gofyn os oedd hi ar gael cyn dechrau ar fy siwrne adre.

Ar y ffordd nôl, stopiais yn M&S Parc Cyfarthfa i gael brechdan prawn mayo a smŵddi gwyrdd. Sylweddolais fy mod i heb fwyta trwy'r dydd ac roedd fy mol yn teimlo'n barod i fwyta ei hunan.

Wedi sgoffian y frechdan, teimlais heddwch yn golchi drosta i. Ro'n i'n gallu clywed yr adar yn canu yn y coed, roedd cerddoriaeth yn swnio gymaint mwy melys a sylweddolais – wedi'r cwbwl – fy mod i actsiwali wedi gofyn am de peppermint er mwyn gwneud argraff dda ar Joe Wicks pan

---

18   Mae siwrne pawb gyda therapi yn wahanol a dyw hyn ddim yn amserlen fydd yn adlewyrchu profiad pawb. Er lles eich cyfrif banc, dwi'n gobeithio bod eich profiad chi ddim lot hirach. Dwi'n caru Sheila, ond yn ystod yr adegau dwi'n talu am ei hamser, mae'n touch-and-go os bydda i'n gallu fforddio bwyta unrhyw beth sydd ddim yn y reduced aisle. Credwch fi – dyw cyw iâr sy'n costi dim ond 95p ddim werth y risg.

gynigiodd e wneud diod i fi. Yna wnes i sylweddoli – doedd fy iselder heb ddychwelyd, ro'n i jyst wedi bod yn llwglyd.

Whatsapiais Sheila eto: 'Anwybydda hwnna. Turns out ro'n i jyst angen brechdan.'

Pethau sy'n overrated

Masgara drud: Masgara dan £10 sy'n gwneud y job orau. Mae'r un rheol yn berthnasol i bensiliau kohl. Am fasgara a kohl sy'n mynd i ddal eich llaw trwy ddiwrnod o waith, wedyn 'cwpwl o beints tawel' fydd yn troi mewn i'r noson fwyaf fferal rydych chi erioed wedi'i chael, a chwsg ar soffa rywun hanner dieithr... dewiswch y colur llygad mwyaf rhad rydych chi'n gallu dod o hyd iddo. Dydyn nhw'n cynnig dim byd ffansi, heblaw am gemegau annistrywiol a theyrngarwch diwyro.

Prifysgolion elite: Yn fy arddegau roedd gen i ofn base fy mywyd yn dod i ben taswn i ddim yn mynd i brifysgol elite. Es i i Brifysgol Caerdydd a... wel, dwi'n dal yn fyw. Dwi'n siŵr bod yna adeg pan oedd gradd o Rydychen neu Gaergrawnt yn agor drysau diddiwedd, ac falle bod hynny'n dal yn wir mewn rhai diwydiannau. Ond i'r rhan fwyaf o'r graddedigion yna, maen nhw'n cael eu taflu mewn i'r un syrcas wallgof gyda phawb arall, yn ceisio dod o hyd i swydd lefel mynediad gyda briwsionyn o obaith gewn nhw swydd eu breuddwydion yn y diwedd. Beth sydd actsiwali'n rili defnyddiol er mwyn rasio lan yr ysgol i'ch swydd ddelfrydol ydy cael rhiant mewn safle awdurdodol yn yr un maes. Os nad yw hynny'n berthnasol i ti, wel ti yn y trenches gyda'r gweddill ohonon ni!

Hetiau bwced: Pan dwi'n gweld dyn mewn het bwced, y peth cyntaf sy'n dod i fy mhen ydy 'Ma fe'n mynd i ddinistrio fy mywyd i'. Dwi'n clywed eu Wales Away chants yn fy hunllefau ac yn galaru am yr amser cyn Euros 2016 pan oedd ffans pêl-droed Cymraeg yn cadw eu hunain i'w hunain. Mae hyd yn oed yr hetiau bwced sydd ddim ynghlwm â phêl-droed yn weindio fi lan, ond dim ond achos bod fy wyneb lot rhy grwn iddyn nhw siwtio fi. Ceisiais i ymrwymo i het bwced pinc am ail hanner wythnos Steddfod 2023 – ro'n i'n meddwl base fe'n dric da i guddio fy ngwallt oedd mewn cyflwr gwael ar ôl diwrnodau o law di-baid, ond wrth edrych nôl ar y lluniau, dwi jyst yn edrych fel petai'r lleuad yn gwisgo cwpan wy.

Llundain: Dwi'm yn un am slyrs xenophobic, ond mae 'London Wanker' yn ddisgrifiad mor gywir, dwi'n meddwl dylse fe gael ei brintio ar dalcennau pobl gyda'r enw Hugo neu Arabella y munud maen nhw'n cael eu geni. Mae'r bobl sy'n wreiddiol o Lundain, a hyd yn oed rhai (#NotAllLondonWankers) pobl sy'n symud yno, yn anghofio bod yna fydysawd tu allan i Zone 2, ac maen nhw'n dechrau dweud pethau fel 'Oh my God ti heb fod i Clapham?!', 'Ie roedd wicend fi jyst yn pure vibes… newn ni gymryd y tube? It'll be vibes… I'm not sure these vibes are fitting with my mental feng shui' neu, yr un gwaethaf oll – 'Wow ma peints mor rhad yn fama – ma nhw dair gwaith y pris yn Llundain.' Ie ma nhw, mêt, achos rwyt ti'n byw yn uffern!

Cathod: Sori, dwi 'di ddweud e. Dwi'n gweithio mewn diwydiant llawn rejection ac yn cael fy nenu at fechgyn sy'n anghofio fy mod i'n dal yn fyw… y peth diwethaf dwi moyn yw dod adre i anifail anwes sydd hefyd yn eithaf take-it-or-leave-it am fy modolaeth. Un tro, roedd fy nghi mor gyffrous i 'ngweld i, wnaeth hi toplo ar ei hochr fel y Leaning Tower of Pisa – dyna'r lefel o gariad dwi eisiau.

Bod yn brysur: Mae yna gystadleuaeth ymhlith rhai grwpiau i fod y person prysuraf erioed, fel ei fod yn gamp i ddioddef o burnout. Rhwng graddio a throi'n 28, roedd yna gyfnod lle ro'n i'n siomedig i gyfaddef bod gen i wythnos dawel yn y gwaith. Roedd gen i grŵp o ffrindiau proffesiynol baswn i'n eu gweld tua bob dau fis am brunch a catch-up, a'r munud oedden ni'n eistedd lawr base un ohonon ni'n lansio'r rap battle mwyaf trist erioed dros bwy oedd y prysuraf. Cyn bod un llond ceg o Avocado Toast yn cael ei fynshian, basen ni'n cymharu pwy oedd y mwyaf blinedig:

'Dwi mor brysur, dydw i heb goginio pryd o fwyd i fy hunan ers mis.'

'Ie, wel dwi mor brysur, mae'n rhaid i fi gymryd galwadau gwaith tra 'mod i'n y gawod.'

'Waw, mae gen ti amser am gawod? Dydw i heb gael amser am gawod ers wythnosau.'

'Wel ie, ond dwi mor brysur, wnaeth fy nghariad i symud allan a wnes i ddim hyd yn oed sylweddoli.'

'Mae gen ti amser am gariad? Dwi mor brysur dwi heb siarad gyda 'nheulu ers Nadolig ac mae fy rhieni yn wyllt gacwn 'mod i wedi colli angladd fy mam-gu ond roedd rhaid i fi achos dwi JYST MOR BRYSUR!'

Ond pan o'n i'n 27, gadawais i fy hunan fod mor brysur wnes i actsiwali ffeintio yn y gawod achos doedd fy nghorff ddim yn gallu cymryd dim mwy (mwy am hyn nes mlaen), a sylweddolais i bod deffro fel sach o datws ar y shower tray, gyda fy sebon gwyrdd o Lysh yn styc i fy nhalcen, ddim yn cŵl o gwbwl. Mae bod yn weithgar yn fendigedig, ond mae cael gorffwys pan wyt ti ei angen e hefyd yn hanfodol.

Mae bod yn amlhil yn benbleth, waeth lle yn y byd wyt ti

Flynyddoedd yn ôl gwyliais i gomediwr ar *Live At The Apollo* yn dweud: 'Being mixed race in the UK is like having half of the privilege and none of the guilt.' Ro'n i'n meddwl ei bod hi'n jôc fendigedig a dwi wedi chwilio a chwilio am y clip i weld pwy oedd awdur y llinell berffaith yma, ond dydw i jyst ddim yn gallu dod o hyd i'r enw. Felly, nes i fi ddod o hyd i bwy bynnag oedd y digrifwr godidog yma, wna i gymryd y clod.

Wrth gwrs, dyw bod yn amlhil ddim cweit mor syml â hynny – baswn i wrth fy modd yn dweud ein bod ni'n cael hanner breintiau bobl wyn, ond y gwir amdani yw, os nad wyt ti'n hollol wyn, ti jyst yn cael dy drin fel petaet ti'n leiafrif ethnig full-stop. Dwi'm yn amau bod lliwyddiaeth – neu colourism – yn dylanwadu ar ragfarnau hefyd ond nid dyma'r lle i'w ddadansoddi, ac fel menyw o liw gyda chroen golau, nid fi ddylai fod yr awdurdod.[1]

Un peth alla i fod yn awdurdod arno ydy'r ddawn o ddefnyddio'r manteision bychain sy'n dod gyda bod yn

---

[1] Os ydych chi eisiau gwybod mwy am colourism gan bobl sy'n lot mwy gwybodus na fi, galla i argymell *I Am Not Your Baby Mother* gan Candice Brathwaite, *Why I'm No Longer Talking To White People About Race* gan Reni Eddo-Lodge, *Silver Sparrow* gan Tayari Jones a *Girl, Woman, Other* gan Bernadine Evaristo.

leiafrifol ethnig. Er enghraifft, os ydw i'n colli trafodaeth, wna i jyst digwydd sôn 'mod i'n ddynes o liw i roi bach mwy o hygrededd i fy marn. Mae dechrau brawddeg gyda 'fel menyw o liw…' yn ategu doethineb hudolus ar unwaith. Mae bod yn ddynes o liw yn gallu bod yn help os nad oes sedd rydd ar y bws. 'Na i gyd sydd angen yw siglo dy ben a chwyno o dan dy wynt rhywbeth fel 'ar ôl bob dim wnaeth Rosa Parks' a neith rywun banicio a chodi i gynnig sedd i ti.

Hefyd, pan wyt ti ar dy wyliau, dyw'r bobl leol ddim yn dy feirniadu di gymaint â maen nhw'n beirniadu'r hwligans Prydeinig eraill. Gallen ni i gyd rowlio'n llygaid i gytuno 'Tourists… amirite?' er 'mod i'n llythrennol yna ar fy TUI all-inclusive gyda blow-up unicorn floatie a dim Sbaeneg heblaw 'Dos margaritas, por favor'.

Dwi'n mwynhau defnyddio'r manteision bach yma i'r eithaf, yn enwedig dramor. Disgwyliais base fy nhrip i Fecsico yn ystod Hydref 2023 ddim gwahanol – dwi'n un wythfed Hispanic felly dwi basically yn native, ac ro'n i 150 o ddyddiau mewn i Duolingo streak felly ro'n i'n disgwyl i'r daith fod yn eithaf rhydd o helynt.

Dechreuodd y lojic yna gwympo'n ddarnau ar yr awyren. Ro'n i'n gywir 'mod i'n edrych yn frodorol – ond yn rhy frodorol. Roedd stiwardiaid yr awyren i gyd yn meddwl 'mod i'n mynd adre i Fecsico, ac yn siarad gyda fi mewn Sbaeneg ar 100mya. Doedd y brawddegau ro'n i wedi bod yn eu hymarfer ar Duolingo, fel 'dwy hosan plis' a 'ble mae dy ewythr yn byw?' yn dda i ddim pan o'n i'n ceisio negodi pa bryd o fwyd ro'n i eisiau i swper.

Cyrhaeddais Mecsico ond cyn i fi allu mynd i gwrdd â Nel oedd yn aros i fi yn Arrivals, daeth swyddog diogelwch draw i wneud 'random check' o fy nghês. Roedd y sniffer dog yn edrych jyst fel Cleo bach fi adre, Labrador du gyda llygaid mawr a chorff oedd yn siglo i gyd pan oedd y gynffon yn ysgwyd. Y broblem oedd, doedd Mexican Cleo ddim yn ysgwyd ei chynffon, roedd hi'n mynd yn wallgof wrth sniffio fy nghês. Dechreuodd y swyddog diogelwch weiddi arna i yn Sbaeneg, ac er nad oedd gen i syniad beth oedd e'n ei ddweud, roedd hi'n amlwg o'i dôn ei fod e ddim yn gofyn lle roedd fy ewythr i'n byw.

'I don't speak Spanish,' gwichiais i, ond doedd e ddim yn fy nghredu i. Ar ôl tipyn o weiddi a phwyntio, a lot o gyfarth gan Mexican Cleo, gweithiais i mas ei fod e eisiau i mi agor y cês. Yn cwympo i fy mhengliniau i ddad-zipio'r bag, dechreuais i lefain. Ro'n i wedi pacio'r cês fy hunan felly ro'n i'n gwybod bod 'na ddim cocaine na chwpwl o AK47s ynddo fe, ond pan mae gennyt ti ddyn yn gweiddi a chi yn trial brathu ti, ti'n dechrau amau dy gof dy hunan.

Agorais i'r bag, yn teimlo rhyddhad llwyr i weld bod dim blocs o gocaine rhwng fy micinis, ond doedd Mexican Cleo'n dal ddim yn hapus. Parhaodd y swyddog i weiddi a mynd yn fwy a mwy rhwystredig 'mod i ddim yn ei ddeall e, a finnau'n amlwg yn Fecsicanaidd. Yn y diwedd, dechreuodd e dwrio yn fy nghês. Ar ôl munud annifyr iawn, daeth e o hyd i beth oedd wedi bod yn cynhyrfu Mexican Cleo: paced o Welsh Cakes. Wnaeth paced o blydi Welsh Cakes bron fy rhoi i mewn carchar ym Mecsico. I fod yn glir, doeddwn i ddim wedi dod â'r Welsh Cakes achos na allwn i ddychmygu wythnos heb stash i fynshian arno – roedd Nel wedi bod yn byw ym Mecsico am gwpwl o fisoedd erbyn hyn ac yn hiraethu am snacs gorau Cymru. Hi oedd fod i dderbyn y Welsh Cakes, ond yn lle, cafodd y swyddog a Mexican Cleo y paced cyfan.

Wedi osgoi carchar, ro'n i'n awyddus i'w gwneud hi'n glir

ar bob achlysur posib mai ymwelydd o'n i, ond doedd dim pwynt hyd yn oed trial. Roedd staff yn siarad gyda fi yn lle Nel, ac yna'n syllu arna i fel taswn i'n idiot llwyr pan o'n i'n dawel ac fy ffrind gwyn yn eu hateb nhw gyda Sbaeneg da iawn. Pan aethon ni i noson dawnsio salsa, doedd gweddill y dawnswyr ddim yn gallu deall pam 'mod i jyst yn sefyll ar yr ochr yn clapio i Nel fel rhywfath o soccer-mom, wrth i hithau shimian dros y llawr gyda gallu rhywun... wel, Mecsicanaidd.

Roedd hyn yn ddoniol – y rhan fwyaf o'r amser – ond ar y pumed diwrnod trodd yn anrhefn llwyr.

Ro'n i a Nel yn awyddus i fynd i weld plasty'r Arlywydd, ond roedden ni'n llwgu ar ôl cael dim ond Margaritas a Guac a chreision i frecwast, felly wnaethon ni stopio wrth stondin bwyd stryd i gael cwpwl o dacos. Gofynnodd Nel am dacos llysieuol a dywedais i baswn i'n cael yr un peth, ond siglodd y gwerthwr ei ben a dweud rhywbeth am roi tacos go iawn i fi. Yn derbyn bod gen i ddim dewis, cymerais y tacos a'u bwyta. Dwi'm yn siŵr pa fath o gig oedd e, ond doedd e'n bendant ddim y pupurau a'r ffa roedd Nel wedi'u cael.

A'n boliau wedi eu bodloni, aethon ni i grwydro tu allan i blasty'r Arlywydd, cyn cael bwrdd mewn bar ar ben to oedd yn edrych dros y sgwâr. Wrth i'r haul fachlud roedd goleuadau'r ddinas yn edrych mor brydferth, ac ystyries i pa mor lwcus oeddwn i i gael ymweld â rhywle mor arbennig.

'Ti eisiau bwyta fan hyn?' gofynnodd Nel, ond doedd gen i ddim awydd unrhyw beth ar ôl fy mystery tacos nôl ar y stryd. Yn lle, dewison ni i fod yn millennial wankers go iawn a chymryd lluniau Instagram ohonon ni'n edrych yn totally chic, yn ychwanegu capsiynau clasurol fel 'Had worse Mondays'.

Teimlais bach o gramp yn fy mol felly esgusodais fy hunan i fynd i'r tŷ bach, er doedd dim angen i fi fynd wedi'r cwbwl. Penderfynais bod fy mislif i falle'n dod bach yn gynnar ac y gallen i fynd i'r fferyllfa drws nesa i'r gwesty wrth i ni fynd nôl. Llongyfarchais fy hunan am fod mor mewn tiwn gyda fy nghorff, a meddyliais gymaint o fenyw fodern oeddwn i.

Ond yn y tacsi, cefais i'r teimlad sydyn bod rhywun wedi goleuo matsien yn fy ngholuddion. Roedd rhywbeth mawr o'i le.

Period warning signs ti yw e, 'na i gyd, mynnes i fy hunan. *Fyddi di nôl yn y gwesty cyn i unrhyw beth actsiwali ddigwydd. Ti'n fenyw fodern, ti'n gwrando ar dy gorff. It's all chill. Be chill.*

Ceisiais i anwybyddu'r boen, ond o fewn cwpwl o funudau, dechreuodd y goelcerth ruo nes i fi sylweddoli fy mod i, unrhyw eiliad, yn mynd i gachu fy hunan.

Dwi'n un o'r bobl yna sydd in denial am y ffaith bod pobl yn mynd i'r toilet. Mae'n gas gen i hiwmor toilet, dwi'm eisiau siarad am arferion toilet neb a phan mae'r doctor yn holi am 'bowel movements' dwi'n newid y pwnc. Pan o'n i wedi clywed oedolion yn siarad am gachu eu hunain, doeddwn i jyst ddim yn eu credu nhw. Doeddwn i erioed wedi gallu dychmygu unrhyw sefyllfa lle roedd oedolyn, neu unrhyw un dros chwech oed, yn gallu cachu ei hunan. Ond wrth deimlo'r poethder mwyaf uffernol yn chwyrlïo o amgylch fy mol, sylweddolais fy mod i ar fin bod yn un o'r bobl yna.

'You OK?' gofynnodd Nel, wedi sylwi ar y dafnau o chwys yn diferu lawr fy nhalcen. Doeddwn i ddim yn gallu ymddiried yn fy hunan i ddweud gair – roedd bob elfen o fy meddwl yn canolbwyntio ar beidio ffrwydro yng nghefn y tacsi.

'Mel, what's wrong?' gofynnodd, wrth i ddagrau ffurfio yn fy llygaid.

'Oh my God, have you got The Revenge?' Roedd ei llygaid

yn ehangu gyda phanig wrth iddi sylweddoli gymaint o argyfwng roedden ni ynddo.

The Revenge, neu Montecito's Revenge, ydy'r llysenw mae Mecsicanwyr wedi'i roi i'r gwenwyn bwyd mae twristiaid yn ei gael achos dyw eu boliau nhw ddim wedi arfer gyda'r bwyd. Mae'r enw'n cyfeirio at Mecsico'n dial ar wladychwyr – sef pobl Ewropeaidd – wnaeth oresgyn y wlad back in the day. Mae Montecito's Revenge yn cael ei weld fel cosb ail-law mae'n rhaid i ymwelwyr ei ddioddef am beth wnaeth eu cyndadau.

Pam fod gen i'r Revenge? llefais i fy hunan wrth ganolbwyntio ar gadw fy nghorff yn hollol lonydd. *Cafodd fy nheulu i ei wladychu hefyd. Yw Montecito ddim wedi clywed am rywbeth bach o'r enw THE ATLANTIC SLAVE TRADE?! Wnaeth teulu fi ddim goroesi pedwar cant o flynyddoedd o longau a llafur jyst i fi gael cachu fy hunan mewn tacsi. Ocê, wnaeth teulu Dad wneud bach o wladychu siŵr o fod, ond mae'r caethwasiaeth ar yr ochr arall yn canslo hynna mas DOES BOSIB?*

'Mel, blink if you have The Revenge,' gywedodd Nel, yn gwybod yr ateb yn barod.

Bliniciais i.

'Oh my God. Oh my God. Oh my God.' Fel rhywun oedd wedi dioddef o'r Revenge pan gyrhaeddodd hi Mecsico gyntaf, roedd hi'n ymwybodol o ba mor ddrwg oedd ein sefyllfa.

Gofynnodd i'r gyrrwr sawl munud oedd ar ôl o'n taith. Chwarter awr. Doedd fy Duolingo streak i ddim wedi bod yn ddefnyddiol iawn hyd yn hyn, ond ro'n i'n gwybod yn iawn beth oedd 'quince minutos' yn ei feddwl – roedd e'n meddwl 'mod i'n mynd i gachu yn y tacsi.

Doedd dim ffordd yn y byd ro'n i mynd i bara chwarter awr. Dechreuais edrych yn wyllt allan o'r ffenest am fannau priodol i fi ffrwydro. Y cwbwl oedd gen i fel dewisiadau oedd bus stops a gwrychoedd bach oedd yn mynd i arbed bron i ddim o fy modesti. Sut oeddwn i, fel merch 28 oed, yn wynebu'r opsiwn o gachu mewn cefn tacsi, neu groesi tair lôn o draffig i gachu mewn bus stop neu wrych yng nghanol un o ddinasoedd prysuraf y byd?

'Mel, Mel, look at me,' dywedodd Nel. Troies i fy mhen yn araf, jyst rhag ofn i'r symudiad agor y tap. 'Mel, are you about to shit in this taxi?'

Nodiais.

'OK look, this is bad. But if you shit in this taxi, then I'll shit in this taxi too. So it's less embarrassing for you.'

Doeddwn i ddim yn gallu credu fy nghlustiau ond roedd ei hwyneb yn hollol siriys. Yn amlwg, base ail berson yn cachu yn y tacsi yn gwaethygu'r sefyllfa'n hollol ddi-angen, ond dyma oedd y cynnig mwyaf caredig roedd unrhyw un wedi ei wneud i mi. Mae yna foment mewn rhai perthnasau pan wyt ti'n gwybod bod gennyt ti ffrind arbennig iawn fase'n gwneud unrhyw beth i ti. Wrth i Nel gynnig cachu mewn cefn tacsi jyst i arbed fi rhag teimlo cywilydd, ro'n i'n gwybod bod gen i ffrind am byth.

Ond fy nod personol oedd i bennu'r daith gyda dim cachu o gwbwl yn y tacsi. Felly dalies i yn ei llaw a chau fy llygaid gan obeithio baswn i'n gallu gwneud rhyw fath o disassociation nes diwedd y daith. Gofynnodd gyrrwr y tacsi rhywbeth i Nel – dwi'm yn gwybod beth ond yn ôl yr ofn yn ei lais roedd e wedi deall fy mod i ar fin mynd full Vesuvius.

Rhoddodd ei droed i lawr a'n gyrru ni drwy'r ddinas fel pinball yn gwibio o un ochr o'r rhewl i'r llall. Pan agorais i fy llygaid, roedden ni'n gyrru trwy olau coch wrth i geir eraill wneud emergency stops o'n hamgylch.

'When we get to the hotel Mel, you run,' cyfarwyddodd

Nel. 'I'll go to the pharmacy and get you rehydration supplies. You're going to need them.'

Wrth i ni dynnu lan i'r gwesty, neidiais i allan o'r car heb edrych i weld os oedd traffig yn dod. Base cael fy mwrw gan gar ddim wedi gallu gwaethygu'r sefyllfa eniwe. Dringais i lan y grisiau i dderbynfa'r gwesty, cyn gweld bod o leia 30 o dwristiaid gyda rucksacks a chês yr un, yn ciwio am y lifft. Roedd y Gymraes yndda i eisiau bod yn gwrtais a chiwio fel person ffein, ond roedd cachu ar lawr y dderbynfa'n teimlo'n fwy anghwrtais na sgipio'r ciw, felly rhedais i'r ffrynt. Pan ddaeth y lifft, ceisiodd grŵp o chwech o bobl ddod i mewn gyda fi ond gwaeddais i 'STOP! NO' a phwnio'r botwm i gau drws y lifft gymaint ag oeddwn i'n gallu. Roedd yr ymwelwyr yn ffieiddio, ond doedd gen i ddim amser i boeni am eu teimladau. Ac, i fod yn deg, base cachu yn y lifft gyda nhw wedi rhoi bach o dampener ar ddechrau eu gwyliau.

Ugain munud yn ddiweddarach, yn gorwedd ar fy ngwely yn dal fy mol, trawma yr awr ddiwethaf yn dechrau toddi, serch y boen ffyrnig oedd yn dal i gnoi ar fy mol, ailystyriais y manteision o fod yn Frown dramor… doedd y rhestr ddim yn teimlo'n hir iawn. Mae bod yn amlhil yn od – ti'n edrych yn Frown, ti'n cael dy drin fel Brown ond mae'r hanner gwyn ohonot ti'n dal 'na. Mae'r byd yn dueddol o anwybyddu'r hanner gwyn, ond weithiau mae'r hanner gwyn 'na yn dioddef o Montecito's Revenge a bron â chachu mewn cefn tacsi o achos taco dodgy, ac os gall unrhyw beth roi crisis hunaniaeth i ti… dyna fe.

Dydy'r ffrindiau rydych chi'n gwneud ar lawr y gegin am bedwar y bore ddim yn ffrindiau go iawn

Mae gwneud ffrindiau fel oedolyn yn gallu bod yn anodd. Erbyn i bobl gyrraedd eu hugeiniau, fel arfer mae ganddyn nhw eu grŵp cadarn o ffrindiau, naill ai'r bobl maen nhw wedi cadw mewn cysylltiad gyda nhw o'r ysgol, neu'r bobl wnaethon nhw gyfarfod yn y brifysgol – ac yna'r grŵp o bobl maen nhw'n mordwyo trwy fywyd gyda nhw bellach.

Ond i rai eithriadau fel fi, mae'n cymryd bach yn hirach i ddod o hyd i'r rhwydwaith yna o bobl rwyt ti'n gallu edrych arno a dweud 'dyna'r teulu dwi wedi ei ddewis'. Pan mae'n teimlo fel bod pawb arall wedi dod o hyd i'w pobl, mae ceisio ymuno â'r grwpiau sefydledig yna'n gallu bod mor galed, ac mae cael y balans rhwng bod yn proactive neu ragweithiol heb fod yn boen yn hynod heriol.

Pan symudais i nôl i Gaerdydd ar ôl y pandemig, doedd gen i ddim ffrindiau. Roedd gen i Ellie a Rhys o'r ysgol, ond roedden ni mewn corneli gwahanol o'r wlad felly doedd e ddim fel petai gen i'r cyfle i'w gweld nhw am beint ar nos Wener, neu i fynd am dro ar ôl gwaith. Do'n i ddim wedi cadw mewn cysylltiad gyda'r merched o'r brifysgol – nid bod unrhyw beth wedi mynd o'i le rhyngon ni, doedd jyst ddim diddordeb ar y naill ochr na'r llall i orfodi cyfeillgarwch hirdymor. Roedd gan Jack deulu nawr felly ro'n i'n lwcus i gael WhatsApp unwaith y mis ac roedd Pippa a fi wedi dod i ben mewn coelcerth o rwystredigaeth. Oherwydd y ffordd roedd bywyd wedi datblygu, doedd yna jyst neb ro'n i'n gallu mynd am goffi hamddenol gyda nhw neu i'w gwahodd am brunch ar y penwythnos.

Cyn i fi symud nôl i Gaerdydd ro'n i wedi bod yn gweithio ar gwpwl o ymgyrchoedd i'r Royal College of Psychiatrists, fel cyfrannwr i faterion oedd yn heriol yn feddyliol i bobl ifanc. Ro'n i a'r tri chyfrannwr arall yn sgwrsio'n wythnosol am bynciau fel iselder, pwysau gwaith, unigrwydd, a'r ochr dywyll i'r cyfryngau cymdeithasol – the big four o iechyd meddwl bobl ifanc. Wrth i bob pennod gael ei recordio, dechreuais siarad fwy a mwy gydag un o fy nghyd-gyfranwyr, Ellis nes ein bod ni bron yn DMio'n gilydd bob dydd gyda rhyw fath o meme neu in-joke. Penderfynais yn y diwedd jyst i fod yn hyderus a gofyn a oedd e'n ffansïo gwneud rhywbeth rhywbryd. Fel rhywun oedd erioed wedi gofyn rhywun allan o'r blaen – ddim yn rhamantaidd nac fel ffrind – do'n i ddim yn gwybod sut i beidio swnio fel crîp ar y we sy'n addo hala £2,000 i ti am luniau o dy draed. Felly llenwais i'r neges gyda lot o 'absolutely no problem if you're busy' ac 'no worries at all if not'. Ar ôl ei hanfon, darllenais i'r neges nôl yn hollol embarrassed – ro'n i wedi cynnwys gymaint o caveats doedd e ddim yn glir os o'n i actsiwali eisiau gwneud rhywbeth gyda fe neu beidio.

Yn eistedd gyda fy mhen yn fy nwylo, methu credu 'mod i cweit mor un-cool, cefais y rhyddhad o gael neges yn ôl lai na phum munud yn ddiweddarach – Ellis yn cadarnhau base fe'n caru mynd am fwyd gyda fi. Aethon ni i'r Coconut Tree yng Nghaerdydd wythnos yn ddiweddarach – ffeindies i mas yn rhy hwyr bod yn gas gan Ellis unrhyw beth gyda coconut ynddo – ac o'r noson honno mlaen roedden ni'n ffrindiau arbennig o agos.

Wnaeth cwrdd ag Ellis uwchraddio symud nôl i Gaerdydd yn gyfan gwbwl. Roedden ni'n gwneud cymaint fel pâr, o weithio gyda'n gilydd, i pub quizzes, i deithiau a lot fawr o bartïo. Bob nos Sadwrn roedden ni'n gwneud ein ffordd i dre – clutch bag mewn un llaw a photel o rywbeth eithaf toxic yn y llall. Er 'mod i'n yfed fy recommended weekly allowance o unedau alcohol mewn noson, doedd dim elfen ohono'n teimlo'n broblem[1] achos ro'n i'n cael gymaint o hwyl. Ro'n i'n cwrdd â chymaint o wynebau newydd ac yn dod i nabod pobl ro'n i'n dod i'w hystyried fel ffrindiau. Ond wrth i fy nghylch ffrindiau gynyddu, wnaeth y partïo ddim arafu. Os oedd Ellis yn ffansïo nos Sadwrn bach mwy tawel, ro'n i'n galw un o fy ffrindiau newydd oedd yn barod i ddawnsio gyda fi nes 3yb. Dros y blynyddoedd, trodd amser gwely o 3yb i 4yb, a chyn i fi sylweddoli ro'n i'n stymblan adre am 5yb y rhan fwyaf o foreau Sul, wedi bod yn bownsian o gwmpas ar lawr dawnsio Pulse, neu'n siarad shit yng nghegin rhyw randomer oedd yn cynnal afters.

Do'n i byth eisiau mynd adre, ac anaml fasen i'n gwrthod unrhyw gyfle i fynd allan. Dwi'm yn meddwl bod e'n cymryd arbenigwr i weithio allan fy mod i – ar ryw lefel isymwybodol – wedi bod yn bymblan ambiti mor hir gyda dim lot o gysylltiadau ystyrlon nes 'mod i, erbyn hyn, eisiau gwneud y mwyaf o grŵp o ffrindiau oedd eisiau hala'r holl

---

1   Base fy nghyfrif banc yn anghytuno.

amser yma gyda fi. Yn cuddio mewn cornel fach dywyll yng nghefn fy meddwl oedd y pryder fy mod i ddim yn mynd i gael gwahoddiad eto taswn i'n dweud 'dim heno, diolch'. Felly ro'n i'n mynd i bob dim.

Tu allan i'r holl bartïo ro'n i wedi dod i nabod ffrindiau oedd yn meddwl lot i fi. Ro'n i'n mynd am dripiau wholesome i Sain Ffagan gyda Nel a Nick. Cefais nosweithiau arbennig yn bwyta Deliveroo wrth wylio *Married At First Sight Australia* trwy'r nos gyda Sam. Trodd Emily o fod yn gydweithiwr i fod bron fel chwaer i fi dros nos. A symudodd Mirain mewn i fyw gyda ni, yn cwblhau ein teulu bach anghonfensiynol. Ond hyd yn oed wrth i fi ddod o hyd i fy nheulu o ffrindiau cadarn, parhaodd fy FOMO (Fear Of Missing Out) a'r angen i fod allan ar bob achlysur posib. Hyd yn oed pan oedd hynny'n golygu bod allan gyda phobl ro'n i'n eu hoffi lot llai na'r ffrindiau oedd gen i adre.

Roedd y cyn-fersiwn ohona i oedd heb neb i'w ffonio am ddiod ar ôl gwaith yn teimlo fel hen hanes. Gyda ffôn yn llawn o rifau ffôn bobl fase lan am gwpwl o Jägerbombs unrhyw bryd, ro'n i'n teimlo 'mod i'n gwneud lan am y diffyg bywyd cymdeithasol oedd gen i cynt.

Ond doedd y bobl yna oedd lan am Jägerbombs ar fyr rybudd ddim wastad y math o bobl oedd ar ddiwedd y ffôn os o'n i angen ffrind i helpu fi ddatrys problem neu i wrando ar fy mhryderon. Roedden nhw yna am yr hwyl a'r sgyrsiau gwirion, ond doedden nhw ddim i'w gweld yn unman am bump o'r gloch ar brynhawn Iau pan o'n i'n cael quarter-life crisis.

Ond mi oedd 'na deulu o ffrindiau oedd yno i fi go iawn, yn barod i fy nerbyn i hyd yn oed pan nad o'n i yn y mŵd mwyaf hwyliog. Roedd fy FOMO wedi achosi fi i golli allan ar achlysuron fase wedi bod lot mwy gwerthfawr gyda ffrindiau oedd yn meddwl lot mwy i fi.

Pan dwi gyda fy ffrindiau da, does dim ots lle yn y byd ydw i – gartre ar y soffa yn gwylio *Gavin & Stacey*, yn y car yn bopian i 'Dancing In The Moonlight' neu mewn tacsi ym Mecsico yn ceisio edrych am wrych delfrydol i guddio fy nghywilydd… dwi'n cael yr amser mwyaf llesol a chynnes.[2] Sylweddolais un noson pan o'n i'n cael fy ngwthio o gwmpas llawr dawnsio llawn o bobl do'n i ddim yn eu nabod, base bod yn llythrennol yn unrhyw le gyda'r bobl ro'n i wir yn becso amdanyn nhw yn well na hyn.

Mae 'na'n bendant amser pan mae partïo fel Lindsay Lohan yn y noughties yn lot o hwyl (heb y DUIs a'r ankle tags, yn amlwg). Yn enwedig pan mae'r nofelti'n dal yn gyffrous. Ond dyw rhestr o ffrindiau sydd ddim ond yn barod i dy nabod di ar ôl 11yh ddim hanner cystal â dau neu dri ffrind sy'n dal i feddwl bod ti'n hwyl, hyd yn oed pan wyt ti'n cwympo i gysgu ar y soffa mewn leggings a slippers ar ôl bwyta tri fajita'n fwy na ddylset ti.

Tase Ellis yn gwybod fod e'n mynd i fod yn styc gyda fi am flynyddoedd, trwy'r partïo a'r gigs gwael, y road trips hir a'r mynydd o takeaways, tybed fase fe wedi cuddio'i gasineb o goconut a dod ar ein friend-date cyntaf ni back in the day? Bad luck os na fase fe, achos dyw e ddim yn cael gwared ohona i nawr.

---

2   Ocê, dydy'r enghraifft ym Mecsico ddim yr un gorau… ond i fod yn deg mi o'n i'n teimlo'n gynnes iawn, IAWN.

Mae dim ateb
yn ateb ynddo'i hun

Am rywun sydd yn delio mor wael ag ydw i gyda chael fy ngwrthod, dwi wedi dewis diwydiant ridiciwlys.

Mae ceisio gweithio yn y diwydiant adloniant fel bod yn y berthynas fwyaf unochrog erioed – rwyt ti'n rhoi cymaint mwy o gariad i'r diwydiant nag wyt ti'n ei gael yn ôl, ond bob hyn a hyn mae'n cynnig briwsionyn o gariad yn ôl i gynnal dy gred y bydd yr holl ymdrech werth e yn y diwedd.

Fel arfer, mae pethau'n dechrau'n dda – y mis mêl, os hoffech chi – ac felly mae'r hedyn o ddyhead yn cael ei blannu. Dros baned yn pwyso ar fin tu allan i westy'r Wynnstay ym Machynlleth, dywedodd Nish Kumar wrtha i bod gan y rhan fwyaf o ddigrifwyr atgofion positif o'u gigs cyntaf, achos os nad oedden nhw wedi bod yn gigs llwyddiannus base'r digrifwr byth wedi pigo meic lan eto. Mae hynny'n gwneud synnwyr perffaith, achos tase unrhyw un ohonon ni'n cael ciplun o'r dyfodol, a'r cyfartaledd o lwyddiannau yn erbyn gwrthodiadau, base unrhyw un synhwyrol yn rhedeg nerth eu traed i'r swydd 9–5 agosaf ac yn ymrwymo i fywyd sydd wedi ei gynllunio'n ddoeth gyda thaliadau cyson. Ond mae dechrau da yn rhoi blas i ni o sut all ein bywydau a'n gyrfaoedd edrych, ac o hynny mlaen, rydyn ni'n gaeth.

Roedd fy gig cyntaf yn rhan o brunch i fenywod yn y byd comedi a gafodd ei drefnu yn y Groucho Club yn Llundain, clwb preifat i selebs gael ymlacio heb gael eu boddran gan y cyhoedd na'r paparazzi. Doeddwn i erioed wedi gwneud unrhyw beth doniol, heblaw am geisio gwneud i fy nghyd-gyflwynwyr, Mali a Jalisa chwerthin yn ein podlediad Mel Mal Jal, felly doeddwn i ddim cweit yn deall pam 'mod i wedi cael fy ngwahodd i'r brunch. Ond sylweddolais os oedd gen i unrhyw siawns o gwrdd â Beyoncé yn y cnawd, y Groucho Club oedd y lle.

Ystyriais beth faswn i'n ddweud wrth Beyoncé taswn i'n taro mewn iddi yn y lifft, neu taswn i'n cerdded heibio tra'i bod hi'n mwynhau spot o frunch ei hunan.

'Oh hey, I'm Mel. Beyoncé was it? Enjoy your avocado smash.'[1]

'Excuse me, Miss, I can see you're minding your business but just wondered if you had twelve and a half minutes to listen to my acoustic extended cover of "Irreplaceable"?'

'Hey Beyoncé. Just wanted to say your very existence keeps me going on days when I want to give up. Anyway, enjoy your matcha latte.'

Rhywbeth chilled fel 'na.

Serch absenoldeb Brenhines Bey yn y clwb, roedd y brunch ei hunan yn lot o hwyl. Roedd cwrdd â menywod creadigol yn sbort, yn enwedig clywed eu siwrne nhw mewn i'r byd comedi, gofod oedd wastad wedi fy mesmereiddio ond nad o'n i erioed wedi meddwl fase'n agored i fi… nac i unrhyw un, rili. Doedd gen i ddim syniad sut oedd pobl yn mynd o fod yn aelodau o'r cyhoedd i fod yn ddigrifwyr. Ro'n i jyst yn cymryd bod nhw'n dod allan o'r groth fel fully grown comics, yr un ffordd mae pobl o'r enw Gary yn cael eu geni yn 37 oed (dwyt ti erioed wedi cwrdd â babi o'r enw Gary… think about it).

---

1   Heb os, mae Beyoncé yn un o ferched yr avocado smash. Mae'n rhaid!

Ar ôl y bwyd, cyhoeddodd un o'r trefnwyr bod yr aelodau newydd yn mynd i gystadlu yn erbyn ei gilydd, pob un yn gwneud tri munud o stand-yp yr un, a byddai'r aelodau hŷn yn dewis yr enillydd.

Doedd gen i ddim byd wedi'i baratoi. Ro'n i wedi disgwyl cyrraedd, mynshan ar bach o French Toast, rhwydweithio gyda'r menywod eraill, bwmpio mewn i Beyoncé a neidio ar y trên adre. Doedd gen i ddim tri munud o stand-yp i'w rannu. Serch hynny, gwirfoddolais i fynd yn ail – roedd mynd yn gyntaf yn codi ofn, ond do'n i ddim eisiau bod ar bigau'r drain am hanner awr yn aros am fy nhro i chwaith.

Yr unig beth ro'n i'n gallu meddwl ei drafod oedd fy situationship trychinebus gyda Vin Diesel. Roedd fy holl nerfau wedi troi'r cwbwl mewn i blyr, ond dwi'n cofio bennu gyda:

'The whole time we were together, I thought about getting a breast reduction because I thought that's why my back hurt all the time. Turns out, I'd just spent two months carrying the conversation.'

Cefais i laff reit fawr am hynny, felly dewisais i bennu yn fanna, heb fod yn siŵr a oeddwn i wedi llenwi fy slot o dri munud neu beidio. Ac yna ymlacies gyda phroseco complimentary a mwynhau setiau'r gweddill. Roedd pob un mor wahanol – rhai sych, rhai sili, rhai do'n i ddim cweit yn eu deall ond roedd eu hegni nhw jyst yn hwyl ta beth. Erbyn y diwedd, roedd e fel petai pawb wedi anghofio ei bod hi'n gystadleuaeth, a jyst yn mwynhau'r awyrgylch i brofi deunydd heb boeni os oedd e'n methu neu beidio. Ond yna gyda chlinc o'i glas, atgoffodd y trefnydd ni bod yna ganlyniad i'w ddatgelu.

Pan glywais i hi'n datgan fy enw i fel yr enillydd, cymerodd hi fwy nag un eiliad i brosesu bod hi'n siarad amdana i. Ond fy enw i ddywedodd hi. A gyda chymeradwyaeth lawen a bloeddio llongyfarchiadol gan y merched eraill, sylweddolais beth oedd wedi digwydd.

Doedd dim gwobr enfawr na ffrwd o gyfleoedd yn cael eu cynnig, ond roedd yn ddigon i roi fi ar radar y trefnwyr. Yn fwy nag unrhyw beth, sbardunodd fi i ystyried, am y tro cyntaf, bod hyn yn rhywbeth baswn i actsiwali'n gallu gwneud. Falle.

O fynna dechreuais wneud llwyth o spots open mic, yn ceisio aros tu allan i Gaerdydd rhag ofn i rywun ro'n i'n nabod ddod i wylio fi. Do'n i heb gyfaddef wrth lot fy mod i'n arbrofi gyda gwneud stand-yp, a fy hunllef waethaf oedd trial gwneud fy mhum munud sigledig iawn o flaen bobl oedd yn fy nabod i. Es i i Abertawe ac wedyn i Fryste lle mae 'na lwyth o gigs comedi bob nos. Ym Mryste ymunais â rhwydwaith o ddigrifwyr ifanc oedd yn ceisio ffeindio'u llais, ac mi wnes i ffrindiau gyda grŵp oedd i gyd yn yr un sefyllfa â fi. Mewn chwap, roedd gen i'r byg a do'n i ddim yn gallu cael digon o gigio.

Ro'n i'n dal yn gwrthod credu bod hyn yn rhywbeth tymor hir, felly addewais i fy hunan baswn i ddim ond yn parhau nes i fi farw ar y llwyfan.[2] Ond yna, erbyn i fi ddioddef fy marwolaeth gyntaf, ro'n i wedi buddsoddi gormod yn y freuddwyd i roi'r gorau iddi.

Dyw hynny ddim yn meddwl nad oedd fy marwolaeth gyntaf yn trawmatig. Roedd e'n erchyll, i'r pwynt lle mae'n

---

2   Ro'n i'n meddwl bod hyn yn ddywediad reit normal, ond sawl gwaith dwi 'di'i ddweud e wrth sifiliaid heb esbonio'r ystyr, ac maen nhw wedi drysu'n llwyr fy mod i'n siarad mor hamddenol am rywun yn colli ei fywyd o flaen cynulleidfa. Felly, jyst rhag ofn bod chi hefyd yn meddwl 'mod i jyst yn bod yn easy-breezy am farwolaeth go iawn, mae 'marw ar y llwyfan' yn golygu cael gig wael lle does neb yn chwerthin a dydych chi jyst eisiau dod i'r diwedd cyn gynted â phosib fel bod chi'n gallu cuddio mewn ystafell dywyll ac ailasesu'ch dewisiadau bywyd i gyd.

anodd i fi ddweud y gair 'Dolgellau' heb deimlo'r angen i sgrechian mewn i glustog.

Beth wnaeth y farwolaeth yn waeth oedd 'mod i wedi cael noson mor fendigedig y noson gynt, noson oedd wedi gwneud i fi deimlo bod fy mreuddwydion i ddim mor ridiciwlys â hynny wedi'r cwbwl. Ro'n i wedi cael fy ngwahodd i barti penblwydd y BBC yn gant oed yn yr Amgueddfa Hanes Naturiol yn Llundain. Roedd y parti'n llawn enwau ro'n i'n eu hedmygu – ro'n i tu ôl i Greg Davies yn y ciw am yr ystafell gotiau, pasiodd Lenny Henry goctel i fi o'r free bar, roedd Giovanni o *Strictly* wedi gofyn os oedd gen i lighter ac wnes i ddim siarad gyda Graham Norton ond wnes i weld e, fel, chwech gwaith.

Y diwrnod ar ôl y parti ro'n i'n dal yn bownsian. Ar y ffordd i Ddolgellau gyda Steffan Evans a Dan Thomas, dau ddigrifwr dawnus iawn o Gymru sydd wedi fy nghefnogi'n ddi-stop ers i fi gyrraedd y byd comedi, adroddais stori'r noson gyda manylder rhywun oedd ddim yn gallu credu bod e wedi digwydd. Gadawais i fy hunan feddwl bod cyfle i fi fod ar yr un lefel â mawrion y diwydiant adloniant cyn bo hir. Os o'n i'n partïo gyda nhw nawr, doedd hi ddim yn mynd i fod yn hir nes ein bod ni'n gweithio gyda'n gilydd, nac oedd?

Ond roedd y noson honno yn Nolgellau yn mynd i dynnu fi oddi ar fy mhedestal.

Yn y gig mewn bar tapas[3] yng nghanol y dre, Dan oedd yn MCio, fi oedd mlaen yn gyntaf ac wedyn Steffan yn ail. Roedd y dorf wedi bod yn hwyliog wrth i Dan eu cynhesu nhw'n barod i fi ddod mlaen. Wrth weld eu brwdfrydedd, ro'n i'n ysu i fynd mlaen. Ond y munud cerddais i ar y llwyfan, roedd hi

---

3   Dyw Dad ddim yn credu'r stori am y farwolaeth 'ma. Nid achos bod ganddo fe gymaint o gred yn fy ngallu bod e ddim yn gallu credu faswn i byth yn gallu marw ar y llwyfan, ond ar y sail bod e methu credu bod yna far tapas yn Nolgellau.

fel petai holl oxygen yr ystafell wedi cael ei sugno mas. Cyn i fi ddweud gair, roedd yr wynebau oedd yn edrych yn ôl arna i yn amlwg ddim yn impressed o gwbwl. Ceisiais i anwybyddu'r awyrgylch echrydus oedd wedi llenwi'r bar tapas, ond ar ôl i fy jôc gyntaf – jôc y galla i wastad ddibynnu arni – fflopio'n gyfan gwbwl, dechreuais i chwysu.

Dros amser, a gyda'r profiad o fwy o farwolaethau, rwyt ti'n dysgu peidio gadael i un fflop ddinistrio gweddill dy berfformiad. Weithiau, mae'n bosib cael y gynulleidfa'n ôl. Os ydyn nhw'n gweld dy fod ti'n hyderus bod dy ddeunydd yn dda, maen nhw'n dechrau agor lan i'r posibilrwydd eu bod nhw'n mynd i'w fwynhau e hefyd, serch eu hargraff gynta. Ond dyw hynny ddim yn mynd i ddigwydd os wyt ti'n gadael i'r fflop ddinistrio dy berfformiad. Dyw e'n bendant ddim yn mynd i ddigwydd os wyt ti'n dechrau crynu fel ci bach oer, yn gadael i dy gorff hynsho drosto fatha Wotsit ac mae dy lais yn mynd yn fwy a mwy tawel nes dy fod ti bron yn sibrwd… fel wnes i yn Nolgellau.

Roedd yna dawelwch llwyr yn yr ystafell wrth i fi drio bob dim oedd yn fy rollerdex meddyliol – stwff roedd hen bobl yn ei hoffi, stwff roedd myfyrwyr yn ei hoffi, stwff dibynadwy oedd erioed wedi methu o'r blaen, stwff newydd… roedden nhw'n casáu'r cwbwl. Roedd un o'r menywod yn y ffrynt yn edrych arna i fel petawn i newydd saethu cath ar y llwyfan, disgust llwyr dros ei hwyneb. Roedd y gynulleidfa mor dawel, ro'n i'n gallu clywed rhywun yn tywallt Sangria yng nghefn yr ystafell. Roedd poen yr ugain munud yn annioddefol.

Pan ddes i off a dechreuodd y brêc, roedd Dan a Steffan yn ceisio bod yn garedig – rhy garedig. Pan mae dy gyd-ddigrifwyr yn dweud gormod o bethau neis am dy berfformiad, ti'n gwybod bod nhw'n trial gwneud lan am ba mor wael oedd yr hyn maen nhw newydd wylio. Does 'na neb yn rhoi clod i ti am dy 'hyder gyda thawelwch' na'r 'ffordd rwyt ti'n dal dy hunan' pan mae e 'di mynd yn dda. Ro'n i'n gwerthfawrogi eu caredigrwydd, ond beth ro'n i ei eisiau oedd i fod ar ben fy hunan i ymdrybaeddu yn yr trawma o beth oedd newydd ddigwydd. Beth do'n i ddim moyn oedd dynes yn dod lan ata i'n dweud, 'Wel, ti'n hyderus am gael go', a beth do'n i rili ddim moyn oedd gweld Steffan yn mynd mlaen ar ôl y brêc yn smashio'r stafell nes bod y gynulleidfa'n crio chwerthin. Ro'n i'n teimlo fel methiant llwyr, yn gwylio gymaint roedden nhw'n mwynhau Steffan ar ôl casáu fi jyst funudau ynghynt. Ond dyna be wneith comedi i ti – y munud rwyt ti'n teimlo fatha seren roc, mae'n dy osod di nôl yn dy le.

Naw mis yn ddiweddarach cefais wahoddiad i berfformio ar y dydd Sul yn Sesiwn Fawr Dolgellau. Doedd gen i ddim awydd ar ôl yr hunllef y tro diwethaf – doeddwn i heb ddangos fy wyneb yn y dre ers hynny. Ond ro'n i'n ffilmio rhaglen ddogfen gyda'r digrifwyr Priya Hall a Leila Navabi am ein paratoadau i fynd i'r Fringe yng Nghaeredin, ac roedd y Sesiwn Fawr yn glanio'n berffaith ar yr wythnos cyn mynd i'r Alban. Ar bapur, dylse gig yn Nolgellau wythnos cyn dechrau'r Fringe fod yn send-off delfrydol, felly mi gytunais i'w wneud. Wrth gwrs, wnaeth Dolgellau gasáu fi am yr ail dro. Ond y tro yma, ar gamera.[4]

I grynhoi fy nheimladau am gigio yn Nolgellau, yn dilyn y ddwy farwolaeth yna: tase Chris Rock yn cynnal sioe yn y Ship, Dolgellau ac yn gofyn i fi agor y gig iddo fe gyda'r cynnig o ddigon o arian i brynu penthouse fy hunan yn Efrog Newydd… baswn i'n dweud dim diolch.

---

4   Wedyn wnaeth S4C ddangos yr union olygfa honno eto ar *Gogglebocs*. Alla i ddim dianc rhag yr hunllef.

Dolgellau 2 – 0 Mel.

Wrth gwrs, mae marwolaethau tipyn mwy prin na gigs da, neu mi faswn i'n bendant wedi rhoi'r gorau iddi. A hyd yn oed ar y diwrnodau anoddaf, galla i gyfaddef bod cyfeiriad fy ngyrfa yn dringo lan, ond mae natur annisgwyl y siwrne yn gwneud iddi deimlo fel rollercoaster sydd byth yn dod i ben.

Un diwrnod dwi'n gwneud cais am bump gig proffesiynol ac yn clywed dim yn ôl gan neb. Y diwrnod nesa dwi'n cael cynnig gan asiant dylanwadol yn y diwydiant. Y diwrnod nesa dwi'n cael gig wael. A'r diwrnod nesa dwi'n derbyn adolygiad bendigedig. Lan a lawr dwi'n mynd nes... wel, dwi'm yn gwybod nes pryd. Y pryder sydd gen i – pryder sydd wedi ei danlinellu gan leisiau lot mwy profiadol na fi – yw nad ydy e byth yn dod i ben. Does 'na ddim cyflawniad fydd yn ddigon. I lot o ddigrifwyr ar fy lefel i, y bwriad yw cyrraedd teledu mainstream. Ond i'r rhai sydd wedi hen arfer gyda phanelau ar BBC 1 neu Channel 4, mae disgwyl i'w henwau nhw werthu tocynnau sioeau mewn theatrau. Os ydyn nhw'n llenwi'r theatrau, maen nhw eisiau llenwi arenas. Wedyn mae'r sêr sy'n llwyddo i werthu bob tocyn yn yr arena yn edrych ar y byd ffilmiau... ac ymlaen ac ymlaen mae'n troelli.

Dyw'r cylch diddiwedd yma ddim yn unigryw i'r diwydiant comedi, na hyd yn oed y diwydiant adloniant yn gyffredinol. Mae'r diffyg sicrwydd yn gwneud iddo fe deimlo fel yr un lefel o risg â rheoli hedgefund,[5] ond heb yr un o'r manteision na'r parch na'r arian.

Mae'n bwysig i fi i ddod o hyd i hapusrwydd tu allan i fy ngyrfa, achos os dwi'n mynd i aros am gyflawniad proffesiynol sbesiffig fydd yn gwneud i fi deimlo fel person cyflawn, fydda

---

5   Ydw i'n hollol sicr beth yw hedgefund? Nac ydw. Ond pwy sy'n actsiwali gwybod?

i byth yn wir fodlon. Er bod rhaid i fi ddeffro bob bore gyda chred ddofn fy mod i'n mynd i lwyddo, mae'n rhaid i fi hefyd fod yn hyderus y baswn i'n dal yn gallu bod yn hapus gyda fy mywyd tase rhywbeth yn chwipio fy ngyrfa i ffwrdd. Dyna yw'r her go iawn, a base fe'n gelwydd i ddweud fy mod i wedi cyrraedd yr heddwch meddyliol yna. Ond yr hyn dwi wedi'i ddysgu ydy bod cael fy ngwrthod ddim yn rhywbeth personol (er mae'n teimlo'n hollol bersonol pan mae rhywun yn gweld poster o dy wyneb di ac yn dweud 'Na, dim i fi diolch').

Cefais i fy ngwrthod yn broffesiynol gyntaf pan o'n i'n chwe mlwydd oed. Y flwyddyn gynt ro'n i wedi serennu yn fy nghyngerdd Nadolig cyntaf yn yr ysgol gynradd – ro'n i a gweddill Blwyddyn Derbyn yn chwarae dynion eira. Yn bump oed, a gyda breuddwydion yn barod i fod yn seren lwyfan ryngwladol, ro'n i'n gweld fy mherfformiad fel Dyn Eira Rhif 4 fel fy debut i'r byd showbiz. Roedd gan Christina Aguilera y Mickey Mouse Club i lansio ei gyrfa hi, ac roedd gen i Gyngerdd Nadolig Ysgol Capel Seion 2000.

Roedd gen i un llinell: 'Wow, mae'n bwrw eira!' Do'n i ddim yn sylweddoli pa mor meta oedd hyn ar y pryd.

Perfformies i fy monolog minisgiwl fel petai hi'r olygfa olaf yn The Godfather. Roedd gen i fy ngolygon ar ennill Oscar neu Tony, felly roedd rhaid i fi brofi fy hunan yn fy mherfformiad cyntaf. Taflais fy llais gyda chymaint o nerth, neidiodd un o'r mam-gus yn y gynulleidfa o'i sedd yn gyfan gwbwl. Bu farw'r wythnos wedyn o fethiant y galon – dim byd i'w wneud â fy mherfformiad i, galla i gadarnhau!

Yn dilyn fy debut llwyddiannus ro'n i'n awyddus i ymuno â'r ysgol berfformio leol. Bob dydd Sadwrn roedd 'na awr o actio, awr o ganu ac awr o ddawnsio ac ro'n i wrth fy modd yn dysgu beth oedd 'step ball change' a sut i ganu jazz. Am flwyddyn wnes i ddim colli'r un sesiwn, yn ysu i fod y gorau yn barod at pan fyddai ein sioe gyntaf yn cael ei chynhyrchu.

Fis cyn clyweliadau y cynhyrchiad cyntaf, mi oedd 'na si ar led bod sgowts o'r West End am ddod i gynnal clyweliadau yn ein ysgol ni. Ni yn Aberystwyth… yn cael ein sgowtio am y West End. Pan glywais i'r sibrydion, ro'n i'n methu anadlu. Ro'n i'n chwe mlwydd oed, ro'n i'n disgwyl base gen i o leia pedair blynedd cyn fy nghlyweliad cyntaf i'r West End, ond dyma fe'n digwydd mewn jyst cwpwl o wythnosau.

Pan gasglodd Mam fi y prynhawn yna, neidiais mewn i'r car gyda chymaint o egni bron i fi fownsio off y passenger seat ac yn syth trwy'r windscreen.

'Woah woah woah,' dywedodd Mam, yn poeni am ddiogelwch ffenestri ei char. 'Be sy?'

'Mam, mae 'na West End sgowts yn dod i audition-io ni. Plis alla i neud e? Plis? Plis? Plis?'

'Ie ie, ocê, mor belled â bod ti'n dechrau anadlu'n normal eto. Wrth gwrs gei di,' cadarnhaodd hi gyda llaw garedig ar fy ysgwydd.

'Ti'n meddwl wna i gael e?' gofynnais i.

'Wel, mae hi mor gystadleuol i fod yn y West End. Ond newn ni lwyth o baratoi a gallet ti ddim ond neud dy orau.'

'Dwi'n bendant yn mynd i gael e, yndw!'

'Dwi'm yn dweud hynny, mae'n rhaid i ti wneud llwyth o ymarfer a neith fi a Dad helpu ti…'

'DWI'N MYND I FOD YN Y WEST END!' gwichiais i.

Wnes i ddim cyrraedd y West End. Wnes i ddim hyd yn oed cael call back ar ôl y clyweliad. Nawr, ddim i fod yn rhy hyderus, ond ar y diwrnod, wnes i smashio fe allan o'r parc. Wnes i ganu nerth fy ysgyfaint, doedd dim un step ball change allan o'i le. Roedd un o'r auditionees eraill yn sic ar ei hunan y munud wnaeth y cyfarwyddwr castio ofyn iddi ddechrau canu. Ro'n i'n sicr 'mod i wedi cael y rhan. Ond wrth edrych yn ôl mi oedd 'na rywbeth oedd yn dal fi nôl rhag llwyddo'n bellach yn y broses. Ro'n i'n ferch fach Frown gyda storom o wallt cyrliog Afro du yn ceisio am ran… Gretl Von Trapp yn *The Sound of Music*.

Dwi very much on board gyda colourblind casting – mae *Bridgerton* yn gwneud jobyn wych o ddangos pobl o sawl ethnigrwydd yn fflownsian rownd mewn ffrogiau a jodhpurs. Ond i fod yn deg, sut yn y byd fase pobl y West End yn gallu hyd yn oed ystyried rhoi merch fach Frown yng nghanol teulu Aryan oedd yn byw ym mynyddoedd Awstria Naziaidd? Sut? Sut oedd y gynulleidfa fod i gredu bod chwech o blant Von Trapp yn Nazi-adjacent, a'r seithfed yn Jamaican? Ym mha fyd oedd Mrs Von Trapp 'di bod ar ei gwyliau i Montego Bay yn yr 1940au a dod adre gyda thipyn mwy na cherdyn post a lliw haul?

Ond doedd gen i ddim syniad 'mod i'n Frown eto. Fel plentyn chwech oed doedd gen i ddim syniad sut oedd merch oedd wedi anghofio'r geiriau i 'Do Re Mi' wedi cael call back, ond dim fi. Ro'n i mor sicr mai dyma oedd y cam cyntaf i weddill fy mywyd ar y llwyfan, ond yn lle, bu'n rhaid i fi lusgo fy hunan i ddrws cefn y theatr lle roedd Mam a Dad yn disgwyl amdana i, a jyst siglo fy mhen a syllu ar y llawr.

Lluchiais fy mocs bwyd i gefn y car[6] ac yna dringo mewn fy hunan. Wrth i'r dagrau ddechrau llifo, stopiodd Dad y car a dod i'r sedd gefn i roi cwtsh i fi tra bod Mam yn rhoi pep-talk i fi.

Gallech chi ddadlau mai dyma oedd y cyfle delfrydol iddyn

---

6   Roedd Mam wedi roi Jerk Chicken i fi yn fy mhecyn bwyd. Achos wnaeth hynna wneud i fi edrych yn fwy Austrian, 'do!

nhw esbonio i mi 'mod i'n Frown, bod ethnigrwydd yn mynd i chwarae rhan reit ddylanwadol yn fy mywyd a ddim gyda'r canlyniadau gorau bob amser. Dwi wedi gofyn i fy hun sawl gwaith ers hynny (neu ers i fi sylweddoli 'mod i'n Frown) pam nad oedden nhw wedi esbonio ar y pryd. Ond fel rhywun sydd yr un oedran nawr ag oedd Dad, a dim ond deunaw mis yn ifancach na Mam pan gefais i fy ngeni, dwi'n sylweddoli bod pawb jyst yn wingio fe. Base gen i fwy o hyder yn trial gyrru'r Mars Rover na cheisio magu plentyn nawr. Felly, faswn i'n gwybod sut i godi'r pwnc o wleidyddiaeth hil a rhagfarnau systemig gyda merch chwech oed oedd jyst eisiau canu 'Edelweiss' ar lwyfan y West End? Base gen i ddim blydi cliw! Basen i jyst yn ceisio cysuro'r plentyn ac esbonio bod cael eich gwrthod yn rhan o fywyd? Siŵr o fod.[7]

Does dim un o'r troeon dwi wedi cael fy ngwrthod wedi teimlo'n llai poenus ers hynny. Dwi jyst wedi dysgu sut i fownsio nôl. Mae pob marwolaeth ar y llwyfan, pob e-bost sy'n dweud 'dim diolch' a phob achlysur o dderbyn dim byd ond tawelwch ar ôl clyweliad neu trial spot yn torri fy nghalon tamed bach – achos bod y cyfleoedd hynny'n golygu rhywbeth i fi. Y diwrnod pan nad ydw i'n becso dam wrth glywed y gair 'na' yw'r diwrnod y bydd rhaid i fi roi'r gorau i'r holl syrcas 'ma, achos bydd hynny'n golygu fy mod i wedi cwympo allan o gariad gyda fe.

Mae'r lefel o gariad sydd gen i at fy swydd yn ddiderfyn, hyd yn oed ar yr adegau lle mae'n teimlo fel bod y diwydiant yn fy nghasáu i. Er bod pobl o hyd yn sôn pa mor cut-throat ydy'r byd stand-yp, mae yna elfen o feritocratiaeth sy'n ei wneud

---

7   I fod yn onest, mae hyd yn oed hyn bach yn uchelgeisiol i fi. Baswn i'n siŵr o fod yn cynnig Tango Iceblast a Maltesers iddyn nhw a gobeithio bod y sugar rush yn eu gorfodi nhw i anghofio'r tor calon.

yn fwy teg na'r diwydiant cyflwyno yn fy mhrofiad i. Os wyt ti'n dda am wneud comedi, rwyt ti'n dda. Pan wyt ti lan ar y llwyfan ar ben dy hunan, dyw'r gynulleidfa ddim yn mynd i fwynhau ti'n fwy am fod dy dad yn gyfarwyddwr i'r BBC, neu achos oeddet ti'n yr ysgol gyda phlentyn pennaeth BAFTA. Os wyt ti'n dda, neith y gynulleidfa wobrwyo ti (heblaw am y gynulleidfa yn Nolgellau), ac os nad wyt ti, mae angen i ti weithio ar fod yn well tro nesa.

Mae yna, wrth gwrs, rai heriau yn y byd comedi sy'n haws i bobl freintiedig – dyw e ddim yn gyd-ddigwyddiad mai un o'r prif fathau o genres stand-yp rydyn ni'n eu gweld ar y teledu yn y Deyrnas Unedig ydy'r bois posh aeth i ysgol breifat sy'n seilio eu holl gymeriad ar fod yn lletchwith. Dyw e ddim yn golygu mai dyna yw'r math o ddigrifwr mae'r gynulleidfa Brydeinig yn ei ffafrio – mae'n golygu mai nhw yw'r digrifwyr sydd fel arfer yn gallu fforddio byw a gigio yn Llundain lle mae'r comisiynwyr teledu yn dueddol o fynd i wylio gigs. Mae gigs yn Llundain yn talu mor wael fel arfer, mae'n rhaid i ddigrifwyr gyda chyllid llai ddewis rhwng gwneud gig yn y brifddinas gyda'r potensial o exposure da ond dim digon o arian i dalu'r biliau, neu wneud gig corporate yn rhywle fel Preston fydd yn talu'n lot gwell ond fydd ddim ond yn dy gyflwyno di i bartis gwaith a PTSD hirdymor. Y rhai sy'n gallu fforddio gwneud gigs lle mae'r comisiynwyr yn gwylio yw, fel arfer, bois yr ysgolion preifat, felly nhw sy'n cyrraedd y sgriniau teledu amlaf.

Mae yna hefyd, heb os, y rhagdybiaeth bod menywod ddim yn ddoniol neu mai dim ond menywod all ffeindio menywod yn ffyni. Heb sôn am y teimlad ar draws y diwydiant bod un person lleiafrifol ar bob line-up yn ddigon. Mae'r rhwystrau hyn yn gallu gwneud y swydd tipyn yn galetach os wyt ti'n cwympo mewn i'r lleiafrifoedd yma, ond yn y pen draw... os wyt ti'n ddoniol mae ymateb y gynulleidfa'n mynd i adlewyrchu hynny.

Cefais i achlysur yn reit gynnar ar fy nhaith mewn i'r diwydiant lle camais i ar y llwyfan,[8] a chyn i fi ddweud gair, trodd un dyn yn y rhes ffrynt at ei ffrind a dweud 'For fuck's sake'. Roedd y rhagdybiaeth fy mod i, fel merch *a* pherson Brown, yn mynd i fod y math o act roedden nhw'n mynd i'w chasáu wedi cnocio'r briwsionyn bach o hyder oedd gen i. Ffoniais i fy mentor ar y pryd, digrifwr ro'n i wedi bod yn ffangirlio drosti ers blynyddoedd – Athena Kugblenu – a chyhoeddi 'mod i byth eisiau gwneud gigs o flaen hen ddynion eto, ac os yn bosib, osgoi cynulleidfaoedd gwyn hefyd jyst i fod yn ddiogel. Chwarddodd hi gan esbonio bod 82% o bobl Prydain yn wyn a 49% yn wrywaidd, felly os o'n i'n mynd i gyfyngu fy hun i ddim ond perfformio o flaen bobl sy'n edrych fel fi, faswn i'n gwneud un gig bob tair blynedd.

'Funny is funny,' esboniodd hi. 'Is it fair that we have to try a bit harder? No. But regardless of how much they judge you to start, if you're good, they'll enjoy it.'

Creodd y cyngor yna argraff ddofn arna i. Ers hynny dwi wedi ysgrifennu ac ymarfer ac ailysgrifennu ac ailymarfer deunydd hoffwn i obeithio fydd yn bachu hyd yn oed y cynulleidfaoedd anoddaf, y rhai sy'n edrych arna i fel mai fi yw eu hunllef waethaf. Dyw e ddim o hyd yn gweithio... mi wnes i gig yn Llandaf i ystafell lle roedd y cyfartaledd oedran tua 81, doedden nhw'n amlwg ddim yn sylweddoli bod pobl Frown yn cael bod yn y wlad 'ma, ac ro'n i mewn dungarees

---

8 Mae 'llwyfan' yn ddisgrifiad bach yn grand – platfform bach mewn cefn tafarn oedd hi gyda speaker o'r 80au mewn un cornel a chi yn cysgu yn y llall.

felly wnaethon nhw benderfynu 'mod i'n lesbian. Roedd yr ofn pur yn eu llygaid yn olygfa dwi ddim eisiau ei gweld eto wrth edrych ar gynulleidfa, ond cefais i fy nhalu ac ro'n i adre'n gwylio *The Kardashians* o fewn ugain munud felly doedd y golled ddim yn fawr.

Mae'r gallu i ennill cynulleidfa wedi ei seilio, 99.9% o weithiau, ar ba mor dda ydw i. Os oes 'na gynulleidfa rowdy, llawn hen dos ar nos Sadwrn a dwi'n colli rheolaeth arnyn nhw – doeddwn i ddim digon da. Os oes 'na dorf o'r Cotswolds sy'n clapio'n gwrtais fel petaen nhw'n gwylio golff, doeddwn i ddim digon da. Os oes 'na glwb llawn bobl yn sibrwd bod yn well ganddyn nhw'r dynion, doeddwn i ddim digon da. Mae'n gyfleus i feio'r gynulleidfa, ond y rhan fwyaf o'r amser, yr act orau sy'n cael yr ymateb gorau.

Yn fy mhrofiad i, nid oes yr un elfen o feritocratiaeth yn y diwydiant cyflwyno. Fel cyflwynydd, fe gei di dy sioe dy hunan heb lot o brofiad gwerthfawr ar y sail bod dy riant yn ddylanwadol yn y diwydiant – mae hynny'n galed i dderbyn heb deimlo'n annifyr.

Ar un llaw, mae Nepo Babies yn fy ngwylltio. Mae'n ddigalondid llwyr i glywed bod plentyn rhyw bersonoliaeth wedi cael swydd heb gymwysterau tra mae'r gweddill ohonon ni'n paffio ymysg ein gilydd am ffracsiwn o beth maen nhw'n gael.

Ond ar y llaw arall, does gen i fawr o ddiddordeb yn y Nepo Babies yma. Pur anaml maen nhw'n dda iawn yn eu swyddi, achos dydyn nhw ddim wedi mynd trwy'r ymarfer a'r gwella a'r addysg. Mae'r diffyg gallu yn amlygu ei hunan dro ar ôl tro, achos os oes yna gynhyrchiad sy'n mynd i ffafrio un personoliaeth ar y sail bod rhiant dylanwadol ganddyn nhw dros y person gorau i'r swydd… wel dydy hygrededd y cynhyrchiad yna ddim yn mynd i fod yn gryf iawn, ta beth.

Dyna – yn fy marn hollol anghymwys i – yw un o'r pethau sy'n dal safon y cyfryngau Cymraeg yn ôl rhag cyflawni ei lawn botensial. Heb os, mae heriau eraill mwy allweddol, ond dyw'r obsesiwn gyda Nepo Babies ddim yn helpu. Pan mae plant pobl ddylanwadol yn cael eu gwthio mewn i roliau – tu flaen a thu ôl i'r camera – cyn pobl fydd actsiwali yn llwyddo, dyw gwerth yr hyn sy'n cael ei gynhyrchu jyst ddim yn mynd i fod cystal. Mae'n anodd cael syniadau ffres neu ymagweddau chwyldroadol os mai aelodau o'r un teuluoedd neu ddisgyblion o'r un ysgolion sy'n camu mewn i wneud y dewisiadau o hyd.

Dwi'n bryderus ein bod ni'n alltudio unrhyw un sy'n ceisio awgrymu trywydd newydd, ac wrth wneud hynny rydyn ni'n mynd i barhau i fynd rownd mewn cylchoedd yn lle dangos i'r byd y diwylliant cyfoethog sydd gan Gymru i'w rannu.

Dwi'm yn amau bod 'na lot o bobl yn y byd cyfryngau Cymraeg sy'n meddwl fy mod i'n dipyn o boen yn y pen-ôl (i fod yn deg, dwi'm yn meddwl fod y farn yna'n egsliwsif i gyfryngis) a dwi'n gwybod baswn i'n llwyddo gymaint yn well ar S4C taswn i'n chwarae'r gêm heb gwyno. Ond er gymaint dwi'n tynnu sylw at hiliaeth lle dwi'n ei weld e, neu'n ceisio amlygu annigonolrwydd pan mae'n angenrheidiol, dwi hefyd yn teimlo y dylswn i gael fy ngwobrwyo gyda Nobel Peace Prize am y nifer o weithiau dwi wedi brathu 'nhafod a ddim creu ffws. Weithiau, mae'r ymdrech yn swydd lawn amser ynddo'i hunan.

Galla i byth adael fy amddiffyniadau i lawr – ddim hyd yn oed pan mae'n un yn y bore a dwi'n ceisio ffeindio Ellis yn smokers

Clwb Ifor.[9] Wnaeth un o Nepo Babies amlycaf Cymru ddod lan ata i tra o'n i'n rhwyfo trwy'r dorf o ffans Ellis, i ddweud wrtha i pa mor hanfodol oedd e i gael bobl Frown ar y teledu. Gyda llaw nawddoglyd ar fy mraich, cyhoeddodd yr arddegwr: 'Mae hi mor bwysig bod pobl... wel, pobl sy'n edrych fel *ti,* yn gallu dy weld di ar y teledu i'w hysbrydoli nhw.'

Doeddwn i ddim yn gallu credu bod nhw wedi meddwl bod e'n gyfle iddyn nhw i white splain-io cynrychiolaeth i fi fel tasen nhw'r person cyntaf erioed i weithio allan ei bwysigrwydd. Drosto a throsto dywedon nhw wrtha i pa mor 'browd' oedden nhw bod y cwmni lle mae ei rhiant yn gweithio[10] wedi rhoi cyfle i fi weithio ar un o'r rhaglenni.

Ro'n i'n teimlo mor patronised yn sefyll fynna'n nodio wrth i'r plentyn yma, oedd gyda dim syniad o'r rhagfarnau mae'n rhaid i fi frwydro yn eu herbyn bob dydd, esbonio i fi pa mor dda ydy e bod bobl Frown nawr yn cael bod ar y teledu chydig mwy.

Dydyn nhw ddim yn gwybod sut mae'n teimlo i wybod bod gyrfa cyflwyno gen i ddim ond achos bod George Floyd[11]

---

9   Mae bod yn ffrindiau gydag Ellis o TikTok yn un o'r profiadau mwyaf humbling erioed. Mae cael dy luchio o'r ffordd gan ffresher sy 'di sbotio'i hoff seren TikTok ac yn ysu i gael llun gyda fe yn f'atgoffa na fydda i byth y Beyoncé o'n grŵp ni.

10   Wnewch chi ddim credu pa mor galed dwi'n trial fan hyn i beidio datgelu unrhyw fanylion am y Nepo Baby 'ma. Ceisiais i adrodd yr un stori ar Mel Mal Jal ac o fewn tair eiliad ro'n i wedi slipio lan a dweud yr enw... dwi erioed wedi double-checkio a triple-checkio gymaint i wneud yn siŵr 'mod i'n bendant wedi torri darn allan.

11   Yn ystod protestiadau Black Lives Matter roedd gen i ofn gwneud cyfweliadau am y symudiad. Nid achos bod y pwnc yn un anodd i'w drafod – wrth gwrs bod e. Ond achos unwaith, UNWAITH, wrth drafod y protestiadau gyda fy rhieni dywedais i George Foreman yn lle George Floyd. Roedd y syniad o wneud hynny ar deledu neu radio'n rhy frawychus ac o hynny mlaen wnes i osgoi'r cyfle gymaint â phosib.

wedi cael ei ladd. Dydyn nhw ddim wedi gorfod eistedd fynna wrth i ymchwilydd jocian 'mod i'n 'mongrel' oherwydd fy nghefndir cymysg. Dydyn nhw erioed wedi gorfod gwrthod swydd gyffrous achos bod y cynhyrchydd yn meddwl bod e'n iawn i ddweud 'nigger' – 'cyn belled â bod e'n jôc'. Dydyn nhw ddim wedi gorfod sefyll yn dawel wrth i berson dylanwadol iawn o'r diwydiant dynnu'n ffyrnig ar fy mraids yng nghanol BAFTA Cymru achos 'mod i wedi pallu gweithio gyda nhw ar raglen ddogfen (oedd yn mynd i fod am wallt Afro a'r amharch mae pobl yn ei ddangos wrth gyffwrdd ynddo fe o hyd... yr eironi).

Ac eto, dyma nhw'n pregethu wrtha i pa mor dda ydy e bod pobl fel fi nawr yn cael ein dangos ar y teledu, ac yn f'atgoffa sawl gwaith yn yr un sgwrs fy mod i'n Frown (i fod yn deg, wnaeth fy rhieni ddim esbonio 'mod i'n Frown ar ôl #GretlGate felly mae'n dda bod rhywun wedi).

Dydw i ddim yn beio'r Nepo Baby yma am ei diffyg hunan ymwybyddiaeth. Taswn i wedi cael fy ngwneud i deimlo fel bod fy mewnbwn i yr un mor bwysig â rhywun sydd wedi gorfod gweithio'n wirion o galed i fod yn yr un man, dwi'n siŵr baswn i'n reit insufferable hefyd (eto, mae'n debyg 'mod i reit insufferable weithiau heb hyd yn oed fod yn Nepo Baby).

Ac i fod yn deg, ar yr un achlysur lle gefais i flas o fywyd fel Nepo Baby, ro'n i'n gallu gweld yr apêl.

Pan o'n i'n ymweld â Nel tra oedd hi'n byw yn ninas Mecsico, bu bron iawn i fi golli fy awyren nôl. Roedd dathliadau Day of the Dead trwy'r ddinas yn golygu bod dim un tacsi'n gallu cyrraedd fy ngwesty i fynd â fi i'r maes awyr. Ar ôl dwy awr o drial a methu, gwirfoddolodd un o lanhawyr y gwesty i fy ngyrru i, a chyrhaeddes i Departures bedwar munud cyn i bag check gau. Gwthiais fy hunan i flaen y ciw diogelwch a rhedais at fy ngât, gan gyrraedd llai na deg munud cyn dechrau llwytho. Mewn dagrau o ryddhad, camais ar yr awyren a dangos fy nhocyn. Wrth edrych ar y papur oedd, yn anffodus, bach yn sticï ar ôl bod yn fy nwylo chwyslyd i, dywedodd yr air steward: 'You're Melanie Owen. Was your dad a skipper?'

Doeddwn i ddim yn gwybod os mai 'skipper', 'stripper' neu 'slipper' oedd hi wedi'i ddweud – ro'n i jyst yn ddiolchgar i fod yna. Felly nodies i fy mhen.

'Oh brilliant,' gwenodd hi. 'You actually have a new seat. It's 19A.'

Roedd 19A yn sêt foethus yn y Dosbarth Cyntaf. Mae'n debyg bod Dad wedi bod yn skipper yn yr RAF back in the day gyda'r peilot oedd yn hedfan fi nôl o Fecsico, ac roedd y ddau wedi trefnu i fi gael fy uwchraddio. Do'n i erioed wedi bod yn Nosbarth Cyntaf awyren o'r blaen – ac roedd hynny'n amlwg. Ro'n i'n gwichian bob tro ro'n i'n cael glasied o Champagne, a gwichiais i eto pan welais i bod y gadair yn troi mewn i wely. Gwichiais i pan welais i bod pyjamas o'r White Company a cit gofal yn aros amdana i o dan fy sêt.

Yn camu oddi ar yr awyren 11 awr yn ddiweddarach, yn edrych gymaint mwy ffres na'r peasants o economi, roedd fy noson fel Nepo Baby wedi bod yn trît oedd yn bendant wedi mynd i fy mhen.

Pan oeddwn i'n aros am fy nghês, cefais DM ar Instagram.

'Haia Mel, ti'n rhydd fis Rhagfyr am charity gig yn Nolgellau?'

Roedd realiti wedi dychwelyd.

Paid ag aros i rywun dy ddewis di, dewisa dy hunan

R oedd yna fachgen…[1]
    Bachgen ro'n i'n hollol OBSESSED gyda fe. Y tro cyntaf i ni wneud y busnes, cefais i gymaint o ymateb emosiynol am yr wythnos ganlynol, wnes i banicio a mynd i'r salon i gael y braids mwyaf bizarre erioed wedi'u plethu mewn i fy ngwallt. Doedden nhw ddim yn blonde, roedden nhw'n hollol wyn ac yn clasho gymaint gyda fy ngwallt naturiol ddu. Roedden nhw mor hir, roedden nhw fwy neu lai yn brwsio top fy mhenôl. Wnaeth y ddynes braids rybuddio fi base cael rhai mor hir yn golygu base angen iddi blethu mewn lot mwy o'r gwallt gwyn ffug, a byddai hynny'n drwm uffernol ar fy mhen. Ond doeddwn i ddim am gael fy mherswadio – ro'n i eisiau'r steil mwyaf dramatig bosib. Ro'n i wedi argyhoeddi fy hunan y base trawsnewid fy ngolwg gyda gwallt hollol wahanol yn mynd i… rywsut… gael gwared â'r anxiety ro'n i'n teimlo am gwympo mewn cariad gyda rhywun oedd ddim wedi tecsto fi unwaith ar ôl gwneud y busnes.

Funnily enough, wnaeth hynny ddim gweithio. Yn lle cael gwared ar fy attachment anxiety erchyll, wnaeth y braids jyst troi fi mewn i ryw fath o Cruella De Vil amlhil… gydag attachment anxiety erchyll.

---

[1] Dyw'r llyfr 'ma ddim yn mynd i basio unrhyw fath o brawf Bechdel, mae'n ddrwg gen i.

Ro'n i'n gwybod bod y gwallt yn gamgymeriad yr eiliad wnaeth grŵp o hippies gwyn gyda dreadlocks (mwy am y gair hwn yn y bennod nesaf) sglefrfyrddio lan i fi ar prom Aberystwyth yn dweud pethau fel 'sick hair bro' a 'sweet locks you've got there'... pan mae bobl wyn gyda dreadlocks yn meddwl bod ti wedi gwneud dewisiadau bywyd da, ti rili wedi ffycio lan.

Ro'n i'n styc gyda'r plethiadau pryder am o leia mis, ac yn waeth fyth roedd gen i shoot headshots yn dod lan hefyd. Yn lwcus wnaeth y ffotograffydd weithio'i hud i wneud i fi edrych yn actsiwali eithaf edgy, ac yn llai fel petawn i wedi cael menty-b.

Gwaethygodd y chwalfa feddyliol rywfaint dros yr wythnosau nesa, wrth i fi weddïo i Dduw i glywed gan y tybiedig love of my life. Dwi'n caru fy nheulu'n fwy nag unrhyw beth yn y byd i gyd, mewn ffordd na alla i ddisgrifio gyda geiriau, ond basen i – heb feddwl ddwywaith – wedi gwthio fy rhieni off copa'r Wyddfa tase hynny'n meddwl base'r bachgen gwarthus yma'n caru fi nôl. Yn y diwedd, dewisais i fod yn hyderus a tecsto fe a gofyn os oedd e eisiau cyfarfod yn rhywle heblaw am fan ysmygu Clwb Ifor Bach.

Dyw hyn ddim yn mynd i edrych yn desperate. Rwyt ti'n ddynes fodern, ti'n ffeminist, ti'n Boss Bitch. Mae bois yn hoffi merched hyderus. Ac mae o'n mynd i gwympo mewn cariad gyda ti, a rydych chi mynd i fyw yn hapus gyda'ch gilydd am byth mewn tŷ mawr yn Llandaf gyda'ch Labradors a'ch his-and-hers Range Rover Sports, dywedais wrth fy hunan.

Ond wrth i fi fynd ar ei gyfrif Instagram yn barod i'w negeseuo, sylweddolais ei fod e wedi dad-ddilyn fi. Roedd y bachgen ro'n i wedi bod yn obsesian drosto am wythnosau wedi'n llythrennol dileu fi o'i fywyd (wel, ei fywyd digidol).

Roedd cael fy ngwrthod fel yna yn teimlo fel pwniad i'r stumog. Unwaith, wnaeth un o fy ngheffylau dwlu fi bant, a jyst wrth i fi fwrw'r ddaear rhoddodd e gic i fi yn fy asennau… wnaeth yr anaf yna frifo ddeg gwaith yn llai na'r teimlad o rejection ro'n i'n ei deimlo wrth syllu ar y sgrin.

Er bod fy nghalon wedi torri'n rhacs, dywedais i wrth fy hunan bod e'n well 'mod i'n gwybod bod e ddim yn teimlo'r un ffordd amdana i, fel fy mod i'n gallu symud mlaen. Tynnes i'r anxiety braids allan, newid sheets fy ngwely,[2] ac atgoffa fy hunan o'r diddordebau eraill oedd gen i heblaw amdano fe.

Yn araf bach, diflannodd e o fy meddwl. Wnes i hyd yn oed weld e allan un noson yn necio merch ro'n i'n nabod ac ro'n i'n… iawn. Dim dagrau. Dim calon drom. Ro'n i'n teimlo heddwch gyda'r ffaith fod e a fi jyst ddim i fod gyda'n gilydd.

Parhaodd y teimlad yma am gwpwl o fisoedd, nes i fi bwmpio mewn iddo fe un diwrnod a gwasgodd e'r botymau cywir. Roedd e'n dweud bob dim ro'n i wedi gweddïo i Dduw i'w clywed e'n dweud fisoedd ynghynt, roedd e'n trin fi fel yr unig ferch oedd o bwys a daeth fy amddiffyniadau i lawr. Mi wnes i adael i fy hunan ei gredu fe a, fast forward deuddeg awr, ro'n i'n gorwedd yn fy sheets yn yr un twll o attachment anxiety eto. Doeddwn i eisiau dim mwy na theimlo rhyw fath o sicrwydd bod e'n hoffi fi'n ôl, a'r cyfan dderbyniais i oedd tawelwch llwyr. Es i drwy'r un broses:

---

2   TMI, ond wnes i ddim newid y sheets ers iddo fe aros achos ro'n i eisiau dal mlaen i ryw fath o dystiolaeth bod e wedi bod yn fy ngofod, yn fy mywyd… it's disgusting and I'm not proud of it, ond dwi'n onest os nad dim byd arall. Dwi'n hollol wahanol nawr – y munud mae dyn yn gadael fy nhŷ dwi'n chwipio'r sheets 'na bant o'r gwely a'u rolio mewn i'r peiriant golchi mor gyflym â dwi'n gallu, ac yn agor y ffenestri i geisio cael gwared o unrhyw excess pheromones. Weithiau dwi mor awyddus i olchi'r dyn allan o fy ngofod, dwi'n dechrau tynnu'r sheets tra bod e'n dal yn y gwely, fel un o'r magicians yna sy'n gwneud y tric gyda'r lliain bwrdd.

- Menty-b.
- Sylweddoliad torcalonnus 'mod i'n golygu dim iddo fe.
- Ailadeiladu fy hunanhyder.
- Anghofio amdano fe.

Am gwpwl o fisoedd ro'n i'n iawn pan o'n i'n ei weld e, ac wedi argyhoeddi fy hunan 'mod i'n gwybod yn well tro 'ma, achos pan wnaeth e geisio sleifio'i ffordd mewn i fy ngwely eto, wnes i wrthod. Ond, serch fy ymdrech gadarn, roedd e'n dechrau dod i wybod y pethau cywir i'w dweud er mwyn chwalu drwy fy amddiffyniadau gyda gordd. Ac felly, bob hyn a hyn, ro'n i'n ei adael e nôl mewn.

Aethon ni rownd a rownd yn y cylch yma am bron i flwyddyn. Yn yr amser yma, base fe'n cael cariad newydd ac yn fy anwybyddu i, ac wedyn yn conveniently cofio amdana i cyn gynted ag y byddai'r cariad wedi cael gwared ohono fe. Baswn i'n dweud celwydd wrth fy hunan, yn wir gredu 'mod i'n gallu cysgu gyda fe heb ailsbarduno'r teimladau tanllyd, a'r peth nesa ro'n i'n fflicio trwy Pinterest yn edrych am steil gwyllt o wallt fyddai'n helpu fi i gael gwared o crippling anxiety.

Y tro olaf iddo fe siarad ei hunan mewn i fy ngwely, wnes i addo i fy hunan i dorri'r cylch yma unwaith ac am byth. Doedd fy iechyd meddwl ddim yn gallu goroesi hyn rhagor, ro'n i'n gofidio base fy therapist yn actsiwali rhoi slap i fi petawn i'n dechrau un sesiwn arall gyda 'so, funny story... slept with him again, didn't I. What am I like!' ac roedd e'n amhosib i fi ddechrau unrhyw fath o berthynas iach gyda rhywun arall pan oedd e'n dal gyda mynediad i fy mywyd.

I dorri'r patrwm, roedd angen cynllun cryf arna i achos, yn amlwg, doedd 'gweld sut mae pethau'n mynd' ddim yn gweithio. Eisteddais i Nel a Gwenno, oedd yn byw gyda ni ar y pryd, i lawr ar y soffa a chyhoeddi fy nghynllun wrthon nhw.

'Dwi'n mynd i roi un cyfle arall iddo fe,' dechreuais i.

Doedd yr un o'r ddwy eisiau i fi roi unrhyw fath o amser i fachgen oedd, yn eu geiriau nhw, 'not nearly hot enough to be this much of a twat'.

'Mel naaaaaa,' gwaeddodd Nel, wrth dwlu clustog ata i.

'Ond... OND... mae angen iddo fe ddewis once and for all os ydy o eisiau fi neu beidio. Hollol mewn neu hollol mas. Dyna'r telerau. Mae e'n cymryd fi o ddifri, neu mae e'n anghofio fi yn gyfan gwbwl. Dwi'n mynd i tecsto fe a gofyn os ydy e eisiau dod draw dydd Sul i ni gael siarad. Wna i roi fy nghardiau ar y bwrdd – os ydy e eisiau fi, dwi eisiau bob rhan ohono fe yn ôl. Dim bachu merched eraill, dim 'gweld sut mae'n mynd', dwi eisiau ymrwymiad. Sa bod e eisiau rhoi hynny i fi, wel... snip snip.'

'Snip snip? Be ti'n mynd i neud, rhoi vasectomy iddo fe?' gofynnodd Gwenno.

'Na! Er bod reit awydd 'da fi neud hynny.' Nodiodd y ddwy arall mewn cytundeb llwyr. 'Na, dwi'n mynd i snipio fe allan o fy mywyd i. Torri fe allan yn gyfan gwbwl.'

'Ie wel, wna i gael y siswrn yn barod,' meddai Nel.

Derbyniodd e'r gwahoddiad i ddod draw. Ro'n i'n ymwybodol bod e siŵr o fod yn meddwl taw gwahoddiad oedd e i wneud rhywbeth oedd yn cynnwys llai o siarad a llai o ddillad na ro'n i'n fwriadu, ond roedd e wedi siomi fi gymaint o weithiau, roedd hi'n hen bryd i fi ei siomi fe am unwaith.

Trwy'r wythnos, yr unig beth ro'n i'n gallu meddwl amdano oedd y drafodaeth roedden ni'n mynd i'w chael. Er fy mod i'n teimlo'n gryf mai dyma fyddai ei gyfle ola, ro'n i'n desperate iddo fe ddweud wrtha i bod e eisiau fy nghadw i yn ei fywyd, bod e eisiau cymryd fi a fy nheimladau o ddifri. Yng nghornel fy meddwl ro'n i'n gwybod bod 'na siawns go gryf nad oedd e'n mynd i ddweud beth ro'n i eisiau clywed, ond ro'n i am gadw'r freuddwyd yn fyw nes dydd Sul. Falle bod y delusion ro'n i wedi'i lapio o amgylch fy hunan cyhyd yn mynd i farw yn y dyddiau nesa, felly'n y cyfamser ro'n i am fwynhau'r gobaith ei fod e, wedi'r cwbwl, yn gweld fi fel rhywun oedd o werth iddo. Roedd e wedi trial yn galed dro ar ôl tro i dorri drwy fy waliau… rhaid bod hynna'n meddwl rhywbeth?

Daeth dydd Sul, 2.00. Disgwyliais ar y soffa, fy nghalon yn curo. Pob tro roedd 'na sŵn yn y tŷ ro'n i'n neidio o'r soffa yn meddwl taw cnoc ar y drws oedd e.

2.30: Dim byd. Ail-lwythais fy WhatsApp bump neu chwech o weithiau i weld os oedd e wedi tecsto i ganslo. Roedd e wedi bod ar-lein dri munud yn ôl, ond doedd e heb decsto fi.

3.30: Dim byd.

6.00: Dim byd.

10.00: Es i i fy ngwely, y dagrau yn dechrau llifo y munud bwrodd fy mhen y clustog.

Wrth edrych o 'nghwmpas, ro'n i'n teimlo'n chwil wrth ei gofio fe yma yn fy ngofod personol. Yn gorwedd yn fy ngwely, yn sefyll wrth y ffenest, yn edrych trwy fy nghasgliad o lyfrau… ro'n i eisiau rhacsio bob dim oedd e wedi'u cyffwrdd, rhwygo lan bob styllen o'r llawr pren roedd e wedi camu arni, llosgi'r dillad gwely roedd e wedi cysgu ynddyn nhw.

Er bod fy nhristwch a fy nghynddaredd yn gwibio o amgylch fy mhen mor wyllt, ro'n i'n gweld pethau yn gliriach nag o'r blaen. Doeddwn i'n meddwl dim byd iddo fe, a doedd ganddo fe ddim parch ata i fel person. Ro'n i wedi bod yn breuddwydio am dderbyn cariad gan rywun fase ddim yn becso dam tase e byth yn fy ngweld i eto. Yn waeth fyth, ro'n i wedi bod yn aros iddo fe fy newis i.

Pam? Pam oedd fy ngwerth a fy hapusrwydd yn dibynnu arno fe yn fy newis i? Pan, yn y diwedd, ro'n i jyst yn gallu dewis fy hunan. Ro'n i'n gallu dewis bod yn werth parch. Ro'n i'n gallu dewis i haeddu hapusrwydd. Ro'n i'n gallu dewis fy hunan werth, ac yn y foment yna dewisais i 'mod i'n werth lot ffycin mwy na rhyw goc oen mewn bucket hat oedd yn anghofio fy mod i'n bodoli'r eiliad oedd ganddo fe opsiwn gwell.

Yr wythnos wedyn, prynes i docyn ridiculously drud i fynd i Los Angeles.

Ro'n i wedi bod eisiau mynd allan yna i gigio ers sbel, ond wedi gofidio fy mod i ddim yn ddigon da eto. Hefyd, ro'n i'n nerfus am fynd i rywle ar ben fy hunan lle doeddwn i ddim yn nabod unrhyw un. Oeddwn i'n mynd i fod yn unig? Beth os oedd stand-yp fi'n shit i Americanwyr? (Mae e'n shit i lot o Brydeinwyr hefyd ond dyw hynny erioed wedi stopio fi o'r blaen, felly roedd hyn yn fwy o esgus na legitimate concern.)

Ond cymerais i fy fflach o hunan-barch newydd a mynd amdani. Ro'n i'n gwybod y basen i'n dechrau gofidio dros yr wythnosau cyn y daith, ond mewn ffordd, ro'n i wedi gwthio fy hunan i fewn i gornel yn fwriadol. Ro'n i wedi gwario'r arian ac ro'n i wedi prynu gymaint o ddillad newydd ro'n i'n poeni base'r pwysau'n dod â'r awyren i lawr, felly roedd rhaid i fi fynd. Roedd rhaid i fi ddechrau cefnogi fy hunan a chredu yn fy ngallu.

Roedd hi hefyd yn hen bryd i fi aeddfedu ac ailddewis fy mlaenoriaethau. Wnes i fwcio i fynd dros gyfnod Pencampwriaeth y Chwe Gwlad yn fwriadol – fel arfer dyma'r nosweithiau basen i a'r merched yn eu marcio yn ein dyddiaduron achos dyma amser gorau'r flwyddyn i fynd allan a bachu'r bechgyn roedden ni â'n llygaid arnyn nhw. Y math o fechgyn ro'n i wedi caniatáu iddyn nhw benderfynu be oedd fy ngwerth ers blynyddoedd.

Fel arfer base fe'n rheol goncrit *ein* bod ni'n mynd allan bob penwythnos yn ystod y bencampwriaeth, fel rhyw fath o dymor hela blynyddol. Rhwng Hydref a Chwefror mae pobl posh yn hela ffesantod yng nglaswelltiroedd de-ddwyrain Lloegr, a rhwng Chwefror a Mawrth mae merched Cymru yn hela bechgyn bang-average ar St Mary's Street, Caerdydd. Mae'n draddodiad cryf yn fy niwylliant i, ond fel pob traddodiad mae 'na amser yn dod pan mae'n rhaid iddo fe gael ei addasu. I fi, roedd e'n amser i dynnu fy hunan allan o'r byd yna a mynd i rywle oedd yn mynd i f'atgoffa i fod yna fyd arall enfawr tu allan i Gymru. Rhywle lle ro'n i'n gallu llwyddo i wneud mwy na jyst bachu pwy bynnag oedd o ddiddordeb i fi yr wythnos honno. Rhywle lle ro'n i'n gallu cyflawni heriau personol oedd â dim byd i'w wneud â bechgyn.[3] Rhywle lle ro'n i'n gallu gwneud dewisiadau am fy hunan, am fy ngyrfa ac am fy natblygiad personol heb boeni os oedd y bachgen ro'n i ei eisiau wedi mynd gartre gyda rhywun arall.

Ro'n i am flaenoriaethu fy hunan. Ro'n i am ddewis fy hunan, o'r diwedd.

Pan es i i fy gig cyntaf yn LA, ro'n i'n teimlo fel petawn i yn fy gig cyntaf erioed. Cripies i fewn yn dawel heb edrych ar wynebau unrhyw un, fy nerfau yn pwyso fy ysgwyddau am i lawr. Noson Meic Agored oedd hi, felly doedd dim gwarant fy mod i'n mynd i gael amser ar y llwyfan. Fi oedd rhif wyth ar hugain ar y rhestr enwau, a dim ond ugain oedd yn cael mynd lan felly ymlacies i gan nad oedd hi'n debygol y basen i'n cael cymryd y meic ta beth. Wrth iddyn nhw alw yr ugeinfed

---

3   Ocê, bach mwy Bechdel-friendly o'r diwedd.

enw, roedd yna dawelwch – roedd Chad Jefferson[4] wedi cael digon o aros ac wedi mynd adre. Galwon nhw enw rhif un ar hugain… tawelwch. Galwon nhw y chwech enw nesa i ddim byd ond tawelwch llethol.

'OK, last on the list, let's hope she's here… Mel Owen?'

Wnes i'r 'woo' mwyaf tawel, mwyaf nerfus erioed. Base llygoden wedi taflu ei llais gyda mwy o ymrwymiad. Ond roedd yr MC wedi fy nghlywed i a ffrwydrodd yr ystafell yn gymeradwyaeth uchel wrth ddisgwyl i mi fynd ar y llwyfan.

Cymerais anadl enfawr a thynnu fy hunan allan o fy nghorff. Am y pum munud nesa, roedd rhaid i fi fod yn fersiwn arall o fy hunan. Fersiwn oedd yn hyderus, fersiwn oedd yn gwybod ei bod hi'n ddigon da i sefyll ar lwyfan yn rhannu beth roedd hi wedi ei ysgrifennu.

Gwibiodd fy mhum munud heibio mewn niwl, ond pan ddes i bant o'r llwyfan roedd yna grŵp ar ôl grŵp o bobl yn dod lan i ddweud gymaint roedden nhw wedi mwynhau. Roedd diodydd yn cael eu prynu i fi[5] ac o fewn cwpwl o oriau ro'n i'n beltio Lizzo ar y karaoke gyda grŵp o ffrindiau newydd.

Yn yr Uber nôl i fy ngwesty, roedd fy nghalon yn teimlo mor llawn ac mor gynnes. Ro'n i wedi cymryd cam mawr brawychus ac wedi llwyddo i berfformio rhywbeth roedd y bobl yna'n ei hoffi, ac ro'n i wedi cwrdd â phobl oedd yn gwybod dim byd amdana i, ond oedd wedi llenwi fy noson gyda chwerthin, canu a lot gormod o Margaritas. Iddyn nhw,

---

4   Os ydych chi'n meddwl 'mod i'n gwneud lan yr enw mwyaf stereotypical Americanaidd er mwyn bod yn ddoniol… dwi rili ddim. Roedd yna Chads YM MHOB MAN. Ro'n i'n cwrdd ag o leia un Chad y diwrnod tra 'mod i allan 'na. Chads yw'r Dafydds yng Nghaliffornia.

5   Dwi'm fel arfer yn hollol keen ar dderbyn diodydd gan ddieithriaid, ond erbyn hyn doeddwn i ddim wedi siarad gyda pherson arall ers 48 awr… faswn i wedi derbyn roofie gyda gwên tase e'n meddwl 'mod i'n cael sgwrsio 'da rhywun.

doeddwn i ddim y ferch oedd wedi bachu so-and-so, doeddwn i ddim yn ex rhywun, ro'n i jyst yn berson gydag acen oedd yn canu traciau Lizzo yn rili gwael. Trwy gydol fy nhrip, gwthies i fy hunan i chwarae meiciau mewn lleoliadau mwy. Roedd e'n lot mwy cystadleuol na beth ro'n i wedi arfer ag e, gyda pherfformwyr eraill yn heclo ti er mwyn troi'r sylw'n ôl arnyn nhw eu hunain – rhywbeth doeddwn i erioed wedi ei weld yn y DU. Dywedais hyn wrth gomic arall o'r enw Laura.[6]

'Sweetie, you think these people have moved to Hollywood to NOT fight for attention?' dywedodd hi. 'Grow up.'

Pan es i ar y llwyfan, ro'n i wedi paratoi'n feddyliol i ddelio gyda'r heclo. Os oeddwn i am lwyddo i gael unrhyw ddarn o fy nghynnwys allan, base angen i fi gau lawr unrhyw amcan bod nhw'n gallu bwlian fi bant o'r llwyfan. Dewisais i fynd amdanyn nhw cyn iddyn nhw ddod amdana i. Ro'n i wedi gwneud nodyn meddyliol o beth ro'n i'n wybod am y rhai mwyaf swnllyd yn yr ystafell:

Roedd un ddynes wedi derbyn modrwy Tiffany gan ei fiancé ac felly roedd hi'n meddwl ei bod hi'n well na phawb.

Roedd un dyn (o'r enw Chad... dwi'm hyd yn oed yn dweud celwydd) yn occupational therapist ac felly'n meddwl bod e'n morally superior i bawb.

Roedd dyn arall yn meddwl ei fod e'n iawn iddo fe fod yn Islamaphobic gan ei fod e'n 'edrych fel Muslim', er mewn gwirionedd roedd e'n Gatholic o Puerto Rico.

Roedd un ferch yn ei hugeiniau cynnar yn hoff iawn – am

---

6   O fewn pum munud o gwrdd â Laura – dynes yn ei phedwardegau –
     dywedodd hi wrtha i mai hi oedd 'Homecoming Queen' ei hysgol – un
     o'i phrif gyflawniadau mewn bywyd, yn amlwg. 'Yn fy Leavers cefais i
     fy ethol fel y ferch fwyaf tebygol o ennill yr X Factor,' dywedais i wrthi i
     geisio perthnasu. Doedd hi ddim yn impressed.

ddim rheswm galla i ei ddeall – o weiddi 'I'm going to suck your dad's cock'... Dwi'm yn meddwl ei bod hi'n sylweddoli bod hyn yn fwy o hunan-heclo.

Er fy mod i wedi dechrau fy set wrth daflu ymosodiadau tafod-yn-y-boch at y tri pherson cyntaf, doedd hi ddim yn teimlo'n iawn i fynd am y ferch ifanc. Roedd hi wedi gwneud tit o'i hunan yn barod, ac mae gen i'r teimlad amddiffynnol 'ma dros ferched sy'n iau na fi, fel petawn i'n troi bob merch ifanc i mewn i'r chwaer fach na chefais i erioed.

Ond jyst wrth i fi setlo'r gynulleidfa a dechrau fy set go iawn, dyma sgrech yn dod o'r rhes flaen.

'I'm going to suck your dad's cock.'

'Well good luck with that, he died last week. But you do you, sis. The morgue's open twenty four hours, why don't you go there now?'

Ro'n i bach mwy savage na ro'n i wedi bwriadu bod. Ond cadwodd hi ei cheg ar gau am weddill fy set.[7]

Ad-libio gyda'r gynulleidfa ydy'r elfen o stand-yp sy'n dal i fy nychryn. Galla i ysgrifennu deunydd a'i berfformio gyda lefel iach o nerfau, ond pan mae'n dod at ddelio gyda phethau dydw i ddim wedi eu cynllunio, mae arna i ofn colli rheolaeth. Wrth gwrs, fel comedïwr dylset ti gadw rheolaeth be bynnag sy'n digwydd ac, yn anffodus, mae hynny'n rhywbeth gallwch chi ddim ond ei ymarfer fel mae e'n digwydd. Felly defnyddiais fy amser yn LA i wneud cymaint o crowd-work â phosib. Roedd yna gigs lle dim ond crowd-work roeddet ti'n cael gwneud, lle doedd dim byd wedi ei baratoi ymlaen llaw. Weithiau ro'n i'n methu, ac weithiau ro'n i'n cael y laffs mwyaf erioed. Roedd gwthio fy hunan i wneud rhywbeth oedd yn fy mrawychu'n

---

7   Dwi eisiau gwneud jôc fan hyn am gadw ei cheg yn wag hefyd, ond dwi'm yn mynd i, achos faswn i fyth mor frwnt. Byth.

llwyr yn rhyddhad pur – ro'n i'n teimlo fel fy mod i'n fyw. Hyd yn oed os oeddwn i bach yn shit, ro'n i'n bownsian nôl i fy ngwesty bob nos gyda'r balchder fy mod i'n gwella bob tro. Ro'n i'n teimlo'n werthfawr ac yn llawn bywyd, ond yn fwy na dim, ro'n i'n teimlo'n gryf, achos ro'n i'n gwybod na fyddai'r un chwaraewr rygbi o Glydach na'r un newyddiadurwr o Grangetown yn gallu cipio'r hapusrwydd yna i ffwrdd ohona i. Fi oedd wedi rhoi'r balchder yna i fy hunan a fi oedd yn dewis pa mor werthfawr oeddwn i.

Un o Meccas y byd comedi ydy'r Comedy Store yn LA. Es i i wylio sawl gig tra 'mod i 'na, i gymryd yr awyrgylch i mewn a dysgu gymaint ag y gallwn i wrth wylio'r pros wrth eu gwaith. Roedden nhw'n fy ysbrydoli i'n llwyr, ac roedd syniadau ar gyfer fy sets fy hunan yn llifo allan ohona i. Pob nos baswn i'n mynd nôl i fy ngwesty ac yn ysgrifennu syniadau nes dau neu dri o'r gloch y bore yn mynshan ar Nutter Butters.[8]

Pan fase fy llygaid yn dechrau llosgi, basen i'n cau fy laptop a gorwedd yn fy ngwely yn breuddwydio am chwarae'r Store un diwrnod. Ro'n i'n gwybod fy mod i'n bell iawn o fod yn barod i gigio yno,[9] ond i wneud i fy hunan deimlo fel bod gen i ryw fath o gynllun i gyrraedd yno un diwrnod, ymchwiliais i weld pa glybiau roedd bookers y Comedy Store yn mynd iddyn nhw er mwyn chwilio am dalent newydd. Des i ar draws manylion un o bookers y Laugh Factory – clwb enwog arall yn LA lle mae'r talentau gorau yn aml yn chwarae. Gwelais i eu bod nhw'n gwneud sign ups bob prynhawn Iau, pan fyddai'r deg cyntaf yn y ciw yn bendant yn cael amser llwyfan, ac

---

8   Y snac Americanaidd gore, dim whare. Tua 5,000 calori a 750g o siwgr ym mhob bisgeden, ond faswn i wedi aberthu cwpwl o ddannedd yn ddigon hapus er mwyn troffian fy ffordd trwy focs arall o'r trîts hudol 'ma.

9   Do'n i ddim mor bell ag oeddwn i'n ei feddwl actsiwali. 15 mis wedyn cefais wahoddiad i wneud set yn y Store yn rhan o ŵyl Netflix Is A Joke.

wedyn roedd enwau pawb arall yn cael eu rhoi mewn bwced a'r deg cyntaf i gael eu tynnu allan fyddai'n cael cymryd y meic wedyn. Mae'n debyg bod cannoedd yn troi lan, gyda rhai yn dechrau ciwio yn y bore.

'Dyna bydd rhaid i fi wneud,' dywedais i wrth fy hunan. *A i am naw y bore a gobeithio bod hynny'n ddigon cynnar.*

Ond wedyn gwelais y rheolau: *'Afternoon show: All acts must work clean'* mewn llythrennau mawr duon.

Shit, meddyliais. *Sgen i ddim byd digon glân.*

Danfonais DM Instagram i'r booker yn gofyn a allwn i gael rhyw fath o glyweliad. Esboniais fy mod i ddim yn y ddinas am yn hir iawn, felly ro'n i'n hapus i ddod i mewn mor sydyn ag oedd e eisiau.

Wrth gwrs, clywais i ddim byd gan Dan y booker. Doedd e ddim hyd yn oed wedi gweld fy neges – roedd e'n siŵr o fod wedi ei guddio ymhlith y miloedd o negeseuon gan y breuddwydwyr eraill oedd yn meddwl eu bod nhw'n ddigon sbesial i neidio'r ciw.

Ond ro'n i wedi cyffroi gormod i roi'r gorau iddi. Ers cysylltu efo'r booker ro'n i wedi mynd drosto a throsto yn fy mhen y set ro'n i eisiau ei gwneud yno. Ro'n i wedi dewis fy ngwisg ac ro'n i wedi dychmygu pob un o'r gigs basen i'n gallu eu cael gartre gyda 'Played at LA's Laugh Factory' ar fy CV comedi. Doedd gen i ddim byd i'w golli wrth drial bach yn galetach. Felly'r diwrnod wedyn, es i lawr i'r Laugh Factory ei hunan ac – os dwi'n onest – dweud sawl celwydd i gael fy hun trwy'r drws.

'Is Dan here?' gofynnais i'r fenyw tu fewn i'r drws.

'No he's not,' atebodd dynes ddim lot hŷn na fi gyda'r Afro mwyaf prydferth. Roedd hi'n edrych yn pissed off 'mod i 'na, pan oedd hi'n amlwg yn brysur yn ceisio trefnu sioe gynta'r dydd.

'Oh… well he told me to come here for an audition to play here,' dywedais gyda'r wên fwyaf didwyll ro'n i'n gallu ei gwasgu allan ohona i.

'We don't do auditions sorry, baby,' atebodd heb edrych lan o'i gwaith trefnu.

'OK, it's just I've come all the way from the UK and I've come at the time he told me to.'

Roedd ei hwyneb yn dweud ei bod hi ddim yn credu gair ro'n i'n ddweud, ond doedd hi ddim cweit yn casáu fi.

'Wait here, I'll see if he's out the back.'

Shit, shit, shit.

Os oedd e yn y cefn wedi'r cwbwl, roedd hi'n mynd i fod yn lletchwith tu hwnt i esbonio fy mod i wedi defnyddio'i enw i gael fy hunan trwy'r drws. Basen i ddim yn ei feio fe am roi cic allan o'r drws i fi gyda'i droed lan fy nhin.

Daeth hi nôl o'r cefn heb ddweud dim byd wrtha i, ond tu ôl iddi roedd dyn tal canol oed yn gwisgo short-roll beanie â golwg flin arno.

'Hi, I'm a comedian from the UK. I think my agent has been in touch with Dan but there's been some kind of mix up, so I'm more than happy to just audition for you now and hopefully sort a spot out for me on one of your mixed bills.'

Roedd y ddynes yn siglo'i phen – dydy newid dy gelwydd hanner ffordd trwyddo ddim yn gwneud ti'n fwy credadwy, mae'n debyg.

'There's sign ups on a Thursday…' dechreuodd e.

'Sorry sir, I don't want to sound like a knob[10] but I'm actually quite established in the UK.' Dwi ddim hyd yn oed

---

10   Am ryw reswm roedd Americanwyr wedi meddwl bod 'knob' yn hynod o ffyni pan o'n i'n ei ddefnyddio fe, felly ro'n i'n gobeithio base twlu hyn mewn yn codi gwên sa dim byd arall. Cefais i fwy o amused very short-lived eyebrow raise… roedd e'n well na dim.

yn 'established' yn ne Cymru, heb sôn am y DU cyfan, ond os oeddwn i'n mynd i falu cachu, man a man i fi rili ymrwymo. 'I don't think a lotto draw would be appropriate… thank you, sir, please, thank you… sir.'

'You're a big name at home are you?' gofynnodd e'n sych.

'Well yes, quite big actually,' mynnes i. Ro'n i'n gallu teimlo fy mochau yn cochi. Roedd y gwallgofrwydd o beth ro'n i'n wneud yn dechrau dod i'r amlwg, ond erbyn hyn roedd hi'n rhy hwyr i droi'n ôl.

'What's your Instagram?' gofynnodd e, wrth dynnu ei ffôn o'i boced.

'What?'

'Your Instagram. Let's see your work.'

'Oh ummm… I'll type it in for you,' cynigies i wrth gymryd ei ffôn. Wrth ddod â fy nghyfrif lan ar y sgrin, gwingais nes i fy nghroen ddechrau cosi. Roedd fy bio yn dweud 'stand-up', ond heblaw am hynny doedd 'na ddim byd oedd yn gwneud i fi edrych yn legit. Doedd fy ngrid llawn thirst traps a chwpwl o screenshots o fi'n cyflwyno ddim wir yn gwerthu'r celwydd 'mod i fwy neu lai wedi gwerthu allan yn Wembley.

Edrychodd ar fy ngrid am tua 0.7 eiliad.

'If you've got to tell people you're a comedian, you're not,' dywedodd e.

'If you've got to tell people you're a millionaire, you're not,' atebais i cyn meddwl yn iawn beth oedd wedi gadael fy ngheg.

'What?'

'I just saw your bio when I was on your phone! It says Father & Millionaire,' atebais, yn difaru fy ngeiriau yn syth. Ro'n i'n crynu gyda nerfusrwydd, wedi sylweddoli pa mor anghwrtais o'n i'n bod i'r dyn oedd yn dal yr allwedd i un o fy mreuddwydion mwya. 'If you've got to say you're a millionaire it just doesn't seem very… believable.'

Roedd y tawelwch oedd yn hongian rhyngon ni'n teimlo fel petai o wedi para am flynyddoedd hir, poenus.

O'r diwedd dywedodd e rhywbeth.

'Well, now you really do sound like a knob,' dywedodd e, yn gwneud hwyl am ben fy acen.

Sylles i arno, yn ofni dweud gair arall. Dwi'm yn siŵr pam o'n i mor ofalus i beidio dweud unrhyw beth pellach… doedd e ddim fel petawn i'n gallu gwneud y sefyllfa yn waeth.

'Show me a video of your stuff,' dywedodd e.

'Yes sir, OK sir,' atebais fel petawn i mewn cyfweliad i chwarae Oliver.

Ar fy ffôn chwaraeais fideo o set ro'n i wedi'i recordio yng Nghanolfan Celfyddydau Chapter. Roedd gen i fideos wedi eu recordio'n broffesiynol o gigs yn Llundain a gwahanol gystadlaethau, ond yn y fideo yma ro'n i'n cael tair laff fawr o fewn y munud cyntaf felly dyma oedd fy go-to ar gyfer bookers oedd ddim ond eisiau gwylio un clip byr cyn penderfynu.

Ro'n i'n falch o'r clip yma, ond fel arfer does dim rhaid i fi wylio'r booker yn syllu arno fe. Gwylies i fe yn gwylio fi, fel y Gogglebox mwyaf intense erioed. Ar ôl tua munud a hanner, rhoddodd e fy ffôn nôl i fi.

'Come to the early show on Sunday night. If we can fit you in, you can go on.'

Paid â sgrechian, paid â sgrechian, paid â sgrechian, dywedais i wrth fy hunan, yn dechrau crynu eto, ond y tro yma gyda chyffro.

'I can't promise anything,' dywedodd e. 'If somebody drops in to try their shit, then you'll get bumped. But if not, then you can go on.'

Erbyn nos Sul, ro'n i fatha cwningen ar gocaine… methes i wneud unrhyw beth heblaw am fownsio off y waliau gyda'r holl egni oedd yn rasio trwy fy ngwythiennau. Er rhybudd y 'Father & Millionaire' o'r clwb, ro'n i'n teimlo'n sicr na fydden i'n cael fy bympio. Ffawd oedd yn gyfrifol am y cyfle, a doedd yna ddim ffordd yn y byd fy mod i'n mynd i adael iddo fe lithro trwy fy mysedd.

Dyma oedd gig pwysicaf fy ngyrfa hyd yn hyn a chyn hyd yn oed mynd ar y llwyfan roedd hunan-falchder yn byblo o 'nghroen. Doeddwn i heb aros i rywun fy newis i, doeddwn i heb aros i rywun arall feddwl fy mod i'n haeddu'r cyfle a rhoi gwahoddiad i fi… wnes i ddewis i fod yn barod a gwthio fy hunan o flaen y bobl oedd yn gwneud y dewisiadau. Doedd fy mantra newydd i ddewis fy hunan ddim yn mynd yn rhy ffôl hyd yn hyn. Ddim yn rhy ffôl o gwbwl.

Mi wnes i garu bob eiliad o fod ar lwyfan y Laugh Factory. Wnaeth y laffs ddigwydd lle ro'n i wedi gobeithio, ac mi gefais i hyd yn oed gymeradwyaeth yng nghanol fy set, nid jyst ar y diwedd. Dyma oedd diwrnod chwech fy nhaith, ac erbyn hyn ro'n i wedi dysgu bod cyhoeddi fy mod i o Gymru reit ar dop y set fatha cheat code i gael y gynulleidfa ar fy ochr i. Roedd y cynnwys yn weddol ffres, gyda lot o linellau ro'n i wedi eu hysgrifennu ers bod yn LA, gyda chwpwl o ffefrynnau dibynadwy wedi eu taflu i mewn hefyd. Bownsies i bant o'r llwyfan gyda theimlad cryf yn fy esgyrn bod moment allweddol yn fy mywyd newydd ddigwydd.

Pan ddychweles i i gefn y llwyfan dywedodd Tony Rock (comedïwr ffantastig sy'n digwydd bod yn frawd bach i'r legendary Chris Rock) wrtha i, 'I see you girl', a rhoi fist bump i fi. Ro'n i eisiau sgrechian 'THANK YOU, MR ROCK' ond dewisais i fod yn chill gyda 'thanks bro' – dwi erioed wedi dweud 'bro' yn fy mywyd... doedd e ddim yn swnio'n iawn yn dod allan o fy ngheg i yn fy acen Aberystwyth ond roedd e'n well na sgrechian yn ei wyneb.

Gwylies i Tony Rock ar y llwyfan yn absoliwtli lladd y gynulleidfa. Cefais i ymateb breuddwydiol, ond roedd e'n gweithio rhyw fath o hud arnyn nhw. Roedd y fraint o gael ei wylio fe wrth ei waith yn fythgofiadwy, heb sôn am y fraint o gael rhannu line-up gyda fe. Gwyliais Iliza Shlesinger yn gwneud ugain munud o ddim byd heblaw am crowd work meistrolgar, a Jordan Rock[11] yn gweithio'r clwb mewn i hysterics llwyr.

Yn y clwb y noson yna, ro'n i'n teimlo fel fy mod i bron yn gallu cyffwrdd â fy mreuddwydion.

Trwy'r trip, ond yn enwedig o'r noson honno mlaen, I couldn't give a shit beth roedd bechgyn yn meddwl ohona i. I *was* the shit. Fy mlaenoriaeth oedd fi a fy hunan-ddatblygiad ac os oedd 'na fachgen oedd eisiau bod yn rhan o fy nhaith – ffab.

Es i ar rai dêts pan o'n i allan yna – roedd 'na ganwr o'r enw Marc, ysgrifennwr sgriptiau o'r enw John a brocer yswiriant o'r enw Sebastian. Cefais i hwyl yn dod i'w nabod nhw ac roedd cael fy sbwylio yn amlwg yn gwneud i fi deimlo'n sbesial. Ddim pob dydd mae dyn yn llogi cwch i fynd â ni rownd bae Santa Monica, ac roedd cael picnic reit tu ôl i'r arwydd Hollywood fel rhywbeth o ffilm. Ond doeddwn i ddim yn poeni beth oedd y bois 'ma'n feddwl ohona i. Doedd gen i ddim crippling anxiety nes iddyn nhw tecsto fi, achos doedd fy hunan werth ddim yn dibynnu ar faint oedden nhw'n hoffi fi. Mae cael pilipala nerfus yn dy stumog ar ôl hala amser gyda rhywun yn

---

11   Ie, brawd Rock arall... dylse eu rhieni nhw gael rhyw fath o Nobel Peace Prize am safon eu DNA.

hyfryd, ond ddim pan mae'n gwneud i ti gwestiynu faint wyt ti'n actsiwali hoffi dy hunan.

Wnes i'r dewis cadarn i beidio cysgu gydag unrhyw un ar fy nhrip. Doeddwn i ddim eisiau neb heblaw fi yn fy ngofod personol. Fy ystafell wely oedd fy lle i ymlacio ar ôl gig, i ysgrifennu, i weithio ar fy llinellau ac i gymryd amser ar fy mhen fy hun i weithio allan pwy oeddwn i eisiau bod. Doedd gen i ddim awydd o gwbwl cael dyn mewn 'na yn sbredio'i pheromones a beth bynnag arall. Roedd y trip amdana i. Wrth gamu ar yr awyren i LAX, ro'n i wedi dewis, a'r dewis yna oedd fi fy hunan.

Pethau sy'n underrated

Cyfaddef dy fod ti ddim yn hoff o rywun i'w gwyneb: Hear me out… yn yr oes o #BeKind, mae yna rywbeth reit garedig am fod yn onest gyda phobl. Mae gennyn ni i gyd bobl dydyn ni ddim yn eu hoffi – falle achos bod nhw wedi gwneud rhywbeth drwg i ni, falle rydyn ni'n genfigennus ohonyn nhw, neu falle does dim esgus rhesymol… dydyn ni jyst ddim eisiau bod yn eu cwmni. Yn yr achosion yna, dwi'n meddwl bod e'n reit refreshing i ddweud y gwir. Ddim mewn ffordd gas, ond mwy fel esboniad o pham dwyt ti ddim eisiau mynd am Pornstar Martinis gyda nhw ar nos Wener neu fynychu eu parti Gender Reveal. Mae'n iachach i fod yn onest nag i esgus bod yn ffrind iddyn nhw ac wedyn siarad tu ôl i'w cefn nhw. Un tro ro'n i'n ffilmio sketch gydag actores, ac mi wnaeth hi gyfadde'n reit hamddenol ei bod hi wedi cael breuddwyd am wthio fi oddi ar wal. Ro'n i'n disgwyl iddi wneud sylw bach mwy casual fel 'mae'n gynnes neis heddi' neu 'sut oedd y traffic bore ma?' – nid cyfaddef ei bod hi wedi breuddwydio am fy llofruddio i. Wrth gwrs, wnaeth hi gadarnhau na fase hi byth yn gwneud hynny,[1] ond esboniodd bod fy hapusrwydd yn weindio hi lan, ac ro'n i'n ei pharchu hi am fod mor onest. Pan ydyn ni'n gweld ein gilydd, does 'na ddim casineb, na hyd yn oed lletchwithdod, achos rydyn ni i gyd yn gwybod lle rydyn ni'n sefyll (ddim yn rhy agos at waliau).

---

1   Ddim gyda digon o argyhoeddiad, a bod yn onest…

Acen Blaenau Ffestiniog: Mae acen Blaenau Ffestiniog yn brydferth ac yn cael effaith arna i'n ddwfn yn fy ofarïau. Mae'n ciwt, mae'n hapus, ac mae e gymaint yn well na'r 'Number One Sexiest Accent In The World 2024' yn ôl yr *Independent* sef… Seland Newydd?!?! Sori, beth? Dylse Blaenau fod o flaen Seland Newydd, Sbaen ac yn enwedig o flaen Ffrainc! Yr unig ffordd base Jason Momoa yn gallu bod yn fwy secsi yn *Aquaman* fase gydag acen Blaenau.

Bod yn od: Not to be harsh, ond dwi'm yn nabod unrhyw un oedd yn cŵl yn yr ysgol sydd nawr yn bosian bywyd. Unwaith dy fod ti post-puberty, dyw bod yn cŵl ddim hanner mor bwysig â bod yn berson chwilfrydig, yn berson caredig, person sydd â diddordebau sy'n eu gosod nhw tu allan i'r bocs 'normal'. Does gen i ddim tystiolaeth wyddonol, ond mae bob Instagram neu Facebook stalk yn cadarnhau fy theori – bod cyrraedd uchafbwynt dy fywyd yn yr ysgol yn meddwl dy fod ti'n aros yn yr un meddylfryd yna wrth i ni'r weirdos i gyd archwilio pa bethau rhyfedd ac unigryw sydd allan 'na yn gwneud bywyd yn gymaint o sbort. Paid cael fi'n rong, dyw e ddim yn gyfforddus i fi chwaith i orfod mynd i gael fy aeliau wedi wacsio gan ferched wnaeth fy mwlian i ym Mlwyddyn 10 – nhw'n rhwygo fy nghroen fel wnaethon nhw rwygo fy hyder back in the day. Ond galla i edrych nôl ar yr adegau pan o'n i'n siomedig yn fy hunan am garu ceffylau yn lle dawnsio modern, neu am droi lan i'r ysgol heb lyfed o golur ar fy wyneb tra bod pawb arall yn wlyb sopen o'u talcen i'w gwefus gwaelod gyda hylif stici Miss Sporty, a diolch i'r nefoedd fy mod i wastad wedi bod yn od.

Bonets cysgu: Dwi'm yn un am drais o gwbwl, ond dwi'n reit sensitif ynglyn â Cultural Appropriation, a dwi'n cael ysfa lethol i roi peniad i unrhyw berson gwyn gyda locks[2] neu braids – her anodd iawn mewn unrhyw ŵyl fiwsig yn y Deyrnas Unedig. Mae'r diffyg parch yn fy ngwylltio'n anferthol,[3] ond mae yna un eithriad i'r rheol wna i gefnogi gyda fy holl enaid – bonets cysgu. Yn draddodiadol, mae bonets cysgu sidan wedi eu datblygu i ddiogelu gwallt Afro yn erbyn y ffibrau bras sydd ar y rhan fwyaf o obenyddion ('pillows' yn Gymraeg… wnes i orfod edrych e lan hefyd) gan eu bod nhw'n creu frizz a hyd yn oed yn gallu torri'r gwallt gan bod gwallt Afro mor fregus. Ond y gwir yw, mae'r bonets mor dda dwi'n meddwl dylai pawb gael eu mwynhau nhw. Maen nhw'n cadw'r gwallt rhag mynd yn flêr dros nos, gallet ti ddwblu'r amser arferol rhwng golchiadau, maen nhw'n cadw dy wallt yn sgleiniog ac yn iach, felly mae'n tyfu'n fwy sydyn… maen nhw'n hudol. Mae yna bach o tabŵ yn gysylltiedig gyda gwisgo bonnet yn gyhoeddus, gyda rhai yn cymharu fe gyda gwisgo dy byjamas allan yn y byd go iawn. Ond os dwi wedi llafurio am oriau i sythu fy ngwallt ac mae'n glawio tu allan… sod the tabŵ, mae'r bonnet 'na'n dod allan i'r byd gyda fi. Does gen i ddim cywilydd i gyrraedd gig gyda fy monet porffor yn dal mlaen, yn cadw fy ngwallt yn dwt nes bod e'n amser i fi fynd ar y llwyfan. Ydw i'n edrych fel bod marshmallow ar fy mhen?

---

2   Os nad ydych chi'n gyfarwydd ag e'n barod, mae'n werth ymchwilio pam mae'n well i ddweud 'locks' na 'dreadlocks'. Dyw e ddim yn gamgymeriad neu'n fwlch gwybodaeth difrifol iawn neith dy ganslo gan snowflakes fel fi, ond mae e jyst yn bwt bach o hanes diddorol.

3   Serch hynny, dwi'n ymwybodol iawn bod dealltwriaeth o Cultural Appropriation yn lot mwy eang nawr nag oedd e ers talwm. Mor ddiweddar â 2017 mynychais barti gwisg ffansi wedi gwisgo fel Pocahontas. Oeddwn i'n edrych yn ciwt? Oeddwn, os ga i ddweud. Ond oedd e'n gywir, neu yn ddewis baswn i'n gwneud nawr? Ddim o gwbwl.

Ydw siŵr! Ydw i'n edrych fel 'mod i wedi mynd yn honco? Heb os! Ond pan mae 'ngwallt i'n edrych fel mwng march Friesian yn swishan o amgylch fy ysgwyddau, dwi'm yn becso dam pa mor wirion dwi'n edrych yn y Stafell Werdd.

Post Hen Ffasiwn: Fel rhywun sy'n derbyn mwy o dicedi parcio na hoffwn i gyfadde, mae'n gas gen i glywed y postmon yn dod. Bob tro dwi'n clywed y blwch post yn clancio, dwi'n gallu teimlo'r arian yn gadael fy nghyfrif (i arbed hyn, baswn i jyst yn gallu dechrau parcio'n gyfreithlon, ond co, dwi 'di trial a doedd e jyst ddim i fi. The bad gal life chose me ac mae'n rhaid i fi dderbyn hynny). Wrth i fi lusgo fy hunan i'r drws i weld faint o awdurdodau lleol dwi'n mynd i orfod talu, mae fy nghalon yn bownsian os dwi'n gweld carden bost neu amlen liwgar. Mae'r weithred o ysgrifennu nodyn at rywun mewn llawysgrifen yn dangos ymdrech a gofal sydd ddim yn gyffredin rhagor. Ydy, mae neges 'Pen-blwydd Hapus' ar wal Facebook neu lun llongyfarchiadau ar dy stori Instagram yn feddylgar, ond dyw e ddim cystal â gwybod bod rhywun wedi cymryd yr amser i ysgrifennu neges a'i bostio fe i ti. Dyw e ddim yn costio lot,[4] ond mae'n rhywbeth all godi gwên fydd yn para am ddyddiau.

Chwerthin: Ocê, wrth gwrs baswn i'n dweud hyn. Ond mae'n wir! Mae chwerthin yn hanfodol er mwyn jyst goroesi'r shit mae'r bydysawd yn ei daflu aton ni. Wna i jocan fy mod i'n gwneud stand-yp achos dwi'n hoffi'r sylw, ond mae gwneud i bobl anghofio bob dim arall sy'n digwydd yn eu bywydau

---

4   Cue bob person dros bum deg yn gweiddi, 'YN FY OES I ROEDD STAMP YN CHWARTER Y PRIS'. Iawn, wel dim cenhedlaeth fi wnaeth trasho'r economi, nac ife?

a jyst mwynhau am y deg/ugain munud neu'r awr maen nhw'n gwrando arnat ti yn werth canwaith mwy nag unrhyw wobr neu adolygiad gwenieithus ar *Wales Online*. Fel arfer pan mae MC yn siarad gyda'r gynulleidfa, dwi'n rhy brysur yn panicio am be dwi'n mynd i'w ddweud, ac yn cwestiynu pam yn y byd wnes i ddim jyst dewis gyrfa llai scary fatha bod yn astronot, i wrando'n ormodol ar y trafodaethau. Ond gwnaeth un achlysur wir gadarnhau pam dwi'n mwynhau fy ngyrfa gymaint. Gwnaeth yr MC, Essex boy go iawn gyda gift of the gab sy'n dod yn naturiol gyda cael dy eni yn ne-ddwyrain Lloegr, ofyn i ddynes yn y blaen pwy oedd hi wedi dod gyda hi i'r gig.

'Nobody, just me,' atebodd hi.

'Why did you come then?' gofynnodd yr MC.

'Because I've had an awful day.' Roedd ei hangen hi i jyst joio am awr yn crynhoi'n berffaith pam mae chwerthin mor allweddol. Ar fy niwrnodau gwaethaf mae awr gyda fy ffrindiau gorau, yn chwerthin am bethau gwirion fyddai dim ond ni yn ei weld yn ddoniol, yn gallu trwsio'r galon fwyaf rhacs.

Dêtia dy ffrindiau

Mae bwyta ar ben fy hunan mewn bwytai yn rhywbeth dwi wedi hen arfer ei wneud. Fel rhywun sy'n teithio gymaint oherwydd gwaith, dwi'n aml yn treulio mwy o nosweithiau mewn dinas ddieithr nag adre, felly tase gen i broblem gyda bwyta ar ben fy hunan, wel, fasen i byth yn bwyta!

Fel arfer, dwi'n mwynhau rhyw fath o pasta bake oer gafodd ei baratoi dridiau ynghynt, allan o Tupperware yn nhywyllwch fy nghar. Ond os ydw i yn rhywle gyda sin fwyd reit enwog, fatha Manceinion neu Gaeredin, wna i drîtio fy hunan i dacos neu ramen neu swshi cyn y gig.[1] Er bod gen i ddim cywilydd o fwyta ar fy mhen fy hun, dwi'n aml yn gweld fflach fach o syrpréis, neu hyd yn oed feirniadaeth ar wyneb y gweinydd wrth i fi ofyn am fwrdd i un. Wnaeth Nobu yn LA ddim hyd yn oed ganiatáu i fi fwcio bwrdd i un. Do'n i litryli ddim yn cael mynd mewn. I fod yn deg, mae'n siŵr bod fy ngwaharddiad wedi arbed digon o arian i mi fwydo fy hunan am wythnos lawn ar ôl dychwelyd i Gaerdydd, felly a win is a win.

Achos dyw'r byd ddim wedi cael ei ddylunio i bobl fod yn sengl, mae disgwyl i bawb fod mewn cwpwl, neu falle grŵp, ond byth ar dy ben dy hun. Felly mae 'na dueddiad i aros nes

---

[1]   Un o fy hoff lefydd yn Llundain i gael snac cyn gig os mae fy nyrfs yn fy atal i rhag gallu mwynhau pryd llawn, ydy Eggslut. Mae'r bwyd yn ddanteithiol, ond mae'r enw jyst mor annisgwyl o ymosodol.

bod ti mewn cwpwl i fwynhau rhai profiadau. Dwi'm yn gwybod faint o weithiau dwi wedi clywed un o fy ffrindiau, neu hyd yn oed fy hunan, yn dweud:

'Pan fydd gen i gariad hoffwn i deithio i...'

'Pan fydd gen i gariad faswn i'n hoffi ymweld â...'

'Pan fydd gen i gariad wna i'n bendant wneud...'

Ond wrth i amser fynd yn ei flaen, ac i'r rhestr o bethau hoffet ti wneud gynyddu'n gyflymach na'r nifer o gariadon sydd gennyt ti,[2] mae yna bwynt yn dod lle mae'n rhaid i ti ddechrau arni dy hun. Os na wnei di, rwyt ti'n cynyddu'r risg o jyst bod gydag unrhyw un, hyd yn oed os nad wyt ti wir eisiau bod gyda nhw, er mwyn i ti gael ffitio mewn i fywyd sydd wedi'i ddylunio ar gyfer cyplau. Yn bersonol, dydw i ddim yn barod i setlo am jyst unrhyw un ar y sail 'mod i rili eisiau mynd i Zip World.

Mae yna rai pethau dwi'n hapus i'w gwneud ar ben fy hunan, fel profi bwytai neis[3] a hyd yn oed mynd ar deithiau a gwyliau. Ond y ffaith yw, mae yna rai gweithgareddau fyddai jyst yn lot mwy o hwyl gyda phobl eraill. A pham faswn i'n gohirio'r cyfle i fwynhau'r profiadau yna ar y sail bod gen i ddim cariad, pan mae gen i ffrindiau sy'n gymaint o sbort?

Gyda'r holl weithgareddau dwi'n eu gwneud gyda fy ffrindiau, does yna ddim lot o achlysuron lle dwi wir yn teimlo'n sengl. Falle base hynny'n newid os base fy ffrindiau i gyd yn pario off, yn priodi a chael plant ac yn y blaen.[4] Ond

---

2   Yn fy achos i, dwi'n meddwl o 0 i 1. Os yw dy nifer di'n gallu cynyddu hyd yn oed yn uwch gan dy fod ti'n polyamorous, bob parch i ti. Dwi'n gallu deall manteision polyamory, ond sgen i ddim amser i'r holl admin.

3   OND DDIM YN NOBU (dwi'm yn chwerw o gwbl, sdi).

4   Os dwi'n teimlo'n unig, wna i jyst symud mewn i garej pwy bynnag sydd fwyaf cyfoethog ar y pryd a throi lan i swper bob nos wrth i'w plant ofyn pam bod Anti Mel dal 'ma.

tra bod gennyn ni'r amser i flaenoriaethu profiadau bywyd gyda'n gilydd, dydw i ddim yn teimlo fy mod i'n colli allan ar y pethau sy'n anodd i'w gwneud fel unigolyn.

Mae'r holl swpera allan, y trips i westai Insta-famous, a'r gwyliau i leoliadau prydferth weithiau'n gallu teimlo fel petawn i'n swopio dêtio go iawn i jyst dêtio fy ffrindiau. Yn enwedig pan ydyn ni'n cyrraedd gwesty ac mae'r staff 'di rhoi 2 a 2 gyda'i gilydd a dewis rhoi petalau rhosod ar y gwely. Does dim byd rhamantaidd am sgwpio blodau i fowlen yn tybio beth yn union oedd wedi rhoi'r argraff ein bod ni ar ein mis mêl.

Er bod 'dêtio' fy ffrindiau siŵr o fod yn stopio fi ar ryw lefel isymwybodol rhag gwneud lot o ymdrech gyda phartneriaid rhamantaidd, mae e hefyd yn meddwl 'mod i'n cael cadarnhad emosiynol bod yna bobl yn fy mywyd sydd eisiau treulio'u hamser gyda fi. Mae dêtio fy ffrindiau yn golygu mwy na theithiau ffansi neu swper sy'n costi mwy na'r rhent – mae e hefyd yn golygu mynd allan o'n ffordd i feddwl beth fydd yn gwneud diwrnod y llall jyst fymryn yn well. Os bydd Nel yn deffro cyn fi ar y penwythnos, mae'n deffro fi gyda pha bynnag de herbal yw fy ffefryn y mis hwnnw. Os ydw i'n coginio, wna i wneud yn siŵr bod digon i Mirain a Nel pan fyddan nhw'n dod adre o'r gwaith. Ar Ddydd Santes Dwynwen dwi ac Emily yn gwisgo lan i fynd am bryd o fwyd rhywle rydyn ni wedi bod yn ysu i'w drial. Pob Nadolig ar y 23ain o Ragfyr dwi a Rhys yn mynd i Baravin yn Aberystwyth i archebu'r un pryd o fwyd a'r un coctels ag arfer, ac yna'n cerdded lawr y prom fraich ym mraich i weld y môr beth bynnag yw'r tywydd (gawson ni reit socsen yn 2021).

Un noson wrth wylio *Love Actually*, soniais pa mor hyfryd fase cael fy nghwrdd yn y maes awyr gan rywun yn dal baner a blodau. Pan es i i ymweld â Nel ym Mecsico rai misoedd wedyn, dyna hi yn Arrivals gyda baner oedd ddwywaith ei maint hi, blodau oren biwtiffyl a photel o ddiod Aloe Vera rhag ofn 'mod i'n dehydrated. Wnaeth ei gweld hi fynna yn neidio lan a lawr gyda'r faner hala fi i chwalu'n ddagrau yn y fan a'r lle, y teimlad o gariad a gofal yn bwrw fi fel y cwtsh mwyaf cynnes erioed.

Er nad oes cariad gen i, dydw i erioed wedi teimlo diffyg cariad yn fy mywyd. Mae trin fy ffrindiau gyda'r un ymdrech a meddylgarwch â rhywun faswn i'n dêtio yn meddwl 'mod i ddim yn colli mas ar yr elfennau o'r byd sydd wedi eu cynllunio i ddau, ac yn bwysicach fyth, mae fy nheulu o ffrindiau yn gwybod pa mor bwysig ydyn nhw i fi.

Nawr, dylse'r syniad yma o ddêtio dy ffrindiau fyth, mewn unrhyw ffordd, gael ei gymysgu gyda'r syniad o gysgu gyda dy ffrindiau. Mae'r ddau'n wahanol iawn – mae un yn darparu llawenydd a'r sicrwydd bod yna bobl yn y byd sy'n dy garu di heb os. Mae'r llall yn darparu hunllef ddryslyd sydd bron o hyd yn bennu lan gydag o leia un ohonoch chi'n llefain.

Ydw i wedi gwneud y camgymeriad yna? Wrth gwrs 'mod i!

Roedd cysgu gyda Huw yn gamgymeriad anferth. Colles i ffrind – ffrind do'n i ddim yn sylweddoli oedd mor werthfawr i mi nes ei bod hi'n rhy hwyr. Ro'n i wedi bod yn hoff iawn ohono fe ers sawl blwyddyn. Doedden ni ddim yn ffrindiau gorau, fasen ni ddim o reidrwydd yn treulio amser gyda'n gilydd fel dau, ond ro'n i o hyd yn hapus i'w weld e ac yn teimlo'n ddigon cyfforddus yn ei gwmni i ymlacio a bod fy hunan. Do'n i bron byth yn gwneud yr ymdrech i wisgo colur o'i amgylch na mynd allan o fy ffordd i wneud iddo fe ffansïo fi. Do'n i erioed wedi ystyried hynny fel opsiwn.

Ar un adeg, dechreuais i decsto ffrind roedd e'n chwarae rygbi gyda fe. Ro'n i'n ffansïo'r ffrind yn fawr a doedd y tecsts ddim wir yn rhai y baset ti'n eu dangos i dy fam-gu, felly roedd pethau'n edrych reit addawol. Ro'n i mewn bybl o gyffro a thensiwn, yn edrych mlaen i weld sut fyddai pethau'n datblygu. Ond cyn i bethau fynd ymhellach, popiodd Huw fy mybl gan rybuddio bod ei ffrind wedi bod yn rhannu lot gormod o fanylion amdana i a'n sgyrsiau gyda'r bechgyn eraill ar y tîm. Wrth gwrs, teimlais 'mod i wedi cael fy mradychu – roedd y negeseuon hynny iddo fe a neb arall, ond diolch byth doedd y difrod ddim yn rhy ofnadwy. Wnes i fyth ddanfon lluniau ato fe. Does dim ots gen i pwy sy'n gofyn… fy nghariad, y boi dwi eisiau bachu neu Michael B. Jordan, mae danfon lluniau noeth yn croesi fy ffiniau. Ddim fy mod i'n beirniadu unrhyw ferched sydd yn danfon lluniau. You do you, hun. Ond i fi, mae fy anxiety eisoes yn fy argyhoeddi bob nos – jyst cyn i fi fynd i gysgu – fy mod i'n mynd i farw'r diwrnod wedyn, neu bod rhywun yn mynd i dorri mewn i'r tŷ, neu 'mod i'n bendant wedi colli fy mhasbort er ei fod e yn union yr un lle wnes i ei adael e'r tro diwethaf. Y peth olaf dwi angen gwybod yw bod 'na luniau noeth o fy hunan allan yn y bydysawd allai gael eu gollwng o'r cwd unrhyw funud.

Serch y bradychu, ro'n i'n teimlo mor ddiolchgar i Huw. Does 'na ddim lot o ddynion sy'n mynd yn erbyn bois eraill i roi headsup i'r merched am sut maen nhw'n cael eu trin tu ôl i'w cefnau. Tase mwy o ddynion fel fe, base misogyny sefydliadol lot prinnach.[5] Doedd dim rhaid iddo fe ddweud wrtha i, ond roedd e eisiau – naill ai achos bod e'n gwerthfawrogi fi fel

---

5   Weird bod gan bron bob merch stori am gael ei haflonyddu mewn rhyw ffordd neu'i gilydd, ond bod bron bob dyn yn gwadu bod unrhyw ddynion maen nhw'n nabod yn predators o unrhyw fath. The math ain't mathing.

ffrind neu achos bod e'n gwybod mai dyna oedd y peth cywir i'w wneud. Un ffordd neu'r llall, wnaeth e fy achub rhag cael fy sarhau, ac am hynny roedd gen i lot o barch iddo fe.

Daethon ni'n agosach dros y flwyddyn neu ddwy wedyn. Basen ni'n tecsto bron bob dydd – dim sgyrsiau hir ond roedd gennyn ni'n bendant ddiddordeb ym mywydau ein gilydd. Wnes i wadu hyn i fy hunan ar y pryd, ond ro'n i'n reit falch pan sylweddolais bod e a'i gariad wedi gwahanu. Wnaeth e byth gyhoeddi wrtha i eu bod nhw wedi, ond roedd y classic cliws yna – roedd y lluniau ohoni ar ei Instagram grid e wedi diflannu ac roedd e'n mynd allan gyda'i ffrindiau mwy a mwy.

Ar y diwrnodau basen i ddim yn clywed ganddo fe, baswn i'n teimlo bach yn gynhyrfus, yn meddwl tybed pam doedd e heb bopio lan i ddweud haia. Ond do'n i ddim yn gwybod lle roedd ein terfyn, a do'n i ddim eisiau edrych fel 'mod i'n hoffi-hoffi fe, felly fasen i fyth yn dechrau'r sgwrs yn gynta.

Mewn gwirionedd, do'n i ddim yn hoffi-hoffi fe – roedd e'n foi golygus ac ro'n i'n gallu deall pam fase merched eraill yn ei ffansïo,[6] ond i fi roedd e jyst yn… Huw. Ie ocê, ro'n i'n hoffi bod e'n sengl, ac ie ocê ro'n i'n hoffi cael sylw dyddiol ganddo fe, ond y gwir yw, dwi'n hoffi hynny gyda fy ffrindiau i gyd. Pan maen nhw'n sengl, mae ganddyn nhw fwy o le i fi yn eu bywydau, ac yn gyffredinol dwi reit clingy gyda phawb. Cyfeillgarwch oedd e, a dim byd mwy.

Yr unig wahaniaeth yw, dydw i heb gysgu gyda fy ffrindiau eraill. A dylswn i wir heb gysgu gyda fe.

Digwyddodd e ar ôl noson allan (y frawddeg fwyaf amlwg erioed). Roedd y ddau ohonon ni wedi gweld ein gilydd yng

---

6   Wnaeth Mam fi weld e ar y teledu unwaith a dweud: 'Wel mae e'n foi ffein. Pam na wnei di ffeindio fe ar The Instagram a gofyn os ydy e'n sengl.' Wnaeth yr irony ladd fi.

Nghlwb Ifor Bach (o na actsiwali, dyna'r frawddeg fwyaf amlwg erioed) a dechrau siarad. Gadawon ni ein ffrindiau eraill i eistedd, ond doedden ni ddim yn gallu clywed ein gilydd yn siarad dros y Jackson 5 yn gweiddi'r wyddor yn y cefndir, felly penderfynon ni fynd nôl i fy nhŷ i. Doedd e ddim yn byw yn bell, felly base fe ddim yn cymryd hir iddo fe gerdded gartre wedyn.

Ond erbyn i ni gael digon o siarad, roedd hi wedi 6.30yb ac roedd y ddau ohonon ni wedi blino'n llwyr. Hefyd, roedden ni'n lot mwy meddw nag o'n i wedi sylweddoli. Aeth Huw i'r tŷ bach cyn dechrau cerdded adre, ond roedd e wedi bod yno am sbel felly cnocies i ar y drws a gofyn os oedd e'n dal yn fyw.

'Mel, der 'ma, dwi angen help,' atebodd llais bach.

Do'n i ddim yn od o keen i wybod beth yn y byd fase fe angen help fi 'da fe yn y tŷ bach, ond hefyd ro'n i rili eisiau fe allan o'r tŷ fel fy mod i'n gallu mynd i fy ngwely, felly agores i'r drws gan baratoi fy hunan am y gwaetha. Diolch i'r nefoedd doedd e ddim mewn unrhyw fath o compromising position, roedd e jyst yn eistedd ar y llawr yn pwyso ei ben yn erbyn y wal oer.

'Dwi'n teimlo fel 'mod i ar rollercoaster sy byth yn dod lawr,' dywedodd e mewn llais bach whimpery. Allwn i byth gicio fe allan i'r oerfel yn y cyflwr yma, base fe ddim hyd yn oed yn gwneud e lawr y stryd heb gwympo mewn i glawdd rhywun, ac ro'n i ar dir peryglus gyda fy nghymdogion fel oedd hi. Base Community Watch Pontcanna yn gwybod yn syth bod dyn paralytic yn cysgu mewn clawdd yn rhywbeth i'w wneud 'da fi.

'C'mon, der i gwely,' dywedais i wrth geisio'i godi fe o'r llawr. Dwi'n gryf, ond dwi'm yn ddigon cryf i roi fireman's lift i ddyn yn ei dridegau, felly ei lusgo fe wnes i'r rhan fwyaf o'r ffordd. 'Mae cefn fi'n rili sôr am ryw reswm,' dywedodd e'r bore wedyn. 'Oh that's weird!' atebais, yn datgelu dim.

Pan gyrhaeddon ni fy ystafell wely, ploncies i fe lawr ar un ochr gyda glasied o ddŵr wrth ei ymyl. Wnaeth yr un ohonon ni dynnu ein dillad – doedd cysgu yn fy nheits ddim yn gyfforddus ond base eu tynnu nhw wedi teimlo'n fwy od fyth.

Cysgon ni fel dwy bensel nesa i'n gilydd nes i'r haul godi. Ro'n i wedi anghofio cau fy llenni, felly cawson ni'n deffro gan belydrau llachar haul y bore yn tywynnu mewn i'r ystafell. Codais i'w cau nhw, ond wedi dod nôl i'r gwely roedd y ddau ohonon ni'n rhy effro i fynd nôl i gysgu.

Dywedodd yr un air wrth y llall, ond roedd e fel petai 'na ddisgwyl i ni wneud... rhywbeth. Petaen ni actsiwali wedi siarad a defnyddio geiriau, fel oedolion, i drafod os oedden ni mewn gwirionedd eisiau croesi'r llinell honno gyda'n gilydd, dwi'n sicr mai 'Na' fase ateb y ddau ohonon ni. Ond wnaethon ni drial achos... wel dydw i ddim yn gwybod pam. Rhyw ddisgwyliad cymdeithasol i ddau berson sengl wneud *rhywbeth?* Falle. Heb os, rhyw reswm hollol diangen.

Roedd yr ymgais yn... shit. Hollol shit. Y gwaethaf mae unrhyw un erioed wedi'i gael yn y byd, handsdown. Roedd e fel petaen ni'n ddau bumper car yn crasho mewn i'n gilydd. Bron iddo fe gwympo off y gwely, bron i fi dorri ei goes wrth lanio ar ei ben-glin, wnaethon ni headbuttio'n gilydd ar un adeg. Roedd 'na gymaint o 'owww' a 'ffyc sori', cefais i WhatsApp gan Nel yn yr ystafell wely drws nesa yn gofyn: 'Are you OK in there? You sound very stressed.'

Yn y diwedd, wnaethon ni'n llythrennol roi'r gorau iddi. Doedd e ddim yn dda i'r un ohonon ni, a phe baen ni wedi cario mlaen base rhywun wedi diweddu lan yn A&E.

Ro'n i'n teimlo rhyddhad bod e wedi aros am gwpwl mwy

o oriau ar ôl y car crash rhywiol – do'n i ddim eisiau iddo fe adael ar nodyn mor embarrassing a lletchwith. Siaradon ni am oriau, chwarddon ni, cafon ni hwyl gyda'n gilydd heb sôn gair am ein hymgais ridiciwlys. Roedd unrhyw lletchwithdod wedi anweddu ac roedden ni nôl yn ffrindiau oedd yn gyfforddus tu hwnt gyda'n gilydd.

Ond pan adawodd e yn y diwedd, ar ôl sgramblo am ei ddillad ar y llawr a fi'n esgus sgrolio ar y ffôn fel 'mod i'n gallu edrych ar unrhyw beth heblaw amdano fe, daeth e i roi hyg i fi. Do'n i ddim yn gwybod mai cwtsho fi oedd e am wneud, felly es i i roi fist bump iddo fe a llwyddo i'w bwnio fe yn ei stumog.

'Beth wyt ti'n neud?!' gofynnodd e, understandably put out bod e wedi ceisio cael cwtsh a chael dwrn i'r stumog yn ei le.

'Dyma be y'n ni o hyd yn neud!' dywedais i.

'Ie, dim ar ôl i ti... ya know,' protestiodd e, ei swildod yn cael y gorau ohono fe.

'Huw, dwi'm yn meddwl oedd hynna'n rili cyfri fel... ya know. Oedd e?' atebais. Roedd fy ymresymiad yn swnio'n lot mwy caredig yn fy mhen, ond wrth wylio'r siom yn ymledu dros ei wyneb sylweddolais bod y crynhoad yna wedi brifo ei deimladau.

'Co, dwi'n sori, ocê,' dywedodd wrth edrych ar y llawr.

'Oh my God, Huw sa i'n beio ti... doedden ni jyst ddim yn... iawn gyda'n gilydd,' ceisiais ei berswadio fe ond roedd e'n rhy hwyr.

'Ti ddim hyd yn oed yn gallu hygio fi, Mel. Ti'n beio fi.'

'Na dydw i ddim. Ni byth wedi hygio, erioed. Do'n i ddim yn sylweddoli mai dyna oeddet ti'n trial neud. Onest!'

Dechreuais i drial ei hygio fe ond cododd ar ei draed allan o fy ngafael.

'Well i fi jyst mynd dwi'n meddwl,' dywedodd e wrth

gerdded allan o fy ystafell, gan osgoi edrych i fy llygaid.

'Huw, na, plis der nôl 'ma,' galwais i wrth geisio gwisgo dressing gown i redeg ar ei ôl e. Ond erbyn i fi redeg lawr y grisiau roedd e wedi gadael.

Pan es i i gael cawod i olchi i ffwrdd beth oedd newydd ddigwydd, gwelais ei sanau yn y sinc – dewis oedd, dwi'n siŵr, yn gwneud synnwyr llwyr iddo fe'r noson gynt.

'Ti wedi anghofio rhywbeth,' DM-ies i e, gyda llun o'i sanau sogi. Ro'n i'n sicr base hyn yn ddigon o ice breaker i'w gael e nôl i'r tŷ er mwyn i ni gael chwerthin am yr holl beth a symud mlaen, ond welodd e'r llun a ches i byth ateb.

Dydyn ni ddim wedi siarad ers hynny. Colles i gyfeillgarwch hyfryd dros gamgymeriad gwarthus a diangen. Doedden ni ddim egsactli yn soul mates, ond dwi'n colli'i gael e fel ffrind ac yn reit aml dwi'n meddwl tybed fasen ni'n dal yn ffrindiau tasen ni wedi deffro'r bore hwnnw a dweud: 'Ti'n gwybod be fase'n lot mwy o hwyl na dinistrio'r cyfeillgarwch 'ma drwy headbuttio'n gilydd drosto a throsto? Jyst mynd i Zip World.'

Mae *Dangerously In Love* yn fwy na albwm, mae'n wers sanctaidd

Pan ysgrifennodd Beyoncé ei halbwm *Dangerously In Love*, dywedodd ei label recordiau bod dim un hit ar yr albwm. Serch ei llwyddiant rhyngwladol gyda Destiny's Child, roedd Beyoncé bach ni'n newydd i'r byd cerddoriaeth fel artist unigol, a dyma ei record gyntaf fel unigolyn.

Yn y 90au hwyr / 00au cynnar roedd menywod y diwylliant cerddoriaeth yn cael eu gorfodi i gystadlu yn erbyn ei gilydd – doedd dim digon o le, mae'n debyg, i fwy nag un ddynes lwyddiannus ar y sin (plus ça change). Gorfodwyd alumni y Mickey Mouse Club, Britney Spears a Christina Aguilera i gystadlu'n ffyrnig yn erbyn ei gilydd.[1] Yn ôl sawl cyhoeddiad roedd Mariah Carey yn rhy hen i fod yn berthnasol ar ôl gwneud y peth mwyaf afiach allai unrhyw seleb benywaidd ei wneud: troi'n 30 oed. Roedd y cyfryngau yn dragio P!nk am beidio bod yn ddigon pert a 'girly' i gael ei chymryd o ddifri. Ond pwy sy'n becso dam os oes llais mor gryf ganddi ei bod hi'n gallu beltio hit ar ôl hit tra'n hongian o nenfwd stadiwm

---

1   Ro'n i'n gadarn ar tîm Xtina. Yn eisteddfod y capel pan o'n i'n wyth oed, canais 'Fighter'. Wrth i mi fynd am yr ultimate belt ar ôl y bridge, gollyngodd y gweinidog y casgliad ar y llawr. Yn y blynyddoedd canlynol gawson ni restr strict o ganeuon roedden ni'n cael dewis ohoni. Roedd canu emyn am hau hadau yn newid tôn reit ddramatig i fi.

yn gwneud triciau acrobatic a fflipiau trapeze?! Beth sy'n bwysig yw'r ffaith bod ganddi wallt byr 'fel bachgen'... ew.

Roedd label recordiau Beyoncé yn mynnu bod ganddi ddim gobaith o gystadlu yn y ffau'r llewod 'ma, sa bod ganddi o leia un hit fawr ar ei halbwm.

Dewisodd Beyoncé gredu yn ei gwaith a dywedodd wrth y label y base hi'n hapus iddyn nhw ei gwahardd hi rhag rhyddhau unrhyw gerddoriaeth byth eto tase'r albwm yn fflop.

Mewn ffordd, roedd y label yn gywir. Doedd yna ddim un hit ar yr albwm. Roedd yna bump. Gan gynnwys un o ganeuon mwyaf poblogaidd yr unfed ganrif ar hugain, 'Crazy In Love'.

Mae penolau'n cael eu twyrcian, mae cytganau'n cael eu llofruddio ac mae slut-drops yn cael eu gollwng gyda chyffro a hapusrwydd llwyr gan bobl o bob rhyw ac oedran pan mae'r anthem eiconig yma'n dechrau bwmian trwy'r speakers. Dychmygwch y golled i'r byd tase Beyoncé heb gredu digon yn ei gwaith.

Tase hi wedi derbyn barn y dynion canol oed mewn siwts, base priodasau, partïon plu a nosweithiau Sadwrn mewn clybiau bach ledled y wlad, byth wedi bod yr un peth.

Roedd gan Beyoncé, yn 19 oed, y beiddgarwch (neu Bey-ddgarwch... sori) i wybod ei bod hi'n dda. Mae yna gyfweliad ysbrydoledig lle mae rhyw ddyn smarmi mewn blazer wanki yn gofyn iddi sut fase hi'n disgrifio ei hunan. Ei hateb hi: 'Legend in the making'.

'A legend?' mae e'n sgoffian.

'I said in the making,' mae hi'n ateb, fflach eofn yn ei llygaid yn pwysleisio ei bod hi'n bacio ei hunan gant y cant, hyd yn oed os oedd boi y blazer yn meddwl ei bod hi'n wirion.

Mae bacio ein hunain mor bwysig achos, yn y bôn, does 'na neb yn dod i ddweud wrthon ni bod bob dim yn mynd i fod yn ocê. Does 'na neb yn dod i wneud y gwaith droston ni. Mae'n rhaid i ni wneud y mewnbwn yna ein hunain, a chredu o ddifri ein bod ni'n haeddu bob dim rydyn ni'n gweithio amdano.

Mae imposter syndrome yn gallu dwyn hyder unrhyw un, yn ein harbed ni rhag gwerthfawrogi yr hyn rydyn ni wedi llwyddo i'w gyflawni heb deimlo fel ein bod ni ddim yn ei haeddu fe neu – yn waeth fyth – bod pobl yn mynd i ffeindio mas ein bod ni ddim digon da wedi'r cwbwl. Pan mae rhywun yn fy llongyfarch am gyflawni rhywbeth positif, dwi'n clywed fy hun yn ateb: 'Oo diolch, mae hynna'n rhy garedig' neu 'Ie, wel, dwi wedi bod mor lwcus'.

Mae hyn yn sothach llwyr.

Dydyn nhw ddim yn rhy garedig – maen nhw jyst yn dweud y gwir.

Dydw i ddim wedi bod yn lwcus – dwi'n gweithio nes bod fy nghorff yn llythrennol stopio.

Ac weithiau, jyst weithiau, dwi'n teimlo fel 'mod i'n reit dda am beth dwi'n wneud. Ddim o hyd – yn enwedig pan dwi yn Nolgellau. Ond weithiau mae gen i jyst mymryn bach o obaith bod gen i'r gallu i lwyddo.

Mae o fel petai hyn yn rhywbeth mochynnaidd i'w gyfaddef, ond dyw hunan gred ddim yn dy wneud di'n berson gwael. Mae'n dy wneud di y math o berson sy'n ysgrifennu un o ganeuon gorau y ganrif ddiwethaf er gwaethaf y blazer wankers oedd yn gwadu dy fod ti'n ddigon dda.

Falle fy mod i wedi cymysgu lan gyrfaoedd fi a Beyoncé yn fama,[2] ond mae'r un egwyddor i ni i gyd. Dydw i ddim am eiliad

---

2   Co, os oes yna bobl sydd eisiau dweud mai fi yw'r Beyoncé Cymraeg, eu dewis nhw yw hynny. Faswn i byth yn dweud shwt beth, ond faswn i ddim yn gwadu'r theori chwaith.

yn ceisio dweud bod gennyn ni i gyd yr un nifer o oriau yn y diwrnod â Beyoncé. Dydw i ddim yn ei nabod hi'n bersonol ond faswn i'n siocd uffernol os byddai'n rhaid iddi wneud y big shop yn Tesco bob bore Mercher. Ond mae gennyn ni i gyd yr un gallu i gefnogi ein hunain. Os ydyn ni'n rhoi ffydd yn ein hunain, y ffordd wnaeth Beyoncé, a stopio dweud pa mor 'lwcus' ydyn ni am yr hyn rydyn ni wedi gweithio amdano, base lot llai o Imposter Syndrome yn gwibio o gwmpas, lot llai o siom ac – yn bwysicach fyth – lot llai o blazer wankers.

Nid ti yw'r prif gymeriad bob tro

Mae fy nghyfeillgarwch i a fy ffrind Emily wedi'i adeiladu ar y lledrith rydyn ni'n dwy'n ei rannu (neu 'mutual delusion', 'shared self-deception', 'co-existence on Planet Delulu' – sut bynnag basech chi'n ei ddweud e). Mae'r ddwy ohonon ni'n rhoi'r gorau i reswm a thebygolrwydd pan nad ydy'r senario fwyaf tebygol yn ein siwtio ni. Rydyn ni'n dilysu ein gilydd bob dydd heb adael i owns o realiti ein dal yn ôl.

'Dyw e ddim yn ghostio ti – mae dy chat di jyst mor anhygoel mae o'n speechless.'

'Cest ti ddim mo'r job 'na achos rwyt ti'n rhy glyfar ac maen nhw'n ofni wnei di sylweddoli a gadael o fewn mis.'

'Wrth gwrs gallai'r ddwy ohonon ni weithio allan rhyngon ni sut i hedfan awyren os bydd raid.'

Mae ein gofod bach ni yn ein bybl o ledrith yn lot o hwyl, ond mae e hefyd yn ffurf o oroesi bob dim mae bywyd ei luchio aton ni. Pan mae'r byd yn teimlo fel bod e jyst yn pallu rhoi cyfle i ti gael dy ben dros wyneb y dŵr i anadlu, mae cred a ffydd gadarn, fel yr hyn dwi ac Emily yn ei ddarparu i'n gilydd, yn hanfodol.

Yr unig broblem gyda'r bybl 'ma yw'r ffaith mai dim ond y ddwy ohonon ni sydd ynddo. Felly, pan mae'n bryd i fi fynd allan i geisio gweithredu yn y byd go iawn, weithiau dwi'n dal ar lefel o bositifrwydd mor afresymol dwi'n anghofio bod y bydysawd ddim cweit mor syml â'r hyn dwi ac Emily wedi annog ein gilydd i gredu.

Mae'n annhebygol fod bechgyn wedi colli eu gallu i siarad oherwydd cryfder eu cariad tuag aton ni. Mae'n debyg nad yw cynhyrchwyr Taskmaster yn pryderu fy mod i'n rhy dda i fod ar sioe gomedi fwyaf llwyddiannus y Deyrnas Unedig. Ac os ydy ein hawyren yn hwyr yn hedfan achos bod y peilot wedi cwympo'n sâl, falle y dylsen ni jyst aros i beilot arall gyrraedd yn lle cynnig hedfan pedwar cant o bobl dros Fôr yr Iwerydd.

Er bod ein lledrith yn gallu cyrraedd uchderau anymarferol, mae llywio dy hun trwy fywyd gyda phecyn bychan o bositifrwydd ychwanegol yn dy boced yn gallu bod y peth sy'n cadw diwrnod anodd rhag troi'n ddiwrnod lle rwyt ti'n llefain yn yr orsaf drenau am fod y boi tocynnau yn gas atat ti ac mae M&S Food wedi rhedeg allan o Percy Pigs.

Ac i fod yn deg, mae'r positifrwydd afresymol yna wedi helpu fi i gyflawni heriau y dylswn i, yn rhesymegol, fod wedi methu. Heb 'mod i'n swnio fel y math o antivaxers sy'n meddwl bod manifestation a chwpwl o fadarch yn mynd i dy achub rhag feirws angheuol, mae cred ddilys a gobaith dilyffethair yn bwerus iawn. Mae 'na ysbrydegwyr yn dweud y bydd y bydysawd yn eich gwobrwyo gyda'r hyn rydych chi eisiau os ydych chi'n amlygu eich gofynion, ond dwi'n credu mai'r esboniad mwy gwyddonol a llai diddorol yw bod cred yn eich gallu i lwyddo yn gwneud i chi weithredu fel rhywun sy'n mynd i lwyddo. Os ydw i'n troi lan i glyweliad gydag agwedd rhywun sy'n credu bod y rôl yn berchen iddyn nhw'n barod, dwi'n mynd i wneud yn well na rhywun sy'n boddi yn ei ddagrau ei hun y munud mae'r cyfarwyddwr castio yn gofyn am ei enw. Falle bydd M&S Food yn dal allan o Percy Pigs ar fy mhitstop ar fy ffordd adre – gall fy mhositifrwydd ddim ond dylanwadu ar fy ngweithredoedd fy hunan. Ond mae jyst credu bod y byd yn mynd i droi i dy gyfeiriad di yn gwella dy siawns o gael diwrnod da.

Serch hynny, mae'n rhaid cofio nad ti yw canolbwynt y bydysawd. Dwyt ti ddim yn mynd i gael dy ffordd dy hunan rownd y rîl, ac mae hynny'n ocê. Bydd yr ysbrydegwyr yn dweud bod bob achos o gael dy wrthod yn dystiolaeth bod y bydysawd yn dy ddiogelu di rhag y pethau dwyt ti ddim fod i'w cael, ond dwi'n meddwl mai'r gwir amdani yw bod bywyd jyst ddim yn berffaith. Mae 'na rywbeth positif ym mhob digwyddiad negyddol, hyd yn oed os mai jyst datblygiad a thwf personol ydy e. Ond dyw'r byd ddim yn mynd i fod fel breuddwyd o hyd. Ac os ydy e'n teimlo bach *rhy* berffaith, cymera gam yn ôl a gofynna i dy hun os ydy bob dim wir mor hudolus ag mae'n teimlo.

Mae hynny'n gamgymeriad dwi'n ei ddifaru bob tro mae fy ymennydd, yn lle mynd i gysgu, yn dangos PowerPoint manwl i fi o bob dim embarrassing dwi erioed wedi'i wneud. Yr un gwaethaf oedd bore cynnar iawn ar yr Eurostar lle dylswn i fod wedi gofyn i fy hunan os oedd y sefyllfa jyst bach yn rhy ragorol.

Ro'n i'n mynd i Baris[1] ac wedi dewis dal Eurostar cynta'r bore, sef 5.25yb, gan fod y tocynnau'n llawer rhatach na'r trenau hwyrach. Dwi'n teimlo bod unrhyw larwm cyn pump yn un o'r pethau yna sydd ddim yn erbyn y gyfraith ond yn teimlo fel y dylse fod. Ond roedd y cyfle i arbed dros ganpunt yn gymhelliad i jyst gosod y larwm a brwydro drwyddi fel y goroeswr ag ydw i.

Mor gynnar â 'ny roedd hyd yn oed tocyn Dosbarth

---

1   Er mwyn fy ngwaith. Nid am goffi – ydw i wedi sôn am seis y blydi coffis 'na?

Cyntaf yn rhad, felly rhoies i drît bach i fy hunan ac uwchraddio – trît oedd, mewn gwirionedd, ddim ond yn costio £10 ychwanegol ond oedd yn gwneud byd o ddaioni i fy #MainCharacterEnergy. Wrth gamu mewn i'r cerbyd, y seti lledr yn cadarnhau mai dyma oedd y lle i bobl oedd yn ennill mewn bywyd (neu bobl oedd wedi deffro ar amser annuwiol i gael yr unig drên roedden nhw'n gallu ei fforddio), clywais i lais yn gofyn, 'Oh my gosh, ti yw merch Donna, ie?'

Dwi wedi cael fy ngalw'n 'merch Donna' trwy gydol fy oes. Ro'n i'n meddwl base hyn yn dod i ben ar ôl gadael ysgol, ond yna daeth hi'n glir bod dylanwad Mam wedi ehangu i weddill y dre hefyd a pharhaodd fy llysenw i gael ei ddefnyddio beth bynnag oedd y cyd-destun.

Tra'n gwneud fy mhrawf gyrru – 'Ti yw merch Donna?'

Tra'n ceisio agor cyfrif banc – 'Ti yw merch Donna?'

Tra'n cael smear test – 'Ti yw merch Donna?'[2]

Dwi wedi derbyn mai dyna pwy ydw i yn Aberystwyth, ond am 5.25yb yng ngorsaf St Pancras, tra'n ceisio lluchio fy mag mewn i'r overhead, do'n i ddim yn disgwyl clywed y geiriau yma. Dyn o adre oedd e – yn amlwg. Roedd e bach yn hŷn na fi, yn y Chweched pan o'n i ym Mlwyddyn 7, felly roedd 'na bach o overlap i'n dyddiau ym Mhenglais. Roedden ni'n dau yn y cast o berfformiad yr ysgol o *Grease*. Roedd e'n un o'r prif T-Birds ac ro'n i'n aelod 43 o'r ensemble. Dwy rôl allweddol a'r un mor bwysig, baswn i'n dweud.

Daeth e i nabod Mam pan oedd e'n y Chweched, ac yn

---

2   Dylse smear tests fod fel Ubers – pan ti'n bwcio dylset ti gael dewis os wyt ti eisiau siarad neu beidio. Tra 'mod i'n cael smear test yn eistedd 'na fel Winnie the Pooh mewn jyst crys-T a ddim byd arall, dwi'm eisiau trafod dim byd. Ddim y tywydd, ddim fy ngradd, a dwi'n bendant ddim eisiau i'r doctor ofyn sut mae fy mam i'n cadw.

amlwg, roedd e'n ei chofio hi, ond nid fy mherfformiad aruthrol yn yr ensemble. Some offense taken.

Wrth i fi droi i ddweud hei a rhoi cwtsh iddo fe, sylweddolais mai'r dyn oedd yn sefyll nesa ato fe oedd Hugh Jackman.

Jean Valjean.

Wolverine.

Y boi mewn coch yn *The Greatest Showman*.

Hugh Jackman ei hunan gyda bag dros nos dros ei ysgwydd a croissant yn ei law.

Yn amlwg wedi gweld y sioc yn troelli yn fy llygaid, gwnaeth y dyn o Aber ein cyflwyno.

'Dyma Hugh by the way. Rydyn ni wedi bod yn gweithio gyda'n gilydd ar brosiect yn ddiweddar.'

Roedd e mor hamddenol, fel petai o jyst yn cyflwyno fi i Wayne o IT.

Sigles i law Hugh, yn canolbwyntio ar beidio byrstio mewn i fy fersiwn personol o 'Do You Hear The People Sing' a dinistrio'r foment yn gyfan gwbwl. Cafodd y tri ohonon ni sgwrs fach lawen am pam oedden ni i gyd yn mynd i Ffrainc a pha mor gynnar oedd hi i fod ar y trên. Roedd y ddau yn llawer rhy upbeat o feddwl ei bod hi'n dal basically yn ganol nos, ond wrth ystyried 'mod i newydd ddal llaw Wolverine, roedd fy hwyliau i hefyd wedi codi.

Yn ceisio bod yn swynol a ciwt jyst rhag ofn bod 'na fymryn o siawns y base fe'n cwympo mewn cariad gyda fi, mi wnes i jôc am y ffaith 'mod i ddim ond yn gallu fforddio bod yn y cerbyd Dosbarth Cyntaf achos ei bod hi mor gynnar.[3] Wnaeth o chwerthin a dechreuodd montage ffurfio yn fy llygaid

---

3   Wrth edrych nôl, doedd fy jôc am fod yn sgint ddim egsactli yn mynd
      i fod yn berthnasol i Hugh, ond roedd hi'n gynnar yn y bore, wnes
      i banicio a frankly ro'n i bach yn benysgafn felly roedd rhaid i fi jyst
      gweithio gyda beth oedd gen i.

o'n dyfodol gyda'n gilydd. Y ddau ohonon ni ar y traeth yn Awstralia, fi'n syrffio dros y tonnau,[4] fe am ryw reswm yn dal yn ei wisg Wolverine. Y freuddwyd.

Deffrais o fy ffantasi wrth glywed Hugh yn dweud, 'You should try the croissant.'

Edrychais ar Hugh, oedd yn sefyll fynna gyda croissant yn ei law, a methu credu beth oedd newydd ddigwydd. Roedd Hugh Jackman ei hunan, newydd ddweud wrtha i am drial ei groissant. Doedd fy meddwl methu deall sut yn y byd oeddwn i *mor* lwcus.

Nawr ar y pwynt yma, dylswn i fod wedi camu o fy mybl a gofyn i fy hunan os oedd hyn bach rhy anhygoel i fod yn wir. Os oedd hi'n debygol bod Wolverine wedi cynnig i fi drial ei groissant. Os oedd e actsiwali wedi dweud rhywbeth arall a 'mod i wedi camglywed.

Ond gadawais i fy nghred yn y bydysawd ddisodli unrhyw fath o synnwyr cyffredin, a chredais yn fy nghalon bod Hugh Jackman wir eisiau i fi drial bach o'i groissant.[5] Dylse'r ffaith bod e heb godi'r croissant i'w chynnig i fi wedi bod yn hint 'mod i wedi camglywed, ond erbyn hyn roedd fy nghyffro'n rhy wyllt i feddwl yn gall. Plygais i lawr a chymryd cnoiad o'r croissant oedd yn ei law. Wrth lapio fy ngwefusau o amgylch y croissant,[6] crashodd taran o logic yn fy ymennydd a sylweddolais bod Hugh actsiwali wedi dweud, 'You should try the croissants' sef y croissants roedd yr Eurostar yn eu cynnig i deithwyr Dosbarth Cyntaf.

---

4   Y syniad o fi'n syrffio ydy'r elfen fwyaf afrealistig o'r holl freuddwyd. Weithiau dwi jyst yn baglu wrth sefyll yn stond, felly dyw balans ddim wir yn un o fy mhrif gryfderau.

5   Dwi'n meddwl bod e'n mwy pathetic bod hyn ddim hyd yn oed yn euphemism. Dwi'n sôn yn llythrennol am croissant.

6   Dal ddim yn euphemism.

Mae yna lot o wahaniaeth rhwng 'You should try the croissants' ac 'You should try my croissant.'

Byd o wahaniaeth.

Ond erbyn hyn ro'n i wedi rhoi ei groissant yn fy ngheg. Base fe wedi bod yn fwy od fyth taswn i wedi tynnu nôl heb fwyta dim. Surely? Daliais ati i gymryd cnoiad o'i groissant, sythu a chamu nôl ac esgus 'mod i heb wneud y peth mwyaf gwallgof mae unrhyw un erioed wedi ei wneud ar yr Eurostar. Neu ar unrhyw drên erioed.

Roedd y boi o Aberystwyth yn syllu arna i fel taswn i newydd bwnio Hugh Jackman yn y ceilliau (base hynna 'di bod yn llai seicotig, i fod yn deg). Y ffieidd-dra ar ei wyneb yn arwydd amlwg iawn ei fod e'n difaru dweud helô yn y lle cyntaf.

Llwyddodd Hugh Jackman i guddio'i sioc yn rhyfeddol – ei flynyddoedd o brofiad actio wedi arwain lan i'r foment hon. Gofynnodd os hoffwn i gymryd gweddill y croissant, ond gwrthodais ar y sail bod hynny'n lot rhy garedig. Edrychodd arna i, i lawr at y croissant oedd wedi hanner ei chnoi, a nôl lan ata i, cyn siglo fy llaw eto a cherdded i ffwrdd, dwi'n rhagdybio i eistedd mor bell ohona i â phosib.

Dwi'n meddwl am y digwyddiad yna o leia unwaith y mis. Weithiau mae'r atgofion yn fy neffro i – wna i gael breuddwyd lle dwi'n ail-fyw ein cyfarfod, ond dwi byth yn gallu stopio fy hunan rhag plygu lawr a rhoi'r croissant yn fy ngheg. Weithiau bydd fy niwrnod yn mynd yn sbesial a boom – mae fy nghof yn f'atgoffa i o'r peth mwyaf siomedig dwi erioed wedi'i wneud.

Er bod yr hunllef yma'n popio lan bob tro mae fy meddwl jyst bach yn rhy heddychlon, mae'n dda i f'atgoffa bod y byd ddim yn cylchdroi o fy amgylch i. Bod pethau gwyrthiol fel arfer yn rhy rhyfeddol i fod yn wir a bod y bydysawd ddim cweit mor ddelfrydol â fy mybl bach o obaith. Rydyn ni i gyd yn brif gymeriadau yn ein straeon ein hunain, ond i bawb arall yn y byd go iawn, rydyn ni'n support actors, neu hyd yn oed jyst extras. Neu weithiau, yn ferched gwallgof sy'n dwyn bwyd enillwyr Golden Globe reit o flaen eu llygaid.

Mae heneiddio yn fendigedig

Doeddwn i erioed yn meddwl y base heneiddio yn rhywbeth fase'n digwydd i fi. Ro'n i'n ymwybodol bod e'n digwydd, ond bach fel crashes awyrennau neu far right dictatorships, doeddwn i ddim yn disgwyl iddo fe fod yn broblem fyddai'n effeithio arna i yn uniongyrchol. Ro'n i'n disgwyl cyrraedd tua 21 neu 22 oed, a jyst edrych fel 'na am weddill fy mywyd.

Yn yr un anadl, ro'n i'n meddwl bod hangovers jyst yn bethau roedd pobl wan yn dioddef ohonyn nhw. Am bron i ddegawd baswn i'n gallu yfed hyd at y pwynt o gwympo i gysgu ar lawr toiledau Downies Aberystwyth (mae'n wyrth fy mod i heb ddal Hepatitis rhwng 2012 a 2020), cael fy nghludo adre gan frawd Ellie[1] yn dal i afael mewn glasied o Admiral tra bod fy mhen i bron â rolio off fy ysgwyddau, ac yna deffro yn y bore yn ffres fel babi fel petai dim byd wedi digwydd. Roedd hangovers mor ddieithr i fi, ro'n i'n sicr ar un adeg bod bobl jyst yn gwneud nhw lan er mwyn cael sylw. Doeddwn i ddim

---

[1] Dylse cyflwyniad y llyfr 'ma rili fod i Nathan, brawd Ellie, o ystyried gymaint o weithiau mae e wedi darparu getaway car o fy nghamgymeriadau mwyaf. Fel gyrrwr tacsi, mae e'n gweithio oriau hwyr, sydd wedi bod yn ddelfrydol dros y blynyddoedd pan o'n i angen lifft heb y math o grilling baswn i wedi'i gael gan Dad. Mae Nathan wedi pigo fi lan o harbwr am 1yb – amser afresymol i fod ar gwch oni bai mai môr-leidr Somali wyt ti. O house parties oedd allan o reolaeth. Heb sôn am gae yng nghanol Tregaron am 4.45yb… heb ofyn yr un cwestiwn. Mae e jyst yn rolio lan, gyda'r gwres mlaen yn barod, ac yn mynd â fi adre heb ofyn pam o'n i'n dod bant o gwch yng nghanol y nos.

yn gallu deall sut o'n i wedi deffro yn awyddus i gael bach o frecwast a falle mynd am dro neis lan Llwybr yr Arfordir, tra bod bobl eraill yn winjan gyda'u pennau lawr y toilet.

Ac yna troies i'n 28.

Roedd fy haf wedi bod mor brysur, dwi'n cael migren jyst wrth feddwl amdano. Ro'n i'n ffilmio rhaglen ddogfen am Ŵyl Ffrinj Caeredin, yn perfformio mewn gwyliau fel y Dyn Gwyrdd tra'n cyflwyno bob dydd o'r Eisteddfod Gen, hefyd yn ffilmio prosiectau amgen a chynllunio'r gyfres nesa o Mel Mal Jal, yn ogystal â hyfforddi am 10K Caerdydd, yr un pryd â chystadlu yng nghystadleuaeth BBC New Comedian Of The Year 2023. I gyd mewn un mis. Ar gyfartaledd, ro'n i'n cael tair awr o gwsg bob nos – arferiad gafodd effaith dychrynllyd ar fy nghorff.

Erbyn diwedd yr haf, roedd y bagiau o amgylch fy llygaid mor dywyll, ro'n i'n edrych fatha panda. Wrth syllu ar fy hun yn y drych, ro'n i'n gallu deall yn iawn pam fod pandas yn pallu bridio'n wirfoddol – ro'n i'n edrych yn frawychus. Base angen bygythiad o species extinction er mwyn i unrhyw un fod eisiau bridio gyda fi hefyd.

Sylweddolais fy mod i ddim yn gallu cosbi fy nghorff fel hyn rhagor. Falle ddegawd yn ôl ro'n i'n gallu bod ar Disco Floor Oceana am dri y bore, bwyta battered sausage a sglods yn y gwely am bedwar a thrafod pwysigrwydd Cyfraith Gwlad mewn seminar am naw, ond dim rhagor. Roedd rhaid i mi flaenoriaethu edrych ar ôl fy nghorff os oeddwn i'n disgwyl iddo fe oroesi.

Wrth ymchwilio i ba fitaminau oedd yn cefnogi iechyd fy nghymalau a chynllunio sut o'n i'n mynd i ddechrau ffitio wyth awr o gwsg i mewn i fy amserlen, sylweddolais 'mod i ddim yn 18 rhagor. A chefais i banics gwyllt.

Rydyn ni wedi cael ein argyhoeddi bod heneiddio yn un o droseddau gwaethaf menyw. Cafodd Cheryl Cole sylw gwaeth gan y cyfryngau pan ymddangosodd crowsfeet wrth ei llygaid na phan alwodd hi ddynes yn 'Black bitch' ac ymosod arni. Dyna lle rydyn ni arni fel cymdeithas o ran difrifoldeb rhychau o'i gymharu â racially aggravated assault.

Yn archwilio'r llinellau newydd oedd wedi ymddangos wrth ochr fy lygaid, gwelais i rywbeth arall yn fy ngwawdio i yn fy adlewyrchiad. Yno, yn edrych nôl arna i, oedd cellulite ar fy mreichiau.

Lle ffwc ma hwnna 'di dod?! sgrechiais yn fewnol. Roedd cellulite wedi bod ar fy nghoesau ers fy arddegau ac ro'n i wedi dod i dderbyn hynny. Bach fel y bobl sy'n gwybod bod teulu o wiwerod yn byw yn eu garej a does dim ots beth maen nhw'n ei wneud, dewn nhw'n ôl – dyna sut o'n i'n derbyn y cellulite ar fy nghoesau. Ond nawr roedd e ar fy mreichiau hefyd. Do'n i ddim yn gwybod bod rhywun hyd yn oed yn gallu cael cellulite ar ei freichiau. A dyma fe.

Waeth i mi ddechrau cynllunio fy angladd nawr, cwynais i fy hunan, *gan 'mod i mor ffycin hen.*

Ystyriais i gymaint o freintiau ro'n i wedi eu colli wrth heneiddio – doeddwn i byth yn mynd i fod y ferch ddiniwed, ddirgel rhagor. Pan fyddwn i'n cael llwyddiant o ryw fath, doedd neb yn mynd i fy llongyfarch i gan ychwanegu 'am rywun mor ifanc'. A dim ond bechgyn gyda cougar fetishes oedd yn mynd i ffansïo fi bellach – a sneb eisiau'r bechgyn yna.

Meddyliais i am ba mor annheg oedd hi, 'mod i a fy llygaid duon crincli a fy cellulite newydd fwy neu lai yn socially dead, tra bod dynion yn cael eu dathlu am 'heneiddio'n well'. *Ond ydyn nhw?* gofynnais i fy hun wrth geisio meddwl am unrhyw ddyn ro'n i'n nabod oedd wedi aeddfedu gymaint yn well na'r menywod yn fy mywyd.

Mae bobl yn cyfeirio at George Clooney fel y poster boy am heneiddio positif gwrywaidd, ond roedd George Clooney yn biwtiffyl i ddechrau. Doedd e ddim yn 49 oed yn sglefrfyrddio o amgylch West Hollywood gyda ffrinj seimllyd mewn crys-T *The Simpsons* a jîns roedd ei fam wedi prynu iddo fe,[2] ac wedyn yn deffro ar ei ben-blwydd yn bum deg fatha Duw gyda quiff arian a gwên hypnotig. Felly dyw e ddim yn gywir i'w ddefnyddio fe fel enghraifft o ddyn sydd wedi cael glow-up wrth heneiddio pan oedd e'n fully glowed-up i ddechrau. Hefyd, sut yn y byd ydw i fod i gredu bod dynion yn edrych gymaint gwell gydag oed pan dydw i erioed wedi nabod unrhyw ddyn (syth) yn fy mywyd sydd wedi defnyddio moisturizer. Dydw i ddim yn gwybod pam bod bob dyn syth dwi'n nabod mor sicr bod defnyddio moisturizer yn eu gwneud nhw'n llai alffa, fel petai defnyddio mymryn o E45 yn mynd i ddymchwel y batriarchaeth am byth.

Wrth edrych ar fy mreichiau pantiog, sylweddolais nad o'n i wedi neidio o 18 i 28 dros nos – ro'n i wedi bod yn heneiddio heb i mi sylweddoli. Ac actsiwali roedd fy mywyd i, ran amlaf, wedi bod yn gwella yr holl amser 'na.

Ocê, doeddwn i ddim y ferch ciwt a diniwed rhagor, ond roedd hynny'n meddwl bod llai o bobl yn credu y gallen nhw gymryd mantais ohona i nawr. Roedd fy mhrofiad bywyd wedi rhoi mwy o bwysau i fy marn ac ro'n i – ar ôl gormod o achlysuron lle ro'n i wedi methu – o'r diwedd wedi dysgu dweud, 'Ti'n gwybod beth? Na.'

Pan o'n i'n 19 oed ro'n i'n intern i Aelod Seneddol. Wna i

---

2   Roedd y mullet cyrliog oedd ganddo fe yn y nawdegau yn bach o ick a dweud y gwir – gwglwch e.

ddim dweud pa blaid achos, basically, dydw i ddim eisiau cael fy siwio. Ond wna i ddweud bod lot o siacedi Barbour a ddim lot o bobl Ddu.

Ro'n i'n frwdfrydig a llawn gobaith am fy internship, gobaith wnaeth ddim ond cynyddu wrth i'r tîm fy nhrin fel big deal go iawn. Ro'n i'n derbyn canmoliaeth gyson am safon fy ngwaith a fy ngwybodaeth am y byd gwleidyddol 'am ferch mor ifanc'.

Wrth edrych yn ôl gyda degawd o brofiad, dwi'n gwingo wrth gofio gymaint o shit ro'n i'n ei dderbyn, jyst achos bod nhw'n fy nghanmol. Roedd misogyny yn amlwg, ond ro'n i'n gweld y menywod oedd ddim yn gallu ei dderbyn e fel pobl wan neu bigog. Roedd tipyn o amharch tuag at ddiwylliant Cymraeg ond roedd fy mherthynas gyda fy Nghymreictod yn gymhleth, a dweud y lleia: ro'n i fel incel – am 'mod i wedi cael fy ngwrthod gan y diwylliant Cymraeg trwy gydol fy mhlentyndod, ro'n i wedi penderfynu fy mod i ddim eisiau bod yn Gymraeg beth bynnag ac yn ei gasáu. Er, yr holl amser, ro'n i jyst yn ysu i fod yn rhan ohono. Ond tra o'n i yn fy incel era, ro'n i'n hapus i gytuno gyda bychanu cyson y blaid o Gymru.

Ac, yn anochel, roedd hiliaeth yn cael ei fownsio o gwmpas fel petaen ni yn y Deep South yn 1856. Ar sawl achlysur, ceisiodd rhywun drafod 'manteision ariannol caethwasiaeth' gyda fi. Dywedodd rhywun wrtha i bod gen i ddwylo bach achos roedd fy nghyndadau angen dwylo bach i bigo cotwm – rhesymeg doeddwn i erioed wedi ei deall achos oni fase fe'n well i bigwyr cotwm gael dwylo mawr i gasglu mwy? Serch fy niffyg dealltwriaeth, wnes i fyth herio nhw ar y mater achos, i fod yn onest, ro'n i eisiau dod â'r drafodaeth am fi a fy 'slave hands' i ben.

Am ryw reswm roedd yr hiliaeth yn effeithio mwy arna

i nag unrhyw un o'r methiannau moesol eraill, ond allwn i wneud fawr ddim am y peth pan oedd y bos – y dyn fase wedi gallu gwella'r sefyllfa – y math o ddyn oedd yn meddwl mai dim ond banter oedd fy ngalw i'n 'brown sugar' o amgylch y swyddfa. Pa fath o lysenw i ferch 19 oed oedd 'brown sugar'? A beth oeddwn i fod i'w alw fe? Caster sugar? Granulated sugar? Old white man who is unfit to be an MP sugar?

Hyd yn oed pan oedd yr hiliaeth yn brifo, gadawais iddo fe fynd heb gician off achos, fel arddegwr, dywedais i wrth fy hunan mai dyma oedd y byd ac roedd jyst rhaid i fi aeddfedu a'i dderbyn e. Roedd y dynion yn gwybod 'mod i'n teimlo'n well pan fydden nhw'n dweud 'Mel doesn't count' fel petai fi oedd y person Brown da. Fel merch ifanc ac absoliwt pick-me,[3] roedd hynny'n cymryd y boen allan o'u geiriau.

Y peth gyda heneiddio yw, rwyt ti'n sylweddoli nad ydy bod yn pick-me yn mynd i dy ddiogelu di rhag amharch am byth. Un diwrnod mae'r bobl rwyt ti'n eu gwylio'n amharchu pobl eraill yn mynd i dy gnoi di hefyd. Allwn i ddim bod y person Brown 'da' am byth. Na'r ferch oedd 'ddim yn cwyno fel menywod eraill'. Na'r Gymraes oedd yn dal dig yn erbyn ei gwlad ei hunan. Pan mae'r bydysawd yn dy fwrw di gyda rhywbeth sy'n dy orfodi di i fod yn ddynes Frown Gymraeg sydd eisiau cael ei pharchu, mae dy orffennol fel pick-me yn mynd i dy adael gyda dy wyneb yn y baw.

---

3 'Pick-me' ydy menyw sy'n gwneud unrhyw beth am sylw neu glod gan ddynion, fel arfer wrth geisio edrych gymaint yn well na menywod eraill. Eu motto yw: 'Dwi ddim fel merched eraill'. Fel arfer maen nhw'n hoff iawn o gyhoeddi i fechgyn eu bod nhw ddim yn gwisgo colur fel menywod eraill, neu bod yn well ganddyn nhw wylio pêl-droed neu rygbi na'r pethau sili mae menywod eraill yn joio, neu'n pwysleisio unrhyw beth sy'n eu rhoi nhw ar wahân er mwyn cael sefyll allan. Dyw bod yn pick-me yn helpu neb, achos mae 99% o fenywod eraill yn rili ffycin cŵl a dylsen ni ddathlu hynny. Roedd fy pick-me syndrome i, fel lot o pick-mes eraill, yn deillio o ansicrwydd a diffyg hyder llwyr.

Mae'r wers honno'n un gas i'w ddysgu, yn enwedig pan wyt ti'n sylweddoli bod y bobl rwyt ti wedi bod yn ysu i wneud argraff dda arnyn nhw yn meddwl dim byd ohonot ti y munud dwyt ti ddim yn fodlon bychanu dy hunan a derbyn eu shit rhagor.

Bwrodd y bydysawd fi fel gordd ar un diwrnod diarhebol, a deffrais i'r gwirionedd o'r diwedd. Ro'n i'n cael fy nefnyddio. Pan gafodd yr amharch ei dargedu ata i, dysgais fy ngwers yn gyflym iawn.

Wrth i fywyd dwlu ata i un o heriau anoddaf fy mywyd,[4] trois at y bobl ro'n i'n meddwl oedd yn hoff ohona i achos doeddwn i 'ddim fel y gweddill', ac wrth gwrs trodd y bobl 'na eu cefnau. Yn waeth, wnaethon nhw'n siŵr fy mod i'n cael f'atgoffa fy mod i'n israddol iddyn nhw. Er bod y brad yn teimlo fel dwrn i'r stumog, wnes i aeddfedu dros nos. Doedd bod y ferch ifanc naïf ddim yn opsiwn rhagor.

Am blwc, hiraethais am y ferch ifanc obeithiol ro'n i wedi bod jyst misoedd ynghynt, yn drist bod y bydysawd wedi 'ngorfodi i'w gadael hi mor sydyn. Ond y gwir amdani yw, mae bywyd fel menyw gymaint yn well pan dwyt ti ddim yn becso dam os wyt ti'n dderbyniol gan ddynion rhagor. Mae yna ryddid a phŵer i fod yn hapus i ddyn feddwl dy fod ti'n un anodd i weithio gyda hi achos dwyt ti ddim yn derbyn bob dim mae'n ddweud. Neu i ddyn feddwl dy fod ti'n frigid achos dwyt ti ddim yn gorfodi dy hunan i chwerthin ar ei jôcs gwarthus. Neu i ddyn feddwl dy fod ti'n anghwrtais achos mae gennyt

---

4   Baswn i'n rili hoffi datgelu mwy am be ddigwyddodd ond – eto – does gen i mo'r cyllid i gael fy siwio gan un o bleidiau gwleidyddol mwyaf pwerus y wlad. Base fe'n reit ddramatig taswn i'n cael fy llusgo i'r llys barn oherwydd y llyfr yma ond, mewn gwirionedd, base'n well gen i beidio cwympo mewn i ddyled achos bod dynion mewn siwts Jac yr Undeb yn pissed off 'da fi. Felly, y cwbwl wna i ddweud yw, wnaeth rhywbeth reit erchyll ddigwydd a deffrais o fy naïfrwydd pick-me reit sydyn.

ti'r hyder i ddweud, 'Fyddai ots gyda ti jyst ffwcio o 'ma?' pan mae'n cyffwrdd â ti mewn ffordd dwyt ti ddim eisiau.

Iawn, dwyt ti ddim yn ciwt a diniwed rhagor, ond iasu mae gennyt ti lot mwy o amser yn dy ddiwrnod pan ti'n gallu dweud 'na'. Pan mae dyn yn fy nghornelu i mewn parti i ddechrau mansplainio geopolitics achos bod hynny'n gwneud iddo fe deimlo'n glyfar, dwi'n cerdded i ffwrdd. Pan mae dyn yn dweud wrtha i am wenu yn y stryd, dwi'n codi bys. Pan mae dyn yn rhoi ei law ar fy nghefn neu fy nghoes er 'mod i erioed wedi ei wahodd e i wneud hynny, dwi'n gofyn be ffwc mae'n meddwl mae e'n wneud. Mae yna lot o ddynion da allan 'na sy'n mwynhau gweld menyw yn sefyll lan drosti'i hun – dyna'r dynion dwi eisiau bod o'u hamgylch ym mhob elfen o fy mywyd.

Mewn cyfweliad gyda *Vogue*, dywedodd Helen Mirren, 'At 70 years old if I could give my younger self one piece of advice it would be to use the words "fuck off" much more frequently.' Falle bod gen i dipyn o amser i fynd nes 'mod i'n 70, ond galla i ddweud yn onest fy mod i wedi cymryd y cyngor hwnnw'n ddifrifol iawn. Bob tro dwi'n dweud y geiriau hudolus wrth rhywun sydd angen eu clywed nhw, dwi'n meddwl am Helen ac yn gobeitho y base hi'n falch.

Mae Helen Mirren – un o'r Badass Bitches gorau yn fy marn i – a'i gonestrwydd eofn, yn dystiolaeth glir bod heneiddio'n blydi briliant. Falle os bydda i'n cael ysgrifennu llyfr am 'y gwersi dwi wedi eu dysgu cyn troi'n 50' bydda i eisiau sgrapio'r bennod yma – dwi'n deall yn iawn bod rhywun o dan 30 yn cyfeirio at ei hunan fel rhywun sy'n 'heneiddio' bach yn ridiciwlys. Ond os unrhyw beth, dwi jyst yn bod yn orfrwdfrydig, achos wrth edrych ar y menywod 50+ dwi'n nabod, maen nhw'n anhygoel a dwi'm yn gallu aros i fod fel nhw.

Mae cael yr ick yn ffurf o hunanddifrod

Yr ick: Term gafodd ei ddefnyddio am y tro cyntaf ar raglen Ally McBeal (na, dydw i heb weld y gyfres chwaith) i ddisgrifio'r teimlad sydyn o crinj neu wingo sy'n rhoi ti 'off' partner rhamantaidd mewn eiliadau. Gall yr ick ymosod ar unrhyw adeg heb rybudd – un munud ti'n dweud wrth dy ffrindiau dy fod wedi cwrdd â dy ŵr, a'r peth nesa rwyt ti'n blocio'i rif ar ôl gweld y ffordd mae'n dal cyllell a fforc.

Mae'n ffenomen sy'n gwneud dim synnwyr – mae ganddo'r pŵer i ddinistrio perthynas gyda photensial heulog ar sail dim mwy na digwyddiad bychan neu nodwedd bersonol sydd bach yn crinji.

Ro'n i wedi rhagdybio bod yr ick wastad wedi bodoli, bod millennials jyst yn meddwl mai ni oedd wedi ei greu, ond mewn gwirionedd, ni wnaeth jyst rhoi enw iddo fe. Wnes i'r camgymeriad yma gyda ghostio. Dechreuais ei mansplainio i fy mam, a gwnaeth hi f'atgoffa i bod diflannu o fywyd rhywun rwyt ti'n dêtio wastad wedi digwydd – roedd e jyst yn edrych yn wahanol yn yr hen ddyddiau (mae'n ddrwg gen i os ydy 'yr hen ddyddiau' yn sarhaus i chi – 1066, 300CC, 1978… maen nhw i gyd yr un peth i fi). Os unrhyw beth, roedd e'n haws, esboniodd hi. Doeddech chi jyst ddim yn galw'r landline am wythnosau ac yn gobeithio basen nhw'n cael yr hint. Mae hyn yn swnio tipyn gwell na'r artaith presennol o wylio dy anwylyd yn dod ar-lein, ac yna'n mynd off lein heb droi dy diciau'n las, a'r audacity cynddeiriog ohonyn nhw'n gwylio dy Instastory heb ddim cydnabyddiaeth dy fod ti'n aros am ateb ganddyn nhw.[1]

Ond fel mae'n digwydd, mae'r ick dipyn mwy cyffredin nawr nag oedd e ers talwm, gan fod y diwylliant dêtio bellach yn normaleiddio twlu pobl i ffwrdd y munud mae rhywbeth o'i le. Diolch i gynnydd mewn symud cymdeithasol[2] a datblygiad aps dêtio, mae gan bobl gymaint mwy o ddewis o gyda phwy yr hoffen nhw fynd allan, ac felly rydyn ni'n fwy tueddol o gael gwared o rywun y munud maen nhw bach yn annoying, a symud mlaen i'r person nesa.

Er bod y lefel o ddewis sydd gennyn ni i'w weld yn bositif, mae 'na restr o anfanteision sy'n drech na'r potensial yma. Am gasgliad o resymau personol dwi'n meddwl y dylse crewyr Tinder, Hinge a Bumble fynd o flaen llys Yr Hague am droseddau yn erbyn dynoliaeth, neu hyd yn oed jyst troseddau yn f'erbyn i a fy mherthynas gyda dynion o fewn radiws o 50km o fy nhŷ. Ydyn, mae'r aps yn profi bod yna 'ddigon o bysgod yn y môr', ond mae'r pysgod yna'n cario chlamydia ac yn ceisio cysgu gyda fy housemates, felly dydyn nhw ddim cweit y noddfa o botensial rhamantaidd maen nhw'n ei addo.

Mae ein tueddiad i flocio a symud mlaen y munud rydyn ni'n cael y teimlad bod ein person ni ddim yn berffaith, wedi

1   Heb hyd yn oed sôn am y cheek llethol o hoffi dy stori Instastory, neu'n waeth fyth – danfon emoji tân – er bod nhw wedi dy ghostio. Mae 'na gymaint o weithiau dwi bron â thaflu fy ffôn trwy'r ffenest ar ôl derbyn emoji tân gan rywun heb unrhyw gydnabyddiaeth eu bod nhw wedi anwybyddu fy modolaeth ers wythnos. Mae'n wyrth bod ffôn a ffenestri yn dal gen i.

2   Sef pobl yn llythrennol symud o'u trefi genedigol tipyn mwy nag oedden nhw. Falle bod hyn ddim yn berthnasol i'r Felinheli… mae pobl y Felinheli yn rili ffycin caru'r Felinheli yn dydyn.

gadael i'r ick esblygu nes ei fod yn rheswm cyfiawn dros dorri cysylltiad gyda rhywun sydd wedi bod yn gwbwl berffaith nes i ti sylweddoli eu bod nhw'n llawchwith, neu eu bod nhw angen sbectol i ddarllen.[3] Mae'n wallgof – wrth gwrs ei fod e. Os wyt ti'n torri rhywun bant yr eiliad maen nhw'n gwneud rhywbeth sy'n mynd ar dy nerfau, rwyt ti'n mynd i fod ar ben dy hunan am byth – sydd ar adegau yn syniad reit ddeniadol. Ond dwi'n ymwybodol bod 'na ail reswm fy mod i'n gadael i fy hunan ddioddef o'r ick mor aml, rheswm bach mwy difrifol… yr elfen o self-sabotage neu hunanddifrod.

Fel rhywun sydd wedi cwympo lawr twll o anxious attachment gyda chyn gariadon, mae 'na bryder yn byblan yn dawel dan yr wyneb o hyd. Pryder fy mod i'n mynd i fynd yn gaeth i sylw'r person dwi'n ei ddêtio unwaith eto. Er fy mod i wedi gweithio'n galed i wella fy hunanhyder ac i greu meddylfryd mwy iachus tuag at y bobl dwi'n eu caru, mae gen i ofn baglu i'r un twll eto a ffeindio fy hunan yn llefain ar lawr y tŷ bach am eu bod nhw heb ateb fy WhatsApp ers wyth awr. Dwi'n llwyddo i stwffio'r pryder hwnnw mewn i focs bach twt yng nghefn fy meddwl y rhan fwyaf o'r amser, ond pan mae pethau'n dechrau mynd yn dda gyda rhywun, mae larwm bach yn canu. Y peth cywir i'w wneud base ei ddiffodd ac atgoffa fy hunan gymaint dwi wedi datblygu ers y tro diwethaf. Ond y peth hawsaf i'w wneud ydy chwilio am reswm – unrhyw reswm – i ddod â'r berthynas i ben. Dyna lle mae'r ick yn dod i mewn.

Mae argyhoeddi fy hunan bod gen i'r ick achos bod nhw'n dweud 'expresso' yn lle 'espresso', neu achos bod nhw'n gwisgo'r un siaced bob tro dwi'n eu gweld nhw, yn lot haws

---

3   Mae hwn yn ick gwir gafodd fy ffrind Jasmine ar ail ddêt. Yn ei geiriau hi: 'It was such an ick. He should just be able to… I dunno… see!' Bechod.

na chyfaddef fy mod i'n eu hoffi nhw ac yn ofni'r bregusrwydd emosiynol sy'n dod gyda hynna. Mae 'na reolaeth sy'n dod gyda self-sabotage – gall rhywbeth ddim fy mrifo yn y dyfodol os ydw i'n lladd y potensial o unrhyw fath o ddyfodol yn y lle cyntaf.

Hoffwn i fynd nôl mewn amser i ail-wneud cymaint o achlysuron a pheidio gadael i'r ick fod yn rhwystr. Mae 'na hefyd achosion lle faswn i'n gwneud yn union yr un dewis achos roedd yr icks yn hollol ddilys a jyst yn erchyll. Mi wna i adael i chi ddewis pa un yw pa un:

- Roedd e'n gyrru Mini gyda Jac yr Undeb ar y to. Sori, beth yw hyn – dêt neu rali UKIP?
- Doedd e ddim yn gwybod pwy oedd Michael Jackson. MICHAEL JACKSON.
- Roedd e'n gyrru rownd cornel ochre Llanilltud Fawr a daeth lorri enfawr rownd y gornel, oedd wedi croesi fymryn i'n hochr ni o'r hewl. Sgrechiodd y boi fel tasen ni wedi gyrru oddi ar glogwyn. Os oedd hynny'n codi ofn arno fe, doedd ganddo ddim gobaith ar lonydd cefn Ceredigion.
- Roedd e'n chwerthin fel beic modur yn ôl-danio. Bob tro roedd e'n chwerthin roedd fy nghlustiau'n canu am oriau.
- Roedd ganddo fe Vespa. OK Lizzie McGuire.
- Roedd ei stand-yp yn lot gwaeth na stand-yp fi.
- Roedd ei stand-yp yn lot gwell na stand-yp fi.
- Roedd e'n gwisgo menyg i yrru. Ydyn ni'n cuddio corff ar y ffordd i Las Iguanas? Dwi'm yn deall.
- Ei enw oedd Stewart. Do'n i jyst ddim yn gallu gweld fy hunan yn dweud y gair 'Stewart' nifer o weithiau yn yr hir dymor.
- Wnaeth e alw fi'n 'Mummy' tra'n bod ni... wrthi.

- Roedd e'n dod o Swindon.
- Wrth iddo fe sefyll lan o'r bwrdd, wnaeth e gnocio'i ben ar y lamplen, eistedd lawr gyda sioc, ac yna sefyll lan a gwneud yn union yr un peth eto. Dim siâp ar y boi o gwbwl.
- Roedd e'n meddwl bod Llundain yn Dubai. I fod yn deg, dwi'm yn siŵr os mai fe sy'n ick neu'r system addysg yn Nghymru.

Dwi'n sicr bod yna fechgyn Cymraeg allan 'na gyda rhestr debyg o fy icks i. Baswn i'n ceisio dyfalu beth sydd ar y rhestr, ond ar ôl gwario cymaint o bres ar therapi i wella fy hunanhyder, dydw i ddim yn meddwl bod hynny'n syniad defnyddiol iawn. Ond diolch i fy ffrindiau annwyl, dwi wedi cael bach o fewnwelediad fan hyn a fan draw pam na fasen nhw'n gallu dêtio fi:

Nel: 'Mae dy ddiffyg ymrwymiad i'r ailgylchu yn y tŷ yn real ick i fi.'

Emily: 'Petawn i'n lesbian, base fe'n gymaint o ick pa mor swnllyd yw'r larwm ar dy ffôn di.'

Ailgylchu slac a'r angen am larwm swnllyd? Galla i fyw gyda hynna.

Mae barn Mam am bawb yn gywir

Dydw i erioed wedi bod yn ferch am rom-coms. Hyd yn oed fel plentyn do'n i byth yn cael fy nenu at y syniad o ddynes yn dewis dyn oedd yn newyddion drwg, helpu fe i wella, bach o hicyp wrth iddo fe gwympo nôl i'w hen ffyrdd ac wedyn happily-ever-after. Y rom-com diwethaf i fi wylio oedd *PS I Love You* pan o'n i'n ddeuddeg oed – os nad ydych chi wedi gweld y ffilm, mae'n stori am ddyn Gwyddelig[1] sy'n marw'n ifanc ac yn gadael llythyrau a heriau bach i'w wraig eu gwneud ar ôl iddo fe gicio'r bwced. Y noson wnes i wylio *PS I Love You* oedd y tro cyntaf ar gyfer sawl peth yn fy mywyd:

Y tro cyntaf i fi lefain yn gwylio ffilm.

Y tro cyntaf i fi ddefnyddio disg Blu-Ray.[2]

Y tro cyntaf i fi weld Gerard Butler a sylweddoli pa mor *ffit* oedd dynion hŷn. (Dim ond dynion hŷn mewn ffilmiau.

---

1   Dwi'n cymysgu y geiriau 'gwyddelig' ac 'iddewig' o hyd. Un tro wnes i gyfweliad llawn yn trafod fy ngheffyl 'iddewig', Rocky. Do'n i methu'n lân â deall pam fod pawb ar y tîm ffilmio yn edrych arna i fel petawn i wedi colli'r plot, nes i mi gael galwad gan Nain yn gofyn beth yffach o'n i'n sôn amdano ar y teli. Pam nad ydy S4C yn ymddiried yndda i i wneud teledu byw? Dirgelwch llwyr. Eniwe, roedd y boi yn *PS I Love You* yn WYDDELIG.

2   Roedd Blu-Rays yn cael eu hysbysebu fel dyfodol mawr y byd technegol, ond mewn gwirionedd doedd neb rili'n siŵr beth oedd y gwahaniaeth rhyngddyn nhw a DVDs. Hyd y gwelwn i, roedd bocs Blu-Ray bach yn llai, bach mwy sgwâr a gyda border glas... 'na fe.

Doedd dim un o'r dynion hŷn yn fy mywyd – fy athro ffidil, pregethwr y capel ayyb – yn byw lan i boethder Gerard Butler).

Er i'r ffilm sbarduno obsesiwn digon aniachus gyda Gerard Butler (dylse merch ddeuddeg oed ddim hala y nifer o oriau wnes i eu hala'n gwylio'r ffilm *300* ar ben fy hunan yn fy ystafell wely yn dario fy mod i ddim wedi cael fy ngeni yn Sparta yn 480CC), wnaeth e ddim tanio unrhyw ddiddordeb yndda i i neidio ar y trên rom-coms. Ro'n i wedi eu hosgoi trwy gydol fy mywyd, yn troi fy nhrwyn ar *The Notebook*, *Crazy Stupid Love* a *50 First Dates*, am ddeunydd lot mwy dwys a dwfn fel *The Only Way Is Essex* a *Keeping Up With the Kardashians*. Doedd ffilmiau rhamantaidd jyst ddim o ddiddordeb i mi. Yn enwedig rhai Nadoligaidd. I fi, nhw oedd y gwaethaf!

Roedd y fformiwla mor ragweladwy: dynes gyda swydd ddifrifol yn y ddinas fawr yn dod nôl i'w thref fach enedigol dros y Nadolig. Yna base hi'n bwmpio mewn i'w chariad ysgol sydd nawr yn gweithio fel saer neu werthwr coed Dolig. Mae hi angen ei help gyda rhyw job bwysig, ac wrth iddo fe ei hachub hi, mae e'n dangos iddi bod cymuned a chartref yn llawer pwysicach nag unrhyw yrfa mae hi wedi gweithio'n galed i'w hadeiladu. Mae ysbryd y Nadolig yn drysu ei synnwyr cyffredin ac mae hi'n cael ei swyno gan y wetwipe 'ma sy'n meddwl bod hawl 'da fe i fod yn lifecoach er bod e'n gwneud dim heblaw lolian rownd tŷ ei fam a gwerthu coed am un mis o'r flwyddyn. Maen nhw'n cwympo mewn cariad ac yn dawnsio wrth y tân ar ddydd Nadolig.

Do'n i methu'n lân â deall sut oedd unrhyw un yn meddwl bod y ffilmiau yma'n ddifyr, heb sôn am ramantaidd. Parhaodd y rwtsh yma i fy nghythruddo nes i fi ffeindio fy hunan mewn frisson o gyffro Nadoligaidd fyddai'n ffitio'n berffaith mewn i Netflix Original gyda chyllid gwarthus.

Ar noson Mad Friday[3] 2022, ro'n i'n dawnsio yn un o leoliadau mwyaf rhamantus y wlad, Pier Brasserie Aberystwyth. Roedd torfeydd o bobl yn sgrechian y nodyn uchel ar ddiwedd 'All I Want For Christmas Is You' pan ddewises i gael bach o awyr iach a bach o seibiant o'r war crime amhersain oedd yn deillio o'r llawr dawnsio. Allan ar y balconi, yn edrych dros y tonnau, dechreuais chwarae feiolin bach i fy hunan. Falle mai sŵn y môr oedd wedi fy hala'n hunanfyfyriol, neu falle'r Nadolig, neu falle hyd yn oed y Prosecco ro'n i wedi bod yn yfed yn syth o'r botel gyda straw, ond ro'n i'n agos at ddagrau. Ro'n i'n caru bod nôl yn Aberystwyth, ro'n i'n teimlo fel petawn i wir adre, ond rhywsut roedd hi'n teimlo fel bod pawb wedi symud mlaen hebdda i. Do'n i ddim yn disgwyl parêd i groesawu fi adre gyda'r trigolion yn canu 'Hosana' ac yn ffanio fi gyda dail palmwydd (ocê, ro'n i yn disgwyl hyn jyst tamed bach), ond do'n i ddim wedi disgwyl dod adre i ffeindio bod bywyd yn Aberystwyth wedi newid ac, yn amlwg, do'n i ddim yn rhan o dapestri'r dre rhagor. Wrth i fi ymdrybaeddu yn fy hunandosturi hollol wirion, teimlais law cyfarwydd ar fy ysgwydd.

'Rhaid bod fi'n gweld pethau,' dywedodd e. 'Ond o draw fynna roeddet ti'n edrych fel Mel Owen.'

Troies i rownd i weld gwên do'n i heb weld ers ache. Gwên bachgen ro'n i wedi bod yn dêtio jyst cyn i fi symud nôl i Gaerdydd. Roedd Cai yn foi hyfryd, yn fwy golygus nag oedd e'n sylweddoli, yn ddoniol mewn ffordd carismataidd ac yn foneddigaidd. Ond Iesu, roedd e angen roced lan ei ben-

---

3   Y nos Wener olaf cyn Nadolig pan mae *pawb* yn mynd allan i dre. Does dim ots os ydych chi'n 15 neu'n 105, mi fyddech chi mas. Ro'n i'n meddwl bod bob tre'n dathlu 'Mad Friday' cyn i fi sôn amdano wrth fy ffrindiau prifysgol. 'Maybe it's a Welsh thing,' ddywedon nhw wrth edrych ar ei gilydd mewn penbleth.

ôl. Roedd dêtio fe fel dêtio panda – rili ciwt i edrych arno, hollol ddiniwed ond yn gwneud fawr o ddim byd. Os oedden ni am fynd i rywle, fi oedd yn gorfod gwneud y cynllunio. Os oedden ni jyst yn mynd am ddiod base'n rhaid i fi ddewis yn union lle roedden ni'n mynd i eistedd achos base'r dewis wedi hala'i ben e i ffrwydro.

Mi wnes i rybuddio fe fy mod i am symud nôl i Gaerdydd, felly os oedd e am barhau i fynd allan gyda fi base'n rhaid iddo fe wneud tipyn mwy o ymdrech. Fel ro'n i wedi rhagweld, doedd dim siâp ar y boi a dorres i fe bant yr wythnos ar ôl i fi gyrraedd y ddinas. Ro'n i wedi meddwl amdano fe fan hyn a fan draw, yn enwedig taswn i'n llwyddo i wneud rhyw fath o DIY – roedd e'n saer[4] ac o hyd yn dangos i fi sut i drwsio pethau. Dyw fy ffeministiaeth i ddim yn cynnwys gwneud gwaith i'r tŷ – dwi'n gallu teimlo fy hunan yn colli fy chwant am gydraddoldeb y munud mae job angen offer i'w chwblhau. Base wynebu fuse box wedi torri neu fwlb golau oedd yn pallu goleuo yn f'atgoffa i pa mor angerddol oedd Cai am stwff fel hyn – stwff dwi wir eisiau i ddyn wneud drosta i.

Ond heblaw am yr achlysuron lle byddai tap yn gollwng, ro'n i'n llawer rhy gyffrous i fod nôl yng Nghaerdydd i alaru am ein perthynas fyrhoedlog.

Hynny oedd, nes bod e'n syllu arna i yn awyr rewllyd Bae Ceredigion, cymysgedd o sŵn y tonnau a gwichiadau 'Last Christmas' gan Wham! yn rhwygo drwy'r tawelwch.

'Dwi'n mynd am chips, ti'n dod?' gofynnodd e, yn dal fy llaw cyn aros am ateb. O fewn chwarter awr roedden ni'n cusanu o dan y cloc ar dop y stryd fawr, fy nghalon yn bownsian gyda rhamant yr holl olygfa. Falle doedd swsian ar fainc gyda bocs o sglods sogi a chan o Cherry Tango nesa

---

4   Perffaith ar gyfer ffilm Nadoligaidd, dywedais i yn do!

aton ni, ddim cweit yn rhamant Shakespeare-aidd, ond roedd aduniad gyda former flame mor gyfarwydd yn teimlo fel y freuddwyd Nadoligaidd fwyaf perffaith erioed.

Y bore wedyn, ffrwydrodd Mam mewn i fy stafell wely gyda chwpan o de mintys berwedig – rhodd sydd ar yr wyneb yn swnio'n garedig ond sydd, mewn gwirionedd, yn hint enfawr ei bod hi'n hen bryd i fi godi.

'Diolch Mam,' griddfanais trwy'r cur yn fy mhen. 'Ti eisiau goss o neithiwr?'

'Wrth gwrs!' gwichiodd Mam, yn neidio mewn i'r gwely ata i, ei llygaid yn syllu arna i'n llawn cyffro. Roedd hi wedi dod â choffi ei hunan i mewn gyda hi, arwydd amlwg ei bod hi'n bwriadu aros am debrief cyn i fi gynnig, hyd yn oed.

'Wel, welais i rywun neithiwr...' dechreuais cyn oedi i brofi os oedd fy nhe yn barod i'w yfed.

'Pwy Babs, c'mon!' mynnodd hi.

'Wel nid *cwrdd* wnaethon ni. Roedd e bach mwy fel aduniad. A chusan. A chawson ni amser mor hyfryd, rydyn ni'n mynd am ddêt y diwrnod ar ôl Boxing Day.'

'Pwy???'

Pwyllais i gymryd sip arall, yn mwynhau crescendo'r ddrama.

'Wel, wnei di byth gredu ond... Cai!' cyhoeddais, yn barod i Mam fy llongyfarch yn llawen.

Ro'n i'n barod iddi ddangos ei bwrdd Pinterest o wisgoedd Mother of the Bride. Ro'n i'n barod iddi ffonio ei chwiorydd i ddatgelu'r newyddion da. Ro'n i hyd yn oed yn barod i weld deigryn bach o ryddhad fy mod i wedi ffeindio fy ngwir gariad.

'For goodness sake,' dywedodd hi, ei phen yn ei dwylo.

'Be?'

'Ti ddim yn siriys?'

'Yndw, wrth gwrs 'mod i'n siriys!'

'Dim hwn eto,' hwffiodd hi gan godi a cheisio gwneud fy ngwely er 'mod i'n dal ynddo.

'Mam, pam wyt ti'n bod mor negyddol? Dwi'n rili cyffrous am hyn.'

'Na dwyt ti ddim. Mae'n Nadolig, ti'n hungover ac mae e 'di rhoi bach o sylw i ti.'

'Mam, ma hynna'n rili annheg,' cwynais. 'MAM, stopia neud fy ngwely, 'na i neud e pan dwi'n codi!'

Gollyngodd hi'r duvet a stompio i'r gegin.

'Absoliwt psychopath,' dywedais i o dan fy ngwynt pan oedd hi o'r golwg.

'BE WEDEST TI?' gwaeddodd hi o'r coridor. Dyw hi byth yn gallu clywed fi pan dwi'n gweiddi arni o'r stafell reit drws nesa, ond rhywsut mae'n gallu clywed bob sarhad dwi erioed wedi ei sibrwd, dim ots pa stafell dwi ynddi. Cyfleus.

Erbyn i fi godi a chyrraedd y gegin, fy monet cysgu yn sgiwiff ar fy mhen ar ôl y cwffas rhwng fi, Mam a'r duvet, roedd Dad yn gwybod yn barod am fy aduniad gyda Cai.

'O fi'n meddwl bod Cai yn wastraff amser?' gofynnodd e o du ôl ei *Farmers Weekly*. 'O fi'n meddwl bod e "ddim gwerth y gwastraff egni ac amser pan mae 'na lawer o ddynion sy'n fodlon neud yr ymdrech". Beth yw'r dywediad 'na ti o hyd yn ei ddweud? "If he wants to, he will".'

'Dad, plis…'

'Hei, paid gwylltio gyda fi. Dy eiriau di oedden nhw. Verbatim.'

'Ti byth yn gallu cofio beth yw'n swydd i, ond ti'n cofio hynna'n berffaith?'

'Yw podcastio rili'n swydd?'

'WOW!' gwaeddais i, cyn sylcio nôl i fy stafell wely a

fflopian ar y matres fel arddegwr oedd wedi cael ei growndio. Yn fy nhŷ fy hunan, dwi'n gweithredu fel oedolyn llwyr, yn gwybod yn union pryd i roi'r ailgylchu neu'r biniau du allan, yn negodi gyda Dŵr Cymru am well cyfradd misol, yn trafod pethau fel bandiau treth cyngor ac inflation. Ond pan dwi'n camu mewn i dŷ Mam a Dad, o fewn tua wyth eiliad dwi'n dychwelyd i fod yn blentyn deuddeg oed dibynnol ac – weithiau – eithaf stropi.

Cnociodd Mam ar fy nrws.

'Dwi'm eisiau siarad gyda ti!' gwaeddais mewn i fy nghlustog.

Agorodd y drws a chamu mewn heb wrando dim. Dydw i erioed wedi gallu gwahardd Mam rhag dod mewn i fy ystafell wely. Roedd clywed fy ffrindiau'n sôn am osod 'boundaries' gyda'u rhieni yn hollol anghredadwy i fi fel plentyn. Y tro cyntaf i fi weld bod gan un o fy ffrindiau glo go iawn ar ddrws ei stafell wely, do'n i methu credu fy llygaid. Yn naw oed, meddyliais pa mor cŵl fase fe i gael gofod hollol breifat i wneud beth bynnag o'n i moyn heb i fy rhieni wybod… ond sylweddolais nad o'n i'n gallu meddwl am unrhyw beth faswn i eisiau gwneud oedd yn gorfod bod yn gyfrinach. Doedd dim angen gofod preifat arna i, ro'n i'n blentyn oedd yn yfed blackcurrant squash a gwylio *Tracy Beaker*, nid rhedeg drug cartel.

'Babs, edrych arna i,' dywedodd Mam yn garedig. Palles i droi ar fy nghefn i edrych arni. 'Dwi 'di dod â Ferrero Rocher i ti.'

Troies i'n syth ac estyn fy llaw.

'Pam nag wyt ti'n hapus i fi?' gofynnais yn bwdlyd. 'Dwi'n rili hoffi fe. A falle roedden ni angen amser ar wahân i sylweddoli'n bod ni i fod gyda'n gilydd.'

'Babs... dwyt ti heb feddwl amdano fe am dros flwyddyn. Oeddet ti'n actsiwali cofio bod e'n bodoli cyn i ti weld e neithiwr?'

Sigles i fy mhen.

'Yn union. Paid mynd allan 'da fe, Babs. Rydych chi'n mynd i gael amser neis, mae e'n mynd i feddwl bod e wedi cael ti nôl ac wedyn ti'n mynd i redeg nôl i Gaerdydd ar ôl Nadolig ac anghofio amdano fe 'to. A dyw hynny ddim yn deg.'

'Ie ti'n iawn,' cytunais i.

Tridiau wedyn es i ar y dêt.

Roedd ysbryd y Nadolig wedi ychwanegu sbrincl o ramant a chyffro i'r digwyddiad – y ddau ohonon ni'n gigli a nerfus fel arddegwyr ar eu dêt cyntaf erioed. Aethon ni am dro ar y prom, gan gwrdd yn yr harbwr er mwyn cael coffi o Ridiculously Rich cyn dechrau'r wâc. Talodd Cai am ddau goffi a dau brownie bach hefyd, ystum bychan ond boneddigaidd oedd wedi gwneud i fi deimlo'n sbesial iawn (yn enwedig o ystyried prisiau Ridiculously Rich. Mae 'na dai yn Llambed sy'n rhatach na Rocky Roads Alana. Ond hei, wnaeth hi ddim ennill yr *Apprentice* drwy fod yn sosialydd).

Cerddon ni i fyny ac i lawr y prom, ac i fyny eto, ac i lawr eto, yr un ohonon ni eisiau lleisio'r cyfaddefiad ein bod ni ddim yn barod i'r dêt ddod i ben. Pedwar lap o'r prom a 10Km yn hwyrach, gofynnodd Cai os o'n i jyst eisiau eistedd yn ei gar i siarad. Yno fuon ni am awr arall, cyn i fi neidio nôl i fy nghar fy hun a gyrru adre, yn wên o glust i glust. Ro'n i'n teimlo mor gynnes yng nghysur yr holl ciwtrwydd, yn sicr bod pethau rhyngon ni'n mynd i fod yn wahanol y tro yma.

Roedd WhatsApps yn hedfan rhyngon ni drwy gydol wythnos y Nadolig, gyda chynlluniau mawr iddo fe ddod i 'ngweld i yng Nghaerdydd yn y flwyddyn newydd. Bob tro roedd fy ffôn yn pingio, roedd Mam yn edrych arna i, yn rhowlio'i llygaid ac yn dweud, 'Dwi'n dweud dim!'

Ddechrau Ionawr gyrres i nôl i Gaerdydd i ailgychwyn fy mywyd go iawn ac, fel roedd Mam wedi fy rhybuddio, fe gwympodd Cai yn is ac is ar fy rhestr o flaenoriaethau. Ehangodd yr amser rhwng ein negeseuon, ac weithiau anghofiais ateb am ddiwrnodau cyfan. Hyd yn oed pan o'n i'n derbyn neges nôl gan Cai, roedd yr ymdrech roedd e wedi'i rhoi mewn i'r neges yn minimal. Pasiodd wythnosau heb i ni gadarnhau'r cynllun iddo fe ddod i 'ngweld i, ac wrth i'r ymdrech bylu, crebachodd yr hud Nadoligaidd fwy a mwy gyda phob neges lipa.

Erbyn y drydedd wythnos yn Ionawr, ro'n i wedi anghofio ateb neges ers pum diwrnod. Ro'n i wedi derbyn ei neges olaf tra 'mod i ar daith y Fari Lwyd yn Nhreganna, hanner ffordd trwy botel o win gwyn a dwy gytgan mewn i 'Milgi Milgi'. Edrychais ar fy sgrin a stwffio fy ffôn i fy mhoced gyda'r bwriad o'i ateb y diwrnod wedyn. Ond pump diwrnod i lawr y lein, ro'n i wedi anghofio'n llwyr am ei neges. Ond yna, derbyniais WhatsApp gan Cai, yn amlygu nad oedd e wedi anghofio fi yn yr un ffordd.

'Ti wir eisiau ghostio fi, ar ôl bob dim rydyn ni wedi bod trwyddo? Ro'n i'n disgwyl base gen ti mwy o barch ata fi na hynna.'

Cwympodd tunnell o euogrwydd ar fy ysgwyddau. Ar un llaw, ro'n i'n teimlo bod y neges bach yn ddramatig a braidd yn annheg – doedden ni heb fod drwy unrhyw beth, rili. Snog o dan y cloc a 10K walk… ddim wir y plot o Atonement nag yw? Ac roedd hi'n galed i ateb ei negeseuon pan oedd e'n rhoi cyn lleied o ymdrech i mewn iddyn nhw. Ond mi oedd e'n gywir bod yna ddyletswydd arna i i gael sgwrs am ddod â'r sefyllfa i ben yn gywir, nid jyst… anghofio amdano fe.[5] Ymddiheurais ond ches i ddim ateb. Ro'n i'n amau ei fod e'n dioddef mwy o bruised ego na thorcalon go iawn, ond ro'n i'n dal yn teimlo'n wael. Tase'r gallu gen i, faswn i wedi troi'r cloc nôl i Mad Friday a rhewi amser fel ein bod ni'n gallu byw yn ein bybl o gyffro Nadoligaidd. Baswn i wedi cwympo mewn cariad gyda fe, anghofio fy ngyrfa ac aros adre i'w helpu fe i werthu coed neu beth bynnag mae saer yn gwneud. Ond dyw bywyd go iawn ddim yn Netflix Original gyda chyllid gwael – bywyd go iawn oedd y realiti roedd Mam wedi rhybuddio fi amdano. Y realiti lle roedd pawb yn cael eu brifo yn y diwedd oherwydd fy newisiadau compulsive.

Yn ymdrybaeddu mewn pwll o bryder, ffoniais i Mam i ddweud beth oedd wedi digwydd.

'Ti'n mynd i ddweud "I told you so",' dechreuais i. 'Ond galla i jyst cwyno wrthot ti eniwe?'

Wnaeth hi ddim dweud 'I told you so' – doedd dim angen.

Yn gorwedd yn fy ngwely yn syllu lan ar y nenfwd, ystyries pa mor lwcus o'n i i allu cwyno i Mam am sefyllfa roedd hi wedi fy nghynghori i beidio â'i hachosi, a'i bod hi'n dal yn barod i glywed fy nghwynion a 'ngofidion. Yn gorwedd yn y tywyllwch mi wnes i addewid i wrando arni o hyn ymlaen. *Dylswn i ddim bod mor arrogant i feddwl fy mod i'n gwybod yn well na rhywun sydd wedi bod ar y ddaear yma ddau ddeg naw mlynedd yn hirach na fi. O'r noson yma ymlaen wna i wrando,* addewais i.

Dau fis lawr y lein, cefais i a Mam un o'r ffraeon gwaethaf rydyn ni erioed wedi eu cael.

'Ti ddim yn nabod fi o gwbwl!' gwaeddais wrth gamu rownd

---

5   Base rhai bobl yn dweud bod dyletswydd arno fe hefyd, felly pam oedd rhaid i'r llafur emosiynol fod ar y ddynes … ond wna i ddim dweud hynny achos dwi'n ceisio bod yn humble.

layby ger y Newtown bypass. Roedd hi wedi tynnu mewn er mwyn i ni bennu'r ddadl danllyd heb achosi gwrthdrawiad ar yr hewl, ond roedd lefel ein dicter wedi cynyddu allan o reolaeth. Es i mlaen: 'Dwyt ti erioed wedi nabod fi – dim ond y fersiwn ohona i wyt ti eisiau gweld. Felly dwi wedi gorfod troi at rywun sy'n gwybod pwy ydw i go iawn!'

'Wrth gwrs 'mod i'n nabod ti, dwi'n caru bob elfen o bwy wyt ti. Dyna pam dwi'n gwybod bod Sam ddim yn ffrind i ti!' gwaeddodd Mam yn ôl. 'Mae'n defnyddio ti.' Roedd dagrau'n dechrau byblan yn ei llygaid.

'Does dim syniad gennyt ti sut mae Sam yn edrych ar ôl fi. Mae'n derbyn fi am bwy ydw i, ddim yn neud i fi deimlo'n euog am gamgymeriadau. Dim fel ti.'

'Dyw esgusodi dy ymddygiad ddim yn meddwl bod hi'n edrych ar dy ôl di, Melanie!'

'Sut faset ti'n gwybod, Mam? Dwyt ti erioed wedi edrych ar ôl fi!'

'Erioed?' gofynnodd hi'n rhethregol, ei thristwch yn troi'n gynddaredd.

'Erioed! A ti'n gwbod beth? Mae Sam mwy fel teulu i fi nawr nag wyt ti. Ti'n hollol anghywir amdani. Hollol anghywir!'

Spoiler alert: doedd Mam ddim yn anghywir am Sam, o gwbwl. Os unrhyw beth, roedd hi yn llygad ei lle, as per bloody usual.

Roedd y ffrae wedi bod yn byrlymu ers wythnos. Sul y Mamau oedd hi'r penwythnos cynt ac ro'n i wedi trefnu i Mam ddod i Gaerdydd er mwyn i ni gael swper yn The Ivy Asia. Trwy'r nos roedd hi'n gwybod bod rhywbeth ddim cweit yn iawn, ac yn gofyn i fi beth oedd ar fy meddwl. Gwades i bod unrhyw beth o'i le, ond yn y diwedd do'n i ddim yn gallu esgus rhagor. Cyfaddefais fy mod i wedi gwneud rhywbeth eithaf stiwpid y noson flaenorol. Ro'n i wedi gwneud mwy nag y dylswn i gyda rhywun oedd yn frawd i rywun roedd gen i fwy na bach o hanes 'da. Er 'mod i'n sicr bod y brawd gwreiddiol ddim yn mynd i fecso rhyw lawer, roedd y dewis yn un amheus, a ddim yn gyson gyda'r lefel moesol fydda i'n ceisio'i gynnal. Roedd gen i ddinas llawn opsiynau, doedd dim rhaid i fi barhau i ddewis o'r un goeden deuluol.

Roedd e wedi bod yn crafu arna i drwy'r dydd ac ro'n i eisiau i rywun ddweud fy mod i ddim yn berson drwg. I ddefnyddio buzzphrase millennial diarhebol, Mam yw fy 'safe space' – gyda hi dwi'n teimlo fwyaf diogel. Ro'n i'n gobeithio drwy gyfaddef i Mam beth ro'n i wedi'i gwneud, base hi'n rhoi cwtsh mawr i fi a dweud wrtha i am beidio becso; 'mod i heb wneud dim o'i le.

Dros ein platiad o Waguy Beef Maki Rolls a 2-for-1 Pornstar Martinis, dywedais wrthi beth ro'n i wedi'i wneud. Ro'n i'n edrych mlaen i deimlo'r rhyddhad o Mam yn dal fy llaw a fy nghysuro, ond yn lle hynny, trodd yr awyrgylch yn rhewllyd.

'You did what?' gofynnodd hi, er ei bod hi'n amlwg wedi 'nghlywed i'r tro cyntaf.

Eisteddais i mewn tawelwch, wrth i Mam syllu arna i fel rhiant sydd wedi sylweddoli bod ei phlentyn hi'n wallgof. 'Melanie, pam yn y byd faset ti'n neud hynna? Dwyt ti ddim yn messio gyda teulu fel 'na. Beth os ydy hyn yn rili brifo'r brawd cyntaf? Nest ti hyd yn oed feddwl am hynny?'

'Mam, onest, bydd e ddim yn malio...'

'Wrth gwrs bydd e'n malio! Nest ti hyd yn oed ystyried...'

'Dwi'n dweud wrthot ti, base fe ddim yn malio taswn i'n cael fy mwrw gan fws fory, so dyw e ddim yn mynd i fecso am hyn,' dechreuais i lefain. Ddim am y sefyllfa, ond am y ffordd roedd Mam yn edrych arna i fel tase hi ddim yn adnabod y ferch oedd yn eistedd gyferbyn â hi.

'Gall hynna ddim bod yn wir...'

'Ydy mae e, Mam. Fi'n dweud wrthot ti, he literally wouldn't care so...'

'Felly pam oeddet ti'n boddran 'da fe yn y lle cynta? Os ydy hynny'n wir, pam yn y byd oeddech chi hyd yn oed yn ffrindiau?' Roedd ei llais yn dechrau codi.

'Wel, dwi'n meddwl bod "ffrindiau" bach yn gryf...'

'Beth sy'n bod gyda ti?' brathodd hi. 'Does gen ti ddim hunan-barch rhagor? Dim parch at dy hunan, neu jyst dim parch at bobl eraill?'

'Hey, lovely ladies,' bownsiodd y weinyddes draw. 'Here is a special Mother's Day cocktail on the house, just as a little treat from us. Can I get you any other rice bowls to nibble on?' gwenodd hi, yn amlwg heb syniad ei bod hi newydd gyrraedd war zone mwy dirdynnol na Helmand Province.

Edrychais i lan arni, dagrau'n llusgo llwybrau trwy fy foundation.

'No, we'll be fine for now, thanks,' atebais heb stopio llefain.

Trodd ei hwyneb yn wyn wrth iddi sylweddoli jyst pa mor lletchwith oedd y sefyllfa. Wrth iddi fynd, edrychodd Mam arna i fel petai hi'n gallu gweld trwy fy nghroen i fy ymennydd.

'Dwi'm yn deall pam wnest ti hyn,' dywedodd hi.

'Do'n i ddim yn meddwl, ro'n i'n feddw, do'n i ddim yn ystyried... unrhyw beth.'

'Ie, yn amlwg,' dywedodd hi. Eisteddon ni mewn tawelwch poenus nes i'r weinyddes feiddio dychwelyd i faes y gad i ofyn os oedden ni'n barod i dalu.

Rhoies i fy ngharden iddi, ond bownsiodd e.

'Try it again, please,' gofynnais, ond bownsiodd y garden eto. 'There are sufficient funds,' mynnes i gyda desperation rhywun oedd ar fin colli'r mymryn olaf o'u hunanfalchder. 'Please just try it again.'

'If there's something wrong with the card, you could try Apple Pay?' cynigiodd y weinyddes.

'I don't have Apple Pay sorry,' atebais gyda'r wên neisiaf allwn i ei gwasgu allan. 'Please just try it again.'

'It's bounced again I'm afraid. Would you like me to try Apple Pay?'

'I don't have Apple Pay sorry. I have the details of another card, please could I give you those for you to take payment?' gofynnais i, y siom yn cochi fy mochau. Ro'n wedi siomi Mam yn barod, a nawr do'n i methu talu am y pryd o fwyd wnes i ei gwahodd hi yr holl ffordd i Gaerdydd i'w gael.

'I can't do that I'm sorry.'

'Are you sure?' mynnes i. 'Because most card machines allow you to enter the card details.'

'I can't do that. Did you want to try Apple Pay?'

'I DON'T HAVE APPLE PAY!' Ar unwaith, ro'n i'n teimlo mor hurt am weiddi arni.

'Did you want to try my card?' gofynnodd Mam, yn ceisio gwenu'n garedig. Roedd hi'n gwybod pa mor siomedig ro'n i, ac roedd hi, yn ogystal â fi – eisiau dod â'r sefyllfa arteithiol yma i ben.

Yn y gwesty y noson honno, ro'n i wedi dod â bag dros nos er mwyn i fi gael aros gyda Mam. Roedden ni'n caru cael sleepovers bach fatha dwy ferch naw oed yn aros lan trwy'r nos yn sgwrsio a giglan. Base Mam yn cwympo i gysgu yng nghanol ein sgwrs bob tro, ond yn mynnu ei bod hi'n dal yn effro pan faswn i'n tynnu ei sbectol a diffodd y goleuadau.

'Ti yn cysgu Mam, ti'n chwyrnu,' faswn i'n dweud wrthi, a'r ateb bob tro oedd: 'Na dwi ddim, dwi'n gwrando arnat ti!' Ond y tro yma, wrth i'r ddwy ohonon ni orwedd mewn tawelwch llwyr yn y gwely King Size gyda'n cefnau at ein gilydd, do'n i erioed wedi teimlo'n bellach oddi wrthi. Doedd yr un ohonon ni hyd yn oed wedi tynnu'r cwilt allan o dan y matres[6] – wnaethon ni jyst gorwedd lawr a sibrwd 'nos da' yn y tywyllwch.

Yng nghanol y nos, deffrais gan feddwl am yr olwg ar wyneb Mam pan oedden ni'n cael y ffrae. Er ei bod hi'n wynebu'r ffordd arall i fi, roedd hi'n gwybod 'mod i wedi deffro.

'Doedd heno ddim yn hwyl, nac oedd,' sibrydodd hi'n drist.

'Ro'n i'n disgwyl i ti neud i fi deimlo'n well, yn llai anxious,' dywedais i. 'Ond nest ti i fi deimlo gymaint yn waeth.'

Trodd hi i wynebu fy nghefn, a rhoi llaw gynnes ar fy ysgwydd.

'Dwi'n edrych ar ôl ti, Babs. Alla i ddim dweud bod beth wnest ti'n ocê. Dwi'm yn mynd i dy annog di. Dwi angen dy ddiogelu di rhag neud yr un camgymeriadau eto.'

Caeais i fy llygaid eto, yn dal wedi brifo bod Mam – am y tro cyntaf erioed – ddim ar fy ochr i.

Yn y bore, roedd y dicter wedi gostwng, ond roedd cwmwl o dristwch yn llygru'r awyrgylch. Gyrrodd Mam fi i'r Senedd lle ro'n i'n cymryd rhan mewn rhyw ddigwyddiad panel oedd ddim wir wedi cael ei hysbysebu fel gweithgaredd i wella

---

6   First world problem, ond dwi'm yn deall pam mae gwestai yn gwneud y
     gwelyau fel 'ma. Allwn i byth gysgu gyda fy nhraed yn gaeth, fel taswn
     i mewn burrito neu jiffy bag. Mae'n rhaid i fi fynd yr holl ffordd rownd
     y gwely i dynnu'r cwilt allan, sydd fel arfer yn teimlo fel ceisio reslo
     crocodeil, a does 'na ddim un rwtîn '7 steps to wind down before bed'
     sy'n awgrymu'r lefel yma o ymarfer cardio treisgar.

amrywiaeth yn y Llywodraeth, ond roedd y diffyg pobl wyn ar y panel yn bach o gliw.

'Beth mae'r digwyddiad amdano?' gofynnodd Mam yn y car wrth roi un llaw ar fy mhen-glin. Parheais i edrych allan trwy'r ffenest, y teimlad o gael fy mradychu yn fy nghadw i rhag edrych arni.

'Jyst un o'r digwyddiadau 'na lle maen nhw'n cartio'r bobl Frown i gyd mas i wneud i'w hunain edrych yn well.'

'Dwi'n siŵr bod e ddim...'

'Vaughan Gething yw'r prif siaradwr ac mae Sage Todz yn perfformio.'

'Ocê, ie, ti'n iawn. Mae'n ridiciwlys bod nhw'n neud y diversity ticking i gyd mewn un go. Dylsech chi gael eich cynnwys mewn pob math o ddigwyddiadau os ydyn nhw eisiau neud diversity yn iawn,' meddai hi. Wnaeth e weindio fi lan bod hi'n gwneud y sylw mewn tôn oedd yn awgrymu mai hi oedd y person cyntaf erioed i sylweddoli hyn.

Dywedais i ddim byd.

'Don't you think?' gofynnodd hi, gan roi siglad bach i fy mhen-glin.

'Ie dwi litryli wedi bod yn dweud hynny wrthot ti ers blynyddoedd. Ond yn amlwg doeddet ti ddim yn gwrando.'

'Melanie, c'mon,' atebodd hi'n dyner wrth barcio ar double-yellows tu ôl i'r Senedd. 'Beth wyt ti eisiau i fi ddweud? Bod ti wedi neud y peth iawn? Achos alla i ddim. Baswn i'n dweud celwydd. Job fi yw i dy ddiogelu di, a faswn i ddim yn neud job dda iawn o hynny taswn i'n high-five-io ti bob tro ti'n neud rhywbeth anghyfrifol.'

'Ro'n i jyst eisiau i ti wneud i fi deimlo'n well. Ond paid becso, dwi'n mynd i dŷ Sam heno. Bydd hi'n rhoi cefnogaeth i fi.'

Rhwbiodd Mam ei llygaid yn ddiamynedd fel base hi'n gwneud bob tro baswn i'n sôn am Sam.

'Dyw Sam ddim eisiau'r gorau i ti. Dyw hi ddim yn ffrind go iawn.'

'Dwi'm yn gwybod beth yw dy broblem di gyda Sam. A ta beth, mae hi'n meddwl mwy amdana i nag wyt ti.'

'Melanie, dyw hi ddim yn gweld ti fel ffrind, mae'n gweld ti fel...'

Gadawais y car a slamio'r drws cyn ei bod hi gallu gorffen y frawddeg.

Trwy'r sesiwn banel, ro'n i'n agos at ddagrau. Wrth i Jason Mohammad daflu cwestiynau at y panelwyr,[7] roedd pryder yn cosi ar fy nghroen a dagrau yn llosgi cefn fy llygaid.

'Galla i weld dy fod ti'n teimlo'n angerddol iawn am hyn,' dywedodd e wrth gyfeirio ata i yng nghanol y sesiwn.

'Ie, ie, ydw,' atebais yn smalio bod fy meddwl i wedi bod ar y testun a heb grwydro i feddwl cymaint o lanast oedd fy mywyd. 'I lot o bobl mae hyn jyst yn bwnc trafod, ond i ni mae'n rywbeth sy'n effeithio arnon ni bob dydd.' Ro'n i wedi methu canolbwyntio ar y drafodaeth, ond mae hon yn linell sy'n dueddol o fod yn berthnasol beth bynnag ydy'r cyd-destun. Ac wrth edrych ar weddill y panel – panel oedd yn darparu mwy o felanin ar un bwrdd nag oedd y Senedd fel arfer yn ei weld mewn mis – roedd gen i deimlad reit gryf mai'r cyd-destun oedd: Pobl Frown.

Llusgais fy hunan trwy'r digwyddiad yn cyfri'r munudau

---

7   Jason Mohammad yn cadeirio, Vaughan Gething yn siarad, Sage Todz yn perfformio, fi ac Emily Pemberton ar y panel. Y Jackson 5 tribute act gwaethaf erioed, neu knee-jerk reaction y Llywodraeth pan sylweddolon nhw bod bob dim wedi bod bach yn male, stale and pale ers y Black History Month diwethaf? Wna i adael i chi ddewis.

nes 'mod i'n gallu mynd i dŷ Sam, i gael bach o gydymdeimlad gan fy ffrind gorau.

Pan gyrhaeddes i gartref Sam do'n i ddim yn gallu aros i rannu fy anxiety, ond roedd dau ffrind arall yn ymuno â ni felly doedd dim cyfle i drafod yn iawn. Er bod y ddau yn gwybod beth ro'n i wedi'i wneud, dim ond i Sam ro'n i eisiau datgelu pa mor anghyfforddus ro'n i'n teimlo. Ar ôl cwpwl o Prawn Tacos a face mask yr un, aeth y ddau arall adre. Eisteddais ar ei soffa yn ceisio dod o hyd i'r geiriau i ddweud wrthi sut roedd fy mhryder wedi bod yn crafu arna i trwy'r dydd. Llenwodd fy llygaid â dagrau am y trydydd tro'r diwrnod hwnnw.

'Mae anxiety fi trwy'r to, Sam, sydd yn ridiciwlys achos dwi heb hyd yn oed wneud unrhyw beth mor ddrwg â 'ny,' dechreuais i. 'Ond mae ddoe a heddi wedi bod yn uffernol – dwi'n teimlo mor anghyfforddus yn fy nghorff fy hunan a dwi jyst eisiau cael gwared o'r cwmwl 'ma sy drosta i.'

Edrychodd Sam arna i am eiliad, cyn edrych ar ei ffôn oedd wedi goleuo lan gyda notification.

'Dio'm yn ddiwedd y byd, ond dio'm yn ymddygiad delfrydol…'

Ar ganol fy mrawddeg cododd Sam a cherdded i'r gegin i ddechrau twrio am fwyd i'w chath.

'Sam!' galwais i ar ei hôl hi. 'Dwi'n trial dweud rhywbeth wrthot ti. Dwi ddim yn ocê.'

'Sori,' galwodd hi nôl.

Dilynes hi i'r gegin, ac ailddechrau esbonio pam o'n i'n teimlo'r holl gywilydd 'ma.

'O ie Mel, dwi'n gwybod be nest ti,' dywedodd hi'n swta. 'Wyt ti ar gael i yrru fi o gwmpas siopau gwallt fory? Dwi angen extensions ar gyfer audition ddiwedd yr wythnos ac mae'r rhai dwi angen yn reit anodd i'w ffeindo.'

'Ie dim problem, ond Sam, dwi'n teimlo'n rili gwael a dwi jyst angen siarad am yr anxiety 'ma sy gen i.'

'Mel, ti heb ladd unrhyw un. Nawr, c'mon.' Cydiodd hi yn fy ysgwyddau er mwyn fy nhroi yn ôl i'r lolfa lle rhoddodd hi stori fanwl i fi am rywbeth oedd yn lot mwy diddorol iddi na sut o'n i'n teimlo.

Yn fy ngwely y noson honno, llefais am yn hir, yn rhyddhau'r holl ddagrau oedd wedi ceisio dianc trwy'r dydd. Gofynnais i fy hunan os o'n i'n drist bod Sam wedi 'ngadael i lawr, neu achos ro'n i wedi gadael i fy hunan obeithio base'r tro yma'n wahanol ar ôl y nifer o achlysuron lle ro'n i wedi ceisio siarad am fy hunan dim ond iddi golli diddordeb ar unwaith. *Ydy Mam yn gywir?* gofynnais i fy hun. *Ydy Sam yn actsiwali becso dam amdana i?*

Aeth y cwestiwn o amgylch fy mhen ar lŵp nes i fi argyhoeddi fy hun fy mod i'n gorymateb, mai'r anxiety oedd yn siarad. *Na, dwi'n bod yn wirion. Mae Sam yna i fi fel arfer.* Do'n i ddim yn gallu meddwl am enghraifft, ond ro'n i'n sicr bod 'na achlysuron wedi bod... siŵr o fod.

Y diwrnod wedyn wnes i gludo hi o gwmpas y ddinas i chwilio am extensions, a'r diwrnod wedi hynny es i i'w thŷ i'w helpu gyda audition tape. Yn syth, ro'n i'n hapusach yn cael treulio amser gyda hi, ac ro'n i'n ei gwneud hi'n hapus drwy ei helpu hi. Win-win.

Yn hwyrach yn yr wythnos, ro'n i'n gorfod mynd nôl i'r canolbarth am apwyntiad gyda Mam. Doedd y teimlad rhyngon ni'n dal heb ddychwelyd i normal ers y ffrwydrad yn yr Ivy Asia. Meddyliais i fy hunan yn y car gyda Mam pa mor lwcus o'n i wedi bod i gael amser gyda Sam, amser oedd wedi tynnu fy sylw i ffwrdd o fy mhryder. Felly pan welais i Mam yn rholio'i llygaid y munud ddywedais i ei henw hi, gwyllties i.

Tra oedden ni yn y layby ar y Newtown bypass yn mynd rownd a rownd mewn cylchoedd geiriol, ceisiodd Mam fy mherswadio bod cyfeillgarwch ddim yn gyfeillgarwch go iawn os oedd e wedi'i seilio arna i yn gwneud bob dim roedd Sam eisiau. Ond dyna pryd ro'n i a Sam yn dod ymlaen orau – pan o'n i'n gofalu amdani hi a ddim yn disgwyl unrhyw ofal yn ôl. Roedd ganddi rywun i'w helpu hi, a do'n i ddim yn cael fy siomi. Dyma oedd y fformiwla ddelfrydol i'n cyfeillgarwch erioed.

Roedd Sam a fi wedi cwrdd drwy'n gwaith, ac ro'n i'n edmygu hi'n syth. Roedd gennyn ni gymaint yn gyffredin ond yn fy llygaid i, roedd hi'n fersiwn gwell ohona i ym mhob ffordd. Roedd ein taldra'n debyg ond yn wahanol i fi, roedd hi'n hyderus amdano, ddim yn crymu ei sgwyddau mewn i siâp Wotsit fel o'n i'n gwneud. Roedd ganddi lwyth o ffrindiau tra o'n i'n bymblan o gwmpas gyda jyst dau neu dri ffrind agos. Roedd hi dipyn mwy llwyddiannus yn ei gyrfa na fi ac roedd hi'n brydferth heb hyd yn oed llyfad o foundation na eyeliner.

Yn ystod haf 2022 wnaeth ein perthynas wir flodeuo. Roedd y dechrau bach yn iffi – gyrrais i wahoddiad iddi i fy marti pen-blwydd ym Mehefin ac wnaeth hi ddim ateb. Ro'n i'n hanner disgwyl rhyw fath o ymddiheuriad yn ei neges nesaf, ond y cwbwl wnaeth hi oedd gofyn am fanylion job oedd gennyn ni gyda'n gilydd. Manylion oedd ar e-bost y gallai hi jyst chwilio amdano ei hunan. Ond yna dros adeg Eisteddfod Tregaron gofynnodd hi wythnos cyn y Brifwyl os base hi'n gallu aros gyda fi. Feddyliais i ddim ei bod hi jyst angen lle i aros achos roedd hi wedi gadael trefniadau i'r munud ola. Stwffies i hynna i gefn fy meddwl, a gweld y sefyllfa fel tystiolaeth ei bod hi wir eisiau bod yn ffrindiau gyda fi.

O Dregaron ymlaen, roedden ni'n anwahanadwy. Cawson ni nosweithiau aneirif allan ar lawr dawnsio Pulse, neu ar ei soffa gyda Pho Deliveroo a photel o win gwyn, neu yn methu'n warthus mewn rhyw gwis tafarn oedd yn hollol anniddorol erbyn y bedwaredd rownd.

Er bod y berthynas yn swnio'n transactional, ro'n i wir yn teimlo'n agosach ati hi nag at unrhyw un arall ers blynyddoedd. Roedd gennyn ni bethau yn gyffredin do'n i erioed wedi eu rhannu gyda ffrind o'r blaen. Roedd hi'n deall pethau personol, fel yr hunllef o geisio siopa am sgidiau llongau maint 8. Roedd hi'n gwybod sut i jelio'r gwallt bach ar flaen fy mraids, ac yn eistedd gyda fi am wyth awr ar y tro pan o'n i angen help i dynnu'r braids mas. Roedd ei rhieni yn gwneud i fi deimlo fel aelod o'r teulu a bob hyn a hyn base Sam yn dweud rhywbeth mor garedig, base hynny'n tawelu unrhyw bryder oedd gen i bod y berthynas yn unochrog. Ro'n i'n ei charu hi'n llwyr ac yn teimlo ei bod hi'n fy ngharu i nôl.

Y tro cyntaf iddi gwrdd â fy rhieni, ro'n i mor gyffrous. Roedd fy nheulu wedi clywed gymaint amdani, felly do'n i ddim yn gallu aros iddyn nhw ei charu hi gymaint ag o'n i. Roedd pawb yn dod i wylio fi mewn gig semi-pro ro'n i'n gwneud yng Nghaerdydd. Dim ond fy ail gig semi-pro oedd hwn ac, os dwi'n bod yn hollol onest gyda fy hunan – ro'n i'n warthus. Cefais i wobli cyn mynd mlaen ar ôl argyhoeddi fy hunan bod fy neunydd arferol ddim digon da ar gyfer yr achlysur yma – y deunydd ro'n i wedi bod yn ymarfer a datblygu ers misoedd. Yn fy mhanic, wnes i'r dewis mwyaf batshit erioed a gwneud gwerth deg munud o ddeunydd do'n i ddim ond wedi arbrofi unwaith o'r blaen – a doedd e heb fynd yn od o wych y tro cyntaf. Self-sabotage llwyr. Cefais i laffs ac mi wnes i bach o crowd work i guddio'r bylchau yn y set, ond roedd yn bell o fod fy gig gorau.[8]

Er y perfformiad llipa roedd fy rhieni a Sam yn bownsian lan a lawr ar ôl y sioe yn awyddus i roi cwtsh llongyfarchiadol i fi. Ro'n i'n teimlo mor lwcus i gael tîm bach oedd yn fy nghefnogi drwy ddŵr a thân, ac yn fy marn i ar y pryd, roedd Sam yn aelod cadarn o'r tîm yna.

Y bore wedyn deffrais ar wely soffa yng ngwesty fy rhieni. Roedd Mam yn hintio'n swnllyd iawn ei bod hi'n bryd i fi a Dad godi hefyd.

'O na, wnes i ddim deffro chi, naddo?' gofynnodd Mam wrth ddiffodd sychwr gwallt oedd yr un foliwm â Boeing 737 yn cychwyn. Eisteddais i fyny, yn ceisio dod at fy mhethau.

'Ro'n i mor falch bod chi 'na neithiwr,' dywedais gan ddylyfu gên.

'Wrth gwrs,' chwyrnodd Dad o gornel arall yr ystafell, hefyd yn trial reycfro o'r rude awakening.

'A bod chi wedi cwrdd â Sam!' wedais i, yn edrych ar fy rhieni yn ddisgwylgar. Llenwais i'r bwlch pan wnaeth yr un ohonyn nhw ateb. 'Dwi'n siŵr oedd e'n hyfryd cael actsiwali cwrdd â hi ar ôl clywed gymaint amdani?'

---

8 Cefais i yr un wobli misoedd wedyn yng Ngŵyl Gomedi Machynlleth 2023. Eisteddais yn y Stafell Werdd cyn fy spot yn y showcase Cymru Creadigol, yn gwrando ar 350 o bobl yn chwerthin nerth eu boliau ar yr MC Kiri Pritchard-McLean pan benderfynais i bod y rwtsh oedd gen i ddim yn mynd i wneud y tro. Wrth i fi sgriblan ar ddarn o bapur litryli unrhyw syniadau oedd yn dod i fy mhen, daeth y comediwr Frank Foucault mewn i gyflwyno ei hunan. Roedd e mor hyfryd a chyfeillgar ond wnaeth e siarad gyda fi mor hir rhedais i allan o amser i ysgrifennu'r set newydd. Buodd rhaid i mi fynd mlaen gyda'r deunydd ro'n i wedi bod yn ymarfer ac, fel mae'n digwydd, aeth e lawr yn sbesial. In fact, aeth e lawr mor dda cefais i wahoddiad i wneud yr un set y bore wedyn ar BBC Radio 4. Mae e bron fel petai rhywbeth dwi wedi buddsoddi amser ynddo yn well na rhywbeth dwi'n sgrialu at ei gilydd ddeg munud cyn mynd ar y llwyfan. Pwy fase'n meddwl?

'Ie…' dywedodd Mam, yn amlwg eisiau gorffen y frawddeg ond wedi stopio ei hunan rhag gwneud.

'Beth?' gofynnais i, yn gwybod ei bod hi'n ysu i ychwanegu pwynt.

'Na dim byd.'

'Beth?' mynnes i.

'Ocê wel, do'n i ddim yn hoff iawn o'r ffordd doedd hi methu gadael i unrhyw un arall siarad gyda ti.'

'Be ti'n feddwl?' gofynnais yn bigog.

'Wel, pan oedden ni'n cael diod ar ôl y sioe a phobl yn dod lan i dy longyfarch di, roedd hi'n gwrthod gadael i ti siarad gyda nhw. Roedd hi'n gweiddi drostat ti neu'n dy dynnu i ffwrdd. Roedd e bach yn anghyfforddus i'w weld, os dwi'n onest.'

'O na, ma hynny jyst achos bod ni bach yn possessive o'n gilydd,' chwarddais.

'Ydy hynny'n iach?' gofynnodd Dad, ei lygaid yn dal ar gau. Mae cyfraniadau Dad i drafodaethau fi a Mam bach fel cyfraniadau menywod i'r diwydiant ffilm a chyfryngau: yn gryf, yn bwysig ac fel arfer yn gywir, ond yn tueddu i gael eu hanwybyddu gan 'mod i a Mam yn rhy brysur yn ffraeo gyda'n gilydd.[9]

'Wel, dyw e ddim yn iach!' dywedodd Mam. 'Ond eniwe, roedd yn teimlo mwy fel ei bod hi ddim yn hoffi'r ffaith taw ti oedd canolbwynt y sylw.'

'Ti'n meddwl?' gofynnais, heb hyd yn oed ystyried hyn o'r blaen.

'Ie, get rid,' ychwanegodd Dad, yn amlwg eisiau bod yn rhan o'r sgwrs, ond ddim cweit digon i ddihuno'n gyfan gwbwl.

---

9   Dwi'm yn hollol gyfforddus gyda'r ffaith mai fi a Mam yw'r Hollywood Press a Dad yw Greta Gerwig yn y gyfatebiaeth yma, ond mae'n gywir.

'Dwi'm yn meddwl ei bod hi y math o ffrind ti angen bod o'i chwmpas o hyd,' dywedodd Mam gyda mwy o sensitifrwydd na'r wrecking ball cysglyd yn y gornel.

'Onestli, wnaethoch chi gamddeall,' ysgydwais fy mhen gyda gwên. 'Mae'n rili cefnogol ohona i.'

Lledodd gwên wan, drist ar wyneb Mam a chododd hi eto i ddechrau pacio'i chês. Un o'r prif wahaniaethau rhwng fi a Mam yw ei hangerdd hi dros ddadbacio'i chês o fewn 0.6 eiliad o checio mewn i westy, yn gwasgaru ei phethau fel petai hi'n symud mewn am chwe mis, a fy amharodrwydd i i dynnu unrhyw beth allan o fy nghês nes yr union eiliad dwi ei angen o. Yn 2022 es i a Mam i Mallorca am wythnos[10] ac roedd ei hochr hi o'r stafell yn edrych fatha Oliver Bonas showroom, tra oedd ochr fi'n edrych fel y Mary Celeste.

Anwybyddais i'n llwyr beth oedd Mam a Dad wedi'i ddweud, roedden nhw jyst yn bod yn orwarchodol. Ond dros y deg mis nesaf, ffeindies i fy hunan, ar fwy nag un achlysur, naill ai'n cuddio mewn toilet i grio oherwydd rhywbeth roedd Sam wedi'i ddweud, neu yn dweud celwydd wrth bobl eraill i'w hamddiffyn hi wedi iddyn nhw leisio amheuon.

Erbyn Mehefin 2023, roedd hi'n job lawn amser i argyhoeddi pobl bod bob dim yn iawn rhwng Sam a fi. Pob tro roedd hi'n feddw, roedd hi'n dweud rhywbeth cas oedd yn fy mychanu o flaen pobl eraill. Maddeuais iddi, yn credu mai'r alcohol oedd yn siarad, nid hi. Ond wedyn dechreuodd y sylwadau pan oedd hi'n sobor hefyd, a chyn bo hir dechreuodd pobl eraill ymyrryd.

'Dyw Sam ddim yn dda i ti,' dywedodd yr un cyntaf i godi'r

---

10   Dim ond un ticed sbâr oedd gen i, felly gofynnais i fy rhieni pwy oedd eisiau hi. Doedd Mam methu aros i feirniadu Prydeinwyr eraill o amgylch y pwll a doedd Dad methu aros am wythnos heddychlon i ddarllen mewn tawelwch. Win-win.

pwnc. 'Mae'n ddigywilydd ac mae'n anniolchgar am bob dim rwyt ti'n gwneud iddi. Os wyt ti am hongian allan gyda hi, dwi'm eisiau bod 'na.'

Penderfynais anwybyddu'r cyngor. Yna daeth sylw gan yr ail ffrind.

'Dyw Sam ddim yn neis iawn i ti,' dywedodd hi mewn ffordd hamddenol fel petai hi jyst yn sôn am y tywydd neu'r traffig.

'Be ti'n feddwl?' gofynnais wedi fy syfrdanu. Ro'n i'n trial gwneud brechdan tiwna i fy hunan, felly do'n i ddim yn barod am intervention bywyd.

'Ma'i jyst bach yn rŵd i ti pan ydyn ni i gyd gyda'n gilydd,' atebodd cyn dangos TikTok hollol anghysylltiedig i mi do'n i ddim hanner digon cŵl nac ifanc i'w ddeall.

Yna daeth trip i dafarn y Halfway[11] gyda thrydydd ffrind. Ro'n i'n meddwl mai jyst gwahodd fi i ddal fyny oedd hi, ond ar ôl dim ond cwpwl o sips o fy Lime Soda, gofynnodd i fi pam o'n i'n ffrindiau gyda Sam.

'Dwi jyst ddim yn gweld e'n gweithio,' dywedodd hi. 'Roedd hi'n gas i ti yn Tafwyl, ac wedyn yn gas i fi am sefyll lan drostat ti! Alla i fod yn onest 'da ti, Mel?'

'Go on.'

'Ti'n bod bach o myg.'

'Wow, paid dal nôl. Mae hi actsiwali yn rili ffyddlon a...'

'Dyna'r minimum!' torrodd hi ar fy nhraws. 'Mae cŵn yn ffyddlon, Mel. Ond so ti'n gofyn iddyn nhw fod dy maid of honour.'

'Beth?

'Dwi jyst yn dweud, dwi'm yn deall pam wyt ti'n gadael

11 Tafarn ym Mhontcanna oedd yn arfer arogli o biss a hen ddynion ond sydd, ers bach o refurb, nawr ddim ond yn arogli o biss.

iddi dy fychanu di. Mae mor amlwg pam mae'n neud e – achos mae'n meddwl bod neud i ti edrych yn waeth yn mynd i neud iddi hi edrych yn well.'

Palles i dderbyn bod y crynodeb 'ma o'n perthynas yn deg. Oedd, mi oedd hi'n dweud pethau eithaf cas wrtha i pan oedden ni mewn grŵp, ond pan oedden ni ar ben ein hunain roedd ein perthynas yn gryf ac yn bwysig i fi.

Wrth i'r tri rhybudd chwarae ar fy meddwl, sylweddolais bod y pryder ro'n i'n ei deimlo o gwmpas Sam ddim yn gyd-ddigwyddiad. Ro'n i wedi dechrau blino gorfod gwneud gymaint iddi. Ar adegau ro'n i'n teimlo fel fy mod i'n edrych ar ôl fy mhlentyn yn lle hala amser gyda fy ffrind gorau. Os oedd yna admin i'w wneud, fy nghyfrifoldeb i oedd y cwbwl: bwcio gwestai, bwcio Ubers, bwcio trenau, bwcio byrddau, prynu rownd iddi mewn bar er ei bod hi bron byth yn prynu un yn ôl. Os oedd hi eisiau dod i 'nghefnogi mewn gig faswn i mor falch o'i chael hi yna, ond base'n rhaid i fi brynu'r tocyn iddi a threfnu bob dim arall. A phan ro'n i'n colli fy nhymer ar ôl gwneud yr admin diddiwedd heb fawr o ddiolch, base hi'n dweud, 'You're being a bit of an only child.'

Ers derbyn bod problemau yn ein perthynas, dewisais i fod yn fwy agored gyda Sam am fy ffiniau,[12] wrth ddynnu sylw at y sylwadau oedd yn fy mrifo, a pha mor annheg oedd ei bod hi'n disgwyl i mi edrych ar ei hôl o hyd.

Wnaeth y syniad o roi'r gorau i'n cyfeillgarwch ddim croesi fy meddwl – ro'n i'n ei charu hi ac eisiau ei chadw hi yn fy mywyd. Ond wedi i fi rannu fy nheimladau gyda hi, wnaeth dim byd wella. Os unrhyw beth, wnaeth e jyst dangos cyn lleied roedd hi'n barod i ddangos parch i mi, a chymaint

---

12   Her oedd yn anferthol i fi! Pan mae'n dod at siarad am fy nheimladau, mae gen i'r un gallu â veteran 'da PTSD. A dyma oedd fy Vietnam.

o achlysuron problematig oedd yn codi rhyngon ni. Baswn i'n dweud fy mod i ddim eisiau trefnu bob dim – base hi'n gwneud dim i helpu fi. Baswn i'n gofyn iddi dynnu ei hesgidiau yn fy nhŷ i – base hi'n fy anwybyddu ac yna stompio'i Dr Martens dros fy ngharped. Baswn i'n gofyn iddi beidio vapio yn fy nghar – base hi'n dweud fy mod i ddim yn deall caethiwed a pharhau i chwythu mwg Lost Mary nes bod tu blaen fy nghar yn edrych fel y bennod waethaf erioed o *Stars In Their Eyes*. Dywedais fy mod i'n hoffi bachgen – wnaeth hi drial ei fachu e. Dim unwaith, ond ddwywaith.

Ond trwy'r cyfnodau o grio mewn cubicles toilet ar nosweithiau allan, neu glirio lan ei llanast, do'n i ddim yn gallu codi'r ffôn am bach o gysur gan Mam – nid oherwydd base hi'n dweud 'I told you so' – doedd hi byth yn gwneud hynny. Ond achos ro'n i'n gwybod base 'na ddim mynd nôl wedyn. Unwaith ro'n i'n rhoi mymryn o hint i Mam fy mod i wedi cael digon o Sam, base'r bont yna wedi cael ei llosgi yn gloiach na thollborth yn yr 1840au.

Serch fy hunanwadu, gwnaeth trip gwaith ganol haf 2023 ei gwneud hi'n anodd iawn i fi ragweld sut oedd ein cyfeillgarwch yn mynd i oroesi.

Roedden ni'n gweithio gyda'n gilydd yng Nghaernarfon, ac ar ôl recordio aethon ni allan gyda gweddill y cast i gwpwl o dafarndai. Roedd hi lan am sesh on an epic scale, ond ro'n i'n ddigon hapus yn yfed glasied o win tra'n parablu'n braf gyda fy nghyd-weithwyr. Ro'n i wedi bod allan y noson gynt, ac roedd fy nghorff yn dal i fy nghosbi am wneud tair shot yn fwy nag oedd angen.

'Mae'n amser i ti nôl drink arall,' dywedodd wrtha i gan dorri ar draws y sgwrs ro'n i'n ei chael gyda rhywun arall.

'Mae hanner glass 'da fi'n barod, diolch.'

'Na, c'mon, ti angen hastio.'

'Pam? Os ti isie drink, jyst cael un i dy hunan.'

'MEL, DRINK THAT NOW!' gwaeddodd hi'n ddigon uchel i stopio rhai o'r sgyrsiau eraill o amgylch y bwrdd. Cochais. Anwybyddais hi, a dal ati gyda'r sgwrs ro'n i'n ei chael. Ymddiheurodd Sam rhyw bum munud wedyn. Teimlais ryddhad ei bod hi'n ddigon ymwybodol i ddeall beth oedd hi wedi gwneud, heb i fi orfod codi'r pwnc fy hunan, ac edrychais ymlaen at weddill y noson.

Wrth i ni adael y dafarn gyntaf er mwyn symud mlaen i rywle newydd, penderfynais gael arian allan o'r twll yn y wal.

'Wna i gwrdd â chi i gyd 'na!' bloeddiais. Cefais thumbs up gan ddau neu dri fel ateb wrth iddyn nhw ddiflannu rownd y gornel.

'Na Mel, der nawr,' dywedodd Sam.

'Bydda i 'na mewn pum munud,' wedais i. 'Wna i weld ti 'na.'

'Na Mel, jyst sticia gyda'r grŵp,' mynnodd hi.

'Sam, dwi jyst angen bach o gash, bydda i 'na nawr.'

'MEL, DER GYDA FI!'

'Sam dwi...'

'MEL, GAD Y CASH!'

'DWI'N MYND I NÔL CASH – THIS IS NOT A FUCKING COMMITTEE DECISION!' gwaeddais yn ôl gyda mwy o wenwyn nag o'n i'n wedi'i fwriadu.

Arhosodd Sam amdana i ar y gornel wrth i fi gasglu'r £40 dibwys oedd wedi achosi cymaint o ffrae. Wrth i ni gerdded mewn tawelwch i'r ail dafarn, lwpiodd Sam ei braich trwy f'un i – yr arwydd dieiriau ei bod hi eisiau i'r ffrae ddod i ben. Dros y cwpwl o oriau roedden ni yn yr ail dafarn, ceisiais gadw draw oddi wrth Sam gyda'r bwriad o gymysgu gyda fy nghyd-weithwyr eraill. Roedd y grŵp yn llawn pobl ro'n i'n wir yn eu hedmygu – pobl ro'n i wedi bod mor gyffrous i weithio gyda nhw o'r diwedd. Ond o fewn hanner awr, roedd geiriau Sam fel cyllyll miniog yn hedfan ata i'n ddi-baid.

'Mel, pam wyt ti'n esgus gwybod am hynna? Ti'n gwybod dim byd am hynna!'

'Mel, paid dweud y stori yna, mae'n boring.'

'Mel, ti'n siarad *eto*.'

'Mel, pam ti'n dawel?'

Es i am un o fy routine cries yn y tŷ bach, ond wrth i fi esgusodi fy hunan o'r bwrdd, cyhoeddodd un o'r actorion ei bod hi am ddod hefyd.

Grêt, meddyliais i. *Nawr mae'n rhaid i fi fod yn extra tawel pan dwi'n llefain, and I could really do with an XL ugly cry.*

'Ie, 'na i ddod hefyd!' dywedodd un arall.

Perffaith, mwy o dystion.

Pan gyrhaeddon ni'r tŷ bach, wnaeth y ddwy actores fy nghornelu. Ddim mewn ffordd fygythiol – jyst i fod yn glir. Dwi'n gwybod bod cyllid S4C ddim yn anhygoel, ond do'n i ddim yn disgwyl i ddwy o fawrion y byd cyfryngau Cymraeg fygio fi am fy £40 a fy iPhone 10.

'Mel, ni angen gair,' dechreuodd un.

'Fedri di ddim gadael i Sam siarad gyda ti fel 'na,' meddai'r llall.

'Mae hi'n ferch hyfryd, ti'n gwybod dwi 'di nabod hi ers sbel. Ond dydi'r ffordd mae'n ymddwyn tuag atat ti heno ddim yn ocê.'

Nodies i fy mhen, yn ofni bod fy nagrau'n mynd i ddechrau llifo o flaen y ddwy. Ro'n i mor siomedig, do'n i ddim eisiau i'r cyd-weithwyr yma ro'n i'n edmygu gymaint fy ngweld i'n toddi mewn i fwdel o hunandosturi yn nhai bach y dafarn.

'Mae'n iawn,' dywedais. 'Ma'i jyst bach yn feddw. Ni i gyd yn cael nosweithau fel 'na yndyn?'

Dywedodd y ddwy arall ddim byd, dim ond gwenu'n wan. Doedden nhw'n amlwg ddim yn derbyn fy esgusodion, ac roedd yn glir 'mod i ddim yn credu fy hunan chwaith.

Aeth y noson o ddrwg i waeth – gwaeddodd Sam arna i eto, smashiodd hi ddrws ein tacsi mewn i bolyn lamp ac wedyn cael go arna i am dalu mwy i'r gyrrwr am y drafferth, collodd hi ddŵr ar fy ochr i o'r gwely, ac yn y bore deffrodd gan ddweud, 'Sori o'n i bach o boen neithiwr.' Doedd gen i mo'r egni i ddweud wrthi bod 'bach o boen' yn grynodeb sarhaus o sut oedd hi wedi ymddwyn. 'Mod i wedi bod yn llefain drwy'r nos gyda'r embaras o beth dywedodd hi wrtha i o flaen pawb. Roedd y geiriau ar goll – falle achos roedd hi mor anodd cyfaddef i fy ffrind gorau gymaint roedd hi'n brifo fi, ond falle achos ro'n i'n gwybod bod ein cyfeillgarwch, mewn egwyddor, wedi dod i ben.

Roedd gennyn ni drefniadau i aros gyda'n gilydd mewn AirBnB yn ystod Eisteddfod Boduan, ac ro'n i'n awyddus i wneud y gorau o'n hamser gyda'n gilydd. Falle bod rhan ohona i'n gwybod mai dyma'r tro olaf baswn i'n hala unrhyw amser unigol estynedig gyda hi, ond yn sicr roedd yna friwsionyn o obaith baswn i'n gallu achub ein perthynas taswn i jyst yn creu yr wythnos berffaith i ni.

Roedd cyflwr ein AirBnB yn ddechrau anffodus i'r 'wythnos berffaith'. Roedd e mwy fel cerdded mewn i ogof yn ffilm *Indiana Jones* na sefyll mewn bwthyn clyd. Roedd gwe pry cop ym mhobman – ar y waliau, ar y soffa, ar y teledu, ar ffrâm y gwely. Roedd y soffa a'r ddwy gadair freichiau mor galed bron i fi dorri fy nghoccyx. A'r pièce de résistance – doedd 'na ddim Wi-Fi na signal. Roedd hi fel petaen ni wedi camu mewn i Oes yr Haearn.

Serch yr ogof roedden ni wedi talu £900 amdani, do'n i'n dal heb roi'r gorau i'r syniad o gael wythnos fendigedig gyda'n gilydd. Cawson ni gymaint o sbort ar y noson gyntaf yn crwydro yn y car yn chwilio am 4G (roedd 5G bach yn uchelgeisiol), Sam yn gweiddi 'STOP' os oedd bar gobeithiol wedi goleuo lan ar un o'n ffonau. Aethon ni lawr i Aberdaron i stocio lan ar fwyd o'r Spar ac yna defnyddio Wi-Fi tafarn y Ship i lawrlwytho digon o raglenni ar iPlayer i'n cadw i fynd.

Pan gyrhaeddon ni nôl i'n cartref off-grid, cynigiais baratoi swper tra bod Sam yn cael cawod, er bod angen i fi geisio cael gwared o'r ddau bry cop oedd yn byw yn y bath cyn iddi groesi trothwy yr ystafell ymolchi.

Tra oedd ein swper yn byblan, trefnais ein brecwast a'n cinio am y dyddiau nesa: potiau o uwd yn barod i fynd, a salad Caesar yr un i ni. Ro'n i'n gwybod bod Sam ddim yn disgwyl i fi wneud, ond ro'n i hefyd yn gwybod gymaint haws fase fy mywyd tase Sam ddim yn hastio i dwlu rhywbeth at ei gilydd munud olaf bob bore ac yn gwneud ein dwy yn hwyr.[13] Fel hyn, doedd dim angen i Sam wneud unrhyw beth heblaw cael ei hunan yn barod.

Gweithiodd y cynllun yn berffaith, a chawson ni dridiau bendigedig heb owns o densiwn. Doedd Sam ddim yn gallu yfed alcohol gan ei bod hi ar feddyginiaeth – ffactor ro'n i'n ddiolchgar amdano. Wnes i hyd yn oed yrru negeseuon at y ffrindiau oedd wedi ceisio rhoi intervention i fi yn gynharach yn yr haf, i ddweud wrthon nhw gymaint o hwyl o'n i'n ei gael gyda Sam. Do'n i heb ddweud wrthon nhw am yr hunllef

---

13   Roedd yr ogof yn daith o chwarter awr yn y car i'r maes a dim ond fi oedd yn gallu gyrru, felly roedd rhaid i ni deithio mewn gyda'n gilydd – profiad llawn tensiwn pan mae gennyt ti un person sy'n blaenoriaethu bod ar amser a pherson arall sydd rywsut yn hwyr, er gwaethaf ei hymdrech, i bob dim.

yng Nghaernarfon, falle achos bod gen i gywilydd, ond fwy na thebyg achos ro'n i'n gwybod y base dweud y geiriau'n uchel yn gwneud y stori'n wir. Tra o'n i'n cadw'r digwyddiadau i fy hunan, ro'n i'n gallu stwffio nhw i gefn fy meddwl ac esgus nad oedden nhw wedi digwydd.

Fel rhywun oedd erioed wedi steddfota'n iawn nes Tregaron 2022,[14] ro'n i wedi clywed chwedlau am wythnosau o law di-baid gyda beirdd yn llithro o gwmpas y maes mewn mwd lan at eu gyddfau a derwyddon[15] yn boddi mewn corsydd o slwj. I fod yn onest, ro'n i'n meddwl bod y bobl 'ma'n bod bach yn ddramatig, ond ar ôl gweld cyflwr y maes ar ôl jyst dau ddiwrnod o law ym Moduan, ro'n i'n gallu credu ei bod hi'n bosib na fyddwn i byth yn gweld y byd tu allan eto.

Serch y glaw, roedden ni'n cael diwrnodau bendigedig gyda'n gilydd. Ond yn byrlymu'n dawel roedd pryder am ddydd Mercher, pan fase ei chwrs o feddyginiaeth yn dod i ben a hithau'n gallu yfed eto. Roedd atgofion o Tafwyl, o Gaernarfon a chymaint o achlysuron meddw eraill yn fy rhybuddio i o sut allai gweddill yr wythnos edrych. Tawelais fy meddwl drwy ddweud wrth fy hunan fy mod i'n gorfeddwl – ein bod ni wedi cael diwrnodau hyfryd ac felly roedd y rhai

---

14   Yr un diwethaf dwi'n gallu cofio oedd Eisteddfod yr Urdd yng Nghanolfan y Mileniwm marcie 2003. Clywais gwpwl o famau yn dweud eu bod nhw erioed wedi gweld plentyn oedd yn edrych fel fi yn cystadlu o'r blaen, a phenderfynais nad oedd y byd hwnnw i fi. Er i fi i ennill cwpwl o gystadlaethau ysgrifennu yn 2005 a 2006 (#HumbleBrag), doedd gen i ddim lot o awydd mynd i'r maes i dderbyn fy ngwobrau.

15   Mae hi hefyd yn galed to get on board gyda'r derwyddon os wyt ti'n berson Du. Pan aeth Mam gyda fi i fy Eisteddfod Gen gyntaf, doedd hi heb fyw yng Nghymru ers llawer ac roedd hi'n awyddus i'n trochi ni yn yr elfennau diwylliannol. Ond pan wyt ti o'r un cefndir â ni, mae 'na rywbeth reit frawychus am bobl yn cerdded o gwmpas mewn clogynnau a hetiau gwyn yn chwifio arf enfawr. Yn draddodiadol, dyw e ddim yn wisg sy'n gweiddi 'rydyn ni'n caru bobl Ddu' nadi?

i ddod yn siŵr o fod cystal. Ond y dydd Mercher hwnnw oedd diwedd fi a Sam.

Ro'n i ar bigau drain wrth iddi gael ei gwin cyntaf, ac mae'n debyg na wnaeth hynny helpu fy ngallu i fwynhau'r noson. Ro'n i'n awyddus i ni fod o amgylch pobl eraill, felly awgrymais ein bod ni'n ymuno â grwp o ffrindiau welon ni'n eistedd o dan un o'r canopis yn llochesu rhag y glaw. Tra oedden ni gyda nhw, daeth piss take ar ôl piss take. Edrychodd y ferch oedd yn eistedd nesa ata i arna i gyda gwên lawn cydymdeimlad oedd i fod yn garedig dwi'n gwybod, ond wnaeth i fi deimlo hyd yn oed yn waeth achos roedd yn gadarnhad bod pawb arall yn gallu gweld y shit ro'n i – fel myg – yn ei dderbyn.

Esgusodais fy hunan drwy ddweud fy mod i wedi cael neges gan Mirain yn gofyn i fi gwrdd â hi. Ond y gwir oedd, fi oedd ei hangen hi. Roedd hi wedi gorffen gweithio, felly aethon ni gyda'n gilydd i wylio Llwyfan y Maes.

'Lle mae Sam?' gofynnodd Mirain yn hamddenol.

'Gyda phobl eraill,' atebais, yn gobeithio ei bod hi wedi clywed yr atalnod llawn yn fy llais.

Cafodd hi'r hint a gofyn dim mwy, ond rhoddodd edrychiad gwybodus i fi. Roedd yna feirniadaeth amlwg yn ei hwyneb – beirniadaeth oedd ddim yn fy mrifo i. Dyw Mirain ddim yn un sy'n gwastraffu amser yn teimlo dros bobl sy'n pallu helpu eu hunain, ac yn amlwg roedd hi'n gweld fy mharodrwydd i ddioddef cael fy mychanu, kind of yn bai fi. Doedd hi ddim yn anghywir. Roedd gen i'r dewis i sefyll lan dros fy hunan, a do'n i heb wneud hynny.

Yn dilyn cân olaf Adwaith, es i a Mirain i nôl bach o Curried Goat pan sylweddolodd hi, gyda bach o banic, bod neb o'r tîm cynhyrchu wedi trefnu i fynd â hi nôl i'w gwesty.

'A i â ti! Dwi'n wlyb a dwi 'di blino felly ro'n i am fynd am adre eniwe.'

Crwydron ni i'r maes parcio gan alw heibio pabell Paned O Gê lle ro'n i'n gwybod bod Sam wedi bod yn gwylio perfformiad. Esboniais 'mod i am fynd â Mirain nôl ac yna mynd am adre fy hunan.

'Ond beth amdana i?' gofynnodd Sam.

'Wel, mae croeso i ti ddod nawr os ti'n ffansïo?' awgrymais, yn ymwybodol nad oedd hynny'n mynd i blesio.

'Ond dwi eisiau aros am bach, dwi'm yn barod i fynd adre,' protestiodd hi.

'Os wyt ti eisiau dod nôl gyda fi yn y car, dwi'n gadael nawr,' dywedais, yn ceisio peidio gadael i fy llais amlygu pa mor ddig ro'n i'n teimlo'n barod. 'Mae Mirain angen lifft.'

'Dyw Mirain ddim yn broblem ti. Bydd y tîm cynhyrchu yn talu iddi gael tacsi eniwe,' mynnodd hi.

'Dwi'n mynd adre nawr. Dwi eisiau noson dda o gwsg gan fod bore mor gynnar gen i fory. Os wyt ti eisiau dod yn y car gyda fi, dwi'n gadael nawr.' Ro'n i eisiau bloeddio bod hi'n lwcus fy mod i wedi bod yn fodlon i'w chludo hi nôl ac ymlaen a bod ganddi ddim hawl i reoli pryd ro'n i'n cael mynd nôl. Ond gyda phedair noson ar ôl o fyw yn yr ogof gyda'n gilydd, ro'n i'n gwneud ymdrech anferthol i beidio suro'r mŵd rhyngon ni.

'Reit, iawn,' hyffiodd hi wrth droi ei chefn arna i.

'Dwi'n mynd i adael drws y bac ar agor i ti,' esboniais i. 'Dwi eisiau mynd i gysgu'n weddol gynnar felly gallet ti fynd trwy'r drws yna fel bod dim rhaid i fi godi i adael ti mewn trwy'r ffrynt?'

'Ie, be bynnag.' Cymerais i hyn fel cytundeb, a pharhau at y car gyda Mirain.

Nôl yn yr ogof, paffies i drwy'r gwe pry cop newydd oedd wedi ymddangos, a gwneud fy hunan mor gyffforddus ac o'n i gallu mewn gwely oedd yn teimlo fel base fe'n fwy addas mewn cell yn Guantanamo Bay. Awr ar ôl i fi gwympo i gysgu, neidiais i ar ddihun gyda braw uffernol wrth glywed rhywun yn curo ar ffenest fy stafell wely.

Dwi wedi cael fy magu ar fferm filltir o'r brif ffordd heb ddim cymdogion heblaw am fferm ar ochr arall y cwm, felly dwi wedi hen arfer gyda lleoliadau yng nghanol nunman. Ond os oedd raid i fi ddylunio y math o le base pobl yn cael eu llofruddio, roedd yr ogof yn dod i'r meddwl yn syth. Felly roedd cael fy neffro gan sŵn dyrnu ar fy ffenest yn ymosodiad anferth ar fy nerfau.

Diolch byth, wyneb Sam oedd wrth y ffenest.

'Mel, gad fi fewn!' gwaeddodd hi.

'Sam, na dwi'n cysgu. Mae drws y bac ar agor i ti.'

'Mel, jyst der ma!'

'Sam plis…'

'Mel, for fuck's sake.'

Llusgais fy hunan o fy ngwely, eisiau crio gyda rhwystredigaeth. Doedd hi'n poeni dim 'mod i'n cysgu, 'mod i angen codi'n fore, ei bod hi'n llythrennol yn gallu cerdded am bedwar eiliad rownd y tŷ i adael ei hunan mewn heb ddeffro fi. Agorais y drws heb ddweud dim, ac yna dychwelyd i fy ngwely. Ond yna sylweddolais bod hi'n dilyn fi i fy ystafell.

'Beth wyt ti'n neud?' gofynnais i.

'Tynnu colur fi off,' dywedodd hi wrth roi golau fy stafell wely mlaen.

'Does dim rhaid i ti wneud hynna yn fama. Allet ti neud e litryli yn unrhyw le arall, plis? Dwi angen cysgu.'

'Bydda i ddim yn hir,' atebodd hi wrth eistedd lawr a chwilio am cleanser yn ei bag.

Eisteddais yn fy ngwely yn canolbwyntio'n galed ar beidio

crio na ffrwydro. Ar ôl chwarter awr, gofynnais iddi eto a fydde hi'n fodlon mynd i'w stafell ei hunan er mwyn i fi gael cysgu.

'Dwyt ti ddim yn jyst cael ffordd dy hun,' cyfarthodd hi. Do'n i ddim yn gallu credu'r eironi.

Do'n i ddim yn gwybod beth i'w wneud heblaw am jyst gadael iddi cael ei thantrym. Yn amlwg roedd hi'n grac gyda fi am ddod nôl hebddi, a dyma oedd ei ffordd hi o fy nghosbi. Baswn i wedi gallu cician off a chael ffrae enfawr, ond doedd ffrae ddim yn mynd i drwsio unrhyw beth, felly dewisais jyst brathu fy nhafod nes ei bod hi'n barod i roi heddwch i fi.

Lluchiodd ei phethau ar draws llawr fy stafell wely, yn ymwybodol bod llanast yn fy ngofod personol yn fy ngwylltio. Dywedais i ddim byd. Mymblodd hi rywbeth am edrych am ei vape wrth dwrio yn ei rucksack, cyn ei droi e wyneb i waered fel bod bob dim yn cwympo allan. Gyda'i phapurau a'i cholur, cwympodd ceirch o'r uwd ro'n i wedi ei roi iddi fynd gyda hi y bore hwnnw dros fy llawr. Rhoddodd gwpwl o daps i'r bag fel bod yr olaf o'r ceirch yn dod mas, cyn pigo lan ei vape a mynd am y drws.

Do'n i ddim yn gallu credu mai dyna sut oedd hi'n mynd i adael fy stafell.

'Wyt ti'n mynd i lanhau'r bwyd off y llawr?' gofynnais, wedi fy syfrdanu.

'Dwi'm yn mynd i lanhau dy stafell wely di!' poerodd hi, cyn gadael heb ddiffodd y golau.

Dyna, i fi, oedd y diwedd. Roedd yr arddangosfa yma o amharch llwyr yn drobwynt do'n i ddim yn gallu dod drosto. Ei gwylio hi'n gwneud pethau maleisus, oedd hi'n gwybod yn iawn fase'n fy mrifo i, oedd y gwelltyn ola. A phwy yn y byd sy'n tollti bwyd ar lawr rhywun ac yn ei adael e 'na?

Do'n i ddim eisiau hala noson arall gyda hi, ddim yn yr ogof 'ma llawn bywyd gwyllt, dim unrhyw le. Doedd dim digon o signal gen i i fwcio gwesty i fy hun, felly crwydrais o amgylch yr ystafell yn edrych am jyst un bar fase'n galluogi fi i ffonio Mam.

'Beth sy'n bod, mae'n ganol nos? Wyt ti'n iawn? Beth sy wedi digwydd? Wyt ti wedi cael dy kidnapio? Oes rhywun wedi torri mewn i'r AirBnB gydag arf? Oh my God, wyt ti'n fyw?'

'Mam, Mam… mae pethau'n ddrwg rhwng Sam a fi,' sibrydais drwy'r dagrau. 'Gallet ti ffeindio rywle i fi aros am weddill yr wythnos, plis? Dwi'm yn gallu bod o'i hamgylch hi rhagor.'

Clywais anadlu Mam yn arafu. Trodd y gofid yn ei llais yn dristwch llwyr – tristwch fy mod i'n teimlo poen. Poen roedd hi wedi gwybod fyddai'n dod, ond doedd hi ddim wedi gallu stopio fi rhag ei brofi, er gymaint oedd hi wedi trial.

Y diwrnod canlynol daeth dim ymddiheuriad gan Sam, nid fy mod i wedi bod yn dal fy anadl ta beth. Dywedais wrthi fy mod i'n symud allan o'r ogof am weddill yr wythnos gan mod i'n stryglan ac angen y cyfle i fod yn fy ngofod fy hunan. Base unrhyw un gydag owns o hunanymwybyddiaeth yn gwybod mai ei hymddygiad hi oedd y sbardun, ond roedd e fel petai hi wedi dychryn. Gwylltiodd, ei dicter yn cynyddu wrth i'r dydd fynd yn ei flaen. Bob tro ro'n i'n ceisio siarad, base hi'n torri ar fy nhraws gyda: 'Sori, ro'n i'n meddwl bod ti eisiau bod ar ben dy hunan?'. Roedd Sam yn hollol barod i ddefnyddio fy mregusrwydd fel arf i fy mrifo i, ond, mewn gwirionedd, doedd hi ddim yn gallu fy niweidio i rhagor. Yn hytrach, gwnaeth ei hymddygiad jyst cadarnhau fy mod i wedi gwneud y dewis cywir.

Roedd gweddill yr wythnos yn blyr o gynddaredd a pass-ag a ddaeth i'r pen gyda ffrae danllyd ym Maes B ar y nos Wener. Tynnodd hi fi i un ochr i gael sgwrs am beth oedd yn mynd mlaen, ac o fewn eiliadau roedd geiriau ymosodol yn hedfan rhyngon ni.

'Nest ti ddim meddwl amdana i o gwbwl pan adawest ti'r AirBnB!' cyhuddodd hi.

'Naddo, achos am y tro cyntaf dwi wedi rhoi fy hunan yn gyntaf!' gweiddais yn ôl.

'Dwi'n cefnogi ti o hyd. Dwi'n dod i dy gigs, dwi o hyd 'na i ti. Ond ti... dwyt ti ddim yn cefnogi fi o gwbwl.'

Cwympodd fy ngên i fy nhraed.

'Pa blaned wyt ti'n byw arni, Sam? Y cwbwl dwi'n neud yw cefnogi ti a chadw ti'n hapus. DYNA I GYD DWI'N NEUD.'

'You're a snake a dwi wedi gweld ochr arall ohonot ti wythnos 'ma.'

'Do, ti wedi,' cytunais. 'Ti wedi gweld fi'n blaenoriaethu fy hun fel rwyt ti o hyd yn neud.'

Taranodd hi i ffwrdd gan weiddi 'mod i'n 'ffycin jôc'.

Crwydrais drwy'r dorf o bobl ifanc oedd yn gwichian a chwerthin, yn gyffro i gyd, yn cydio yn eu VKs yr un lliw â toxic waste.

'Ti 'di bod ar *Hansh*!' gwaeddodd un bachgen yn fy wyneb. Wrth i fi agor fy ngheg i'w ateb, dechreuodd dagrau mawr hyll boeri a llifo o bob rhan o fy ngwyneb. I fod yn glir, y rheswm ro'n i'n llefain oedd achos bod un o'r perthnasau mwyaf pwysig yn fy mywyd wedi gorfod dod i ben, nid achos bod y boi 'ma, allan o fy holl bortffolio o waith proffesiynol, wedi adnabod fi o *Hansh*.

'Iasu, chill out,' dywedodd e, ei lygaid yn llydan gyda dryswch.

Gyda masgara yn llifo lawr fy wyneb ac yn llosgi fy llygaid, llithrais i drwy'r mwd nes i fi gyrraedd y gynulleidfa oedd yn gwylio Dom a Lloyd a Don. Roedd fy ffrindiau'n cael amser anhygoel a cheisiais ymuno, ond wrth i bawb fownsian gyda'r gerddoriaeth heb fecso dam bod y glaw yn bwcedu i lawr, teimlais yn wag. Roedd yna elfen o ryddhad o wybod bod yr amharch ro'n i wedi bod yn ei ddioddef wedi dod i ben, ond ro'n i'n galaru. Yn galaru am yr amseroedd oedd wedi gwneud i fi deimlo mor hapus. Yn galaru am yr achlysuron lle ro'n i'n teimlo'n agosach at Sam nag at unrhyw un arall yn y byd. Ro'n i wedi bod yn ceisio dal mlaen i'r cwlwm hwnnw, ond roedd digwyddiadau wythnos yr Eisteddfod wedi llosgi'r bont yna i fi am byth.

Mae rhai pontydd yn brydferth wrth iddyn nhw losgi. Mae yna heddwch sy'n golchi drostat ti pan wyt ti'n gwybod dy fod ti ddim yn gallu mynd nôl – bod ti wedi gadael yr hen fersiwn ohonot ti ar ôl. Ar fy nhaith i ddysgu peidio gofyn i bobl os o'n i'n ddigon da, a gofyn yn hytrach os oedden nhw wir yn haeddu fi, llosgi'r bont rhyngof fi a Sam oedd yr un anoddaf, ac felly yr un pwysicaf. Mae bechgyn, cariadon a pherthnasau yn mynd ac yn dod, ond do'n i ddim yn disgwyl gorfod torri bant ffrind ro'n i'n ei charu gymaint. Yn enwedig pan o'n i'n gwybod ei bod hi, yn ei ffordd ei hunan, yn caru fi hefyd. Ond doedd bob dim oedd yn dod gyda'i chariad ddim yn werth y boen.

Y rhwyg rhyngof fi a Sam oedd fy ngwers fwyaf chwyldroadol. Ond roedd yn dystiolaeth fy mod i, yn fy ugeiniau, wedi dysgu gwerthfawrogi fy hun – o'r blydi diwedd. Ro'n i'n mynd i droi'n dri deg yn gwybod fy mod i'n haeddu hapusrwydd. Fy mod i'n haeddu fy nheulu sydd heb eithriad wedi fy nghefnogi. Fy mod i'n haeddu fy ffrindiau sydd wedi trwsio fy nghalon dro ar ôl tro er nad nhw wnaeth ei thorri. Fy mod i'n haeddu gyrfa sydd yn fy modloni ac yn fy ngwobrwyo am fy ngwaith caled.

Baswn i wedi dysgu hyn i gyd cyn i fi droi'n ugain taswn i jyst wedi gwrando ar Mam y tro cyntaf iddi fy nal i wrth fy ysgwyddau yn ei swyddfa ac esbonio 'mod i'n werth mwy 'na Zac Efron a'i sex tour o Geredigion. Mewn gwirionedd, baswn i wedi achub fy hunan rhag yr anrhefn llwyr sydd wedi dominyddu fy ugeiniau, taswn i ddim ond wedi gwrando arni. Ond lle fase'r hwyl yn hynny?

Wrth ystyried gymaint dwi wedi'i ddysgu, alla i ddim aros i droi'n 30 – i ddechrau degawd arall o gamgymeriadau a gwersi hollol anrhagweladwy.

Fel dywedais i ar y dechrau, dyw hwn wir ddim yn llyfr 'self-help'. Os unrhyw beth, mae'n gatalog o gamgymeriadau hunanddinistriol dwi'n gobeithio nad ydych chi'n uniaethu ag o gwbwl. Ond os ydych chi, cofiwch bod neb wir yn gwybod beth maen nhw'n wneud. Felly byddwch yn od, byddwch yn agored, byddwch yn hyderus, byddwch yn hapus i fethu a byddwch yn barod i fwyta unrhyw beth mae Hugh Jackman yn ei gynnig i chi.

Diolchiadau

Alla i ddim credu 'mod i wedi ysgrifennu llyfr go iawn. Go iawn, go iawn! Mae wedi bod yn gymaint o hwyl. Roedd edrych yn ôl ar straeon o flynyddoedd yn ôl wedi hala i mi lefain ac i chwerthin, ac weithiau y ddau ar yr un pryd. Un prynhawn wrth ysgrifennu pennod ar y trên, mi wnaeth rywun gysyllu gyda'r Heddlu Trafnidiaeth achos ymddygiad 'suspicious'. Yr ymddygiad amheus yma oedd 'mod i'n siarad i fy hunan a chwerthin nawr ac yn y man wrth deipio ar y laptop. Dyw hyn ddim yn jôc – roedd yr Heddlu Trafnidiaeth yn disgwyl amdana i ar y platfform yng Nghaerdydd. Bu'n rhaid i mi fynd gyda nhw i ystafell reit fygythiol yn yr orsaf i esbonio 'mod i ddim yn derfysgwr, ro'n i jyst yn mwynhau fy hunan gormod wrth ysgrifennu'r llyfr yma. Gobeithio roedd e werth e!

Alla i ddim cymryd y credyd i gyd am *Oedolyn (ish!)*. Mae yna bobl allweddol iawn sydd wedi chwarae rhannau mor bwysig yn ystod y broses.

I ddechrau, mae'n rhaid i mi ddiolch i fy rhieni am fod yn hynod gefnogol wrth i mi ysgrifennu am gyfnodau mor bersonol yn ein bywydau. Wrth gwrs, doedd gennych chi ddim lot o ddewis, a dyw Mam ddim yn gallu darllen Cymraeg ta beth felly baswn i wedi gallu rhannu unrhyw beth, mewn gwirionedd. Ond o ddifri, dwi mor lwcus o gael teulu sydd wedi rhoi'r gofod a'r amser i mi archwilio beth dwi'n gwneud

243

yn y byd yma. Mae pob dim dwi'n ei wneud ac yn creu yn bosib achos chi'ch dau... hyd yn oed y pethau gwael, ac yn enwedig y pethau llwyddiannus.

Heb os, mae'n rhaid i mi ddiolch i fy Nhad-cu a Nain am ateb bob cwestiwn oedd gen i unrhyw adeg o'r dydd a nos tra o'n i'n ysgrifennu. Diolch byth eich bod chi'n fy adnabod i mor dda, eich bod chi'n gwybod yr union air dwi'n ceisio meddwl amdano heb bron ddim manylion defnyddiol. Gobeithio bydd eich WhatsApps tipyn mwy heddychlon nawr bod y llyfr wedi'i orffen.

O fy nheulu Aberystwyth i fy nheulu Caerdydd – diolch enfawr i Mirain Iwerydd a Nel Grose am fod yn housemates mor garedig tra o'n i wedi ymgolli yn ysgrifennu. Mi wnaeth eich darpariaeth diddiwedd o snacs, paneidiau a pep talks fy nghadw i fynd. Wnaethoch chi erioed sôn mor ofnadwy ro'n i'n edrych pan o'n i ar y soffa gyda fy laptop, heb olchi fy ngwallt ers dyddiau maith, gyda llwch Wotsits dros fy nghrys-T a throwsus pyjamas afiach. Am hynny, rydych chi'n angylion.

Base *Oedolyn (ish!)* erioed wedi bod hyd yn oed yn syniad heb Marged Tudur a Bethan Gwanas. Mae'r ddwy ohonoch chi, fel mentoriaid a ffrindiau, wedi rhoi gymaint o gefnogaeth, cyngor a chymhelliad i mi trwy gydol y broses. Mae cael y cyfle i weithio gyda chi wedi bod yn fraint arbennig iawn wna i fyth anghofio. Serch hynny, os ydw i'n gofyn i gael ysgrifennu rhywbeth arall o dan eich goruchwyliaeth chi eto, ac rydych chi'n blocio fy e-byst, Twitter / X, Instagram... dwi'n deall yn llwyr.

Ac wrth gwrs, diolch enfawr i Y Lolfa ac i Gyngor Llyfrau Cymru am y cyfle i ysgrifennu *Oedolyn (ish!)*. Dydw i ddim yn tanbrisio'r risg o roi gymaint o ymddiriedaeth i awdur newydd, felly mae eich cefnogaeth i mi ysgrifennu *Oedolyn (ish!)* wedi rhoi gymaint o hyder i fi.

Diolch i bawb sydd wedi darllen. Rydych chi wedi gwneud merch fach Frown o gefn gwlad Ceredigion yn falch iawn.

Dyma ffordd hollol wahanol o adrodd 'stori fy mywyd'.
Aled Jones Williams

Iola Ynyr
CAMU

£9.99

SGEN I'M SYNIAD

SNOGS, SECS, SENS

GWENLLIAN ELLIS

£9.99

£9.99

CARYS ELERI

DOD 'NÔL AT
FY NGHOED

£9.99

rhyddhau'r CRANC

Malan Wilkinson

y Lolfa

£7.99

Holwch am bris argraffu!
www.ylolfa.com

FFERMIO
AR Y DIBYN

I fy annwyl ŵr, Gary Howells,
a'r plant Sioned a Dafydd.
Diolch am bob cefnogaeth ac anogaeth.

'Ffydd, gobaith a chariad,
a'r mwyaf o'r rhain yw cariad.'

FFERMIO AR Y DIBYN

Meinir Howells
gydag Andrew Teilo

Diolch o galon i Andrew Teilo am ei amynedd a'i
gyfeillgarwch ar hyd y daith wrth ysgrifennu'r llyfr hwn,
i'r Lolfa am gredu ynof i ac i Emyr Young am y lluniau.

Argraffiad cyntaf: 2024
© Hawlfraint Meinir Howells a'r Lolfa Cyf., 2024

Dymuna'r cyhoeddwyr gydnabod cymorth ariannol
Cyngor Llyfrau Cymru

Cynllun y clawr: Sion Ilar
Llun y clawr blaen: Emyr Young

Rhif Llyfr Rhyngwladol: 978 1 80099 625 0

Cyhoeddwyd, rhwymwyd ac argraffwyd yng Nghymru gan
Y Lolfa Cyf., Talybont, Ceredigion SY24 5HE
gwefan www.ylolfa.com
e-bost ylolfa@ylolfa.com
ffôn 01970 832 304

Un hoffus a di-lol!

RHAI BLYNYDDOEDD YN ôl, pan oedd hi'n westai ar raglen *Jonathan*, dywedodd Meinir Howells y byddai wedi dwlu cael y cyfle i chwarae rygbi. Fe wnaeth y sgwrs fach honno wneud i fi feddwl – ym mha safle fyddai Meinir yn chwarae ar y cae rygbi? Beth oedd y rhinweddau allai hi gynnig fel chwaraewr?

Wel, mae'n un sy'n deall beth sydd ei angen i fod yn aelod o dîm. Fel un a ddaeth i'w nabod hi trwy weithio ar raglen yn ymwneud â Chlybiau Ffermwyr Ifanc ar BBC Radio Cymru dipyn yn ôl, rwy'n gwybod yn iawn ei bod wedi cyfrannu'n helaeth i'r mudiad. Roedd yn hoelen wyth yn ei hardal a'i sir. Buodd yn aelod gwerthfawr iawn o gynifer o dimoedd cynhyrchu ar hyd yr amser hefyd.

Mae Meinir yn unigolyn amryddawn a phrysur – fel mam, ffermwr, cyflwynydd, cyfarwyddwr a threfnydd. Diflino yw'r gair. Mae'n un sydd ag 'injan' sydd yn mynd a mynd, ac nid yw'n ofni gweithio'n galed.

Mae'n ddylanwadol ac yn egwyddorol; mae hi o ddifri am ei chyfrifoldeb fel cyflwynydd ar *Ffermio*, un o raglenni pwysicaf S4C. Mae llais Meinir yn un o'r lleisiau hynny ym myd darlledu Cymraeg y mae pobl yn gwrando arno ac yn ei barchu. Un hoffus a di-lol yw Meinir!

Wrth gydweithio â'i gŵr, Gary, yn Shadog mae

Meinir wedi dangos i ni gyd ei bod yn llawn dychymyg a gweledigaeth – mae llwyddiant y teulu gyda'r ffarm, mewn bach iawn o amser, yn dangos hynny. Stamina hefyd. Mae gan rywun sy'n gallu goroesi'r tymor wyna, gyda gwên ar ei hwyneb drwyddi draw, gryfder corfforol a meddyliol. Corfforol, rwy'n eich clywed chi'n gofyn? Wel, mae'n amheus 'da fi fod llawer o fois yn gallu cneifio dafad cystal â hi.

Yn olaf, mae Meinir Howells yn enghraifft o sut all merch lwyddo mewn byd *macho*, gwrywaidd iawn, rhywbeth rwy'n ei edmygu'n fawr ynddi. Mae hyn yn dangos rhyw nerth cymeriad anhygoel, yn fy marn i. Mae'n esiampl, nid yn unig i *ferched* Cymru, ond i bawb.

Yn fyr, mae gan Meinir y rhinweddau perffaith.

Felly, pa safle fyddai un Meinir yn y tîm? Heb os, un o'r safleoedd mwyaf 'dylanwadol' ar y cae. Un o'r haneri, mae'n siŵr 'da fi – maswr, neu fewnwr, a hynny oherwydd ei hegni diflino a'i dychymyg a'i greddf i wneud y penderfyniadau cywir. Ac rwy'n siŵr, oherwydd y parch sydd gan bawb tuag ati a'r natur hoffus fyddai'n ysbrydoli eraill, y byddai hefyd yn gapten ar ei thîm.

Nigel Owens
Hydref 2024

1

Dwi'n cofio eistedd ar y gwair ym Maesteilo wrth y Zetor coch a Jones y Baler, pob un â stout bach yn ei law, chwerthin braf yn llenwi'r lle. Atgofion melys sydd wedi helpu i greu y person ydw i heddiw...

Mae'n ganol mis Mawrth, ac mae'r tywydd wedi bod yn ddiflas ers miso'dd; gall Mawrth fynd i un o ddau gyfeiriad o ran y tywydd, wrth gwrs – gall fod fel y gaea, gan oeri esgyrn rhywun i'r byw, neu fe all fod yn annaturiol o gynnes, fel pe bai'n un o fiso'dd yr haf. Nid yw'n un o'r ddau beth heddi, a'r glaw mân wedi setlo'n drwm dros y sied ddefed. Mae'n fwyn ac yn llaith, a'r tamprwydd trwm yn cadw'r caeau sydd wedi troi'n fwd gan stormydd diddiwedd yr hydref a'r gaea rhag sychu. Dyma'r tymor wyna gwlypaf mae Gary a finne wedi ei brofi. Mae 'na waith sydd angen ei wneud ar y tir, ond do's dim pwynt ystyried y peth ar y foment. Pe bydde rhywun yn camu i un o'r caeau heddi, fe fyddai'n rhaid ei achub o'r llacs gyda rhaff.

'Wy inne ddim yn un peth na'r llall y dyddie hyn chwaith. Mae nosweithie heb gysgu braidd o gwbl yn dechre gadel eu hôl arna i, a'r tymor wyna wedi bod yn galed arnon ni i gyd fel teulu, fel mae wastad. Mae fy nwylo wedi chwyddo

7

a'r croen yn amrwd a chrac, y ddwy law wedi eu staenïo â *spray* glas ac ïodin. Yfory, bydda i'n ffilmio'r rhaglen *Ffermio*. Sut fydd cadw'r dwylo hyn mas o olwg y gwylwyr?

Er fy mod i eleni eto wedi dod o hyd i'r lle hwnnw yn fy meddwl mae'n rhaid i mi fod ynddo yn ystod y tymor wyna, ac er bod yna blesere amlwg wrth helpu bywyde bach newydd i ddod i'r byd, mae pob asgwrn yn fy nghorff yn rhoi dolur i mi. 'Wy'n bigog weithie, sy ddim fel fi. 'Wy'n teimlo fel drychioleth, ('wy heb olchi fy ngwallt ers dyddie), ac yn dyheu – fel ag yr ydw i bob tro – i'r adeg hon o'r flwyddyn basio'n glou, er mod i'n gwbod na wneith hi ddim. Ma wthnose o wyna ar ôl, a defed di-ri'n aros i ddod â'u hŵyn.

Ar adege fel hyn, digon rhwydd yw hi i rywun holi ei hunan beth yw pwynt parhau i ffermio. Ond rhaid peidio â gwneud hynny. Rhaid yw canolbwyntio ar y gwaith a gwneud yn siŵr bod y defed i gyd yn rhoi genedigeth yn ddidrafferth. Bodoli yn yr eiliad, ys dywedon nhw, a pheidio â gadel i ofidie fory gymylu pethe'n ormodol. A chofio hefyd y ddihareb boblogaidd,

'Daw eto haul ar fryn.'

Ond pryd daw'r heulwen honno? Yn ystod nosweithie – a dyddie – hir y tymor wyna, anodd peidio â phendroni ynghylch pethe. Y pethe sy'n pwyso a gwasgu. Ar hyn o bryd, y tywydd yw'r bwgan i ni yma yn Shadog; os bydd hi'n rhy wlyb i droi'r gwartheg mas i'r caeau pan ddaw hi'n amser, bydd yn rhaid eu cadw o dan do tan iddi sychu digon, gan obeithio y bydd ganddyn nhw o leia damed o borfa yn y cae i'w fwyta. Os nad ân nhw mas mewn da bryd, bydd hynny yn ein gorfodi i gadw i'w bwydo â silwair yn y sied, a'r cyflenwad hwnnw'n prysur ddod i ben. Daw costau ychwanegol wedyn, gan bydd yn rhaid prynu rhagor o silwair. (Dyna'r peth diwetha sydd ei angen ar adeg fwya llwm y flwyddyn, pan nad o's unrhyw refeniw'n dod i mewn i goffrau'r fferm). Fydd dim modd gwrteithio'r tir chwaith, oherwydd dyw'r amodau ddim yn addas a dim ond mynd i drybini wneith y tractor a'r tancer wrth fracso trwy fwd y caeau. Ac eto, rhaid yw gwacáu'r pwll slyri ar ôl y gaea hir. Mae'n ofid mawr, ac ry'n ni'n teimlo ein bod wedi ein dal rhwng dwy stôl.

Mae 'na bethe eraill hefyd, llawer ohonyn nhw, sy'n fwrn ar lewyrch y fferm, ac ar ffermio yn gyffredinol. Cwestiyne sy'n codi eu penne yn aml yn ystod yr orie hir hyn yw pam nad yw amaeth yn ca'l ei barchu gan gymdeithas rhagor? Pam nad yw pobl yn cofio mai o'r ffermydd y daw eu bwyd, a pham bod pethe'n ymddangos fel petaen nhw'n mynd yn fwy anodd byth i ni? Mae'r diwydiant yn crebachu a ffermwyr yn llwyr ddigalonni. Mae ffermwyr yn rhoi'r gore iddi yn eu heidie.

Er y glaw mân, mae gobaith y gallai'r haul godi uwchben y brynie cyn bo hir.

2

DWI DDIM YN cofio pam yn union ro'n i'n chwilio amdano'r eiliad honno – eisiau gofyn rhyw gwestiwn digon diddim iddo o'n i, mae'n siŵr, neu wirio rhyw e-bost cyn ei ddanfon – ond ar ôl rhai munudau des i o hyd i Gary'n sefyll a'i gefn ata i, yn pwyso ar reilen uchaf gât yn y sied ddefaid. O edrych ar osgo ei gorff a'i ysgwyddau'n crymu, ro'dd hi'n amlwg iddo fod yn pendroni. Yn gorwedd yn dawel hapus o'i flaen ar wellt y lloc ro'dd y dyrnaid o ddefaid Bryniau Ceri ro'dd Dafydd, ein mab, wedi eu cael yn anrheg gan Siôn Corn y Nadolig hwnnw, a'r patrymau du unigryw hyfryd ar hyd eu hwynebau, eu clustiau a'u coesau, yn bictiwr.

'Gary, *dyma* ble 'yt ti,' dywedais i wrth gyrraedd y tu ôl iddo.

Ro'n i'n meddwl yr eiliad honno ei bod hi'n beth rhyfedd, braidd, bod Gary heb droi ei ben i fy nghyfarch, a phan gyrhaeddais wrth ei ochr ces i fy synnu o weld bod ganddo ddagrau yn ei lygaid. Nid o'dd hyn fel fy ngŵr o gwbl, dyw Gary byth yn llefain. Deallais ar unwaith ei fod wedi ceisio lle tawel iddo'i hun er mwyn peidio â dangos i fi na'r plant ei fod o dan deimlad. Rhoddais fy mraich ar ei ysgwydd, gan ei holi, 'beth sy'n bod?'

'Beth *yn* ni wedi neud?' holodd yn dawel.

Ro'dd Gary wedi bod yn pendroni dros wir arwyddocâd rhoi'r defaid yn anrheg i Dafydd. Mae Daf yn un sydd â'i feddwl ar fynd yn ffermwr ryw ddydd; mae hynny'n wir am ei chwaer, Sioned, hefyd, ill dau ar hyn o bryd yn benderfynol o gerdded yn ôl traed eu rhieni, fel ro'dd Gary a finne hefyd pan o'n ni eu hoedran nhw. Ond ro'dd hi wedi gwawrio ar eu tad ei bod yn ddigon posib taw codi gobeithion ein mab ro'n ni wedi ei wneud – trwy roi'r modd iddo fagu ei ddiadell ei hun – er mwyn i'r gobeithion hynny gael eu chwalu yn y pen draw. Pa ddyfodol o'dd i ffermio, gofynnodd. A pha ddyfodol i'n plant ni o fewn y diwydiant? Ac i beth o'dd eisiau annog Dafydd i fynd i ffermio? Ro'dd hi'n un o'r eiliadau hynny lle'r o'dd y gwirionedd am ffermio heddiw wedi taro Gary'n drwm, a'r ofnau sydd ganddo am ddyfodol ein plant wedi dod i'r amlwg. Rwy'n credu taw yn yr eiliad honno y penderfynodd fy ngŵr ei fod am frwydro i sicrhau dyfodol i'n plant ym myd amaeth, os taw dyna o'dd eu dymuniad.

Wedi i fi dreulio fy oes hyd yma ym myd amaeth – fel ffermwr ac fel cyflwynydd ar raglenni teledu'n ymwneud â'r diwydiant – rwy wedi bod yn ddigon ffodus i allu cadw llygad ar ddatblygiadau o fewn y byd hwnnw o safle unigryw, eithaf breintiedig a dweud y gwir. Heblaw am faterion bob dydd wrth ffermio yn Shadog, mae gweithio ar raglen *Ffermio* S4C wedi fy ngalluogi i ddod i gysylltiad â chymaint o bobl ar hyd y blynyddoedd – boed ffermwyr, gwyddonwyr, cynrychiolwyr undeb, arbenigwyr mewn amryw feysydd amaethyddol, gwleidyddion, swyddogion mudiadau lles, ac yn y blaen – a thrwy hynny, cael llun cytbwys a chyflawn o gyflwr amaethu yng Nghymru. A galla i ddweud, gyda fy llaw ar fy nghalon, mai dyma'r gwaethaf mae hi wedi bod arnom ni, yn sicr o 'mhrofiad *inne* fel ffermwr. A rhaid dweud hefyd fy mod yn llwyr rannu gofidiau Gary am ddyfodol y diwydiant. Yn y blynyddoedd diwethaf, rwy'n clywed am fwy o ffermwyr nag erioed sy'n sôn am roi'r gorau iddi oherwydd eu bod yn gweld cyn lleied o obaith i'w busnesau. Faint yn rhagor o'n ffermwyr sydd wedi canfod eu hunain mewn llecynnau tawel ar eu ffermydd yn ddiweddar yn poeni eu henaid am y dyfodol ys gwn i? Mae'n ofid calon.

Fel rhywun sy'n *caru* ffermio a'r byd amaeth yn angerddol, ac wedi gwneud ers pan o'n i'n ferch fach, ac fel un sydd wedi ei geni i'r byd hwnnw, (alla i ddim â gweld fy hunan yn ennill bywoliaeth mewn *unrhyw* faes arall), mae'n codi ofn arna i wrth feddwl beth allai ddigwydd cyn bo hir iawn i'r diwydiant, ac i'r holl unigolion sy'n rhan ohono ac yn ddibynnol arno. Does dim dwywaith amdani, fe *fydd* yna ffermwyr yn eu llaweroedd yn gadael y busnes yn y dyfodol agos, allwn ni ddim â dianc rhag y ffaith drist honno. Mae'n anodd gweld bai arnyn nhw, gyda phwysau cymaint o ffactorau'n gwasgu mor drwm. O siarad â ffermwyr heddiw, ac o'm profiadau fy hunan, mae'r gofidiau pennaf yn ymwneud â'r *NVZs* sydd wedi eu cynnig fel modd o reoleiddio gwasgaru slyri ar y tir; y deddfau *SFS* amgylcheddol newydd sydd ar y gorwel; sefyllfa gyffredinol dorcalonnus *TB*; cymhlethdodau budd-daliadau, a'r cytundebau masnach newydd sydd wedi dod i fodolaeth yn sgil newidiadau anferth i'r tirlun masnach ryngwladol yn ddiweddar. Wedi blwyddyn hynod, hynod wlyb fel yr un sydd newydd fynd heibio, gallwn ychwanegu'r tywydd i'r rhestr hon hefyd. Dim ond hyn a hyn o bwysau mae'r diwydiant yn gallu ei ysgwyddo.

Mae'r sylweddoliad bod pethau'n gwasgu'n ofnadwy ar ysbryd y gymuned amaethyddol yn un sy'n ypsetio rhywun oherwydd, yn eu hanian, mae pobl ffermio'n tueddu i fod yn rhai dyfeisgar a pharod i ymateb i heriau. Pobl ffilosoffaidd, rhai ymarferol a realistig eu disgwyliadau. Mae gofyn iddyn nhw fod hefyd, wrth gwrs, oherwydd byd di-ddal yw byd ffermio, byd sy'n dibynnu ar gymaint o elfennau nad yw'n bosib eu rheoli. Marchnadoedd. Y tywydd. Yr economi. Nid oes lle i naïfrwydd fel rhan o'r cynllun busnes os am gadw pen uwchlaw'r dŵr. Mae rhywun yn dechrau ar yrfa ym myd ffermio gan wybod *na fydd* pethau'n hawdd; fe fydd yna adegau sy'n well na'i gilydd, a gwaeth hefyd. Dyna fel mae hi. Ond mae gweld pobl sydd wedi hen arfer â'r ansicrwydd yn poeni'n wirioneddol am eu dyfodol yn arwydd drwg iawn o sut mae pethau arnon ni. Mae gofyn i ni i gyd dynnu'n ddwfn ar ein hadnoddau yn awr, dal yn dynn nes fydd y storom yma'n gwibio heibio. Fe ddaw diwrnod newydd, fe ddaw llanw wedi'r trai ac enfys wedi'r glaw.

Wrth gwrs, fel merch a aned i deulu o ffermwyr, cefais fy nysgu'n gynnar am wirioneddau ffermio, ac rwy'n lico meddwl fy mod yn un o'r bobl ddyfeisgar a realistig hynny y soniais amdanyn nhw. Nid 'rhamant' yw ffermio i fi, er bod i'r bywyd hwn lawer o bethau hyfryd, bendigedig; a na, hyd yn oed â phethau fel ag y maen nhw ar y diwydiant ffermio, fydden i byth yn ei drwco am y byd! Ar fferm Maesteilo yn ystod fy mhlentyndod cefais fy nghyflwyno'n gynnar i realiti'r gwaith; yn anffodus, mae troeon torcalonnus – tebyg i'r tro pan laddodd buwch ei llo ei hun, ar ôl i Gary a finne helpu ei eni trwy enedigaeth arw a llafurus, fel a welwyd yng nghyfres *Teulu Shadog: Tymhorau'r Flwyddyn* ar S4C – yn ddigwyddiadau os nad dyddiol ar glos fferm, yna'n rhai lled gyson. Mae colledion o bob math yn bethau mae'n rhaid i'r ffermwr ddysgu byw gyda nhw, a bron bob tro mae'r colledion hynny'n bethau sydd tu hwnt i reolaeth hyd yn oed y ffermwyr mwyaf gofalus. Mae gorfod derbyn bod colledion poenus yn rhan annatod o fywyd ffermio yn fwrn cythreulig ar hwyliau hyd yn oed y ffermwr mwyaf profiadol.

Dyma'r addysg gynnar mae plant sydd wedi eu magu ar glos fferm yn ei derbyn. Mae plant i ffermwyr yn tystio'n fynych i bethau anodd yn gynnar iawn yn eu bywydau, er gwaetha ymdrechion eu rhieni i'w cadw rhag eu profi, wrth gwrs. Mae cylch bywyd yn dod yn amlwg iawn iddyn nhw yn gynnar yn eu bywydau; yn anorfod, mae'n rhai bach ni, Dafydd a Sioned, wedi profi pethau sydd wedi eu hypsetio, fel gweld oen bach yn marw, er enghraifft, neu weld torraid o gŵn bach yn cael eu gwerthu a'r plant wedi dotio arnyn nhw eisoes. Nid yw'r broses atgenhedlu'n gyfrinach iddyn nhw chwaith. Pan eith y tarw neu'r hwrdd ati i wneud ei waith, mae'r plant yn gwybod i ddisgwyl lloi ymhen naw mis, ac ŵyn ymhen pump. Y gwir plaen amdani yw bod plant fferm yn aeddfedu dipyn cyn eu cyfoedion trefol oherwydd natur y profiadau maen nhw'n eu cael.

Dwi'n cofio Sioned yn ein holi ni ar ôl colli oen mawr Texel wrth ei eni, 'Beth o'dd yn bod ar yr oen yna, Mam?'

Atebodd Dafydd cyn i'r un ohonon ni gael cyfle; 'Do'dd e jest ddim ishe byw, Sioned.'

Mae diniweidrwydd plentyn i sefyllfaoedd anodd y fferm bob amser yn falm i'r enaid, a hefyd yn ein hatgoffa ni bod y golled tu allan i ddrws y tŷ, ac fe ddylen ni fod yn ddiolchgar iawn am hynny.

Rhaid i fi ddweud, ro'n i'n lwcus iawn o'm teulu am y cyngor a'r addysg ges i ganddyn nhw ac mae'r atgofion sydd gen i o 'mhlentyndod a'm hieuenctid ar fferm Maesteilo, nid nepell o bentre Capel Isaac ger Llandeilo, yn rhai hynod felus. Adeg hynny, ro'dd y fferm yn gyfystyr â rhyw bedwar cant a hanner o erwau o dir pori bryndirol, gydag ychydig o goedtir fan hyn a fan 'co. Ro'dd gennym ddiadell gymysg sylweddol o ryw naw cant o ddefaid, yn cynnwys defaid Penfrith, Beulah, Charollais, Miwl a Balwen, gydag ambell hwrdd Texel hefyd. Yn ogystal, ro'n ni'n cadw rhyw gant a hanner o wartheg, o'dd yn cynnwys oddeutu 65 o dda sugno a stoc ifanc ac ati. Er hynny, ro'dd y lle'n gallu teimlo fel Folly Farm II weithiau, gan ein bod hefyd yn cadw moch, gwyddau, ieir, geifr, asynnod ac ambell gwningen! Yr unig beth o'dd ar goll 'da ni o'dd y jiraffs! Yn ffinio â hen blas Maesteilo, (sydd erbyn hyn yn gartref preswyl), cartref mebyd fy mam, Doris, yw Fferm Maesteilo. Yno y'i magwyd hi, yn ferch i Isaac a Rosina Jones. (Un yn enedigol o ardal Bethlehem, ger Llandeilo yw fy nhad, Eifion Jones, a chartref ei flynyddoedd cynnar yntau yng Ngharregfoelgam, Dyffryn Ceidrych).

Fferm go 'arferol' ei ffyrdd o'dd Maesteilo bryd hynny, heb fod yna'r un peth gwahanol neu unigryw am y ffordd ro'n ni'n ffermio yno. Ro'dd Mam a Dad yn gyfforddus yn y ffordd ro'n nhw'n amaethu, a do'dd dim byd yn rhy chwyldroadol yn eu hagwedd. Ond ro'dd y ddau ohonyn nhw'n ffermwyr craff, ac yn hoff o fynd yn erbyn y llif poblogaidd er mwyn elwa yn y pen draw – os o'dd pobol yn lleihau eu diedyll o ddefaid, neu'n rhoi'r gorau i'w ffermio'n gyfan gwbl, fe fyddai fy rhieni'n cynyddu eu diadell, gan wybod y byddai pethau'n troi fel arall ymhen hir a hwyr a byddai yna werth mawr ar eu stoc wedyn. Pan o'dd pawb yn rhoi'r ffidil yn y to gyda godro rai blynyddoedd yn ôl, a lloi llaeth pur bron yn ddiwerth, aethon ni ati i brynu lloi am bris rhad. Ro'dd Mam a Dad yn gwybod yn iawn byddai'r galw am dda godro yn siŵr o godi eto, ac y byddai yna brinder ohonyn nhw erbyn i'w lloi gyrraedd eu haeddfedrwydd, a dyna o'dd yn wir yn y pen draw – ro'dd pawb eisiau nhw, ac yn barod i dalu'n hael iawn amdanyn nhw. Ro'dd hynny yn dipyn o gambl ar eu rhan nhw, ond

15

dyna sut beth yw craffter busnes da yn y bôn, ontefe? *Business acumen*, ys dywed y Sais.

Ro'n i'n benderfynol o'r dechrau'n deg o fynd yn ffermwr. Yn y bôn, rwy'n credu mai dilyn ôl traed fy mam ro'n i am ei wneud. Ro'dd Mam yn eithaf unigryw yn yr ystyr ei bod gartref yn ffermio'n llawn amser gyda Dad. Mewn oes pan o'dd hi wedi mynd yn beth arferol i wraig fferm fynd allan i weithio mewn jobyn arall a helpu ar y fferm pan allai hi, dilyn patrwm gweddol hen ffasiwn wnaeth Mam, gan chwarae rhan lawn fel ffermwr gyda 'Nhad. Ro'dd Mam yn un am 'bitsio miwn', ys dywedon nhw, ym mhob un agwedd o waith y fferm – o yrru tractor i dynnu llo neu oen. Ro'dd hi'n ysbrydoliaeth, yr hyn y byddai rhywun yn ei galw'n *rôle model* heddiw. Do'dd dim ofn arni faeddu ei dwylo a gweithio'n galed – ac un fel hynny ro'n i am fod hefyd!

3

Yɴ ɢʀᴏᴛᴇɴ ꜰᴀᴄʜ, fe fyddwn i'n mynd yn gwmni i Mam i bobman ar hyd y fferm. Mae gen i atgof cynnar – o bosib fy atgof cynharaf un – o finne'n eistedd ar silff ffenest y beudy'n gwylio Mam yn rhoi'r lloi i sugno, a'u mamau oll wedi eu clymu yn eu stondinau, fel ro'n ni'n arfer ei wneud slawer dydd ym Maesteilo. Ymhen dim, ro'n i'n gallu cywiro fy mam os o'dd hi'n digwydd rhoi llo i sugno'r fuwch anghywir ar ddamwain – ro'n i wedi dysgu'n gyflym pa lo o'dd yn perthyn i ba fuwch. Rhyw bedair neu bump oed o'n i! (Er hynny, ces i flas cynnar ar ochr beryglus ffermio tua'r adeg honno pan feddyliais i fod un o'r buchod hynny'n bod yn 'swci' iawn gyda fi. Rwy'n cofio Mam yn gweiddi arna i i fynd o'i ffordd ar unwaith. Bod yn amddiffynnol o'i llo o'dd y fuwch, ac yn treial fy ngwthio i ffwrdd yn arw gyda'i phen).

O edrych yn ôl, ro'dd fferm Maesteilo'n rhywle o'dd yn bodoli yn ôl ei rheolau ei hunan, fel llawer iawn o ffermydd bryd hynny! Ro'dd hi'n gred gyffredinol – gywir, yn fy marn i – bod merched a meibion i ffermwyr yn pasio eu prawf gyrru yn gyflym, gan eu bod wedi hen arfer â gyrru cerbydau ar hyd caeau a thraciau eu cartrefi. Dyna fel o'dd hi gyda ni. Do'dd dim yn well 'da fi na gyrru

17

tractor, yr hen International neu'r Zetor coch, gan dynnu'r
trelyr wrth 'garto' bêls gwair, wedi i fi fod yn troi'r gwair
er mwyn ei grasu gyda'r tractor a'r chwalwr; a dweud y
gwir, ro'dd fy mrawd Eirian a finne'n cwympo mas o hyd
dros bwy fyddai'n cael gwneud y jobyn hwnnw, ac rwy'n
eithaf siŵr mai yn sedd yr hen Zetor ddysgais i sut i yrru,
a hynny unwaith i 'nghoesau dyfu'n ddigon hir i gyrraedd
y pedalau! Erbyn fy mod i'n rhyw un ar ddeg oed, ro'n i
i 'ngweld yn aml mewn sedd tractor yn sgrepio tail neu'n
dosbarthu silwair i'r cafn o flaen y gwartheg yn y sied.
Er hynny, ro'dd Dad wastad yn cadw llygad gofalus arna
i pan o'n i wrthi; ni fyddai byth wedi fy ngadael i dynnu
llond trelyr o fêls dros dir serth, er enghraifft, a finne mor
ddibrofiad bryd hynny. A chyn i neb holi, do, fe wnes i
basio fy mhrawf gyrru y tro cyntaf. (Does dim angen sôn
am y prawf theori!)

Un peth hynod am fferm Maesteilo o'dd ei bod yn
teimlo'n rhan o'r gymuned gyfagos, nid fel rhywle ar
wahân iddi. Do'dd hi byth yn teimlo i fi fel bod y fferm
yn ynysig, fel y gall llawer o ffermydd mwy anghysbell
Cymru deimlo i'w perchnogion gyda'u cymdogion agosaf
yn byw rai milltiroedd i ffwrdd. Nid yw Maesteilo ymhell
o bentre Capel Isaac. Rwy'n sôn hefyd am gyfnod pan
o'dd cymdogaethau gwledig a chymunedau'n dal i helpu
ei gilydd ar adegau prysur. O gofio'n ôl, rwy'n sylweddoli
mor fyrlymus o'dd clos y fferm.

Ro'dd yr achlysuron plufio gwyddau ym Maesteilo yn
gofiadwy. Pan o'dd y Nadolig ar gyrraedd byddai'r hen
adeilad ar y clos – yr hyn ro'n i'n ei alw'n 'Gegin Fach Mas',
a fu unwaith yn hen ffermdy *home farm* stad Maesteilo – yn
orlawn o deulu a helpwyr, oll yn tynnu plu rhyw gant o
wyddau, gwyddau o'dd wedi eu magu, y rhan fwyaf, ym
Maesteilo yn barod at eu gwerthu; os rwy'n cofio'n gywir,

ro'dd un o'r helpwyr hynny, Mrs James, Llwyncelyn, yn fenyw yn ei hwythdegau. Ro'dd tipyn o hwyl i'w gael, gyda chleber y plufwyr yn atseinio fel haid o ddofednod ar hyd y stafell wrth iddyn nhw daflu'r plu i bentwr ynghanol y llawr. Llosgai tân braf agored yng ngrât y Gegin Fach Mas er mwyn cadw pawb yn gynnes wrth eu gwaith; erbyn meddwl, do'dd hynny ddim mo'r syniad gorau, gan fod pawb yn eistedd ar fêls o wair sych grimp! Ro'dd y stafell hefyd yn gartref i hen biano y byddai un o'r plufwyr weithiau'n toncio rhyw alaw arno ac ambell un yn canu i'w gyfeiliant. Yn anffodus, daeth yr arferiad hwn o blufio i ben erbyn fy mod yn rhyw wyth neu naw oed, ond ro'dd y cynulliadau hynny heb eu hail fel modd o godi hwyl y Nadolig ar aelwyd Maesteilo.

Wrth gwrs, heblaw am amser wyna efallai, yr adegau mwyaf prysur i ni ym Maesteilo o'dd amser cneifio neu gynaeafu. Yn ystod fy mhlentyndod, gweithgaredd teuluol o'dd y cneifio'n bennaf, gydag ewythrod ac aelodau o'r teulu estynedig yn dod i Faesteilo i'n helpu. Wrth i fi dyfu'n hŷn, ces y jobyn pwysig o bacio'r gwlân, cyn mentro fy llaw yn nes ymlaen ar y cneifio'n iawn. Yn y pen draw, dim ond fy nhad, fy mrawd Eirian a finne o'dd yn cneifio a Mam yn pacio'r gwlân. Ro'dd ein gweithlu teuluol wedi mynd yn ddigon o faint i wneud y gwaith i gyd, fwy neu lai, erbyn hynny.

Do's dim dwywaith amdani bod y cynhaea gwair yn adeg o brysurdeb mawr ym Maesteilo. A phan o'n ni'n lladd y gwair bob haf ro'dd hi fel petai ein cymdogion yn medru clywed aroglau'r gwaith ar y gwynt, ac yn heidio draw i gynnig help llaw gyda'r cynaeafu. A dweud y gwir, ro'dd rhai o'n caeau mor agos i bentref Capel Isaac, mae'n rhaid eu bod wedi *wedi* gwynto'r glaswellt o'dd wedi ei dorri'n ffres, y gwynt yn cario'r aroglau i'w cyfeiriad. Fe welwch nad teulu'n unig o'dd yn helpu ni gyda'r gwaith mawr ym Maesteilo, ond cymdogion a ffrindie o'dd â jobsys naw-tan-bump ac yn ffansïo tamaid bach o waith er mwyn cadw'n ffit!

Liciwn i ddim â dyfalu sawl bêl o wair y bydden ni'n eu cywain o'r caeau mewn un tymor. Dwi ddim yn cofio i unrhyw un gofnodi hynny ar y pryd, yn anffodus. Ond pan newidiodd y fferm o gywain byrnau bach i'r rhai mawr crwn ry'n ni'n eu gweld ym mhobman heddiw rwy'n cofio mai rhyw naw cant ohonyn nhw o'dd yn arferol; wna'i adael i chi wneud y *maths*, ond ry'n ni'n sôn am gwpl o filo'dd – a mwy – yn y man lleiaf. Ro'dd yn rhaid trafod pob un o'r byrnau bach yna â llaw, gyda rhai o'r gweithlu'n eu towlu i gefn y trelyr, a rhai ar ben y trelyr wedyn i'w derbyn a'u rhoi mewn trefn fel bod modd cario cymaint â phosib ar un tro. Wedi i'r llwyth gyrraedd y sgubor o'dd y ffwdan mwya'n dechrau. Ro'dd yr hen *elevator* 'Lister' – rhyw ysgol symudol o'dd hi wedi ei phweru gan injan betrol – o'dd fod i gludo'r byrnau o'r trelyr i mewn i'r sgubor yn tueddu i fod yn stwbwrn fel hen asyn, yn pallu'n deg â thanio byth; byddai Dad yn diawlio'r peiriant yn flynyddol, a gwell fyddai peidio â'i ddyfynnu fan hyn! Yn aml iawn, byddai'r injan yn mynd ar dân, a do'dd hynny ddim y peth gorau mewn sied o'dd yn llawn o wair! Bob tro wedyn byddai 'na redeg gwyllt 'nôl a 'mlaen i ôl bwcedi o ddŵr i ddiffodd y tân! Meddyliwch!

Wedi lot fawr o waith caled a lot fawr o hwyl, byddai'r cywain gwair yn gorffen am flwyddyn arall. Do'dd ein helpwyr ni byth yn disgwyl unrhyw dâl am eu gwaith, ond bydden nhw'n cael eu bwydo'n dda; ciniawe rhost, â thatws a grefi fel arfer. Ac fe fyddai 'na anrheg bach i'r helpwyr ar ffurf golwyth o gig yr un oddi ar un o anifeiliaid y fferm o'dd wedi cael ei ladd ddim yn hir cyn 'nny, boed hwnnw'n damaid o gig oen, porc neu gig eidion. Fel teulu fe fyddwn yn fythol ddiolchgar iddyn nhw i gyd.

Y tristwch yw bod hyn yn darlunio'n eglur mor wahanol yw hi yn awr ar ein ffermydd fel canolfannau cymdeithasol. Er i Gary a finne gynnal ein gwerthiannau a'n cyngherddau bob blwyddyn ar fferm Shadog, a chroesawu cannoedd o bobl aton ni wrth wneud hynny, nid yw'r elfen gymdeithasol fel y buodd hi flynyddoedd yn ôl yn Shadog, nac ar y rhan fwyaf o ffermydd, mae'n ymddangos. Er ein bod ni'n ffodus i gael rhai cymdogion sydd gwerth eu pwysau mewn aur, dyw cymdogaethau gwledig ddim yn dod at ei gilydd fel ro'n nhw'n arfer ei wneud; ydy hynny oherwydd bod yr hen gymdeithasau wedi marw mas, a bod y rhai newydd yn llawn o bobl sy'n ddierth i'w gilydd, heb sôn am beidio ag adnabod y teuluoedd ffermio sydd ar ôl yn eu hardal? Mae rhai'n credu ei fod e.

Ond does dim gwadu bod buarthau ffermydd yn llefydd llawer mwy unig a thawel y dyddiau hyn. Mae'n bosib peidio â gweld yr un enaid byw o un pen o'r wythnos i'r llall, a dim ond trwy wneud ymdrech i gysylltu â'r byd allanol mae llawer yn dod i gyffyrddiad â phobl o gwbl. Ac yn lle'r giwed o gymwynaswyr – a'r cyfleon i siarad a thynnu coes – cawn gontractwyr proffesiynol i wneud y gwaith; dyna sy'n wir yn Shadog hefyd, ond ry'n ni'n gwneud yn siŵr ein bod yn cymryd ein cyfleoedd i sgwrsio â'r bobl sy'n gwneud jobyn mor ardderchog o gywain cnydau'r fferm, gwasgaru slyri neu gneifio'r praidd. Ry'n ni'n parhau i ddarparu bwyd i'r tîm seilej a'r cneifwyr ac i bwy bynnag arall sy'n ein helpu. Mae hyn wrth gwrs yn ffordd wych o glywed hanesion yr ardal a mwynhau tynnu coes di-ri!

Ond hanfod y ffordd yma o weithio yw bod rhaid i'r contractwyr fwrw iddi i orffen dwy neu dair fferm mewn diwrnod weithiau. Digon rhwydd yw hi i'r ffermwr a'r contractiwr rannu dim mwy nag ambell air clou gyda'i gilydd ar y tro. Mae'r ynysu cynyddol yn broblem wirioneddol yn awr. Er ei bod hi'n fraint arnon ni i fyw mewn llonyddwch, ac ynghanol prydferthwch tawel yn amlach na pheidio, mae'r cysylltiad rhyngon ni ffermwyr a gweddill cymdeithas yn hollbwysig i'n hiechyd meddwl, yn enwedig o ystyried y problemau sy'n pwyso arnom yn awr.

Er cymaint yw fy nyled i'm rhieni, ro'dd yna ffigyrau eraill o gryn ddylanwad yn fy mywyd ifanc hefyd. Fyddai'r un llyfr am fy mywyd ym myd amaeth yn gyflawn pe na fydden i'n sôn am fy nhad-cu Isaac, er enghraiifft, tad fy mam.

Ro'dd Ta'cu Isaac yn ddyn sbesial. Ro'n i'n caru pob *un* o'm mamguod a thadcuod, wrth gwrs, ac rwy'n ffodus iawn fy mod wedi eu cael nhw yn fy mywyd. Ond ro'dd Ta'cu Isaac a finne'n fêts mawr! O'r pedwar o famguod a thadcuod, fe o'dd y cyntaf i'n gadael, ac fe ddaeth ei farwolaeth fel tipyn o ergyd. Yn wahanol i'r rhieni cu ar ochr fy nhad, (Dingat a Doreen Jones, teulu Carregfoelgam), ro'n i'n gweld ein gilydd mor aml, ta'cu a fi, wastad yng nghwmni'n gilydd, ac yn deall ein gilydd i'r dim.

Do'dd Ta'cu ddim mo'r dyn iachaf dan haul. Stwcyn bach o'dd e, yn fyr ac yn solet – yn sgwaryn – gyda'r dwylo mwyaf welais i erioed! Ond ro'dd yn dioddef o sawl cyflwr iechyd go ddifrifol. Ro'dd yn dioddef o wayw'r galon, *angina* – ac nid o'dd yn medru plygu ei goes chwith; ro'dd angen clun newydd arno ond do'dd prin neb yn darparu'r driniaeth hon ar y pryd. Ond do'dd Ta'cu byth yn un i gwyno am unrhyw afiechyd neu boen gorfforol (heblaw ambell 'Jiw, jiw' tawel wrth godi o'i gadair weithiau). *Stoic* o'r iawn ryw o'dd Ta'cu. Er gwaetha ei holl boenau, parhau i ffermio wnaeth Ta'cu, hyd yn oed ym machlud ei ddyddiau, ac yntau wrthi o hyd gyda'r gwaith ffermio a Mam-gu – Rosina – yn cadw llygad barcud ar gownts y fferm. (Wrth gofio'n ôl, ro'dd gweld Mam-gu a Ta'cu gyda'i gilydd yn olygfa hynod – Rosina'n fenyw dal a chydnerth a'i gŵr yn ddyn bach byr, stoci!)

Pan gymerodd Mam a Dad Fferm Maesteilo drosodd wedi iddyn nhw briodi, fe symudodd Mam-gu a Ta'cu oddi yno i fferm lai ei maint gerllaw, sef Bwlch yr Adwy ger pentre Felingwm. Oherwydd ei ben-glin tost, aeth ffermio Bwlch yr Adwy'n waith anodd iddo yn ei henaint. Dyw hynny ddim i ddweud ei fod wedi colli ei grebwyll fel ffermwr, cofiwch, oherwydd fe gadwodd ddiadell hyfryd o ddefaid a gwartheg Charolais hyd y diwedd. Byddai'n prynu'r defaid benyw mwyaf tsiep a di-raen eu golwg, ac ar ôl *dose* a lle da, fe fydden nhw'n gwella, dim chware. Fe fyddai'n rhoi hwrdd safonol i'w gwasanaethu, a chadw rhyw bymtheg neu ugain o'r ŵyn benyw gorau wedyn bob blwyddyn. Dyna sut o'dd Ta'cu yn gweithredu, mi o'dd e wastad yn grediniol bod bargen i'w chael ym mhob mart.

Ond fe aeth ffermio'n dipyn o waith caled iddo, ac er gwaetha ein hanogaeth gyson iddo roi'r gorau i'r gwaith a mwynhau ei henaint, byddai Ta'cu'n styfnigo. Gofynnwyd iddo un tro pam na allai werthu ei stoc a chymryd pethau gan bwyll yn ei flynyddoedd hŷn? Daeth yr ateb cwta'n ddigon parod ganddo,

'Y diwrnod gwerthwch chi'n stoc i, yr un man i chi brynu bocs i finne 'run pryd!'

Ar hyd eu bywydau, ro'dd Isaac a Rosina wedi gweithio'n galed. Yn rhai rhadlon, do'n nhw ddim yn rhai i wario ceiniog ar unrhyw beth nad o'dd ei angen arnyn nhw. O ganlyniad, ymhen amser ro'n nhw wedi rhoi digon heibio fel eu bod wedi medru prynu fferm arall, a thrwy hynny sicrhau dyfodol cyfartal i'w dau o blant; Mam a'i brawd, Philip. Mam, wrth gwrs, a etifeddodd Faesteilo.

O dan lygad gofalus Ta'cu, ces i ddysgu'n ifanc iawn sut i ddod i ben â chymaint o ddyletswyddau ffermio. Pan fyddai Dad yn fodlon i fi ei *helpu* gydag ambell beth, mewn modd digon rheoledig, ro'dd Ta'cu'n berffaith hapus i fi gymryd yr awenau draw ym Mwlch yr Adwy a chlatsio bant gyda dosio'r defaid, er enghraifft, ar fy mhen fy hunan. Ro'n i'n cael tipyn o gyfrifoldeb ganddo yn ifanc iawn ond fe fyddai bob amser wrth fy ochr i gynnig cyngor.

Un peth ro'dd pawb yn ei ddweud am Da'cu Isaac a Mam-gu Rosina o'dd eu bod nhw mor agos ag y gallai cwpl fod. Nid o'dd yn bosib gweld un heb y llall, medden nhw. Ro'dd y ddau wedi mynd i sêl ffermyn ardal Pontynyswen pan lewygodd Mam-gu'n sydyn, a gorfu iddi gael ei chludo i Ysbyty Glangwili yng Nghaerfyrddin. Cawsom wybod fel teulu ei bod hi'n sâl iawn ac rwy'n credu i'r sylweddoliad dorri Ta'cu, oherwydd fe wnaeth e ddarbwyllo ei hunan na fyddai Mam-gu'n dod mas o'r ysbyty fyth. Wedi i ni ymweld â Mam-gu yn yr ysbyty ryw brynhawn, gofynnodd Ta'cu i ni stopio ar y ffordd adref yn Swyddfa Bost Nantgaredig er mwyn iddo gael codi ei bensiwn; tra o'dd yno, fe brynodd botel o lemonêd ac afal. Mae'n rhyfedd fel bod y manylion mwyaf dibwys yn aros yn y cof weithiau.

Ro'dd yn arferiad ers blynyddoedd – yn *ddefod*, bron – i Da'cu ein ffonio ni bob bore, tua hanner wedi wyth fel arfer, er mwyn tsieco bod pawb ym Maesteilo'n iawn, ac i gadarnhau ei fod yntau a Mam-gu hefyd. Hyd yn oed yn y dyddiau ar ôl i Mam-gu gwympo'n dost, fe fyddai Ta'cu'n ffonio, er bod ei gymhelliad ryw damaid bach yn wahanol erbyn hynny; ro'dd yn amlwg iawn i ni fel teulu ei fod wedi torri ei galon o achos yr hyn o'dd wedi digwydd i Mam-gu, a ffonio er mwyn ceisio cysur o'dd e, druan. Y bore ar ôl iddo gasglu ei bensiwn, ni ddaeth yr un alwad ffôn ganddo. Meddyliais i ar y pryd fod hynny'n beth lled ryfedd, ond do'dd yr un ohonon ni wedi meddwl bod oblygiadau mawr i'r peth. Bydden ni'n codi Ta'cu tua chwech o'r gloch y nos er mwyn i ni fynd i weld Mam-gu, ond weithiau fe fyddai'n mynd gyda chymydog neu ffrind, a phan gyrhaeddon ni Fwlch yr Adwy, gwelon ni fod y drws wedi'i gloi a bod dim golau yn y tŷ. Tybiodd Mam mai wedi mynd i'r ysbyty trwy garedigrwydd rhyw gydnabod o'dd Ta'cu, a gadawon ni am Glangwili. Ond do'dd dim sôn amdano wrth erchwyn gwely Mam-gu ac rwy'n cofio'r siom ofnadwy a deimlais pan sylweddolais i fod Ta'cu ddim yno, a beth allai hynny ei olygu.

Ffoniodd Mam gartre a mynnu bod fy nhad yn mynd i Fwlch yr Adwy ar unwaith. Wedi iddo dorri i mewn i'r tŷ, daeth Dad o hyd i Da'cu yn ei wely. Ro'dd wedi marw yn ei gwsg. Fe fuod Mam-gu fyw am bedair blynedd eto ar ôl i Da'cu fynd. Er hynny, collodd hithau bob rheswm i fyw yn dilyn marwolaeth ei gŵr, a gwelais mor rhyfedd o beth yw galar – gwrthodai Mam-gu ymweld â bedd Ta'cu, ac ni siaradodd amdano ond yn anaml wedyn. Ond dyna'r unig ffordd o'dd Mamgu'n medru ymdopi â'i cholled, mae'n amlwg.

Mae yna droednodyn tristach eto i fywyd Ta'cu Isaac. Yn y cyfnod ar ôl iddo farw, byddai rhywun – Dad, Mam neu Wncwl Philip gan amlaf – yn gwneud eu gorau i bicio draw i Fwlch yr Adwy er mwyn cadw llygad ar y defaid o'dd yn gymaint o achos balchder i Da'cu pan o'dd yn fyw. Ddiwrnod yn unig cyn angladd Da'cu, fe aeth un o'r teulu draw a darganfod bod rhywun wedi dwyn oddeutu tri deg o'r anifeiliaid gorau o'r ddiadell. Yn amlwg, ro'dd 'na rywrai wedi bod yn cadw llygad ar y mynd a dod ym Mwlch yr Adwy ac wedi bod yn cynllwynio. Hyd heddiw, alla i ddim â chredu mor greulon mae pobl yn medru bod. A'r siom fwyaf i fi, rwy'n credu, o'dd y sylweddoliad taw *ffermwr* fyddai wedi bod yn gyfrifol am wneud rhywbeth mor frwnt, a ffermwr lleol hefyd, siŵr o fod. Byddai angen ci defaid er mwyn helpu gyda'r gwaith corlannu, am un peth, a hwnnw'n gi profiadol, da; ble arall y celech chi gi o'r fath ond ym meddiant ffermwr? Mae'r llun o rywrai'n casglu'r defaid i'r lloc yn y cae, ac yna'n dewis a dethol y rhai gorau i'w dwyn gan wybod na fyddai neb yn dod i'w distyrbio, yn un sy'n fy nghynddeiriogi a'm tristáu hyd heddiw. Efallai taw dyna pam mae dwyn defaid – *sheep rustling* – yn un o'm casbethau o hyd.

Bydda i'n meddwl am fy nhad-cu Isaac bob dydd, ac rwy o hyd yn gweld ei eisiau'n arw, fel y gwelaf golli hefyd aelod arall o do hŷn fy nheulu, un a chwaraeodd ran fawr yn fy mywyd tan iddo ein gadael ni'n ddiweddar. Gŵr Ann – chwaer fy nhad – o'dd Walter Jones, o fferm 'Divlyn' ger Cil-y-cwm, Llanymddyfri. 'Walt' o'dd e i bawb o'dd yn ei nabod; 'Wncwl *Wok*' i finne'r ferch fach nad o'dd yn medru ynghanu ei enw'n iawn!

Ro'dd yn *fwrlwm* o ddyn, yn llawn o hwyl a thynnu coes, wastad â jôc neu ddwy ar flaen ei dafod; efe *o'dd* y boi 'na â'r gallu i wneud i bawb chwerthin dim ond trwy gerdded i mewn i'r stafell. Mewn ambell ffordd, ro'dd Walt yn debyg i Da'cu Isaac; ro'dd y ddau ohonyn nhw'n eithaf hen ffasiwn, ac yn annibynnol iawn eu ffordd o feddwl, er mai unigolyn ychydig yn fwy dywedwst o'dd Ta'cu o'i gymharu â Walt. Ond do'dd yr un o'r ddau'n becso *dim*.

Tasen i'n gorfod disgrifio Wncwl Walt – y person – dyma fydden i'n ei ddweud amdano, fel y traethais yn ei angladd yn eglwys Cil-y-cwm. Ro'dd Walter Jones yn gymeriad hoffus, yn unigolyn mentrus ac yn ddyn ei filltir sgwâr. Ro'dd Wncwl Walt yn dipyn o swynwr pobl, gyda'r gallu i wneud i bawb ei hoffi; ro'dd ynddo ryw gynhesrwydd o'dd yn denu pobl ato. Rhyw sirioldeb yn ei ysbryd. Ro'dd plant yn arbennig yn dwlu arno fe, ac ro'n inne hefyd. Fyddai hi ddim yn or-ddweud petawn i'n honni fy mod wedi treulio hanner fy mhlentyndod yn Nivlyn gydag Wncwl Walt ac Anti Ann. Ro'n i wrth fy modd yno a threuliais i dipyn o wyliau fy mhlentyndod yng Nghil-y-cwm. Rwy'n cofio pan gyhoeddodd fy rhieni bod brawd neu chwaer ar y ffordd, es i'n gynnwrf i gyd wrth feddwl y gallwn i ga'l chwaer fach – ond fe wnes i rybuddio'r ddau pe byddai brawd yn cyrraedd bydden i'n symud i Divlyn i fyw gydag Wncwl Walt ac Anti Ann, a mynychu Ysgol Cil-y-cwm. (Sori, Eirian!)

Yr atgof cynharaf sydd gen i o Wncwl Walt yw'r un ohono'n marchogaeth ei geffyl gwinau, Prince. Yn wir, ro'n i'n arfer meddwl am Walt fel tipyn o arwr ar gefn ei adfarch, a phan roddodd fi i eistedd ar ei gôl ryw dro pan o'dd yn marchogaeth Prince, wel, fe deimlais fel tywysoges fy hunan! Ro'dd Prince gyda'r anwylaf o geffylau, yn was bonheddig a ffyddlon i Wncwl Walt.

Rhai da o'dd Ann a Walt gyda phlant ac fe fyddai wastad groeso arbennig i ni yn Nivlyn; rwy'n cofio'r siglen ro'n nhw wedi ei chodi i ni, yn hongian ar y dderwen fawr ar y *green* o flaen y tŷ, a'r tŷ ei hunan a'i amgylchfyd yn rhywle arbennig i gael pob math o anturiaethau. Mewn blynyddoedd i ddod fe wnes i sylweddoli faint o ysbrydoliaeth o'dd Walt i nifer o ieuenctid yr ardal. Ro'dd e hefyd yn ddylanwad mawr ar fy nhad, fu'n gweithio'n ddyn ifanc fel gwas ar ffarm Divlyn. Fe ddysgodd gymaint dan lygad ei frawd yng nghyfraith, o gneifio i ffensio, a nifer o sgiliau amaethyddol eraill yn ogystal. Ond mae'n mynnu taw'r gwersi pwysicaf y cafodd o'dd y rhai ar sut i fwynhau peint o Worthy! Ro'dd Wncwl Walt yn mwynhau ei beint, ac ro'dd y Neuadd Arms ym mhentre Cil-y-cwm bron â bod yn ail gartref iddo; dysgais yn gynnar iawn beth o'dd gwir ystyr ei ymadrodd côd, 'Wy'n mynd lawr i'r pentre i tsieco'r defaid.' Byddai Walt yn towlu golwg ofalus dros y ddiadell i wneud yn siŵr bod y defaid yn iawn, ond âi'n syth wedyn i'r Neuadd Arms am awr fach. Rwy'n cofio helpu ar y gwair yn Nivlyn un flwyddyn, a phawb o'dd ar y trelyr gwair yn *gorfod* stopio am beint yn y Neuadd wrth basio trwy'r pentre – ar y ffordd i'r cae *ac* ar y ffordd 'nôl!

Byddai Walt yn aml yn sôn am un tro pan ro'n i gydag e'n ferch fach yn hel dafad gloff a'i hoen o un o gaeau Divlyn. Rhyw bedair blwydd oed o'n i, os hynny. Dyna lle'r o'dd Walt yn rhoi ei gyfarwyddiadau arferol i Bob y ci defaid, ac yn gorfod stopio yn ei syndod oherwydd iddo sylweddoli bod yna lais arall wrthi hefyd yn galw gorchmynion i'r ci. Penderfynodd fy wncwl ymdawelu a'm gadael wrthi'n gweiddi gorchymynion i'r ci, ac yn ôl Walt ei hun fe lwyddais i reoli Bob a'i gael i hebrwng y ddafad a'r oen i'r sied yn ddiogel.

Rwy'n meddwl taw rhyw fath o *gath* o'dd Wncwl Walt, gan y bu iddo fynd i drybini cymaint o weithiau yn ystod ei fywyd, a goroesi bob tro. Oherwydd rhyw ochr ddi-hid i'w gymeriad, fe ddioddefodd fwy o anhapau nag unrhyw un arall rwy'n nabod. Wncwl Walt o'dd un o ymwelwyr mwyaf cyson Adran Ddamweiniau Ysbyty Glangwil wedi iddo 'mhoelyd sawl *quad*, a rhoi ambell i dractor ar ei do. Cafodd Walt gic gan geffyl ryw dro, ergyd a dorrodd ei ên. Buodd am wythnosau yn cadw ei hunan ar dir y byw trwy yfed sŵp – a digon o Worthy wrth gwrs – trwy welltyn. Ar ben hynny, ro'dd nerth y gic honno i'w ben wedi achosi iddo fethu cysgu'n iawn, ac yntau'n aml yn codi am ryw ddau, dri o'r gloch y bore ac yn methu ailafael yn ei gwsg. At ei gilydd, ro'dd hi'n ddamwain go ddifrifol, a phrofodd sgileffeithiau'r gic yn bennod ddiflas iddo. Ond er gwaetha hyn, parhaodd cariad Walt at geffylau hyd y diwedd.

Yn ddyn iau, ro'dd e heb ei ail am ddofi ysbryd gwyllt ceffyl ifanc. Flynyddoedd yn ôl, ro'dd ganddyn nhw geffyl ifanc gwyllt a digon cas ar y fferm yn Nivlyn, ac ro'dd Dudley, ei dad, wedi rhybuddio pawb i beidio â mynd yn agos ato. Do'dd Walt ddim am wrando ar gyngor ei dad, ac ar ryw brynhawn Sul tawel pan o'dd Dudley a Gwen yn eistedd yn hamddenol yn ystafell ffrynt y tŷ, pwy basiodd heibio i'r ffenest yn browd i gyd, ond Walter ar ben y ceffyl ifanc gwyllt, a o'dd yn awr yn dawel fel oen swci.

Am flynyddoedd, do'dd dim pwrpas trefnu *dim* ar ail ddydd Sadwrn Mehefin, achos dyna o'dd diwrnod cneifio Divlyn. Ac am ddiwrnod. Fe fyddai'r sgubor yn orlawn o gymdogion, teulu a ffrindiau; o drinwyr gwlân a chneifwyr i'r dalwyr, heb anghofio yr un o'dd wastad yn ddu o'i gorun i'w sawdl erbyn diwedd y dydd – y pitswr. Y 'J' fawr ddu wedi cael ei rhoi yn daclus – wel, yn *weddol* daclus gan taw fi o'dd wrthi am dipyn – ar bob dafad ag oen benyw.

Byddai'r cyfan yn dechrau gyda dod â'r defaid o'r caeau i'r sied er mwyn eu cneifio, wrth gwrs. Prince y ceffyl o'dd cerbyd y prif gasglwr am flynyddoedd, ond wedi i ni i gyd ffarwelio â Prince fe ddaeth oes y *quad*, ac fe fu bron i ni orfod mynd â Walt i Adran Frys Glangwili – eto – ryw flwyddyn, oherwydd do'dd y beic ddim yn adnabod y llethrau cystal â Prince! Rhywsut, llwyddodd Walt i golli rheolaeth ar y peiriant a chael ei daflu oddi arno. Dyna lle'r eisteddai wedyn ar lethr y bancyn, gyda'r *quad* yn powlio'n bendramwnwgl i'r cwm islaw. Diolch byth, ni chafodd Walt unrhyw niwed a chyn bo hir ro'dd wrthi gyda'r gwaith cneifio. Rwy'n gallu ei weld yn awr, yn llafurio â'i sigarét yn ei geg.

Yn ferch fach, y jobyn cyntaf ges i fel rhan o'r tîm cneifio o'dd stompio i lawr ar y gwlân er mwyn ei wasgu'n dynn, ar ôl i Meinir arall – Meinir Evans Cwmfran Cilycwm (pencampwraig trin gwlân y byd erbyn hyn) – fy nghodi i geg y sach. Ymhen tipyn, ces i gyfrifoldeb newydd, sef y pitsio, a theimlo fy mod yn bwysig iawn; rhywbeth fydd yn aros yn y cof am byth yw'r aroglau o'dd yn llenwi'r sied ar ddiwrnod cneifio. Ro'dd yn gyfuniad anhygoel o lanolin y gwlân a thail y defaid, drewdod tarog y pitsh du, olew y peiriannau a hefyd y diesel a roddwyd ar wynebau'r ŵyn er mwyn eu cadw rhag dal y clefyd *orff*. (Clefyd y croen mewn defaid a geifr yw'r orff sydd hefyd yn heintus iawn i bobl). At ei gilydd, gydag awyrgylch arbennig yr holl bobl yn clebran a chwerthin yn y sied gneifio, y dyrfa fawr o ddefaid yn ogystal, a'r holl synau ac aroglau unigryw o'dd yn llenwi'r lle, ro'dd diwrnod y cneifio yn Nivlyn yn brofiad ffantastig a rhywbeth a sodrodd fy nghariad at ffermio – a'r gymuned amaethyddol – yn y modd cryfaf. Yn y pen draw, cefais fynd yn un o'r prif gneifwyr yn Nivlyn. Erbyn heddiw, mae maint y criw wedi edwino a'r nifer sydd wrthi yn cneifio wedi lleihau'n sylweddol. Y llynedd, y cneifwyr o'dd wrthi ar y *stand* o'dd fi, Gary, fy mrawd Eirian a'i ffrind, Mark. Yn yr un modd ag a ddigwyddodd gyda lleihad graddol y gwirfoddolwyr ym Maesteilo, mae gweithlu cneifio Divlyn yn gysgod o'r hyn o'dd slawer dydd.

Yn ei ddyddiau olaf, ro'dd Wncwl Walt wedi dioddef sawl codwm, a'r cwymp diwethaf wedi achosi iddo dorri rhai o'i asennau a gorfod iddo gael gwely yn yr ysbyty o'r herwydd. Ond ro'dd yn sâl eisoes. Wedi oes o smoco sigaréts, ro'dd yn dioddef o ganser yr ysgyfaint ac nid o'dd yn ddyn iach o gwbl. Er hynny, bob tro y bydden i'n ymweld ag e byddai'n mynnu cerdded gyda fi i'r allanfa a hynny er mwyn fy 'ngherdded i'r drws', ys dywedai. Mewn gwirionedd, bachu ar ei gyfle am ffag slei o'dd Walt, er taw prin y gallai gerdded at yr allanfa erbyn hynny, cynddrwg o'dd yr afiechyd yn effeithio arno. Ro'dd wedi derbyn nad o'dd pwynt iddo roi'r gorau i'r sigaréts, ac ro'dd yn awchu am fwygyn o hyd.

Rwy'n cofio'r tro diwethaf i fi weld Wncwl Walt. Ro'dd hi'n ben-blwydd ar Dafydd ni, yn bedair oed, ac ro'n i wedi bod yn ffilmio rhaglen *Ffermio*. Ro'n i ar dipyn o hast i gyrraedd gartref at yr wyna, ac ro'dd Daf gyda fi yn y car. Wrth i mi yrru heibio i Gaerfyrddin, ces i'r teimlad mwyaf rhyfedd bod yn *rhaid* i mi fynd i weld Walt, ac yn ddifeddwl bron fe wnes i *detour* i'r ysbyty. Rwy'n cofio i Dafydd ganu 'Iesu Tirion' iddo fe ar erchwyn ei wely, a dyna fuodd. Bu farw Wncwl Walt ymhen 'chydig ddyddiau.

Un o gymeriadau go iawn cefn gwlad o'dd Walter Jones, ac yn rhywun rwy'n ei chyfri'n fraint fy mod wedi treulio cymaint o amser o dan ei aden yntau ac Anti Ann. Er nad o'dd yn hen yn marw – ro'dd yng nghanol ei saithdegau – cafodd fyw bywyd yn orlawn o chwerthin a drygioni. Mae cymuned Cil-y-cwm, o'dd mor bwysig iddo erioed, yn dlotach o'i golli, fel ry'n ni i gyd fel teulu. Ers colli Walt, ry'n ni'n falch iawn i allu mwynhau cwmni Anti Ann yn Shadog bob Nadolig.

Fel dylanwadau ar fy mywyd – nid yn unig ar fy ngyrfa fel ffermwr – ro'dd Ta'cu a Walt, yn ogystal â'm teulu gartref ym Maesteilo, yn amhrisiadwy. Rwy'n gwybod taw dyna gafodd Gary gan ei deulu yntau hefyd, y ddealltwriaeth bod ffermio'n gymaint mwy na dim ond modd o ennill bywoliaeth – mae'n ffordd o fyw a ffordd o fod. Bob dydd ry'n ni fel rhieni'n ceisio dilyn yr enghreifftiau gwych a ddangoswyd i ni a rhoi i Dafydd a Sioned yr un gwerthoedd a roddwyd i ni. Rhoi iddyn nhw hefyd fagwraeth sydd mor agos ag sy'n bosib i'r hyn gawson ni. Mae ffermio yn ein diffinio ym mhob ffordd; pe byddai'n waith y gallai rhywun gau'r drws arno ar ddiwedd y dydd ac anghofio amdano, fe fyddai'n haws peidio â phoeni cymaint am y sefyllfa bresennol efallai, ond nid gwaith fel hynny yw e. Nid bywyd fel hynny yw e.

Wrth wynebu heriau cyson byd amaeth heddiw, rwy'n aml yn meddwl 'beth petai?' Beth petaen ni, Gary a finne, wedi cael ein geni hanner can mlynedd a mwy ynghynt, a chael ffermio yn nyddiau y to hŷn? A fyddai pethau wedi bod yn haws arnon ni? Mae amledd y ffermydd bach teuluol o'dd arfer bodoli yn ein hardaloedd o gymharu â'r rhai sydd wedi parhau hyd heddiw yn awgrymu'n gryf y bu'n haws cynnal bywoliaeth fel ffermwr yn y gorffennol (lled) agos; dim ond cymharu mapiau o'r ddau gyfnod sy'n rhaid er mwyn gweld darlun clir o sawl fferm – a sawl *teulu* o amaethwyr – sydd wedi diflannu o gefn gwlad. Ro'dd y tir yn ildio'n well bryd hynny, a byw ar gefn diedyll llai a rhyw hanner cant o wartheg godro yn bosib iawn. Pan ddechreuodd Dad a Mam ffermio, ugain buwch a dau gant o ddefaid o'dd gyda nhw. Roedden nhw'n gwneud bywoliaeth iawn, ond ni fyddai hynny'n bosib heddiw. Mae yna rai fu'n ffermio yn eu hanterth ryw hanner can mlynedd yn ôl sydd wedi cydnabod yn dawel bach mai y nhw gafodd y gorau o bethau, gan fanteisio ar lewyrch y degawdau ddaeth ar ôl yr Ail Ryfel Byd, pan o'dd prisiau pob dim gymaint yn rhatach a chyflenwadau'n ymddangos yn ddi-ben-draw. Ro'dd yna danwydd am bris teg, a nwyddau hefyd. Ro'dd hi'n oes o ddigonedd am sbel. Nid yw fel hynny heddiw.

Anodd yw ateb fy nghwestiwn fy hunan, felly, heb blymio'n ddwfn i'r ystadegau. Ac anodd yw barnu yn ôl atgofion – a diniweidrwydd – plentyndod. Prin yw'r problemau dwysion mae plentyn yn eu deall, a dyna sut y dylai fod hefyd. Er hynny, rwy'n siŵr bod Mam a Dad, Walt ac Ann a phob aelod o'm teulu ehangach o ffermwyr wedi gofidio yn eu tro am bethau'n ymwneud â'u bywoliaeth. Wrth gwrs eu bod nhw. Ond tybed beth fyddai Ta'cu a'i debyg wedi meddwl o'r wasgfa bresennol ar amaeth? Fe fyddai mynd â llwyth o ŵyn i'r mart yn oes Ta'cu wedi ei alluogi i brynu tractor newydd. Dyw mynd â llwyth o ŵyn i'r mart heddiw ddim yn ddigon i brynu set o olwynion newydd i'r tractor! Beth fyddai ei gyngor i ni heddiw?

4

HYD YN OED pan o'n i'n blentyn bach ro'n i'n sicr mai gatre ar fferm Maesteilo ro'n i am fod. Wel, dychmygwch faint o niwsans o'dd gorfod mynychu'r ysgol pan ddaeth yn amser i mi wneud! Beth *o'dd* shwd le? A dweud y gwir, ro'n i ar y cyfan yn hapus iawn fel disgybl yn Ysgol Gynradd Llanfynydd. Ysgol yr Eglwys yng Nghymru o'dd hi, a saif yr adeilad nid nepell o eglwys Sant Egwad a'r fynwent, ynghanol y pentre. Fel llawer iawn o ysgolion bach cefn gwlad, mae'r ysgol wedi cau ers tipyn, yn bennaf oherwydd i ddemograffeg y pentre a'r ardal gyfagos newid yn sylweddol dros y blynydde. Ro'dd yna brinder o gyplau o'dd yn codi teuluoedd, yn bennaf oherwydd i gymaint o bobl ifanc symud o'r pentre, ac yn eu lle daeth rhai – fynychaf yn eu canol oed neu hŷn – o'r tu fas i'r ardal, a'r rheini'n chwilio am eu paradwys wledig.

Er nad o'dd hi'n ysgol o'dd yn dibynnu ar drugaredd na chwiwiau'r Cyngor Sir, dim ond rhyw dri deg o blant o'n ni yn yr ysgol fach yn ystod nawdegau cynnar y ganrif ddiwethaf. Mater o amser o'dd hi nes ei bod hi'n cau ei drysau, mewn gwirionedd. At hynny, ro'n ni'n naw o ddisgyblion yn ein blwyddyn ni – un bachgen ac wyth merch – a gadawyd tolc enfawr yn y nifero'dd pan ddaeth hi'n amser i ni adael am yr ysgol fawr.

Fel dosbarth o ddisgyblion, ro'n ni'n grŵp agos, ac yn gymysgedd hynod o blant. Rwy'n cofio'n dda bod yno blant o'r 'gymuned amgen' yng Nghwm-du, ger Talyllychau, Llandeilo; Tipi Valley, fel y daeth pawb i alw'r lle cyn pen dim.

Bydd rhai ohonoch chi'n gyfarwydd â chlywed am Tipi Valley ers rhai blynyddoedd, rwy'n siŵr, ond dyma grynodeb bras iawn os nad ydych chi. Yn y mil naw saithdegau daeth y cwm cul hwn rhwng Llanfynydd a Thalyllychau at sylw pobl am y tro cyntaf fel comiwn i rywrai digon hipïaidd eu hagwedd at fywyd; rhywle iddyn nhw gael ffoi iddo, allan o brif-ffrwd y *rat-race* o'dd Tipi Valley, a'r delfryd o'dd cael byw bywyd digon di-hid, 'organig' yn hytrach. Gan amlaf, plant i bobl gefnog iawn o Loegr o'dd trigolion y 'pentre' hwnnw, (lle'r o'dd y cartrefi wedi eu creu o bebyll, hen garafannau a chytie amrwd iawn), yn feibion a merched i deuluoedd enwog iawn ym myd busnes, yn aml iawn, er bod yno rai o'dd yn blant i aristocratied, y *Lords and Ladies*, hefyd. Pobl ifanc freintiedig iawn oedden nhw, a phlant o'dd wedi eu 'sbwylio', medd rhai.

Mae gan bobl hŷn Llanfynydd a Thalyllychau a'r cylch storïau di-ri am drigolion Tipi Valley yn y dyddiau cynnar hynny, ond mae yna un yn arbennig y clywes i sy'n darlunio'n eglur mor freintiedig o'dd ambell drigolyn yn Tipi Valley. Slawer dydd, ro'dd yr archfarchnad fach sydd ar sgwâr Llandeilo heddiw yn arfer bod yn garej. Un diwrnod, rywbryd yn ystod y saithdegau hwyr neu'r wythdegau cynnar, tynnodd hen groc o gar o flaen ei drysau, gyda mwg yn dod yn gymyle o'r injan a honno'n clecio'n ofnadwy. Wrth agor ei ddrws, o'dd yn gwichian dan rwd, camodd gŵr ifanc barfog o ochr y gyrrwr a holi un o'r bois, mewn acen *cut-glass* Saesneg, a fyddai'r garej yn fodlon cynnal prawf MOT ar ei gar. Ro'dd y mecanic yn gallu gweld ar unwaith nad o'dd gobaith i'r cerbyd basio; ro'dd yn llawer rhy beryglus i fod ar yr heol. Ymhen ychydig, ro'dd perchennog y car yn erfyn ar reolwr y garej i wneud *rhywbeth* er mwyn iddo allu parhau i'w ddefnyddio, ond ni allai'r rheolwr wneud hynny; ro'dd e'n bendant ei bod hi ar ben ar yr hen groc o Triumph. Ar ôl i'w banig basio, derbyniodd y dyn ifanc fod rhaid meddwl am ffordd arall o ddatrys ei broblem. Cydiodd mewn beiro a darn o bapur, gan sgriblo enw a rhif ffôn i lawr.

'Phone this number, if you would,' meddai wrth y rheolwr.

Dyna wnaeth e, ac ymhen dim atebwyd yr alwad yn Llundain gan ysgrifenyddes un o gwmnïo'dd bragu cwrw mwyaf Prydain, yn gwmni teuluol rhyngwladol *anferth* ar y pryd. Rhoddwyd rheolwr y garej i siarad ag un o gyfarwyddwyr y cwmni, o'dd yr eiliad honno mewn *board meeting*. Esboniodd rheolwr y garej yn union beth o'dd wedi digwydd. Ar ôl rhai eiliadau o regi, dywedodd y dyn ar ben draw'r ffôn y byddai'n danfon siec yn y post at y garej er mwyn i'w fab brynu cerbyd newydd sbon iddo'i hun, gan ychwnegu,

'Do whatever you need, just keep him down there, for God's sake!'

Ymhen diwrnod neu ddau, cyrhaeddodd y siec ac fe gafodd y mab ei gar newydd. Trodd i fyny yn y garej, gan neidio i mewn i'r cerbyd sgleiniog yn ei *Wellingtons* mwdlyd a'i *Kaftan* a gyrru yn ôl i gyfeiriad y bryniau.

Cyn fy nyddie inne, ro'dd sôn yn aml am Tipi Valley ar y radio a'r teledu, a hynny am resymau digon negyddol. Ro'dd y don gynta honno o bobl alternatif i ymsefydlu yn yr ardal rhwng blaenau'r Ffraine a'r Dulais yn eithaf digywilydd eu ffyrdd, mae'n debyg, ac yn aml y ceid storïau yn y cyfryngau ac yn y papurau newydd yn sôn am eu cŵn yn ymosod ar ddefaid, ac am yr arferiad o dorri pyst ffensio er mwyn eu llosgi fel coed tân, gan adael caeau heb eu hamgáu. Ro'dd gan ein teulu ddaear yn cwmpasu'r gymuned honno. Bryd hynny, cafodd fy nhad-cu, Isaac, o'dd yn pori anifeiliaid ar dir annedd o'r enw Blaendyffryn gerllaw, amser hunllefus wrth ddelio â thrigolion Tipi Valley, a chollodd e lawer o ddefaid i gŵn afreolus y comiwn.

Ymhen blynyddoedd, gadawyd tir Blaendyffryn i 'Nhad a Mam. Yn ystod yr haf, bydden ni'n mynd yno'n aml iawn i gadw llygad ar y defaid, ac rwy'n cofio sylwi sawl tro ar y ceir drudfawr fyddai'n parcio weithiau yn y bwlch gerllaw ein caeau ni; y Mercs, BMWs a Jaguars, ambell Ferrari hefyd. Ceir *posh* ofnadw; ceir rhieni'r bobl ifanc o'dd yn byw yn nyffryn cul Tipi Valley islaw o'dd y rhain, oll wedi eu parcio yno gan nad o'dd eu gyrrwyr yn barnu ei bod yn ddigon diogel i yrru i lawr i weld eu hanwyliaid yng ngwaelod y cwm!

Pan ro'n ni'n pori'n defaid ar dir Blaendyffryn, ro'dd wastad yr ofn hwnnw yng nghefn y meddwl y byddai rhai yn cael eu lladd gan gŵn. Fe fuodd un o drigolion y comiwn mor ansensitif â dweud yn falch iawn wrth fy nhad ryw dro ei bod yn edrych yn debygol y byddai yno fwy o gŵn na defaid yn y caeau cyn bo hir; ro'dd ganddi hi ei hunan ryw ugain ci. Ond y gwir yw, ni pharhaodd y rhan fwyaf o'r cŵn hynny'n hir iawn. Gyda chymaint ohonyn nhw gyda'i gilydd – heb fod yr un bod byw â llawer o ddiddordeb mewn cadw trefn arnyn nhw – ro'n nhw'n ymddwyn fel pac gwyllt ar hyd y lle. A do, fe achoswyd tipyn o ddifrod i'n defaid, a bu'n rhaid saethu ambell un o'r cŵn hynny.

Ymhen hir a hwyr, fe ddechreuodd y sefyllfa sefydlogi ger Tipi Valley, ac i'r berthynas rhyngom ni'r ffermwyr a'r trigolion wella tipyn. Ro'dd hi'n arferiad i rengoedd y comiwn chwyddo yn yr haf, gyda phobl ifanc – gan amlaf – rhai o'dd yn credu y gallen nhw ymuno â'r rhai o'dd yno'n barod a byw eu bywydau hwythau yn yr un modd. Ond dyna pryd y byddai'r probleme ymddygiad yn tueddu i waethygu, yn anffodus, a'r trigolion newydd yn poeni dim am sut i ymddwyn fel rhan o'r comiwn. Ro'n ni, fel aelode o'r gymdeithas gerllaw, yn gwbod mai yn yr haf fyddai pethau ar eu gwaetha. Cyn hir, fodd bynnag, fe ballodd y ffrwd honno o bobl ychwanegol, ac fe ddechreuodd pethau wella'n syth bin; gwella i'r fath raddau fel y byddai rhai o drigolion Tipi Valley yn ein ffonio ni'r ffermwyr pan ro'n nhw'n gweld bod rhywbeth o'i le ar ein diedyll, neu fod cŵn dierth yn eu poeni. Fe ddaeth y ddwy gymdeithas i ddeall ei gilydd a chydweithio'n ddidrafferth yn aml. Un tro, ar ôl i Mam a Dad helpu rhywrai i symud eu carafán (os rwy'n cofio'n iawn) fe wnaeth un o'r trigolion bobi cacen iddyn nhw er mwyn dweud diolch. Mae gen i gywilydd cyfaddef na fwyton ni'r un tamed ohoni!

Er gwaetha'r wawr newydd o gytgord a dorrodd dros ein perthynas, rhaid cyfaddef bod 'diwylliant' pobl Tipi Valley ar y pryd yn un na allen ni, fel ffermwyr y tir o'u cwmpas, *lwyr* uniaethu ag ef. Ro'dd ganddyn nhw – rhai o leia – hoffder mawr at wahanol fath o 'borfa' i'r un ro'n *ni* wedi arfer ag ef. Fe ddyweda i fel hynny.

Rwy'n cofio bod cyrchoedd cyffuriau wedi eu cynnal yno gan yr heddlu, ond fe brofodd fy nhad ei fod ynte gystal â'r un *sniffer dog* un tro. Ro'dd e wrthi'n 'topio' – mân dorri – eithin mewn cae lled arw ym Mlaendyffryn, pan yrrodd e'r tractor ychydig yn rhy bell i ganol cylch mawr o'r llystyfiant garw. Gwelodd yno, yn tyfu mewn cliriad wedi ei warchod gan netin cwningod yng nghanol yr eithin, ryw blanhigion mawr o'dd yn edrych fel rhai tomato... ond ddim *cweit* fel rhai tomato chwaith! Planhigion canabis oedden nhw.

Petai'r heddlu wedi cynnal eu *raid* bryd hynny, a dod o hyd i'r patshyn anferth hwnnw o ganabis ar ein *daear ni*, fe allai wedi bod yn ddifrifol arnon ni, felly'r peth cyntaf wnaeth Dad o'dd riportio'r darganfyddiad i'r heddlu a ddywedodd wrtho y byddai pob dim yn iawn oherwydd iddo eu hysbysu. Ond ro'dd Dad mewn penbleth wedyn. Ro'dd am wbod beth i'w wneud â'r planhigion; cafodd gyfarwyddyd gan yr heddlu i'w torri a mynd â nhw 'nôl i Faesteilo er mwyn i'r heddlu ddod i'w gwaredu. Allai Dad ddim â chredu ei fod yn gyrru'r hen dractor Zetor 'nôl tuag adre â llwyth o blanhigion canabis yn llenwi'r cab. Pan ddaeth yr heddlu ymhen ychydig, cawson ni wbod bod Dad newydd gludo gwerth rhyw ddwy fil o bunno'dd o *weed* yn ei dractor! (Ro'dd hynny ym 1993, a'r swm hwnnw'n gyfwerth â rhyw *dair* mil heddiw).

Rwy'n cofio tair o ferched o Tipi Valley yn gyd-ddisgyblion i mi yn Ysgol Llanfynydd; Misty, a'i chwiorydd, yr efeillied Amber a Jade. Merched eithaf gwahanol i'r gweddill, teg yw dweud hynny, ond merched hoffus iawn. A'r gwir amdani yw, fydden i byth wedi gallu dychmygu sut fywyd o'dd ganddyn nhw tu allan i'r ysgol petawn i heb weld drosof fi fy hunan.

O edrych yn ôl, mae'n rhaid cyfaddef taw ysgol â'i chnecie unigryw ei hunan o'dd Ysgol Llanfynydd; ro'dd ganddi adnoddau *gwahanol* i'r arfer, efallai! Fel llawer i hen ysgol wledig, ro'dd y toiledau tu fas i adeilad yr ysgol, ar waelod y clos chwarae. Yn aml iawn ar ddiwrnode heulog byddai yna nadredd i'w gweld yng nghyffinie'r clos, nadredd y gwair gan amlaf o'dd yn cael eu denu i dorheulo allan o borfa hir y cae drws nesa. Ro'dd un o'r athrawon, Mrs Diane Jenkins, yr o'n i mor hoff ohoni, ag ofn nadredd

ofnadwy. Fydda i byth yn anghofio'r tro hwnnw iddi hi – a
fi – redeg am y gyflyma yn ôl i ddiogelwch yr ysgol ar ôl i
mi riportio fy mod wedi gweld neidr yn y toiled, a hithau
wedyn wedi dod i archwilio ar ôl amau fy ngair. Ro'n i 'di
dweud y gwir wrthi!

Rhwng toiledau'r bechgyn a rhai'r merched, ro'dd sied
â'i blaen hi'n agored, yn llawn o hen wellt, am ryw reswm,
a'r lle'n berwi o lygod. Ac achos cywilydd o'dd cyfeirio at y
cae drws nesa fel ein 'cae chwarae'; ro'dd y cae hwnnw ar
lethr, yn fach ac yn gwbl anaddas ar gyfer cynnal unrhyw
fath o chwaraeon! A dweud y gwir, anwybyddwyd yr elfen
ymarfer corff yn yr ysgol fach, ac ymdrechion digon tila
o'dd y rhai i gynnal 'diwrnod mabolgampau' yno. Petai chi
ond wedi gweld ein clwyd naid uchel ni; *high jump* do'dd
hi ddim! Ro'dd gyda ni ddau bolyn fertigol cwbl anaddas
a pholyn yr un mor amhriodol fel trawst, gyda darn o
hen garped i lanio arno wedi i'r 'naid' gael ei chyflawni.
Ond nid yr offer o'dd y broblem gyda'r gystadleuaeth
naid uchel yn Ysgol Llanfynydd. Dim ond neidio drosodd
fel ceffyl o'dd yn bosib – bydden ni wedi torri ein cefnau
yn ei wneud y ffordd gywir. Pan ddaeth hi'n amser i ni
gystadlu yn y diwrnod mabolgampau rhwng ysgolion
cynradd lleol yn Ysgol Llansawel, fe welon ni fod uchder
y fatres o'dd yn rhan o'r offer safonol a ddarparwyd yr
un mor uchel â'n *trawst* ni. Rhaid wedyn o'dd gwylio'r
disgyblion eraill wrthi gyntaf a thrio eu hefelychu. Do'dd
dim gobaith caneri gyda ni, ond o'n ni'n dal yn mwyhau
mas draw. Ac oherwydd bod ganddyn nhw lain rhedeg
barchus yno – pan o'dd ein 'trac' ni ond ychydig o fetrau
o hyd – ro'dd plant Llanfynydd wedi blino cyn iddyn nhw
gyrraedd hanner ffordd yn y ras redeg!

Do'n i ddim yn un o ddisgyblion anwes y Brifathrawes,
Mrs Tomos, rhaid dweud. Erbyn i mi gyrraedd yr amser

i ymadael â'r ysgol fach, ro'dd bywyd amaethyddol wedi dechrau cydio ynof fi'n gadarn, ac ro'dd yna adege pan fyddwn i ar dân eisiau aros gartref i helpu gyda gwaith 'mawr' ar y fferm; yr wyna, y cynaeafu ac yn y blaen. (Ro'dd yna adege, wrth gwrs, pan *fyddwn* i'n colli ysgol er mwyn helpu ar y fferm. Yn aml, pan o'dd y seli hyrddod yn cael eu cynnal, nid yn yr ysgol y byddech yn dod o hyd i mi, ond yn y mart).

Ces i fai ar gam gan Mrs Tomos y Brifathrawes un tro. Dwi ddim yn cofio pam yn awr, stŵr am rywbeth ro'n i heb ei wneud, mae'n siŵr, ond daeth y bygythiad hefyd na fyddwn i'n cael mynychu parti Nadolig yr ysgol pe na fyddwn i'n byhafio'n well. Os do fe! Gan fod y parti yn cael ei gynnal ar yr un diwrnod â'n plufio ni atebais i'r bygythiad hwnnw trwy ddweud wrthi, 'Dim problem, Mrs Tomos' y byddai'n well gen i aros gartref i blufio'r gwyddau ta beth!

Er y profiadau hyn, ro'dd fy nghyfnod yn ysgol Llanfynydd yn gofiadwy, ac mi o'dd yn lle hapus iawn. Er bod Mrs Jones, fy athrawes gyntaf, yn llym ro'dd gan bob un o'r disgyblion barch mawr tuag ati, Mrs Jenkins yn annwyl iawn hyd heddiw, heb anghofio Mrs Hughes a Mrs Wareham, yr holl staff dros dro fuodd yno a'r merched o'dd yn gwneud y bwyd. Ond cryfder y lle o'dd y ffaith mai'r ysgol o'dd wrth galon y gymuned, y siop leol, yr addoldai, y sioe amaethyddol a hyd yn oed y tafarndai. Fel ysgol, ro'n ni'n weithgar iawn ac yn brysur gydag amryw bethau yn y gymdeithas; gyrfaoedd chwist, cystadlu yn y sioe flynyddol, heb anghofio'r cyngherdde Nadolig a chyrdde diolchgarwch yn y ddau gapel o'dd yno, a'r Eglwys ei hunan, wrth reswm. Capelwyr o'n ni ym Maesteilo, wrth gwrs, yn aelodau o gapel yr Annibynwyr yno, capel Annibynwyr hynaf Cymru, fel mae'n digwydd. Mae gen i atgofion hyfryd o fynd i'r capel yn ferch ifanc a Mam yn ddiacones yno. Byddai hi hefyd yn glanhau'r capel, pan fyddai'n dro iddi wneud, a minne'n eistedd yn y pulpud yn ei gwylio ac yn mwynhau'r llonyddwch gan edrych i lawr arni fel rhyw gyw bregethwr. Ma rhywbeth sbesial am fy atgofion am y capel; wna i ddim eu hanghofio. (Er ei bod hi'n anodd i Gary a finne fynychu'r capel yn aml o gwbl y dyddiau yma, mae Dafydd a Sioned yn chware eu rhan hwythau, trwy ganu neu lefaru yn y capel bob Nadolig, ac ry'n ni'n ceisio mynychu cymaint o Gyrdde Mowr a Chyrdde Diolchgarwch ag y gallwn ni).

Braf iawn yw cofio'r pethau hynny wnaethon ni fel ysgol o gwmpas cymuned Llanfynydd. Mae'n rhyfedd cofio wedyn y bu i'r ysgol wrthod gwahoddiad gan Eisteddfod Genedlaethol Cymru'n gofyn iddi gymryd rhan yn y Pasiant ar gyfer ysgolion ardal Dinefwr yn yr Eisteddfod yn Llandeilo ym 1997, a hynny heb i ni'r plant na'n rhieni gael gwbod dim am y peth. Mae hynny dal yn fy siomi. A thrist yw nodi y cafodd plant Tipi Valley eu gwahardd, i bob pwrpas, rhag mynychu Ysgol Llanfynydd, cyn diwedd fy oes yn yr ysgol, a'u danfon i Ysgol Ffair-fach. Derbyniwyd y plant eraill yn yr un modd ag erioed, ond nid o'dd croeso i'r plant bach hynny rhagor. Dwi ddim yn siŵr pam – yr hyn o'dd y 'polisi' y tu ôl i'r peth – ond rwy'n cofio teimlo bod yr holl beth yn ofnadwy o annheg, ac rwy'n dal i deimlo hynny hyd heddiw.

Yn fy mlwyddyn olaf yn yr ysgol fach, ces i un o brofiade mwyaf rhyfedd fy mywyd hyd yma, pan ddioddefais o barlys ar fy wyneb – *facial paralysis*, ys dywedon nhw. Daeth y peth i'r amlwg ryw noswaith pan o'n i a'r teulu'n ymweld â ffrindie, Fiona ac Andrew Maesgwyn, Capel Isaac, ein mecanic ni ar y pryd. Bues i'n dioddef yn ofnadwy o bigyn clust poenus iawn y diwrnod hwnnw yn yr ysgol, a do'n i ddim yn fy hwyliau arferol, rhaid dweud. Gofynnodd Fiona, o'dd yn gweithio mewn ysbyty, a o'n i'n teimlo'n iawn. Erbyn hynny, ro'n i wedi dechrau cael rhyw deimlad rhyfedd yn fy llygad hefyd, a dywedais hynny wrthi. Gallwn weld yn ei hwyneb bod Fiona'n poeni, a dywedodd wrtha i ei bod yn medru gweld rhyw ystum rhyfedd yn fy ngheg hefyd.

Y peth cynta bore trannoeth, ro'n i yn y feddygfa yn Llandeilo a phob math o bethau dierth wedi effeithio arna i erbyn hynny. Ro'dd fy llygad dde fel petai'n plycio byth a hefyd, ac er fy mod yn teimlo fy mod yn medru ei chau yn ôl fy nymuniad, erbyn i mi edrych yn y drych gwelais fod y llygad ddim yn cau *o gwbl*. Ro'dd ochr dde fy ngwyneb wedi 'llithro' hefyd ac ni allwn ei symud. Gwelodd y doctor hyn i gyd, a rhoi'r gorchymyn i fynd â fi i Ysbyty Glangwili ar unwaith.

Y farn yn yr ysbyty o'dd fy mod i wedi dioddef o barlys – i bob pwrpas, meddai'r arbenigwr, ro'n i wedi cael 'strôc'. A'r peth gwaethaf o'dd bod yr arbenigwr hwnnw o'r farn nad o'dd hi'n debygol y bydden i'n gwella o gwbl, mai fel hynny ro'n i am aros am byth. Nid dyna o'dd person ifanc eisie ei glywed, ac ro'dd hynny wedi fy ypsetio'n fawr. O ganlyniad i'r profion a'r diagnosis, ces i fy rhoi ar gwrs o feddygynieth *steroid*, rhyw ddwsin o dabledi bob dydd, a'm hannog i wneud stumie rhyfedd gyda'm ceg er mwyn deffro'r cyhyre yn fy wyneb. (Chwythu aer i falŵns o'dd un o'r ymarferion).

Ond anghywir o'dd prognosis yr arbenigwyr, diolch byth, ac fe ddaeth pethau'n ôl i drefn ar ôl sbel. Er hynny, yn enwedig pan rwy wedi blino, fe alla i deimlo rhyw fân ddiogi yn fy wyneb bob hyn a hyn ac rwy'n dal i wneud yr hen ymarferion. Pan ofynnwyd i'r doctoried pam bod y parlys sydyn wedi digwydd i mi, cafodd sawl posiblrwydd ei gynnig, ond y mwyaf tebygol o'dd *stress* o ryw fath, medden nhw. Allwn i ddim â deall hynny. Ro'n i'n groten ddigon hapus gyda bywyd teuluol hyfryd a digon o ffrindie yn yr ysgol. Ond erbyn meddwl, *ro'n* i wedi bod yn dioddef rhywfaint o fwlïo yn yr ysgol, a hynny dan law un bachgen penodol nad o'dd yn fy hoffi. Fe wnâi bethau digon sbeitlyd i mi o bryd i'w gilydd, fel ysgwyd fy nesg tra ro'n i'n ysgrifennu, a minne'n ferch o'dd yn awyddus i gyflwyno gwaith cywir a chymen. Ro'dd y bachgen hwnnw'n gallu gweld yr elfen bropor honno ynof fi ac fe fyddai'n treial fy nghorddi; wrth gwrs, dwi ddim yn honni'n *bendant* mai dyna o'dd wrth wraidd y salwch sydyn, ond alla i ddim â meddwl am rywbeth arall fyddai wedi peri poen meddwl i mi ar y pryd. Ro'dd y bennod honno yn fy mywyd yn un swreal iawn.

Ac yna daeth yn amser i mi ddechrau yn yr 'ysgol fowr', Ysgol Gyfun Tre-gib, ger Ffair-fach. Ro'dd mynd o'r ysgol fach, â'i thri deg o blant, i'r ysgol fawr â dros fil o ddisgyblion, yn dipyn o sioc. Am y tro cyntaf yn fy mywyd, ro'n i ynghanol tyrfa fawr o bobl a'r profiad hwnnw'n un rhyfedd iawn ar y dechrau. Alla i ddim â dweud bod *ofn* arna i, ond ro'dd yr holl beth yn anghyfarwydd iawn, ac fe *o'n* i'n nerfus! Rwy'n credu taw fy ofn penna o'dd fy mod yn mynd i'r gwersi anghywir! (Ro'dd yr amserlen yn ymddangos fel gobl-di-gŵc am amser hir hefyd, tan i mi ddechrau ei deall hi o'r diwedd).

Ro'n i wedi cael ar ddeall y byddai'r bws yn fy nghodi o ben heol Maesteilo er mwyn fy nghludo i Dre-gib y bore cyntaf hwnnw. Ond, wedi i mi gamu ar y bws, dim ond plant yn gwisgo gwisg Ysgol Teilo Sant – sef ysgol gynradd Gymraeg tref Llandeilo – o'dd i'w gweld, ac ni allwn weld yr un plentyn o'dd yn gwisgo lliwie coch a llwyd Tre-gib. Ro'n i'n dechrau poeni fy mod i ar y bws anghywir, tan i rywrai yn eu gwisg chweched dosbarth gamu ymlaen ar hyd y siwrnai. Rywsut, ro'n i ar fy ffordd i'r ysgol fawr wedi'r cwbl, ac wedi i mi gyrraedd anghofia i fyth yr argraff wnaeth campws yr ysgol arna i; yr adeilade di-ben-draw o frics browngoch, y cyrtie tenis wedi eu ffensio i mewn gan ffensys *mesh* uchel, a'r holl gaeau chware a'r trac rhedeg, (un *iawn* y tro hwn), ar ochr arall yr Afon Cib a lifai drwy dir yr ysgol. (Ro'dd yno goeden *monkey puzzle* anferth, a lawntydd â'u grisiau eu hunain yn eu rhannu'n wahanol lefele hefyd, yn adlais o'r hen blasty crand o'dd arfer sefyll yno slawer dydd, yn gartref i'r teulu Gwynne).

Ro'dd y disgyblion yn gymysgedd hynod o'r trefol a'r gwledig. Wrth gwrs, ledled y Gymru wledig bryd hynny fe welech sawl ysgol debyg, ond ro'dd yna ymdeimlad weithiau fel petai dau fyd cwbl wahanol yn cwrdd â'i gilydd, a'r naill yn methu â *llwyr* ddeall y llall. Ar y naill law ro'dd y meibion a merched i ffermydd yr ardal – yn amethwyr yn eu gwa'd a'u calonne – ac ar y llall, y plant o'r ardaloedd trefol, ôl-ddiwydiannol, fel Pen-y-groes, Gors-las a Llandybïe. Yn eu hachau nhw, llawer ohonyn nhw, o'dd y glowyr fu'n gweithio ym meysydd glo de Sir Gâr. Ro'dd y plant o'dd yn dod o dref Llandeilo hefyd – er i'r dref gael ei hamgylchynu ar bob ochr gan dir gwledig a ffermydd di-ri – yn eithaf trefol eu hanian.

Os nad o'dd y plant trefol yn medru uniaethu'n llwyr â'n ffordd ni o fyw, do'n ni ddim â'u ffordd hwythau chwaith. Cwbl estron i mi o'dd y syniad o fyw foch ym moch â chymdogion gyda sŵn ceir yn mynd ar hyd yr heol yn y cefndir ddydd a nos. I'r rhai ohonon ni o'dd yn byw yng nghefn gwlad, ro'dd y cysyniad o'r 'dref' yn cynrychioli diffyg rhyddid; ac ydw, rwy'n sylweddoli mor freintiedig oedden ni fel plant gwledig i gael mwynhau'r rhyddid di-ffrwyn a'r llonydd o'dd yn nodweddu ein plentyndod. Rwy'n bendant o'r farn bod plant i ffermwyr yn cael llawer mwy o brofiade o gael eu codi yn y wlad o'u cymharu â'u cyfoedion trefol, ac yn ffodus iawn o achos hynny. (Byddai rhai, mae'n siŵr, yn ei gweld hi fel arall, ac mae hynny'n ddigon teg).

Er nad o'dd yna unrhyw anghytuno mawr rhyngom ni'r disgyblion, ro'n ni'n gwbod taw 'Hambôns' oedden ni'r ffermwyr i rywrai, wrth gwrs, a ches inne fy ngalw'n 'sad' ar fwy nag un achlysur; mae un tro yn arbennig yn aros yn y cof, pan ymddangosodd llun ohonof yn y papur newydd, a finne mewn cot wen nesaf at yr hyrddod o'dd wedi ennill y wobr gyntaf yn sioe y *Royal Welsh* un flwyddyn. Ar adegau fel hynny byddai'r bwlch rhwng ein bydoedd yn teimlo'n eithaf sylweddol. Do'dd Sioe Frenhinol Cymru ddim yn rhywbeth o'dd ar *radar* plant y trefi o gwbl ond i'r rhai ohonon ni o'dd yn ymwneud â byd amaeth, ro'dd dangos stoc mewn sioeau'n beth cwbl naturiol, a chael cystadlu yn y sioe fwyaf un yn dipyn o orchest. Dwi ddim yn amau bod rhai cyfoedion yn gweld y peth yn rhyfedd ac efallai rhyw damaid bach yn *hen ffasiwn*, o bosib, ond do'dd dim gwahanieth 'da fi am hynny!

Er hynny, oherwydd y tynnu coes wnes i ddim llawer o sioe o'r peth ar y dechrau. Do'n i ddim am frolio'r ffaith. Ac ro'dd yna adege prin pan o'n i'n diawlio'r gwaith fferm hefyd. Yn anorfod, mae pob dim yn ymwneud â thrin defaid yn waith brwnt; y cneifio a'r wyna, eu dosio, eu marcio a gwaredu eu caglau hefyd – ydy, mae'r holl beth yn gallu bod yn *glamorous* iawn weithiau! Ro'dd yna adege pan fydden i'n cyrraedd yr ysgol gyda fy nwylo mewn picil ofnadwy ar ôl bod yn cneifio neu wyna, naill ai gartref ym Maesteilo neu gydag Wncwl Walt yn Nivlyn, gyda phob math o faw yng nghryche fy nghro'n ac o dan fy ewinedd, er gwaetha'r holl sgrwbio fuodd arnyn nhw. Yn ogystal â'r pitsh glas fyddai dros fy nwylo pan o'dd hi'n adeg cneifio,

byddwn yn aml, yn ystod y tymor wyna, yn mynd i'r ysgol
â'm dwylo wedi eu staenïo'n frown gan yr ïodin ro'n ni'n ei
ddefnyddio er mwyn sterileiddio bogeilied yr ŵyn newydd-
anedig. Ro'dd hynny'n medru bod yn embaras mawr, heb
y rhai o'dd mor barod i dynnu sylw pawb arall at y peth,
boed yn ddisgyblion neu athrawon! Rwy'n cofio i un athro
gwyddoniaeth fy holi o fla'n y dosbarth am y staenio ar fy
nwylo; ro'n i'n teimlo c'wilydd y sefyllfa'n arw, a rhoddais
ateb eithaf swrth iddo, mae'n rhaid cyfadde, gan ei holi,
'*Chi* yw'r athro, gwedwch chi wrtha *i*!'

(Er pob tegwch iddo, rhoddodd yr athro hwnnw ryw
wers fach fyrfyfyr wedyn ar rinwedde ïodin, a'i werth fel
golch antiseptig!)

Ro'dd adege fel hynny'n medru bod yn ddigon lletchwith,
ac rwy'n cofio hefyd i mi deimlo'n hunanymwybodol iawn,
ers pan o'n i'n ferch fach, fy mod yn gorfod cerdded o
gwmpas y dre yn fy *Wellingtons* weithiau. Dwi ddim yn
poeni am hynny rhagor!

Ces i ddechreuad digon lletchwith i'm cyfnod yn Ysgol
Tre-gib. Yn ystod fy nyddie cyntaf, bu'n rhaid i Mam drefnu
cyfarfod gyda fy nhiwtor i esbonio iddi 'mod i'n i'n debygol
o golli ysgol am rai dyddiau pob mis Medi oherwydd y sêls
hyrddod. Do'dd neb na dim yn mynd i fy nghadw i rhag
rheini! Rwy'n credu y gwelodd yr ysgol ar y dechrau'n deg
ble ro'dd fy mlaenoriaethau. Felly, treuliais i fy nyddie yn
Nhre-gib â'r ysgol yn ymwybodol iawn o'r cyfeiriad ro'n
i am fynd â 'mywyd ynddo, doed a ddelo, a chware teg
iddyn nhw am ddyfalbarhau i *dreial* fy addysgu er gwaetha
hynny!

5

DDIM YN HIR wedi i mi ddechrau yn Ysgol Tre-gib, dechreues i ffeindio fy nhra'd fel menyw fusnes; yn ychwanegol i'r gwaith fferm – y byddwn yn derbyn rhywfaint o arian poced am ei wneud, a'i roi yn fy nghadw-mi-gei – ro'n i hefyd yn gwarchod plant i gymdogion a ffrindie i'r teulu, gan ddechrau arni pan o'n i'n rhyw bedair ar ddeg oed. Yn ogystal, ces i waith yn glanhau *chalets* yn y complecs gwyliau ym Mhantglas, Llanfynydd a godro i ffermwyr lleol, cymdogion i ni, Terry a Mary Jones Ffrwdwen. Ond, o'r holl waith 'arian poced', yr hyn wnes i ei fwynhau mwyaf o'dd gweithio fel clerc i gwmni arwerthwyr BJP yn Llandeilo yn y martie a gynhelid yn Ffair-fach; trefniant bob yn ail ddydd Sadwrn, gyda'r mart gwartheg stôr ar ryw Sadwrn yn ystod y mis, a'r 'mart fflwcs' ar y dydd Sadwrn olaf. Dyna i chi ddau wahanol fyd, 'te! Ro'dd y mart 'arferol' yn llawn o'r bobl fyddai rhywun yn disgwyl eu gweld yno – y ffermwyr lleol, y delwyr stoc a'r cludwyr. (Un o fanteision clercio yn y mart da byw o'dd fy mod medru gweld urhyw fargeinion o'dd yn mynd o dan y morthwyl, ac yn wir, fe fuodd i mi brynu ambell heffer yno a threfnu cludiant iddyn nhw draw i Faesteilo hefyd. Y fenyw fusnes fythol effro!) Ond yn y 'mart fflwcs', lle gwerthid unrhyw beth a phopeth, o gywion adar i hoelion ail-law, ro'dd y *clientelle* yn wahanol iawn, ac ar y pegwn arall i'r un 'arferol'. Rwy'n siŵr bod trigolion Llandeilo a Ffair-fach yn gyfarwydd iawn â'r rhesi o geir o'dd yn parcio yr holl ffordd o'r mart ac ar hyd y bont oherwydd y 'mart fflwcs', ac yn dal i barcio yno hyd heddiw.

Yn gweithio i gwmni BJP ar y pryd, a'r sawl fuodd yn gyfrifol am roi'r gwaith clercio achlysurol i mi yn y lle cynta, o'dd un o'n cymdogion newydd yng Nghapel Isaac, sef John Eirian Davies. Ro'dd John Eirian a'i wraig Lynwen wedi symud yn ddiweddar i Llwyn yr Ynn, sef hen fferm cymdogion annwyl iawn i ni, Trevor a Lorraine, wedi iddyn nhwythau gyhoeddi eu bod yn symud i Landdeusant i fyw. Trefnwyd fod John Eirian a Lynwen yn prynu'r ffermdy, yr adeilade a rhyw gymaint o'r tir, a'n bod ni ym Maesteilo'n prynu'r tir o'dd yn weddill. A dyna ddechrau ar gyfeillgarwch mawr rhwng y cwpl ifanc, a'u plant Cai a Miri, a'n teulu ni. Mae gen i feddwl mawr ohonyn nhw i gyd.

Do'n i ddim yn ddisgybl ysgol o'dd yn cymryd yn naturiol at byncie ffurfiol nac *academia*. Rhowch rywbeth ymarferol i mi ei wneud bob tro. Ro'dd gen i falchder yn fy ngwaith, o'dd, ond nid o'dd y gwaith o ddarllen ac adolygu'n rhywbeth naturiol i mi ei wneud o gwbl, ac ro'dd yn gofyn ymdrech wirioneddol i mi agor fy llyfre weithiau. Ro'dd yn llawer gwell gen i fod mas ar hyd y fferm. Er hynny, do'n i ddim am *esgeuluso* fy ngwaith ysgol chwaith – mae ynof fi o hyd ryw falchder fy mod yn gallu dod i ben â threchu pob rhwystr, ac fel hynny ro'n i'n blentyn a pherson ifanc hefyd; do'n i ddim am adael fy hunan i lawr gyda fy ngwaith ysgol chwaith. Felly, ro'dd yn rhaid dod o hyd i ffordd o allu bodloni'r *ddwy* agwedd hynny. Er enghraifft, pan o'dd hi'n amser cneifio ym Maesteilo –

fyddai *wastad* yn cyd-ddigwydd â chyfnod yr arholiade yn yr ysgol – ro'dd gen i *regime*; awr o gneifio (a finne wrthi'n *cneifio* hefyd), yna awr o adolygu yn y tŷ… Ac fel hynny y byddai pethau'n mynd yn eu blaen, gyda finne'n rhannu fy amser rhwng gorchwylion ffermio a gwaith adolygu.

Llawer mwy pleserus i mi na'r gwaith academaidd o'dd y diddordebe allgyrsiol a gynigid gan yr ysgol uwchradd. Gan gofio adnoddau ymarfer corff chwerthinllyd Ysgol Llanfynydd, fe wnes i gymryd yn rhyfeddol at chwaraeon, a mwynhau fy hunan mas draw. Ro'n i'n hoff iawn o chware hoci, gan gapteinio tîm yr ysgol bob hyn a hyn, a rhaid i mi gyfaddef y bu i'r ochr gystadleuol ynof fi gael ei phenrhyddid ar y meysydd chwarae. Ro'n i wrth fy modd! Ro'n i'n *tom-boy*, ac wedi hen arfer â thaclo defaid ar y fferm. Ro'dd gêm fyrlymus, galed fel hoci yn fy siwtio i'r dim!

Rwy'n cofio bwriad sawl un ohonon ni – pan o'n i'n ddisgybl ychydig yn hŷn yn Nhre-gib – i ddechrau tîm rygbi merched o'r newydd yn Llandeilo. Buasai cnewyllyn y tîm yn ferched o'r ysgol, er na fyddai'n dîm *ysgol*, fel y cyfryw; 'Teigrod Tywi' neu rywbeth tebyg o'dd yr enw arfaethedig ar y tîm, os 'yf i'n cofio'n iawn. Gwnes i'n siŵr taw fy enw i o'dd y cyntaf ar y rhestr! Ro'n i wir, *wir* eisie chware rygbi, ro'n i ar dân am gael gwneud! (Ro'dd Caryl Thomas, Glansannan, gafodd yrfa hir yn chwarae rygbi dros Gymru, 65 cap i fod yn hollol gywir, yn un o'm ffrindie gore yn yr ysgol, a bwriad y ddwy ohonon ni o'dd chware ar yr un tîm â'n gilydd).

Es i gartre'n gyffro i gyd wedi i mi glywed y newydd cyffrous am y tîm rygbi, a dweud wrth Mam a Dad beth o'dd fy mwriad. Ond gwrthod â chaniatáu wnaethon nhw, nid ar *unrhyw* amod y byddwn i'n cael chware rygbi. Rwy'n cofio hyd heddiw yr olwg ar eu hwynebe wrth iddyn nhw dreulio'r newyddion. Dychmygwch fy siom. Daeth eu hymateb fel ergyd drom, oherwydd taw rhai digon hawddgar o'dd fy rhieni fel arfer. (A dweud y gwir, ro'n nhw wedi fy sbwylo ar hyd y blynyddoedd, a Mam yn enwedig yn barod i'm gyrru ar y rhybudd lleiaf i ba bynnag weithgarwch amaethyddol ro'n i am fynd iddo, heb boeni llawer ym mha le o'dd e, hyd yn oed Stoneleigh yn Lloegr). Ond ro'n ni'n deall ein gilydd mor dda, Mam, Dad a finne, ac fe wnes i wrando ar eu cyngor. Meddwl am fy niogelwch oedden nhw, ac fel rhiant rwy'n gallu uniaethu â'u safbwynt, wrth gwrs. Lles eich plant ddylai ddod gyntaf bob tro, a dyna o'dd eu cymhelliant – hynny, a chadw holl aelode gweithlu Maesteilo'n ffit ar gyfer eu gwaith hefyd, efallai! Ond rwy'n dal i ddifaru rhyw damed bach na ches i gyfle i roi cynnig ar chwarae rygbi.

Er cymaint o siom o'dd colli mas ar y cyfle hwnnw, ro'dd gen i chwaraeon eraill i fynd â'm bryd yn yr ysgol. Yn ogystal â'r hoci, ro'n i'n frwd iawn am daflu'r ddisgen a'r belen *shot-put* ym mabolgampe'r ysgol, a finne'n cynrychioli llys 'Lleian'; ro'dd yn Nhre-gib bryd hynny bedwar llys – Lleian, Myrddin, Tybïe a Teilo, ond Lleian o'dd y gore, wrth gwrs! Y tu hwnt i'r chwaraeon, ro'n i hefyd yn gystadleuydd cyson yn Eisteddfod yr Urdd, yn mwynhau cymryd rhan gyda'r côr, y parti merched ac fel unawdydd. Mae canu'n rhan fawr o 'mywyd i ers pan o'n i'n groten fach yn canu yn y capel dan ofal Gwenfyl Evans Croesnant a ddysgodd fi i ganu yn ferch ifanc iawn, ac mae'n rhywbeth sydd wedi aros gyda fi i wahanol radde ar hyd y blynyddoedd; yn sicr, ro'n i'n mwynhau'r gwersi canu yn Nhre-gib, a'r diddordeb a ddangosid ynof fi gan nifer o'r athrawon cerdd, o Conway Morgan i Helen Gibbon i Meinir Williams Cwmann wrth gynnig gwersi i ni trwy'r Cyngor Sir.

Ond do'dd gen i ddim bwriad aros ymlaen yn y

chweched dosbarth. Nid bod hynny'n adlewyrchiad ar Ysgol Tre-gib, wrth gwrs, lle'r o'n i erbyn hynny'n hapus iawn, ond ro'dd yn hytrach yn deillio o benderfyniad ro'n i wedi ei wneud yn gynnar; ro'n i am ffermio, a dyna i gyd. Welwn i ddim pwynt mewn ymwneud ag Addysg Bellach nac Uwch. Ro'n i'n sicr bod fy mhrofiad fel ffermwr ifanc gartref ym Maesteilo, Bwlchyradwy ac yn Nivlyn, wedi fy mharatoi'n llawn at y dyfodol ac ar dân am gael dechrau arni ar unwaith. Ffermio *o'dd* fy nyfodol. Ond, a finne ym mlwyddyn 11, (fform *five*, fel ag yr o'dd), fe ddechreuo'dd Mam drafod fy nyfodol o ddifri gyda fi, gan rannu gofid mawr; beth petai pethau'n gwasgu eto'n waeth ar ffermio, a'i bod yn gynyddol anos gwneud bywolieth fel ffermwr? (Erbyn meddwl, tybed a o's gan Mam y gallu i ddarogan y dyfodol, gan fod ei phroffwydoliaeth yn sicr wedi dod yn wir). Neu beth petawn i'n cael anaf fyddai'n ei gwneud hi'n amhosib i mi gario mlân â'r bywyd hwn? Ro'dd angen ystyried yr opsiynau o ddifri. Trwy lwc – a *lot* o waith adolygu – fe ges i radde da yn fy arholiade TGAU. Wedyn, nôl i'r ysgol â fi am ddwy flynedd arall!

Penderfynais ddilyn pyncie allai fod yn ddefnyddiol yn broffesiynol hefyd, petai eu hangen; Cymraeg, Technoleg Gwybodaeth, Addysg Grefyddol, ynghyd ag AS mewn Economeg. Ond, unwaith eto, ro'n i'n tynnu'n fwy naturiol tuag at y pethau allgyrsiol a gynigid i mi. Fel rhan o griw a enillodd y teitl 'Busnes Allforio Gorau Cymru' yn yr ysgol dan aden elusen Menter yr Ifanc, profiad cynhyrfus o'dd cael mynd i westy'r Savoy yn Llundain ar gyfer noson i ddathlu'r gystadleuaeth ar draws y DU, a chlywed ein bod wedi dod yn drydydd trwy Brydain gyfan. Cawson ni fynd hefyd i'r Swistir i gystadlu ymhellach a chreu cysylltiade; trydydd ro'n ni yno hefyd. I'r rhai sydd am wybod, ro'dd ein syniad llwyddiannus yn ymwneud â marchnata cardiau

Nadolig a'u hamlenni wedi eu 'ffrancio' ym Methlehem (y pentre ger Llandeilo, wrth gwrs, nid yr un llai enwog yn Jwdea!), o'dd hefyd yn brolio enw Ysgol Tre-gib.

Diolch yn bennaf, rwy'n credu, i'r gweithgaredde bues i'n ymwneud â nhw ym mlwyddyn gynta'r Chweched Dosbarth, ces fy ethol yn Brif Ferch yn fy mlwyddyn ola. Fe wnes i'n siâr o oruchwylio'r egwyliau cinio a bore ac ati, ynghyd â stiwardio mewn cyngherdde a bod yn bresennol mewn nosweithiau rhieni. Ro'n i wedi *treial* gosod esiampl i'r disgyblion iau hefyd, trwy daflu fy hun yn llwyr i bob cyfle gafodd ei gynnig i mi, ond dwi ddim yn siŵr pa mor llwyddiannus o'dd fy ymdrechion fel swyddog; o'm rhan i, do'dd dim llawer o siâp arna i fel Prif Ferch!

Daeth rhyw fath o drobwynt yn fy mywyd pan ro'n i'n fyfyriwr yn y chweched, a hynny bron heb i mi ystyried ar y pryd. Ers pan o'n i'n ferch fach, ro'n i wedi gwylio a mwynhau rhaglenni *Cefn Gwlad* ar S4C, ac edmygu'r cyflwynydd Dai Jones, Llanilar, yn fawr. Galla i ddweud â'm llaw ar fy nghalon mai un o'm harwyr o'dd Dai, ac os buodd y term 'trysor cenedlaethol' erioed yn wir am unrhyw bersonolieth gyhoeddus yn y Gymru Gymraeg, yna Dai Llanilar o'dd hwnnw.

I rywun o'dd yn obsesiynu dros y bywyd ffermio, ro'n i wastad wedi ystyried jobyn Dai Llanilar fel *dream job*, a meddwl yn aml y byddai cyflwyno materion gwledig ac amaeth yn rhywbeth y gallwn *i* ei wneud, petai gen i'r syniad cyntaf sut i ddechrau ar yrfa fel hynny! Do'n i byth yn meddwl bod posib cael troed i mewn i'r byd hwnnw. Ond llwyddais i gael profiad gwaith gyda chwmni teledu Telesgop pan ro'n i yn y chweched dosbarth, a dechreues i weld *bod* yna fodd i mi wireddu breuddwyd o'dd wedi bod gen i ers fy mhlentyndod.

Bryd hynny, ro'dd swyddfeydd Telesgop yn nhref

Llandeilo – cyn iddyn nhw adleoli i ardal Baglan – ac yn gyfleus iawn i'r ysgol a Maesteilo. Rwy'n cofio na chawson ni – finne a Catrin Rees hefyd o Landeilo – ein danfon o gwmpas yr ardal, gan fod yr ail don o Glwyf y Traed a'r Genau yn rhemp, ac annoeth iawn fyddai ymweld â ffermydd yr ardal. Yn hytrach, cawson ni brofiade o'r newydd yn ymwneud â phethau fel golygu ac ymchwilio pwrpasol, a chael mewnwelediad cyffrous i'r broses o greu rhaglenni teledu. Ro'n i'n gwbod ar unwaith fy mod yn hoffi'r maes hwnnw o waith.

O ganlyniad, ces inne a Catrin wythnos o waith gyda Telesgop yr haf wedyn fel rhedwyr yn Sioe Frenhinol Cymru. Yn fan'na ddes i i nabod Lowri Thomas Berllan yn dda, a chael jobyn o'dd yn gofyn i ni gludo canlyniade o'r mannau beirniadu i'r swyddfa gynhyrchu er mwyn eu cyhoeddi'n fyw ar raglen *Y Sioe Fawr*. Diolch byth am stondin a staff Merched y Wawr, ddyweda i, oherwydd yno y bydden ni'n manteisio ar ddysgleidie di-ri o de, cacs, bara brith a phice wrth roi trefn ar y canlyniade! (Ar y pryd, ro'n i'n aros yn y Pentre Ieuenctid ger maes y sioe – y 'YPV' bondigrybwyll – ac yn mwynhau fy hun i'r eithaf tan yr oriau mân; do'dd dim rhyfedd bod angen i mi fanteisio ar garedigrwydd Merched y Wawr gyda'r dydd! Erbyn diwedd yr wythnos, ro'n i fel clwtyn llestri, cofiwch.)

Felly, ro'n i wedi cael blas ar waith teledu, do, ond sut o'dd mynd â hynny gam ymhellach? Ro'n i'n byw yng nghefn gwlad Cymru, ac yn meddwl bod pob dim o'dd yn ymwneud â theledu yng Nghymru wedi ei leoli yn bell i ffwrdd yng Nghaerdydd. (Ces i fy nghynghori gan rywrai yng ngwmni Telesgop y byddai'n beth llesol i mi pe bawn i'n symud i Gaerdydd am gyfnod, a phrofi sut beth o'dd bywyd yn y ddinas yn ogystal â rhoi fy hunan yn gyfleus i'r byd teledu Cymreig; ond do'dd *hynny* ddim am ddigwydd, ddim dros fy nghrogi!) Cyn hynny, ro'dd y byd darlledu yn teimlo tu hwnt i'm cyrraedd, braidd, ond ro'dd y gwaith gyda Telesgop wedi rhoi rhyw damed o obaith i mi; ro'n i nawr yn nabod pobl yn y maes. Ro'dd y freuddwyd o efelychu Dai Llanilar wedi *dechrau* dod yn bosiblrwydd real i mi.

Yn ystod fy mlwyddyn ola yn Ysgol Tre-gib, dechreuodd Mam arni eto gyda'i chynghorion doeth. Yr un o'dd ei dadl ag o'r bla'n – y dylwn ddiogelu bod gen i ddigon o opsiynau at y dyfodol. Pam nad awn i i'r brifysgol wedi'r cwbl? Unwaith eto, do'dd y syniad ddim wedi fy nharo o ddifri cyn hynny, oherwydd pa ddiben *fyddai* i mi fynd i'r brifysgol? Ond, yn ei ffordd arferol ei hunan, gweithiodd Mam yn ddiflino arna i, gan lwyddo i siarad sens â fi unwaith eto, ac am yr eildro fe gytunais â'i chyngor. Ond ro'dd gen i amod; pe na fyddai fy ngradde Lefel A yn ddigon da, dyna fyddai ei diwedd hi. Do'dd *dim* sefyll arholiade am yr eildro i fod, ac yn ôl i'r fferm â fi fyddai hi wedyn, dim chware!

Fel mae'n digwydd, llwyddes i ennill gradde digon boddhaol yn y pen draw. Ond ro'dd yn rhaid i'r brifysgol honno fod yn *iawn* i mi. Nid o'dd y syniad o fynd i brifysgol mewn dinas neu dre fawr boblog yn apelio o gwbl – ro'n i'n gwbod y byddai trefoldeb rhywle fel hynny'n codi hiraeth arna i am y wlad. Do'n i ddim yn ffansïo mynd i Gaerdydd, neu Abertawe, a Phrifysgol Aberystwyth o'dd yr unig ddewis achos ro'dd gen i ddelwedd yn fy mhen o Aberystwyth fel lle Cymreigedd a gwledig. Pa bynnag gwrs bydden i wedi ei ddewis, fydden i ddim wedi mwynhau mynychu prifysgol yn y ddinas. Cafodd un o'm ffrindie agos, Helen, brofiad tebyg yng Nghaerdydd. Diflasodd â'i chynefin newydd yno a gadael ei chwrs Fferylliaeth ar ôl ychydig fisoedd, cyn dechrau arni unwaith eto yn Aberystwyth ryw flwyddyn wedyn. Dyna lle cwrddais i â chriw arbennig o ffrindie, gan gynnwys mam fedydd Dafydd a Sioned, sef Einir Ryder. Fe fuon ni'n byw mewn ystafello'dd drws nesaf at ein gilydd – Meinir ac Einir – yn Neuadd Pantycelyn am dair blynedd. Un o'r pethau gore ddaeth gyda symud i Shadog i fyw yw bod Einir yn gymydog agos i mi eto, ac ry'n ni'n gweld ein gilydd yn aml iawn, gan mai hi hefyd yw athrawes ganu a phiano Sioned erbyn hyn.

Mewn gwirionedd, ro'dd lleoliad y brifysgol yn fwy o flaenori'eth na'r pwnc y byddwn yn ei astudio, ond unwaith i mi fodloni ar fynd i Aber, rhaid o'dd dewis cwrs wedyn. Do'dd hynny'n fawr o benbleth fel y digwyddodd hi, gan fod Aberystwyth yn enwog am hyfforddi myfyrwyr amaethyddol erioed. Felly, dyna fy mhenderfyniad; ro'n i am astudio gradd mewn Amaeth... Tan i mi ymweld â'r deintydd, hynny yw!

Ro'dd hi'n un o'r sgyrsiau amhosib hynny mae rhywun yn eu cael yng nghadair y deintydd. Nid oherwydd bod y pwnc yn un sensitif, ond oherwydd bod ceg rhywun yn llawn o wadin, drilie a phibelle dŵr a gwynt, heb sôn am fysedd y deintydd ei hun; y gwir yw, mae'n amhosib siarad â'r deintydd am naw deg y cant o'r amser mae rhywun yn treulio yn ei gwmni! Ro'n i wedi gorfod mynd i'w weld oherwydd i bethau fynd o chwith gyda'm hen ddeintydd, unigolyn a gosbwyd yn broffesiynol oherwydd iddo roi *fillings* metel diangen i blant (a minne'n un ohonyn nhw) gan broffidio wedyn ar hawlio'n ôl ar y Gwasanaeth Iechyd. O ganlyniad i hyn, fe fues i'n dioddef o wenwyn mercwri – *mercury poisoning* – a achosodd i frech gas ymledu ar hyd fy nghoese a'm dwylo, a bu bron i mi golli fy ewinedd hefyd. Er hynny, do'dd y rhan fwyaf o ddeintyddion ddim am fy helpu, gan nad oedden nhw'n teimlo bod ganddyn nhw'r arbenigedd gofynnol, ond yn y pen draw ffeindion ni ddeintydd newydd ym Mhenclawdd o'dd wedi ymchwilio i'r cyflwr ac o'dd yn fodlon newid yr holl *fillings* trafferthus am rai gwynion.

Ta waeth, wrth sgwrsio â fi gofynnodd fy neintydd beth ro'n i am ei astudio yn y brifysgol.

'Amaeth,' atebais.

'Pam?' gofynnodd, fel pe na bai hynny'r peth naturiol i mi ei wneud. Er hynny, aeth ymlaen wedyn i herio tipyn arna i, mewn ffordd ddigon hwyliog, gan holi beth fyddai o'i le ar brofi rhywbeth newydd, rhywbeth ychydig yn wahanol? Tybiai – yn ddigon cywir, hwyrach – fod gen i ddigon o brofiad ym maes amaeth yn barod, os taw dyna o'n i am ei wneud gyda fy mywyd. Pam ddim achub ar y cyfle i gael blas ar rywbeth arall? Ac ro'dd e'n berffeth gywir; do'n i ddim *wedi* ystyried gwneud unrhyw bwnc arall, dim o ddifri. Efallai taw dyma o'dd fy nghyfle, gan gadw mewn cof y pethau o'dd o ddiddordeb i mi, ro'dd gen i ryw awydd gwneud gwaith teledu hefyd. Yn ogystal, ro'n i'n mwynhau'r 'pethe' Cymraeg... Gyda sŵn y dŵr yn rhuthro trwy'r beipen ddraenio yn fy ngheg, y gwnes i'r penderfyniad i newid fy nghwrs, a gwneud gradd yn Gymraeg ac Astudiaethau Ffilm a Theledu.

Diolch, Mam am ei chyngor! Ro'dd e'n brofiad anghygoel i fynd i'r brifysgol, gyda'r cwrs yn un o'dd yn fy siwtio i'r dim a rhaid yw cydnabod fy narlithwyr gwych am hynny hefyd, sef Elan Closs Stephens, Kate Woodward, Jamie Medhurst a'u tebyg, a holl ddarlithwyr yr Adran Gymraeg yn yr un modd hefyd. Er hynny, ro'dd yr atynfa i fynd 'nôl i Faesteilo bob penwythnos yn ormod ac fe fydden i'n ffonio gartref bron pob dydd i holi Mam a Dad pa ddatblygiade o'dd ar y ffem – pa fuwch o'dd wedi lloia, sut olwg o'dd ar y cnwd silwair ac ati. (Do'n i ddim yn hoffi'r syniad bod pethau'n cario ymlaen yno, yn yr un hen ffordd arferol, hebdda i). Oherwydd hynny, bydden i'n diflannu tuag adre fel cath i gythrel ar ddiwedd fy narlith olaf ar brynhawn dydd Gwener, er mwyn cael trochi fy nwylo gyda gwaith ffarm am ddiwrnod neu ddau bob wythnos.

Ond rhag i neb gael camargraff, fe wnes i'r mwyaf o'r cyfleoedd cymdeithasol ddaeth i'm rhan yn Aber, a hynny fel rhan o grŵp clòs newydd o ffrindie. Ro'dd y rhan fwyaf o'm ffrindie ysgol wedi mynd i'r brifysgol yng Nghaerdydd, neu i geisio gwaith yno, felly ar fy mhen fy hunan yr es i i Brifysgol Aberystwyth. Ro'n ni'n griw mawr o ffrindie da, ac wrth i amser fynd yn ei flaen, fe ddaeth criw bychan ohonon ni yn fwy clos byth: Einir, Helen, Anwen, Rhiannydd, Teleri a fi. (Bu Lowri Berllan yno hefyd am gyfnod, cyn mynd i weithio i gwmni Telesgop, fel finne). Ro'n ni i gyd yn ferched o gefndir tebyg – ro'dd y Clwb Ffermwyr Ifanc yn bwysig i bob un ohonon ni, er enghraifft, a magwraeth wledig yn rhywbeth o'dd yn gyffredin rhyngom; ro'n ni'n ferched ffarm, y rhan fwyaf. Yr un *hiwmor* o'dd yn perthyn i bob un ohonon ni – ro'dd hynny'n rhan hanfodol o'n cyfeillgarwch – ac er i ni hoffi mynd ar seshys meddwol, rwy'n credu taw digon diniwed o'dd yr hwyl gawson ni fel myfyrwyr ym Mhantycelyn.

Rhy niferus i'w rhestru yw'r pethau dwl y gwnaethon ni fel criw o ffrindie. Sbort eithriadol o'dd mynd â'r dwfes a'r matresi o'n hystafello'dd a'u defnyddio fel rafftie er mwyn hyrddio i lawr y grisiau ym Mhantycelyn. Hurtwch pur hefyd o'dd y noson honno i ni dreial gwneud crempog mewn *wok*. Ni chaniatawyd i ni gadw oergell yn ein hystafello'dd, felly'r unig ffordd y gallwn i gadw'r llaeth yn oer – llaeth o'r ffarm, gan nad o'n i'n hoffi llaeth o'r siop – o'dd trwy ei roi ar y parapet tu allan i ffenest fy stafell. (Ro'dd stafell rhif 69 ar un o loriau uchaf yr adeilad). Ym misoedd oer y flwyddyn, ro'dd hynny lawn cystal ag unrhyw ffrij. Wel, dychmygywch fy syndod pan ddes i o hyd i un o'r gang o'dd wedi cau ei hunan ar y parapet uchel ar ôl mynd i chwilio'n dawel bach am ddiferyn o la'th at ei the!

Ro'dd gan Einir nodwedd ymddygiadol hynod yn yr ystyr ei bod yn dioddef o lewygon – *blackouts* – yn ddirybudd. Ro'dd hi wedi dweud wrthyf fi am hyn yn nyddie cynnar ein cyfeillgawrch, ond nid *pawb* o'dd yn gwbod. Ces i fy siarsio i beidio byth â ffonio am ambiwlans pe bawn i'n ei gweld yn llewygu, gan y byddai'n dod ati ei hunan ymhen dim o dro. Rwy'n cofio'r noson pan ddaliodd hi ei bys mewn drws ac yna sylwi ar y gwaed yn dod o'r briw. Dechreuodd simsanu, ac er fy mod i'n rhyw *hanner* gwbod beth i'w ddisgw'l wedyn, daeth fel tipyn o sioc pan ildiodd Einir i'r blacowt, a hynny o fla'n y merched i gyd a'r rhan fwyaf ohonyn nhw heb yr un amcan beth o'dd yn digwydd iddi! Ro'dd llond y stafell o ferched mewn panig llwyr wedyn, ac er i Einir lwyddo i yngan gair neu ddau'n erfyn arnon ni i beidio â chysylltu â'r gwasaneth ambiwlans cyn iddi basio mas, ro'dd y demtasiwn yn fawr. Ro'dd y funed honno pan o'dd Einir i ffwrdd gyda'r tylwyth teg yn teimlo fel oes i ni i gyd, a neb ag unrhyw syniad beth i'w wneud!

Helen o'dd yr unig un o'n criw o'dd â sboner ar y pryd. Pan glywon ni un tro bod ei chariad am dalu ymweliad â hi un noson Sant Ffolant, penderfynodd y gweddill ohonon ni – o'dd yn teimlo rhyw damed o drueni droson ein hunen – nad o'n ni am golli mas ar yr hwyl rhamantus chwaith, felly i lawr â ni i'r dre i brynu poteli o win a bocseidie o siocledi moethus, ynghyd ag ordro *takeaway* Indiaidd. Cawson ni noson hyfryd, tra bod Helen yn paratoi at dderbyn ei chariad. Pan gyrhaeddodd ei sboner Aberystwyth o'r diwedd, ro'dd hi'n rhyw hanner awr wedi deg y nos, ond ro'dd yn amlwg yn benderfynol o sbwylio Helen ar eu noson o ramant; yr anrheg Sant Ffolant a roddodd iddi o'dd baryn o *Twix*, a hwnnw'n un o'dd wedi ei gymryd o *multi-pack*!

Ro'dd yn arferiad i griw Pantycelyn fynd ar dripiau i Dregaron yn aml hefyd: 'Torri mewn i Dregaron', erbyn hyn, dwi ddim yn hollol siŵr pam *Tregaron* o bob man, ond i'r dref honno ro'n i'n tueddu i fynd ar sesh fawr. (O ran ein grŵp bach ni, rwy'n credu bod Cymreictod y lle, fel ag yr o'dd bryd hynny, yn apelio aton ni). Af fi ddim i enwi neb, ond ro'dd yn ein plith un o'dd yn meddu ar y ddawn anhygoel – os 'dawn' yn wir – o allu chwydu, petai hi wedi cael gormod o bop, i mewn i wydryn peint gwag a'i lenwi hyd yr ymylon, heb sarnu'r un tamed. Sut a phryd sylweddolodd hi ei bod yn medru gwneud hynny, wel, dyna yw'r dirgelwch.

Hefyd, rwy'n cofio'r tro hwnnw i rywrai – maen nhw'n gwbod pwy ydyn nhw – lenwi fy ngwely â llond bocsaid o rawnfwyd Alpen! (Colles i 'nhymer yn iawn â nhw y tro hwnnw, gan bwdu am dipyn; fy Alpen *i* ro'n nhw wedi ei sarnu, ac yn ddrud i fyfyriwr ei brynu!) Jiawled drygionus o'n ni i gyd!

Trwy gydol fy amser yn y coleg, do'n i ddim wedi anghofio am fy nyhead i fynd yn gyflwynydd, ac ro'n i wedi rhyw led gadw mewn cysylltiad â chwmni cynhyrchu Telesgop ar hyd yr amser. Ond ro'dd hi'n dal yn syrpréis gyffrous i mi, ar fy ail flwyddyn yn Aber, pan ddaeth y gwahoddiad yn gofyn i mi ymddangos fel un o ddau 'gyw gyflwynydd' ifanc ar raglen *Ffermio*, yn darlledu o'r Ffair Aeaf yn Llanelwedd. (Fy nghyd-gyflwynydd o'dd Geraint Jenkins o Geredigion). Gofynnwyd i mi gyfweld â Carwyn Jones, o'dd ar y pryd yn Weinidog Amaeth yn y Cynulliad Cenedlaethol, fel yr adnabyddid y Senedd bryd hynny. Ro'dd yn eiliad 'waw' go iawn! Ro'n i mor nerfus, ond eto'n teimlo'r cynnwrf yn fawr; ro'dd hwn am fod yn flas gwirioneddol ar yr hyn ro'n i 'di breuddwydio am ei wneud. Fe aeth yr holi rhagddi, a daeth yn amser i ddod â'r cyfweliad byr i ben, felly diolchais i Carwyn Jones am ei amser. Ond, am ryw reswm, ro'n i wedi cyfeirio ato fel 'Prif Weinidog' ac yntau'n Weinidog Amaeth, hwyrach bod y gair 'gweinidog' wedi fy nrysu yn yr eiliad honno, sai'n gwbod! A chwarae teg i Carwyn Jones, gwelodd yr ochr ddoniol, gan ddweud,

'Dim eto, Meinir. Dim eto!'

Er holl sbri a dwli fy amser yn y coleg, mae'n amlwg mor ffurfiannol o'dd y dyddiau hynny. Ro'dd rhai aelode o staff Ysgol Tre-gib o'dd wedi bod mor barod i'm helpu â'm gwaith; yn rhy barod, chware teg, (ro'n i wedi fy sbwylio gan ambell un), ro'dd y sylweddoliad bod hynny ddim am ddigwydd yn y brifysgol yn un â'm sobrodd, braidd. Am y tro cyntaf, fe sylweddolais fod methu neu lwyddo yn llwyr ddibynnol arna i. Ar ben hynny, dyna'r tro cyntaf i mi fyw yn unrhyw le arall heblaw Maesteilo. Am y tro cynta, ro'dd pob penderfyniad yn benderfyniad ro'dd yn rhaid i *fi* a neb arall ei wneud. Dyna pryd y troais yn oedolyn.

Er nad o'dd hi'n fwriad gen i ddilyn llwybr addysg hyd y pen, dyna wnes i yn y pen draw a dydw i'n difaru *dim*; a dweud y gwir, mynd i'r brifysgol o'dd un o'r penderfyniade gore i mi wneud erioed. Enilles i ffrindie hyfryd, ffrindie *oes*, a derbynies addysg sydd wedi bod yn ddefnyddiol i mi yn fy mywyd proffesiynol fyth ers hynny. Er hynny, rwy'n dal i gredu bod gormod o bwyslais yn gyffredinol ar lwyddo'n academaidd, ac ar ennill gradde. Nid yw hynny i bawb. Mor rhwydd yw hi i annog rhywun i'r cyfeiriad hwnnw gan taw dyna'r peth 'derbyniol', disgwyliedig i'w wneud, ond heb ystyried efallai ai dyna sydd ore i'r person ifanc dan sylw (Ro'n i mor lwcus bod Mam yn fy neall i'r dim o ran hynny).

Felly, wrth aros fy nghanlyniade gradd, cysylltais eto â chwmni teledu Telesgop a fu mor dda i fi o'r blaen. Ro'dd hi'n amser canfod fy nhra'd yn broffesiynol, a chyn i mi fynd yn ôl i Faesteilo a setlo'n gyfforddus i fywyd ffermio, efallai am byth, ro'n i am o leia rhoi cynnig ar waith teledu. Do'dd gen i ddim byd i'w golli, nago'dd?

6

FE DDYWEDA I hyn gyda fy llaw ar fy nghalon; ro'dd
mudiad y Ffermwyr Ifanc yn obsesiwn yn ystod y cyfnod
yma o fy mywyd i. Mae'n ddweud mawr, rwy'n gwbod,
ond dyna'r gwir amdani. Ac o edrych 'nôl ar fy nyddiau
fel aelod o'r mudiad, mae'n rhaid i fi gyfaddef y buodd y
Clwb Ffermwyr Ifanc yn *obsesiwn* llwyr i fi, does dim gair
arall neith y tro, fel mae'r hanes isod yn ei brofi, efallai!

Ym 1997, gofynnodd Enid Williams, fferm Nantyffin,
Capel Isaac, (Enid Davies, fferm Castell Hywel, fel ag yw
hi heddiw), sef un o fy ffrindie bore oes ac un o'm ffrindie
gorau, i fi fod yn forwyn briodas iddi. Ro'n i wrth fy modd,
wrth gwrs, ac yn ei chyfri'n anrhydedd fawr, er nad o'dd
ganddi ddyddiad pendant ar gyfer y briodas ar y pryd.
Ro'dd hithau hefyd yn aelod o'r mudiad – yn gyd-aelod
gyda fi yng nghlwb Llanfynydd – wedyn dim ond hanner
o ddifri o'n i pan wnes i ei siarsio i beido â phriodi ar ail
ddydd Sadwrn mis Mai, sef dydd Sadwrn y Rali CFfI Sirol.
Ro'n i'n *gwbod* na fyddai hi'n trefnu ar gyfer y diwrnod
hwnnw! Ond, pan roddodd wbod i fi fod y dyddiad wedi ei
gadarnhau o'r diwedd… wel, mae'n siŵr eich bod chi wedi
dyfalu'n barod. O'dd, ro'dd y briodas am gael ei chynnal ar
ail ddydd Sadwrn mis Mai! Allwn i ddim credu'r peth!

Cyn fy mod yn adrodd mwy o'r hanes, dylwn i ddweud rhywfaint am y Rali ei hun, a pham ei bod mor bwysig i holl glybiau'r sir. Mae Rali CFfI Sir Gâr yn uchafbwynt yng nghalendr y mudiad, y peth mae pob aelod yn y sir yn edrych ymlaen ato'n fwy na dim byd arall, do's dim *dwywaith* am hynny. Mae'r holl waith caled – yr ymarfer a'r cystadlu trwy gydol y flwyddyn – yn dod i fwcwl yng nghystadlaethau'r Rali. Mae yna lawer iawn o wahanol gystadlaethau, rhy niferus i'w rhestru yma, yn amrywio o'r Beirniadu Stoc, Cneifio a Gwaith Coed i gystadlaethau fel y Tynnu Rhaff, Creu Hysbyseb a Gwneud Smwddis, hyd yn o'd. Rhywbeth at ddant pawb, ys dywedon nhw. Ac, yn y bôn, un ornest fawr yw'r Rali rhwng holl glybiau'r sir, cyfle i unrhyw fuddugwyr ennill yr hawl i frolio am flwyddyn gyfan, tan y Rali nesa o leia! Mae'n ddiwrnod llawn hwyl, er gwaetha'r cythrel cystadlu, ac yn achlysur cyfeillgar lle mae rhywun yn cwrdd â ffrindie o bob rhan o'r sir. Mae holl rinweddau'r mudiad yn cael eu harddangos ar ddiwrnod y Rali Sirol, popeth sy'n dda am y Clwb Ffermwyr Ifanc, yn fy marn i, yn gyfuniad iach o gystadlu, cydweithio a chymdeithasu. Mae'n ddiwrnod hir, ydy, a blinedig iawn hefyd, ond yn ddiwrnod sy'n lot o hwyl, o'r cystadlaethau gyda'r bore tan y Ddawns sy'n dod â'r diwrnod i ben gyda'r nos. Teg dweud bod rhaid i rywun ei brofi yn ei gyfanrwydd i ddeall pam y buodd y peth mor annwyl gen i, fel ag y mae o hyd i lawer o bobl ifanc, ac rwy o hyd yn hiraethu ar ôl fy nyddiau'n cystadlu yn y Rali!

Wel, meddyliwch fod fy ffrind Enid wedi trefnu bod ei diwrnod mawr hithe am ddigwydd ar yr un dyddiad â'r 'diwrnod mawr' arall! Rhaid i fi gyfaddef, ro'n i mewn penbleth. Ro'n i'n disgwyl ymlaen cymaint at fod yn forwyn ym mhriodas fy ffrind annwyl, wrth gwrs, a do'dd dim un ffordd *na* fydden i yno'n tendio arni. Ond ro'dd hynny'n fy ngadael â dewis anodd. Am ryw reswm, y flwyddyn honno ro'n nhw wedi penderfynu cynnal un o'r cystadlaethau *stock-judging* ar fore'r Rali, lle byddai'r rhain i gyd wedi eu cwblhau cyn y diwrnod mawr fel arfer. Ac ar ben hynny, ro'dd un o fy hoff ddosbarthiadau yn cael ei feirniadu y bore hwnnw, sef dosbarth y defaid Texel. Ro'n i'n methu credu'r peth! Ac i wneud pethau'n fwy o benbleth fyth, ro'dd gen i siawns go dda o ennill y tlws a roddid i'r unigolyn sy'n crynhoi'r nifer mwyaf o bwyntie yn y cystadlaethau Beirniadu Stoc trwy gydol y flwyddyn. Ar y llaw arall, pe *na* fyddwn i wedi cystadlu, byddai wedi bod yn ddiwedd ar y gobeithion hynny. Beth allwn i wneud? Ro'dd pob dim yn cynllwynio yn fy erbyn!

Er taw am wyth o'r gloch y bore ro'dd y gystadleuaeth i fod i ddechrau, ro'n i'n gwybod yn fy nghalon y byddai hynny'n rhy hwyr i ganiatáu i fi gystadlu *a* gwasanaethu fel morwyn ym mhriodas Enid. Ro'dd pethau'n edrych yn ddu arna i! Ond, wedi hir boeni a phendroni, daeth yr ateb i fi. Cysylltais ar unwaith â'r Trefnydd Sirol, Euros Thomas, ac esbonio'r sefyllfa iddo. Trwy lwc, teimlodd Euros drueni drosta i, ac fe ganiataodd i'r gystadleuaeth ddechrau'n gynharach. Rwy'n fythol ddiolchgar iddo am hynny.

Y bore hwnnw ro'n i ar ddi-hun ac yn eistedd mewn cadair am hanner awr wedi pedwar, er mwyn i un o'm ffrindie, Ceris, wneud fy ngwallt yn barod at y briodas. (Ro'n i eisoes wedi tawelu meddwl Enid y bydden i yno, yn y tŷ, erbyn deg o'r gloch, ond do'dd dim sicrwydd!) A dyna lle'r o'n i ymhen tipyn, ar safle'r Mart yng Nghaerfyrddin yn bwrw iddi gyda'r gwaith o feirniadu'r defaid Texel, gyda 'ngwallt mewn *hairdo* sbesial at y briodas ac wedi 'ngwisgo yn fy nghot wen *Stock-Judging*, heb anghofio'r tei du, gorfodol! Fel mae'n digwydd, y beirniaid y bore hwnnw – beirniad yn barnu'r beirniad, fel petai – o'dd Gary

Howells, fy narpar ŵr, er nad o'dd y naill na'r llall ohonon ni'n gwybod hynny ar y pryd. Do'dd dim byd rhynton ni bryd hynny. A ches i ryw argraff hefyd nad o'dd e'n rhy hapus i fod yno mor fore! O'dd yn rhaid ei fod e'n meddwl bod y groten 'ma o glwb Llanfynydd wir o ddifri am ennill y gystadleuaeth os o'dd hi wedi mynd i'r ffwdan o wneud ei gwallt yn sbesial at yr achlysur.

Do's dim ffordd ddelicet o ddweud hyn o gwbl, ond ro'dd yr ŵyn Texel hynny ro'n i'n gorfod eu gwerthuso y bore hwnnw yn drewi i'r entrychion, yn gaglau i gyd. Ac wrth gwrs, fel rhan o'r broses feirniadu ro'n i fel cystadleuydd yn gorfod swmpo bron pob rhan o gorff y ddafad er mwyn cael syniad da o safon corff yr anifail, gan gynnwys eu cadair nhw, i weld bod pob dim yn ei le ac yn gywir. Es i ymbytu'r beirniadu, a phenderfynu ar drefn y rhai gorau, yn fy marn i. Yn amlwg, ro'dd hynny wedi plesio'r beirniad ac fe ddyfarnodd mai fi o'dd yr enillydd. Ar ben hynny, fi o'dd enillydd y tlws blynyddol hefyd, creadigaeth hyfryd ar ffurf buwch a hynny er cof annwyl am gyn-aelod o'r mudiad, Aled Howells, Sarnau, fu farw mor drasig o ifanc. Ro'n i ar ben fy nigon pan ges i'r newyddion mewn neges destun yn ystod y wledd briodas! (Enillais i'r tlws rhyw saith o weithiau i gyd, ac rwy'n eithaf sicr taw fi sydd wedi ei ennill y nifer mwyaf o weithiau hyd yn hyn).

Ro'n i'n gorfod rhuthro'n ôl wedyn i bentref Salem ger Llandeilo, sydd ddim mor bell â hynny o Gaerfyrddin. Cyrhaeddais i tua deg o'r gloch a'r briodas i ddechrau am un ar ddeg. Gwnes i'n siŵr 'mod i'n barod – y ffroc a'r colur, pob peth – o fewn hanner awr o gyrraedd yn ôl. Ond y gwir yw, bu'n rhaid i fi guddio 'nwylo am weddill y diwrnod; ro'n i wedi eu sgrwbio a'u sgwrio'n lân, wrth gwrs, ond do'dd dim gobaith cael gwared ar y drewdod! Do'dd dim ots faint ro'n i'n cadw fy nwylo mas o'r golwg, ro'dd 'na ambell un wedi sylwi ar y gwynt caca defaid o'dd yn harddu'r awyrgylch yn y briodas. Wps.

Rywsut, fe drodd popeth mas yn iawn ar y dydd ac rwy'n falch i ddweud bod Enid a minne'n dal yn ffrindie mynwesol. Erbyn heddiw, mae'n rhaid i fi gydnabod y bues i damaid bach yn annoeth y diwrnod hwnnw ac rwy'n falch o'r cyfle yma i ddweud sori enfawr iddi. Ro'n i ar dân eisiau cystadlu yn y Rali, a do'dd dim byd yn mynd i fy rhwystro rhag gwneud hynny. O gofio'n ôl, mae'n rhaid cydnabod bod fy obsesiwn am bob peth yn ymwneud â'r Clwb Ffermwyr Ifanc fel rhyw fath o gyffur. Ro'n i'n methu byw hebddo. Wedi dweud hynny, ar ôl ennill yn y Rali, fe es i ymlaen i gystadlu yn y *Royal Welsh*, ac enillais i yn fan'no hefyd. Yn y pen draw, ces i gystadlu yn y Sioe Fawr yn Stoneleigh, lle enillais wobr *Stockman* y flwyddyn. Rwy'n teimlo efallai bod hynny'n *rhyw* fath o gyfiawnhad i'r ffaith fy mod i wedi pwyso ar rywrai i newid amserlen y Rali er mwyn i fi gael cystadlu ar y bore tyngedfennol hwnnw.

Rwy'n dweud hyn yn aml; unwaith mae'r llythrennau CFfI wedi eu naddu yng nghalon rhywun, mae'n amhosib cael eu gwared nhw. Mae fy nyled yn fawr i'r mudiad am y pethau y ces i ganddyn nhw, y gwerthoedd – a'r galluoedd – rwy'n eu trysori yn fy mywyd. Yn fwy na hynny, rwy'n bendant o'r farn taw'r clybiau ffermwyr ifanc sy'n bennaf gyfrifol am gadw bwrlwm cymdeithasol yng nghefn gwlad, ac yn chwarae rhan hollbwysig mewn cadw'r Gymraeg yn fyw hefyd. Hyd y gwela i, yn y gymuned ffermio mae'r iaith ar ei chryfaf erbyn hyn, a do's dim dwywaith taw gweithgareddau'r clybiau Ffermwyr Ifanc, a'r cymdeithasu trwy gyfrwng y Gymraeg sy'n digwydd yn naturiol, sy'n cynnal yr iaith yng nghefn gwlad yn awr. Mae'r mudiad yn gwbl hanfodol i barhad yr iaith. Yn fudiad diwylliannol go iawn.

Rhywbeth cwbl naturiol o'dd hi i bobl ifanc fy mro enedigol – Capel Isaac, Llanfynydd, Cwrt Henri a'r cyffiniau – fynd i'r Clwb Ffermwyr Ifanc, a do'dd dim gwahaniaeth a oedden nhw'n blant i ffermwyr neu beidio, ro'dd croeso i bawb.

Rwy'n meddwl ei bod hi'n deg dweud bod y mudiad CFfI yn fy ngwaed. Fel lliw gwallt neu daldra, mae rhywun yn ei etifeddu yn y genynnau. Yn bobl ifanc, ro'dd Mam a Dad yn aelodau o'r mudiad hefyd – fy nhad yn aelod o glwb Llangadog, a'i deulu ar y pryd yn ffermio fferm Carregfoelgam ger Bethlehem – a Mam, a'i chartref ar fferm Maesteilo, Capel Isaac, yn aelod o glwb nad yw'n bod bellach, gwaetha'r modd, sef Cwrt Henri. Wedi iddyn nhw briodi, fe aeth Dad i fyw a ffermio yng nhartref fy mam ym Maesteilo, ond para'n aelod o Langadog wnaeth e, gan ei fod yn gadeirydd y clwb ar y pryd, ac fe wnaeth Mam ymuno ag ef yno. Pan feddyliwn fod Llangadog a Chapel Isaac ryw ddeg milltir dda ar wahân i'w gilydd, mae hynny'n dangos tipyn o deyrngarwch – ac ymrwymiad – ar ran fy nhad i'w glwb. Allwn ni ddim â gwneud yn fach o deyrngarwch aelodau'r mudiad tuag at eu clybie nhw! Fuon nhw ddim yn cystadlu am yn hir ar ôl i Dad orffen fel Cadeirydd gyda chlwb Llangadog oherwydd y cyrhaeddes i i'r byd tua'r un amser, a rhaid dweud hefyd bod hynny damaid bach yn gynnar – priododd Mam a Dad ym mis Ebrill, a ches i fy ngeni ym mis Rhagfyr. (Ond ddywedwn ni ddim mwy am hynny!)

Pan ro'n i a 'mrawd yn blant bach iawn, fe gamodd fy rhieni 'nôl o'u hymrwymiadau i'r mudiad Ffermwyr Ifanc, fel sy'n naturiol i aelodau sy'n dechrau ar eu bywydau ffermio o ddifri ac yn magu teulu yr un pryd. Mae'n gyfnod amhosib o brysur, fel wyf fi a Gary'n gwbod yn iawn! Pan o'n i'n rhyw ddeg mlwydd o'd, derbyniodd Mam wahoddiad i fynd yn Arweinydd ar glwb Llanfynydd; ro'dd ei hen glwb, Cwrt Henri, wedi hen ddod i ben erbyn hynny. Deuddeg aelod yn unig o'dd yn perthyn i glwb Llanfynydd pan ymunodd Mam fel arweinydd ym 1993. Rwy'n cofio mynd i'r nosweithiau Ffermwyr Ifanc cynnar hynny gyda Mam ac ysu am gael bod yn aelod pan o'n i'n ddigon hen. (Ymaelodais i'n ffurfiol â'r clwb pan o'n i'n rhyw un ar ddeg oed.)

Wedi dweud hynny, eithaf cul o'dd ystod y gweithgareddau yn nyddiau cynnar clwb Llanfynydd, a'r rheini wedi eu cyfyngu i *Stock-Judging*, Rali a chwaraeon, gyda chystadlu yn y gornestau Tynnu Rhaff – *Tug of War* – yn boblogaidd iawn. (Wrth sôn am 'chwaraeon' yma, dwi ddim am gamarwain neb i feddwl mai clwb yn llawn pencampwyr o'n ni yn Llanfynydd, er bod yna rai medrus iawn, dwi ddim yn ame! Na, y chwaraeon rwy'n sôn amdanyn nhw yw 'gemau tafarn'. Ro'dd y gweithgareddau hyn yn cynnwys pethau fel Tipit, dartiau, pŵl, sgitls, tenis bwrdd a dominos. Ambell gwis hefyd. Rhywbeth poblogaidd iawn gan aelodau hefyd o'dd y nosweithiau 'Rhowch Gynnig Arni!' – *Have a Go* – lle ro'dd aelodau'n cael eu hannog i roi tro ar gyflwyno nodwedd adloniannol fel canu cân, dweud jôc, dynwared neu gymryd rhan mewn sgets. Gwelwyd lot o ddoniau cudd ar y nosweithiau hynny.

Gyda chlwb mor fach, ro'dd gofyn i bawb ymgymryd â'i redeg, hyd yn oed y rhai ifanca oll. Mudiad i bobl ifanc yw'r CFfI gyda phobl ifanc yn ei weinyddu o ddydd i ddydd. Mae hynny'n arbennig o wir ar lefel llawr gwlad hefyd, yn enwedig gyda'r clybiau bach. Mae rhywun yn dod i ddeall y broses ddemocrataidd fel aelod o'r Ffermwyr Ifanc, gan fod angen cyflenwi aelodau pwyllgor o rengoedd y clwb ei hun; cadeiryddion, ysgrifenyddion, is-gadeiryddion, ac yn y blaen. O oedran ifanc, ro'n i'n gwbod yn iawn sut o'dd pwyllgor yn gweithio. Rwy'n credu taw Swyddog Recritwtio o'n i ar y dechrau, ac yna'n Ysgrifenyddes Cofnodion, a minne ond yn ddeuddeg o'd. Ro'dd e'n dipyn o gyfrifoldeb i rywun mor ifanc. Ond rwy'n cofio i'r aelodau hŷn fod o gymorth mawr i fi wrth i fi stryffaglu â'r dyletswyddau newydd. Dyna o'dd cael fy nhaflu i mewn i'r pen dwfn!

Ro'dd yr achlysuron cymdeithasol, y nosweithiau *social*, yn bethau mawr i'r clwb, ac ro'dd yna lawer o weithgareddau o'dd yn cael eu trefnu mewn tafarndai. Yn rhyfedd iawn, do'dd dim ots gan rieni'r aelode ifanca eu bod yn mynychu'r digwyddiadau hynny, gan eu bod nhw'n gwybod yn iawn eu bod mewn dwylo diogel yng nghwmni'r aelodau hŷn. Ro'dd clwb Llanfynydd, fel holl glybiau'r mudiad at ei gilydd am wn i, yn deulu mawr. Yn aelod ifanc yn fy arddegau cynnar, ro'n i wastad yn ymwybodol bod yr aelodau hynny yn eu hugeiniau – y rhai 'hen' – yn cadw llygad gofalus arna i. Ar ben hynny, feiddien ni'r rhai iau ddim cambyhafio o'u blaene rhag ofon i ni eu siomi. Byddai'r cywilydd wedi pwyso'n drwm arnon ni. Ro'dd bod yng nghwmni'r aelodau hŷn hynny – a chofiwch, ro'dd rhai ohonyn nhw yn eu hugeiniau canol pan o'n i'n ddeuddeg, tair ar ddeg oed – wedi fy nysgu sut i ddod ymlaen yng nghwmni pawb, nid dim ond cyfoedion. Yn aml iawn ro'dd rhaid i ni rannu car ag aelodau tipyn hŷn er mwyn cyrraedd hyn, llall ac arall, a do'dd dim dewis wedyn ond cyfathrebu a dod ymlaen â phobl. Rwy'n credu'n gryf bod sefyllfaoedd fel hynny wedi gwaredu unrhyw swildod o'dd ynof fi, ac wedi achosi i fi brifio ychydig bach yn gyflymach.

Felly, ro'dd clwb Llanfynydd yn bodoli'n ddigon jycôs yn ei ffordd fach gysglyd ei hunan, yn ddigon bodlon i wneud yr hyn ro'n ni'n ei wneud a dim mwy. A dyma Mam, mewn noson 'clwb' ryw dro, yn achosi daeargryn trwy gyhoeddi'n gwbl annisgwyl,

'Reit! Eleni, ry'n ni'n mynd i gystadlu yn yr Eisteddfod!'

Wel, dyna'n siglo ni, 'te! Ro'dd ymateb pawb yn bictiwr; y gwir amdani o'dd bod aelodau Llanfynydd i gyd yn blant i ffermwyr, neu'n ffermwyr yn eu rhinwedd 'u hunen, heb fod yr un ohonyn nhw wedi camu ar unrhyw fath o lwyfan erioed! Ro'dd y syniad o gystadlu mewn *Steddfod* yn un i oeri'r gwa'd! Beth o'dd yn bod ar y fenyw ddwl 'ma o Arweinydd, gwedwch? Ond, gan bwyll bach, fe ddechreuodd yr aelodau dderbyn eu tynged, a chynhesu'n slow fach at y syniad o gystadlu yn Eisteddfod y Ffermwyr Ifanc.

Ar unwaith, diolch i fentergarwch Mam a'r arweinyddion eraill, dechreuodd y clwb ehangu ei orwelion. Fel clwb bach, ro'dd disgwyl yn awr i aelodau gystadlu mewn disgyblaethau nad o'n nhw'n hapus i wneud *o reidrwydd*, ond yn derbyn bod gofyn i bawb wneud hynny dros y clwb. Mae yna ddywediad yn y Saesneg, y *comfort zone*, on'd o's e? Wel, fe alla i ddweud â'm llaw ar fy nghalon, ro'dd pob un ohonon ni tu fas i'n *comfort zone* ar y dechrau! Ac fe fyddai wedi bod yn ddigon rhwydd i rywrai ddweud, 'Dyna hi, wy'n mynd!' o achos hynny, ond wnaeth neb. I'r gwrthwyneb – fe benderfynodd pob aelod dorchi llewys. Erbyn meddwl, dyna o'dd un o'r agweddau pwysicaf am fod yn aelod o glwb ffermwyr ifanc, rhoi cynnig ar bethau gwahanol ac ymgolli mewn gweithgareddau newydd a hynny heb ofni methu. Un peth mae'n rhaid canmol y mudiad yn ei gylch yw'r ffordd mae'n meithrin yr awydd i fentro mewn aelodau a'u herio gyda sialensau newydd. Rwy'n credu'n gryf bod gweithgareddau'r clybiau ffermwyr ifanc yn dysgu unigolion sut i fod yn fwy adnoddedig a chytbwys, a datblygu eu set sgiliau. Eu paratoi nhw at fywyd a'u gwneud yn unigolion cyfrifol. Gwell mentro a methu na pheidio â mentro o gwbl.

Yn glou iawn fe ddaeth aelodau clwb Llanfynydd i ddeall bod yna waith o'u blaene os o'n nhw am gystadlu o ddifri yn yr Eisteddfod. Un o'r cystadlaethau y gwnes i wirfoddoli i'w gwneud yn yr Eisteddfod gynta honno o'dd 'Canu Emyn o dan 26ain Oed', a minne ond yn ddeuddeg o'd! Fydda i byth yn anghofio'r profiad hwnnw, am un o'r gloch y bore ar lwyfan Neuadd Llangadog. Os nad o'dd yr achlysur yn ddigon i wneud i ferch ifanc grynu yn ei hesgidie, ro'n i'n cystadlu yn erbyn rhai o'dd yn enwog trwy'r ardal am eu lleisiau canu, fel Eirian Davies, neu 'Eirian Cwmifor', fel ro'n i'n ei alw fe. Yn oedolyn yn ei oed a'i amser, ro'dd gan Eirian un o'r lleisiau canu gore – llais 'proffesiynol' fel o'dd rhywrai'n ei ddweud amdano – a dyna lle'r o'n i, yn cystadlu am y tro cyntaf ar lwyfan, yn ceisio ei guro! A rhag ofn eich bod am glywed rhyw stori Dafydd a Goliath, mae'n rhaid i fi eich siomi. Do'dd 'da fi ddim gobaith *caneri* o ennill! Ond ro'dd y ffaith fy mod i wedi cystadlu yn ddigon i sicrhau pwynt i'r tîm, a dyna o'dd yn bwysig yn y pen draw. Fe wnaeth pob aelod yn ei dro yr un peth yn yr Eisteddfod gynta honno – camu i'r bwlch a chystadlu er mwyn y lleill.

Doedden ni ddim yn gyntaf o bell ffordd, ond y gamp fwyaf i ni o'dd ein bod wedi llwyddo i gystadlu fel tîm, ac aeth Bethan Humphreys Crachdy (fy ffrind ysgol Sul) ymlaen i ennill cwpan ar lefel cenedlaethol am ei hysgrifennu mewn cystadleuaeth dan 16. Dyna o'dd y dechreuad, oherwydd ymhen rhai blynyddoedd, mi oedden ni'n ennill yr Eisteddfod yn lled aml.

7

Ro'dd y cythrel cystadlu wedi cydio ynof fi go iawn, a ches i flynyddoedd lawer o gynrychioli'r clwb mewn amrywiaeth o ddisgyblaethau. Fe dowlais i fy hunan i bethau cwbl ddierth i fi, fel trefnu blodau, coginio, actio, canu unawdau a deuawdau, perfformio mewn sgetsys a phantomeimiau... Sôn am ad'el y *comfort zone*, 'te! A'r gwir yw, fe ddes i i'r penderfyniad bod yn rhaid i fi ymwneud â *phob un* gystadleuaeth y gallwn i, profi pob dim cyn bo fi'n mynd yn rhy hen, ac erbyn y diwedd ro'n i wedi dechrau *mwynhau* llawer o bethau o'dd yn arfer codi ofn arna i.

Erbyn i fi gyrraedd rhyw bedair ar hugain o'd, penderfynais ei bod hi'n hen bryd i fi roi cynnig ar y gystadleuaeth Llefaru; gyda fy llaw ar fy nghalon, er i fi gystadlu lawer tro – a llwyddo hefyd – alla i ddim â dweud fy mod wedi joio'r llefaru erioed! Rhywbeth tebyg o'dd y profiad o ymwneud â'r cystadlaethau Siarad Cyhoeddus. Mae gan y mudiad draddodiad hir o gynnal gornestau Siarad Cyhoeddus, a chynhelid dwy gystadleuaeth fawr bob blwyddyn yn Ysgol Gynradd Nantgaredig – un yn yr iaith Saesneg, ym mis Tachwedd, a'r llall ar gyfer y Siarad Cyhoeddus Cymraeg yn y flwyddyn newydd. Ro'n ni gyd fel aelodau'n teimlo'r pwysau'n drwm arnon ni bob tro ro'dd rhaid paratoi at y cysadlu. Dywedodd rhywun ryw dro am y Siarad Cyhoeddus,

'Mae fel cabej. Sneb yn lico fe, ond ma pob un yn gwbod 'i fod e'n gwneud daioni i ni!'

Dwi ddim yn cofio pwy yn union ddywedodd hyn, ond ro'dd yn llygad ei le. Er i fi edrych ymlaen cyn lleied at gystadlu pob blwyddyn, unwaith ro'n i wrthi ar ben fy hunan yn traethu, ro'n i'n joio! A digwyddodd y peth mwyaf annisgwyl, ac fe fyddech yn cytuno pe byddech chi'n fy nghlywed yn siarad Saesneg; enillais i'r teitl Siaradwr Gorau ar lefel Cymru yn y gystadleuaeth Siarad Cyhoeddus Saesneg ar y tro cyntaf, a hynny yn erbyn aelodau o Faesyfed a Sir Benfro ac ati, a'r acen Saesneg *posh* naturiol o'dd ganddyn nhw. Dyna lle ro'n i, yn annerch yn fy acen Gymreigaidd Sir Gâr ore, yn ennill tlws y Siarad Cyhoeddus yn Saesneg! Ces i, a phawb arall, ryw damaid o sioc a dweud y lleiaf. Go brin bod rhaid crybwyll bod y profiad wedi bod o help amhrisiadwy yn fy ngwaith cyflwyno a chyfweld.

Teg dweud taw trwy gystadlu yn y Rali y ces i'r boddhad mwya. Mae'n ddigon teg dweud hefyd nad o'dd fy mlynyddoedd cynnar yn y Rali yn addawol iawn. Rwy wedi sôn eisoes am fy hoffter o feirniadu stoc, ond ches i ddim mo'r profiad mwyaf positif wrth ddechrau arni. Y *stock-judging* o'dd fy nghystadleuaeth gynta erioed yn y Rali Sirol, a minne'n ifanc iawn ar y pryd. Er hynny, ro'dd hi'n ddisgyblaeth ro'n i wrth fy modd â hi, yn ddiléit gwirioneddol, gan fy mod i wedi gwylio fy mam a 'nhad yn ei wneud yn y blynyddoedd ar ôl iddyn nhw ailafael ym mhethau wedi fy ngeni. Ro'n i'n *deall* stoc a deall gofynion y ddisgyblaeth hefyd – neu felly ro'n i'n ei gredu. Ro'dd hyn am fod yn hawdd, meddyliais. Dyna i gyd o'dd angen o'dd troi lan yn fy nghot wen a'm tei a dyna ni, ro'n i'n *bownd* o ennill. O'n, ro'n i damaid bach yn ewn, yn *cocky*, am y peth. Colli wnes i. Ac nid dim ond *colli*, fe orffennais i yn y safle ola, y gwaethaf o'r holl gystadleuwyr. Dychmygwch fy siom. A dyma fi'n pwdu wedyn, 'te! Buodd bron i fi dowlu'r got a'r tei i'r tân ac anghofio pob bwriad o'dd gen i o gystadlu yn y dyfodol! Ond ro'dd yna rai o'r aelodau hŷn yn y clwb – a Mam a Dad hefyd – wedi profi siomedigaethau fel hyn eu hunain ac yn barod i gynnig eu cyngor. Ro'n nhw'n gwbod bod methiannau wedi eu gwneud yn *well* cystadleuwyr yn y pen draw. Rhaid o'dd i fi ddysgu colli os o'n i am lwyddo, a rhaid o'dd peido â bod ofn colli hefyd. Fe benderfynais i lyncu 'malchder a gwrando ar eu cyngor. A'r flwyddyn ganlynol? Wel, ie. Ennill y gystadleuaeth honno yn y Rali wnes i. Ac mae'n rhaid i fi gydnabod bod deall ei bod hi'n bosib i fownsio'n ôl ar ôl methu wedi fy helpu yn fy mywyd fel ffermwr a chyflwynydd hefyd. Mae wastad yn bosib troi tro trwstan yn beth positif. A thrwy fod yn aelod o glwb Ffermwyr Ifanc y dysgais i'r wers hanfodol honno.

Mynd o nerth i nerth wnaeth clwb Llanfynydd mewn dim o dro. O'r gwreiddiau swil a'r diffyg mentro, fe ddatblygodd pethau'n ddramatig wedyn. Diolch i ysgogiad yr arweinyddion i gyd, o fewn blwyddyn fach neu ddwy ro'n ni gyda'r clybiau cryfaf a mwyaf gweithgar yn y sir, a chriw brwd iawn yn cystadlu'n gyson yn y Rali a'r Eisteddfodau, gydag aelodau'n cymryd rhan ym mhob un gystadleuaeth. Daeth y penllanw ar ein holl waith caled: enillodd Llanfynydd y Rali Sirol, gan ddod yn fuddugol yn yr Adran Iau a'r Adran Hŷn! (Am ryw reswm, un o'r cystadlaethau y cymerais ran ynddi yn y Rali honno sy'n fyw iawn yn fy nghof o hyd o'dd *Stars in Their Eyes*, lle ro'dd gofyn perfformio cân enwog. Y gân y gwnes ei chanu gyda fy ffrindie Caryl Ann Thomas a Hannah Morgan o'dd 'Cymer dy Siâr' o'r gyfres deledu boblogaidd, *Tair Chwaer*!)

Waw! Ro'n ni i gyd yn credu y byddai'r clwb yn lled *gystadleuol* yn y Rali, wrth gwrs, ond ro'dd ei *hennill* hi'n rhywbeth nad o'dd yr un ohonon ni wedi mentro breuddwydio! Ro'dd yn foment anferthol i'r clwb, ac yn ddigwyddiad fydd yn aros yn fy nhgof am byth. Ac er bod hynt pob clwb Ffermwyr Ifanc yn profi'r copaon llwyddiannus a'r pantau tawel, yr eiliad honno ro'dd holl aelodau clwb Llanfynydd yn teimlo ar ben y byd. Dyna o'dd ein copa *Everest* fel clwb. A'r noson fuddugoliaethus honno, bodlonodd Mam a Dad i fi fynd i ddawns y Rali hefyd, a minne ond yn rhyw dair ar ddeg mlwydd o'd. 'Shwd alla i dy stopo di? Ni 'di ennill y Rali, naddo fe?' o'dd ei hateb pan ofynnais a gawn i fynd, heb feddwl y byddai hi'n caniatáu! Ond ro'dd Mam yn gwybod y bydden i'n berffaith saff yno, y byddai'r aelodau yn fy ngharco. A ta beth, ro'dd Mam yno'n brydlon i'n casglu o'r ddawns tua un ar ddeg o'r gloch.

Ar ben yr holl gystadlu a'r miri o'dd yn perthyn i weithgareddau'r Ffermwyr Ifanc, ces i fy nghyfran o swyddi a dyletswyddau gyda'r mudiad hefyd. Ro'n i'n Aelod Iau y sir pan o'n i'n bedair ar ddeg o'd, ac yn Aleod Hŷn yn bedair ar hugain. Ces hefyd fy mhenodi'n Ddirprwy Lysgenhades Sir Gaerfyrddin, ac yna'n Llysgenhades am flwyddyn, ac ro'dd hyn i gyd oherwydd anogaeth fy nghyd-aelodau yng nghlwb Llanfynydd a fy nheulu o'dd wedi fy annog i geisio am yr anrhydeddau hynny. Fel Llysgenhades y sir ro'dd gen i ddigon o ddyletswyddau. Dyfeisio a threfnu gweithgareddau er mwyn codi arian, meddwl am ffyrdd newydd o godi proffil y mudiad ac o ddenu rhagor o aelodau, stiwardio gweithgareddau... Dyna rai o'r pethau a gadwodd fi'n brysur fel Llysgenhades.

Er hynny, do'n i ddim am adael i gyfrifoldebau lled ddifrifol bod yn Llysgenhades ladd ar fy hwyl fel Ffermwr Ifanc chwaith, er bod dal yr anrhydedd yn medru bod yn bantomeim seremonïol weithiau! Un arall o ddyletswyddau pwysig y Llysgenhades o'dd cyflwyno gwobrau i'r holl fuddugwyr ar noson y Rali, a dyna ro'n i fod i'w wneud y flwyddyn honno, wrth gwrs. Ond ro'n i am gystadlu yn y Rali hefyd yn ystod y dydd, a chan nad o'n i am fod yn aelod o'r mudiad am lawer rhagor – oherwydd fy oedran – ro'n i am odro'r diwrnod o'i holl brofiadau. Ar ôl diwrnod llawn o gystadlu, fe ddaeth hi'n amser i fi gymryd rhan yn yr un olaf, sef y Tynnu Rhaff. A dyna wnes i.

Rhaid cofio, unwaith eto, gyda'r bore bach y diwrnod hwnnw, ro'dd fy ffrind Ceris wedi dod draw i wneud fy ngwallt yn addas at seremoni'r nos, lle byddwn i'n cyflwyno'r gwobrau a gwneud fy araith. Felly, dychmygwch fi'n tynnu rhaff am y gore gyda'm gwallt cymen o dan gwfwl fy hwdi rhag y glaw o'dd yn cwympo'n drwm. Ro'dd y seremoni gyflwyno fod i ddechrau am dri o'r gloch, ac ro'n i dal wrthi'n tynnu'r rhaff yn y llacs am chwarter i dri! Ro'n i wedi cystadlu yn y cneifio yn y bore hefyd. Fe wnaeth llun ohona i'n cneifio â fy ngwallt lan yn *posh* dudalennau'r *Journal*. Unwaith daeth yr ornest i ben, dyma redeg fel y cythrel i un o lofftydd y mart yng Nghaerfyrddin er mwyn cymennu fy hunan, a newid i'm ffroc newydd, bwrpasol at yr achlysur. Yno i'm helpu i wisgo y prynhawn 'nny o'dd rhywun arbennig iawn, Glenys Raymond, a theimlaf yn gryf fod rhaid i fi ddiolch iddi yma. Glenys o'dd wedi gwnïo'r holl ffrociau ar gyfer y seremoni – sef fy ffroc inne a ffrociau'r dirprwyon – a hynny mewn llai na thair wthnos, whare teg iddi. Ac fe o'n nhw'n fendigedig hefyd. Fe wnaeth hi bump ffroc mewn ugain diwrnod.

Beth bynnag, cyrhaeddais i'r seremoni mewn da bryd, ac

fe aeth fy araith yn iawn. Dyma gyflwyno'r gwobrau wedyn. Yn naturiol, wrth gyfarch a llongyfarch pob un o'r enillwyr, ro'n i'n ysgwyd llaw â nhw hefyd. Sylwais yn glou fod pob un ohonyn nhw'n ymateb yn rhyfedd i'm cyffyrddiad bob tro ro'n i'n cynnig fy llaw; ambell i enillydd yn cerdded oddi yno gan rwbio'i law yn ei drowser. Edrychais ar gledr fy llaw a gweld ei bod hi'n blastar o'r glud o'n i'n defnyddio yn y gystadleuaeth *Tug of War*!

Fel petai'n benllanw ar bob dim ces i fy ethol yn Gadeirydd CFfI Sir Gâr ym mis Medi 2014. Eiliad ddigon trist o'dd hi pan ddaeth hi'n amser i fi orffen fel aelod o'r clwb, a hynny ar ôl rhyw bymtheg mlynedd. Ro'dd hi fel ffarwelio â hen ffrind. Mae gen i hiraeth ar ôl y dyddiau hynny, ond, ys gwedon nhw, mae pob dim da yn gorfod dod i ben. Ac fe o'n nhw'n ddyddiau da, yn orlawn o brofiadau bendigedig a ffrindie hyfryd. Anghygoel o'dd meddwl hefyd fod clwb Llanfynydd wedi tyfu o fod â deuddeg aelod pan ymunais i ag e i fod yn un â thros chwe deg pan orffennais i! Ac ro'n i'n gwbod yn iawn na fyddai hynny'n ddiwedd ar fy nghysylltiad â'r mudiad, a braf yw hi i Gary a finne fod mewn sefyllfa lle gallwn ni nawr roi 'nôl iddo. Bydd ein cysylltiad â'r Ffermwyr Ifanc yn para tra byddo'r mudiad a thra byddwn ni, rwy'n gwbod hynny, a theimlad hyfryd yw cael helpu amryw glybie o bryd i'w gilydd. Cadw'r gadwyn yn gyfan, ontefe.

Cyn tynnu'r llen ar weithgaredde'r CFfI, mae'n rhaid i fi sôn am un o fy mhrif angerddau, un nad yw efallai'n hysbys iawn i lawer o bobl. Canu. Er nad ydw i erbyn heddiw'n cael y cyfle i ymwneud yn ymarferol â'r peth o gwbl, bron, mae canu wedi bod yn rhan fawr o 'mywyd i mor hir ag y galla i gofio; tasen i'n gorfod sôn am wawrddydd y cariad hwn at ganu, mae'n siŵr ei fod yn deillio o'r unawdau bach syml y bues i'n eu 'perfformio' yn yr Ysgol Sul yng Nghapel

Isaac, gan ddechrau pan o'n i'n ferch fach ryw dair blwydd oed, yn ôl ym 1988.

Yn ystod fy mlynyddoedd fel aelod o'r Ffermwyr Ifanc, bues i – a'm llais soprano – yn cystadlu'n frwd fel unawdydd (gan ennill cystadleuaeth Cân Allan o Sioe Gerdd un flwyddyn), mewn deuawdau – gyda fy ffrind Ffion Haf 'Danycapel', sydd erbyn hyn yn gantores adnabyddus a enillodd y Rhuban Glas yn Eisteddfod Maldwyn a'r gororau yn 2015 – ac fel aelod o gôr y sir. Ar ben hynny, ces chwarae rhan Rizzo yng nghynhyrchiad Ysgol Tre-gib o'r sioe *Grease* yn 2002, ac yn yr un flwyddyn ro'n i'n aelod o gorws cynhyrchiad Menter Dinefwr o'r sioe lwyfan boblogaidd, *Pump Diwrnod o Ryddid*. Ond yr antur gerddorol ddaeth â'r mwyaf o bleser a sbort i fi o'dd ffurfio grŵp canu Merched Llanfynydd wedi i Ffion Haf a finne ddechrau canu fel deuawd mewn neuaddau pentre o gwmpas y Sir. Penderfynon ni ehangu'r ddeuawd yn grŵp mwy o ferched maes o law, yn cynnwys Elen a Catrin Davies, Lowri ac Elin Rees a Ceirios Davies, Mynachdy, Siwan Dafydd a Gwennan Campbel ac fe fydd y nosweithiau hynny o ganu ac adlonni – yn aml gyda Ffion a finne wedi gwisgo amdanom mewn costiwmau hurt fel rhan o 'ddeuawd ddoniol' – yn aros yn y cof am byth, yn arbennig y nosweithiau ymarfer yn ystafell ffrynt Bronglyn, sef cartref Ina Morgan; Ina o'dd yn gyfrifol am hyfforddi'n deuawd, ac am esgor ar y defnydd gwreiddiol ro'n i'n ei berfformio hefyd, a Gwlithyn Jones, sef mam Ffion, fu mor ddiflino wrth baratoi'r holl wisgoedd i ni. Heb anghofio Nia Clwyd o'dd bob amser yn barod i gynnig help llaw, yn enwedig gyda'r *ensemble* lleisiol a'r cerdd dant.

Cawson ni gymaint o hwyl wrth fynd o le i le gyda'r ddeuawd a'r grŵp merched, yn enwedig y tro hwnnw pan ro'n ni wedi ein gwisgo amdanom fel babis, ac uchafbwynt y sgit o'dd bod un ohonon ni'n tynnu cewyn a'i daflu i'r gynulleidfa. Yn anffodus, aeth y cewyn yn sownd yn nhrawstie'r neuadd, diolch i dafliad gwael! Dro arall – a sgit arall – a ninne wedi gwisgo fel *chefs*, llwyddwyd i daflu – ar ddamwain y tro hwn – myshrŵm a laniodd yn sgwâr ar dalcen rhyw aelod anffodus ac oedrannus o'r gynulleidfa!

Parhaodd Ffion a finne i ganu fel deuawd am dipyn go lew yn diddanu ar hyd y lle, yn cynnwys cynnal cyngherddau gyda chôr Ysgol Tre-gib o dan arweiniad Conway Morgan. Yn ystod y cyfnod hwnnw, cafodd y ddwy ohonon ni rannau amlwg hefyd yn y sioe lwyfan o'dd yn ganolig i'r rhaglen *Seren Bethlehem* a ddarlledwyd gan S4C adeg y Nadolig, 2009.

Yn swyddogol, y tro diwethaf i Ferched Llanfynydd ganu gyda'i gilydd o'dd mewn cyngerdd yng Nghapel Newydd Llandeilo ym mis Awst, 2014, gan rannu'r llwyfan ar y noson gyda Rhys Meirion, Bois y Castell a chôr Ysgol Teilo Sant; yn *answyddodgol*, daeth pethau i ben yn derfynol ar y nos Sul wedi diwrnod fy mhriodas â Gary, yn y *marquee* a godwyd at yr achlysur ym Maesteilo; penderfynon ni gymryd mantais ar y ffaith ei bod yno am y penwythnos a chynnal cyngerdd i godi arian at elusen Cancr y Fron. (Ro'dd Ffion a finne i fod i ganu fel deuawd hefyd, ond do'dd dim siâp ar fy llais ar ôl y diwrnod cyn 'nny!) Y noson honno, daeth dros ddeuddeg mlynedd o ganu gyda'n gilydd i ben. Fe ddeilliodd yr holl beth o'r gwahoddiadau gawson ni yn sgil ennill cystadleuaeth y ddeuawd gyda'r CFfI.

Dim ond yn y gawod y bydda i'n canu y dyddiau hyn, neu yn y car – yn enwedig os yw'r siwrnai i gyfweld â rhywun ar gyfer rhaglen *Ffermio* yn un hir! Os ydw i'n teimlo'n flinedig, fel y bydda i'n aml iawn, canu yw'r moddion gorau i fi.

Mae'r cysylltiad â mudiad y Ffermwyr Ifanc yn rhyw fath o draddodiad teuluol i Gary a finne, a'r hyn sy'n gyffrous i ni nawr yw edrych ymlaen at y dydd pan fydd Sioned a Dafydd yn ddigon hen i gadw'r traddodiad hwnnw i fynd. I ba glwb fyddan nhw'n perthyn? Dy'n ni ddim yn gwbod eto, gan fod cymaint o glybiau Ffermwyr Ifanc o fewn cyrraedd cyfleus i ni yma yn Shadog; Llanllwni, Capel Iwan, Pontshân a Llanwenog. Dilyn eu ffrindie wnân nhw, siŵr o fod.

Ryw dro yn ôl, bues i'n beirniadu'r gystadleuaeth Llefaru yn Eisteddfod Sir Gâr, ac fe eisteddodd Sioned gyda fi trwy'r cwbl, wedi ei hudo gan y gystadleuaeth. Rhwng pob dim, ro'dd y ddwy ohonon ni yno o ddeg o'r gloch y bore tan un ar ddeg y nos, a chlywais i ddim smic ohoni! Ro'dd hi'n mwynhau ei hunan a rhaid dweud, ces i fy nghalonogi o'i gweld yn joio. Mae'n argoeli'n dda at y dyfodol!

Yn perthyn yn annatod i fyd y CFfI, un arall o ddiddordebau mawr fy mywyd, a hynny ers pan o'n i'n ferch fach, yw dangos defaid mewn sioeau; a'r sioeau *eu hunain* yn dipyn o ddiléit i mi hefyd. (Bron y gallech ddweud bod gen i gyment o angerdd at y rhain ag sydd gen i at fudiad y CFfI. *Bron.* Ac, fel y gwelwch chi yn y man, mae gen i lawer i ddiolch i'r sioeau amdano!)

Dechreuodd fy niddordeb mewn cadw, bridio a dangos defaid pan ro'n i'n rhyw wyth oed, o gwmpas 1993, ar ôl i mi ga'l pâr o ddefaid Balwen yn anrheg gan ffrind i'r teulu, sef y diweddar Linmore Jones, Coed Shone, Llangadog, a finne'n ddwy oed ar y pryd. Mae rhywbeth mor arbennig am y brid hwn, sydd â'i wreiddiau yn Nyffryn Tywi, a hynny o arwyddocâd arbennig i rywun o'r ardal honno'n enedigol. Hyd heddiw, ni alla i ymwrthod â dangos yr anifeilied bach annwyl hyn, a'u cnuf du a'u sane a thalcenni gwynion. Maen nhw'n greaduriaid hynod.

Yn y sioeau bach y dechreuais i ddangos fy nefaid am y tro cyntaf, wrth gwrs – sioe Llanfynydd o'dd yr un leol i mi – ac wrth gofio'r dyddiau hynny fe ddaw'n amlwg mor bwysig o'dd y sioe amaethyddol o oedran ifanc iawn. Ro'dd Wncwl Walt ac Anti Ann Divlyn yn hoelion wyth Sioe Cil-y-cwm, a'r sioe honno'n chwarae rhan anferth yn eu bywydau, ac yn fy mywyd inne hefyd. Dyna pryd y cydiodd fy hoffter o fynychu sioeau amaethyddol yn fy nghalon.

Bron na allai rhywun ddweud taw Sioe Cil-y-cwm o'dd pinacl y flwyddyn i Wncwl Walt, ac i Anti Ann hefyd, o ran hynny. Ond pwy all synnu? Fe fu Walt yn ymwneud â'r sioe honno ers ymhell dros hanner can mlynedd erbyn iddo farw, a chafodd ei anrhydeddu gan gymdeithas y sioe am ei wasanaeth hir hefyd. (Yn ogystal â'r sioe ei hun, ro'dd cymuned Cil-y-cwm yn golygu pob dim i Walt. Fe fu'n canu cloch yr eglwys ar y Sul yno bron â bod trwy gydol ei fywyd).

Os nad o'n i'n digwydd bod yno'n aros yn Nivlyn beth bynnag, fe fyddai Walt yn arfer dod i Faesteilo i'm casglu ar gyfer ei gynorthwyo dros benwythnos prysur y sioe. Byddai'r digwyddiad yn cael ei gynnal yn rheolaidd ar ddydd Llun Gŵyl Banc ddiwedd mis Awst ar gaeau Erryd gerllaw, ac ni alla i mewn gwirionedd wneud cyfiawnder â'r teimlad hwnnw o gyffro o'dd yn cydio ym mhawb yn Nivlyn pan fyddai hi'n benwythnos y sioe. Edrychai pawb ymlaen yn eiddgar ati.

Yr un fyddai'r drefn bob blwyddyn. Byddai'r paratoadau'n cyrraedd eu hanterth ar y diwrnod cynt, y dydd Sul. Dyna pryd y byddai'r babell fawr yn cael ei chodi ar y cae, a rhai wagiau lleol yn taeru bod y pyst a'r polion ar gyfer codi'r babell a ffensio'r corlannau cystadlu yn cael eu rhoi yn ôl yn yr union dyllau y buon nhw'r flwyddyn gynt! (Byddai hynny jyst fel Wncwl Walt i drefnu hynny'n fwriadol er cyfleustra!)

Unwaith i ni gael trefn ar y cae, bydden ni i gyd yn mynd

'nôl i Ddivlyn er mwyn casglu rhyw bump cant o ddefaid o'r caeau a'u corlannu nhw mewn lloc, cyn dewis rhyw bedair neu bump o'r rhai gore i'w dangos y diwrnod wedyn. Fel arfer, do'n nhw ddim yn *show-ready* o gwbl! Dyma'u golchi a'u brwsio fel pethau dwl, tan yr oriau mân gan amlaf. Ar ben hynny, ro'dd angen trefnu detholiad o ddefaid at dreialon cŵn defaid y sioe, er mwyn eu cludo draw i gaeau Erryd erbyn rhyw hanner awr wedi chwech y bore.

Byddai pawb o'dd ynghlwm â symud y defaid treialon cŵn defaid yn gwybod beth o'dd yn digwydd o flwyddyn i flwyddyn; yn nyddie fy mhlentyndod, do'dd dim mo'r fath beth â ffôn symudol, felly ro'dd hi'n bwysig bod pawb yn gyfarwydd iawn â'u cyfrifoldebau. Fe fyddai Hywel Erryd ar y bont yn barod am hanner awr wedi chwech yn ddiffael a phawb yn gwybod eu lle. Wedi i ddefaid y treialon gael eu gollwng yn eu corlan, bydden ni'n mynd 'nôl i Ddivlyn am damed o frecwast clou, a dychwelyd ar unwaith i faes y sioe i ddisgwyl y rhai o'dd yn dod â'u ceffylau i'w dangos yno. Dyna fyddai fy nyletswydd penna i am y bore wedyn, stiwardio'r ceffylau gyda Walt tan ryw un ar ddeg o'r gloch, cyn bwrw 'nôl am y fferm gydag e i gasglu'r hynny o ddefaid Divlyn o'dd i'w dangos y diwrnod hwnnw. Wedi i ni ddychwelyd i gae'r sioe wedyn, fe fydden i'n dangos y defaid tra byddai Walt yn mynd 'nôl at ei geffylau annwyl. Ro'dd 'na fynd a dod ofnadwy rhwng caeau Erryd a Divlyn ar ddiwrnod y sioe!

Un o ddigwyddiadau hynod sioe Cil-y-cwm o'dd y *drag-hunt*; does gen i ddim syniad pa sioeau eraill sy'n dirwyn gweithgareddau'r dydd i ben yn y ffordd hon. Mae'n siŵr na fydd pawb yn gwbl gyfforddus â'r syniad, ond ro'dd yn rhywbeth ro'dd y pwyllgor sioe yn ei drefnu ers sawl blwyddyn. Yn y *drag-hunt*, neu helfa drywydd, mae rhacsyn o ddefnydd drewllyd yn cael ei lusgo er mwyn creu trywydd ar hyd yr ardal er mwyn i bac o helgwn ei ddilyn a'i 'hela'. Yn ôl y diffiniad, dylai aroglau'r trywydd fod yn artiffisial ei darddiad – olew *aniseed* neu debyg – fel ei fod yn ddigon cryf i'r cŵn ei ddilyn. Yng Nghil-y-cwm, fe fyddai 'nhad, fel rheol, yn helpu i sicrhau fod yr aroglau yn ddigonol, ac yn cydweithio'n glos wrth ochr Walt i wneud yn siŵr fod y cŵn yn llwyddo i ddilyn y trywydd yr holl ffordd nôl i gaeau gwaelod Divlyn.

Fe fyddai fy nhad yn dechrau'r daith o'r gwaelod ar droed, yn mynd trwy'r cae cyntaf a'r goedwig cyn cwrdd â Walt a Prince yr adfarch ar waelod y banc. Fe fyddai'r cyfan i'w weld yn glir o gae'r sioe, gan fod bancyn serth yn mynd yr holl ffordd o waelodion Divlyn tuag at y gorwel, ac yn daith berffaith o'dd yn herio'r cŵn yn ddigonol nes darganfod enillydd haeddiannol. Fe fyddai Prince yn carlamu'r holl ffordd i fyny'r banc nes cyrraedd y cae gwaelod ond un! Fan'na fyddai fy nhad yn aros, er mwyn llusgo'r cwdyn dros y llinell derfyn. Ro'dd Prince, ceffyl hoff Wncwl Walt, wrth ei fodd â'r helfa lusg flynyddol, a phob bore sioe fe fyddai'n cynhyrfu'n dost ac yn carlamu o gwmpas y parc wrth glywed seinyddion system *PA* Gwyn Prysg yn atseinio draw i Ddivlyn o faes y sioe; ro'dd Prince yn gwybod beth i'w ddisgwyl ar ddiwedd y dydd!

Trwy helpu Walt ac Ann yn sioe Cil-y-cwm, des i i sylweddoli mor bwysig yw'r sioe amaethyddol fach i'r gymuned gyfan, a ches gyfle i ddod i nabod llawer o gymeriadau'r ardal. Flwyddyn ar ôl blwyddyn byddwn yn eu gweld yn mynychu neu'n cystadlu, yr hen a'r ifanc fel ei gilydd. Teuluoedd a chenedlaethau. Sioe Llanfynydd o'dd fy sioe leol i, wrth gwrs, ond ro'n i – fel llawer eraill – yn dipyn o grwydryn yn ystod y tymor, yn mynd bron pob penwythnos i ryw sioe leol neu'i gilydd. Ac ro'dd yna nifer o sioeau yn yr ardal hefyd; Llangadog, Gwynfe, Pontargothi,

Llandeilo, Llanddeusant, Llangadog, Trap, heb sôn am Sioe y Siroedd Unedig. Doedden ni ddim yn eu mynychu nhw i gyd, ond gyda'r nos, fe fyddai sawl un ohonyn nhw'n cynnal dawns lwyddiannus iawn ac yn lle da i gymdeithasu ar y penwythnosau.

Fy hoff sioeau yw'r sioeau lleol, does dim dwywaith am hynny. Yn y sioeau bach mae rhywun sydd ag uchelgais i gystadlu yn y sioeau mwy – fel Sioe Frenhinol Cymru – yn dysgu eu crefft. Mae'r sioeau hyn yn rhoi'r cyfle perffaith i bobl ifanc fentro i arddangos. Dysgu sut mae cyflwyno'r anifail gerbron y beirniad, pa nodweddion corfforol sy'n 'brolio' yr anifail fel y gorau o'i fath, neu ei ddosbarth. Wrth i'r blynyddoedd fynd heibio, rwy wedi sylwi ar y safon cyffredinol yn codi a mwy o bobl yn paratoi eu stoc am fisoedd cyn y cystadlu. Er hynny, un o fy hoff gystadlaethau yn sioe Llanfynydd am flynyddoedd o'dd dosbarth y ddafad groesfrid orau, gyda'r gystadleuaeth yn gyfle i ddal dafad yn y bore a mynd â hi yn syth i'r sioe, heb fod y siampŵ na'r crib wedi cael mynd ar ei chyfyl. Un flwyddyn, i gael tamaid o hwyl, fe benderfynais liwio un o'r hyrddod Texel yn oren er mwyn ei ddangos yn sioe Llanfynydd; y broblem o'dd, chafodd y lliw ddim digon o amser i sychu cyn cludo'r defaid gyda'i gilydd, ac fe drodd yr hwrdd Texel y defaid Balwen a Phenfrith hwythau'n rhyw damaid yn oren hefyd wrth drafaelu i'r sioe yn y bocs!

Mae ymwneud â phobl yr ardal yn y sioeau bach wastad yn lot o hwyl, a'r babell gwrw – sy'n rhan *anorfod* o unrhyw sioe leol – yn medru bod yn lle gwyllt ar y naw; rwy'n cofio i fi dderbyn her i gymryd rhan mewn ras yfed gan ddau o gymeriadau Llanfynydd, Gareth Broglyn a Terry Penrhos; ras yfed fodca o'dd hi, a'r un ola i orffen yfed o'dd yr un o'dd fod i brynu'r rownd nesa. Ar ôl pump neu chwech rownd, ro'n i'n gweld dau neu dri o bopeth, ac ro'dd fy nghoesau wedi troi'n jeli, tra'r o'dd y ddau arall yn sobor fel diaconiaid. Dysgais, ryw bum mlynedd wedyn, mai yfed dŵr fuodd y ddau, nid fodca! Honno o'dd y ras yfed ola i fi gystadlu ynddi!

Ond y dangos yw'r peth gorau am y sioeau bach. Mae gan bob brid ei fân nodweddion unigryw, wrth gwrs, ychydig yn wahanol i'r bridiau eraill, ond fe fydd beirniad da yn chwilio am yr un rhinweddau cyffredinol ym mhob dafad. Yn gyffredinol mae'n rhaid i'r dannedd a'r traed fod yn iawn, hefyd y gadair neu'r pwrs. Dyna bethau hanfodol pob dafad a hwrdd; os nad yw'r pethau hyn yn iawn, dyw'r anifail ddim yn 'addas i bwrpas', mewn gwirionedd, sef pori a magu. Os yw'r pethau sylfaenol hynny yn eu lle, wedyn rwy'n chwilio am anifail smart â gwedd dda, un sy'n dal y llygad yn y cylch dangos a sydd â chig yn y mannau cywir. Gyda'r bridiau fel y defaid Balwen, mae rhinweddau'r brid, a marciau yn rhan allweddol o'r beirniadu... mae'n cymhlethu wedyn yn ddios!

Fel rhywun sy'n hoff iawn, iawn o'r brid Balwen ac wedi eu harddangos ers blynyddoedd lawer, rhaid cyfaddef fod rhai pobl yn eithaf nerfus yn beirniadu dosbarth y defaid hynny, gan fod eu marciau a'u patrymau lliw mor benodol ac unigryw. Rhaid i gydbwysedd y du a'r gwyn ar wyneb y ddafad gyfateb â phatrwm safonol, hefyd ei sanau gwynion a'r cydbwysedd rhwng y du a'r gwyn ar ei chynffon. Mae yna fridiau defaid sy'n haws eu harfarnu. Ond i fi, llawn bwysiced yw maint y clustiau; dafad fynydd yw'r Balwen, wedi'r cwbl. Ond nid oes raid i fi ymhelaethu gormod ar fanion beirniadu yma. Hwyrach ei bod yn ddigon i mi ddweud bod ymwneud â defaid – trwy eu harddangos neu fel rhan hanfodol o'm bywoliaeth fel ffermwr – wedi chwarae rhan bwysig iawn yn fy mywyd. Pe byddai rhywun yn troi'r cloc 'nôl, a chael gwared ar yr elfen hon o 'mywyd, nid fy un *i* fyddai'r bywyd hwnnw. Fe fyddai fel bywyd rhywun arall, cwbl ddierth.

Maddeuwch i fi ychydig o frolio, felly, ond mae'r blynyddoedd o gystadlu a dangos wedi dod â môr o fwynhad – a thipyn o lwyddiant – i'm rhan. Bues i'n llwyddiannus lawer tro wrth arddangos fy nefaid Balwen hoff yn Sioe Frenhinol Cymru, gan fynd yn bencampwr *RWAS* yn Llanelwedd yn 2010, 2011 a 2012, ac yna yn 2015 a 2016.

Er bod bywyd yn gyffredinol wedi prysuro tipyn i fi yn y blynyddoedd ers hynny, gyda dyletswyddau teulu, gwaith teledu a'r gwaith ffermio'n cymryd y flaenoriaeth, wrth reswm, rwy'n dal wrthi'n arddangos defaid hyd heddiw. Mae'r cythrel cystadlu ynof o hyd, elfen gystadleuol gafodd ei meithrin yn y Clwb Ffermwyr Ifanc! A braf yw gweld bod ein plant hefyd yn dangos diléit ym myd y defaid ac am barhau'r traddodiad teuluol – pwy a ŵyr, efallai ryw ddydd y byddwn yn cystadlu yn erbyn ein gilydd yn y sioeau? Lwc owt wedyn!

8

AR DAI JONES Llanilar mae'r bai! Oni bai amdano fe,
a'r mwynhad ges i o oedran cynnar iawn yn ei wylio ar
raglenni fel *Cefn Gwlad* a'r *Sioe Fawr*, fyddai'r syniad
o weithio fel cyflwynydd teledu byth wedi codi yn fy
mhen. Ro'n i'n ei weld wrthi'n wythnosol, yn cyfweld â
theuluoedd a chymeriade hynod ym mherfeddion gwlad
Cymru, a sylweddoli ei fod yn ymwneud â'r math o bobl
ro'n i'n gyfarwydd iawn â nhw; ffermwyr, arwerthwyr,
delwyr stoc, cludwyr da byw ac ati. Fy nghymuned inne
o'dd cymuned Dai. Ro'dd yr elfen o 'fusnesan' ar ffermydd
pobl yn apelio'n fawr, ac ro'dd gan Dai ddawn arbennig
wrth gael pobl i fwrw eu swildod ar y teledu. Yn amlwg
iawn i'm llygaid inne o'dd yr hwyl, y sbort, y byddai'n ei
gael wrth gyfweld â'r bobl hynny hefyd. Yn dawel bach,
felly, fe ddechreuodd y syniad y gallwn *inne* gyflwyno
ar y teledu ddeor yn fy meddwl. A Dai Llanilar o'dd fy
ysbrydoliaeth.

Hawdd yw taflu enwau fel 'trysor cenedlaethol' ar hyd
y lle y dyddiau hyn, ond os buodd un erioed, Dai Jones
o'dd hwnnw. Ers i mi gofio, ro'dd llais Dai yn llenwi'r tŷ
ym Maesteilo; ro'dd i'w weld ar y sgrin fach ar raglenni
Cefn Gwlad a'r rhaglenni o'r Sioe Frenhinol, ond ro'dd

hefyd yn gyflwynydd radio y byddwn yn gwrando arno ar nosweithiau Sul bob hyn a hyn. Brith, brith gof sydd gen i ohono fel cyflwynydd gwreiddiol rhaglen *Sion a Siân* (neu efallai mai gweld ail-ddangosiadau o rai o'r rhaglenni hynny wnes i) ond mae gan Mam a Dad atgofion *arbennig* o dda o'r rhaglen honno; fe wnaethon nhw ymddangos arni fel cwpwl!

Daeth teyrnasiad Dai Jones ar raglen *Sion a Siân* i ben ym 1987, Mam a Dad o'dd un o'r tri cwpl i ymddangos ar y rhaglen ddiwethaf i Mari Emlyn ei chyd-gyflwyno â Dai, dipyn cyn 1987. (I'r rhai – prin – nad ydyn nhw'n gyfarwydd â'r rhaglen, sioe gwis o'dd hi lle byddai'r gŵr yn gorfod ateb tri chwestiwn treiddgar am ei wraig, a'r wraig yn cael ei holi wedyn am ei gŵr. Ni fyddai'r un yn clywed cwestiynau'r llall, na'r atebion wrth reswm, a phetai atebion y naill a'r llall yn cyd-fynd yna byddai'r wobr ariannol yn codi. Ro'dd yna ogwydd eithaf gogleisiol i'r cwestiynau fel arfer). Dychmygwch Mam a Dad, 'te, yn gyffro i gyd am eu bod am ymddangos ar *Sion a Siân*.

A nhwythe'n teithio i'r Wyddgrug ar ddiwrnod y recordiad, bu'n rhaid iddyn nhw stopio wrth oleuade traffig ger Aberystwyth. Wrth aros i'r golau newid, sylwodd Mam ar yrrwr y car o'u bla'n, a throi at fy nhad gan ddweud,

'Wy'n credu taw Dai Jones sy yn y car 'na.'

Mewn chwinciad, ro'dd Dad wedi neidio mas o'r car, ac yn ymdrechu i dynnu sylw'r gyrrwr yn ei ffenest. Dai, yn wir, o'dd y gyrrwr hwnnw. Weindiodd Dai ei ffenest i lawr er mwyn siarad â 'Nhad, a ofynnodd iddo,

'Odych chi'n mynd lan i'r stiwdio i ffilmo nawr, Dai?'

'Odw, odw,' atebodd.

'Wel, 'na strocen,' medde Dad. 'Y'n ni'n ymddangos ar 'ych rhaglen chi, a smo ni'n siŵr shwd i gyrra'dd y stiwdio... Allwn ni ddilyn chi?'

'Os wyt ti'n meddwl bo ti'n gallu, croeso i ti,' medde Dai, â rhyw ddrygioni yn ei lygaid.

Yng ngeiriau Dad, ro'dd Dai Jones, Llanilar, wedi 'dreifo fel ceit' tua'r gogledd y diwrnod hwnnw, a chafodd gryn drafferth i gadw ar ei gynffon! Rywsut, fe gyrhaeddodd Mam a Dad y stiwdio.

Un o'r cwestiynau a ofynnwyd i Dad ar y sioe y diwrnod hwnnw o'dd,

'Pa un o'r tri pheth hyn fyddai'r wraig ei eisiau fwyaf yn y tŷ?... Cawod?... Ffôn?... Neu deledu?'

On'd yw'r cwestiwn yn dyddio'r rhaglen, d'wedwch, a'r tri pheth yn bethau ry'n ni'n eu cymryd yn ganiataol y dyddiau hyn? Ar ben hynny, ro'dd 'gwaith tŷ' yn ddyletswydd i'r 'wraig' yn unig, on'd o'dd e? (Nid fel hynny mae hi yn ein tŷ ni, fodd bynnag, ac mae Gary a finne'n *treial* rhannu'r dyletswyddau. Wedi dweud hynny, dwi ddim yn credu i mi ei weld yn gwthio hwfer ar hyd y lle erioed!)

Ateb Mam i gwestiwn Dai o'dd,

'Wel, sda ni ddim ffôn... Wedyn, ffôn.'

Ryw dair blynedd ar ôl i'r rhaglen ymddangos, fe fuodd i Mam a Dad gwrdd â Dai ar ddamwain a hap mewn mart yn rhywle.

'A gethoch chi eich ffôn wedyn?' o'dd geiriau cyntaf Dai wrth eu cyfarch.

Dyna o'dd un o ddoniau mawr Dai Llanilar, y gallu i gofio wynebau ac enwau. Do'dd byth angen cyflwyno rhywun iddo yr eildro, ro'dd ganddo ddigon o barch at bobl eraill i'w cofio.

Tipyn yn ddiweddarach, fe ddaeth Dai i ffilmio ym Maesteilo ar gyfer cyfres *Cefn Gwlad*. Ro'n i yn y brifysgol yn Aberystwyth erbyn hyn, ac rwy'n cofio'n dda i mi eistedd i lawr i gael sgwrs dawel ag e, ac yntau ar ganol ffilmio.

Cynigiodd Dai yn garedig y byddai'n barod i roi ei gyngor i fi unrhyw bryd ro'n i eisiau.

'A chofia,' meddai cyn mynd 'nôl o fla'n y camera. 'Os wyt ti isie dod draw i Lanilar am gin'o dydd Sul unrhyw bryd, dere... Ond gwna'n siŵr dy fod ti'n cyrraedd erbyn hanner awr wedi deuddeg!'

Byddwn wedi hoffi derbyn ei gynnig yn fawr ond, am ba bynnag reswm, wnes i ddim. Rhaid i fi gyfaddef fy mod yn teimlo ychydig yn swil; ro'dd wedi bod yn arwr i fi ers blynyddoedd lawer, ro'dd gen i ryw barchedig ofn tuag ato. Ond rwy'n difaru erbyn hyn na wnes i dderbyn cynnig mor garedig. Ry'n ni yng Nghymru – a thu hwnt – yn teimlo colli Dai Llanilar yn arw bob dydd. Coffa mor, mor dda amdano.

Felly, ro'dd y diolch i Dai Jones fy mod wedi danfon llythyr at gwmni cynhyrchu Telesgop (o'dd erbyn hynny wedi adleoli i Abertawe) yn holi a o'dd ganddyn nhw unrhyw waith i mi. A dyna pam ro'n i wedi canfod fy hunan yn eu swyddfa ymhen dim o dro yn cael fy nghyfweld; ac eto, nid 'cyfweliad' mohono, ond sgwrs weddol anffurfiol yn hytrach rhyngof a Dyfrig Davies ac Elin Rhys.

Nid oeddwn eto wedi derbyn fy nghanlyniad gradd, ond do'dd hynny ddim fel petai'n eu poeni'n ormodol. Ro'n nhw yn fy nabod i eisoes, wrth gwrs, ac rwy'n sicr bod fy mhrofiad ymarferol yn bwysicach na chymwysterau; y pethau hynny wnes i gyda'r Clwb Ffermwyr Ifanc, y gweithgareddau allgyrsiol yn yr ysgol a'm profiad ffermio, wrth gwrs. Ond ro'dd y person ro'n nhw'n sgwrsio â hi y tro hwnnw wedi newid yn y cyfamser. Ro'n i wedi tyfu'n unigolyn tipyn mwy annibynnol. Pan ges i brofiad gwaith am y tro cyntaf gyda Telesgop, plentyn ysgol o'n i, ond ro'n i wedi tyfu'n oedolyn. Ymhen dim, ces i glywed fy mod wedi cael jobyn gyda'r cwmni. Ro'n i ar ben fy nigon!

Er hynny, newid byd mawr o'dd blaenoriaethu fy ngwaith proffesiynol. Ro'n i wastad wedi rhoi fy sylw i'r martiau pwysig a'r arwerthiannau stoc, gan aros gartref o'r ysgol neu deithio'n ôl o'r coleg yn unswydd i'w mynychu. Ond fe ddaeth y sylweddoliad, wrth ddechrau gyda Telesgop, bod yn rhaid i fy mlaenoriaethau newid fel tipyn o sioc i fi. Fydden i ddim yn *cael* gollwng pob dim arall er mwyn gwneud y pethau hynny rhagor. Ro'dd y shifft mewn blaenoriaethau'n anferth. Ond dyna ni, ro'n i'n rhan o'r byd gwaith, y byd proffesiynol y tu hwnt i glos y fferm, a rhaid o'dd derbyn fy sefyllfa newydd. Ac fe o'dd yna rywfaint o hiraeth, gan na fydden i'n medru ymwneud mor llawn â'r byd ro'n i mor gyfarwydd ag ef, er mai byd amaeth o'dd fy ffocws o hyd, wrth gwrs. Ond ro'dd yr elfen honno o 'gydymffurfio' a gorfod *mynd ar ofyn y bos* os o'n i eisiau amser i ffwrdd o'r gwaith yn ddierth iawn i fi! Ar y fferm, dim ond mater o ddechrau neu orffen y gwaith ychydig ynghynt neu'n hwyrach o'dd hi os o'n i am fynychu digwyddiadau. Ro'dd hwn yn fyd cwbl wahanol.

Felly, yn 2007, ymunais â chwmni Telesgop fel ymchwilydd i ddechrau, ond do'dd hynny ddim nes fy mod wedi dod 'nôl o wyliau o'dd wedi ei drefnu eisoes – gwylie gorffen coleg – ar ynys Kos. Ro'n i'n dechrau gweithio y diwrnod ar ôl cyrraedd 'nôl. Cyn fy nghyfweliad, ro'n i wedi cynllunio llond haf o sbort a gweithgareddau, ond ro'dd rhaid anghofio'r trefniade hynny, on'd o'dd? Fyddwn i ddim yn *medru* diflannu i *YPV* am wthnos, ro'dd gen i jobyn nawr!

Wrth ddechrau gyda Telesgop, fe es i'n rhan o griw hyfryd o bobl. Ro'dd yna ddyrnaid o bobl o'dd yn dechrau gyda'r cwmni mwy neu lai ar yr un pryd â fi, ambell un o'dd wedi bod yn y coleg gyda fi, neu'n gydnabod i fi drwy'r clybiau CFfI; Gwawr Lewis, Teleri Richards a Lowri Berllan i enwi rhai. Ro'n ni i gyd yn hanu o'r un math o gefndir, yn bobl ifanc Gymraeg a Chymreigaidd ac ro'dd ffermio a'r Clwb Ffermwyr Ifanc yn bwysig iawn i ni. Afraid dweud y daethon ni yn griw clòs o ffrindie yn y gwaith.

Er mwyn teithio i swyddfeydd Telesgop bob bore byddai'r rhai ohonon ni o'dd yn byw yn y gorllewin i gyd yn cwrdd ym maes parcio siop Co-op yn Cross Hands er mwyn cyd-deithio yn yr un car. ('Criw y Gorllewin' ro'n ni'n galw'n hunain). Fel rheol, Terwyn Davies, a o'dd yn gweithio i Telesgop fel cynhyrchydd/gyfarwyddwr, fyddai'n gyrru – ac yn gorfod gwrando ar lond car yn clebran fel pwll y môr. Ar y dechrau, dim ond tri ohonon ni fyddai'n teithio gyda'n gilydd, Terwyn, Gwawr a finne, ond ymhen amser fe ddaeth Lowri Berllan yn gydymaith i ni hefyd ac Elin Mair, Ffion Gwen, Guto Gelli Aur, Teleri a llawer un arall o bryd i'w gilydd. Cyn bo hir, ro'dd yna *ddau* gar yn teithio o Cross Hands i Abertawe. (I mi, ro'dd hynny'n beth cyfleus iawn, gan nad o'n i'n teimlo'n rhy gyfforddus ar y pryd yn gyrru i rywle prysur fel Abertawe).

Ar y siwrneiau dyddiol hynny yn ôl ac ymla'n i'r gwaith, ro'dd rhywun yn cael cyfle i drafod problemau gyda chydweithwyr agos. Dyna lle'r o'n ni i gyd yn cyrchu barn ein gilydd ar faterion o'dd yn ein poeni, ac yno ro'n ni'n rhoi'r byd yn ei le. Rwy'n siŵr bod Terwyn, druan, wedi gorfod cau ei glustie i hanner y pethau ddywedon ni. Byddai'r miwsig yn chwarae'n uchel ar radio'r car, a phawb yn rhannu storïau a chlecs. Ro'n ni i gyd yn ifanc a phob dim yn newydd a chyffrous i ni. Cyfnod hapus iawn o'dd y cyfnod hwnnw.

Bydden ni fel criw yn mynd i bobman gyda'n gilydd, i wahanol leoliadau ledled Cymru wrth ymwneud â'r rhaglenni amrywiol ro'dd Telesgop yn eu cynhyrchu: *Eisteddfod y Ffermwyr Ifanc, Yr Ŵyl Gerdd Dant, Y Goets*

Fawr, ac enwi ond ychydig. Mewn gwestai a lletyau ar hyd y wlad fe fyddai'r sbort yn parhau gyda'r nos, wrth gwrs, ond byth ar draul y gwaith. Ro'dd fy mhroffesiynoldeb yn bwysig iawn i fi bryd hynny, hyd yn o'd, a finne ond yn ymchwilydd ifanc. Yn ogystal, cawson ni gyfle i fynd i grwydro Cymru yn gweithio ar gyfresi fel *Digwyddiadau*. Mas ar leoliad ro'n i hapusa, rhaid dweud, yn hytrach nag yn y swyddfa, ond oherwydd bod y criw mor fendigedig, do'dd gweithio yn y swyddfa ddim yn fwrn chwaith!

O'r dechrau un, ro'n i'n gwbod fy mod wedi gwneud y penderfyniad cywir trwy geisio am jobyn gyda Telesgop. Pe bydden i wedi mynd yn syth o'r brifysgol yn ôl i'r fferm yr haf hwnnw, a gweithio yno trwy'r tymor, mae'n amheus gen i y byddwn i wedi ymgeisio am waith arall. Ro'n i'n ymwybodol iawn mai dechrau ar waelod yr ysgol o'n i; ro'dd yr uchelgais i weithio fy ffordd i fyny ynof fi o'r eiliad gynta. Ac eto ro'n i'n ddigon realistig fy nisgwyliadau; pe na bai pethau'n mynd fel ro'n i'n gobeithio, yna fe fydden i'n mynd 'nôl i'r fferm.

Ro'n i'n benderfynol o roi fy nghynnig gorau arni; ro'n i wedi ffeindio fy hunan mewn swydd ym myd teledu, swydd nad o'n i wedi meddwl y byddai'n *bosib* i fi gael. Yn rhan o fyd ro'n i wedi dyheu am gael ymuno ag e, am fy mod i'n credu mai byd i bobl y brifddinas o'dd y byd hwn, neu'r rheini o'dd am adael eu bröydd i gwrsio gwaith yn y cyfryngau.

Rwy'n credu'n gryf bod unrhyw nod, unrhyw uchelgais, mewn bywyd yn gyraeddadwy, gyhyd â bod rhywun yn barod i weithio'n galed a dyfalbarhau. Mae'n rhaid dioddef methiannau, wrth gwrs, ond os yw rhywun wedi rhoi o'i orau, mae'r methiannau hynny gan amla'n haws i'w derbyn. Trwy ddangos amynedd ac aros yn benderfynol yn ystod adegau heriol mae posib gwireddu uchelgais. A theg dweud bod hynny wedi bod yn rhyw fath o fantra i mi trwy gydol fy mywyd, a hynny o anghenraid; rwy'n berson swil a lled ansicr o 'mhethau weithiau. Er nad yw rhai'n credu hynny o gwbl, dyna'r gwir! Mae gen i hefyd duedd i deimlo'n negyddol ynghylch pethau; gyda chyflwr ffermio heddiw, digon naturiol o beth yw hynny i fi, yn anffodus.

Nodwedd arall o'm cymeriad yw fy mod yn cwestiynu pob dim, pob penderfyniad rwy'n ei wneud. Hwyrach taw arwydd o ddiffyg hunanhyder yw hynny, sai'n gwbod! Dyna pam mae atgoffa fy hunan o hyd ac o hyd bod *unrhyw* beth yn bosib mor bwysig. Ac rwy'n llwyr gredu ei fod e. Yn aml iawn mae'n rhaid i Gary ddweud wrtha i am gredu ynof fi'n hunan, a pheid'o â gadael i amheuon ennill y dydd. Ydw, rwy'n un benderfynol, ar yr wyneb ac yn ddwfn yn fy anian, ond clogyn yw rhywfaint o hynny i gwato'r amheuon sydd wastad yn bygwth dangos eu hunain.

Chwilfrydig hefyd! Ro'dd bod yn berson busneslyd – ac fe *odw* i'n un o'r rheini – o fudd mawr i fi pan ddechreues i fel ymchwilydd! Twrio o'dd fy niléit i bryd hynny, ac yn dal i fod heddiw; twrio i berfedd pob dim. A dweud y gwir, fel cyflwynydd rwy'n teimlo bod ymchwil trylwyr yn gwbl hanfodol – byddaf wastad yn gwneud ymchwil ychwanegol i bob agwedd o bwnc unrhyw gyfweliad, oherwydd os *na* wna i hynny rwy'n ofni y gallai anwybodaeth o'm rhan i ymddangos ar y sgrin, a dwi ddim am sarhau'r bobl rwy'n eu cyfweld trwy beidio â pharatoi'n ddigonol. Os bydd yna gyfweliad ar bwnc mawr ar y gorwel – *TB* neu fater gwleidyddol, dywedwn – rwy'n tueddu i fod wrth y cyfrifiadur am oriau hirfaith yn paratoi, yn ychwanegol i'r gwaith ymchwil sydd wedi ei wneud ar fy rhan o flaen llaw. Dyw hynny ddim er mwyn *tanseilio* gwaith gwych ein hymchwilwyr; yn hytrach, do's dim pen draw ar fy chwilfrydedd inne. Rwy *wastad* eisie gwybod mwy. Dyw e ddim yn beth anarferol i ddod o hyd i fi'n pori trwy wefannau am ddau, tri o'r gloch y bore weithiau.

Ro'dd gwerth ymchwil yn elfen o'r gwaith ro'dd un o Gyfarwyddwyr Cwmni Telesgop, Richard Rees, yn ei flaenori, bron yn efengylol, a mawr yw fy niolch i Richard am fy nhywys a'm hyfforddi yn y dyddiau cynnar hynny. Ro'dd Richard wastad yn barod iawn i roi o'i amser i gynorthwyo a chynghori. Rwy'n cofio, yn union wedi i mi gael y swydd gyda Telesgop, eistedd gyda phawb ger bwrdd mawr yn y swyddfa gynhyrchu rhyw fore dydd Mawrth ar gyfer sesiwn adborth yn dilyn darllediad rhaglen *Ffermio* y noson gynt. (Do'dd dim syniad 'da fi beth i'w ddisgwyl, ac ro'n i'n teimlo'n eithaf nerfus, rhaid cyfadde). Holodd Richard bawb yn eu tro beth ro'n nhw'n ei deimlo am y rhaglen, eu barn am y cynnwys, yr arddull ac yn y blaen. Argraffiadau cyffredinol pawb. Ym mha ffordd y gellid gwella'r rhaglen? Ym mha ffordd y gellid datblygu'r gyfres? Pe na fyddai rhywrai wedi gwylio'r rhaglen y noson gynt, byddai Richard am wybod pam. Pam *nad* oedden nhw wedi ei gwylio? Ymlaen wedyn i drafod syniadau at raglenni'r dyfodol, ac am sut i symud y gyfres yn ei blaen. Wrth gwrs, ro'dd Richard yn herio pawb mewn ymgais i gloddio eu syniadau – yn ei ffordd gwrtais, hawddgar arferol, wrth gwrs, ond herio o'dd e er hynny. A rhaid dweud, profais i'r holl beth yn gyflwyniad cyffrous iawn i'm jobyn newydd! Dysgais y bore hwnnw fod disgwyl i mi fod ar ben fy ngwaith trwy'r amser. Yn effro ac yn egnïol. Yn frwdfrydig hefyd, ac yn barod i gynnig syniadau.

Ar ôl rhyw flwyddyn a hanner o weithio fel ymchwilydd, yn 2009 ces i gyfle, damaid wrth damaid, i wneud ychydig o waith cyfarwyddo. Bryd hynny, ro'dd ar raglen *Ffermio* fwletin newyddion fyddai'n para dim mwy na rhyw dair munud fel arfer. Ambell waith, fyddai yna ddim cyfarwyddwr i saethu'r eitem, am ba bynnag reswm, a byddwn i wedyn yn cael fy nanfon i leoliad fel ymchwilydd/cyfarwyddwr dan hyfforddiant; mewn gwirionedd, ro'dd y cyflwynwyr o'dd wrthi yn y dyddiau hynny mor broffesiynol ac mor gyfarwydd ag anghenion y siot fyddai yn eu fframio, ro'n nhw'n cyfarwyddo *eu hunain* i raddau helaeth.

Cyflwynwyr rhaglen *Ffermio* bryd hynny o'dd Daloni Metcalfe, Iola Wyn, Mererid Wigley ac Alun Elidyr, ac yn wynebau ro'n i mor gyfarwydd â'u gweld fel rhywun o'dd wedi bod yn gwylio'r rhaglen ers tipyn. Pan ro'n i mas ar leoliad gyda nhw, ro'n i'n eu gwylio'n astud wrth eu gwaith; eu dulliau holi, eu ffordd gyda phobl a sut ro'n nhw'n paratoi ar gyfer recordio eu darnau o flaen y camera. Ro'dd pob diwrnod, ys dywedon nhw, yn 'ddiwrnod ysgol' i fi! Ro'n i'n *awchu* am gael dysgu rhywbeth newydd o hyd, ac mae'r agwedd honno wedi aros gyda fi hyd heddiw. Dy'ch chi byth yn rhy hen i ddysgu, a do's yna neb sy'n gwybod pob dim. Do'dd gen i ddim ofn gofyn eu cyngor chwaith, a ro'dd pawb ro'n i'n gweithio â nhw – ar amryw raglenni – mor barod i rannu o'u profiad. Astudiais gyflwynwyr lu yn ofalus iawn; cyflwynwyr *Ffermio*, wrth gwrs, ac eraill hefyd – Dai Llanilar, Sulwyn Thomas, Shân Cothi a'u tebyg – ar yr amryw raglenni y bues i'n gweithio arnyn nhw.

Ro'dd yr awydd i fynd yn gyflwynydd yn llosgi ynof fi nawr, ac rwy'n cofio un sgwrs bwysig a'm rhoddodd ar ben ffordd. Ro'n i'n gweithio gyda Daloni y diwrnod hwnnw, ac ro'n i wedi mynd i drafod hyn, llall ac arall pan ofynnodd i fi,

'Beth yn *union* wyt ti am wneud yn y dyfodol, Meinir?'

Ro'n i'n gwybod yn iawn beth o'n i am ei wneud. Ffermio o'dd y dewis cyntaf, ond lluniwyd ei chwestiwn o fewn cyd-destun gwaith teledu, wrth gwrs.

'Cyflwyno,' meddwn i, yn blwmp ac yn blaen.

'Gwna fo, 'ta,' o'dd ei hateb.

Aeth yn ei blaen i bwysleisio mor bwysig o'dd rhoi cynnig arni; *do'dd* mynd yn gyflwynydd ddim yn freuddwyd amhosib o gwbl. Ro'dd clywed hynny ganddi fel gweld trwy lygaid ffres. Rwy'n gwerthfawrogi cefnogaeth Daloni hyd heddiw.

Ond cofiwch, ces i sgwrs debyg gydag un o'n bois camera ni tua'r un adeg, a phan ddywedais wrtho'n dawel bach mai mynd yn gyflwynydd o'dd fy uchelgais, siglodd ei ben gan ddweud,

'Anghofia fe, Meinir. Os wyt ti am gyflwyno, ma rhaid i ti fod o dan dri deg ac yn *blonde*!'

Wel, ro'n i dipyn yn iau na thri deg ar y pryd, ond do'n i'n *sicr* ddim yn flonden! Do'n i ddim yn mynd i liwio 'ngwallt i blesio neb chwaith, a dwi heb wneud hyd heddiw!

Gyda fy uchelgais o fynd yn gyflwynydd yn mudlosgi ar gefn y stof am y tro, fe wnaeth cwmni Telesgop fy anfon i Lundain, oddeutu'r flwyddyn 2009, i fynychu cwrs cyfarwyddo ro'dd y BBC yn ei gynnal, er mwyn fy hyfforddi'n ffurfiol fel cyfarwyddwr. Wel, am brofiad! Ro'n i heb fod i Lundain ond am yr un tro o'r blaen, wrth gwrs, i fynychu seremoni wobrwyo Menter yr Ifainc yng ngwesty'r Savoy pan o'n i yn y chweched dosbarth yn Nhre-gib, ond dyma'r tro cyntaf i fi fynd fel oedolyn, a hynny heb oruchwyliaeth athro neu riant.

A dweud y gwir, ro'n i mewn dau feddwl am fynd o gwbl, a phan ddechreuodd hi fwrw eira ym Maesteilo a minne ar fin gadael am Lundain, ro'n i wedi ystyried defnyddio hynny fel esgus i *beidio* mynd. Ond mynd wnes i. Dyma fi'n neidio ar y trên i Lundain a chymryd y tiwb wedyn i White City, lle'r o'dd y cwrs cyfarwyddo i'w gynnal, gan gyfarch a chydnabod dieithriaid yn y ffordd ro'n i wedi fy nghodi i'w cyfarch; rhyw '*hello*' neu '*good morning*' bach cwrtais bob hyn a hyn. A synnu ar agwedd pobl wedyn; os nad o'n nhw'n rhoi rhyw edrychiad o anghrediniaeth i fi oherwydd fy mod wedi *meiddio* gwneud y fath beth – fel tase cyrn yn tyfu mas o 'mhen i – ro'n nhw'n fy anwybyddu'n llwyr. Dyma beth *o'dd* agwedd ddierth. Sylweddolais yn y fan a'r lle mai cefn gwlad o'dd yr unig gynefin i mi, fy mod yn *country bumpkin* go iawn! Fe joies i'r cwrs yn ofnadwy, ond gwelais i fod y ddinas yn wahanol fyd i'r un ro'n i'n gyfarwydd ag e.

Yn ddiddorol, tra o'n i ar y cwrs fe ddechreuais sgwrsio un diwrnod â riportyr o'dd yn gweithio i'r BBC, ac yn ystod y drafodaeth fer honno fe ofynnodd i mi i ble ro'n i am fynd â'm gyrfa? Cyfaddefais taw o flaen y camera ro'n i am fod, fel cyflwynydd, yn hytrach na'r tu ôl iddo'n cyfarwyddo.

'Yes, I can see you doing that job,' medde fe, fel petai wedi fy nabod i erioed!

Yn fuan wedyn fe symudais o fod yn ymchwilydd i fod yn gyfarwyddwr, ac ro'n i ar ben fy nigon gyda'r gwaith hwnnw, ond jobyn i rywun heb ormod o glymau nac ymrwymiadau o'dd e. Ar y pryd, ro'n i'n sengl ac yn aml iawn fe fydden i'n gorfod teithio i ogledd Cymru – weithiau rhyw ddwywaith neu dair yr wythnos. Ro'n i'n mynd i *bobman* gyda'm gwaith, yn byw ar yr heol. Ond ro'n i wrth fy modd, a chwrddais i â chymaint o bobl ddiddorol yn ystod fy nghyfnod yn cyfarwyddo. (Rwy'n dal i fwynhau cyfarwyddo hyd heddiw, pan mae'r cyfle'n codi). Dysgais i gymaint am Gymru bryd hynny, am ei hanes a'i daearyddiaeth. Ond diolch i'r nefo'dd am *Sat-Nav*, oherwydd ro'n i'n ofnadwy am ffeindio fy ffordd!

Un o'r prosiectau mwyaf diddorol i mi weithio arno fel cyfarwyddwr – ac yn un nad o'dd yn ymwneud ag amaeth am unwaith – o'dd rhaglen o'r enw *Y Goets Fawr*, 'nôl yn 2011. Gydag Ifan Jones Evans a Shân Cothi'n cyflwyno, ro'dd cysyniad y rhaglen yn un gwreiddiol dros ben, sef ail-greu taith y goets o'dd yn arfer cludo'r 'post Gwyddelig' o Lundain i Gaergybi – fel ag ym 1808. Darlledwyd pennod o'r *Goets Fawr* bob nos am wythnos gyfan ym mis Mehefin a Gorffennaf y flwyddyn honno. Ro'dd gofyn i fi, fel cyfarwyddwr, baratoi'n ofalus iawn ar gyfer y *shoot* ei hunan, oherwydd mai dim ond un cyfle byddwn i'n ei gael yn aml iawn i ffilmio'r digwydd; ro'dd y goets a phawb o'dd yn teithio arni'n gwneud y daith yn union fel a wnaed yn nechrau'r bedwaredd ganrif ar bymtheg, mewn 'amser real' fel petai, a 'nghyfrifoldeb i o'dd cofnodi'r daith honno gystal ag y gallwn i heb amharu ar lif y teithio.

Ro'dd gofyn, felly, i ni rag-recordio tipyn o ddeunydd o flaen llaw fel modd o sicrhau bod digon o *footage* i'w ryngosod â defnydd fideo y siwrnai ei hunan. Un o'r lleoliadau ar gyfer gwneud hynny o'dd sioe geffylau'r *Royal Windsor Horse Show* ger Castell Windsor, ac yn rhan o'r sioe honno o'dd arddangosfa goetsys gynhwysfawr iawn. Jyst y peth!

Wrth ymchwilio a pharatoi ar gyfer ffilmio *Y Goets Fawr*, des i adnabod gŵr o'r enw Gwyn Williams, o Esgairgoch ger Ffarmers; mae Gwyn yn fwy adnabyddus fel 'Gwyn Tristar' i'w gydnabod. Daw'r enw Tristar o'r busnes adeiladu bocsys ceffylau llwyddiannus sefydlodd flynyddoedd yn ôl, ac sydd erbyn hyn yn nwylo ei fab, Daniel. Un o hobïau angerddol Gwyn yw casglu coetsys ceffylau – mae gan Gwyn gasgliad anferth ohonyn nhw. Mae hefyd yn yrrwr coetsys brwd, ac fel coetshmon y tu ôl i dîm o geffylau does neb yn debyg iddo. Gwyn o'dd gyrrwr y goets ar y rhaglen, ac un o'i goetsys yntau o'dd yr un a chwaraeodd ran mor allweddol yn y rhaglen. (Fe dyfodd cyfeillgarwch mawr rhyngo fi a Gwyn yn ystod cyfnod ffilmio *Y Goets Fawr*, ond wyddwn i ddim bryd hynny gymaint o ran y byddai Gwyn yn chwarae maes o law, ar adeg bwysig iawn yn fy mywyd – ond mwy am hynny wedyn…)

Ta waeth, wedi i ni i gyd orffen ffilmio'r defnydd yn y sioe geffylau, daeth yn amser troi ein sylw at ymadawiad y goets trwy borth Castell Windsor ei hunan. Ro'n ni wedi cael caniatâd arbennig iawn i wneud hynny, gan na chaniateir ffilmio mor agos i gyffiniau'r castell fel rheol. Buon ni'n lwcus, ac ro'dd y darn hwn o'r rhaglen am fod yn drawiadol iawn. Ro'n i wedi llunio'r siot yn ofalus, ac yn hyderus fy mod wedi cynllunio fframiad fyddai'n gwneud cyfiawnder â'r lleoliad hynod. Er hynny, ro'n i'n ymwybodol iawn taw dim ond un cynnig o'dd gen i gael y siot, gan na fyddai'r goets yn medru stopio a dechrau eto.

Ro'dd popeth wedi ei osod yn ei le, a'r criw i gyd yn barod i ffilmio'r goets yn ymadael â'r castell. Ro'dd y lleoliad yn edrych fel rhywbeth mas o lyfr storïau tylwyth teg, a dweud y gwir, a'r golau'n berffaith a'r awyr yn las ar ddiwrnod heulog o haf. Ro'dd y siot am edrych yn wych!

Tsiecio wedyn gyda'r criw cyn galw ar y goets a'r ceffylau i fynd ar eu ffordd, a hynny yn Saesneg, gan taw criw ffilmio – *stringers* – o Lundain o'n nhw y diwrnod hwnnw.

'Heads-up, everybody. Here they come,' galwais arnyn nhw, unwaith i'r goets ddechrau tuag aton ni. Yna rhoies i'r arwydd i'r criw ddechrau recordio.

A dyma'r goets fawr yn nesáu; Gwyn Tristar wrth yr awenau, pawb gerllaw yn chwifio ar y goets, a phawb o'dd yn eistedd arni'n chwifio'n ôl. Pob dim yn hwyliog a lliwgar. Wedi ychydig o funudau, pasiodd y goets heibio i ni a dyna'r siot honno wedi ei gorffen.

'Cut!' gwaeddais ar hyd y lle. Ro'n i'n fodlon iawn.

Rhaid o'dd dadrigio'r offer ar garlam wedyn, er mwyn i ni i gyd neidio i mewn i'n cerbydau a thrafaelu i basio'r Goets Fawr a'i ffilmio eto, ymhellach ymlaen ar hyd ei thaith. Ro'n ni i gyd ar fin gadael, pan ofynnodd y gŵr camera arna i oedi a rhoi 'a couple of minutes' iddo cyn i ni fynd. Ro'dd e am tsiecio rhywbeth, medde fe. Neidiodd mas o'r car, gan fynd i chwilmentan yn y gist yn y cefn. Yna, daeth yn ôl, a'i wyneb mor wyn â'r galchen, yn union fel petai e wedi gweld ysbryd yn y bŵt.

Ro'n i wedi synnu o'i weld yn colli ei hwyl mor glou. 'What's wrong?' gofynnais iddo. 'Are you okay?'

'You're not going to belive this, Myneeah,' medde fe. 'I didn't press record.'

Edrychodd arna i fel crwtyn ysgol o'dd wedi ei ddanfon i swyddfa'r prifathro. Rhewodd fy wyneb mewn arswyd pur. Do'n i ddim yn gallu credu'r hyn ro'n i'n ei glywed. Wedi'r prosesiwn bendigedig o'dd newydd fynd heibio i ni, do'dd dim cofnod gwledol gyda ni o gwbl. *Dim yw dim.*

Cadwa dy bwyll, Meinir. Dyna'r unig eiriau ro'n i'n gallu caniatáu i lenwi fy mhen yr eiliad honno, gan geisio hefyd feddwl yn ddespret am beth allen ni ei wneud i arbed y sefyllfa. (Ro'dd 'paid â rhegi' yn orchymyn arall ro'n i'n treial ufuddhau iddo hefyd, ond ro'dd yn anodd!)

'Don't worry... We'll sort it out,' dywedais yn hurt wedyn, heb gredu'r un sill o'r frawddeg honno o gwbl.

Rhoddodd y cyfle i gyfarwyddo ar raglen *Ffermio* siawns i mi graffu'n agosach eto ar waith cyflwyno Daloni Metcalfe, Iola Wyn, Mererid Wigley ac Alun Elidyr. Ro'n i fel sbwnj, yn eu gwylio ac yn eu hastudio. Ac yn dyheu am y cyfle i gyfrannu i'r rhaglen yn yr un modd â nhw. Ac yna, rywbryd yn 2010, fe benderfynais godi fy mwriad gyda Richard Rees ei hun, gan daflu rhyw osodiad didaro ato i'r perwyl y byddai hi'n neis 'tawn i'n cael y cyfle i brofi tamed bach o waith cyflwyno, er nad o'n i'n credu y byddai hynny'n bosib, ychwanegais. Holodd Richard *pam* ro'n i'n meddwl nad o'dd y peth yn bosib. Wel, ro'dd y cyfleo'dd mor brin, esboniais, a phwy o'n i i feddwl fy mod yn gallu mynd yn *gyflwynydd* beth bynnag? Unwaith eto, ces i'r un ateb ganddo â'r un ges i gan Daloni ryw dro cyn hynny.

'Cer amdani, 'te.'

Esboniodd drachefn na fyddai'r un cynhyrchydd yn cynnig gwaith cyflwyno *ar blât* i neb. Rhaid o'dd ymgeisio amdano, a chodi llaw yn yr awyr fel modd o ddangos awydd. Ychwanegodd,

'Os wyt ti am roi cynnig ar y gwaith, ma pob croeso i ti wneud. Os wyt ti o ddifri ambytu gyflwyno, fe wnawn ni dy helpu di.'

Rili? meddyliais i. Dyna i gyd ro'dd hi'n ei gymryd er mwyn cael fy nhroed yng nghil y drws cyflwyno? Dangos diddordeb? Pam na fyddwn i wedi siarad â'r 'bosys' ynghynt? Ond wedyn, efallai taw honno *o'dd* yr eiliad iawn i godi'r peth, gan y byddwn wedi ymddangos ychydig yn ddibrofiad cyn hynny.

Trefnodd Richard Rees fy mod yn cael prawf sgrin yn fuan wedyn ym Mharc Dinefwr, Llandeilo, a'r *guinea pig* ar gyfer y cyfweliad ffug hwnnw – fel petai'n eitem go iawn ar gyfer rhaglen *Ffermio* – o'dd y diweddar a phoblogaidd Wyn Davies, Gwndwn, Carmel. Fe fu Wyn yn adnabyddus fel Warden ym Mharc Dinefwr am flynyddoedd, ac yn sicr o fod yn destun diddorol. (Ro'dd Geraint Jones ar gamera, ei wraig Jenette ar sain, a Lynne Thomas Davies yn cyfarwyddo; mae'n rhyfedd fel mae manylion rhai achlysuron yn aros mor glir yn y cof).

Ro'dd Wyn yn un anhygoel i'w gyfweld y diwrnod hwnnw. Yn gyfrannydd parod, gwybodus a ffraeth, ro'dd yn medru teimlo'n naturiol iawn pryd i borthi a phryd i seibio yn ystod ein sgwrs. Ro'n ni'n nabod ein gilydd yn dda eisoes, ac fe wnaeth hynny gyfrannu'n fawr at y teimlad o rwyddineb o'dd yn treiddio trwy'r cyfweliad. Ond eto, do'n i ddim yn rhy hapus gyda sut aeth pethau ar y cyfan. Ro'n i'n nerfus, yn nerfus iawn; ro'dd rhaid i fi fanteisio ar sawl cynnig i gael fy anerchiad i'r camera'n iawn. Ac wrth i fi bendroni dros y prawf sgrin yn y dyddiau wedyn, teimlwn yn llai ac yn llai bodlon â sut aeth hi.

A dyna fuodd am sbel. Penderfynais fy mod i am gadw'n dawel ynglŷn â'r *screen test* ro'n i newydd ei wneud. Do'n i ddim eisie i neb ddod i wybod, rhag ofn fy mod wedi gwneud cawlach o'r cyfle. Do'n i ddim chwaith yn disgwyl y byddai'r peth yn datblygu ymhellach, a dweud y gwir, ac ro'n i wedi dechrau ofni mai cogio er mwyn bod yn garedig o'dd Richard, ond ddylen i ddim fod wedi ei amau o gwbl. Fel mae'n digwydd, ro'dd ganddo bob ffydd ynof fi a danfonodd y recordiad ohonof at S4C.

9

PE BYDDAI RHYWUN yn fy holi a ydw i'n credu mewn ffawd, allwn i ddim â rhoi ateb argyhoeddedig y naill ffordd na'r llall. Dyna i gyd rwy'n sicr ohono yw y buodd i'r wythnos a ddilynodd fy *screen test* newid fy mywyd yn llwyr. Allai neb fod wedi ysgrifennu sgript ar gyfer yr hyn ddigwyddodd! Yn yr achos cyntaf, cyhoeddodd Daloni Metcalfe ei bod yn disgwyl babi, ac y byddai'n hawlio cyfnod mamolaeth i ffwrdd o'r gwaith. Yna, fwy neu lai ar yr un pryd, clywson ni fod Iola Wyn wedi rhoi ei notis, ar ôl iddi benderfynu ei bod am adael ei gwaith gyda *Ffermio*. Ro'dd am fynd i weithio i Radio Cymru. Ro'dd hynny'n golygu bod gwagle ar restr gyflwynwyr *Ffermio*. Ar ben pob dim, ro'dd Tweli Griffiths yn un o gomisiynwyr S4C ar y pryd ac wedi ei blesio gyda'm cyfweliad wedi'r cwbl. Ro'dd swydd gyflwyno wag ar *Ffermio* i fi os o'n i ei heisie. O ganlyniad, camodd Terwyn Davies i sgidie Daloni am gyfnod, a fi gafodd swydd Iola, i bob pwrpas. Ro'dd yr wythnos honno, rhwng pob dim, yn un anferthol yn fy mywyd! (A wyddoch chi beth? Er gwaetha fy holl amheuon am sut aeth y *screen test* gyda Wyn Davies, cafodd y cyfweliad ei ddarlledu fel eitem ar raglen *Ffermio* cyn gynted ag y ces i'r swydd gyflwyno!)

Mi o'n i yn llythrennol yn dysgu fy nghrefft o flaen pawb, ac yn amlwg mi o'n i yn nerfus tu hwnt.

Yr eitem cyntaf i fi ei gyfrannu fel cyflwynydd cyflogedig o'dd cyfweliad ag Emrys Lewis – 'Emrys Sganio' – ym Moelfre, Abergele. (Ro'dd Emrys yn un o arloeswyr sganio defaid yng Nghymru). Y diwrnod hwnnw, ro'dd Richard Rees yn fy nghyfarwyddo ac yn ddiarwybod i fi o fla'n llaw, trefnwyd fod Alun Elidyr yn ymuno â ni er mwyn fy nghroesawu'n ffurfiol ar gamera fel cyflwynydd newydd y rhaglen. Ro'dd hynny'n neis.

Trwy gydol y diwrnod yn cyfweld ag Emrys, bues i'n neidio i mewn a mas o'r llociau'n gwbl naturiol, yn helpu pawb i drafod y defaid; ro'dd hynny, wrth gwrs, yn ail natur i fi. Ro'n i wedi anghofio, braidd, bod yn rhaid i fi fyhafio fel cyflwynwraig barchus! Gyda hynny, tra'r o'n i wrthi mewn lloc yn trefnu'r defaid, dyma Emrys yn bloeddio draw ata i,

'Meinir, Meinir! Ty'd yma! Ma rhwbath yn bod efo'r oen yma, ma gynnon ni broblam!'

Do'n i ddim yn hoffi'r tinc ofidus yn ei lais, ac ro'dd hi'n amlwg bod rhywbeth mawr o'i le.

'Beth sy'n bod, Emrys?' galwais yn ôl, wedi llwyr anghofio bod y camera'n fy recordio o hyd.

'Gynnon ni oen yn fa'ma a chanddo ddau ben!'

Wrth glywed hynny, dechreuais ddychmygu'r problemau wrth eni'r fath greadur. Sut o'dd geni oen â *dou ben*? Rhuthrais draw at Emrys a chraffu â chonsyrn ar y peiriant sganio. Pwyntiodd Emrys at y sgrin.

'Sbia,' medde fe. 'Ma gynno fo ben blaen *a* phen-ôl!'

Wel, ro'n i wedi cael fy nala'n iawn, on'd o'n i! A chwarae teg i Emrys, ro'dd wedi gweld fy mod yn nerfus iawn ar fy niwrnod cyntaf yn fy swydd newydd, a dyna o'dd ei ymgais i gyflwyno tamaid o hwyl i'r dydd. A do, rhag ofn na welsoch chi'r bennod, fe ddarlledwyd y pranc hefyd!

Rwy wedi cadw mewn cysylltiad ag Emrys ers y diwrnod hwnnw, ac yn dod ar ei draws yn aml mewn sioeau a threialon cŵn defaid ac ati. Mae Emrys yn un o gymeriadau gwir hoffus cefn gwlad Cymru.

Mae'r wythnos gyntaf honno i fi weithio o flaen y camera yn aros yn fyw iawn yn y cof. Ro'dd y cyfweliad ag Emrys yn rhan o ddyrnaid o gyfweliadau o'dd i'w cynnal ar fy nhaith gyntaf i ogledd Cymru fel cyflwynydd ar y rhaglen, o'dd yn golygu arhosiad o bedwar diwrnod yno. Heblaw am fod yn wyliadwrus o unrhyw ddrygioni a thynnu coes (ac mae 'na *lawer* o hynny ar leoliad) gwers bwysig arall ddysgais i ar y trip i ogledd-ddwyrain Cymru o'dd i baratoi ar gyfer y tywydd, yn enwedig yr oerfel. Rwy'n un sy'n teimlo'r oerfel yn ofnadwy, a'r tro hwnnw buon ni'n aros mewn gwesty o'dd mor oer, rwy'n siŵr y gallai fod wedi hysbysebu ei hunan fel gwesty oeraf Cymru. Y noson honno, ro'dd yna drwch o rew ac eira ar lawr tu fas, a llaethder yn diferu ar welydd fy ystafell. Wrth imi orwedd yn y gwely, ro'n i'n gallu gweld fy anadl yn dod mewn cymyle o'm ceg. Ar ben y ffaith fy mod yn nerfus hefyd, ni lwyddais i gysgu chwinc y noson honno. Dyna pam byddaf wastad yn mynd â digon o ddillad cynnes gyda fi ar unrhyw daith gyda'r gwaith.

Mae sawl un wedi fy holi ar hyd yr amser ai fi sy'n ysgrifennu fy nghyflwyniadau. Wel, na, mae swmp y geiriau hynny – y darnau rhagarweiniol, y cwestiynau a'r darnau crynhoi – yn cael eu paratoi ar fy nghyfer. Er hynny, proses organig yw holi a chyfweld, ac mae'n rhaid i gyfwelydd da fod yn effro i unrhyw gyfeiriad neu drywydd annisgwyl y gallai'r sawl sy'n cael ei holi ei gynnig. Dylai fod yn *sgwrs*, yn hytrach na rhywbeth sydd wedi ei sgriptio'n dynn. A rhaid i fi gyfaddef, rwy'n rhyw *fân* botsian â'r sgriptiau weithiau, ond anaml y bydd angen newidiadau ar raddfa eang. Mae'r sgriptiau'n ddi-ffael yn rhai da.

Fel rheol, bydd y sgriptiau ar gyfer unrhyw gyfweliad yn fy nghyrraedd ryw bedwar neu bump o'r gloch y prynhawn ar y diwrnod cyn y ffilmio. Y peth cyntaf byddaf yn ei wneud yw gosod y prif bwyntiau mewn 'bold', fel eu bod nhw'n amlwg ar y dudalen, yn enwedig ar gyfer y darnau i'r camera, y *piece to camera*. Fel arfer, os bydd yna ddwy dudalen o destun, bydda i'n eu cywasgu'n un dudalen; pan fod rhywun ar leoliad – gan amlaf yng nghanol y gwynt a'r glaw – mae'n llawer haws tynnu un ddalen o'm poced er mwyn tsieco geiriau nag yw hi gyda dwy neu dair. Fel cyflwynydd, dysgais i wneud hyn yn gynnar iawn, ar ôl i ddarnau o bapur gael eu cipio gan y gwynt a'u towlu i bwdeli o ddŵr neu waeth; do's dim byd cweit fel y teimlad o godi sgript mas o bwdel o biswail, ac yna gorfod dehongli'r geiriau sydd wedi dechrau toddi ar y papur gwlyb. Beth o'dd hynny am waith teledu'n waith *glamorous*, dywedwch?

Fel modd o sodro geiriau unrhyw gyfweliad yn fy mhen, rwy'n tueddu i lefaru'r sgript yn uchel wrthyf fi'n hunan wrth yrru i leoliad y ffilmio. Mae'n siŵr bod rhywrai wedi fy ngweld wrthi, a holi pwy o'dd y fenyw wallgo honno aeth heibio yn ei char, wrthi'n pregethu. Gan amlaf, os byddaf wedi cael digon o gyfle i wyntyllu'r sgript yn y car, fe eith pob dim fel wats. Ond, ar y diwrnodau hynny pan fydda i yng nghwmni rhywrai eraill yn y car, dwi ddim *cweit* mor sicr o 'ngeiriau!

Un peth o 'mhlaid wrth weithio ar y rhaglen ar hyd yr amser – fel ymchwilydd ac yna fel cyflwynydd – yw'r ffaith fy mod inne hefyd yn ffermwr. A dweud y gwir, anodd yw dychmygu y gallai rhywun nad yw'n ymwneud â'r diwydiant holi ffermwyr yn yr un modd. Mae hynny'n swnio'n hunandybus, braidd, a maddeuwch i fi; hwyrach bod hyn yn wir am unrhyw raglen deledu sy'n ymwneud â phwnc arbenigol – rhaid defnyddio pobl brofiadol yn y maes.

Fel ffermwr rwy'n medru uniaethu â'r materion sydd o bwys i'r amaethwyr rwy'n cyfweld â nhw. Mae'r trafodaethau rwy'n eu cael ar bynciau fel *TB*, y Cynllun Ffermio Cynaladwy, ac yn y blaen, yn deillio'n aml iawn o'n profiadau ni yn Shadog. Yn ogystal, (yn enwedig yn fy nyddiau cynnar fel cyflwynydd, pan o'dd hi'n anodd torri trwodd weithiau) mae'r sylweddoliad fy mod inne hefyd yn ffermio, fy mod yn perthyn i'w cymuned, yn medru lleddfu unrhyw nerfusrwydd – neu ddrwgdybiaeth – a allai gadw rhywun rhag siarad yn rhwydd â fi. Gwnaf yn siŵr, wrth gyrraedd unrhyw glos ffarm, fy mod yn 'siarad siop' â'r ffermwr ar unwaith, gan ddangos fy mod yn 'un ohonyn nhw'. Holi am brisiau'r mart. Gwneud sylw ar frid arbennig o ddafad neu wartheg. Ond rhaid i mi gyfaddef hyn. Pan ddechreuais i arni, ro'dd yna rai o'dd yn cael trafferth fy nerbyn fel rhywun â hygrededd fel gohebydd amaeth, ac eiliad anghysurus ar y dechrau oherwydd rhyw ragfarn dawel o'dd yn perthyn i ambell un. Ro'dd y teimlad o orfod profi'n hunan o hyd ac o hyd yn galed. Ac ro'n i'n gwybod bod hynny oherwydd fy mod yn ferch. Ro'dd hynny yn fy siomi. Nid fy mod yn eithafol o ffeministaidd, ond dylid parchu'r ferch yn yr un modd ag y mae'r dyn wedi cael ei barchu erioed. Y person gorau ar gyfer unrhyw swydd yw'r *person gorau* – y person mwyaf *cymwys* – ta waeth am eu rhyw, eu rhywioldeb, hil neu arall.

Mae'r hen agwedd honno o amheuaeth wedi dadmer tipyn erbyn hyn, diolch i'r drefn, hwyrach oherwydd bod pobl wedi fy ngweld wrthi – mewn modd cyhoeddus iawn – yn ffermio fy fferm fy hunan, ac oherwydd fy mhresenoldeb ar y cyfryngau cymdeithasol. Flwyddyn neu ddwy wedi i mi ddechrau o flaen y camera, ychwanegwyd eitem achlysurol i raglen *Ffermio*, sef *Mis ym Maesteilo*, yn dilyn fy mywyd inne fel ffermwr ar y fferm deuluol yng Nghapel Isaac, ac rwy'n siŵr fod yr 'is-gyfres' honno wedi bod yn help mawr wrth argyhoeddi gwylwyr a chyfranwyr *Ffermio* fy mod 'o'r iawn ryw'. (Maddeuwch y chwarae ar eiriau!) Rwy'n siŵr bod gweld merch wrthi'n cneifio defaid wedi newid meddwl ambell un!

Mae gweithio ar raglen *Ffermio* wedi fy nghyflwyno i brofiadau difyr di-ri, profiadau na allwn fod wedi eu cael fel arall. Ro'dd y tro hwnnw, yn 2014, pan es i helpu casglu defaid Hefin 'Garnedd' Jones o lethrau Carnedd Dafydd yn Eryri'n sicr yn un o'r profiadau arbennig hynny. Ar wahân i'r golygfeydd hollol anhygoel o gopa'r mynydd, ro'dd gweld y cŵn defaid yn ymddangos trwy'r niwl, wedi iddyn nhw yrru'r ddiadell i lawr o'r mannau ucha, wir yn hudolus. (Ro'n i'n meddwl bod ein cŵn defaid ni ym Maesteilo'n fedrus, ond ro'dd cŵn Hefin yn perthyn i gynghrair uwch eto!) Gwireddais freuddwyd yn treulio diwrnod yng nghanol y tirwedd odidog hon, mewn cwmni da ac yn gwneud rhywbeth ro'n i wastad wedi bod eisiau ei wneud.

Mynd ar drywydd cŵn defaid – neu eu perchnogion – fuodd yn gyfrifol am un o'r penodau mwyaf gwallgo yn fy ngyrfa ddarlledu hyd yma. Gweithio fel cyflwynydd o'n i – ar y cyd ag Ifan Jones Evans – ar raglen *Treialon Cŵn Defaid 2015*, ac yn darlledu o Moffat ger Dumfries yn yr Alban. Yn ogystal â chyflwyno, mi oedden ni hefyd yn cyd-gynhyrchu'r rhaglen gyda Gareth Vaughan Jones. Penderfynon ni fel tîm y byddai'n syniad gwych gwneud eitem rhagllaw – *pre-shoot* – yn siarad â chapteinied y cenhedloedd Prydeinig o'dd yn cystadlu yn y treialon. Y bwriad o'dd ymweld â'r pedair gwlad berthnasol – Cymru, Gogledd Iwerddon, yr Alban a Lloegr – dros gyfnod o ddau ddiwrnod; wel, ro'dd hynny'n bosib, on'd o'dd e? Fel mae'n digwydd, do'dd yr un ohonon ni, finne na Gareth Vaughan Jones wedi gwerthfawrogi pa mor hurt o'dd y syniad. Ta beth, dyna lle'r o'n i'n teithio ar yr ehediadau tsiepa o'dd ar gael i ni, ac yn brysur ar ein *laptops* yn gweithio ar sgript y cyfweliad nesa wrth hedfan o un wlad i'r llall.

Yr ymweliad gwib cyntaf o'dd gydag Aled Owen, capten tîm Cymru, cyn i ni hedfan ar unwaith i Ogledd Iwerddon. Wedi i ni gwpla yno, rhaid o'dd mynd ar hast yn ôl i'r maes awyr er mwyn hedfan i'r cyfweliad nesa yn yr Alban, a dyma ni'n cyrraedd yn ôl y trefniadau a wnaed ar ein cyfer, a holi'r cynorthwy-ydd y tu ôl i'r ddesg ym mha le ro'n ni fod i aros ar gyfer mynd ar yr awyren. Edrychodd ar ein dogfennau a'n tocynnau, cyn dweud wrthon ni ein bod ni yn y maes awyr *anghywir*! Ro'dd y tîm cynhyrchu wedi rhoi'r cyfeiriad anghywir i ni, ac ro'dd y maes awyr y dylen ni fod yn hedfan ohono ryw ddwy awr i ffwrdd. Ond ro'dd hi'n rhy hwyr erbyn hynny. Ro'n ni wedi colli'r ffleit! Wrth gwrs, ro'dd yr holl drefniadau allan o drefn wedyn, a buodd raid i ni yrru pellteroedd hirfaith trwy'r Alban a Lloegr er mwyn gorffen y cyfweliadau mewn pryd i'w dangos. Hurtwch llwyr! Mae camgymeriadau'n digwydd, wrth gwrs, ond rwy'n siŵr y cafodd rhywun air bach tawel gyda phwy bynnag fuodd wrthi gyda'r trefniadau.

(Ar ben hynny, pan gyrhaeddon ni 'nôl i Gymru ym mherfeddion nos, ro'dd Gary'n aros amdana i er mwyn i ni yrru'n syth i Gaerliwelydd, ar y ffin rhwng yr Alban a Lloegr, er mwyn i ni brynu hwrdd newydd!)

Er gwaetha fy malchder yn fy ngwaith ymchwil fy

hunan, weithiau mae'r amserlen ffilmio mor gywasgedig fel na alla i wneud y gwaith atodol bydda i'n ei wneud fel arfer. Mae hynny'n gallu arwain at embaras mawr. Ro'dd yna dro pan ro'n i'n cyfweld â dyn ifanc – fe'i galwn yn 'John' – a'i fam ar glos eu fferm. Wedi i fi orffen holi 'John', diolchais iddo am ei gyfraniad ac esbonio na fydden ni'n hir iawn cyn mynd oddi yno oherwydd ein *schedule* prysur y diwrnod hwnnw.

'Dyna i gyd sydd ar ôl i'w wneud nawr yw cyfweld â'ch mam,' meddwn wrtho, gan droi at y ddynes wrth ei ochr. 'A cewch chi lonydd 'da ni wedyn!'

Gwelais ar unwaith fod rhywbeth o'i le. Edrychodd y ddau ar ei gilydd mewn syndod a chydiodd 'John' ym mraich y fenyw gan ddweud,

'Ga i dy gyflwyno di, Meinir, i fy *ngwraig* i!'

Ar hyd yr amser, rwy wedi bod yn ddigon ffodus i gyflwyno ar amryw o raglenni gwahanol, ar wahân i *Ffermio*. Ces gyfnod o gyflwyno Eisteddfod y Ffermwyr Ifanc, rhwng 2013 a 2018; daeth y jobyn hwnnw yn fuan wedi i fi orffen fel aelod o'r mudiad, a gyda'm dyddiau inne fel cystadleuydd yn dod i ben. Gwnaeth cyflwyno'r rhaglen honno dipyn i leddfu'r hiraeth ro'n i'n ei deimlo mor finiog o orfod gadael gweithgareddau'r CFfI.

Weithiau, ar adegau prin iawn, do's gan rywun ddim cyfle i wneud unrhyw waith ymchwil ar gyfer cyfweliad, a dyna'r teimlad mwyaf annifyr, wrth deithio i gyfweld â rhywun heb wybod y nesa peth i ddim amdanyn nhw, neu am y pwnc trafod ei hun. Mae sefyllfa fel hyn yn codi pan fydd stori o bwys yn amlygu ei hunan ddim yn hir cyn darlledu'r rhifyn nesaf o *Ffermio*. Yn 2016, â'r bleidlais Brexit ar y gorwel, derbynion ni neges gryptig fod yna 'gymeriad pwysig a dylanwadol' o San Steffan – *VIP* go iawn – am fynd i 'fferm yng ngogledd Cymru' ymhen y

Diwrnod priodas Dad a Mam, Ebrill 1985.

Teulu Carregfoelgam ar ddiwrnod priodas fy Wncl Wyn, 1985. *(Chwith-Dde)* Delyth, Eleri, Ann, Dingat a Doreen (Da'cu a Mam-gu), Wyn, Eifion (Dad) a Meurig.

Fi a'r gwyddau oedd i'w plufio yn y Gegin Fach Mas, Maesteilo, Nadolig 1987.

Fi yn forwyn flodau i Lynwen Llwynyrynn. (Ch-Dd) Dad, Mam, fi ac Eirian.

Da'cu a Mam-gu (Isaac a Rosina). Tynnwyd y llun ar achlysur eu hymddangosiad ar raglen *Sion a Siân* ar S4C yn y 1970au. Do, fe fuon nhw arni hefyd! Roedd ymddangos ar y rhaglen yn dipyn o draddodiad teuluol!
(Llun: HTV Cymru)

Aelodau CFfI Llanfynydd yn Swyddogion Sir Gâr, Diwrnod Rali 2007. (Ch-Dd), Rhys Williams – Aelod Iau y Flwyddyn, Ffion Haf – Dirprwy Lysgenhades, Fi – Aelod Hŷn y Flwyddyn a Phrif Stocman y Flwyddyn.

Fel Llysgenhades CFfI Sir Gaerfyrddin.
(Ch-Dd) Elin Thomas, Louise Jones, Angharad
Thomas, Carys Thomas a finne yn eu canol.

Nel a finne yn fy hoff
gae ym Maesteilo
(Cae Bwys Tŷ).
Llun i hysbysu fy
mod ar fin dechrau
cyflwyno *Ffermio* yn
2011.
(Llun: S4C)

Prif lwyddiannau
2012 – Cadair
Eisteddfod CFfI
Sir Gâr, Stocman
Hŷn y Flwyddyn Sir
Gâr, Prif Stocman
y Flwyddyn Sir Gâr
(Tlws Coffa Aled
Howells).

Gary a fi o flaen y goets a'n cludodd ar ddiwrnod ein priodas, Hafodneddyn, Llangathen, 2014. (Gwelir hefyd Daniel Williams, mab Gwyn 'Tristar', yn y sedd yrru.)

Ann, fi a Walt. Un o fy hoff luniau o ddiwrnod y briodas.

Y pâr priod newydd a'u rhieni, Hafodneddyn, Llangathen. (Ch-Dd) Ann, Johnny, fi, Gary, Dad a Mam.

Fi a'r merched coleg y tu fas i'r *marquee*, Maesteilo. (Ch-Dde) Anwen, Teleri, Helen, fi, Rhiannydd ac Einir.

Fi a Gary ar ôl i fi ennill y ffon fugail, sef Gwobr Bob Davies, yn y Sioe Frenhinol, Gorffennaf 2014.

Cyfweld â David Cameron, y Prif Weinidog ar y pryd, Gogledd Cymru, Mawrth 2016.

Cyflwynwyr *Ffermio* yn y Treialon Cŵn Defaid Rhyngwladol, Sandylands, Tywyn, 2016. (Ch-Dd) Alun Elidyr, fi a Daloni Metcalfe.

Fi a chriw Telesgop ar fy niwrnod olaf yn y gwaith cyn geni Sioned, 2016.

Cyn arwerthiant yr NSA yn Llanelwedd, 2017. (Ch-Dd) 'Bonnie', Gary, Sioned a fi.
(Llun: Arvid Parry Jones)

Sioned a Dafydd yn esgus ffermio ar un o'r tractorau tra bod Gary yn stopio am ginio, Medi 2018.

Gary, fi a'r plant ar achlysur gwobrwyo Gary fel Pencampwr Da Byw NFU Cymru/NFU Mutual, Y Ffair Aeaf, Llanelwedd, 2019.
(Llun: NFU Cymru)

Sioned a Dafydd wedi gwisgo'n addas i ddathlu Dydd Gŵyl Dewi, Mawrth 2019.

Dafydd wrthi'n peintio'r byrnau mawr rhag i'r brain eu tyllu, Mehefin 2020.

Sioned wedi cael gafael mewn pot o *pitch* coch defaid, Medi 2020.

Sioned yn barod i berfformio mewn noson garolau yng Nghapel Isaac, fel wnes i yn ei hoed hi, Rhagfyr 2021.

Cneifio yn Shadog, 2022.

Presilla a Siocled, yr heffer a'r llo wnaethon ni eu magu ar ran rhaglen *Ffermio*. Fe gafon nhw eu gwerthu am £10,000 o bunnoedd, gyda'r cyfan (a £2,000 oddi wrth Fanc Barclays) yn mynd i elusen Ambiwlans Awyr Cymru, Mai 2021.

Shadog, hen lun o'r fferm.

Tair cenhedlaeth. (Ch-Dd) Johnny, Gary, Dafydd, Sioned ac Ann. Shadog, 2022.

Y cyflwynydd Ainsley Harriott yn ymweld â Shadog ar gyfer ei raglen ar Channel 4, *Best of Britain by the Sea*, Mawrth 2022.

Mam-gu (Ann) wrth ei bodd gyda'r ddau fach, Mai 2022.

Casglu'r mêl yn Shadog, Haf 2023. (Ch-Dd) Dorian Harries, Gary a fi.

Dafydd wedi cael lle i ymlacio am ychydig, Haf 2023.

Sioned a Dafydd yn cael sbri ar gefn Fflur y gaseg, Hydref 2023.

Cyflwyno siec o dros £9,000 o bunnoedd i ddwy elusen ar ôl un o gyngherddau Shadog, Hydref 2023. Dros y blynyddoedd, gyda chefnogaeth nifer o bobl, mae Gary a finne wedi casglu dros £45,000 o bunnoedd tuag at wahanol elusennau.
(CH-Dd cefn) Brian a Dianne Thomas, Eleri ac Emyr Jones a Mabel Adams;
(Ch-Dd canol) Dr Simon Holt, Uned Cancr y Fron Llanelli, Gary Howells, fi, yr Hybarch Eileen Davies MBE, Wyn Thomas, Tir Dewi; (Ch-Dd blaen) Dafydd a Sioned Howells.

Ni'n pedwar yn Sioe Llandysul, 2023. Roedd Gary a finne'n Llywyddion y Sioe y flwyddyn honno ac yn bencampwyr adran y Defaid Balwen.

Y teulu yn dathlu, ar ôl i mi ennill gwobr Ffermwraig y Flwyddyn NFU Cymru yn Sioe Frenhinol Cymru 2024.
(Llun: NFU Cymru a Ffotograffiaeth PRW)

Cadeirio sgwrs gyda'r gogyddes a'r awdur, Anna Jones, Gŵyl y Gelli Gandryll, 2024.

Pawb yn hapus ar ôl sêl Cymdeithas y Defaid Balwen, Medi 2024.
(Llun: Country Girl Media)

Shadog, 2024.
(Llun: Mike Moore)

Y teulu bach.
(Llun: Emyr Young)

diwrnod i drafod y sefyllfa, a'n bod ni'n gorfod aros am fwy o wybodaeth... Ro'dd hyn i gyd yn teimlo fel bod mewn ffilm *espionage*! Ro'dd hunaniaeth y gwleidydd a lleoliad y fferm yn gyfrinach.

Ro'dd un o'r bosys, Dyfrig – sydd bob amser wrth law i helpu beth bynnag yw'r broblem – o'r farn mai *tip-off* ffug o'dd y neges, ond ro'dd rhaid bod yn barod i ymateb yn gyflym, jyst rhag ofn. Am wahanol resymau dilys, nid o'dd Daloni nac Alun ar gael, felly byddai'r cyfrifoldeb cyfweld yn cwympo ar fy ysgwyddau i, a finne'n rhyw wyth mis yn feichiog bryd hynny.

Llusgodd y diwrnod yn ei flaen heb i ni glywed dim, ac yna am ryw hanner awr wedi pump yn y prynhawn, dyma Dyfrig yn dod ata i gan holi a o'n i'n barod i adael? Ro'dd yna sylwedd i'r *tip-off* wedi'r cyfan, er nad o'dd Dyfrig wedi cael gwybod pwy y byddwn i'n cyfweld â nhw o hyd. Esboniodd fod yn rhaid i fi gyrraedd Machynlleth erbyn hanner wedi saith y bore wedyn, ac yno y byddwn yn aros am alwad ffôn i dderbyn côd post a chyfeiriad y lleoliad ro'n i fod i drafaelu iddo. Ro'n i'n siŵr fy mod i'n rhan o ffilm ysbïwyr nawr. (Neu fod cyfres *Y Brodyr Bach* wedi atgyfodi am un tro eto.)

Ro'n i'n fwndel o nerfau pan dynnais i mewn i'r garej betrol yng nghanol Machynlleth fore trannoeth. Pwy o'dd y ffigwr anhysbys, cyfrinachol ro'n i fod i'w gyfweld? Ro'n i wedi gwneud cymaint ag y gallwn i o waith cartref ar Brexit tan oriau mân y bore, ond ro'n i'n gwybod yn fy nghalon nad o'n i wedi paratoi fel y byddwn yn arferol. A dyma'r ffôn yn canu, am chwarter i wyth.

'Reit, Meinir,' medde Dyfrig. 'Rwy newydd dderbyn galwad ffôn gyda'r manylion... Fe wna i decstio'r côd post a'r cyfeiriad i ti, a ma gofyn i ti gyrra'dd lan 'na erbyn un ar ddeg o'r gloch, iawn?'

113

Ro'dd hynny'n gadael hen ddigon o amser i gyrraedd, ond ro'dd un mater o'dd heb ei gyffwrdd o hyd.

'Yf fi'n ca'l gwbod *pwy* fydda i'n cyfweld â nhw nawr, 'te, Dyfrig?

'O, ie, sori... Anghofies i weud... David Cameron,' dywedodd yn ddisylw, fel petai'n sôn am hen fugail oedrannus o ochre Llanrwst.

Wel, ro'n i'n meddwl bo fi'n mynd i eni'r babi yn y fan a'r lle! David Cameron, y Prif Weinidog Prydeinig?

'Pob lwc i ti, Meinir... Dishgwl 'mla'n i weld y cyfweliad.'

Diffoddodd Dyfrig yr alwad.

Fi... Yn cyfweld â gwleidydd mwyaf blaenllaw Llywodraeth San Steffan? Sut o'dd hyn wedi digwydd?

Ro'n i'n fwy nerfus fyth yn gyrru o Fachynlleth i gyfeiriad fferm ddefaid fawr yn ardal Conwy. Ar ben pob dim, ro'dd yn rhaid i fi fod yn ofalus yno oherwydd ro'dd hi'n tynnu at ddiwedd y tymor wyna. Ro'n i'n ymwybodol iawn pa mor beryglus y gall fod i fenyw feichiog fynd i ganol defaid sy'n geni ŵyn oherwydd yr heintiau all achosi erthyliad; er fy mod wedi derbyn profion o'dd yn dangos bod gen i imiwnedd cryf tuag at y prif heintiau allai fod yn bresennol.

Ymunais â'r criw ar y fferm i sŵn hofrenyddion yn chwyrlïo uwch ein pennau. Chwiliwyd i bob twll a chornel yno. A dyma'r Prif Weinidog yn cyrraedd yn fuan wedyn gyda'i *entourage*, mewn mintai fach o geir drud, du. Yn y cyfamser, ro'n ni – aelodau'r wasg a'r rhai, fel fi, o'dd wedi cael caniatâd arbennig i'w gyfweld – wedi cael ein briffio am yr hyn ro'n ni'n cael gwneud, a'r hyn do'n ni ddim. Ro'dd yn rhaid i ni aros mewn ardaloedd dynodedig, neu risgio cael ein taflu oddi ar y fferm; ro'n ni'n teimlo fel diadell o ddefaid ein hunain, yn cael ei hysio gan bobl led fygythiol yr olwg. A dyma Cameron yn ymlwybro tuag aton ni o'r diwedd.

Ro'dd yna ffotograffwyr, swyddogion diogelwch a staff, a'r holl beth fel sgrym rygbi, braidd. Ond ro'dd Cameron fel pe bai'n hollol ddigyffro. Daeth yn syth i fyny ataf fi, gan fy nghyfarch fel petai wedi fy nabod ers blynyddoedd,

'Hello, how are you?' gofynnodd yn wresog.

Ro'dd yn ymddangos yn awyddus i siarad gyda fi, ac ro'dd ganddo ffordd rwydd – *charming* – amdano. Do'dd e ddim fel petai'n nerfus i drafod chwaith; rwy'n siŵr ei fod e – fel rhywun o'dd am aros yn rhan o'r UE – yn hyderus *na fyddai* Prydain yn pleidleisio i ymadael ag Ewrop; byddai wedi cael ei hysbysu, mae'n sicr, bod ffermwyr defaid Cymru'n gyffredinol o'r un farn ag e. Ond prin ddwy funud o'dd fy nghyfran o amser i'w holi, ac yntau'n sgwrsio'n gyffredinol a hawddgar, heb fod y cyfweliad wedi dechrau o gwbl; ro'dd ei 'bobl' yn pwyntio fel pethau gwyllt ar eu watshys tu ôl iddo! Taflais gwestiwn ato, ac atebodd fi. Taflais un arall, a dyma gael ateb eto. Ond dyma lais benywaidd yn dod o grombil ei *entourage* yn mynnu,

'That's it, now. The interview's over!'

Ond do'n i ddim am wastraffu fy nghyfle. Gofynnais ryw chwe chwestiwn erbyn iddo gael ei hebrwng oddi yno, er gwaetha'r ffaith bod y ddynes a geisiodd ddod â'r cyfweliad i ben wedi bod yn tynnu braich y gŵr camera i'w stopio rhag parhau i ffilmio, gan weiddi 'Stop, stop now!'

Dyna un o'r diwrnodau mwyaf cyffrous i fi ei gael ar raglen *Ffermio* hyd heddiw, a rhaid cyfaddef bod y jobyn wedi darparu mwy na'i siâr o waith diddorol dros y blynyddoedd.

Daeth un o'r galwadau ffôn mwyaf cyffrous erioed yn 2012 yn cynnig slot cyflwyno ar *Y Sioe Fawr* i fi gyda chwmni Boom Cymru. Amanda Harries ffoniodd fi, ffrind annwyl i mi erbyn hyn a fuodd, fel y tîm cyfan, mor dda yn fy mharatoi ar gyfer yr wythnos fawr. Ro'dd gan Sioe Frenhinol Cymru le annwyl iawn yn fy nghalon wrth gwrs, yn enwedig ers fy jobyn haf yn gweithio fel *runner* yn y Sioe i Telesgop tra'r o'n i yn y coleg. Ro'dd fy edmygedd o Dai Jones Llanilar, a'r ffaith fy mod wedi cwrdd ag e eisoes a rhyw ddod i'w adnabod, yn elfen bwysig yn fy nghynnwrf i ymuno â'r tîm cyflwyno. Yn fras, ro'n nhw wedi cynnig fy *dream job* i mi, gan y bydden i'n cyd-gyflwyno â Dai a thîm hyfryd o gyflwynwyr – Dai'n tynnu at ei wartheg hoff a finne at y defaid! Ro'n i 'di gweithio, fel rhedwr, yng *ngwasanaeth* Dai a'i gyd-gyflwynwyr. Nawr, ro'n i ar fin mynd yn gydweithiwr iddo *fy hunan*. Wrth ddiffodd yr alwad eisteddais i lawr a llefaru'r gair 'waw', drosodd a thro!

Ro'dd yna adegau, ar ôl i fi ddechrau fel cyflwynydd ar *Y Sioe Fawr*, lle'r o'n i'n gorfod pinsio fy hunan rhag ofn fy mod i'n breuddwydio. Do'n i ddim yn gallu credu pan fyddwn i'n eistedd i lawr ym mwyty'r gwesty nesaf at Dai wrth y ford bwyd; pan fues i'n gweithio fel rhedwr, fe fydden ni'r staff 'tu ôl i'r llenni' yn derbyn ein prydiau mewn lle gwahanol. Ond dyna lle'r o'n i nawr, yn sgwrsio dros facwn ac wy gyda'r union berson o'dd yn gyfrifol am i mi fentro i fyd cyflwyno! A do's 'da fi ddim cywilydd cyfaddef mod i damaid bach yn *star-struck* ar adegau. Cael y teimlad euog hefyd nad o'n i i *fod* yn y lle hwnnw; *imposter syndrome* mae'r Sais yn ei alw.

Mae rhai pobl yn synnu at yr elfen swil hon yn fy nghymeriad, ond mae'r teimlad achlysurol hwnnw o beidio â pherthyn i'r diwydiant – a'r *diwylliant* – teledu yn codi ynof fi'n aml, hyd yn oed heddiw. Pan fydda i'n canfod fy hunan mewn achlysuron 'cyfryngol' – sermonïau ac ati – y tu hwnt i gylch rhaglenni amaeth, rwy'n tueddu i fynd yn ddywedwst. Yn nerfus. A thra'n derbyn fy mod yn *rhan* o'r byd cyfryngol erbyn hyn, nid dyna yw fy nghynefin.

Ond penderfynais yn gynnar nad 'mynd i weithio ar y teledu' yn unig fu'r uchelgais bore oes, ond chwarae fy rhan wrth roi byd amaeth ar y sgrin fach

Felly, rwy wastad yn chwilio am 'fy nhebyg' pan fydda i'n mynychu rhyw achlysur ffurfiol neu'i gilydd. Os bydd yna ffermwr neu rywun â chefndir gwledig yno, gallwch fod yn siŵr y bydda i'n dod o hyd iddyn nhw, ac yno y bydda i wedyn, yn sgwrsio'n rhwydd.

Un peth sydd wedi amlygu'i hunan dros fy nghyfnod o weithio ar y teledu yw sut mae dyletswyddau wedi dechrau asio at ei gilydd. Slawer dydd, ro'dd swyddogaethau'r person camera a'r cyfarwyddwr yn ddau beth ar wahân. Ro'dd yr un peth yn wir am y cyfarwyddwr a'r cyflwynydd, neu'r cyflwynydd a'r cynhyrchydd, dyweder. Ond mae'r ffiniau wedi diflannu i raddau helaeth yn awr. Mae cywain profiadau mewn gwahanol feysydd o fewn y byd teledu wedi galluogi hyn; dyna wnes i, wrth gwrs. Ond hwyrach ei fod yn adlewyrchu realiti newydd, dw i ddim yn gwybod. Nid yw byd darlledu mor ffyniannus ag yr o'dd ryw ugain mlynedd yn ôl, a'r rheidrwydd newydd yw bod staff a rhyddgyfranwyr yn bobl aml-alluog.

O'r holl amrywiaeth o swyddi mae gweithio ar *Ffermio* a'r rhaglenni eraill wedi eu darparu i fi, rhaid dweud mai cyflwyno yw fy hoff un; rwy'n mwynhau cyfarwyddo'n fawr, ac yn hapus iawn i wneud y gwaith hwn pan fod yr angen yn codi, ond fel cyflwynydd 'yf fi hapusa. Er hynny, rwy wedi cael y cyfle i gynhyrchu ambell raglen hefyd, ond mae'r dasg o gynhyrchu a *chyflwyno'r* un rhaglen yn dasg bron yn amhosib! Pan weithiodd cwmni Telesgop a chwmni Rondo ar y cyd ar gyfres yn ymwneud â digwyddiadau a gweithgareddau ledled Cymru, rhoddwyd fi ar waith fel cynhyrchydd/cyflwynydd ar rai o'r sioeau amaethyddol llai. (Mae Sioe Sir Benfro a Sioe Sir Fôn yn aros yn y cof fel digwyddiadau hyfryd). Anodd, ar adegau, o'dd cadw ffocws ar y gwaith cyflwyno gyda manion dod â'r rhaglen i'r sgrin yn gwasgu hefyd; rwy'n cofio cyflwyno o flaen y camera yn Sioe Aberystwyth, yn ymwybodol bod yna anghydfod wedi codi rhwng un o'r cyfranwyr a'r cwmni cynhyrchu. Yn aml, a finne'n paratoi at gyfarch y camera – neu wrthi'n annerch – byddai'r ffôn yn fy mhoced yn crynu. Byddwn wedyn yn gorfod ei ateb a rhywun ar y tîm yn fy hysbysu bod hwn-a-hwn wedi gwrthod troi i fyny i wneud yr eitem ro'dd e wedi cytuno i'w wneud, neu fod angen newid cytundeb hon-a-hon. Anodd iawn o'dd gwneud yr un o'r ddau jobyn yn iawn, gan nad o'dd un yn cael chwarae teg gyda'r llall.

Nid yw'r gwaith teledu yn teimlo fel gwaith o reidrwydd, dwi'n dweud hyn yn aml wrth bobl – dyma fy amser i oddi ar y fferm, mae'n gyfle i fynd i fyd cwbl wahanol. Mae'n bleser pur cael cyflwyno, yn gyfle i ddysgu rhywbeth newydd, i gwrdd â phobl o bob anian, a dwi'n teimlo'n freintiedig iawn i gael y cyfle i rannu storïau cymeriadau Cymru.

Er hynny, rhaid i fi ddweud mai un o uchafbwyntiau mwyaf teimladwy fy ngyrfa yw'r hyn ddigwyddodd pan ro'n i'n gweithio mewn cyswllt rhyddgyfrannol i gwmni Bŵm Cymru, yn cyflwyno o'r Sioe Frenhinol yn 2013. (Fel modd o egluro, er fy mod yn gyflogedig gan gwmni Telesgop ar y pryd, ro'n nhw'n barod iawn i fy rhyddhau i weithio fel *freelance* yn ystod wythnos y *Royal Welsh*. Byddaf wastad yn ddiolchgar iddyn nhw am hynny).

Ta waeth, ro'n i wrthi'n paratoi i wneud cyflwyniad o flaen y camera gerllaw cylch y defaid, pan dderbyniais neges gan Dyfrig o Telesgop yn holi a fydden i'n fodlon gwneud cyfweliad ar gyfer rhaglen *Ffermio* brynhawn dydd

Iau. Ro'dd hwnnw'n gais anarferol meddyliais, oherwydd gan amlaf fe fyddai Telesgop yn gadael llonydd i fi fwrw iddi yn ystod wythnos hynod brysur y Sioe Frenhinol; dywedodd ei fod wedi gwirio gyda Bŵm Cymru a'u bod yn fodlon. Wel, fe gytunais, wrth gwrs. Yn naturiol, fe'i holais am gynnwys y cyfweliad, a phwy o'dd y sawl y byddwn i'n cyfweld â nhw. Dywedodd Dyfrig y byddai'n danfon y manylion 'yn y man'.

A dyma fi'n aros. Ac aros. A dim byd yn dod. Ro'n i'n dechrau mynd tamaid bach yn nerfus am y cyfweliad; rwy'n un – fel y dywedais eisoes – sy'n obsesiynol dros baratoi ac ymchwilio, a do'n i'n gwybod dim yw dim fel o'dd hi; yr unig bwt o wybodaeth ges i ganddo o'dd ei fod yn ymwneud ag Undeb Amaethwyr Cymru. Beth petai'r pwnc yn un hynod wleidyddol, neu ddadleuol? Ro'dd yn *rhaid* i fi gael gwybod, do'dd dim disgwyl i fi weithio yn y tywyllwch, siawns!

'Byddi di'n iawn, byddi di'n iawn!' o'dd yr unig ymateb ro'n i'n gallu ennyn o enau Dyfrig bob tro ro'n i'n ei holi. Ro'dd yr holl beth yn mynd yn fwy o ddirgelwch bob eiliad. 'Meinir, 'yt ti'n gallu gwneud hyn â dy lyged ar gau!'

Ces i wybod wedyn mai cyfweld ag Emyr Jones, Rhiwaedog, sef Llywydd yr FUW ar y pryd, ro'n i i fod i'w wneud, ond do'dd dim sôn am bwnc o hyd.

Fodd bynnag, cyrhaeddodd y prynhawn dydd Iau hwnnw, ac ro'n i am fwrw iddi â'r cyfweliad yn ystod fy awr ginio tra ro'n i'n gweithio i Bŵm. Pan gyrhaeddais i adeilad Undeb Amaethwyr Cymru ar y maes, gwelais ar fy union fod rhywbeth ddim *cweit* yn iawn. Yn eistedd yno o'dd Mam a Dad; ma hyn yn rhyfedd, meddyliais i. Pam ma *nhw* yma? (Fyddai hi ddim wedi fy synnu pe bai Gary yno – ro'n ni wedi hanner trefnu cwrdd ag e. Ro'n i'n hoffi treulio'r awr ginio yn ei gwmni, gymaint ag y gallwn). Siaradais am dipyn â nhw, heb iddyn nhw esbonio'n foddhaol pam ro'n nhw yno chwaith.

Daeth aelod o staff i gwrdd â fi o'm gweld, gan esbonio bod Emyr Jones yn fy nisgwyl ar y llawr cyntaf, a ches fy hebrwng lan lofft. Gwelais ar unwaith fod Gary yno ond, yn fwy rhyfedd fyth, ro'dd ei rieni *yntau* yno hefyd; gallwn bron â chredu, heb ystyried y peth yn *rhy* od, bod Mam a Dad yn yr adeilad ond ro'dd hyn yn ormod o gyd-ddigwyddiad, do'dd posib. Beth *yn gwmws* o'dd ar droed?

Ro'dd y stafell yn orlawn o gamerâu ac offer teledu – fel y byddai rhywun yn ei ddisgwyl gyda chyfweliad i'w gynnal a hefyd, fel ro'n i'n deall, ryw ddatganiad i'r wasg yn ogystal. Erbyn hyn, ro'n i'n teimlo'n dost – ro'n i'n chwysu, a chledrau fy nwylo'n llaith. Ro'dd y teimlad o fod ar fin cyfweld â rhywun heb i fi wneud *unrhyw waith cartref o gwbl* yn ofnadwy. Clywais sibrwd wedyn bod yna gyflwyniad i'w wneud, sef cyflwyno Gwobr FUW Bob Davies, er cof am ohebydd Cymreig y *Farmers Weekly* fu farw yn 2009 o gymhlethdodau'n ymwneud â'r ffliw, a hynny ar ôl pedwar deg a phedair o flynyddoedd o weithio i'r cyhoeddiad.

Ro'n i'n teimlo fy mod wedi cyrraedd yn hwyr ar gyfer gwneud y cyfweliad; ro'dd fel petai llygaid pawb arna i, yn disgwyl yn eiddgar. Es i gefn y stafell i guddio, gan wrando ar Emyr Jones yn dechrau ar ei anerchiad; ro'n i wrthi'n brysur yn cymryd nodiadau, jyst rhag ofn y byddwn i'n clywed rhywbeth y gallwn i ofyn cwestiwn yn ei gylch. Ai cyfweld ag enillydd Gwobr Bob Davies fydden i? Do'dd dim pall ar y dirgelwch. Tra'r o'n i'n brysur yn craffu ar eiriau Emyr, dyma fe'n cyhoeddi dros y meic,

'Ond cyn bo chi'n ca'l clywed enw'r enillydd, mae Meinir Howells am fy nghyfweld o flaen llaw...'

Trodd llygaid pawb i edrych arna i unwaith eto. Ro'dd

hyn yn prysur droi'n hunllef. Pam fod rhaid i fi gyfweld ag e o *flaen llaw*? Do'dd dim byd am yr achlysur yn gwneud sens! Ond, mor broffesiynol ag y gallwn i fod o dan yr amgylchiadau, cerddais o'r cefn tuag at flaen y stafell, fel tase dim byd yn bod. Erbyn cyrraedd ato, ro'dd fy ngheg mor sych â llond cwdyn o flawd. Ro'n i'n ymwybodol hefyd bod y camerâu wedi dechrau ffilmio, a'u goleuadau coch yn pefrio ar hyd y stafell.

'Wel, Meinir,' meddai Emyr dros y system sain yn y stafell. 'Rwy'n deall bo ti wedi dod i gyfweld â fi?'

'Ym... Odw,' atebais. 'Ond... Ym, y peth yw... Sai 'di ca'l gwbod am beth yn gwmws wy fod i gyfweld â chi.'

Dechreuodd rhywrai yn y gynulleidfa chwerthin yn ysgafn. Do'dd hynny ddim yn helpu pethau! Ro'dd rhaid i fi feddwl ar fy nhraed.

'Gwnewch chi'r cyhoddeiad,' dywedais i, 'ac fe wna i'r cyfweliad *ar ôl* y cyhoeddiad.'

Dechreuodd Emyr chwerthin llond ei fola, a'r gynulleidfa hefyd. Suddodd fy nghalon. Ro'n i'n gwneud ffŵl o'n hunan, yn amlwg.

'Paid â becso rhagor,' meddai Emyr. 'Ti 'di dod 'ma heddi gan taw *ti* yw enillydd Gwobr Bob Davies!'

Rhaid bod fy wyneb yn bictiwr! Ro'dd yr holl beth yn ormod i fi, mae'n rhaid cyfaddef, a dechreuais i lefain y glaw. Ar ben yr anrhydedd – anrhydedd nad o'n i erioed wedi dychmygu y gallwn *i* ei hennill – ro'dd y rhyddhad ar ôl y diwrnodau o nerfusrwydd ro'n i wedi ei deimlo. Ro'n i'n methu â dal y dagrau 'nôl.

Yr eiliad honno, ro'n i'n *rhyw* glywed Emyr Jones yn esbonio i bawb pam ro'n i'n deilwng o'r wobr – am fy mod wedi holi'r gwleidyddion mor drylwyr ar faterion mawr yn ddiweddar, mae'n debyg – ond ro'dd fy mhen yn rhywle arall. Ro'dd yr hunllef wedi troi'n freuddwyd anhygoel, er yn swreal! (Byddai Emyr Jones yn cyfaddef wedyn mai dyna un o'r eiliadau gorau iddo brofi yn ystod ei amser gyda'r undeb, a bod y syrpréis ar fy wyneb yn amhrisiadwy!) Mae derbyn yr anrhydedd honno'n rhywbeth fydd yn achos balchder mawr i fi am byth.

Rwy'n teimlo ers tipyn bod ffermwyr yng Nghymru wedi fy hen dderbyn fel cyflwynydd rhaglen *Ffermio*, y rhaglen maen nhw wedi bod mor driw iddi ers degawdau. Yn bwysicach fyth, fy nerbyn fel *ffermwr* hefyd. Mae'r adborth mewn mart neu mewn arwerthiant, dywedwn, yn galondid mawr i fi. Yn barod iawn y daw pobl i dynnu fy nghoes, ac rwy'n falch o'r cyfle i gael sbort yn eu cwmni, a thrafod y gyfres mewn modd hwyliog iawn. Caf glywed eu barn hefyd ar gynnwys y bennod ddiweddaraf; dydyn nhw ddim yn swil eu barn, chwaith, ac rwy'n cael clywed yn ddigon diflewyn-ar-dafod unrhyw biniwn dadleuol am y rhaglen; i'r meddwl daw eitem wnes i ryw dro yn ôl ar harddwch a sut all rhywun gadw ewinedd mewn cyflwr da, a'r tynnu coes didostur fuodd ar ôl ei ddangosiad.

'Ro't ti mas o dy *comfort zone* fan'na, Meinir, on'd o't ti?' meddai rhywun wrthyf.

Wel, o'n. Allwn i ddim â dadle fel arall!

Mewn sefyllfaoedd tebyg i'r rhain mae rhywun yn cael yr adborth mwyaf gonest, a does 'da fi ddim ofn clywed barn deg. Mae hynny'n hanfodol er mwyn gwella. Mae'n llawer gwell 'da fi glywed rhywun sy'n adeiladol ei feirniadaeth dros ryw weniaith ffuantus a chrafu.

Mae gweithio – ym mhob un cyswllt – ar y rhaglenni yn ystod y blynyddoedd diwethaf wedi bod yn fraint. Yn fraint, ie, ac yn *fwynhad* pur. Cofiaf drwy'r amser mai ffermwr ydw i uwchlaw pob dim, ac rwy'n ffortunus iawn fy mod yn gallu defnyddio fy ngwaith teledu fel estyniad o *hynny*, mewn ffordd. Nid pawb sydd mor lwcus i gael eu bendithio â chymaint o agweddau cyffrous a dymunol yn eu bywydau gwaith. Yn ddiweddar, rwy wedi gwneud y penderfyniad i gyfrannu fel cyfrannydd llawrydd, gan dynnu fy hunan oddi ar restr staff Telesgop, wedi blynyddoedd o hapusrwydd fel un o staff cyflogedig y cwmni. Mae hyn yn bennaf er mwyn rhoi mwy o hyblygrwydd i mi, fel bod gwell cydbwysedd rhwng bywyd teuluol, y fferm a fy ngwaith yn y cyfryngau. Fel ffermwr, mae modd bod yn hyblyg iawn o ran cymryd gwaith munud olaf, ond mae bod yn llawrydd hefyd yn golygu y galla i gael fy rhyddhau ar adegau prysuraf y fferm. Rwy'n sylweddoli cystal cyfle yw ysgrifennu'r llyfr hwn i ddiolch yn ddiffuant i Richard, Elin, Dyfrig a phawb o fewn teulu Telesgop dros yr 16 mlynedd fues i yno, am y ffydd y dangoson nhw ynof fi ar y dechrau, a chan edrych ymlaen yn awchus at yr eitem nesa hefyd!

Gyda phethau ar hyn o bryd yn ddrwg ar ffermio, mae'n rhaid dweud fy mod wedi sylwi – wrth weithio ar *Ffermio* – ar hwyliau'r diwydiant yn gostwng yn ddifrifol yn ddiweddar, ac wedi profi pethau sydd wedi bod yn emosiynol anodd eu ffilmio. (Trafodaf y gwaethaf o'r rheini nes ymlaen). Yn ddi-ffael, rhai o'r eitemau mwyaf anodd y byddaf yn ymdrin â nhw yw gwerthiannau fferm. Do's dim byd yn torri fel cyllell i'r galon cynddrwg â gweld holl stoc teulu o ffermwyr – cynnyrch oes gyfan o waith – yn mynd o dan y mwrthwl. Yn aml iawn, mae stori'r teulu hwnnw'n dod i ben wedi sawl cenhedlaeth oherwydd nad o's yna etifedd i'r busnes. Mae tystio i ffermwyr oedrannus sy'n gorfod ffarwelio â phob dim – eu hanifeiliaid a'u hoffer, eu cartref ers degawdau lawer hefyd – yn anodd. Mae'r hyn mae hynny'n ei gynrychioli mor, mor drist. Ond tristach fyth erbyn heddiw yw'r ffermwyr – hŷn ac iau fel ei gilydd – sy'n gorfod gwerthu'r cyfan oherwydd bod ffermio a'i holl broblemau wedi eu trechu. Er mor ddirdynnol yw gwylio ffermwyr hŷn yn rhoi'r ffidil yn y to, llawer gwaeth yw gweld y rhai ifanc yn ildio i sialensau cynyddol cynnal bywoliaeth fel ffermwyr.

Erbyn hyn, mae dyledion ffermwyr yn sydyn iawn yn bethau trymach o lawer nag y buon nhw, a'r rheidrwydd i ffermio'n ddarbodus yn fwy hanfodol nag erioed. Mae'r ffin ofnadwy honno rhwng cadw'r fferm i fynd a methu dal dau benllinyn ynghyd yn llawer agosach at bob ffermwr heddiw nag o'dd hi ddoe. Dyna pam mae mynychu arwerthiannau fferm yn gwneud i fi deimlo mor anghyffforddus. Maen nhw'n chwarae ar ein hofn tywyllaf un fel ffermwyr; bod y fferm yn mynd i lithro o'n dwylo. Rwy'n gwybod bod hyn yn cadw ffermwyr – yn eu llaweroedd – rhag cysgu'r nos.

10

'Beth fuest *ti'n* neud ar y nos Sul yn Llanelwedd, 'te?' gofynnodd Dad, â rhyw olwg fusneslyd ryfedd ar ei wyneb.

Daeth y cwestiwn yn gwbl annisgwyl. Beth *allai* fod yn cyfeirio ato? Do'n i ddim yn yr hwyl i chwarae gemau dyfalu yr eiliad honno. Ro'dd hi'n ddydd Gwener wedi'r *Royal Welsh* yn 2011, ac fel tase hynny ddim yn ddigon, ro'n i wedi bod yn sioe Trap trwy'r dydd; a do – fe fues i'n dangos fy nefaid Balwen yn fan'no hefyd!

Rhwng popeth, ro'dd hi wedi bod yn wythnos flinedig tu hwnt, a finne wedi bod yn gweithio fel cyfarwyddwr yn Sioe Frenhinol Cymru, yn ogystal â dangos fy nefaid. A dweud y gwir, ro'n i bron â chwympo wedi blino, a'r amynedd rhyw damaid *bach* yn denau!

'Beth 'yt ti'n feddwl, Dad?' gofynnais.

A dyma fy nhad yn pwyntio at dusw bendigedig o flodau o'dd newydd gyrraedd y tŷ. Ma *rhain* wedi costio tipyn, meddyliais i.

'Wel, ma *rhywun* wedi hala rhain i ti,' medde fe.

Blodau i *fi*? Ro'dd hyn yn ddirgelwch; pwy ar wyneb y ddaear *allai* fod wedi'u danfon? Ro'dd yna gerdyn hefyd wedi ei guddio yng nghanol y rhosod. Ro'n i newydd orffen â'm sboner ar y pryd, whap cyn gadael am y *Royal Welsh* ddyddiau ynghynt; ai *fe* o'dd wedi danfon y blodau mewn ymgais i ail-ddechrau pethau, efallai? Darllenais y cerdyn.

'Nos Sul yn Llanelwedd?'

Dyna'r unig neges o'dd arno; yn amlwg, ro'dd Dad wedi cael pip ar y cerdyn cyn i fi ei weld. Do'dd dim enw o gwbl. Dechreuodd fy meddwl rasio, a'r dirgelwch nawr yn un i drechu Sherlock Holmes! Beth yn gwmws o'n i wedi ei wneud ar y nos Sul yn y Sioe? Tries i fy ngorau i gofio, ond na, allwn i ddim â meddwl am unrhyw beth fyddai wedi achosi i rywun ddanfon neges fel hon ata i, heb sôn am dusw bendigedig o flodau. A dweud y gwir, oherwydd fy mod yn dangos fy nefaid Balwen yn gynnar ar y dydd Llun, ro'n i wedi ei throi hi am fy ngwely'n *gynnar* nos Sul – ychydig iawn o gymdeithasu fuodd.

Dyna'r unig noson y cysgais i yn fy ngwely yn y gwesty yn Llandrindod a drefnwyd i fi gan gwmni Telesgop yr wythnos honno. Y trefniant gwreiddiol o'dd fy mod yn aros gyda fy sboner yn ei garafan gerllaw maes y sioe, ond do'dd *hynny* ddim am ddigwydd ar ôl i bethau ddod i ben yn ddisymwth rhyngon ni. Ond ro'dd y gwesty dipyn o ffordd o Lanelwedd, a do'n i ddim am golli mas ar fywyd cymdeithasol y Sioe gyda'r nos chwaith, felly yng ngharafannau ffrindie y bues i'n clwydo gan amla'r wythnos honno; cysgais i yn fy nghar unwaith neu ddwy hefyd. Tase rhywun wedi gofyn i fi gofio'r hyn ro'n i wedi ei wneud ar un o'm nosweithiau *eraill* yn y Sioe, byddai hynny wedi bod yn dipyn mwy niwlog, gan fy mod i'n joio yng nghwmni fy ffrindie. Ond ro'n i'n gallu cofio nos Sul heb unrhyw ffwdan, a do'dd dim byd *cofiadwy* wedi digwydd. Bues i mas am ddrinc neu ddau digon tawel yng nghwmni grŵp bach o ffrindie a chydnabod, ac fe es i'r gwely'n gynnar. A dyna fuodd.

A dweud y gwir, yr unig beth arhosodd gyda fi ar ôl i'r Sioe ddod i ben o'dd y cefn tost ro'n i'n dal i ddiodde. Es i i'r Sioe â 'nghefn i'n sôr, ond ro'dd gwerth bron i wythnos o waith cyfarwyddo (o'dd yn golygu cario sgrin fonitro ddigon trwm o'm blaen i bob man yr awn), dangos stoc yn ystod y dydd a chymdeithasu gyda'r nos bron wedi bod yn ormod i fi, a dechreuodd fy nghefn wegian erbyn canol yr wythnos, cymaint felly fel y gwnaeth un o'r grŵp y bues i yn eu cwmni ar y nos Sul, boi o'r enw Gary Howells, fy nhecstio wrth i fi gyrraedd 'nôl o Lanelwedd yn holi a o'n i'n teimlo'n well; ro'n i'n meddwl ar y pryd bod hynny'n beth caredig – neis – i'w wneud. Ond feddyliais i ddim mwy am y peth. Ro'n i'n nabod Gary ers pan o'n i'n ferch ifanc deuddeg oed, oherwydd y byddai'n llwybrau'n croesi bob hyn a hyn oherwydd y CFfI, y sêls defaid a'r martiau, ac yn y blaen. Ro'dd e dipyn yn hŷn na fi hefyd, o ryw bum mlynedd, ro'n i'n tybio. I groten yn ei harddegau cynnar, mae hynny'n fwlch oedran *mawr*.

Felly, do'dd dim ateb parod i'r pos, tan i neges arall gyrraedd negeseuon fy ffôn; Gary Howells eto, yn holi a o'n i am gwrdd ag e yn Llanelwedd ar y nos Sul o'dd *ar ddod*! Ro'dd yna sêl hyrddod bwysig gan yr NSA, y *National Sheep Association*, ar y dydd Llun ar ôl 'nny. Wrth gwrs! Ro'n i wedi bod yn meddwl mai cyfeirio at y nos Sul flaenorol o'dd y neges gyda'r blodau, ond gofyn am ddêt o'dd e mewn gwirionedd, a hynny ar y penwythnos canlynol.

Gwnaeth cais Gary fy atgoffa o ddod ar ei draws ar un o'r troeon cyntaf, ac yn y sêl hyrddod yn Llanelwedd y digwyddodd hynny hefyd, pan o'n i'n rhyw bymtheg oed; ro'n inne'n gwerthu fy anifeiliaid Balwen, ac yntau ei hyrddod Texel. (Bryd hynny, ro'dd yr arwerthiant a phob dim ymylol yn cael eu cynnal mewn pebyll dros dro ar Faes y Sioe; gwelais hefyd mor gyfrwys o'dd ambell i werthwr,

127

gyda rhai yn bwrw pyst y lloc yn is i'r ddaear nag o'dd yn rhaid er mwyn i'r hyrddod oddi mewn edrych tipyn mwy eu maint). Ar hyd y blynyddoedd, rhyw daro ar ein gilydd yn ddamweiniol wnaethon ni wedyn, ond y gwir amdani o'dd bod Gary wedi bod yn un o'r ffigyrau cyson hynny yn fy mywyd ers tipyn o amser. Ond do'n i byth wedi *dychmygu* y byddai Gary yn gofyn i fi fynd ar ddêt.

Er gwaetha'r ffaith taw dyna'r tusw drutaf – yn ôl Gary! – o flodau mae e erioed wedi'i brynu i fi, do'n i ddim yn gallu mynd ar y dêt ar y nos Sul honno wedi'r cyfan, oherwydd fy mod yn y gogledd ar y penwythnos hynny'n cyfarwyddo rhaglen *Y Goets Fawr*.

Buodd yna ryw decstio a negesu rhyngon ni am sbel fach; ro'dd y ddau ohonon ni mor brysur yr adeg honno, ro'dd hi'n wirioneddol anodd trefnu i gwrdd â'n gilydd o gwbl. Yna ces i waith gan Radio Cymru'n cyfweld â gwerthwyr a phrynwyr yn arwerthiant mis Medi yr NSA yn Llanelwedd ar gyfer y bwletin amaeth o'dd yn cael ei ddarlledu bob bore ar y radio. Trefnais y byddwn i'n cyfweld â Gary yno. Wrth gwrs, fe fyddai sgwrsio ag e a chlywed ei farn – fel un o brif fridwyr defaid Texel Cymru – yn werthfawr iawn ar gyfer y bwletin. A dyma fi'n rhoi'r meicroffôn o dan ei drwyn y diwrnod hwnnw a dechrau ei holi. Rhoddodd Gary gyfweliad da iawn hefyd – tan i ni gyrraedd rhyw bwynt, rhyw hanner ffordd trwy'r rhestr gwestiynau. Dwi ddim yn cofio pa gwestiwn yn *union* y gofynnais iddo, ond daeth yr ateb ganddo,

'Dim ond os wyt ti'n folon mynd mas am ddrinc 'da fi!'

Ro'n i'n gegrwth, a do'dd hynny ddim fel fi! Ro'n i'n treial dod o hyd i *rywbeth* i'w ddweud fel modd o'i ateb, ond dim ond delwi'n ddwl ro'n i'n gallu ei wneud a mwmian rhyw nonsens, tra bod Gary sefyll yno'n gwenu'n ddrygionus arna i, y diawl bach drwg! (Cafodd Dyfrig dipyn o hwyl yn golygu'r cyfweliad *hwnnw* ar gyfer bwletin rhaglen y bore wedyn!)

Ond, yn fuan wedi hynny, llwyddon ni i drefnu ein dêt cyntaf ffurfiol. Cododd Gary fi yn ei gar o Faesteilo, a gyrron ni o gwmpas yn ddi-nod cyn cyrraedd tafarn dawel y Cennen Arms ym mhentre Trap, ger Llandeilo; do'n i ddim yn hir wedi dechrau gwneud gwaith cyflwyno, ac ro'n i'n swil iawn o unrhyw sylw cyhoeddus. Ro'dd y Cennen Arms yn ddigon anghysbell i sicrhau noson dawel i ni'n dau.

Do'dd dim dwywaith amdani, ac yn wahanol iawn i'r Gary Howells roddodd gyfweliad egr i fi yn arwerthiant yr NSA y bore hwnnw, ro'dd Gary'n nerfus y noson honno, a finne hefyd, ryw dipyn; mae dechrau ar berthynas newydd wastad yn broses drwsgl a lletchwith, on'd yw hi? Ro'n i'n gwybod tipyn amdano yn barod, wrth gwrs – ei fod yn dod o ardal Llanybydder, ac yn ffermio yno gyda'i deulu. Hefyd bod ganddo fusnes sganio defaid o'dd yn ei gadw'n brysur iawn, a hefyd ei fod yn feirniad defaid craff ac yn fridiwr defaid arobryn. Heno o'dd y noson i glywed mwy, ac i'r naill ddarganfod mwy am y llall. (Dyna yw natur y dêt cyntaf wastad, ondife? Rhyw ymarfer canfod ffeithiau am eich gilydd!)

Ganed Gary a'i frawd, Peter, ar ffarm Closgwenllain, ac yna symudodd y teulu i fferm Tycam, ger Llanwennog, Llanybydder yn ne Ceredigion. Buches odro o'dd ganddyn nhw yno am gyfnod cyn iddyn nhw roi'r gorau i ffermio llaeth a chanolbwyntio ar eu buches o wartheg Charolais a'u defaid Texel a Phenfrith. (Yn y blynyddoedd ers hynny, mae'r fuches honno wedi ennill cryn enwogrwydd, gan ddenu sylw prynwyr o bob man, a Peter a'i dad, John, wedi talu sawl ymweliad llwyddiannus ag arwerthiannau blynyddol y Gymdeithas Fridiau yn y Trallwng a Perth. Am gyfnod sylweddol, buodd y rhagair 'Gwennog' ar anifail yn arwydd o safon arbennig).

Pan o'dd Gary tuag un ar bymtheg oed, gofynnwyd iddo gan ei rieni beth fyddai'n ei hoffi fel anrheg Nadolig. Ro'dd wedi ffansïo cael motobeic *scrambler* ers tipyn, a hynny er mwyn hwyluso'r siwrneiau ar hyd y fferm i gadw llygad ar y stoc ac ar gyflwr y ffensys (ac er mwyn cael tamaid bach o sbort hefyd, siŵr o fod), ond ro'dd ganddo gynllun arall yn deor yn ei ben. Ro'dd yn awyddus i gyfrannu at y busnes teuluol rywffordd, ac am wneud hynny y tu fas i gyffiniau fferm Tycam. Yn y pen draw, gofynnodd am beiriant sganio defaid fel anrheg. Bryd hynny, ro'dd y dechnoleg honno yn ei babandod, ond ro'dd yn ddatblygiad pwysig i'r ffermwr defaid o'dd am weld faint o ddefaid yn union yn ei ddiadell o'dd wedi ymfeichiogi a sawl oen o'dd y defaid yn eu cario, er mwyn eu rheoli'n well a'u bwyda yn ôl eu gofynion. Fel pob technoleg weddol newydd, do'dd y sganiwr ddim yn beiriant rhad, ond fe brofodd yn fuddsoddiad busnes penigamp. Fe fuodd Gary wrthi am sawl blwyddyn yn sganio diedyll yn lleol a thu hwnt, gan wneud arian da yn y broses, a'r elw'n mynd yn ôl i goffrau Tycam.

Gallai rhywrai feddwl ei fod yn beth 'annheg' bod Gary'n rhoi'r arian ro'dd wedi ei ennill trwy ei waith caled ei hunan yn ôl yng nghyfri'r fferm, ond ro'dd hynny'n rhan o gynllun hirdymor. Ro'dd y brodyr, Gary a Peter, ill dau yr un mor benderfynol â'i gilydd o fynd yn ffermwyr, ac ni fyddai un fferm ar ei phen ei hunan yn medru cynnig bywoliaeth iddyn nhw a'u teuluoedd, petai yna deuluoedd yn y dyfodol. Felly penderfynodd y teulu Howells rhyngddyn nhw mai Peter fyddai'n ffermio yn Nhycam, ac y byddai'n rhaid dod o hyd i fferm arall i Gary; ro'dd enillion Gary o'r busnes sganio'n rhan o'r cynilo mawr at brynu'r fferm honno pan fyddai'r amser yn dod.

Daeth yr amser hwnnw yn 2009, pan briododd Peter â Helen, sef un o fy ffrindie coleg yn Aberystwyth, fel mae'n digwydd. Ro'n i'n forwyn briodas iddi ar ei diwrnod mawr; dyna'r tro cynta i fi gwrdd â mam Gary, Ann. Unwaith eto, ro'n i wedi cael fy hunan yng nghwmni Gary Howells. Ces i glywed hefyd, ryw dro ar ôl y briodas, bod Ann wedi gwneud sylw amdana i wrth un o'i ffrindie i'r perwyl mai 'croten fel hon' o'dd angen i Gary ei phriodi! Mae'n rhyfedd o fyd, on'd yw hi? Bryd hynny, do'dd gen i ddim syniad y byddai Gary'n chwarae rhan mor allweddol yn fy mywyd cyn pen dim, ac yntau'r diwrnod hwnnw yn ddim mwy na brawd yng nghyfraith newydd i un o'm ffrindie.

Ta waeth, er nad o'dd yn *rhwystr* i ni fel y cyfryw, profodd y pellter rhwng Maesteilo a Shadog yn ffactor yn y garwriaeth. Ro'dd yn dipyn o ymdrech i ni drafaelu'r tri deg milltir sy'n gwahanu'r ddwy fferm ar hyd yr heolydd gwledig, a hynny ar ôl diwrnodau hir o waith. Ro'dd hynny ynddo'i hunan yn arwydd o'n hymrwymiad i'r berthynas, am wn i! Ond daethon ni i ben â gwneud.

Yn 2013, cynhaliwyd sioe Llanfynydd ar Awst y degfed. Dwi ddim yr un orau am gofio dyddiadau, ond fydda i byth yn anghofio'r dyddiad hwn. Dyna'r diwrnod y dyweddïodd Gary a finne. Erbyn ystyried, ro'dd yna rywbeth rhyfedd am drefniadau'r diwrnod hwnnw o'r dechrau'n deg, yn bennaf oherwydd bod Gary wedi penderfynu ei fod am ddangos rhai o'i hyrddod Texel yn y sioe. Rwy'n dweud 'rhyfedd' oherwydd dyw Gary ddim yn un sy'n hoff o ddangos defaid; neu o ddangos ei ddefaid *ynte*, a bod yn fanwl gywir. Y rheswm pennaf am hyn, yn ôl Gary, yw bod arddangos mewn sioeau'n gofyn gormod ar ei amser fel ffermwr, ac yn ei dynnu o'r fferm pan allai fod gartre'n gwneud ei waith mewn modd proffidiol. Gallai rhywun dreulio dyddiau lawer yn mynd â'i ddefaid o sioe i sioe, gan aberthu amser gwerthfawr. Os nad yw'r ffermwr adre'n tendio i waith hanfodol, pwy arall fydd yno? Mae'n fwy na bodlon cefnogi ambell sioe leol, a'r Sioe Fawr o bryd i'w gilydd, ond dyna ei phen draw hi. Mae Gary o'r farn eu bod yn ddigwyddiadau sy'n llawn o fân beryglon i'r anifeiliaid; mae cludo unrhyw anifail o un lle i'r llall mewn bocs neu drelyr yn broses led beryglus ynddi ei hunan, gan fod cymaint o arwynebau metel caled yn ei amgylchynu. Rhy hawdd yw hi i ddafad gael dolur wrth gwympo neu faglu troed neu goes mewn gât, er enghraifft, neu wrth folltio a tharo i mewn i bostyn concrit.

Fy marn i yw ei bod yn bwysig dangos anifeiliaid yn eich sioe leol er mwyn cadw'r sioeau hynny i fynd, gan taw'r sioeau hynny yw'r feithrinfa ar gyfer cystadlu yn y sioeau mawr. Hebddyn nhw, ni fyddai'r *Royal Welsh* yr hyn yw hi nawr. Ac wrth ddechrau arni yn y sioeau bach, dysgais rai o wersi pwysig bywyd; dyfalbarhad, sut i ysgwyddo cyfrifoldebau a dysgu sut i golli hefyd. Yn ogystal, ro'dd gofyn i fi weitho'n galed i gael y defaid yn barod i'w harddangos a dim ond trwy wneud ymdrech mae rhywun yn cyflawni mewn bywyd.

Felly, rhwng pob dim, do'dd Gary ddim y ffan mwyaf o arddangos defaid a dyna yw ei farn o hyd. Dyna pam ro'n i wedi synnu ei fod am ddod â detholiad o'i anifeiliaid i sioe Llanfynydd y diwrnod hwnnw, a rhai o'i anifeiliaid gorau gyda hynny. Ond, i ychwanegu at y dirgelwch, ro'dd Gary'n hwyr yn cyrraedd y sioe. Do'n i ddim yn medru cysylltu ag e o gwbl ar ei ffôn ac ro'n i'n dechrau poeni, braidd. Heb yn wybod i fi, ro'dd wedi taro heibio i 'nhad ym Maesteilo, a hynny i geisio ei ganiatâd er mwyn gofyn i fi ei briodi. Yn ôl y clywais i ymhen amser, fe fuodd y ddau'n sgwrsio am dipyn cyn i Gary fentro dweud dim am y dyweddïad a Dad yn dangos diddordeb mawr yn y stoc o'dd gan Gary yn yr *horse-box*. Ac yna, daeth yn amser i Gary holi fy nhad. A daeth yr ateb drygionus gan Dad wedyn,

'Iawn, wrth gwrs... Dim ond bo fi'n ca'l cadw popeth sy yn yr *horse-box* 'da ti heddi!'

Pan gyrhaeddodd Gary'r sioe o'r diwedd, chawson ni ddim llawer o amser i sgwrsio gan fy mod inne fel rhywbeth gwyllt yn arddangos fy nefaid ac yn cynorthwyo gyda'r llwytho a'r dadlwytho, yn helpu gyda chadw'r sioe i fynd yn ei blaen yn slic, a Gary yntau'n brysur yn dangos ei hyrddod a chynnig help llaw i eraill yn yr un modd. Er hynny, ro'n i wedi sylwi bod Gary yn dawel a lled bell y diwrnod hwnnw. Beth o'dd ar ei feddwl, o'dd rhywbeth o'i le? Ymhen ychydig, aethon ni yn ôl i'r *pick-up* i gael llamaid o ddŵr o botel, a'r ddau ohonon ni'n chwys drabŵd ac yn fwd droson ni, o'n pennau hyd ein sodlau.

'Ti'n oc, Gary?' gofynnais, o'i weld yn ddywedwst. 'O's rhywbeth yn bod?'

Oedodd cyn mynd ymlaen. Ro'n *inne'n* nerfus erbyn hyn.

'Y'n ni yn *iawn*, ond y'n ni?' gofynnodd.

Do'n i ddim yn deall y cwestiwn. Ro'n i'n dechrau becso fy mod wedi gwneud rhywbeth o'i le.

'Be ti'n feddwl *iawn*?' holais i. 'Odyn... Wrth gwrs bo ni... Pam, be sy'n poeni ti?'

Ac yn gwbl, gwbl annisgwyl, dyma Gary'n gostwng ar ei ben-glin a gofyn y cwestiwn mawr – y cwestiwn *mwyaf* sydd 'na, o bosib – gyda'r fodrwy fwyaf hyfryd mewn bocs yn ei law!

Ers pryd mae e wedi bod yn ystyried hyn, dyna ro'n i'n ei ofyn i fi fy hunan. Ers sbel, tybiais, gan fod y fodrwy ganddo'n barod. Ro'n ni wedi treulio diwrnod hyfryd gyda'n gilydd yn sioe Llanbed ar y diwrnod blaenorol, ond ro'n i wedi meddwl ei bod hi braidd yn rhyfedd ei fod wedi gadael yno'n eithaf disymwth ar ddiwedd y prynhawn. Cyfaddefodd ei fod wedi brysio i Gaerfyrddin yn unswydd er mwyn prynu modrwy er mwyn cael gofyn ei gwestiwn drannoeth. Sôn am wneud ar fympwy! Ond dyna ni, un fel yna yw Gary yn y bôn, yn un i ddilyn – a thrystio – ei reddf!

Ac, yn amlwg, fe wnes i gytuno. Rhoddodd Gary'r fodrwy am fy mys, heb boeni o gwbl am y budreddi ar fy nwylo ar ôl bod yn trafod defaid trwy'r dydd.

A dyna ni – ychydig yn llai na dwy flynedd wedi i ni ddechrau mynd mas gyda'n gilydd, ro'n ni wedi dyweddïo. Am gyfnod wedyn, unwaith i'r fodrwy fynd ar fy mys, ro'n i'n ymwybodol iawn ohoni ac yn awyddus i beidio â'i dangos i neb yn y sioe nes fy mod wedi cael y cyfle i gyhoeddi'r newyddion da wrth fy rhieni a'm teulu agos. Cadwais fy llaw yn fy mhoced, gan dynnu llawes fy nhop i lawr drosti gymaint ag y gallwn i. Rwy'n cofio taro ar un o'm ffrindie gorau, Anwen Pantyrefail, a finne'n torri 'mola eisiau dweud wrthi, ond allwn i ddim. Ro'n i'n teimlo'n ofnadwy am gadw'r newydd wrthi!

Ac yna, wrth i'r diwrnod fynd yn ei flaen, dyna pwy drodd i fyny'n gwbl annisgwyl ond Anti Ann ac Wncwl Walt, Divlyn. Wel, ro'n i'n gweld hynny'n beth rhyfedd iawn oherwydd do'dd y ddau yna *byth* yn dod i sioe Llanfynydd; hyd heddiw rwy'n cael trafferth credu taw cyd-ddigwyddiad *llwyr* o'dd hynny. Ond ro'dd hi mor braf eu gweld nhw yno. Ro'n i'n ysu am gael dweud wrthyn nhw hefyd, ond do'dd dim sôn am Mam a Dad yn unman am sbel. Pan lwyddon ni yn y diwedd i ddod o hyd iddyn nhw ro'dd Dad, wrth gwrs, yn gwybod eisoes beth o'dd ar y gweill ond do'dd gan Mam yr un syniad. Ro'dd y ddau ar ben eu digon o glywed, ac ro'dd Walt ac Ann wrth eu boddau hefyd. Ac fe fuodd rhaid i fi fynd i chwilio am Anwen Pantyrefail i dorri'r newyddion iddi o'r diwedd, ac i ymddiheuro am i fi ymddwyn mor rhyfedd yn gynharach; sgrechiodd Anwen ar hyd y lle yn ei llawenydd, gan gydio ynof fi a'm cwtsio. Ro'dd hynny'n ddiwedd ar y cadw cyfrinach, ac ymhen ychydig funudau ro'dd pawb yn sioe Llanfynydd wedi clywed ein bod ni am briodi.

Ddiwedd y prynhawn – wedi i hyrddod Gary serennu'n llwyddiannus yn y sioe ac ennill pencampwriaeth y defaid – rhaid o'dd i ni fynd â'r defaid yn ôl i Shadog cyn dychwelyd i Lanfynydd i ailgydio yn y dathliadau dyweddïo annisgwyl. (Rhai dyddiau wedyn, sylwodd Gary fod yr hwrdd gorau yn eu plith fel petai'n methu cadw un o'i lygaid ar agor. Ymhen dyddiau, fe waethygodd y cyflwr ac ar ôl tipyn eto ro'dd e bron yn ddall, ac wedi colli pryd a gwedd yn sylweddol. Ro'dd yr hwrdd, a o'dd wedi dal rhyw ddrygioni oddi wrth un o'r defaid eraill yn sioe Llanfynydd, fwy na thebyg, wedi ei glustnodi fel ei brif hwrdd ar gyfer yr arwerthiant *NSA* o'dd ar y gorwel agos, ond do'dd dim gobaith ei werthu yno gan fod ei lygad wedi rhoi'r caibosh ar bethau. Gorfod i Gary gadw'r hwrdd ar y fferm o ganlyniad i'w salwch. Ar y pryd, do'dd Gary ddim yn hapus, yn bytheirio a dweud taw dyna'r *union* reswm do'dd e ddim yn dangos ei ddefaid. Ond mae'n cydnabod heddiw mai dyna'r peth gorau ddigwyddodd – cadwon ni'r hwrdd, a throdd allan yn un o'r hyrddod gorau, os nad y gorau *un*, i ni erioed ei gael yn Shadog; byddai pob un o'i ŵyn arbennig yntau'n cael eu tagio â thagiau clust oren er mwyn dangos eu llinach. Fe fuodd farw ddim yn hir yn ôl, ar ôl oes gyfan o genhedlu ŵyn ardderchog).

Ro'n i'n awyddus i ddweud y newyddion wrth rieni Gary tra'n bod ni yn Shadog yn dychwelyd y defaid, ond do'dd dim sôn amdanyn nhwthau chwaith; ro'n nhw wedi mynd i Dycam i warchod Steffan, nai Gary, felly dyma aros

iddyn nhw gyrraedd yn ôl i Shadog cyn torri'r newyddion.
I ddathlu, aethon ni i gyd i gael pysgod a tsips o'r siop ym
Mhencader. Dyna ddathliad rhamantus, ontefe; dechrau
fel ro'n ni'n bwriadu parhau o'dd hynny!

Yn ôl â ni i gae'r sioe wedyn, lle cawson ni noson
fendigedig yng nghwmni pawb y gallen ni fod wedi
gobeithio rhannu'r newyddion â nhw; ro'dd yna gymdogion
a ffrindie, teulu a chyd-aelodau'r CFfI. Ac ro'dd hi'n barti
dyweddïo hawdd i'w drefnu hefyd, gan fod pawb o'dd yn y
sioe yn ystod y dydd oll yn mynd i'r ddawns yn y babell y
noson honno! Ro'dd hi'n noson wych.

Wedi i ni ddyweddïo, gwawriodd y sylweddoliad arna
i mai yn Shadog y byddwn i'n treulio fy mywyd cyn bo
hir. Ro'dd hynny'n sylweddoliad mawr a chyffrous, ac er
cymaint ro'n i'n disgwyl ymlaen at hynny ro'dd hefyd yn
golygu fy mod yn gadael Maesteilo a'r byd o'dd wedi bod
mor annwyl a phwysig i fi ers cymaint o flynyddoedd;
gadael fy nheulu, fy nghymdogion a llawer iawn o'm
ffrindie. Cyfnewid yr hen olygfeydd – ro'n i'n nabod pob
twll a llecyn ym Maesteilo fel cefn fy llaw – am gynefin
hollol newydd. Nid o'dd ffarwelio â'r anifeiliaid am fod
yn hawdd chwaith. Anodd yw esbonio i rywun – nad yw'n
gwybod eisoes – cymaint o berthynas sydd rhwng y ffermwr
a'i stoc. Yn aml iawn, mae yna rai o'r stoc sydd bron fel
anifeiliaid anwes i'r ffermwr a'i deulu, heb sôn am y cŵn
defaid a'r *menagerie* o greaduriaid eraill o'dd yn galw fferm
Maesteilo'n gartref. Ro'dd gadael gartref am fod yn brofiad
chwerw-felys, ac ro'dd hynny ar y gorwel agos.

11

C ES I GYFLE i ddod yn gyfarwydd â'r cynefin newydd, ac i ymgartrefu rhywfaint yn Shadog cyn bod y symud cartref terfynol yn digwydd. Oherwydd ein bod ni nawr am briodi, teimlais ei bod hi'n bwysig fy mod yn dod i adnabod y fferm a chyfarwyddo â'i ffyrdd unigryw. Dod i adnabod y gymdogaeth a'i phobl hefyd; ro'dd yna gymdogaeth hollol newydd ro'n i'n awyddus i ddod yn rhan ohoni, a chyflenwyr a masnachwyr ro'n i eisiau dod i'w nabod. O achos hynny, treuliais dipyn o amser yn Shadog, a hynny am ddyddiau ar y tro.

Treuliodd Gary yntau beth amser ym Maesteilo hefyd yn ystod y cyfnod hwnnw, yn helpu ni ar y fferm pan o'dd angen a thra ro'dd e'n aros draw. Buodd gyda ni am gyfnod estynedig, yn helpu gyda'r gwaith beunyddiol, pan deithiodd Mam a Dad i Seland Newydd ar gyfer priodas fy mrawd â'i ddyweddi, Jasmine. (Ro'dd fy mrawd wedi cwrdd â hi pan dreuliodd gyfnod yng nghanol y *Kiwis* yn ennill profiad cneifio). Mewn gwirionedd, cyfnod ymarferol o baratoi at ein bywyd gyda'n gilydd o'dd y misoedd hynny i Gary a fi.

Ryw noswaith, wrth i'n priodas nesáu, cafodd Gary chwilen yn ei ben ei fod am fynd â fi am dro yn y car. Ro'dd hi'n noswaith braf, a dyna lle'r o'n ni'n gyrru o gwmpas yr ardal yn gwbl ddiamcan, yn clebran pwll y môr a chwerthin yn braf. Cyn bo hir, sylweddolais ein bod ni wedi crwydro tipyn o gyffiniau Shadog, a'n bod ni erbyn hynny yng nghyffiniau pentref Ffarmers, rhwng Llanbed a Llandeilo.

'Ble 'yt ti'n mynd â ni, 'te, Gary?' gofynnais iddo.

'Ww, sai'n gwbod,' atebodd yn ddifater. 'Jyst dilyn ein trwyne, ife.'

Ocê, meddyliais i. Ro'dd rhywbeth braf am hynny. Rhyw damaid bach o antur ar noswaith ffein. Ac yna, dyma ni'n cyrraedd heol fach wledig yn yr ardal honno o'dd yn gyfarwydd iawn i fi.

'Lawr yr hewl hyn ma Gwyn Tristar yn byw,' dywedais i.

'O, ie... Ti itha reit,' meddai Gary. 'Ti isie galw mewn i weud helô, 'te?'

Ar ôl gweithio gyda Gwyn ar gyfres *Y Goets Fawr* a rhaglen *Y Sipswn*, ro'n i'n dipyn o ffrindie, a do'dd hi'n ddim yn anarferol i fi bicio i'w weld yn ddirybudd weithiau, os o'n i'n digwydd bod yn yr ardal.

'Ie, dere mlân, 'te, bydde fe'n neis gweld Gwyn!'

A dyma Gary'n llywio'r car i glos Esgairgoch.

Cawson ni groeso mawr, wrth gwrs, a Gwyn yn ein llongyfarch ac yntau wrth ei fodd wedi iddo glywed eisoes ein bod am briodi. Wrth gerdded a sgwrsio, cawson ni'n hunain ar hap yn y sied lle'r o'dd Gwyn yn cadw ei gasgliad o hen goetsys bendigedig. Ro'n nhw'n bethau i ryfeddu atyn nhw, a rhaid i fi gyfaddef, ro'n i'n teimlo fel merch fach ar goll mewn stori dylwyth teg. Yna cofiais am rywbeth ro'n i wedi dweud wrth Gwyn rai blynyddoedd cyn hynny,

'Ti'n cofio fi'n gweud 'thot ti y tro 'nny'n ffilmio'r *Goets Fawr*, Gwyn, bo fi isie i *ti* ddreifo fi i 'mhriodas yn un o'r rhain?'

Dechreuodd Gwyn chwerthin.

'O, ie! Ti'n itha reit, wy'n cofio ti'n gweud rhywbeth!' meddai, cyn ychwanegu'n ddiniwed, 'Ie, meddylia 'set ti'n ca'l gwneud, ife?'

Er na fyddai hynny'n debygol o ddigwydd, taflais olwg dros gasgliad Gwyn, y cerbydau anhygoel yn hoelio fy sylw.

Ar ôl tipyn mwy o glebran, a gyda'r haul yn dechrau machlud, neidiodd Gary a finne yn ôl yn y car a dymuno hwyl fawr i Gwyn cyn bwrw'n ôl am Shadog. Feddyliais i ddim rhagor am y peth.

A dyma'r diwrnod mawr yn cyrraedd. Dydd Sadwrn Awst y trydydd ar hugain, 2014. Diwrnod ein priodas. Wedi'r holl baratoi, ro'n i'n teimlo tipyn o ryddhad bod y trefniadau i gyd ar ben a phob dim yn barod. Y blodau, y wisg ac yn y blaen. Ro'dd capel yr Annibynwyr yng Nghapel Isaac – y capel fu mor gyfarwydd i fi ers dyddiau'r Ysgol Sul – wedi ei addurno at y diwrnod, ro'dd Elin Rees wedi cytuno i ganu'r organ yn ystod y seremoni, a'r Parch Wilbur Roberts fyddai'n cynnal y gwasanaeth. Ro'dd Helen, gwraig Peter, Jas fy chwaer yng nghyfraith, a Ffion Haf hefyd yn mynd i fod yno fel morwynion, a Miri Davies, merch Lynwen a John Eirian, Llwyn yr Ynn, yn forwyn flodau. Ro'dd fy nai, Osian, yn un o'r gweision bach, yn gwmni i nai Gary, sef Steffan. (Yn weision priodas i Gary o'dd dau o'i ffrindie pennaf, sef Kevin Llwynfedw a Bleddyn Esgaireinion).

Alla i ddim â thrafod paratoadau'r briodas heb sôn am rywun sbesial iawn yn fy mywyd, rhywun rwy'n ei hystyried fel chwaer i fi. Er pan o'dd hi'n bedair ar ddeg oed fe o'dd fy nghyfnither, Rhoswen, yn dod aton ni ym Maesteilo bob penwythnos; merch i'r ddiweddar Delyth, chwaer fy nhad a Robert, yw Rhoswen. Fe'i ganed yn Llys Brychan, Bethlehem, ond cafodd ei chodi mewn awyrgylch lled drefol ym mhentre Ffair-fach ger Llandeilo, ar ôl symud yno'n ifanc iawn gyda'i rhieni a thair o chwiorydd. Er hynny, ro'dd ffermio yn ei gwaed; do'dd dim dwywaith mai ffermwr o'dd hon gan iddi dreulio ei hamser i gyd ar ffermydd y teulu.

Er iddi dreulio nosweithiau'r wythnos yn Ffair-fach, byddai Rhoswen yn cyrraedd Maesteilo ar y bws ysgol bob prynhawn dydd Gwener pan fyddai hwnnw'n gollwng plant y gymdogaeth, ac yna'n gadael bob bore dydd Llun pan âi'r plant a hithau yn ôl i'r ysgol.

Daethon ni'n agos iawn, Rhoswen a finne; do, fe gawson ni ein troeon o gecru, wrth gwrs, ond dyna sut mae chwiorydd gyda'i gilydd, ontefe? Ond, fel ei 'chwaer iau' o ryw bum mlynedd, rhaid fy mod inne wedi profi ei hamynedd weithiau – rwy'n gwybod i fi wneud! Dyma i chi enghraifft. Rwy'n cofio defnyddio ei phersawr o hyd heb ofyn iddi, gan ei gorfodi i'w guddio o 'ngolwg i. Neu dyna o'dd hi'n ei feddwl. Ar ôl hir chwilio, des i o hyd i'r persawr, y botel wedi ei chuddio ar ben cwpwrdd, a pharhau i'w ddefnyddio pan nad o'dd hi yno. Sori, Rhoswen.

Daeth llu o anturiaethau i'n rhan ni hefyd. Ro'dd y caeau, y coedwigo'dd a'r cilfachau, hefyd yr afon ar waelod y fferm yn feysydd chwarae cyfleus i ni, ac felly hen Blas Maesteilo gerllaw, lle byddwn yn chwilio am yr 'hen dwnel', twnel o'dd yn 'llawn o aur', yn ôl y siarad yn lleol. (Er nad yw'r drysorfa honno wedi ei darganfod hyd heddiw, fe ddaeth rhywrai o hyd i hen seler goll yno ddim yn hir yn ôl, a honno'n llawn o boteli gwin. Gwell nag aur i rai, dywedwn i!)

Ta waeth, rhyw ddeuddydd cyn y briodas, cyrhaeddodd Rhoswen a'i chariad, Peter, glos Maesteilo gan lusgo carafán y tu ôl i'w cerbyd. (Fe fuodd Rhoswen yn briod unwaith o'r blaen cyn hynny, ac ro'dd ganddi ddau o feibion, Steffan a William, o'r briodas honno. Bwriad Rhoswen a Peter o'dd priodi cyn hir). Ro'dd Rhoswen a Peter am sefydlu eu cartref dros dro ar y buarth dros gyfnod y briodas, gan gynnig eu help llaw i ni gael pethau i drefn. Ar y pryd, ro'dd Rhoswen ryw chwe mis yn feichiog, ac er gwaetha ein protestiadau na ddylai hi wneud gormod, fe fynnodd helpu, gan fwrw iddi i olchi'r clos o un pen i'r llall gyda'r *pressure-washer.* Dyna sut un yw Rhoswen, yn weithgar a phenderfynol. Yn barod i wneud unrhyw beth dros eraill. Yn chwaer dda.

Wn i ddim a welsoch chi'r bennod o'r gyfres deledu, *Priodas Pum Mil*, a ddangosodd y paratoadau ar gyfer priodas Rhoswen a Peter, a'r briodas ei hunan. Wel, fi o'dd yr un a'u henwebodd ar gyfer y rhaglen honno. Efallai i chi gofio fod yna 'thema' i'r rhaglen hefyd, yn ymwneud â gwartheg, neu un fuwch yn arbennig. Ro'dd gan Rhoswen hoff fuwch ar y ffer lle mae'n gweithio fel godreg, sef Rhydygors, Talog, ac ro'dd yn benderfynol bod y fuwch honno'n cael lle amlwg – *rhywsut* – yn y seremoni!

Erbyn heddiw, mae gan Rhoswen a Peter eu tyddyn, Maes Meibion, yng ngodre'r sir, ac mae Peter yn gweithio fel rheolwr ardal gyda chwmni For Farmers. Yn ddiweddar iawn, rwy wedi cael y fraint o ddod yn fam fedydd i un o'u merched, Rosie May; 'May' ar ôl mam Rhoswen, sef Delyth May ac mae Rosie a'i chwaer, Ruby, yn ymwelwyr cyson â Shadog ac yn ffrindie mawr gyda Dafydd a Sioned. Mewn gwirionedd, mae Sioned yn mynnu taw Rhoswen, fel pobydd penigamp, sy'n gwneud cacen ben-blwydd iddi bob blwyddyn, cacen â llun Stitch, y cymeriad Disney, a gafodd eleni. Mae pen-blwydd Sioned yn cwympo yn ystod wythnos y Sioe Frenhinol, ac yno mae'n ei ddathlu, cyn ei 'hail barti' ymhen rhai dyddiau, iddi gael mwynhau cacen Rhoswen. Sôn am sbwylo, 'te!

Felly, gyda chlos dilychwin – diolch i Rhoswen – a phob dim arall yn ei le ar gyfer y briodas, yr *unig* beth nad o'n i'n gwybod dim amdano o'dd fy nhrefniadau teithio o Faesteilo i'r capel. Do'dd dim syniad 'da fi, hyd yn oed ar fore'r briodas, sut fyddwn i'n cyrraedd yno; dyna i gyd o'dd yn fy mhoeni o'dd fy mod wedi gofyn i Wncwl Walt fod yn gyfrifol am fy nghael i'r capel, gan ei fod wedi cludo 'Nhad i'w briodas yntau â Mam. Ro'n i am i'r traddodiad hwnnw barhau. Ond ro'dd Gary a'm rhieni'n mynnu nad o'dd angen i fi boeni dim. Ro'dd yn rhaid i fi fodloni ar hynny.

Fel mae'n digwydd, ro'dd Gary a Walt wedi bod yn cynllwynio. A heb fy mod i'n gwybod dim am y peth, fe fuodd 'na dipyn o strach – a sibrwd tu ôl i 'nghefn – ar fore'r briodas. A'r penbleth mwyaf, mae'n debyg, o'dd ceisio sicrhau nad o'n i'n teithio ar yr heol rhwng Llandeilo a Chapel Isaac rhwng hyn a hyn o'r gloch y bore hwnnw! (Rhan o drefniadau bore'r briodas o'dd fy mod yn mynd i'r dref, i salon Morgan Edward, i Gemma gael trin fy ngwallt, a gwalltiau Mam a'r morwynion hefyd). Deallais yn ystod y dyddiau wedyn fod pawb ar bigau'r drain drwy'r bore.

Fe ddaeth yn amser i fi fwrw am y capel; wel, a dweud y gwir, ro'n i'n barod yn gynnar. (I bawb sy'n fy nabod i, fe ddaw gwybod hynny fel sioc aruthrol! Dydw i byth yn gynnar yn cyrraedd yr unman!) Ond dyna lle'r o'n i, yn fy ffrog briodas, yn barod i fynd, pan ddechreuais i ddychmygu fy mod i'n clywed sŵn carnau ceffylau'n dod o rywle cyfagos, a'r sŵn hwnnw'n tyfu'n raddol uwch. Ymhen dim, ro'dd y pedolau i'w clywed yn blaen yn clip-clopian ar y clos, a sŵn ymylon haearn olwynion yn troi hefyd. Ar ôl gweithio ar raglen *Y Goets Fawr*, ro'dd y sain yn gyfarwydd i fi, yn atgofus. Ac wrth i sŵn y carnau stopio tu allan i'r tŷ, cofiais i'r sgwrs ges i gyda Gwyn Tristar. A dyna pryd y gwawriodd arna i sut ro'n i am deithio i'r capel.

Yn aros i fi o flaen drws ffrynt y tŷ o'dd y goets fwyaf bendigedig a phedwar o geffylau du yn ei thynnu (yr un ceffylau fuodd yn tynnu'r Goets Fawr ar y rhaglen) a phob ceffyl â phluen wen yn goron ar ei ben. Ac yn eistedd yn falch yn sedd y gyrrwr o'dd Gwyn Tristar a'i fab Daniel nesa ato, y ddau yn eu lifrau gyrru, gyda Walt a 'Nhad yn eistedd y tu ôl iddyn nhw yng nghaban y cerbyd. Wel, dyna beth o'dd dechreuad arbennig i'r diwrnod mawr! Dau o'r dynion mwyaf pwysig yn fy mywyd – heblaw am Gary, wrth gwrs! – yn fy hebrwng i'r capel ar ddiwrnod fy mhriodas, a ffrindie da iawn yn gyrru'r goets. Camais ar y goets, wedi fy swyno'n llwyr. Ac ro'n i am gyrraedd yn brydlon i'm priodas hefyd. Wel, dim cweit. Wrth i fi eistedd yn y goets, daeth sgrech o gyfeiriad y clos, ac wrth droi gwelais fod Osian, yn ei ddillad gwas bach crand, wedi cwympo i ganol pwdel o ddŵr brwnt – yr *unig* bwdel ar y clos. Wrth gwrs, rhaid o'dd sicrhau ei fod yn iawn, a chymhennu tamaid ar ei ddillad, on'd o'dd? Gyda phob un â'i wydryn siampên yn ei law, gadawon ni glos Maesteilo am Gapel Isaac. A do, cyrhaeddais i'r capel yn hwyr wedi'r cyfan. Ond, ymhen dim, ro'dd Gary a fi'n ŵr a gwraig.

Er mor hyfryd o'dd y gwasanaeth a phob dim wedi mynd yn hwyliog, uchafbwynt y dydd i fi o'dd y siwrnai o'r capel wedyn i'r lleoliad ar gyfer tynnu lluniau ffurfiol y briodas ar dir hen ystâd Hafodneddyn, a'r cyfle cyntaf i Gary a finne gael siarad yn breifat. Ro'dd rhywbeth mor braf am gael eistedd wrth ei ochr yn y goets agored – ro'dd Gwyn wedi tynnu'r to erbyn hynny – a hynny fel gŵr a gwraig am y tro cynta, yn mwynhau ysbaid fach o lonydd yn yr heulwen, mewn diwrnod fyddai'n mynd yn brysur eto cyn bo hir. A dweud y gwir, fel rhywun sy'n teimlo'r oerfel, ro'n i mor falch ei bod hi wedi cynhesu erbyn y seremoni, a finne yn fy ffrog briodas ddigon hafaidd ei steil. Buodd y bore'n un llwydaidd a thamp, tan ryw awr cyn y briodas, pan rannodd y cymylau a gadael yr haul drwodd. Ac yna, ddim yn hir ar ôl i ni dynnu'r lluniau swyddogol, dychwelodd y glaw.

Mae'n wir beth maen nhw'n ei ddweud, unwaith y bydd diwrnod eich priodas yn cychwyn mae'n eich hysgubo fel afon i ben draw'r dydd. Dyna pam o'dd hi mor neis cael dianc rhag y prysurdeb am damaid bach a joio bod ar ben ein hunain yn y goets ac, er holl fwrlwm llawen y diwrnod, ro'dd hi'n neis cael seibio a chael sgwrs gyda fy ngŵr ar ddiwrnod mwyaf fy mywyd, a joio'r sylweddoliad ei *fod* yn ŵr i fi. A chyfaddefodd Gary fod yr ymweliad ar hap â Gwyn yn Esgairgoch y tro hwnnw wedi rhoi'r syniad yn ei ben o gael coets i'm cario i'r capel, a bod y cerbyd a'r ceffylau wedi bod yn cuddio drwy'r bore ger cartref un o'n cymdogion a ffrind i'r teulu, Medina, wrth aros am yr alwad i ddod i glos Maesteilo. Ac yn sydyn, cofiais y tro hwnnw, megis dyddiau cyn y briodas, pan ro'n i'n beirniadu yn sioe Llanddarog a tharo ar Gwyn Tristar yno. Tynnodd fy ngho's y diwrnod hwnnw am na fyddai'n cael y fraint o'm cludo i'r capel ar ddiwrnod fy mhriodas, a pha mor siomedig o'dd e am hynny. Dyna i gyd y gallwn ei wneud o'dd ymddiheuro iddo, er mai digon hwyliog a chwareus o'dd y sgwrs honno.

Chwarae teg i Gary ac Wncwl Walt am eu holl waith trefnu dirgel; pan sylweddolais yr hyn o'dd wedi bod yn mynd ymlaen y tu ôl i 'nghefn, ro'dd yr holl beth yn fy nharo fel stori James Bond! Nid pawb fyddai wedi mynd i'r fath ymdrech, ac fe fydda i'n cofio'r profiad am byth fel un o rai gorau fy mywyd.

Codwyd *marquee* ym Maesteilo ar gyfer y brecwast a'r parti nos. Ro'dd yn teimlo fel syniad da ar y pryd, ond dim ond llwyddo i wylltio Dad wnaeth y *marquee* yn y pen draw; ro'dd yr holl law o'dd wedi cwympo yn y dyddiau cyn y briodas wedi troi cae'r babell yn llacs. Cafwyd cyfarwyddiadau gan fy nhad i bawb fynd at y babell o'r tu ôl iddi er mwyn cadw'r borfa yn y cae rhag cael ei difrodi cymaint ag o'dd yn bosib, ac fe wrandodd pawb ond un! Er gwaetha'r ffaith i'r glaw ddechrau cwympo'n drwm ar ben y babell ymhen dim a bod cefn y *marquee* yn fôr o fwd, cafwyd diwrnod a noson hyfryd y tu mewn.

Ro'dd wedi ein taro ni fel teulu ei bod hi'n wastraff bod y *marquee* wedi ei llogi am y penwythnos cyfan a ninne ond am ei defnyddio am noson. Felly, dyma gymryd y cyfle i drefnu gweithgaredd i'w gynnal ynddi ar y nos Sul hefyd. Penderfynon ni drefnu cyngerdd elusennol, a'r elusen honno'n cynnig ei hun yn barod iawn i ni – cancr y fron. Ro'dd Ann, gwraig Walt, wedi dioddef o'r clefyd yn ddiweddar iawn, hefyd fy ffrind, y delynores a'r gantores Joy Cornock a pherthynas iddi, Eleri Lloyd o fferm Ffynnonlwyd, Llangynin, a o'dd yn gyn-enillydd gwobr Ffermwraig Gymreig y Flwyddyn yr NFU. Gyda chydsyniad Joy ac Eleri, trefnon ni fod artistiaid amrywiol yn cyfrannu ar y nos Sul honno, a'r rhan fwyaf yn rhoi o'u hamser yn wirfoddol er mwyn yr achos, gan gynnwys Joy yn ein hadlonni â'i llais soprano a'i thelyn, Merched Llanfynydd, Ffion Haf a'r diddanwr a'r cantor, Clive Edwards a gadwodd, fel *MC*, y noson i lifo'n slic. (Yn drist iawn, fe fu farw Eleri Lloyd, a frwydrodd mor daer ac a wnaeth gymaint o waith elusennol arbennig, ychydig flynyddoedd wedi'r cyngerdd ym Maesteilo).

Wrth adael bwrlwm hyfryd penwythnos y briodas y tu ôl i ni, treuliodd Gary a finne gwpl o ddiwrnodau yng ngogledd Cymru, ond dyna i gyd. A dweud y gwir, do'dd hi ddim mo'r dechrau mwyaf hawdd i'n bywyd priodasol – welais i ddim mo 'ngŵr newydd am bron i fis wedi i ni briodi, oherwydd fe wnaeth Telesgop ofyn i mi deithio ar fyr rybudd i'r Alban i wneud rhaglen ar dreialon cŵn defaid. Rhwng y gwaith paratoi yn y swyddfa yn Abertawe, a'r cyfnod yn yr Alban yn ffilmio, ro'dd yn bythefnos o waith i gyd. Ar ôl hynny, ro'n i wrthi am wythnos yn ffilmio fel cystadleuydd ar y gyfres *Dudley: Pryd o Sêr*, yn Neuadd Tre Ysgawen, Ynys Môn, lle'r o'n i'n ceisio profi fy ngwerth fel cogydd gerbron y genedl! 'Anobeithiol' o'dd y gair am fy ngallu coginio bryd hynny, gyda rhai o'm cyd-gystadleuwyr yn tynnu fy ngho's gan ddweud eu bod yn teimlo trueni dros fy ngŵr newydd!

Cyn fy mod yn cael mynd 'nôl at fy mhriod, am ddau ddiwrnod ar ôl i fi orffen gyda *Pryd o Sêr* fe fues i'n hel defaid yn y niwl a'r glaw ar Garnedd Dafydd ar gyfer eitem ar raglen *Ffermio*, fel y soniais amdano mewn pennod gynt. A rhaid i fi gyfaddef, ro'dd hi'n teimlo weithiau yn ystod y mis solet hwnnw o waith fel bod y duwiau'n treial fy nghadw oddi wrth fy ngŵr.

Fodd bynnag, yn y mis Hydref, cawson ni gyfle i dreulio'n mis mêl go iawn yn yr Unol Daleithiau, yn Nhecsas. Hyd heddiw, dwi ddim yn *hollol* siŵr pam y dewison ni'r lle hwnnw, ond do'dd mynd i eistedd ar draeth ar ynys dwym a gwneud dim am bythefnos ddim yn apelio o gwbl, ac ro'dd mynd i rywle fel Tecsas yn ymddangos fel taith gyffrous, a'r syniad o fynd i *rodeo* yn apelio mwy a mwy. A dyna wnaethon ni.

Ro'dd cael mynychu *rodeo*, yn y dalaith lle cafodd y gamp ei phoblogeiddio ryw ganrif a hanner yn ôl, yn brofiad a hanner i ni'n dau. Wrth ryfeddu at y cowbois, y ceffylau a'r clowns yn mynd trwy'u pethau yn y cylch, dechreuodd cwpl o Americanwyr o'dd yn eistedd wrth ein hochr sgwrsio â ni, gan holi o ble ro'n ni'n dod. Atebon ni ein bod yn dod o Gymru a'n bod ni ar ein mis mêl. Ar ôl rhagor o fân siarad, ffarwelion nhw â ni. Ymhen ychydig funudau, dyma'r llais ar y *Tannoy* yn cyhoeddi ar hyd yr arena,

'And could everyone give a warm Texan welcome to Gary and Myneeah, who've come all the way from Wales to li'l old Texas on their honeymoon!'

Beth ddiawl, meddyliais i! Sut o'dd hwn yn gwybod hynny? Gyda phawb yn clapio a bloeddio edrychais yn synn ar Gary, ond dim ond codi ei ysgwyddau wnaeth e, ac yntau gymaint yn y tywyllwch â fi.

'Stand up, Gary and Myneeah!... Let's see ya'll!... Why don't ya wave to the crowd?'

A dyma ni'n codi ar ein traed a chwifio'n ddigon swil ar yr holl bobl o'dd yn chwifio fel ffyliaid aton ni.

'But there's one thing I wanna know,' aeth y sylwebydd yn ei flaen. 'Why on *earth* did ya choose Texas for your honeymoon?' Fel petai'r lle diwethaf ar wyneb y ddaear y dylai cwpl fynd iddo ar eu mis mêl! Cawson ni fynediad i'r ardal *VIP* hefyd, ynghyd â derbyn het cowboi yr un fel anrheg gan y trefnwyr, ac yn y siop yno fe brynodd Gary *lasso*, gan ffansïo ei hunan yn dipyn o gowboi hefyd! Rhwng pob dim, ro'dd y diwrnod yn y *rodeo* yn ddiwrnod i'w gofio.

Y diwrnod ar ôl hynny, ro'n ni'n cael pryd o fwyd mewn *restaurant* yn Dallas pan gerddodd dau foi o'dd yn edrych fel pe bai nhw newydd ddod oddi ar set ffilm gowbois i mewn i'r bwyty. Wrth wrando ar y ddau'n sgwrsio'n uchel – do'dd dim yn gyfrinach rhwng y ddau hyn – dysgon ni eu bod nhw'n bwriadu mynd y diwrnod wedyn i ryw sêl stoc fawr yn rhywle. Wel wrth gwrs, fe godod clustiau Gary a finne wrth glywed hynny, a chyn iddyn nhw adael y *restaurant* aethon ni i siarad â nhw, gan eu holi am union leoliad yr arwerthiant. Dywedon nhw fod y sêl mewn lle o'dd ryw deirawr i ffwrdd; i ni'r Cymry, mae tair awr o siwrnai bron â bod yn gyfystyr â mynd o dde ein gwlad yr holl ffordd i'r pegwn uchaf yn y gogledd ac nid yw'n rhywbeth y byddwn yn ystyried ei wneud ar chwarae bach. Ond i'r Americanwyr? Wel, prin bod gwneud taith o deirawr yn peri iddyn nhw feddwl ddwywaith. Felly, dyma ni'n dau y bore wedyn yn gyrru yng ngwres y foment yr holl ffordd i un o sêls teirw mwyaf yr Unol Daleithiau, wedi cynhyrfu'n lân wrth feddwl am y stoc ro'n ni am eu gweld. Dyna anian y ffermwr yn amlygu ei hunan yn y ddau ohonon ni!

Fel mae'n digwydd, cawson ni dipyn o syndod wrth grwydro ymysg yr anifeiliaid cyn i'r sêl ddechrau o weld pa mor safonol o'dd yr anifeiliaid, yn enwedig o ystyried eu bod yn byw yn yr hyn o'dd yn anialwch, i bob pwrpas, heb ormodedd o fwyd na dŵr i'w cynnal. Anifeiliaid caled o'dd y rhain, yn wahanol iawn i'r gwartheg ro'n ni'n gyfarwydd â nhw; eithaf hen-ffasiwn, mewn gwirionedd, ychydig yn dew gyda *tail-set* uchel.

Rhyw damaid yn rhyfedd o'dd yr arwerthiant erbyn i ni gyrraedd yr eisteddle a setlo. A'r peth rhyfeddaf o'dd, er ein bod ni'n eistedd mewn arena uwchben cylch gwerthu, ni ddaeth yr un tarw i mewn i'r arwerthfa o gwbl; yn lle hynny, ro'dd yna sgrin fawr yn yr eisteddle'n dangos fideo o'r anifail dan sylw – a o'dd wedi cael ei recordio rai diwrnodau ynghynt – gyda'r ocsiwnïar yn mynd trwy'i bethau gyda'r prynwyr yn yr arena! Gwerthiant rhithiol o'dd e, i bob pwrpas, ond ro'dd cyfle i weld yr anifeiliaid yn eu llocie o flaen llaw, wrth gwrs. Gallai fod wedi ei gynnal yr un mor hawdd ar-lein! A dweud y gwir, ro'dd yr arwerthiant hwnnw'n eithaf arloesol, oherwydd yn ein dyddiau ôl-Covid, mae bron pob mart yn cynnig gwasanaeth tebyg i'r un welon ni'r diwrnod hwnnw.

Gwerthwyd un o'r teirw am hanner can mil doler. Arian anhygoel. Gwnes i'n siŵr fod dwylo Gary'n aros yn ei boced!

A phetai yna rywun yn prynu deg o deirw, fe fyddai'n cael un am ddim; do'dd hynny ddim yn beth anarferol, gan fod tiro'dd y ffermydd mor wasgaredig ro'dd gofyn i ffermwr gadw sawl tarw. Fel *profiad*, ro'dd yr arwerthiant yn ddiddorol iawn, ond ro'dd yr holl beth yn ddigon rhyfedd hefyd, rhaid dweud.

Hyd at ein mis mêl, yr unig wyliau ro'n ni wedi eu cael gyda'n gilydd o'dd rhyw frêcs penwythnos fan hyn a man draw, mewn lleoliadau gweddol agos, pan o'dd y cyfle'n codi. A, rhywsut neu'i gilydd, fe fydden ni'n llwyddo i brynu dafad neu hwrdd neu gi yn y lle hwnnw *bob tro*. Ro'n ni'n methu helpu'n hunain. Do'dd dim gwahaniaeth lle'r ro'n ni, fe fyddai dafad neu hwrdd neu'i gilydd yn cyrraedd y clos o fewn dim ar ôl i ni gyrraedd gartre; *busman's holiday*, mae'r Sais yn ei alw, ontefe? Ond do'dd fawr o berygl bod hynny'n mynd i ddigwydd yn Nhecsas, diolch i'r drefn.

A dyma'r ddau ohonon ni'n dychwelyd i orllewin Cymru a'r mis mêl ar ben. Ro'dd y cyfnod o fwrlwm gwyllt, rhyw brysurdeb mawr fel nad o'n i wedi profi ei debyg erioed, rhwng y gwaith trefnu at y briodas a'r briodas ei hunan, y cyngerdd elusennol yn y babell fawr, y gwaith bob dydd, y sioeau a'r sêls, wedi llacio o'r diwedd. Ond do'dd hynny ddim yn golygu bod Gary a finne'n gallu gorffwys a thynnu anadl o ryddhad o gwbl. Dim ond dechrau ar yr antur newydd ro'n ni, gyda'n fferm ein hunain i'w sefydlu a'i datblygu. Yn awr, daeth yn amser i ni roi'n sylw i gyd i'n cartref newydd a'n bywoliaeth, a thorchi llewys fel pâr priod newydd yn ffermio Shadog.

12

S<small>HADOG</small>.

Mae'n enw rhyfedd, on'd yw e? A chyn i neb arall fy holi (fel mae sawl un wedi ei wneud ar hyd y blynyddoedd) na, dwi ddim yn gwybod ystyr yr enw, yn anffodus. Mae yna theorïau amdano, wrth gwrs. Mae'r afon Siedi'n llifo gerllaw i'n tir, ar ei ffordd i ymuno â'r Teifi, ac mac rhai'n credu bod enw'r fferm yn perthyn i'r afon fach honno. 'Siedog', i bob pwrpas. Theori arall yw oherwydd taw mewn man cysgodol – rhywle â *siâd* – ar ochr addfwyn y bancyn yr adeiladwyd y fferm y cafodd Shadog ei henw; neu fod yr enw'n perthyn i gae coll a o'dd yno cyn i adeiladau'r fferm wreiddiol gael eu codi, a'r ystyr yr un peth yn y bôn; cae lle ro'dd yr anifeiliaid yn medru cael cysgod mewn tywydd twym. Cae *siadog*. (Pwy a ŵyr? O'n profiad ni, does dim llawer o gysgod o unrhyw fath ar y fferm, ond efallai y buodd hi'n wahanol yma slawer dydd). Mae yna nifer o esboniadau sydd wedi eu cynnig ar hyd y blynyddoedd, heb fod yr un sy'n taro deuddeg. Rhaid i ni dderbyn taw fferm a chanddi enw hynod yw Shadog, a bodloni ar hynny.

Pedwar cant a hanner o erwau o dir pori ar lethrau mwyn Sir Gâr, dyna yw'r fferm yn fras (er i ni ychwanegu at y cyfanswm tir hwnnw ar hyd y blynyddoedd, gan brynu saith deg erw ychwanegol yn 70 Rhiwlwyd, Pencader). Pan ddechreuodd Gary a fi ffermio yma, ro'dd diadell sylweddol o ddefaid Texel pedigri a thua 30 o *sucklers*, ond ro'dd y ddau ohonon ni'n benderfynol o ehangu'r stoc a pharhau i ddatblygu'r fferm cymaint â phosib. Dyna a wnaethon ni, ond ro'dd hi'n anodd ar y dechrau'n deg. Yn anodd iawn, ar adegau.

Yn 2014, ro'dd busnes sganio defaid Gary yn ei anterth – bryd hynny, ro'dd yn sganio tua pumdeg mil o ddefaid bob blwyddyn. Ro'n inne ar y pryd yn gadeirydd CFfI Sir Gâr, o'dd yn ddigon o waith ynddo'i hun, ac yn gweithio'n llawn amser i Telesgop yn ogystal, a hyn oll ar ben ein gwaith beunyddiol fel ffermwyr. Yn y dyddiau cynnar hynny, y drefn arferol fyddai i'r ddau ohonon ni godi am rhyw bedwar o'r gloch y bore er mwyn bwrw iddi â chymaint o'r 'gwaith clos' ag y gallen ni – bwydo, carthu a gosod gwellt, ac yn y blaen. Yna, byddai Gary'n gadael y fferm am ryw saith o'r gloch er mwyn mynd i wneud ei waith sganio yn rhywle a finne'n mynd i'r swyddfa neu i ffilmio gan amlaf, a phwy bynnag fyddai'n dychwelyd i Shadog cyn y llall fyddai'n mynd ati wedyn i dreial gorffen y gwaith fferm, a allai bara tan berfeddion y nos. Mae gen i atgof o'r cyfnod hwnnw o ddechrau'r diwrnod gwaith a'i orffen wedyn gyda Gary a finne'n gwisgo tortsys bach am ein pennau er mwyn gweld yn y tywyllwch.

Eleni, ry'n ni'n dathlu dengmlwyddiant ein priodas a'r degawd cyntaf o ffermio yma yn Shadog. Mae'r gwaith anoddaf wedi ei wneud yn awr, a'r llwyth gwaith lawer yn haws, ond anghofiwn ni fyth y blynyddoedd cyntaf, lled anodd hynny. Ac erbyn hyn, mae dros dri chant o wartheg i gyd a rhyw chwe chant o ddefaid, ac rydyn yn magu rhyw gant a hanner o hyrddod i'w gwerthu fel blwydd. Yn syth bin ar ôl cymryd drosodd yn Shadog, dechreuon ni brynu treisiedi ifanc, eu tarwa nhw, eu lloia a'u gwerthu fel heffrod a lloi yn y Trallwng. Hyd heddiw, mae'r system yma yn rhan bwysig o'r hyn ry'n ni'n ei wneud ac yn ffynhonnell incwm hanfodol. Mae'r Texels hefyd yn rhan bwysig o'r weledigaeth o hyd; llawer haws fyddai cadw defaid croesryw *commercial* a gwerthu eu hŵyn am ryw ganpunt a hanner yr un ar ôl cyfnod byr o ryw chwech neu saith wythnos o'u magu, ond – er yn fwy o waith o dipyn – eleni mae'r hyrddod werthon ni yn arwerthiant yr NSA wedi cael eu gwerthu am gyfartaledd oddeutu £1400. Wrth reswm, dydyn nhw ddim i gyd yn cyrraedd pen y daith i'w gwerthu, ac mae yna fwy o gost a gwaith wrthyn nhw, heb sôn am y blynyddoedd o fridio sydd wedi bod ynghlwm wrth sefydlu diadell o'r fath. Wrth gwrs, mae yna ddwy ffordd o'i gwneud hi; y gwerthiant cyflym o ŵyn masnachol a'r elw gweddol unionsyth, neu'r buddsoddiad tymor hwy, fel ry'n *ni* wedi bod yn ei wneud, a'r prisiau gwell ddaw yn sgil hynny. Er bod gennym ddyrnaid o ddefaid masnachol ar y fferm, mae'r pwyslais yma yn Shadog ar y ddiadell bur. Ar y cyfan, ry'n ni'n llwyddo i fagu rhyw gant a hanner o hyrddod bridio i'w gwerthu bob blwyddyn. Yn ychwanegol, mae'r holl ddefaid ry'n ni'n eu cadw yn Shadog yn cynrychioli'r cymysgedd mwyaf eclectig o fridiau, yn cynnwys Texel, Suffolk, Charollais, Beltex, Wyneblas Caerlŷr ac, wrth gwrs, fy nefaid Balwen annwyl.

Er hynny, fe fuodd arbrofion cadw stoc na weithiodd cystal â'r gobeithion. Er enghraifft, nid llwyddiant ysgubol o'dd cadw defaid Suffolk Seland Newydd. Ond nid fel 'methiannau' ry'n ni'n ystyried mentrau fel hyn, ond fel chwilio posibliadau; does neb yn gwybod beth all lwyddo heb fentro.

Mae yma hefyd fuches sugno a buchesi o wartheg Glas

Prydeinig a Limousin. Yn ddiweddar, yn dilyn taith i'r Alban, ry'n ni wedi mentro cadw gwartheg Aberdeen Angus, jyst i weld sut mae'r brid hynny'n siwtio'r fferm. Mae'r Angus yn frid gwydn a hyblyg, wrth gwrs, sy'n pesgi'n barod iawn ar borfeydd glas, dwys fel sydd gennym yn Sir Gâr. Oherwydd eu bod yn aeddfedu'n gyflym, a hynny ar gefn adnoddau naturiol y fferm, mae ôl-troed carbon yr Angus yn sylweddol lai na bridiau eraill ac yn well i'r amgylchedd o'r herwydd. Ac wrth gwrs, mae eu cig yn fendigedig. Hyd yma, mae'r arbrawf gyda'r gwartheg Aberdeen Angus yn mynd yn dda.

Gogyfer â gwerthu stoc, ry'n ni'n trafaelu i dipyn o bobman; fe eith y buchod a'r lloi – ynghyd â'r defaid i'w lladd – i'r farchnad yn y Trallwng a'r gwartheg stôr i Aberhonddu neu i Lanybydder. Gwerthwyd yr hyrddod Texel yn arwerthiant yr NSA yn Llanfair-ym-muallt eleni am y tro cyntaf ers cyn cyfnod clo Covid yn 2020, pan ohiriwyd yr NSA a'n gorfodi ni mwy neu lai oherwydd rhif yr hyrddod, i'w gwerthu o'r clos yn Shadog. I ladd-dy Dunbia yn Llanybydder yr â'r mwyafrif o ŵyn tew, sef hen ladd-dy Oriel Jones, ac fe fydd rhai o'r hyrddod croes yn mynd i'r farchnad fyw yn Llanybydder. Ond mae'r byd digidol wedi agor ein gorwelion gwerthu hefyd; mae gyda ni ein tudalennau Facebook ac Instagram ein hunain, adnoddau a alluogodd i ni allforio ŵyn gwryw i Estonia, o bob man, yn lled ddiweddar.

Er gwaetha'r cyfleon gwerthu ehangach yma, mae Gary o hyd yn teimlo teyrngarwch mawr tuag at y sêl *NSA* yn Llanelwedd. Mae'n costio tipyn i gludo'r hyrddod yr holl ffordd i'r canolbarth a rhaid ystyried y costau sydd ynghlwm â'u gwerthu mewn sêl o'r fath, ond mae'n teimlo fel petai cwsmeriaid ffyddlon yn haeddu dewis o blith yr anifeiliaid gorau, ac mae yna ddigonedd o brynwyr eiddgar yn yr arwerthiant fel arfer; mae ffermwyr yn heidio yno o bedwar ban y Deyrnas Unedig, er gwaetha nad yw'r Gwyddelod yn medru ar hyn o bryd, oherwydd cyfyngiadau Y Tafod Glas. Yn y gorffennol mae rhai o'n hanifeiliaid wedi mynd oddi yno i Gernyw, Dyfnaint... hyd yn oed i Ynysoedd Orkney.

Yn draddodiadol, un o'n prynwyr selocaf o'dd John Dyke bugail Lord Newborough ystâd y Rhug ger Corwen. Ar un adeg fe fydden nhw'n prynu rhyw ddeg neu ddeuddeg o hyrddod wrthon ni ar y tro, ond daeth hynny i ben gwaetha'r modd pan ddaeth rheolwr newydd i'r ystâd. Ni wedi gwneud ffrindie lu dros y blynyddoedd drwy werthu a phrynu stoc, ac ry'n ni'n ddiolchgar iawn amdanyn nhw. Mae yna dynnu coes yn y martiau bob amser , ac ry'n ni wedi bod yn ffodus i fedru mynd i ymweld â nifer o'r anifeiliaid ry'n ni wedi eu gwerthu yn eu cartrefi newydd ar sawl achlysur. Fe fyddai Phill a Shirley Bowen Penthryn ger y Trallwng bob amser yn dod â bara brith â'n cyfarch ni yn y farchnad, bara brith heb ei ail. Dyma gyfeillgarwch cefn gwlad ar ei orau.

Mae rhai o'n cwsmeriaid yn dweud eu bod yn hoff o stoc Texel Shadog oherwydd iddyn nhw gael eu bridio fel bod eu pennau ddim yn rhy fawr, er mwyn hwyluso'r wyna, a dydyn ni ddim yn bwydo dwysfwyd i'r ŵyn pan yn ifanc, sy'n caniatáu iddyn nhw dyfu ac aeddfedu yn naturiol cyn ein bod ni'n dechrau eu bwyda go iawn allan o'r cwdyn. Mae ein pwyslais ar feithrin yr hyrddod ar borfa cymaint ag sy'n bosib, yn hytrach na'r gor-ddefnydd o ddwysfwyd, yn bwysig i ni a llawer iawn o'n cwsmeriaid.

Mae'n bosib bod rhai eisoes wedi gweld ar y cyfresi S4C, *Shadog: Nôl ar y Fferm* a *Teulu Shadog: Tymhorau'r Flwyddyn*, bod yma stoc ychwanegol i'r rhai sydd wedi eu rhestru'n barod; mae nifer o bobl wedi dweud wrthyf fi gymaint maen nhw wedi dwlu ar y ponis Shetland a'r corgwn. Er taw sefydlu'r ceffylau Shetland ry'n ni ar hyn o bryd gyda golwg ar eu bridio'n fasnachol ryw ben efallai, anifeiliaid anwes, i bob pwrpas, ydyn nhw, ac mae Sioned a Dafydd wrth eu boddau gyda'r ceffylau bach.

Ar wahân i'r defaid a'r gwartheg, y ponis, y cŵn – a Beryl yr hwch hefyd – mae yma anifeiliaid pwysig eraill, creaduriaid arbennig y byddai rhai, mae'n siŵr, yn cael cryn drafferth yn eu hystyried fel 'stoc', ond maen nhw yr un mor gynhyrchiol ag unrhyw anifail arall ar y fferm, os nad mwy. Ein gwenyn mêl. Mae gofalu am yr amgylchedd yn rhywbeth sy'n bwysig iawn i ni yn Shadog, ac mae'r haid o wenyn yn cyfrannu at hynny. Mae yma bymtheg o gychod gwenyn i gyd ac ry'n ni'n amgáu ein hardaloedd gwyllt a gwrychoedd gan ddefnyddio pedair mil metr o ffensio dwbl. Yn ogystal, mae'r gwaith ehangu perthi ry'n ni wedi ei wneud yn darparu'r gwenyn â digon o neithdar o flodau'r coed a'r planhigion. Fel rhan o'n gweledigaeth yn ymwneud â gwarchod yr amgylchedd a byd natur, ry'n ni wedi plannu dros ddeg mil o goed a llwyni cynhenid yn ychwanegol.

O'r dechrau un, ro'dd yna waith moderneiddio ac addasu i'w wneud yma yn Shadog. Nid bod y lle cyn hynny wedi mynd â'i ben iddo o bell ffordd, a rhaid pwysleisio hynny, ond ro'dd gofyn ailstrwythuro'r isadeiledd ar gyfer dulliau ffermio modern. I ddechrau arni, ro'dd rhaid ffensio'n helaeth o gwmpas y tir, ac ro'dd y siediau fel ag yr oedden nhw'n annigonol, er mwyn arlwyo ar gyfer cynnydd yn y fuches a'r ddiadell. Yr hyn o'dd yn pwyso ar y dechrau, fodd bynnag, o'dd yr angen am bwll slyri tipyn yn fwy, os o'n ni am gynyddu nifer y gwartheg ar y fferm. Dyna o'dd y gwaith adeiladu mawr cynta i ni ei wneud yn Shadog, yn 2015.

Dechrau ar raglen hirdymor o waith o'dd addasu'r

pwll slyri. Yn 2016 bwrion ni iddi i adeiladu sied wartheg newydd; y flwyddyn ganlynol, sied newydd arall; yn 2018 y cladd silwair ac yn 2019 sied *lean-to*. Ymhen blwyddyn eto ro'n ni wedi toea'r cladd silwair ac ymestyn ychydig ar y cladd ei hunan, a thrwy gydol y cyfnod hwn ro'n ni wedi bod wrthi'n codi safon y clos hefyd a'i wneud yn un solet a defnyddiol, yn lle'r un anwastad ac eithaf garw o'dd yno o'r blaen.

Ro'dd yna beth gwaith i'w wneud ar y tŷ ei hunan hefyd, ond mi ddigwyddodd hyn cyn i mi gwrdd â Gary. Ar y cychwyn yn deg, do'dd dim modd dringo'r staer i'r llawr cyntaf, felly ro'dd yn rhaid codi grisiau newydd o'r llawr gwaelod i fyny. Er hynny, a'r tŷ ei hunan yn Adeilad Rhestredig Gradd II, ro'dd yn rhaid cydymffurfio â chanllawiau cynllunio eithaf llym. Gorfod i ni adeiladu staer â bylchau llydan rhwng y balwstrau er mwyn adlewyrchu'r rhai o'dd yno o'r blaen, er bod y bylchau rhyngddyn nhw'n ddigon mawr i blentyn gwympo trwyddyn nhw. Erbyn hyn, mae'r tŷ yn un i fod yn falch ohono, ac yn meddu ar ei hen gymeriad gwreiddiol; sgil-effaith hynny, wrth gwrs, yw bod yn rhaid calchu'r welydd yn aml. Efallai y bydd rhai ohonoch yn cofio ein gweld wrthi ar y teledu ryw dro yn ôl.

Yn allweddol i'r datblygu sylweddol hwn o'dd y rhwydd hynt gawson ni gan rieni Gary i fwrw ymlaen â'n gweledigaeth i ddatblygu'r fferm; ro'n nhw, wrth gwrs, yn bartneriaid yn y fferm ac yn dal i fod. Ond nid unwaith y mynegon nhw unrhyw anfodlonrwydd â'n syniadau ar gyfer datblygu Shadog, hyd yn oed os o'n nhw efallai *wedi* teimlo braidd yn ansicr ynglŷn â rhyw gynllun neu'i gilydd. Fe fyddwn ni wastad yn ddiolchgar iddyn nhw am hynny ac am y cyfle i amaethu a gwireddu breuddwydion. Mae Ann a Johnny, ers symud i'w byngalo yn Llanllawni, wastad yn barod eu cymwynas os oes angen codi'r plant o'r ysgol, neu unrhyw ffafr fyr rybudd arall. Rhaid dweud bod Mam a Dad hefyd yr un mor barod i helpu mas a bod y pellter daearyddol yn caniatáu.

Rwy'n credu bod Ann a Johnny wedi gweld ar y dechrau ein bod yn dîm abl iawn, Gary a finne. Ro'n nhw'n deall hefyd ei bod hi'n bwysig ein bod ni'n cael bwrw iddi ar ben ein hunain, a chael y rhyddid i wneud ein camgymeriadau hefyd – camgymeriadau fyddai'n ein dysgu i fod yn well ffermwyr yn y pen draw, ac fe wnaethon ni ein siâr o'r rheiny. (Ysgol brofiad go iawn yw ffermio, a hynny drwy gydol oes y ffermwr). Mae ildio'r awenau i'r genhedlaeth iau yn medru bod yn rhwystredig i ffermwyr hŷn, ond ro'dd Ann a Johnny yn barod i i ni roi ein gweledigaeth ar gyfer Shadog ar waith. Erbyn hyn maen nhw'n cael tipyn o bleser yn paratoi y drydedd genhedlaeth i ffermio yn Shadog, ac yn eu sbwylio yn ddidrugaredd.

Yn fy marn i, mae Gary a finne'n dod â'r gorau allan o'n gilydd; mae Gary'n un pwyllog a chŵl – ar y cyfan – tra fy mod inne'n gallu bod yn eithaf gwyllt ar adegau! Dyw fy ngŵr ddim yn poeni rhyw lawer am farn pobl eraill ohono fe chwaith, ond rwy'n becso am *bob dim*. Er hynny, mae'r cydweithio'n dda rhyngon ni, gyda natur un yn cydbwyso natur y llall, ac mae'r gwaith tîm i'w weld ar ei orau yn ystod y tymor wyna yn Shadog. Bryd hynny, ry'n ni fel dwy fraich o'r un corff, a'r un yn gwybod bron yn reddfol beth mae'r llall yn ei wneud.

Pan ddaw hi'n dymor wyna mae'r bartneriaeth ar ei gorau. I'r rhai nad ydyn nhw wedi ei brofi, mae'n anodd disgrifio pa mor drwm mae'r tymor wyna'n tynnu oddi ar adnoddau'r unigolyn. Am gyfnod o ryw bedwar mis, mae cwsg yn teimlo fel rhyw foethusrwydd mae pobl eraill yn ei fwynhau; byddwn yn lwcus os llwyddwn i gysgu tair neu bedair awr y nos ar yr adegau mwyaf prysur. Yn siarad o brofiad, mae'r diffyg cwsg yn debyg iawn i'r cyfnod hwnnw ar ôl geni babi newydd, pan fod rhaid codi i fwydo'n aml yn ystod y nos; dim ond bod yna ddegau o fabis i dendio iddyn nhw tra byddwch chi'n wyna. A rhaid dweud, mae'r adegau hynny o gwympo i gysgu wrth fwydo oen swci o botel yn debyg *iawn* i godi yn ystod y nos, yn hanner effro, i fodloni babi newydd-anedig. Ac mae rhywbeth hefyd am y broses o helpu bywyd bach newydd i'r byd sy'n taro tant yn gryf ynof fi fel mam. Does dim byd allai ladd ar y pleser o weld oen iach yn cael ei eni, er mor anodd yw rhai o'r genedigaethau.

Er taw geni fy mhlant fy hunan yw fy nghyflawniad mwyaf mewn bywyd – yn rhywbeth na cheith ei ragori arno fyth – do'dd dod yn fam ar Sioned a Dafydd yn eu tro ddim heb gymhlethdodau, rhaid cyfaddef. Yn 2016, do'n i ddim yn medru gweithio fel cyflwynydd ar raglen y Sioe Frenhinol oherwydd fy mod i'n disgwyl Sioned yn ystod yr wythnos honno; er hynny, ro'dd gennym ddefaid – wrth gwrs – i'w dangos yn y sioe. Ces i fy ngwahardd gan fy nheulu rhag mynd yn *agos* at y cylch dangos, a rhybudd digon cadarn gan Mam yn enwedig i gadw draw oddi yno. Ac er fy mod i'n teimlo'n ddigon sionc i arddangos fy nefaid fy hunan, ro'dd dyddiad geni Sioned i fod ar yr union ddiwrnod ro'dd y Balwennod i'w harddangos, sef dydd Llun y *Royal Welsh* y flwyddyn honno. Wedyn, gwell o'dd peidio. (Gan nad o'n i wedi gorfod cludo'r anifeiliaid i Lanelwedd, dyna'r tro cyntaf i fi barcio yn un o'r meysydd parcio mawr gerllaw i faes y sioe a dal y bws bach i mewn – do'n i *erioed* wedi gwneud hynny o'r blaen, yn fy myw!)

Ro'dd y tywydd yn grasboeth y diwrnod hwnnw, a symud o gwmpas yn drafferthus i fi yng nghanol yr holl bobl ar y maes. Gwnaeth fy mrawd ddirprwyo yn fy lle wrth ddangos y defaid, ac ro'n ni i gyd wrth ein boddau o weld y defaid Balwen yn ennill eto yn y Sioe Frenhinol, a hynny am y pumed tro. Erbyn rhyw chwech o'r gloch y noswaith honno, ro'n i'n siŵr fod y babi ar gyrraedd. Ces i'r crebachiad *Braxton-Hicks* mwyaf anferthol. (*Contraction* rhagarweiniol i rai'r enedigaeth go-iawn yw'r rhai *Braxton-Hicks*, ac yn rhan naturiol o feichiogrwydd yn ystod y misoedd ola). O ganlyniad, ces i fy hebrwng gan rai o swyddogion y Sioe yn ôl i'r maes parcio, a hynny ar dipyn o frys.

Y bore wedyn, es i i weld y fydwraig a ddywedodd wrthyf fy mod *wedi* dechrau ar y broses o eni fy mabi, ond ei bod hi'n gynnar iawn eto a bod dim rhaid i fi fynd i mewn i'r ysbyty ar unwaith. Felly, bwriais iddi gyda'r gwaith fferm; sbaddu lloi ro'n ni'n ei wneud y prynhawn hwnnw. Ddydd Mercher, ro'dd yn rhaid tendio i'r gwaith o waredu pryfed a chynrhon o'r defaid, a hynny mewn gwres llethol eto. Gorfod i fi fynd i mewn i'r ysbyty o'r diwedd ar y dydd Sadwrn wedyn; ro'n nhw'n barnu nad o'dd pethau wedi bod yn symud mor glou ag y dylen nhw fod, a'r fydwraig yn poeni rhywfaint am yr arafwch.

Ar ôl ychydig oriau yn yr ysbyty, daeth hi'n amlwg fod pethau wedi dod i stop, i bob pwrpas. Prin o'dd unrhyw *contractions* o werth. Y broblem fawr gyda'r enedigaeth o'dd bod Sioned â'i chefn at y canál geni, a dim modd ei symud. Do'dd dim modd ei geni'n hawdd. Ar ben hynny, ro'dd amledd curiad calon y babi wedi arafu'n sydyn iawn, a do'dd hynny ddim yn arwydd da o gwbl, a phenderfynwyd yn y fan a'r lle bod yn rhaid i mi gael llawdriniaeth *caesarean* er mwyn geni'r babi ar unwaith. Wrth gwrs, mae yna waith papur sydd eisiau ei lenwi, fel modd o roi caniatâd i'r llawdriniaeth fynd yn ei blaen, a chydsyniad – a llofnod – y fam yn hanfodol bwysig. Ond do'dd gen i ddim diddordeb yn y dogfennau ro'n nhw'n hyrddio o dan fy nhrwyn, gan fynnu fy mod yn darllen pob gair arnyn nhw. Ro'n inne'n cadw i ddweud wrthyn nhw,

'Wy ddim isie eu *darllen* nhw, jyst gadewch i fi eu *harwyddo* nhw!'

Ro'n i'n poeni cymaint bod y gwaith papur diangen hynny'n arafu'r broses o achub bywyd fy mabi; gan fod y fydwraig ei hunan wedi dechrau arddangos rhyw damaid bach o banig hefyd – ac fy mod inne wedi deall hynny – ro'n i jyst eisiau i'r babi ddod mas. Ond ro'n nhw'n *mynnu* fy mod yn darllen y dogfennau, felly fe wnes i *esgus* eu darllen, a thorri fy enw arnyn nhw o'r diwedd.

Cafodd Gary ei hebrwng i ystafell gyfagos er mwyn gwisgo amdano mewn gŵn a chap addas at fod yn bresennol mewn theatr lawfeddygol. Hyd hynny, ro'dd y ddau ohonon ni wedi bod yn eithaf ofergoelus am y beichiogrwydd – do'n ni ddim am roi enw i'r babi na phrynu dillad na dim iddo nes ei fod – neu ei bod – yn cyrraedd. Ond fel ro'dd y llawdriniaeth *caesarean* yn mynd rhagddi, a choesau Gary'n troi'n jeli mwy a mwy, penderfynon ni ein bod am drio enwi'r babi wedi'r cwbl. Ro'n ni'n meddwl mai temtio ffawd fyddai enwi plentyn cyn ei enedigaeth, ond ro'dd rhaid i ni gael rhywbeth yr eiliad honno i dynnu'n sylw oddi ar yr hyn o'dd yn digwydd. Ceisiodd Gary weld beth o'dd yn mynd rhagddo ar ochr arall y llen, ond buodd bron â llewygu. Mae Gary wedi cyfaddef ers hynny mor ofidus o'dd e ar adegau, y gofid yn annioddefol, bron.

Ond daeth diwedd ar y poeni. Am wyth o'r gloch, yn ôl yr arfer dyddiol, ffoniodd Gary ei fam, y tro hwn er mwyn ei ddiweddaru ynglŷn â'r enedigaeth. Tra eu bod yn sgwrsio, clywodd Ann sgrech fawr ben arall y ffôn.

'Beth yn y byd o'dd hwnna?' gofynnodd, a hithau wedi cael tamaid bach o ofn.

'O, ie,' meddai Gary wrthi. 'Llongyfarchiade, chi'n fam-gu eto... Ma Sioned wedi cyrra'dd.'

Yn achos Dafydd, aeth yr enedigaeth ei hunan lawer gwell nag un ei chwaer, ond ddim yn ddiffwdan chwaith. Ro'dd Gary'n awyddus iddo gael ei eni trwy ddull *caesarean* eto, gan fynnu y byddai'n saffach i fi a'r babi. Yn ogystal, ro'dd Dafydd fod i gyrraedd y byd yng nghanol y tymor wyna yn 2018; byddai cyfnod hir yn yr ysbyty wedi tynnu Gary o'r fferm ar adeg brysur ofnadwy. Ar ben pob dim, ro'dd yr ysbyty hefyd yn pwyso arna i gael y *caesarean*. Ond ro'dd gen i syniadau eraill.

Ro'dd hi wedi bod yn gyfnod o dywydd oer yn yr ardal erbyn canol mis Mawrth, gyda thrwch o eira wedi setlo ar lawr. Buodd yn rhewi'n galed ers tipyn hefyd, gan achosi problemau i'r pibau dŵr ar y fferm gyda chyflenwadau'n rhewi'n gorn ar hyd y clos. Pan gyrhaeddodd Gareth Vaughan Jones o gwmni Telesgop ar brynhawn dydd Gwener yr 17eg i recordio 'ŵfs', fel ro'n ni'n eu galw nhw, sef darnau llais *Out of Vision (OOV)* ar gyfer eu gosod ar ben defnydd fideo yng ngolygiad olaf unrhyw bennod o *Ffermio*, ro'n i wrthi ar gefn tractor yn bwydo silwair i'r da. Ychydig wedyn, am saith o'r gloch y nos, ro'dd Dafydd wedi penderfynu ei fod am gael ei eni, felly i mewn â fi i ysbyty Glangwili a'r *contractions* erbyn hynny'n dod yn weddol gryf. Ond ro'n i'n gwybod wrth fwrw am Gaerfyrddin nad o'dd pethau am fod yn syml y tro hwn chwaith, gan fod yna gymhlethdod wedi codi eisoes.

Ryw noson ddim yn hir cyn geni Dafydd fe gafodd Ann, mam Gary, drafferth wrth drio cysgu a phenderfynu darllen yn lle hynny. Mewn cylchgrawn, darllenodd erthygl ar gyflyrrau a achosir gan facteria *streptococcal* Grŵp

B, neu *Strep B*; dyma'r bacteria lled gyffredin sy'n gallu bodoli mewn merched a dynion. Mae gan amlaf yn ddigon diniwed, ond pan mae merched sy'n heintus yn feichiog mae'n medru lledu i'r baban a'i wneud yn sâl ac, mewn achosion prin, ei ladd. Deallodd Ann fod presenoldeb *Strep B* yn beryglus, ond er mwyn darganfod os o'dd e gyda chi ai peidio ro'dd gofyn talu am brawf preifat. Gan fod yr achosion yn brin, dyw e ddim yn brawf sy'n cael ei gynnig gan y Gwasanaeth Iechyd Gwladol fel rhan o ofal arferol menywod beichiog.

Ro'dd sôn yn yr erthygl ddarllenodd Ann am fenyw a gollodd ei babi oherwydd bod *Strep B* yn ei chorff, ond wyddai hi ddim hynny oherwydd bod neb wedi ei rhybuddio o beryglon y cyflwr na'r angen am brofi o flaen llaw. Pa ddewis o'dd ond ildio i'w dymuniad a chymryd y prawf ar gyfer *Strep B*, petai ond i wneud i fy mam yng nghyfraith deimlo'n hapusach? Ond daeth y canlyniad yn ôl yn *bositif*; ro'dd y bacteria'n bresennol yn fy nghorff. Do'dd e ddim yn broblem enfawr, ond ro'dd rhaid cael gwrthfiotegau mewn i'r corff yn y ffenest fach rhwng dechrau ar y broses o eni babi, a chyn i'r babi gael ei eni.

Cyn trafaelu i'r ysbyty ar y nos Wener honno, ffoniais y ward mamolaeth yng Nglangwili o flaen llaw i holi eu cyngor; na, na, medden nhw, do'n i ddim yn swnio fel fy mod o dan ddigon o stres i fod mewn peryg o ddod â babi unrhyw bryd cyn hir. Hyd yn oed pan lwyddais i'w darbwyllo fy mod â'r bacteria *Strep B* yn fy nghorff ro'n nhw dal yn eithaf araf i gydnabod fy mod yn y broses o eni fy mabi, ond fe ddwedon nhw wrthyf – yn ddigon didaro – i ddod i lawr i'r ysbyty os taw dyna ro'n i eisiau ei wneud. Pan holais a fyddai'n ofynnol i fi ddod â'm bag dillad a phethau ymolchi gyda fi, dywedon nhw'n blwmp ac yn blaen wrtha i nad o'dd unrhyw bwynt gwneud hynny gan y byddwn i'n mynd 'nôl gartref yr un noson!

Erbyn i Gary a fi gyrraedd yr ysbyty yng Nghaerfyrddin, yr unig beth o'dd gen i yn fy meddiant o'dd potel dŵr twym; cofiais gymaint ro'n i wedi mynd i grynu wrth eni Sioned, a do'n i ddim eisiau i hynny ddigwydd eto. Wrth fynd i'r ward mamolaeth erbyn rhyw hanner wedi saith, ro'dd yna edrychiad ar wynebau rhai o'r staff o'dd yn awgrymu nad o'n nhw'n wirioneddol gredu fy mod ar fin geni fy mhlentyn. Erbyn iddyn nhw roi'r padiau monitro'n sownd arna i – o'r diwedd – a gadael llonydd i ni am foment, gwnaeth Gary'r sylw bod y *contractions* yn edrych yn eithriadol o gryf. Aeth i chwilio am nyrs. Daeth honno i'r ystafell yn ddigon ling-di-long, gan gytuno i archwilio, ond dim ond i'n cadw ni'n fodlon, fe deimlais. Anghofia i byth yr edrychiad ar ei hwyneb pan sylweddolodd fy mod yn barod i eni'r babi yr eiliad honno, bron â bod.

Ro'dd hi'n banic gwyllt wedyn i gael y moddion gwrthfiotig i mewn i'm gwaed er mwyn ymladd y *Strep B*, ar ôl yr holl oedi diangen. Ddim yn hir cyn y noson honno, ro'n i wedi dioddef am sbel gyda byg stumog, ac ro'dd fy nghorff wedi dadhydradu eithaf tipyn o ganlyniad. Dyna pam y cawson nhw drafferth mawr i gael y nodwydd i mewn i fy ngwythïen, mae'n debyg, a hwythau'n gwybod ei bod hi'n ras yn erbyn y cloc. Yn y pen draw, llwyddon nhw i gael y gwrthfiotig i mewn i'm corff, cyn i fi gael fy ngwibio lan staer i'r ystafell esgor ar y llawr cynta. Ganed Dafydd yn gwbl ddidrafferth, wedi'r holl ffwdan, a hynny heb i fi orfod cael *caesarean*. Dyna o'dd rhyddhad, oherwydd ro'dd gwaith yn galw yn go glou yn y sied ddefaid. Dim yr amseru perffaith o'dd geni babi yng nghanol cyfnod mwyaf prysur y fferm. Ond mae un peth yn sicr, fel mae pawb yn gwybod, dwi byth wedi bod yn dda iawn am gadw amser beth bynnag.

Does dim dwywaith bod Sioned a Dafydd wedi eu geni i'w cynefin cywir. Mae eu diddordeb yn yr anifeiliaid yn Shadog yn amlwg ynddyn nhw ers pan o'n nhw'n fabis bach, a'r empathi â'r ŵyn a'r cŵn bach a'r ponis yn hyfryd i'w weld. Mae'n beth braf gweld eu bod yn gallu uniaethu â chreaduriaid byw eraill, gan fod hynny, yn fy marn i, yn un o ofynion pennaf ffermio cyfrifol; a chymryd bod Sioned a Dafydd yn penderfynu mynd yn ffermwyr eu hunain, wrth gwrs. Ar ben hynny, mae eu sylwgarwch – yn blant mor ifanc – ynghylch pethau'r fferm yn destun syndod i Gary a finne weithiau. Ro'dd yna dro pan o'dd Gary wedi rhannu diadell gymysg o ddefaid, o'dd yn cynnwys defaid Texel a rhai Wyneblas; wedi eu gwahanu, dim ond y Texels o'dd ar ôl yn y cae, a'r rhai Wyneblas wedi cael eu didoli i rywle arall. Do'dd Dafydd, o'dd ond yn bedair oed ar y pryd, yn gwybod dim am hyn oherwydd taw yn yr Ysgol Feithrin o'dd e ar y diwrnod pan rannwyd y defaid. Ta waeth, ychydig ddyddiau wedyn, ro'dd Dafydd gyda'i dad yng nghyffiniau'r cae lle buodd y ddiadell fwy cyn hynny pan ddywedodd yn ofidus,

'Dad! Ma rhai defed ar goll 'ma!'

'Beth ti'n feddwl?' gofynnodd Gary, gan wybod yn iawn eu bod wedi eu gwahanu. 'Ma'n nhw i gyd 'ma, 'chan!'

'Na, Dad,' taerodd Dafydd. 'Ma'r defed *blue-faced* wedi mynd!'

Ro'dd wedi gweld bod yna rywbeth o'i le, a hefyd wedi nabod y bridiau'n ddigon da i weld bod y rhai Wyneblas ddim yno rhagor. Dro arall, fe aeth gyda Gary ryw gyfnos er mwyn gwirio bod pob dim yn iawn gyda'r treisiedi, hefyd y ceffylau o'dd yn pori yn y caeau uchaf. Aethon nhw o'u cwmpas a gweld bod pob dim fel y dylai fod a dechrau bwrw'n ôl i gyfeiriad y tŷ, tan i Dafydd stopio'n stond a holi ble'r o'dd y ceffyl du a gwyn? Ar ôl i Gary gyfri'r ceffylau eto, sylweddolodd *fod* yna geffyl ar goll ac wedi iddyn nhw chwilio am dipyn, daethon nhw o hyd iddo. Ro'dd wedi dianc i gae cymydog.

Gwaith shifft yw'r gwaith wyna a lloia i Gary a fi. Byddwn yn ei chymryd mewn troeon i gadw llygad ar bethau yn y sied ddefaid, yn gweithio shifftiau o ryw dair neu bedair awr ar y tro. Wrth i un ohonon ni orffen ei wylnos, fe â am ei wely tra bod y llall yn codi, a hwnnw neu honno'n gosod y larwm i godi ei bartner ymhen dwy awr eto. Mae'r trefniant yn gweithio'n dda iawn, ond ry'n ni'n gallu teimlo fel eitemau ar felt cludo weithiau. Ac mae gofyn i ni dderbyn hefyd, ar ddechrau pob tymor wyna, y byddwn yn gorfod dod o hyd i'r 'parth' hwnnw yn ein meddyliau – y *zone*, fel maen nhw'n dweud – er mwyn ymdopi gyda'r mynydd o waith a'r blinder arswydus fydd yn ein hwynebu yn y gwanwyn cynnar. Mae'r paratoi meddyliol yn hollbwysig. Does dim amser i deimlo'n flin amdanom ni'n hunain, dim ond derbyn bod rhaid bwrw iddi a chadw i fynd tan enedigaeth yr oen a'r llo olaf. Rhoddwyd blas byw i wylwyr ar ddiwrnod o wyna yn Shadog mewn rhaglen arbennig o *Ffermio* ym mis Mawrth, 2020, a chafwyd llu o ymatebion positif iawn, o bedwar ban byd, i'r darllediad.

Elfen o'r gwaith wyna nad yw pobl efallai yn ei gwerthfawrogi yw pa mor gorfforol yw e. Mae tynnu cymaint o wyn, eu rhoi i sugno, rhoi bwyd i'w mamau a rhoi gwellt ar lawr, symud clwydi ac ail-drefnu llociau – oll tra'ch bod yn dioddef o ddiffyg cwsg enbyd – yn arw iawn ar y corff. Ar ben hynny, mae yna broblemau lu sy'n codi'n lled aml, ac sy'n mynnu ein sylw prydlon; er enghraifft, mae dafad sydd ag efeilliaid yn ei bola'n medru dioddef o'r cyflwr *toxaemia* – neu 'clefyd yr wyna' – pryd mae lefel y siwgr yn ei gwaed yn syrthio'n beryglus o isel gan fod yr ŵyn y tu mewn iddi'n tynnu ar ei hadnoddau corfforol yn ormodol. Pan fod hynny'n digwydd mae angen i ni chwistrellu calsiwm a mwynau i'r gwaed ar unwaith, a'i dosio â rhywbeth i'w hadfywio ac i godi'r lefelau glwcos er mwyn ei thrin. Rhaid cadw llygaid barcud ar y defaid, felly, rhag ofn iddyn nhw ddangos symptomau o'r anhwylder. Mae ambell i enedigaeth yn gallu profi'n anodd, am amryw resymau, a rhaid i ni fod yn barod i gynorthwyo dafad sy'n cael trafferth i fwrw ei hoen.

Erbyn i fisoedd hir yr wyna ddod i ben, ry'n ni fel dau glwtyn llawr, Gary a finne, a phob cyhyr yn ein cyrff yn brifo. Ond mae'n flinder bodlon, yn flinder *glân*, a'r teimlad ein bod wedi cyflawni rhywbeth mawr eleni eto'n deimlad braf. Ond wrth gwrs, erbyn i'r wyna a'r lloia orffen, mae gwaith y tir yn cyrraedd ei anterth, a thipyn o waith paratoi ar gyfer seli heffrod a lloi.

Y tymor wyna a lloia, rwy'n credu, sy'n adlewyrchu gwirionedd ffermio yn Shadog ar ei fwyaf gonest, a dyna pam mae helpu gyda'r wyna'n medru bod yn addysg arbennig i fyfyrwyr sy'n dod atom am ryw fis ar y tro bob blwyddyn; rhai o Goleg Glynllifon ger Caernarfon ac eraill o Goleg Gelli Aur ger Llandeilo. Mae myfyrwyr o'r ddau sefydliad wedi bod yn dod yma ers tro, a theg dweud iddyn nhw fod yn griw lliwgar a dymunol, a'r rhan fwyaf yn frwdfrydig a pharod i ddysgu ac i dorchi llewys.

Ry'n ni'n tueddu i ddechrau pob myfyriwr yn y llocie bach yn y sied wyna; mae yna rai sy'n lled anfodlon gyda hynny, ac yn ystyried gwaith mor 'sylfaenol' â thendio i'r llocie bach yn rhy ddibwys i drafferthu ag e. O'n rhan ni, mae ymateb myfyrwyr ar yr adegau hynny'n rhagrybudd o'u hagwedd at y gwaith. Dyw'r gwaith, er nad yw'n gymhleth, ddim 'islaw safonau' neb – wedi'r cwbl, mae Gary a finne'n gorfod tendio i'r llocie bach ac nid yw'n afresymol disgwyl i'n myfyrwyr wneud hefyd.

Ond mae yna rai myfyrwyr sydd wedi profi'r cyfrifoldeb o oruchwylio'r sied ddefaid yn ystod y cyfnod wyna'n ddryslyd a thrafferthus. Ryw dro yn ôl, ro'dd Gary a'r fyfyrwraig o'dd yma ar y pryd wrthi'n tynnu oen mewn lloc, ar ôl i finne – ar ôl bod wrthi'n goruchwylio tan ryw chwech o'r gloch y bore hwnnw – farcio dafad arall gerllaw, a hynny i ddangos ei bod yn glaf ac ar fin geni oen. Fel hynny mae'r person nesaf ddaw i wneud ei sifft yn gallu gweld pa ddefaid sydd angen cadw llygad gofalus arnyn nhw. Ta waeth, fe'u gadewais wrthi a mynd i dendio ar y gwartheg, neu ryw jobyn tebyg.

Pan welais Gary ar y clos, fe ddwedodd bod ef a'r fyfyrwraig wedi tynnu oen wrth y ddafad a'r marc, a'i fod wedi gadael y fyfyrwraig i'w rhoi mewn lloc. Erbyn i fi ddod 'nôl i'r sied ddefaid ymhen rhai oriau, sylwais fod y ddafad â'r marc dal heb oen wrth ei hochr a bod dafad arall heb farc mewn lloc gydag oen ffres. Ro'dd y fyfyrwraig wedi cydio yn y ddafad anghywir, a rhoi'r oen gyda dafad o'dd heb eni oen eto. Dyna lle ro'dd hi erbyn i mi ymddangos yn y sied, yn troi a throi yn y lloc bach, a phen ei hoen hi yn sticio allan! Weithiau mae angen anadlu'n ddwfn, cnoi tafod a gwenu – 'amynedd yw amod llwyddo' maen nhw'n dweud. Ond rhaid hefyd cofio, ry'n ni gyd yn euog o wneud camgymeriadau, a gan amlaf mae'n bleser cael myfyrwyr ar y fferm.

Mae yna rai sy'n sylwgar ac yn llawn synnwyr cyffredin a syniadau da. A theg dweud hefyd fod yna fyfyrwyr sydd wedi dysgu pethau i Gary a finne. Ro'dd yna fyfyrwraig, Sara Roberts, a roddodd dip i ni ar sut i adfywio oen; ro'dd ei mam-gu a'i thad-cu â diadell o ddefaid Texel ar eu fferm, Nant Einon, Llandysul, ac yno y dysgodd Sara hithau y dechneg, sef cydio ag un llaw yng nghoesau blaen yr oen, a gyda'r llaw arall y coesau ôl cyn ymestyn corff yr oen ar hyd ei fola, ac yna dod â'r coesau blaen a'r rhai ôl at ei gilydd yn sydyn – rhyw damaid bach fel chwarae consertina! Mae'r dechneg yn un ry'n ni'n ei defnyddio hyd heddiw, ac yn effeithiol dros ben. Mae'n bwysig bod hyd yn oed y ffermwyr mwyaf profiadol yn barod i ddysgu ac yn agored i syniadau gwahanol; dim syniadau *newydd* o reidrwydd – oherwydd yn aml iawn maen nhw'n bethau sydd wedi bodoli'n dawel bach ers cenedlaethau lawer o fewn teuluoedd ffermio – ond maen nhw'n newydd i *eraill*, wrth gwrs. Fel y dechneg adfywio honno a ddysgais gan Ceri ac Euros Evans, wrth sgwrsio â nhw ger gatiau'r ysgol ryw fore, o roi oen newydd-anedig diymadferth i 'eistedd' ar ei din, fel a welwyd ar y gyfres *Shadog: Tymhorau'r Flwyddyn* ychydig yn ôl. Ro'dd yna rai ar y pryd o'dd yn wfftio'r dull – tan iddyn nhw ei ddefnyddio a phrofi drostyn nhw eu hunain gystal ffordd yw hi o achub oen sydd mewn trybini.

Ond cofiwch, mae dehongli techneg yn gywir a'i defnyddio'n synhwyrol yn hynod bwysig hefyd. Efallai eich bod wedi ein gweld mewn rhai o benodau'r cyfresi *Teulu Shadog: Yn ôl ar y Fferm* a *Shadog: Tymhorau'r Flwyddyn* yn gosod cot neu flanced dros lygaid rhai defaid aflonydd. Mae hynny er mwyn eu tawelu cyn ceisio eu helpu gyda genedigaethau anodd. Ac weithiau, gyda dafad fywiog, mae angen bod yn lled gadarn wrth ei dal yn ei lle. Pan welodd rhai hyn ar y teledu, ro'n nhw amharod i dderbyn ei fod yn gweithio. Ro'dd ambell 'hen deip' yn ei wfftio fel rwtsh. Ond unwaith eto, fe ddywedodd eraill wrthon ni eu bod nhw wedi treial y tric a gweld ei fod yn gweithio'n iawn. Ond nid pawb, fodd bynnag. Ro'dd yna un ffermwraig y clywais amdani a o'dd wedi gosod cot ar ben rhyw ddafad o'dd yn glaf, tra bod ei gŵr yn mynd ar ofyn y fet. Pan ddaeth yntau a'r fet yn ôl ymhen tipyn, ro'dd y ddynes wedi cadw'r got am ben y ddafad mor dynn ac am mor hir, ro'dd y creadur, druan, wedi mogi. Dywedodd ffermwraig arall ei bod wedi troi ei chefn am eiliad ar ddafad yr o'dd hi newydd geisio ei phwyllo gan roi ei chot ei hunan am ei phen, a'r ddafad honno wedi codi'n sydyn wedyn, cyn rhedeg o gwmpas y cae wedi ei gwisgo amdani mewn dilledyn atal glaw digon *stylish*.

Yn ôl at y myfyrwyr, 'te. Mae'n rhaid cofio bod y profiad o fyw a gweithio rywle arall am y tro cyntaf, i ffwrdd o'u cartrefi eu hunain ac ar fferm anghyfarwydd ym mynwes teulu dierth, yn un eithaf cythryblus i sawl un. Mae hiraeth yn taro rhai, a'r teimlad truenus hwnnw o fod ar goll yn y byd hefyd; mae'n rhan o'r daith o dyfu'n oedolyn. Yn aml iawn, nerfau sy'n eu llethu, a'r ofn sydd gan rai eu bod yn mynd i fethu â'n 'plesio'. Ry'n ni'n annog pob myfyriwr i wneud cymaint o benderfyniadau ag y gallan nhw drostyn nhw eu hunain, cymaint ag sy'n ymarferol wrth gwrs. Gyda'r wyna, er enghraifft, ry'n ni'n eu hannog i 'berchnogi' y sied ddefaid pan nad ydyn ni yno – nhw sy'n rheoli! Ac, a bod yn deg, mae'r rhan fwyaf yn codi i'r sialens honno, unwaith iddyn nhw fwrw eu swildod.

Ond mae'n rhyfedd fel mae nerfusrwydd yn medru achosi i hyd yn oed y myfyrwyr mwyaf abl i wneud pethau dwl. Rwy inne a Gary'n efengylol, bron, dros esbonio pob dim i'r myfyrwyr ar eu diwrnod cyntaf yn Shadog; mae mor bwysig bod y person ifanc yn deall y drefn mewn amgylchfyd sy'n medru bod yn un peryglus iawn os nad yw rhywun o gwmpas ei bethau. Rhaid wrth dalu sylw, dyna'r neges. Mae yna ddarlith ar weithdrefnau iechyd a diogelwch; 'gofalwch eich bod yn'... 'peidiwch, da chi, â'... 'cofiwch wastad bod rhaid'... Eu diogelwch nhw – a phawb arall hefyd – yw'r flaenoriaeth bwysicaf.

Daeth myfyriwr ifanc aton ni o Goleg Glynllifon un

flwyddyn, bachgen dymunol a brwdfrydig, a thipyn o gymeriad, rhaid dweud. Derbyniodd y parabl paratoadol, wrth gwrs, ynghyd â rhyw daith dywysedig o'r fferm. Y bore wedyn, dechreuodd ar ei waith o ddifri a'r dasg gyntaf o'dd sgrapo'r tail o sied y da i'r pwll slyri. Nes ymlaen y diwrnod hwnnw, ro'n i fod i ffilmio gyda *Ffermio* ac ro'n i wrthi'n paratoi i fynd i'r gwaith, wedi i fi gwpla fy nhasgau boreol ar y fferm. Newydd gamu o'r gawod o'n i pan glywais y sgrechain a'r cynnwrf mwyaf yn dod o'r clos islaw, ac erbyn i fi dowlu dillad amdanaf a mynd i'r ffenest gwelais y myfyriwr yn bytheirio ac yn rhedeg o gwmpas yn ddigyfeiriad fel iâr heb ei phen.

'Beth sy'n bod?' gwaeddais arno.

'O, mam bach!' meddai, ac yntau bron â llefain yn ei boen meddwl. 'Dwi 'di ff**io i fyny, Meinir! Dwi 'di ff**io i fyny!'

Rhedais lawr staer i fynd ato. Beth ar wyneb y ddaear allai fod wedi digwydd?

Pan gyrhaeddais y clos, dywedodd ei fod wedi gadael y drysau bach, y *portals*, ger y pwll slyri ar agor ar ddamwain wrth symud y gwartheg o un ardal i'r llall cyn sgrapo, a bod dau fustach wedi syrthio i mewn. A hynny ar ôl i Gary esbonio iddo, gam wrth gam – fel mae'n gwneud â phob myfyriwr – beth o'dd angen ei wneud a beth i fod yn wyliadwrus ohono fe. Er hynny, ro'dd y myfyriwr wedi gwneud camgymeriad anferth. Wel, ro'dd rhaid anghofio am baratoi i fynd i'r gwaith wedyn, on'd o'dd e, a chynnig help llaw i dynnu'r ddau anifail o'r biswail cyn eu bod yn boddi.

Ymhen tipyn, cyrhaeddodd Gary i helpu hefyd, ar ôl clywed y cynnwrf mawr, ond ro'dd yr anifeiliaid wedi nofio'n rhy bell i ganol y pwll slyri i ni allu eu cyrraedd; twpdra o'r mwyaf fyddai hi i un ohonon ni fentro i mewn i'r biswail i geisio eu tywys oddi yno. Yna, cododd Gary'n sydyn a rhedeg am y tŷ. Ro'dd rhywbeth wedi ei daro. Cyn hir, dyma fe'n rhuthro yn ôl aton, gyda'r *lasso* a brynodd yn Nhecsas, ar ein mis mêl, yn ei ddwylo! Do'dd e ddim o ddifri, do'dd posib? Dechreuodd droelli'r rhaff cyn ei lansio ar draws y pwll, ac ar yr ymgais gyntaf fe faglodd un o'r bustuch o gwmpas ei wddwg. Tynnu'n dawel wedyn er mwyn cocso'r anifail at y lan. Ac fel hynny y llwyddwyd i achub dau fustach rhag boddi yn y pwll slyri. Ro'dd rhaid bod y myfyriwr, druan, yn meddwl ein bod ni'n gowbois go iawn; yn sicr, ro'dd Gary'n ymddangos fel petai e wedi'i eni â *lasso* yn ei law. Yî-ha.

Camgymeriad gonest o'dd hynny ar ran y myfyriwr. Ro'n ni'n deall hynny, ac yn gweld y digwyddiad am yr hyn o'dd e, ac er bod y myfyriwr yntau'n teimlo'n ofnadwy am y peth, ro'dd yna rywbeth datgelol am y bennod hefyd. Efallai oherwydd i ni i gyd weld bod gan Gary ddawn y *gaucho* neu'r *wrangler* yn cuddio ynddo. Yn rhyfedd iawn, mae e wedi rhoi'r *lasso* ar waith sawl gwaith ers hynny, gan gynnwys wrth geisio gwahanu llo ifanc yn ddiogel wrth ei fam i'w dagio a helpu dafad o'dd mewn trafferthion mewn ffos.

13

FE DDAETH RHYW fath o ddiwedd cyfnod i ni yn Shadog eleni, pan benderfynon ni beidio â chynnal y sêl hyrddod flynyddol, digwyddiad sydd wedi bod yn gymaint o ran o fywyd y fferm ers pedair blynedd. Y gwir yw, ro'dd y penwythnosau hynny, a'r mis neu ddau yn arwain atyn nhw, yn hawlio llawer o'n hamser a'n hegni, a phenderfynon ni ei bod hi'n bryd i ni gael brêc yn 2024. Ond achos balchder mawr i Gary a fi yw ein bod wedi eu cynnal o gwbl, ac nid ydym wedi cau'r drws yn llwyr ar gynnal rhai yn y dyfodol eto. Cawn weld.

Rhag i neb feddwl mai rhyw chwiw ddwl a roddodd y syniad i ni o werthu ein hyrddod o glos y fferm yn 2020, nid fel hynny o'dd hi o gwbl. 'Angen yw Mam Pob Dyfais' yw'r ymadrodd, ontefe, ac ro'dd hynny'n sicr yn wir yn achos ein harwerthiannau ni. Pan drawodd Covid gymdeithas ddiwedd 2019 a'r Cyfnod Clo mawr cyntaf ddaeth yn ei sgil yn gynnar yn 2020, fe greodd hynny benbleth mawr i Gary a finne. Yn yr achos cyntaf, do'dd dim myfyrwyr gennym ni y flwyddyn honno oherwydd y cyfyngiadau a dim ond ni'n dau fuodd wrthi gyda'r wyna. Ro'dd Sioned a Dafydd yn ifanc iawn bryd hynny ac ro'dd dod i ben â phopeth ar ein pennau'n hunain yn dipyn o dasg. Fel petai angen ychwanegu at yr anrhefn, penderfynwyd na fyddai'n beth cyfrifol i raglen *Ffermio* ffilmio yn y ffordd grwydrol arferol, felly rhaid o'dd dod o hyd i gyfaddawd, a'r cyfaddawd hwnnw o'dd recordio eitemau yma yn Shadog, fe fyddai Alun Elidyr yn gwneud o'i fferm fynyddig yng nghanol golygfeydd godidog Rhydymain, Meirionydd, a Daloni'n cyfrannu'r lincs o'i chartref hyfryd, dafliad carreg o'r môr yn Nhudweiliog ym Mhen Llŷn, gyda llwybr yr arfordir ychydig lathenni o'r drws ffrynt.

Y broblem fwyaf o ganlyniad i gyfyngiadau Covid, fodd bynnag, o'dd penderfyniad yr *NSA* i ganslo eu harwerthiannau yn Llanelwedd y flwyddyn honno. Beth oedden ni fod i wneud â'r cant a mwy o hyrddod fyddai wedi mynd i'w gwerthu yno fel rheol? (Ro'dd yna ryw hanner cant yn ychwanegol i'w gwaredu hefyd, ond ein harferiad o'dd gwerthu'r rheiny mewn sêls lleol ac o glos y fferm ar ôl eu hysbysebu ar-lein ar ein tudalen Facebook). Ro'dd y sefyllfa'n ddifrifol. Gyda nifer o seli llai yn cyfyngu bob bridiwr i ugain hwrdd. Do'dd fawr o ddewis gennym *ond* eu gwerthu nhw o glos Shadog.

Er iddo deimlo fel tipyn o benderfyniad, y peth hawsaf am yr holl broses *o'dd* gwneud y penderfyniad. Ro'n ni'n disgwyl y byddai'n golygu tipyn o waith, wrth gwrs, ond do'n ni ddim *wir* wedi rhagweld faint. Pan fydd ein hyrddod yn mynd i'r sêl *NSA*, hyd a lled y paratoi yw eu golchi a'u lliwio, a thocio tamaid ar eu traed os bydd angen. Gan adael holl annibendod y paratoi a'r pincio ar y clos tan i ni ddod 'nôl, bant â'r anifeiliaid wedyn ar y lori i Lanelwedd. Yno, fe fyddan nhw'n mynd i loc penodol, ac ychydig iawn o waith sydd wrthyn nhw wedyn cyn cael eu gwerthu. Ond ro'dd hi'n stori wahanol pan ddaeth yn amser i'w gwerthu ar y fferm.

Ro'n ni'n benderfynol y byddai Shadog yn edrych ar ei

gorau ar gyfer y gwerthiannau. Gan amlaf, ro'dd hynny'n golygu gwyngalchu'r beudai, paentio'r tŷ a thocio'r cloddiau o gwmpas y clos. Rhoddon ni ffensys newydd o gwmpas yr ardal fyddai'n cael ei defnyddio fel maes parcio, a chreu heol fach newydd i'r prynwyr lwytho eu defaid yn gyflym ac i osgoi tagfeydd traffig ar y clos. Ro'n i hyd yn oed wedi mynd ati i drefnu blodau i harddu'r lle, heb fy mod wedi rhoi cynnig arni o'r blaen.

Rhywbeth ro'dd yn rhaid rhoi tipyn o feddwl iddo o'dd sut i drefnu'r cylch gwerthu'n iawn yn y sied wartheg fyddai'n gwasanaethu fel mart dros dro. Efallai nad yw pawb yn ystyried hyn, ond mae cylcho'dd gwerthu ym mhob mart safonol lled fodern wedi eu creu'n strategol er mwyn brolio'r anifeiliaid, ac ro'dd yn allweddol bwysig bod ein cylch gwerthu *ni* yn dangos y defaid ar eu gorau. Ystyriodd Gary hyn yn hynod o ofalus. Ro'dd yn rhaid sicrhau yn ogystal bod y clwydi a'r gatiau'n ddigon uchel i beidio â gadael i'r un anifail neidio drostyn nhw. Ro'dd yr agweddau iechyd a diogelwch yn bwysig iawn. Fe fuon ni hefyd yn ffodus iawn o Emyr Jones a'i griw, ffrind a pheiriannydd lleol sydd wedi bod yn gyfrifol am wneud y siediau yma i gyd, am ei gymorth wrth addasu trelyr Ifor Williams yn ring i arddangos a gwerthu'r hyrddod. Gwaith blinedig a diddiwedd o'dd trefnu'r eisteddle o gwmpas y cylch gwerthu, a honno wedi ei chreu o fyrnau gwellt – tua dau gant a hanner ohonyn nhw i gyd, yn gymysgedd o rai bach a mawr – o'dd yn rhaid eu symud fesul un i'w llefydd! Rwy'n cofio pan gyrhaeddodd y llwyth o fêls gwellt ar gyfer yr arwerthiant cyntaf yn 2020, a'r rheiny'n teimlo'n eithaf gwlyb i gyffyrddiad Gary a finne. Rhoddodd y gyrrwr ei declyn mesur gwres i grombil rhai o'r bêls a dweud wrthym eu bod yn iawn, bod dim angen poeni; y perygl o'dd, wrth gwrs, y gallai'r gwellt ordwymo oherwydd y lleithder y tu mewn iddyn nhw a dechrau tân dinistriol. Ond ro'dd dyn y gwellt wedi ein sicrhau eu bod yn ddiogel i'w gosod yn y sied fel 'seddi', a dyma ni'n eu symud â llaw i'w safleoedd, a chredwch fi, does dim yn waeth na symud byrnau o wellt neu wair nad ydyn nhw'n hollol sych. Ond ychydig wedi i bob un gael ei osod yn ei briod le, digwyddodd yr anochel. Sylwon ni fod rhai o'r bêls wedi mynd i deimlo'n boeth iawn, a rhai'n dechrau mygu hefyd. Do'dd dim byd amdani ond eu symud i gyd i'r tu allan i'r sied unwaith eto, cyn i dân gynnau. Buodd rhaid archebu llwyth arall o fêls wedyn, gan ddanfon y llwyth diffygiol yn ôl, a symud y rhai – sych – hynny i mewn i'r sied yn yr un modd â'r rhai cyntaf, a hynny ddiwrnod cyn y sêl. Bois bach, am dwrn o waith. (Yn nhermau ymarfer corff, yn ystod y diwrnod cyn y sêl a diwrnod y sêl ei hunan, gwelais ar fy nyfais mesur camau fy mod i wedi gwneud pedwar deg a thair o filo'dd o gamau y dydd, ar gyfartaledd).

Ro'n i'n ffodus iawn o'r holl help gawson ni wrth baratoi ar gyfer yr arwerthiannau hynny. Byddai Ann a Johnny, Mam a Dad a chiwed o ffrindie a pherthnasau'n ymddangos rai diwrnodau cyn y seli er mwyn cynnig eu help llaw. Un o'r selogion o'dd Rhoswen fyddai'n cyrraedd ar y diwrnod cyn yr arwerthiant a bwrw iddi gyda'r *pressure-washer*. Mae Rhoswen yn dwlu ar y *pressure-washer*! (Byddai William, ei mab, yn dod gyda hi hefyd). Ac unwaith y byddai Alun Pencaer yn cyrraedd gyda'i dancyr yn llawn o ddŵr a golchi'r clos yn lân, dyna pryd y byddai'r cynnwrf yn codi'n wirioneddol ynom ni, achos ro'dd hynny'n golygu bod y gwaith paratoi ar ben. Mae Alun a'i frawd, Llew, bron fel aelodau o'r teulu erbyn hyn; y nhw sydd wedi bod wrthi'n ddiwyd ers deng mlynedd yn gwneud y gwaith concrit wrth godi siediau newydd Shadog, ac wedi bod yn dyst i nifer o gerrig milltir pwysig yma, fel genedigaethau'r plant ac ati.

Mae caredigrwydd ac ochr gymwynasgar pobl yn gwneud i rywun deimlo'n fach iawn weithiau. Bob blwyddyn, byddai meibion Llinos Howells, Gwarallt, yn ymddangos ar y clos gyda llond cist car o gacennau a stiwiau ro'dd eu mam wedi eu paratoi ar ein cyfer. Byddai Angela a Dewi'n dod yn blygeiniol i osod y llociau defaid. (Mae Dewi'n ffrind oes i Johnny ac Ann ers eu dyddiau cynnar yng Ngroes Gwenllian). Ac, ymhlith llawer o rai eraill, fe fyddai Ifan Davies, Jac (mab bedydd Gary), Kevin Davies Llwynfedw (tad bedydd y plant) a chyn-fyfyriwr ar y fferm, Rhys Colnet, hefyd yn ymddangos i'n cynorthwyo. Diolch i bob un ohonyn nhw ac i eraill o'dd bob amser yn barod i gynnig help llaw dros y cyfnod.

Fe fyddai ffrindie annwyl i ni, Enfys ac Angus Wyse Popty Bach y Wlad, yn arlwyo – dyma lle fyddai Sioned yn treulio tipyn o'i hamser, yn cael ei sbwylio gan Enfys, ac mae wedi dweud ar sawl achlysur mai Enfys fydd yn ei dysgu hi i goginio pan fydd hi'n hŷn. Angus yw ein milfeddyg ffyddlon ni ar y fferm, ac mae'r ddau bob amser yn barod iawn eu cymwynas, ac wedi bod o help mawr i ni wrth ymgartrefu'n Shadog. Ro'dd bar symudol Y Stabal yn bresennol i dorri syched y cwsmeriaid – ac fe o'n nhw'n griw sychedig hefyd, ac yn y blynyddoedd olaf, ffrind arall fyddai'n dod o'dd Angharad Edwards, Llaeth Preseli, a'r *gelatos* o'dd mor hoff gan bawb. Clee Tompkinson & Francis o'dd yr ocsiwnêrs fuodd wrthi'n gwerthu bob tro.

Cawson ni arwerthiant hynod lwyddiannus y flwyddyn gyntaf honno, er i bethau bron â mynd yn ffaliwch ar yr eiliad olaf. Wrth i ddyddiad y sêl nesáu, fe ddaeth cynnydd sydyn mewn achosion Covid a bygythiad real y byddai'n rhaid i ni ganslo; ro'dd yn edrych yn debyg iawn bod cyfnod clo arall ar fin cael ei gyhoeddi. Pe byddai hynny wedi digwydd, fe fyddai wedi golygu colledion sylweddol i ni. Llwyddon ni i gynnal y sêl brin wythnos cyn i'r cyfyngiadau ddychwelyd i gadw pawb yn eu cartrefi unwaith eto.

Erbyn yr arwerthiant cyntaf yn Shadog, ro'dd pobl yn awchu am gael mynd allan unwaith eto ar ôl cael eu cyfyngu gartref am ddeufis, ond ro'n ni am wneud yn siŵr bod pobl yn cadw'n ddiogel, cymaint ag o'dd yn bosibl. Felly, fe brynon ni filo'dd o fasgiau *PPI* – er bod hynny cyn y cyfnod pan o'dd y masgiau'n bethau gorfodol – ac ro'dd rhai o staff y cwmni arwerthu'n mesur tymheredd pobl gyda gynau pwrpasol ger mynedfa'r sied. Yn y pen draw, fe ddaeth rhai cannoedd i fynychu'r sêl honno, a'r lle yn orlawn.

Yn 2022, fe wnaeth digwyddiad arall fygwth yr arwerthiant yn Shadog. Brin wythnos cyn y sêl, ro'dd Gary a finne'n teithio i Kelso yng Ngororau'r Alban, lle'r o'dd Gary i fod i feirniadu mewn sêl hyrddod, pan glywon ni'r newyddion ar y radio bod y Frenhines Elizabeth ddim hanner da. Erbyn i ni gyrraedd Kelso, ro'dd hi wedi marw. Ar y pryd, feddylion ni ddim llawer am y peth, ond dechreuon ni sylweddoli ymhen amser y byddai yna oblygiadau fyddai'n effeithio ar bawb, a gallai effeithio ar yr arwerthiant hefyd.

Erbyn i ni gyrraedd 'nôl o Kelso, ro'dd yna rai yn awgrymu efallai na ddylen ni gynnal yr arwerthiant oherwydd marwolaeth y Cwîn; yn sicr, meddent, dylid canslo'r cyngerdd elusennol o'dd i'w gynnal, yn ôl yr arfer, ar y noson ganlynol. Wedi'r cyfan, do'dd yr angladd ddim tan ar ôl penwythnos y sêl, a'r siarad yn dew am y dyddiau o alaru o'dd ar ddod, pan fyddai masnachu trwy Brydain gyfan yn peidio am gyfnod; yr awgrym o'dd y dylen ninne hefyd roi'r gorau i'n masnachu. Felly, ro'dd yn rhaid rhoi pob math o ystyriaeth yn y fantol cyn gwneud penderfyniad, a dod i'r casgliad y byddai'r colledion yn rhy fawr pe na fydden ni'n bwrw 'mlaen â'r trefniadau. Ac ro'dd y cyngerdd ar y nos Sul fel arfer mor fuddiol i elusennau amrywiol, do'n i ddim yn gallu *ystyried* peidio â chynnal y ddwy noson, mewn gwirionedd. Felly, fe aeth pob dim yn ei flaen. Ac fel dywedodd Gary ar y pryd, do'dd hi ddim yn debygol y byddai'r Cwîn wedi dod i'r sêl ta p'un 'nny!

O edrych yn ôl, mae rhywun yn ystyried cymaint o gambl o'dd cynnal yr arwerthiannu yn Shadog. Er ein bod yn teimlo tamaid bach o hiraeth am eu bod wedi dod i ben am y tro, ro'dd yna elfen gref o risg ynghlwm wrth y fenter, gyda sêl y llynedd yn enghraifft dda o hynny. Yn y cyfnod cyn dyddiad yr arwerthiant, ro'dd y tywydd yn ansefydlog iawn, yn wlyb ac yn ddiflas. I nifer o ffermwyr yr ardal a thu hwnt, ro'dd hynny'n rhwystredig iawn, gan fod cnydau silwair gan lawer o'dd yn hen barod i'w cynaeafu ond bod y tywydd ddim wedi caniatáu iddyn nhw fwrw iddi. Ond fe wnaeth hi dywydd gwresog bendigedig yn y tri diwrnod yn arwain at y sêl, a dros y penwythnos hefyd. Wrth gwrs, dyma bobl yn danfon eu hymddiheuriadau wedyn, ar fore'r gwerthu – gan gynnwys rhai o'n cwsmeriaid arferol – yn dweud eu bod yn methu dod oherwydd eu bod yn cywain, neu wrth ryw lafur o'dd rhaid ei wneud tra bo'r cyfle. Ar ben hynny, ar noswaith y sêl ei hunan ro'dd hi mor boeth yn y sied werthu nes gwneud i'r hyrddod ddechrau chwythu a llyfedu.

Y wers bwysig ddysgon ni y llynedd yw cynddrwg syniad yw rhoi pob wy yn yr un fasged, ys dywedir; hynny yw, ro'dd bron pob un o'n hyrddod gorau i'w gwerthu yn yr un sêl, a phetai'r un broblem fach arall wedi codi, fe allai fod wedi arwain at sêl hynod aflwyddiannus. Dyna o'dd wrth wraidd y penderfyniad i beidio â chynnal sêl eleni, mewn gwirionedd, ac i fynd 'nôl i'r ffyrdd arferol o werthu'r hyrddod. Mae yna ormod o bethau annisgwyl – a thu hwnt i'n rheolaeth – allai beryglu llwyddiant yr achlysur. Heb anghofio'r holl waith o'dd yn rhan o drefnu sêl adref ar y fferm. Ro'dd y gwaith yn ddiddiwedd a rhwyddach o lawer o'dd mynd yn ôl i'r arwerthiannau arferol er mwyn i ni fedru llwyr ganolbwyntio ar sicrhau bod yr hyrddod yn barod ar gyfer eu diwrnod mawr.

Er hynny, fe fyddwn ni'n gweld eisiau'n arw y cyngherddau o'dd yn cael eu cynnal yn y sied ar y nos Sul wedi'r sêl. Ro'n nhw'n ffordd i ni i gyd ymlacio wedi'r holl waith caled, ac ar yr un pryd i wneud cyfraniad i achosion da a darparu noson o adloniant i'r gymdogaeth. Do'dd dim pwysau ar y cyngherddau i 'lwyddo' yn yr un ffordd â'r sêls, do'dd byth ots faint o bobl fyddai'n troi i fyny, mewn gwirionedd. Ro'n ni jyst yn hynod o ffodus bod pobl wedi dod yn eu heidiau i gefnogi bob tro. Ond cyn i'r un perfformiwr roi blaen ei droed ar y 'llwyfan', (a fuodd y diwrnod cynt yn blatfform i ddangos yr hyrddod wrth eu gwerthu), ro'dd gofyn i ni lanhau'r sied yn ddilychwin unwaith eto; mae cannoedd o ddefaid yn medru gadael eu hôl brwnt ar lawr sied yn ddigon clou, credwch fi, ac ro'dd trwch o wellt i symud.

Fyddai hi wedi bod bron yn amhosib i ni drefnu'r cyngherddau hynny heblaw am gymorth dwy ddynes gymwynasgar a phrofiadol. Un o sefydlwyr mudiad elusennol Tir Dewi yw'r Hybarch Eileen Davies, Gwndwn, a gyda'i ffrind Mabel fe fyddai'n dod i gyfarfod â ni – fel arfer gyda'r hwyr yn Shadog – rhyw dair o weithiau gan amlaf cyn pob cyngerdd, ac yn ystod y cyfarfodydd hynny fe fyddai pob elfen o'r cyngherddau'n cael eu sortio; bwcio artistiaid; chwilio am eitemau i'r ocsiwn; posteri a thocynnau ac yn y blaen. Heb help Eileen a Mabel, fe fyddai wedi bod yn anodd i ni drefnu pethau, ac mae'n diolch yn fawr iawn iddyn nhw.

Cymerais inne ran yn y cyngerdd cyntaf un, yn 2020. Fe wnaeth fy hen gyfeilles Ffion Haf a fi atgyfodi un o'r sgitiau ro'n ni wedi arfer ei pherfformio mewn cyngerddau gyda Merched Llanfynydd, lle'r o'dd y ddwy ohonon ni wedi ein gwisgo fel babis yn canu deuawd doniol. Ro'dd Sioned a Dafydd yn eu dyblau o weld eu mam yn gwneud rhywbeth mor ddwl. Fore dydd Llun wedi'r consart, ro'dd Dafydd yn gynnwrf i gyd er mwyn hysbysu ei athrawon yn y Cylch Meithrin bod ei fam wedi gwisgo fel babi, ond ro'dd yr hyn ddeallon nhw ychydig yn wahanol i'r hyn ro'dd fy mab yn treial ei ddweud. Pan es i i gasglu Dafydd o'r Meithrin y noson honno, ro'dd pawb yno'n gwenu fel gatiau ac yn fy llongyfarch am fod babi arall ar y ffordd!

I ni fel teulu, yr un drefn fyddai bob blwyddyn, gyda'r pedawr ohonon ni'n eistedd gyda'n gilydd ar y bêls, yn union yn y canol o flaen y llwyfan, ac yn joio'r arlwy. Ac unwaith byddai'r gerddoriaeth a'r canu'n dechrau, dim ond bryd hynny y bydden ni'n gwybod i sicrwydd fod y gwaith trefnu ar ben a bod ein hamser ni i fwynhau'r penwythnos wedi dod. Do'dd dim angen poeni am y paratoi a'r hysbysebu rhagor, dim ond setlo yn y gwellt a joio. Ac fe fyddai deigryn yn dod i fy llygaid bob tro hefyd, a maint y gamp yn fy nharo; mae meddwl am safon gwych y cantorion sydd wedi cyfrannu i gyngherddau Shadog yn dal yn fy ngadael yn gegrwth. Mae'r hyn a ddigwyddodd yma ar *ein fferm ni* yn anhygoel. Cyfraniadau gan dalentau ffantastig fel y tenor Aled Wyn Davies, Llanbryn-mair, (o'dd yn digwydd bod yn brynwr hyrddod i ni hefyd). Fe wnaeth dawn canu Aled argraff fawr ar Sioned ni. Pan gerddodd hi i mewn i'r ystafell fyw yn Shadog ryw dro, lle ro'dd Aled ar y pryd yn newid yn ôl i'w ddillad bob dydd ar ôl canu, dywedodd hi wrtho, ar ôl clywed ei *repertoire* funudau ynghynt,

'Aled, ma rhaid fi weud... Ti'n canu'n dda iawn... Ond ma *llawer* gormod o sŵn 'da ti!'

Ro'dd Aled yn ei ddyble! Allan o enau'r plantos, ontefe?

Tenor arall a'n swynodd o'dd Trystan Llŷr Griffiths a drodd i fyny i'r cyngerdd olaf yn 2023 mewn siorts a chrys T, gan dynnu fy nghoes wrth ddod mas o'i gar,

'Reit, 'te, Meinir,' meddai. 'Wy'n mynd i ganu fel hyn heno!'

'Dim problem,' atebais. 'Cer amdani!'

Edrychodd yn syn arna i.

'Beth? Ti'n *siriys*?'

'Odw, odw. Wrth gwrs bo fi!'

Ro'dd yn cario *tuxedo* yn ei law, mewn bag siwtiau pwrpasol, ond aros yn ei chwdyn wnaeth y siwt honno drwy'r nos; daeth Trystan i'r llwyfan i ganu un gân â pheint yn ei law, ac ar gyfer ei ddehongliad o'r gân '*O Sole Mio!*' fe ganodd â chornet yn llawn *gelato* Angharad Llaeth Preseli fel prop! Noson hwyliog iawn o'dd honno, a ddigwyddodd fod yn gyngerdd ola i ni, fel a welwyd yn y gyfres *Teulu Shadog: Tymhorau'r Flwyddyn*. Ar ôl i berfformiad rhyw ganwr neu gantores ei swyno mewn un cyngerdd trodd Gary ata i a dweud,

'Alla i ddim â credu hyn... Bytu bum mis yn ôl o'n i'n lloia da fan hyn, ac o'dd y lle'n dail a *mess* i gyd, a nawr ma 'da ni rai o gantorion gore'r byd yn canu 'ma... Mae e fel byd arall!'

Allwn i ddim fod wedi ei ddweud yn well fy hunan.

Ac wrth gwrs, sut all neb anwybyddu cyfraniad amryddawn y bytholwyrdd Clive Edwards o'dd yn un o hoelion wyth y cyngherddau hyn? Clive a'i rybudd i bobl beidio ag ysmygu yn y sied, rhag ofn iddi fynd yn dwym iawn yno! Galla i gario ymlaen i enwi Doreen Lewis, Côr Cwmann a'r Cylch, Bois y Rhedyn, Teulu Llain, Telynnau Derwent, Steffan Rees, Nanw Melangell Griffiths-Jones, Swyn Tomos a llawer eraill... A dweud y gwir, mae'r rhestr o artistiaid sydd wedi ymddangos yn ein cyngherddau ar hyd y blynyddoedd yn rhy niferus i'w henwi i gyd, ond hoffen ni achub ar y cyfle i ddiolch o waelod calon i bob un. Ry'ch chi'n gwybod pwy y'ch chi!

Mae'n rhaid i fi ddiolch yn arbennig yma hefyd i fy ffrind, Mari Grug, a gytunodd mor barod i fod yn Llywydd y Noson yn ein cyngerdd diwetha yn 2023. Mae Mari gyda'r dewraf o ferched rwy'n eu nabod ac fe ddaeth yn gwbl ddiachwyn i gyfrannu i'r cyngerdd, gyda'r arian rhodd yn mynd at elusen cancr y fron a hithau'n derbyn triniaeth at yr union glefyd hwnnw ar y pryd. Ro'dd pawb o'dd yno ar y noson yn llawn edmygedd ohoni, ac fe lywiodd y cyngerdd yn y ffordd fwyaf hyfryd. Rwyt ti'n seren, Mari, a diolch o waelod calon i ti.

Er gwaetha'r holl gantorion proffesiynol a'r diddanwyr talentog fuodd yn perfformio yn y sied wartheg yn Shadog, mae'n rhaid dweud taw uchafbwynt y cyngherddau i ni fel teulu o'dd gweld Sioned ni'n camu i'r llwyfan i ganu am y tro cyntaf erioed o flaen torf y llynedd. Ro'dd Gary a finne'n nerfus iawn drosti, mae'n rhaid dweud, ond Sioned ei hunan fynnodd ganu o'r eiliad gynta. Bues i'n ei helpu i ymarfer, wrth gwrs, ond ro'dd ei gweld ar ei phen ei hunan ar y llwyfan bach yn dipyn o brofiad i bob un ohonon ni. Ond fe ganodd Sioned yn hyfryd y noson honno, gan ein gwneud ni i gyd yn falch iawn ohoni. Ac mae'n amlwg bod y byg canu wedi cydio ynddi hefyd; pan ddywedon ni wrth y plant fod dim sêl i fod eleni, dechreuodd Sioned ypsetio a mynnu bod *rhaid* i ni gael un arall. Pan ofynnon ni pam, dywedodd ei bod am ganu eto yn y consart. Efallai rhywbryd eto, Sioned fach.

At ei gilydd, fe wnaeth y cyngherddau godi arian sylweddol at nifer o elusennau pwysig, gan gynnwys elusennau cancr prostrad, mudiad Tir Dewi ac Ambiwlans Awyr Cymru. (Yn ogystal â'r cyngherddau eu hunain, trefnon ni daith tractorau ym mis Medi 2023, yn dechrau ac yn gorffen ar glos Shadog, er mwyn codi arian tuag at fudiad Tir Dewi ac elusen cancr y fron). Llwyddodd cyngerdd y llynedd i godi o gwmpas deng mil o bunnau i elusen cancr y prostad a Tir Dewi rhyngddynt. Fe glywch ragor am waith arbennig Tir Dewi ac Eileen Davies yn y man, ac fe glywsoch eisoes am sut mae clefyd cancr wedi effeithio ar ffrindie ac aelodau o'r teulu. Ond mae gan Ambiwlans Awyr Cymru arwyddocâd arbennig i'n teulu ni hefyd.

Dydd Nadolig 2017 o'dd hi, a'r twrci a'r llysiau a'r grefi newydd gyrraedd y ford yn Shadog. Ro'n ni i gyd yn cymryd ein cegaid gyntaf o fwyd pan ddaeth galwad ffôn yn dweud wrthym bod Peter, brawd Gary, wedi cael strôc. (Ro'dd yn dri deg naw oed ar y pryd). Wrth gwrs, rhuthron ni fel teulu ar unwaith i Dycam. Er nad yw fferm Tycam ym mhen draw'r byd – fel mae rhai o ffermydd mwyaf anghysbell Cymru, mewn ardaloedd fel Pen Llŷn, er enghraifft – nid yw'n gyfleus i'r ysbyty mawr agosaf chwaith, gyda'r heolydd yn rhai gwledig, troellog, bron â bod pob cam o Gaerfyrddin. Fe fyddai aros am ambiwlans cyffredin wedi golygu y byddai Peter am amser hir cyn derbyn sylw arbenigol, a do'dd wybod beth allai ddigwydd iddo. Galwyd am yr Ambiwlans Awyr a daeth yr hofrenydd ar unwaith. Ymhen rhyw dri diwrnod, a ninne i gyd wedi bod nôl a mlan cymaint i Dycam a'r ysbyty, er mwyn helpu'r teulu, dwi'n cofio cyrraedd yn ôl yn Shadog rhyw noson tua hanner nos – a gweld bod y cinio Nadolig ar y ford fwyd o hyd, yn union fel ro'n ni wedi ei adael. Diolch i'r sylw prydlon y caniataodd yr Ambiwlans Awyr iddo ei dderbyn, mae Peter wedi gwella'n arbennig o'i strôc ac ro'dd yn ôl yn ffermio yn Nhycam o fewn wythnosau i'r trawiad.

Nid Peter yw'r unig aelod o'r teulu i fynd ar ofyn yr Ambiwlans Awyr chwaith. Y mis Mawrth canlynol, prin dri mis wedi i'w fab gael ei gymryd yn dost, dioddefodd Johnny yntau ymosodiad gan fuwch a drodd arno'n sydyn pan o'dd yn ceisio rhoi ei llo i'w sugno; mae buwch sydd newydd eni llo yn gallu bod yn ffyrnig o amddiffynnol weithiau. Wrth i'r fuwch ei bwnio i'r llawr a damsel arno o hyd ac o hyd, penderfynodd John – o'dd yn ei saithdegau hwyr – mai esgus ei fod wedi marw fyddai orau. A gyda hynny dyma'r fuwch yn ei adael i fod. Llwyddodd i dynnu ei ffôn symudol o'i got a sibrwd ffonio'r tŷ yn Nhycam. Yn fuan, daeth yr hofrenydd i'w gludo i'r ysbyty. Ro'dd wedi torri un ar ddeg o asennau ac yn dioddef hefyd o dwll yn ei ysgyfaint.

Cafodd Wncwl Walt hefyd ei gludo trwy'r cymylau ar fwrdd yr hofrenydd ar ôl cael damwain ar ei feic *quad* un tro; fe ddaeth y beic yn bendramwnwgl i lawr ar ei ben ar ôl i Walt golli rheolaeth arno mewn cae serth yn Nivlyn. Cafodd ei gyfyngu am oriau oddi tano mewn ffos yng ngwaelod y cae. Ro'dd wedi gwneud niwed difrifol i'w ben-glin, ac nid o'dd yn gallu symud o'r fan a'r lle o'r herwydd, a ta waeth faint yr o'dd yn galw am help, nid o'dd neb yn gyfleus i'w glywed; ro'dd Anti Ann wedi mynd i'r dre. Erbyn iddi ddod o hyd iddo fe ro'dd e wedi oeri tipyn ac mewn poen. Cafodd ei gludo i Ysbyty Treforus mewn dim o dro ar fwrdd yr hofrenydd. Dyna i chi dri aelod o *un teulu* yn unig a dderbyniodd wasanaeth yr Ambiwlans Awyr mewn cyfnod byr, yn fesur o bwysigrwydd y gwasanaeth i gymunedau gwledig.

Er gwaetha swildod dealladwy Sioned yn canu o flaen cynulleidfa yn y cyngerdd y llynedd, dwi ddim yn credu bod y swildod hwnnw'n ymwneud yn ormodol â'r camerâu teledu o'dd yn ffilmio ar y noson. Dwi ddim yn siŵr a ydy'r plant yn sylwi arnyn nhw ryw lawer erbyn hyn, a'r gwir yw eu bod wedi tyfu i fyny o flaen y camera. Mae hynny'n dipyn o sylweddoliad. Rhwng yr holl gyfresi ac eitemau *Teulu Shadog* a *Ffermio* sydd wedi eu recordio yma, mae cael *ops* camera a sain a chyfarwyddwyr ar hyd y lle yn rhywbeth digon cyffredin i Sioned a Dafydd. A dweud y gwir, mae gan y ddau dueddiad i ymddwyn yn hollol naturiol o flaen y camera, ac weithiau yn ymlacio gormod ac yn dechrau gwneud melltith diniwed. Dyna pryd mae'r siocled yn dod yn gyfleus iawn i'w temtio i fihafio am ychydig bach yn hirach.

Dyw hi'n fawr o syndod bod y plant wedi dod i nabod rhai o griw a staff Telesgop yn dda iawn; maen nhw'n galw 'Wncwl Gareth' ar y dyn camera ac 'Wncwl Bob' ar Rob y dyn sain, sydd wedi bod wrthi ers y dechrau'n recordio cyfresi *Shadog*, a'r plant a'r criw sefydlog yn hoff iawn o'i gilydd. Mae'r criw a'r tîm cynhyrchu bron fel aelodau o'r teulu gan eu bod wedi chwarae rhan mor fynwesol yn ein bywydau. A dweud y gwir, os yw'r ffilmio neu ryw jobyn ry'n ni wrthi'n gwneud yn bygwth mynd yn hwy na'r disgwyl – byddwn ni'n dweud wrth aelodau'r tîm i fynd i helpu eu hunain i fwyd o'r ffrij, neu roi rhywbeth yn y ffwrn, yn ginio ar gyfer pawb. Do's unman, bron, sydd *off-limits*. Maen nhw i gyd yn pitsio miwn, chwarae teg.

Ar yr un trywydd, mae'n rhaid i fi adrodd y stori hon. Pan ro'dd Telesgop yma'n ffilmio ar gyfer y rhaglen *Ffermio: Wyna Byw* yn 2020, ro'dd angen i bron â bod bob aelod o staff y tîm cynhyrchu helpu mas, ro'dd y rhaglen yn gymaint o fwystfil logistaidd. Pawb at ei waith o'dd hi! Wel, pan ddaeth hi'n amser i'r rhaglen fynd yn fyw, penderfynodd criw o'r merched, (Lowri Berllan ac Angharad Edwards yn eu plith), fynd i'r tŷ i wylio'r darllediad, yn hytrach na bod o dan draed yn y sied ddefaid, gan wirfoddoli'r un pryd i garco Dafydd, o'dd yn fabi yn ei gewynnau bryd hynny. Ac, wrth gwrs, dyna o'dd yr amser delfrydol iddo drochi ei gewyn yn y ffordd fwyaf mawreddog. 'Ffrwydrol' yw'r gair, rwy'n credu. Ro'dd ei faw wedi tasgu yr holl ffordd i fyny ei gefn, a'r unig rai o'dd gerllaw i newid ei gewyn o'dd y merched o'dd wedi disgwyl noson hyfryd yn gwylio'r teledu. A do'dd gan yr un ohonyn nhw blant chwaith, nac unrhyw brofiad o newid cewyn brwnt. Yn ôl yr hyn ddywedon nhw wedyn am eu hymdrechion, a hynny trwy byliau o chwerthin, y byddai eu ffilmio'n newid cewyn Dafydd wedi gwneud rhaglen a hanner!

Ac eto, mae'n rhaid cadw llygad gwarchodol ar y ddau blentyn. Ry'n ni'n aml yn eu holi a ydyn nhw'n hapus i fod ar y teledu, a yw pob dim yn iawn o'u rhan nhw ac ydyn nhw dal yn *fodlon* i gael eu ffilmio? Mae'r ffaith bod ambell un wedi gofyn am eu llofnodion mewn martiau ac ati yn gwneud iddyn nhw deimlo'n eithaf bodlon eu byd, rhaid dweud!

Wrth iddyn nhw dyfu'n hŷn eto – a chymryd y bydd rhagor o gyfresi *Shadog* yn y dyfodol – bydd eu hunanymwybyddiaeth yn datblygu hefyd, a'r diniweidrwydd plentynnaidd yn diflannu'n naturiol. Mae Gary wedi sylwi ar flas o hyn yn barod, meddai. Ro'dd ei fam wedi dod draw i Shadog un noson ddim yn hir yn ôl, ac wedi gofyn am gael gweld rhai o benodau *Teulu Shadog: Yn Ôl ar y Fferm*. Fel ro'dd hi'n digwydd, do'dd Gary ddim wedi gweld un o'r penodau lle'r o'dd Dafydd yn llefain achos bod y ddafad fuodd yn oen swci iddo, Bela, wedi mynd yn fam ar ei hoen ei hunan ac yn gorfod cael ei throi mas gyda'r ddiadell. Ro'dd Dafydd wedi arfer â'i chael ar hyd y clos ac yn awr ro'dd ei hoff ddafad yn ymadael ag e. Ro'dd yn torri ei galon yn yr olygfa honno.

Yn ôl Gary, wrth wylio'r bennod fe ddechreuodd Dafydd – o'dd wedi ei gweld o'r blaen, wrth gwrs – deimlo'n anesmwyth gan wybod fod 'golygfa Bela' ar gyrraedd, a chyn pen dim ro'dd wedi gadael y stafell; ceisiodd ei dad ei alw yn ôl i'w weld ei hun ar y teledu, ond gwrthododd. Mae Gary'n credu taw oherwydd nad o'dd am weld ei hunan yn llefain o'dd hynny, a bod rhyw embaras wedi cydio ynddo fe. O achos rhyw fân bethau fel hynny – allai fynd yn ddisylw'n rhwydd – ry'n ni'n teimlo bod yn rhaid monitro bodlonrwydd y plant ynglŷn â'r peth teledu yn gyson. Mae adwaith cyfoedion hefyd yn ystyriaeth bwysig wrth bwyso a mesur hynny o beth; beth allai'r plant ysgol eraill fod yn ei ddweud amdanyn nhw, neu wrthyn nhw? A allai golygfa neu'i gilydd ar y rhaglen achosi tynnu coes diangen? Sioned a Dafydd yw ein prif ystyriaeth gyda phob dim ry'n ni'n ei wneud, a'u hapusrwydd nhw sydd bwysicaf.

Ond mae yna adegau pan alla i ddim â siglo'r hen deimlad euog hwnnw fy mod i'n fam wael. 'Amser Shadog' yw hi pan ry'n ni'n wyna. Mae fel petai amser y byd allanol wedi colli pob perthnasedd. Ambell waith mae ymhell wedi deg o'r gloch arnon ni'n dod mewn i'r tŷ am swper, ac o ganlyniad, ymhell wedi deg ar y plant yn mynd i gysgu. Ry'n ni'n gorfod gadael iddyn nhw gysgu yn y bore wedyn ac mae'n rhaid gwneud yr 'Ymdaith o Gywilydd' – *walk of shame* – unwaith yn rhagor, a chrefu arnyn nhw i agor drysau Ysgol Bro Teifi er mwyn i'r plant gael mynychu heddi eto. Rwy'n teimlo cywilydd mawr ar yr adegau hynny.

Does dim sgwrsio y tu allan i gatiau'r ysgol ar ddiwrnodau fel hyn, mae'n dawel a gwag. Ond yn aml – pan fy mod yn llwyddo i gyrraedd mewn pryd i gasglu'r plant ar ôl ysgol – rwy'n clywed bod plant hwn a hon yn eu gwelyau erbyn saith, neu eu bod wedi mynd am bryd o fwyd i rywle neis neithiwr. Dyna pryd dwi'n teimlo fel mam ofnadwy. Yn yr un modd caf glywed bod rhai teuluoedd wedi bod ar wyliau haf neu hanner tymor i le cynnes dramor. Dy'n ni fel teulu byth yn mynd ar wyliau tramor. Ambell bnawn yn Oakwood neu'r traeth, efallai, ar ôl i gyfnod o brysurdeb mawr ar y fferm ddod i ben, neu benwythnos yn yr Hydref oddi ar y fferm. Ond yn anaml y bydd y tripiau bach hynny'n digwydd. Mae Sioned yn aml yn fy holi,

'Mam, pryd y'n ni'n ca'l mynd ar awyren?'

'Ewn ni rywbryd,' yw'r unig ateb y galla i ei gynnig iddi.

Ond dyw hi ddim yn rhwydd eu clywed yn sôn yn eiddigeddus am y gwyliau bendigedig mae eu ffrindie ysgol newydd gael, tra bod Dafydd a Sioned wedi treulio'u gwyliau hwythau ar y fferm.

Nid yw'r broses o ffilmio *Shadog* wedi peri unrhyw anghyfleusder mawr i ni ar y fferm, rhaid dweud, ond mae cael y criw teledu o'n cwmpas – yn enwedig ar yr adegau ffilmio prysuraf – yn gallu gwneud i'n blaenoriaethau bwyso i gyfeiriad y gwaith hwnnw ac i ffwrdd o'r gwaith fferm. Mae hynny'n naturiol, am wn i, oherwydd ry'n ni'n rhoi ein sylw i'r peth sy'n ei fynnu fwyaf, on'd 'yn ni? Ac wrth gwrs, mae'n amhosibl gwneud *popeth* ar yr un pryd.

Rwy'n cofio i Gary fod yn brysur wrth baratoi i groesawu'r criw i'r clos flwyddyn neu ddwy yn ôl, ac ar y diwrnod cyn iddyn nhw gyrraedd fe fuodd yn glanhau'r clos a chymhennu ar hyd y lle. Ro'dd yna waith fferm yn galw hefyd, fel ag sydd wastad, ond ro'dd rhaid paratoi er mwyn cyflwyno'r lle o flaen llygad y camera. Y diwrnod wedyn, fe aeth o gwmpas y diedyll i wirio fod pob dim yn iawn â'r defaid. Daeth ar draws dafad ar ei chefn, wedi marw. Ro'dd Gary'n siomedig, gan dybio y byddai wedi gallu ei hachub petai e ond wedi cael y cyfle i fynd i'r caeau y diwrnod cynt.

Wrth gwrs, natur ffilmio ar gyfer y teledu yw bod yna lawer o ailosod siotiau a ffilmio'r un peth o wahanol onglau drosodd a throsodd. Pan mae'r criw wrthi'n recordio hyd yn oed y peth symlaf ar y ffarm, mae jobyn na ddylai gymryd mwy na phum munud fel arfer – fel bwydo'r gwartheg yn y sied, er enghraifft – yn medru para awr a mwy! Ro'n i'n gyfarwydd â hynny, oherwydd fy ngwaith fel cyfarwyddwr a chyflwynydd, ond do'n i ddim yn siŵr sut fyddai Gary a'r plant yn ymateb i'r ffordd honno o weithio ar y dechrau; mae Gary'n un sy'n hoffi bwrw iddi â'i waith yn ddi-ffwdan. Ac mae *lot* o ffwdan gyda'r ffilmio! Yn bersonol, ro'n i'n falch ei fod yn cael blas ar y byd ro'n i wedi ei nabod, a gweld drosto'i hunan nad yw'r broses o roi rhaglen deledu at ei gilydd yn un hawdd bob tro. Ond mae wastad hwyl i'w gael yng nghwmni'r criw, ac mae mor bwysig bod ffermwyr yn agor giatau'r clos fel bod pobl yn dod i ddeall faint o waith sy'n digwydd ar ein ffermydd er mwyn sicrhau cyflenwad o fwyd safonol ar ein byrddau.

Ar y pwnc hwn, rwy'n werthfawrogol iawn o'm gŵr am ei fod wastad wedi sylweddoli mor bwysig yw'r gwaith teledu yn fy mywyd. Rwy inne'n gweld y ddwy ochr – y ffermio a'r cyflwyno – fel rhan o'r un byd, wrth gwrs, ac er fy mod yn ddiweddar iawn wedi cwtogi ar fy nyddiau'n gweithio ar *Ffermio* o dri diwrnod yr wythnos i un, mae'r yrfa honno'n dal i fod yn bwysig iawn i fi. Yn rhan o fy huaniaeth, mewn gwirionedd. Ac yn nyddiau cynnar ein priodas, ro'dd hi mor bwysig hefyd ein bod yn cael ryw frêc bach oddi wrth ein gilydd, bob hyn a hyn! O ddifri, mae ffermio'n medru bod yn fywyd *intense* iawn i bâr o bobl sydd yng nghwmni ei gilydd bob eiliad o'r dydd. Ond ro'n i wastad yn ysu am gael mynd yn ôl i'r fferm ac at fy ngŵr ar ôl cwpla gwaith ffilmio'r wythnos; rwy'n dal i deimlo hynny, ond bod yna blant hefyd i ddod 'nôl atyn nhw erbyn hyn. Dod yn fam o'dd yn bennaf gyfrifol am i fi ddewis mynd yn llawrydd, ro'dd yn rhoi mwy o hyblygrwydd i mi fel fy mod hefyd yn gallu gwneud y mwyaf o fy amser gyda Gary a'r plant a gwneud yn siŵr fy mod yn rhannu holl gerrig milltir eu plentyndod. Rwy mor falch fy mod wedi gwneud y penderfyniad hwnnw.

Beth sydd ar y gorwel i Shadog felly? Ar hyn o bryd, atgyfnerthu'n dawel yw'r peth. Mae'r degawd diwethaf wedi bod yn gyfnod o ehangu a datblygu, yn gyfnod anodd ar adegau hefyd. Ond mae'r gwaith mawr ar ben, am y tro o leia. Y flaenoriaeth i ni nawr yw gwneud yn siŵr y bydd Sioned a Dafydd – gan dderbyn y bydd y *ddau* eisiau mynd yn ffermwyr – yn cael y dechreuad gorau posib er mwyn rhoi seiliau cadarn iddyn nhw. O ran egwyddor, mae mor bwysig bod y plant yn derbyn gwaddol cyfartal a'r modd i ddechrau ar eu gyrfaoedd ar sail gydradd.

Wrth gwrs, ry'n ni wrthi o hyd yn mân ddatblygu pethau yn Shadog, ac yn ystyried opsiynau er mwyn ehangu gorwelion y fferm. Ers i Gary ddechrau dioddef o wynegon yn ei ysgwydd, mae wedi rhoi'r gorau i'r gwaith sganio defaid bron â bod yn gyfan gwbl, ar wahân i ychydig o waith yn lleol a'r gofynion sganio yn Shadog, wrth gwrs. Mae'r arbrofion stoc diweddar wedi llwyddo'n rhyfeddol a'r gwartheg Aberdeen Angus wedi plesio'n arw. Ro'n i wedi lled ystyried codi sied i gadw ieir dodwy ryw dro yn ôl, ond ro'dd hynny'n golygu gwariant o ryw gan mil o bunnau, dim ond er mwyn cyflwyno cais cynllunio! Do'dd hynny *ddim* yn opsiwn realistig i ni, yn anffodus.

Menter sydd wedi llwyddo yma yw gwerthiant y mêl

a ddaw o'r deuddeg o gychod gwenyn ar y fferm, fel y soniais ynghynt yn y bennod – a rhag i neb feddwl ein bod yn arddwyr o fri yn tyfu planhigion a blodau i'w bwydo, nid fel 'nny mae hi yma. Do's gan Gary na finne fysedd gwyrdd o gwbl, nac ychwaith yr amser i dendio gardd. Yn hytrach, mae'r gwenyn yn cael eu porthiant o'r blodau a phlanhigion gwyllt sy'n tyfu yn yr ardaloedd ry'n ni wedi eu ehangu a'u rhoi yn ôl i natur. Y coed yn eu blodau – y drain duon a'r drain gwynion – y llwyni a'r amryw blanhigion.

A dweud y gwir, rhyw gamddechreuad o'dd hi i stori'r gwenyn yn Shadog. Rhoies i gwch yn anrheg i Gary pan ro'n ni'n caru; ro'dd Dad yn cadw gwenyn ac ro'dd Gary wedi dangos diddordeb didaro ynddyn nhw. Prynodd Gary haid o wenyn i'w rhoi yn y cwch, ac am dipyn fe fuodd wrth ei fodd yn gofalu amdanyn nhw; cymaint felly, fe brynodd ddau gwch arall. Ond do'dd y gwaith fferm ddim yn caniatáu iddo roi'r sylw dyledus i'w wenynfa – *apiary* – ac fe aeth y gwenyn yn angof, braidd. Ar ben hynny, fe heidiodd y gwenyn sawl gwaith ac, yng ngeiriau Gary, fe aethon nhw'n rhai 'feral' erbyn y diwedd, yn byw a bod yn ôl eu rheolau eu hunain! Ro'dd e wedi danto â nhw.

A dyma Gary'n taro ar dudalen Facebook yr ymgymerwr lleol, Dorian Harries, sy'n arbenigwr ar gadw gwenyn. Gadawodd Gary neges ar y dudalen, (neges ddigon bant-â-hi mewn gwirionedd), yn awgrymu y dylai Dorian roi gwersi iddo ar sut i gadw ei wenyn! Ymhen dim o dro, ro'dd Dorian yn ffonio Gary yn cynnig rhywbeth gwell; ro'dd yn chwilio am rywle i gadw gwenynfa newydd ac fe holodd a fyddai gennym ddiddordeb i'w chadw yn Shadog?

'Reit,' meddai Gary, 'fe gei di ei chadw fan hyn â chroeso, dim ond dy fod ti'n fodlon dysgu rhywbeth i fi am sut i drafod gwenyn.'

A dyna ddigwyddodd. Yn y pen draw, fe ddaeth Dorian â naw cwch gwenyn i Shadog, i gadw cwmni i'r tri o'dd gan Gary eisoes, gan gynnig ei arbenigedd i ni. Erbyn hyn, mae Mêl Shadog – sef y mêl o gychod Gary – ar werth yn lleol, a'r gwenyn wedi eu gwareiddio wedi eu dyddiau gwyllt! (Yn ogystal â bod yn ymgymerwr, mae Dorian yn un o ddyrnaid yn unig o bêr-eneinwyr – *embalmers* – sydd ym Mhrydain gyfan, a llawer o enwogion wedi galw ar ei wasanaethau.)

Y cwestiwn mawr, wrth gwrs, yw beth sydd ar y gorwel i'r diwydiant ffermio? A fydd gyrfa ym myd amaeth *werth* ei hystyried pan ddaw hi'n amser i Sioned a Dafydd ddewis llwybr mewn bywyd? Ar hyn o bryd, mae amaeth yng Nghymru'n teimlo fel petai'n crebachu a'r rhagolygon ar gyfer y dyfodol yn eithaf du. Ond rwy'n fwy gobeithiol na rhai. Fe ddaw'n amser, cyn bo hir iawn, pan fyddwn yn gorfod dod o hyd i'n bwyd o ffynonellau lleol. Ein *ffermydd* lleol. Rwy'n efengylol dros hyn ac yn sicr o'r farn – fel mae Gary – y byddwn i gyd yn dibynnu cyn bo hir ar gyflenwadau yn ein hardaloedd ein hunain am ein bwyd. Mae yna ddarogan mawr bod yna argyfwng cyflenwi bwyd ar y gorwel, felly dim ond un ateb allai fod – bwyta'n lleol.

Mae ffermio wedi mynd i bant dwfn iawn ac nid yw'n debygol o ddringo mas ohono am dipyn eto. Dyna i gyd y gallwn ni ei wneud yw brwydro am well dyfodol i'r genhedlaeth nesa, a'u haddysgu am eu bwyd; dyna pam y cynhalion ni ddiwrnod agored y llynedd er mwyn i ddisgyblion o'r ysgol leol ddod atom er mwyn dysgu am hynny. Ro'dd y diwrnod hwnnw, o'n rhan ni, yn llwyddiant mawr.

Ydw, rwy'n obeithiol y daw pethau'n well; yng ngeiriau Gary, bydd pobl wastad angen bwyd. Fydd hynny byth yn newid. Dyma obeithio – er mwyn ein plant ni oll – y bydd y rhai sydd â'r grym i newid pethau er gwell i'r diwydiant yn gweithredu a deddfu i wneud hynny. Gobeithio wedyn y bydd gan Sioned a Dafydd a'u teuluoedd ddyfodol diogel i edrych ymlaen ato. A phan fod holl drafferthion y diwydiant yn codi eu pennau o hyd ac yn peri gofid cyson i Gary a finne, dim ond treulio'r amser lleiaf yng nghwmni'r plant sydd ei angen er mwyn teimlo'n well am y byd. Pan ddywedan nhw rywbeth doniol yn eu diniweidrwydd, neu frawddeg sydd wedi ei bwriadu i godi calon, mae rhywun yn ystyried beth yw ystyr *gwir* gyfoeth. Teulu.

*

Ym mis Gorffennaf eleni, derbyniais anrhydedd sydd, o bosib, yn golygu mwy i fi nag unrhyw dlws neu gydnabyddiaeth arall a dderbyniais erioed, a hynny am reswm unigryw. Ar ddiwrnod ola'r Sioe Fawr yn Llanelwedd, cynhaliwyd seremoni fach yn adeilad yr *NFU* ar faes y Sioe, a hynny er mwyn cyflwyno gwobr arbennig iawn i fi. Eleni, fi o'dd enillydd y teitl Ffermwraig Gymreig y Flwyddyn, a ddyfarnid gan NFU Cymru/NFU Mutual Wales. Mae rhywun yn teimlo'n ddiymhongar iawn wrth dderbyn anrhydedd o'r fath, ac yn llwyr sylweddoli cymaint o fraint yw hi i lwyddo yn wyneb cystadleuaeth gref y menywod arloesol a gweithgar sy'n y byd ffermio yng Nghymru. Ond ro'dd gan y wobr fwy o arwyddocâd na hynny, hyd yn oed. Ddeuddeng mlynedd yn ôl, fe ddyfarnwyd y wobr i Mrs Doris Jones, Maesteilo, Capel Isaac, Sir Gâr; ydy, mae Mam yn gyn-enillydd.

Mae'r anrhydedd hon wedi gwneud i fi deimlo bod cylch wedi cyfannu yn fy mywyd. Mam o'dd fy ysbrydoliaeth, fy model rôl fel ffermwraig, ac rwy'n credu bod yr awydd i ddangos iddi – a Dad yntau – fy mod wedi dysgu fy nghrefft fel ffermwr, a llwyddo hefyd, wedi bod yn ysgogiad i fi ar hyd fy mywyd. Os y buodd rhywrai'n ddigon ffodus i dderbyn magwraeth yn llawn o gariad a chyngor da, fel y bues i, rwy'n teimlo ei bod hi ond yn naturiol eu bod am 'dalu yn ôl' a diolch iddyn nhw. A'r ffordd orau o wneud hynny yw eu gwneud yn falch o'u plentyn. Heb yn wybod i'r rhai a'm gwobrwyodd, ro'dd derbyn y bowlen wydr hyfryd honno'n ysgogiad i fi gydnabod fy nhylwyth ffermio yn ei gyfanrwydd, a diolch iddyn nhw am y gwerthoedd a'r doethineb a ddaeth i fi trwy dreulio cymaint o amser yn eu cwmni. Yn enwedig Wncwl Walt a Ta'cu Isaac. O bawb, rwy'n credu taw un o ddywediadau Ta'cu fydd yn aros yn y cof fel canllaw ar gyfer agwedd iach at waith a bywyd.

'Codi'n fore, hyn sydd ore. Nid oes sicrwydd o'r prynhawn.'

Dyna i chi gyngor da.

14

MAE'N RHY RWYDD honni bod y gorffennol wedi cynnig amgylchiadau gwell na heddiw i'r ffermwr. Ni fu ffermio erioed yn ddewis hawdd fel modd o gynnal bywoliaeth – mae problemau ac argyfyngau wedi tywyllu amaethyddiaeth erioed, rhaid cofio hynny; yn yr oes fodern, y gwaethaf o'r argyfyngau hyn o'dd Clwyf y Traed a'r Genau, wrth gwrs. Nid yw ffermio'n waith rhwydd yn ei hanfod o gwbl. Mae'r oriau'n medru bod yn ofnadwy o hir ar adegau, a gall elfen gorfforol y gwaith beri blinder mawr a damweiniau; ddylen ni ddim anghofio ei fod yn medru bod yn waith peryglus hefyd. Rwy'n sicr o'r farn na fu hi'n fywyd 'rhwydd' ar y ffermwr erioed. Gobeithio nad ydw i hyd yma wedi portreadu'r gorffennol agos fel rhyw fath o gyfnod euraidd.

Fe fyddai wedi bod yn well gen i osgoi ysgrifennu'r bennod hon a chadw at ryw frîff hunangofiannol; mae'n fy nhristáu bod angen mynd i'r afael â'r pynciau sy'n dilyn o gwbl, credwch fi, ond fe fyddai ysgrifennu llyfr yn ymwneud â ffermio heddiw *heb* gyffwrdd ar y pethau hyn wedi bod yn anniffuant iawn ohonof fi, ac yn anghyfrifol hefyd. Y llun mawr amaethyddol sydd bwysicach o lawer yn yr achos hwn, a dyfodol y diwydiant *ddylai* gael blaenoriaeth.

Digon hawdd yw hi i gymdeithas droi llygad dall

at faterion gwledig ac amaethyddol erioed. Ry'n ni'n gymuned sydd, ar y cyfan, yn lled gudd, yn bodoli mas o'r ffordd, y tu hwnt i sylw'r trefi mawrion a'r dinasoedd. Rhwydd yw ein hanwybyddu os taw dyna yw'r dymuniad; teimla rhai, wedi i mi siarad â nhw, mai dyna mae rhai o'n gwleidyddion ni wedi ei wneud, yn anffodus. Hefyd, mae'n rhaid i gymdeithas gofio ei bod yn llwyr ddibynnol ar amaeth os yw hi am barhau – nid oes modd byw heb fwyd. Ac er gwaetha ymdrechion ambell fudiad amheus neu unigolion hunan-hyrwyddol i neidio'n ddigywilydd ar gefn y protestio – fel sy'n digwydd gyda llawer o achosion teilwng y dyddiau yma – *nid oes* bwyd heb ffermydd a ffermwyr. Mae'r gwirionedd amlwg yn aros yr un peth. Felly, mae problemau amaeth yn broblemau i gymdeithas hefyd, mae mor syml â hynny.

Mae Gary wedi bod yn flaengar iawn fel aelod o grŵp Digon yw Digon a ddaeth at ei gilydd yn yr ymgyrch ddiweddar i geisio dwyn perswâd ar Lywodraeth Cymru, ac i annog gwleidyddion i wrando ar ffermwyr Cymru a gweithredu mewn modd sy'n gefnogol i'r gymuned amaethyddol. Er bod yna unigolion da a sympathetig yn eistedd ar bob ochr o'r Senedd, meddai, nid yw argyfwng amaeth wedi bod o flaenoriaeth i'r mwyafrif dylanwadol. Dyna pam ro'n nhw fel grŵp wedi penderfynu bod angen trefnu'r cyfarfod a ddenodd rhyw ddeuddeg cant o ffermwyr i fart y Trallwng a dros bedair mil i farchnad Caerfyrddin ar ddechrau'r flwyddyn hon, ar ôl i segurdod y llywodraeth (yn eu barn nhw) ar faterion amaeth, a'u hurtwch wrth lunio polisïau, fynd yn ormod i'r diwydiant ei ddioddef. Efallai y cofiwch weld y lluniau teledu o Gary'n annerch y dorf yn y brotest honno, a Dafydd wrth ei ochr.

Teimlad Gary a'r grŵp Digon yw Digon yw bod yn rhaid i unrhyw gamau positif ddechrau gyda'r gweinidogion yn gwrando ar y dystiolaeth wyddonol wrth greu polisïau ynghylch yr *NVZs*, *TB* a'r Cynllun Ffermio Cynaladwy *(SFS)*; ar sawl achlysur, credan nhw, mae Llywodraeth Cymru wedi anwybyddu canlyniadau'r arolygon maen nhw *eu hunain* wedi eu comisiynu. Enghraifft o hyn, medden nhw, yw sefyllfa'r Parthau Perygl Nitradau, yr *NVZs* neu'r rheoliadau dŵr newydd. Er mwyn esbonio'n fras yr hyn yw'r *NVZs*, dyma ddyfynnu o wefan Llywodraeth Cymru;

> Er mwyn lleihau effeithiau niweidiol llygredd, dynodwyd ardaloedd lle mae'r perygl nitradau yn uwch ac yn yr ardaloedd hynny gosodwyd cyfyngiadau ar ychwanegu nitradau.

Ar yr wyneb, mae'n gynllun digon clodwiw. Mae ein hafonydd mewn cyflwr gwael, does dim dianc rhag y ffaith. Ac yn wir, mae nitradau a ffosffadau'n chwarae rhan amlwg yn eu llygru. Ond llawer rhy hawdd yw beio'r ffermwyr bob tro, heb unrhyw feirniadaeth ar rai o'r lleill sydd wrthi'n llygru; fe ddaeth i'r amlwg yn ddiweddar iawn bod tunelli dirifedi o garthffosiaeth amrwd wedi ei ryddhau'n fwriadol i'n hafonydd dros y blynyddoedd diweddar gan y cwmnïau sy'n gyfrifol am buro gwastraff dynol a sicrhau ansawdd da dŵr ein hafonydd. Cyhoeddodd Cyfoeth Naturiol Cymru yn 2022, allan o'r holl achosion o'dd wedi effeithio ar afonydd Cymru, mai 3% a achoswyd gan amaeth. Annheg, felly, yw pardduo ffermwyr uwchlaw neb yn yr achos yma, ac mae'n amser i'r rhai sy'n llygru waethaf wynebu eu cyfrifoldebau.

Fe wnaeth Llywodraeth Cymru gomisiynu Cyfoeth Naturiol Cymru i wneud arolwg yn ddiweddar er mwyn penderfynu pa ganran o dirwedd y wlad o'dd angen ei gosod o dan y rheoliadau adnoddau dŵr newydd a hynny er mwyn mynd i'r afael â phroblem llygredd yn ein hafonydd.

Ro'dd yna deimlad cyffredinol bod yn rhaid ehangu'r ardaloedd dynodedig o'dd yn bodoli yn barod fel ardal *NVZ*. Canlyniad yr arolwg hwnnw o'dd y dylid penodi 8% o dir Cymru dan y rheoliadau adnoddau dŵr newydd, lle bu hyd hynny'n rhyw 4.5%. Ond yr hyn wnaeth Llywodraeth Cymru o'dd pennu Cymru yn ei chyfanrwydd – 100% o'r tir – o dan y rheoliadau dŵr newydd. Mae rhai wedi mynegi'r farn taw gwallgofrwydd yw hyn, ac mae'r penderfyniad wedi siomi ffermwyr yn gyffredinol. Dyw Gary ddim yn medru deall pam mae'r Llywodraeth wedi mynd yn erbyn cyngor y corff sy'n cynghori'r Llywodraeth ar faterion yn ymwneud â'r amgylchedd.

Hefyd yn ymwneud â'r rheolau dŵr newydd mae'r hyn mae Llywodraeth Cymru'n eu galw'n 'gyfnodau caeedig', neu *closed periods*, ffenomen sydd – ar adeg ysgrifennu'r llyfr hwn – yn dod i rym ar y 15fed o Hydref eleni tan y 15fed o Ionawr 2025 i bob rhan o Gymru (er eu bod ar waith mewn ardaloedd detholedig eisoes; mae'n sefyllfa ddarniog, gymhleth). Un o'r pethau sy'n broblematig gyda'r rheoliad hwn yw effaith ein hafau a hydrefau cynyddol wlyb ar y cynllun; ystyriwch y glaw a gawson ni yn ystod 2023 a 2024.

Eleni yn Shadog ac y llynedd, wedi haf gwlyb iawn, mae wedi bod yn anodd cwblhau'r silwair heb sôn am wasgaru slyri. Fe gafwyd un cyfnod o dridie sych ar ddechrau mis Medi gan roi'r cyfle i bawb wneud y llafuriau a gorffen y silwair. Fe fuon ni'n ffodus i wneud y naw deg erw o silwair yn ystod y toriad yn y tywydd. Er hynny, cyn ddaeth y cyfle i wasgaru'r slyri, fe ddechreuodd hi lawio'n drwm. Eleni mae storfeydd slyri sawl ffermwr, fel ein storfa ni, yn uchel cyn dechrau'r cyfnod caeedig.

Mae gofid nifer o ffermwyr yn debyg i'n sefyllfa ni yma yn Shadog. Mae storfa addas gyda ni sy'n medru dal y slyri am bum mis – sy'n cydymffurfio â gofynion y llywodraeth. Ond y broblem yw mae'r storfa mond yn dal gwerth pum mis o slyri pan mae'n dechrau'n wag. Eleni mae wedi bod yn anodd canfod ffenest addas i wagio'r storfa cyn y 15fed o Hydref. Y cwestiwn mae sawl ffermwr yn holi yw beth maen nhw fod i'w wneud? Gwagio beth bynnag yw'r amodau cyn y cyfnod caeedig, neu dal yn dynn ac o bosib gorfod wynebu sefyllfa lle bydd y slyri yn gorlifo cyn bod y cyfnod caeedig yn agor? Gobeithio'n wir y daw yna gyfnod sych cyn y 15fed o Hydref, neu fe fydd yna bryder y gallai'r afonydd droi'n ddu pan fydd y cyfnod caeedig yn agosáu.

Dyna beth ddigwyddodd yn Iwerddon, yn ôl y sôn. Pan ddaeth rheolau tebyg i rym yn yr ynys werdd, fe wnaeth y Dydd Gwener cyntaf ar ôl i'r cyfnod caeedig agor gael ei ail enwi yn 'Black Friday with frothy rivers'. Yn dilyn y cyfnod caeedig, ro'dd storfeydd pawb yn llawn a phawb yn gwaredu slyri ar y cyfle cyntaf posib ar ôl i'r ffenest agor. Rhaid cofio hefyd yr effaith fydd hyn yn ei gael ar gontractwyr. Bydd dim digon ar gael i gwrdd â'r galw cynyddol bob pen i'r cyfnod caeedig, a dim gwaith i'r contractwyr yn ystod y cyfnod caeedig. Mae ein contractwyr ni wedi rhybuddio y bydd chwech o'i weithwyr sydd â theuluoedd ifanc yn colli eu gwaith y gaeaf hwn.

Y llynedd fe ddaeth yna gyfnod sych ar ddechrau mis Tachwedd a roddodd y cyfle a'r amodau delfrydol er mwyn rhyddhau'r storfeydd, ond eleni – o ganlyniad i'r rheolau newydd – ni fydd hyn yn bosib.

Rwy'n ofni taw dewisiadau fel hyn sydd o'n blaenau. Y naill ffordd neu'r llall, gallai senario fel hon olygu mwy o lygru fyth yn ein hafonydd. (Er enghraifft, mae yna reoliadau *NVZ* yn bodoli ers sbel o gwmpas Llynnoedd Bosherston yn ne Sir Benfro, er mwyn amddiffyn y system eco ddelicet yno, sydd wedi ei niweidio yn y degawdau diwethaf. Ond yr hyn a welwyd mewn byr o amser o'dd bod y ffermwyr sydd â thir yng nghyffiniau'r llynnoedd yn carthu slyri ar ras wyllt cyn dechrau'r cyfnod caeedig, a'r llygredd yn nŵr Llynnoedd Bosherston gymaint yn waeth o'r herwydd).

Hyd y gwela i, yr hyn mae ffermwyr yn gofyn amdano'n rhesymol yw'r hawl i ffermio yn ôl yr amgylchiadau; mae pob blwyddyn yn wahanol o ran y tywydd a phob fferm a thirwedd yn wahanol. Dylai'r ffermwr gadw'r hawl i addasu yn ôl yr amodau, yn hytrach na ffermio yn ôl y calendr. Mae ymateb yn gyflym i amgylchiadau'n rhan bwysig o waith ffermwr erioed. (At y diben hwn, mae Coleg Amaethyddol Gelli Aur, ger Llandeilo, wedi dyfeisio – ac wrthi'n treialu – *app* tywydd pwrpasol er mwyn gadael i ffermwyr wybod am gyfnodau 'diogel' sy'n caniatáu cartio slyri i'r caeau. Mae Gary yn grediniol mai trwy ddefnyddio apiau clyfar, a thamaid bach o synnwyr cyffredin, mae dod i ben â delio â gwasgaru slyri mewn modd synhwyrol. Mae technoleg hynod soffistigedig wrth law, bron yn barod i'w defnyddio. Gwell yw creu rheoliadau wedi eu selio ar ddata yn hytrach na dyddiadau.

Wrth wneud fy ngwaith teledu yn ddiweddar, rwy wedi siarad â rhai sydd wedi cyfaddef yn drist eu bod mewn perygl o fynd yn fethdalwyr o achos y rheolau newydd, eraill wedi penderfynu'n barod i roi'r ffidil yn y to, gan nad ydyn nhw'n mynd i fedru gwrthsefyll y gost o wneud yr holl newidiadau angenrheidiol.

Fe ddaeth cyhoeddiad yn ddiweddar fod yna gyllideb arfaethedig o ryw ugain miliwn o bunnoedd i fynd i'r afael â sefyllfa gyffredinol y rheoliadau dŵr newydd. Cred Gary eu bod yn rhy hwyr er mwyn helpu ffermwyr i gydymffurfio â'r rheolau eleni ac y byddai'n well yn yr hirdymor i dargedu'r arian hwn yn yr ardaloedd a'r mannau lle mae ei angen fwyaf. Hynny yw, canolbwyntio'r arian o gwmpas ardaloedd yr afonydd sydd fwyaf llygredig ar hyn o bryd – a pheidio â chosbi'r ffermwyr hynny sydd ddim yn llygru'r afonydd a'r nentydd o gwbl.

Problem ofnadwy sydd wedi diflasu ffermwyr Cymru ers degawdau lawer yw'r *TB*, neu'r dicáu. Mae'n bwnc anodd i'w drafod, ac wedi bod yn achos loes i gymaint o deuluoedd ffermio, ac yn parhau i fod hefyd. Sefyllfa *TB* yw problem waethaf amaeth, a'r achos gofid mwyaf i'r ffermwyr hynny sy'n cadw gwartheg.

Mae yna rai yn y diwydiant sydd wedi hen ddigalonni â sefyllfa'r *TB*, gan honni nad oes yna unrhyw ewyllys wleidyddol bendant yng Nghaerdydd i waredu'r clefyd o fuchesi'r wlad. Mae'r Gweinidogion a'r gweision sifil yng Nghaerdydd serch hynny wedi rhoi targed o wneud Cymru yn rhydd o *TB* erbyn y flwyddyn 2041.

Prin bod yna unrhyw ffermwyr gwartheg yng Nghymru nad ydyn nhw naill ai wedi profi colledion ar eu ffermydd neu yn poeni am ddarganfod *TB* yn eu buchesi.

Fe all Gary a minne dystio pa mor ofnadwy o broses yw aros am ganlyniadau profion *TB*. Yn y cyfnod byr rhwng y profi a derbyn y canlyniad, mae pob math o senario'n chwarae yn dawel yn ein pennau. A fydd y canlyniad yn arwain at ddiwedd y fuches, a dadwneud ein holl waith gofalus ers sefydlu'r fuches yn Shadog? Mae'r aros am ganlyniadau yn eiliadau hunllefus.

Petaen ni'n cael ein taro ym mis Mai gyda *TB* yn ein buches fe fyddai wir yn ergyd farwol i'r fferm. Pryd hynny mae cynhaeaf ein gwaith caled ar yr heffrod a'r lloi. Mae 70 o heffrod cyflo gyda ni eleni sydd i fod lloia ym mis Chwefror i Fawrth, gyda'r bwriad o'u gwerthu ym mis Mai. Gadewch i ni wneud ein syms. Petai chwe deg ohonyn nhw yn dod yn ddigon da i'w gwerthu, ac wrth ystyried prisiau eleni, fe ddylen nhw fod gwerth oddeutu pedair mil o bunnoedd yr un am y pâr (yr heffer a'r llo). Dyna chi werth £240,000 o wartheg ar y clos. Petaen ni'n mynd lawr â'r dicáu, fyddai hi ddim yn bosib gwerthu yr un ohonyn nhw. Fe fyddai ein llif arian yn cael ei chwalu, ond ar yr un pryd fe fyddai angen mwy o arian yn y banc er mwyn talu am fwy o fwyd ac adeiladau i gadw'r cant ac ugain pen ychwanegol o wartheg. Mae'n anodd cael y meddwl o amgylch hyn i gyd, ond dyna'r math o straen a phwysau mae'r ffermwr yn gorfod delio ag e yn ddyddiol. Dwi'n nabod un teulu sydd wedi treulio dwy genhedlaeth yn bridio buches Charolais penigamp, ac mae un prawf *TB* positif wedi arwain at golli y llinellau gwaed gorau. Nid oes modd adennill y llinellau yma, maen nhw wedi mynd am byth. Sut all ffermwyr greu cynllun busnes craff, a chynllunio i'r dyfodol, gan fyw dan yr ofn o ddarganfod *TB* ar y fferm?

Hyd yn hyn, byw gyda'r ofn o *TB* ydyn ni yn Shadog, ond i rai, mae'r hunllefau yn realiti. Tybed a welsoch chi'r bennod ddirdynnol o *Ffermio* a ddarlledwyd ym mis Ionawr 2024, pan dalais i ymweliad ag un o'm ffrindie agosaf, Enid, a'i gŵr, Wyn ar fferm Castell Hywel, Capel Isaac, a hwythau'n gorfod difa chwarter eu buches oherwydd *TB*?

Fe gofiwch i mi sôn i mi fod yn forwyn briodas i Enid pan briododd â Wyn. Ffoniodd Enid fi ar yr ail o Ionawr (dwi'n cofio'r dyddiad yn iawn, gan mai pen blwydd Gary o'dd hi, a ninne wedi penderfynu cael pnawn oddi ar y fferm i ddathlu'r achlysur). Holodd Enid a allai rhaglen *Ffermio* ymweld â nhw yng Nghastell Hywel er mwyn dwyn i sylw'r cyhoedd pa mor ofnadwy yw sefyllfa *TB* i rai. Ro'dd y ddau mor ddigalon gyda'r hyn o'dd wedi digwydd ar y fferm, do'n nhw ddim yn gwybod at bwy i droi ac yn teimlo ar ben eu hunain wrth ymdopi â'u sefyllfa. Byddaf yn onest â chi, Enid a Wyn o'dd y bobl ddiwethaf y byddwn wedi disgwyl iddyn nhw gysylltu â'r rhaglen; mae'r ddau yn bobl hyfryd iawn, yn dawel a swil eu ffordd ac yn rhai na fyddai'n dyheu am fod yn llygad y cyhoedd. Ro'n i'n gwybod, felly, pan ddiffoddais yr alwad bod eu sefyllfa'n ddespret. Fe wnaeth yr alwad honno fy ypsetio cymaint ag yr un erioed. Does dim angen i mi sôn wrthoch chi beth o'dd testun ein sgyrsiau fel teulu am weddill y dydd.

Rhyw bedair blynedd yn ôl, pan brofodd un o fuches Wyn ac Enid yn bositif mewn prawf a gynhaliwyd yn y lladd-dy, bu'n rhaid lladd tri deg a chwech o wartheg yn sgil y prawf gorfodol ar y fuches gyfan; o ganlyniad i'r prawf nesaf, lladdwyd rhyw ddeg ar hugain yn rhagor. I gyd, wedi *pedwar* prawf ar y fuches yn y flwyddyn honno, bu'n rhaid i Wyn ac Enid ddifa cant o'u gwartheg yng Nghastell Hywel; ar adeg ysgrifennu'r llyfr hwn, mae'r cwpl wedi colli dros gant ac wyth deg o wartheg oherwydd *TB*.

Holais y ddau a oedden nhw, cyn i'r fuches brofi'n bositif, wedi arfer ychwanegu stoc o'r tu allan i'r fferm, trwy brynu anifeiliaid newydd. Nid dyna o'dd eu harfer, meddai Enid; prynu ambell darw yn ôl yr angen, a dyna i gyd. Magu eu buches eu hunain o'dd eu harferiad yng Nghastell Hywel, a chodi buches gaeedig. Gofynnais felly ymhle roedden nhw'n credu o'dd tarddiad y clefyd, gan ei bod yn ymddangos yn annhebygol iawn mai o'r tu fas y daeth e. Daeth yr ateb 'bywyd gwyllt' yn barod iawn o enau Enid. Syniad Wyn, ar ôl iddo adrodd bod moch daear wedi eu gweld yng ngolau dydd ar y fferm a bod hynny'n ymddygiad anarferol iawn i greaduriaid sy'n enwog am fynd ar hyd y lle yng nghanol nos, o'dd eu bod nhw'n anifeiliaid sâl, a'r awgrym amlwg o'dd taw arwyddion o *TB* ar y moch daear eu hunain o'dd hyn. Rhaid cofio weithiau bod y mochyn daear, os yw'n datblygu holl symptomau'r clefyd, yn dioddef yr un mor wael o *TB* ag unrhyw anifail, a dim ond marwolaeth ofnadwy sydd o'i flaen.

Pan gyrhaeddon ni'r fferm ar y 3ydd o Ionawr i ffilmio fel criw, do'dd NEB gan gynnwys fi fy hunan yn gwybod yn iawn beth o'dd o'n blaenau ni. Dwi wedi gweld digon o farwolaethau a phrofi diwrnodau anodd ar y fferm, ond dim byd fel hyn. Wrth siarad â'r criw o flaen llaw, ro'dd Ellen Llywellyn y Gyfarwyddwraig, hefyd yn gyfarwydd â bywyd ar y fferm, ond do'dd gan Mike Moore y dyn camera ddim syniad beth o'dd i ddod. Ro'dd awyrgylch y diwrnod hwnnw yn debyg iawn i ddiwrnod angladd, pawb yn dawel ac ofn dweud y pethau anghywir. Ro'dd hi'n sych, ac awyr las hyfryd yn ystod y cyfweliadau cychwynnol, ond pawb yn ofni clywed olwynion y lori yn gyrru lan yr hewl, gan wybod wedyn y byddai'r lladdfa yn dechrau.

Roedd tri deg saith o wartheg yn cael eu lladd ar glos y fferm mewn dau ddiwrnod, y cyfan yn digwydd yn yr unig le addas o ran trin y gwartheg, a o'dd digwydd bod yng ngolwg y ffermdy, lle'r o'dd plant ifanc Wyn ac Enid ar y pryd. Ar gychwyn yr eitem, gallwch weld yn wynebau'r pâr eu bod yn dioddef o *shell shock*, yn fy marn i. Mae yna olwg goll yn eu mynegiant, edrychiad o anghrediniaeth, fel petai'r holl beth yn freuddwyd ryfedd. Ond mae ystyried mawredd yr hyn sy'n digwydd yn drech nag Enid yn ystod y cyfweliad, ac wrth iddi drafod y pethau ofnadwy fydd yn digwydd unwaith eto ar glos y fferm, mae'n mynd o dan deimlad. Mae'n dweud ei bod yn ystyried gwartheg y fuches fel anifeiliaid anwes, yn eu hadnabod bob un, wrth eu godro ddwywaith y dydd, ac mae'r sylweddoliad ei bod am weld eto rai o'i gwartheg hoff yn cael eu difa yn y ffordd fwyaf creulon ac oeraidd yn ormod iddi. Dyna sy'n digwydd rhwng yr unigolyn teimladwy a'r anifeiliaid mae'n treulio cymaint o amser yn eu cwmni, mae yna gwlwm yn datblygu rhyngddynt, ac ymddiriedaeth. Mae ffermwyr yn dod i adnabod cymeriadau'r anifeiliaid, a phob un anifail yn unigryw.

Roedd Wyn yn grediniol bod y ffaith bod sefyllfa *TB* ddim yn gwella yn dystiolaeth o gyn lleied o sylw y bu Llywodraeth Cymru'n ei dalu i'r hyn o'dd yn digwydd ar ein ffermydd; pe byddai'r Gweinidogion eu hunain wedi tystio i'r lladdedigaethau ofnadwy hyn, byddai rhywbeth wedi cael ei wneud eisoes i newid pethau, medden nhw. Clywais un ffermwr ryw dro'n tybio bod Aelodau'r Senedd yn gweithredu rhyw fath o bolisi 'out of sight, out of mind'.

Mae geiriau Wyn ar ddiwedd yr eitem yn crisialu anobaith y sefyllfa *TB*, pan mae'n dweud, wrth ddadansoddi ei sefyllfa yntau ac Enid, taw dyna i gyd maen nhw'n ei wneud yw magu stoc ar y fferm 'er mwyn eu difa'. Mae dweud felly'n sobri rhywun yn ofnadwy. Fe wnaeth fy ymweliad â Chastell Hywel fy mrifo i'r byw, ac o bosib y peth mwyaf torcalonnus a ddigwyddodd o'dd pan ddaeth hi'n amser lladd un dreisiad ifanc yn arbennig. Pan ddaeth yn dro arni i wynebu'r dryll, trodd Enid – a o'dd yn bresennol drwy gydol y dydd – ata i gan ddweud yn dawel, 'un fach Sioned yw hon'. Sioned yw enw eu merch fach hwythau hefyd, ac ro'dd y fuwch ifanc honno, yn sgleiniog o iach, wedi ei 'rhoi' i'r un fach gan ei rhieni. Yr heffer fach o'dd 'buwch Sioned'. Dyn a ŵyr sut o'dd Wyn ac Enid am ddweud wrthi eu bod wedi gorfod ei saethu'n farw.

Fe ddaeth y cymylau duon dros ein pennau ni ac agorodd y nefoedd wrth i'r saethu fynd rhagddu, fel pe bai'r tywydd hefyd yn teimlo poen a galar y teulu. Fe lifodd y glaw, y dagrau a'r gwaed yn un, wrth i fuwch ar ôl buwch yn eu tro wynebu eu tynged.

Yn ddigon rhyfedd fe ddeliodd Mike Moore gyda'r

ffilmio yn well na'r un ohonon ni, gan gyfaddef mai trwy sgrin ei gamera y gwyliodd ef y cyfan, gan wrthod derbyn ei fod yn digwydd go iawn.

Does dim dwywaith amdani, dyna o'dd y diwrnod anoddaf o ffilmio dwi erioed wedi ei wneud, gweld yr ieuengaf a o'dd yn wyth mlwydd oed i'r hynaf – y tad-cu o'dd dros ei wyth deg yn crio, gan ddweud ei fod heb weld dim byd tebyg i hyn yn y degawdau ro'dd wedi bod yn ffermio. Dyma olygfa o'dd yn ddigon i sobri unrhyw un, ond nid o'dd yn olygfa unigryw, nac yn eithriad, mae'n digwydd ar hyd a lled Cymru bron yn wythnosol.

A dyma gyrraedd cig a gwaed pwnc sydd efallai'n fwy dadleuol na'r un yng nghefn gwlad heddiw, sef y bywyd gwyllt a'u cysylltiad â'r clefyd. Ni allwn ddianc rhag y ffaith ei fod e'n destun tanllyd sy'n rhannu barn pobl, a'r farn honno mor gryf ar y naill ochr a'r llall.

Nid yw ffermwyr am weld difodiant – *extinction* – yr un creadur gwyllt yng nghefn gwlad. Nid dyna yw dymuniad yr un ohonon ni. Yn wir, mae'n hanfodol ein bod ni'r ffermwyr – fel prif berchnogion tir y wlad – yn gwneud ymdrech i gynnal bywyd gwyllt a gofalu amdano hyd orau ein gallu. Ond ni allwn chwaith ag anwybyddu'r prif reswm dros golli cymaint o'n buchesi yng Nghymru i *TB*; yn 2022, lladdwyd tua 10,000 o wartheg o'r herwydd, a'r ffigwr hwnnw'n uwch na deng mlynedd ynghynt. Y gred ymysg ffermwyr dwi wedi siarad â nhw yw bod polisi'r Llywodraeth yn methu wrth daclo'r dicáu, a'r amharodrwydd i reoli'r clefyd yn gadarn sy'n achosi'r cynnydd yn y nifer o achosion.

Rhaid i ni gwympo'n ôl eto ar y dystiolaeth wyddonol, yn hytrach na gwneud gosodiadau ar ein cyfer, ond mae'n bosib gwirio hyd a lled cyrhaeddiad *TB* yng Nghymru ar wefannau ar-lein (ibTB yn un amlwg) a thrwy hynny gael darlun manwl o'r ardaloedd sy'n cynrychioli *hotspots* y clefyd. Mae yna ardaloedd sy'n amlwg yn dioddef yn waeth na'i gilydd, ac yn yr ardaloedd gwaethaf, y gred gan nifer o ffermwyr yw y dylid delio'r gyda'r sefyllfa ymysg y bywyd gwyllt yn ogystal â'r fuches. Mae fel bwced gyda dau dwll, os ydych ond yn trwsio un twll, fe fydd y llall yn parhau i ollwng dŵr.

Mae'r nifer o foch daear wedi cynyddu'n sylweddol yn y blynyddoedd diwethaf, ac mae gwyddoniaeth yn ategu'r hyn mae nifer o ffermwyr yn ei amau ers tipyn. Mae yna farn hefyd bod y lleihad dramatig yn niferoedd rhai creaduriaid eraill, fel draenogod ac adar sy'n nythu ar y llawr, o ganlyniad i'r cynnydd yn nifer y moch daear.

Mae rhaglenni rheoli poblogaethau moch daear eisoes wedi bod ar waith yn Lloegr ac Iwerddon. Yn siroedd Caerloyw a Gwlad yr Haf, er enghraifft, gwelwyd lleihad sylweddol yn y nifer o achosion o *TB*; syrthiodd yr achosion yng Nghaerloyw o 66%, a'r gostyngiad yng Ngwlad yr Haf o'dd 37%. Cwblhawyd rhaglen ddifa yn ardaloedd *TB* gwaethaf Lloegr yn ddiweddar, gan ddod â nifer yr achosion yn y wlad honno i lawr i'w isafswm ers pymtheg mlynedd. Yn ôl adroddiad annibynnol diweddar yn Lloegr, yn yr ardaloedd lle cynhaliwyd rhaglenni difa trwyddedig, gwelwyd gostyngiad o 56% yn y nifer o achosion newydd o *TB*.

Yng Nghymru, y gorau y gallwn ddweud am y sefyllfa yw nad yw'n gwella; mewn rhai ardaloedd mae pethau wedi gwaethygu'n sylweddol. Bu cynnydd o 36% o achosion *TB* mewn buchesi newydd yn ardal Risg Uchel Gorllewin Cymru y llynedd. Yn yr un cyfnod, gwelwyd tair ardal fu tan yn ddiweddar yn barthau Risg Isel yn mynd yn barthau Risg Canolig. Ar Ynys Môn, mae amlder achosion *TB* mewn buchesi yr uchaf mae wedi bod ers wyth mlynedd. Nid yw'r llun yn un addawol.

Barn Gary – a barn llawer iawn, iawn eraill – yw bod *TB* yn parlysu'r diwydiant amaeth yng Nghymru, ac ein bod wedi cyrraedd y pwynt lle mae'n rhaid newid polisi er mwyn mynd benben â'r argyfwng, cyn ei bod yn mynd yn amhosib ffermio gwartheg yn y wlad hon, a chyn i ragor o'n ffermwyr benderfynu eu bod am roi'r ffidil yn y to.

15

YR OLAF O'R tri phrif beth sy'n taflu'r cysgodion trymaf dros ffermio ar hyn o bryd yw mater y Cynllun Ffermio Cynaladwy (*Sustainable Farming Scheme*) sy'n yr arfaeth gan Lywodraeth Cymru, ac sydd hefyd yn bwnc sy'n ennyn barn gref. Bwriad y llywodraeth yw plannu wyth deg chwech miliwn o goed ar 43,000 hectar o dir Cymru erbyn 2030. Yn fras, fel mae ar hyn o bryd, bydd disgwyl i bob fferm yng Nghymru ymneilltuo 10% o'i thir ar gyfer plannu coed, er mwyn cyrraedd targedau atafaelu carbon – *carbon sequestration* – Llywodraeth Cymru. Prin bod yna lawer o bobl sydd ddim yn sylweddoli bod yn rhaid mynd i'r afael â newid hinsawdd. Mae'r glawogydd yn y blynyddoedd diwethaf – yn enwedig y llynedd – a diflaniad oerni'r gaeafau fel ry'n ni i gyd yn eu cofio, ynghyd â rhai cyfnodau o wres eithriadol gyda'r haf – yn arwydd o newidiadau na allwn eu gwadu. Er hynny, mae'r cynllun plannu coed yn broblematig, yn ôl rhai, ac yn ymgorffori agwedd *quick fix* ar ran Llywodraeth Cymru.

Yr hyn sy'n rhwystredig i nifer o ffermwyr am ddyfarniad Llywodraeth Cymru yw eu bod wrthi eisoes yn eu ffyrdd tawel eu hunain yn ceisio gwella pethau o ran bioamrywiaeth ac atafaelu carbon ar eu ffermydd. Yn

Shadog, ry'n ni wedi plannu 10,000 o goed yn ychwanegol i'r perthi o'dd yno eisoes, gan greu coridorau llydan a didor i fywyd gwyllt ar hyd y fferm. Mae yma ddeuddeg cwch gwenyn, ac ry'n ni wedi ymneilltuo ardaloedd mwyaf garw'r fferm ar gyfer bywyd gwyllt. Holi hyn mae nifer o ffermwyr dwi wedi siarad â nhw – oni ddylai Llywodraeth Cymru fel mae nifer yn cynnig, ddyfarnu'r ganran o goed dylai ffermwyr fod yn eu plannu yn ôl asesiadau unigol? Hynny yw, os y gellid barnu bod rhywrai wedi cyfrannu eisoes at wella'r sefyllfa garbon, yna ni ddylai fod yn rhaid iddyn nhw blannu 10% o'u tir o dan goed; ar y llaw arall, os yw ffermwr wedi andwyo'r agwedd honno ar ei dir, yna fe ddylai wneud yn iawn am hynny. Yr hyn mae nifer yn holi amdano yw hyblygrwydd, fel bod modd plannu'r goeden iawn yn y lle iawn, yn lle gorfodi tiroedd da i gael eu hamddifadu rhag gwneud beth maen nhw'n ei wneud orau, cynhyrchu bwyd.

Un arall o'r prif ofidiau'n ymwneud â'r cynllun 10% hwn yw ei fod yn darparu cyfle perffaith i'r cwmnïau mawrion 'olchi eu dwylo' o'u cyfrifoldebau i dorri i lawr ar eu hallyriadau carbon, a hynny trwy brynu ffermydd cyfan yng Nghymru a phlannu'r caeau *i gyd* o dan goed. Mae hyn yn digwydd yn barod mewn amryw rannau o Gymru. Mae gwneud hyn hefyd yn galluogi'r rhai sy'n llygru'r byd yn y modd gwaethaf i *beidio â gwneud dim* i dorri i lawr ar eu hallyriadau, a chario ymlaen i lygru fel ag o'r blaen. Cred rhai fod yna dwyll mawr yn y mater *carbon offset* hyn.

Yn ychwanegol, fe ddaw amser cyn bo hir iawn lle bydd yn rhaid i ni fabwysiadu model llawer mwy hunangynhaliol o ran cynhyrchu bwyd yng ngwledydd Prydain. Os yw'n tiroedd ffrwythlon yn diflannu o dan goed, tir fydd wedyn yn cymryd degawdau i'w adfer yn ôl i'w hen gyflwr, ymhle fyddwn ni'n tyfu'n bwyd yn lleol? Ac ymhle bydd teuluoedd ifanc, sy'n awyddus i ganfod troedle ym myd amaeth, yn dod o hyd i'w ffermydd? Mae Gary'n poeni bod yna beryg y bydd cefn gwlad fel ag y mae yn marw ar ei draed ar dranc yr iaith a diwylliant. Fe fydd llai o deuluoedd yn y gymuned, a llawer yn heidio am y dinasoedd mawr.

Yn ychwanegol, dadl rhai gwyddonwyr yw nad plannu coed yw'r ateb gorau i'r broblem amsugno carbon o'r amgylchedd. Mae yna sawl ffordd arall, gan gynnwys gwella effeithlonrwydd y fferm, gofalu am iechyd ein priddoedd, cofleidio'r defnydd o dechnoleg, a hefyd mae gan ein corsydd a'n mawndiroedd ni yng Nghymru y gallu i atafaelu cant a deg gwaith yn fwy o garbon na holl goed, perthi a phorfeydd Cymru gyda'i gilydd. Rhaid cofio bod 97% o holl garbon y byd yn cael ei storio yn ein priddoedd. Dim ond 3% o garbon y byd sy'n cael ei storio mewn coed.

Wrth gwrs, proses eithriadol o hir fyddai adfer ein corsydd, ond rhaid ystyried o ddifri ffyrdd eraill, gwell, o ddatrys y broblem garbon yn lle dilyn y llwybr haws bob tro, a hwnnw'n llwybr dadleuol eto. Ac, fel modd o ddarlunio sut y gallai ein tirlun yng Nghymru newid dros nos i fod yn un llwyr ddieithr, stopiwch ac edrychwch ar hyd ein copaon bryniog pan gewch gyfle y tro nesaf. Gan amlaf fe welwch flancedi o goed pinwydd trwchus, yn ymestyn i'r gorwelion mor bell ag y mae'r llygaid yn medru gweld. Mae'n dirlun estron ac annaturiol yma yng Nghymru; dechreuwyd ar y cynllun plannu mawr hwn ar ôl y Rhyfel Byd Cyntaf, pan sylweddolwyd fod Prydain yn rhy ddibynnol ar fewnforio coed, ac y gallai hynny fod wedi ymberyglu'r *war effort*. Ond meddyliwch wedyn am yr hyn sydd wedi ei gladdu o dan y coedwigoedd hynny; perthi a waliau cymen a chaeau pori gan amlaf, rhai fel y gwelwch ar hyd y wlad. A do, claddwyd y ffermydd a'r ffermdai hefyd, a thynnwyd yr ysguborau a'r annedd-dai i lawr fesul carreg. Cafodd y ffynhonnau ar y ffermydd hynny eu llenwi'n fwriadol â rhwbel, fel na *allent* fyth gael eu ffermio eto. Cartrefi o'dd y rhain i deuluoedd amaethu, ein cynhyrchwyr bwyd. Mae'n ymddangos bod hyn ar ddechrau eto. Mae'r cyfiawnhad ychydig yn wahanol, efallai, ond yr un fydd yr effaith yn y pen draw. Ffermydd yn cael eu dileu a gostyngiad yn y nifer o deuluoedd ffermio Cymreig a *Chymraeg*. Mae yna bethau gallwn ni i gyd wneud fel poblogaeth. Faint ohonon ni'n sy'n gwneud popeth yn ein gallu i leihau ein hôl troed carbon? Mae cyfrifoldeb ar bob un ohonon ni i wneud ein rhan er mwyn y cenedlaethau sydd i ddod.

Cynllun arall perthnasol sydd ar ddigwydd hefyd, yn ôl y sôn, ac sydd heb gael cymaint o sylw â'r bwriad i blannu coed efallai, yw'r un i 'ailwylltio' (*re-wilding*) 10% yn ychwanegol o dir Cymru, sy'n golygu y gallai 20% o dir Cymru – llawer iawn ohono'n dir cynhyrchiol – ddiflannu ar amrantiad wrth gyfuno caffaeliad tir y ddau gynllun.

Mae poblogaeth y byd yn cynyddu, a'r twf dyddiol, mae'n debyg, yn gyfystyr yn fras â phoblogaeth Cymru! Dwi ddim am fynegi barn ar beryglon neu rinweddau hynny ynddo'i hun, ond fe fydd angen bwyd ar yr holl fodau ychwanegol hyn. Ar raddfa fyd-eang, mae angen pob darn o dir cynhyrchiol sydd eisoes yn bodoli; dwli yw disgwyl, os bydd tir cynhyrchiol yn diflannu mewn un rhan o'r byd, na fydd yna greu tir ffermio o'r newydd rywle arall ar y blaned. Mae colli fforestydd trofannol yr Amazon er mwyn pori gwartheg yn ddim llai na sgandal, wrth gwrs, ac yn niweidiol iawn i'r blaned. Pam, wrth ildio tir amaethyddol sydd wedi bodoli yng Nghymru ers canrifoedd, cyfrannu at yr angen i ddifa mwy eto o'r fforestydd hynny? Fel systemau atafaelu carbon, mae'r fforestydd trofannol gymaint yn fwy effeithiol ac effeithlon nag unrhyw goedwigoedd eilradd allai gael eu plannu ar gaeau Cymru.

Mae tirlun amaeth yn wahanol iawn i'r hyn o'dd e ychydig iawn o flynyddoedd yn ôl, a'r wasgfa o bob cyfeiriad yn gadael ei hôl. Mae'n fy nharo weithiau bod y mwynhad ac unrhyw *hwyl* o'dd yn y gwaith wedi diflannu o fywyd y ffermwr. Fe wnes i grybwyll ynghynt bod ein buarthau wedi mynd yn llefydd distaw o'u cymharu â slawer dydd.

Ond yma yn Shadog ry'n ni wedi cael ein bendithio gan ddau ffermwr bach sy'n sicr yn falm i'r enaid, ac yn ysgogiad i wneud yn siŵr ein bod ni'n parhau i amaethu'r tir, a brwydro ymlaen er mwyn sicrhau'r cyfle iddyn nhw ddilyn yn ôl ein traed ni, a'n cyndeidiau o'n blaenau, petaen nhw'n dymuno gwneud hynny. Nhw sy'n cadw ni i fynd ar adegau anodda'r fferm, heb os. Mae wedi dod yn gêm gan y plant adeg wyna, ni'n trio ein gorau glas i fynd mewn tua naw o'r gloch i roi swper iddyn nhw a'u hanfon yn syth i'r gwely. Ni'n esgus mynd nôl lawr llawr i orffen glanhau'r tŷ, cyn llithro allan i'r sied ddefaid. Ymhen 10 munud o adael y tŷ, does dim ots beth yw'r tywydd, fe fydd cnoc anferth ar ddrws y sied a wellies bach coch a glas yn pipo o dan y drws. Fe fydd y ddau ohonon ni'n ceisio rhoi stwr iddyn nhw, ond yr ateb bob tro fydd, 'Os ydych chi mas yn ffermio, ry'n ni mas yn ffermio.' Be allwch chi ddweud fel ateb i hyn? Yn amlach na pheidio o fewn rhyw hanner awr fe fyddan nhw wedi gwneud nyth fach i'w hunain yng nghanol y gwair ac yn cysgu'n braf i sŵn brefu'r defaid a'r ŵyn bach.

Flynyddoedd mawr yn ôl, ro'dd y ffermdy cyffredin Cymreig yn gartref yn aml i dair cenhedlaeth o'r un teulu, a'r ffermydd mwyaf diymhongar yn cyflogi gweision a morwynion. Ro'dd yna gymdeithasu parod wrth law, heb i rywun orfod ymadael â ffiniau'r fferm. Ro'dd yr elfen o helpu ein gilydd yn gryfach eto yn ein cymdogaethau gwledig na phan ro'n i'n ferch ifanc, a hynny o reidrwydd;

nid o'dd modd dod i ben â'r gwaith fel arall. Er mor flinedig o'dd y gwaith o osod byrnau gwair ar waelod yr *elevator* ym Maesteilo, er enghraifft, neu gneifio diadell o ddefaid un ar ôl y llall, llawer mwy llafurus o'dd y gwaith o ladd caeau gwair a cheirch gyda phladur a chryman i ffermwyr yn yr oes a fu, a chywain cnydau heb gymorth peiriannau hefyd. Ro'dd ffermio yn yr hen ddyddiau'n fwy *labour intensive*, ys dywedon nhw. Ond oherwydd hynny, byddai wastad angen gweithlu sylweddol er mwyn tendio i'r cynaeafu, a phawb wedyn yn talu'r gymwynas yn ôl i'w cymdogion yn ystod yr haf hir o ddod â chnydau i'r ydlan. Ro'dd teuluoedd ffermio yn amlach o lawer yng nghanol cwmni pobl; perthnasau, gweithwyr a chymdogion. Ro'dd yna gyfnode tawelach na'i gilydd, wrth gwrs, ym misoedd llwm y gaeaf, ond yn y pen draw, byddai yna wastad ryw fwrlwm ar y buarth, ro'dd yna wastad *bobl*. Ac fel lle digon bywiog rwy'n cofio fferm Maesteilo fy mhlentyndod a'm blynyddoedd arddegol. Rwy'n cofio pan aeth Dad a Mam i briodas fy mrawd yn Seland Newydd, ro'dd Dad wedi mynnu bod rhaid i un ohonon ni aros adref i ofalu am y fferm. Gallai ond canmol y gymuned wledig yng Nghapel Isaac a'r cyffuniau, oherwydd fe fyddai o leiaf dau deulu yn galw mewn bob dydd i gynnig help llaw, cario bwyd a chynnig cwmnïaeth tan iddyn nhw ddychwelyd! Do, fe welais y gymuned heb os ar ei gorau pryd hynny.

Do'dd hi ddim yn rhwydd a dweud y lleiaf, ro'dd Gary yn brysur iawn yn sganio defaid, ond fe roddodd bob eiliad sbâr i fy helpu ym Maesteilo. Rwy'n cofio codi un bore i fynd at y gwaith a cherdded mewn i'r beudy a dyna lle ro'dd y tarw Limousin mawr – hen Celt – ar y llawr yn farw. I unrhyw un sy'n nabod Dad, dyw e ddim yn gallu ymlacio rhyw lawer, mae ei feddwl yn troi o hyd o gwmpas gwaith y fferm, a diolch byth am FaceTime, neu fe fyddai'r galwadau ffôn o Seland Newydd wedi costio fwy na'r teithio. Ro'dd yn ffonio cyn iddi wawrio i holi shwd o'dd y stoc yn y bore, ac mi o'dd digon o gyfarwyddiadau cyson o ran beth i'w wneud a phryd! Rhaid cyfaddef, mi o'dd bod yn gyfrifol am y fferm, gweithio i Telesgop a delio gyda Tad-cu (Dingat, tad fy nhad) yn sâl, yn domen o gyfrifoldeb, ond ar y pryd do'dd hynny ddim wedi croesi fy meddwl.

Ar ôl darganfod Celt yn gelain, fe wnaeth y sioc fy mwrw fel bwled. Sut yn y byd o'n i'n mynd i esbonio hyn i Dad? Mae mor debyg i fi, yn methu dal ei eiriau yn ôl, ac, o'n, mi o'n i mewn am bregeth. Ar y pwynt yna, o'n i'n eithaf balch bod Seland Newydd yn bell. Fe fyddai'n cael cyfle i ddadbwyllo cyn fy ngweld! Dyma fi'n cydio yn y ffôn, a'm dwylo yn crynu fel jeli, ac yn ffonio. 'Iawn, 'te, Dad?'

'Ydw, gwd, shwd ma popeth adre? Ti wedi bod rownd popeth? Wedi gorffen feedo a scrapio?' Ro'dd Dad mewn hwyliau da, diolch byth, ond am ba hyd?

'Na, dim eto,' atebais a heb oedi rhagor, mas â'r newyddion fel mellten. 'Mae Celt wedi marw.'

Mi o'dd 'na saib hir… saib o'dd yn teimlo fel oes.

'O,' dywedodd Dad, 'Jiw, jiw, paid â becso dim, gath e fywyd da, o'dd e'n henach na ti.'

Wel, am ryddhad! O'n i'n methu credu bod Dad mor bwyllog am y sefyllfa, a mod i heb gael stwr.

Yn anffodus, nid o'dd yr alwad y bore wedyn yr un mor rhwydd, pan bu'n rhaid ffonio Dad i ddweud bod Tad-cu (ei dad) wedi ein gadael ni dros nos. Ro'dd wedi cael bywyd da yn amaethu'r tir yn Garregfoelgam, cyn ymddeol gyda Mam-gu i Lysbrychan.

Pan mae'r gwaith yn drwm, a sawl digwyddiad anodd yn eich bwrw, mae iselder a phoeni am bob dim yn medru cario'r dydd, popeth i weld yn cau yn dynn amdanoch. Mae iselder ysbryd a meddwl wir yn gwmwl trwm uwchben ffermio ar hyn o bryd, ac yn effeithio nid yn unig ar y ffermwyr ond ar y gwasanaethau sy'n dibynnu ar ffermio hefyd. Fe fues i'n ddigon ffodus i gael digon o gefnogaeth a chariad o'm hamgylch, ond fe allai y pwysau a'r siom o golli perthynas annwyl, ar ben y pwysau arall ar y pryd, wedi bod yn ddigon.

Bues i'n gohebu â Kate Miles ychydig yn ôl; Kate, fel y bydd rhai ohonoch chi'n gwybod efallai, yw cyfarwyddwr sefydliad DPJ, sef y Daniel Picton-Jones Foundation. Contractiwr amaethyddol o Sir Benfro o'dd Daniel. Yn ŵr a thad ifanc, fe gyflawnodd hunanladdiad yn 2016, wedi cyfnod o iselder a phroblemau meddwl a aeth heb ddiagnosis. Sefydlwyd y Daniel Picton-Jones Foundation gan ei weddw, Emma, gyda'r nod o fod o gymorth i'r rhai hynny yn y diwydiant sydd â phroblemau iselder; diwydiant, fe gofiwch, sydd â'r amledd uchaf o hunanladdiadau o'n holl feysydd gwaith.

Mae'r ystadegau – a'r gwirioneddau – diweddaraf a rannodd Kate Miles â fi yn rhai i godi ofnau pellach am y sefyllfa. Dywed Kate bod yr asiantaethau allanol sy'n ymweld â ffermydd o ddydd i ddydd (milfeddygon, gwerthwyr nwyddau, cyrff archwilio, ac yn y blaen) yn riportio dirywiad sylweddol yn iechyd meddwl ein hamaethwyr, gyda rhai o staff yr asiantaethau hyn yn dweud ei bod hi'n anodd gwneud eu gwaith oherwydd mai dyna i gyd mae rhai o'n ffermwyr eisiau ei wneud yw rhannu gofidiau. Yn despret i fwrw eu boliau â rhywun ddaw i'r clos. Teimlad yr ymwelwyr achlysurol hyn i'n buarthau yw bod *morale* amaethwyr wedi mynd i'r pant.

Yn y chwe mis hyd at Chwefror eleni, mae sefydliad DPJ yn barnu ei fod wedi cyfeirio 14% yn fwy o bobl at gwnselwyr nag yn yr un cyfnod y llynedd. Mae'r cynnydd yn y ffigyrau'n ymwneud â phobl o'r sector amaeth sy'n ceisio help gyda phroblemau meddwl yn syfrdanol.

Mae'r ffermwr yn un sy'n diffinio ei hunan yn ôl ei waith, yn fwy na'r un proffesiwn arall, ddywedwn i. Mewn llawer o feysydd proffesiynol eraill, mae'n bosib cau'r drws ar ddiwedd y prynhawn ar y gwaith bara menyn tan y diwrnod wedyn. Dyw hynny ddim yn bosib i'r ffermwr, a'i ddyletswyddau'n dechrau gyda'r bore bach ac yn para weithiau tan oriau mân y bore canlynol, yn enwedig gyda'r gwaith wyna, ac yn y blaen. Mae gofyn hefyd bod y ffermwr yn medru ymateb i sefyllfa allai godi unrhyw eiliad o'r diwrnod; mae ffermio, yn llythrennol, yn jobyn pedair awr ar hugain bob dydd. Mae'r gwaith yn rhan ohonon ni, a dyna pwy ydyn ni. A gan amlaf, mae'r ffermwr yn falch iawn o arddel yr hunaniaeth honno. Pur anaml bydd y ffermwr yn bwyta ei frecwast heb wneud yn siŵr bod yr anifeiliaid yn iawn ac wedi cael eu porthi, ac mae'r anifeiliaid hefyd yn gwybod pryd mae dod â llo, neu wneud rhywbeth twp. Hanner awr wedi wyth y bore, neu dri o'r gloch y prynhawn, mae defaid yn joio dod ag ŵyn – amser y *school run*. Beth allwch chi wneud? Dim byd, mae'n rhaid i'r anifail ddod gyntaf.

Mi o'dd cyfarfod pwysig i fod yn Shadog gyda rhai o bwysigion y wlad nôl ym mis Mawrth eleni am saith o'r gloch yr hwyr. Er yng nghanol yr wyna a'r lloia, ro'n ni i gyd yn drefnus a phopeth i'w weld yn barod ar gyfer yr ymwelwyr. Pan gyrhaeddodd pump o'r gloch yr hwyr, dyma heffer yn dechrau paratoi i ddod â llo. Do'n ni ddim yn poeni rhyw lawer, ond am chwech o'r gloch fe aethon ni ati i gynnig help llaw iddi, er mwyn osgoi yr angen i darfu ar y cyfarfod i fynd i dynnu'r llo yn hwyrach mlân. Ro'dd popeth i'w weld yn mynd yn iawn, llo glas Prydeinig hyfryd yn cyrraedd y byd allan o heffer lim goch bedigri, pawb yn

217

hapus eu byd. Yn amlwg ro'dd ein meddyliau bach yn bell, yn meddwl am y cyfarfod o'dd ar fin dechrau am saith o'r gloch, yn lle llwyr ganolbwyntio ar y dasg gerbron, ac erbyn i ni orffen rhoi *iodine* ar fogel y llo a bach o *thermovite* lawr ei wddwg, ro'dd yr heffer wedi taflu ei chŵd. Wel, am fes llwyr. Hanner awr cyn i'r pwysigion ddod, ro'dd Gary a finne yn wynebu'r mynydd. Cŵd yw'r groth, ac felly mae'n beryglus iawn i'r fuwch pan mae hyn yn digwydd, ac mae angen ei wthio yn ôl mewn i fola'r fuwch mor gymen a chyflym â phosib. Fel chi'n gallu dychmygu, ro'dd gwaed ym mhob man, a'r hwyliau ddim yn dda. Erbyn saith o'r gloch ro'dd y pwyth olaf yn cael ei roi yn y fuwch, dyna o'dd rhyddhad enfawr. Serch hynny, erbyn ein bod ni'n cerdded yn ôl at y tŷ ro'dd yr ymwelwyr wedi dechrau cyrraedd, a ninne'n edrych fel dau gowboi yn croesi'r clos wedi bod yn gwneud shifft yn y lladd-dy. Gwaed o'n corun i'n sawdl, ro'dd hyd yn oed wedi cyrraedd fy nillad isa. Shwd y'ch chi'n cyfarch ymwelwyr i'ch cartref yn y stad yna, gwedwch? Ond yn sicr fe gawson nhw fewnwelediad i realiti bywyd ar y fferm.

Mudiad arbennig arall sy'n ceisio annog ffermwyr i rannu eu gofidiau â nhw ar eu llinell gymorth yw elusen Tir Dewi, gwasanaeth a sefydlwyd gan yr Hybarch Eileen Davies MBE a'r Esgob Wyn Evans yn 2015. Elusen sydd â chysylltiad annatod ag Esgobaeth Tyddewi yw Tir Dewi, ond dim ond Eileen sydd bellach ynghlwm â hi. Mae Eileen yn disgrifio'i hun fel 'ffarmwr – byth *ffermwraig* – a ffeirad', ond diymhongar iawn yw ei disgrifiad! Mae wedi gweithio'n ddiflino dros amaethwyr a phlwyfolion ar hyd ei hoes, ac wedi iddi wasanaethu fel ficer llawn amser yn eglwysi Llanerchaeron, Ciliau Aeron, Dihewyd a Mydroilyn, fe'i hordeiniwyd yn 2019 yn un o archddiaconiaid Tyddewi. Ar ben hyn, mae hefyd yn ffermio'r Gwndwn ger Llanllwni, gyda'i gŵr, Dyfrig, a'u mab, Owain. Fe'i hanrhydeddwyd â'r MBE ryw dair blynedd yn ôl am wasanaeth i ffermio yng ngorllewin Cymru.

Pan lansiwyd Tir Dewi yn 2015, dim ond un person o'dd wrthi'n ateb galwadau a cheisio helpu ffermwyr mewn angen, ac Eileen o'dd y person hwnnw. Ro'dd yr elusen yn canolbwyntio'n bennaf ar siroedd Ceredigion, Sir Gâr a Sir Benfro ar y dechrau, ond erbyn heddiw mae yna wirfoddolwyr yn gweithio bron ym mhob rhan o Gymru; gwireddu'r freuddwyd wreiddiol yw hyn, meddai Eileen, am fod ganddyn nhw gynrychiolaeth dros bob rhan o 'dir Dewi Sant'.

Pan o'dd hi'n ifanc, gwelodd Eileen drosti ei hunan beth yw iselder, a sut y gall effeithio ar ffermwyr. Ro'dd ganddi wncwl hoff o'dd yn ffermio ar ei ben ei hunan, ac ro'dd y ddau ohonyn nhw, Eileen a'i hewythr Ieuan 'yn agosach na brawd a chwaer', yn ei geiriau hi. Ro'dd Ieuan yn dioddef yn wael gyda'r falen, ac fe fyddai Eileen yn aml yn derbyn galwadau ffôn ym mherfeddion nos gan ei gymdogion yn erfyn arni fynd i'w helpu, ac yntau'n eistedd yn y car yn y tywyllwch weithiau, ar ei ben ei hunan. Ro'dd y bennod hon, yn ôl Eileen, yn bwysig iawn yng nghyd-destun ei bywyd a'i gwaith. Gwelodd bryd hynny nad o'dd gan rywun fel Ieuan, a channo'dd o ffermwyr eraill tebyg, unrhyw un i'w helpu, nac i droi atyn nhw.

Nid yn unig bod elusen Tir Dewi'n cynnig clust i wrando ar ofidiau ffermwyr, mae hefyd yn darparu cymorth ymarferol. Fe allan nhw anfon swyddogion a gwirfoddolwyr i ffermydd i helpu gyda'r gwaith bob dydd os yw ffermwr yn ei chael yn anodd am ba bynnag reswm.

Mae Tir Dewi yn un o'r mudiadau amhrisiadwy hynny na allwn ni, fel diwydiant, wneud hebddyn nhw ac mae'r Hybarch Eileen Davies yn wir yn un o bobl orau cefn gwlad

Cymru. Mae'r elusen mor bwysig ac mor annwyl i ni yn Shadog, ry'n ni'n ei chyfri hi'n fraint ein bod ni wedi medru casglu arian at goffrau'r elusen gyda'n cyngherddau yn ystod y blynyddoedd diwethaf.

Yn ôl Eileen Davies, prif amcan Tir Dewi yw atal gofidiau ffermwyr cyn iddyn nhw droi'n broblemau meddyliol a gwaeth. Pethau peryglus yw unigrwydd ac iselder, a'r neges bwysig yn hyn oll yw bod yn *rhaid* i ni ffermwyr siarad â phobl cymaint ag y gallwn ni a rhannu gofidiau gyda'n gilydd. Boed yn y mart, mewn sioe leol neu'r *Royal Welsh*, yn y garej betrol neu'r siop. Rhaid i ni fanteisio ar bob cyfle i sgwrsio, ac i wneud ymdrech at y diben hwnnw os nad yw'r cyfleon i wneud hynny'n dod i'n rhan mor aml. Mae'n llawer rhy rhwydd i bobl deimlo eu bod yn gorfod wynebu eu problemau ar eu pennau eu hunain, pan nad yw hynny'n wir o gwbl. Does dim mo'r fath beth â phroblem 'unigryw' chwaith. Bydd wastad *rhywun* sydd wedi cael ei effeithio gan yr un gofid, *rhywun* fydd yn poeni am yr un peth. Er bod pethau'n teimlo'n unig iawn weithiau, dy'n ni *ddim* ar ein pennau'n hunain ac mae'n bwysig ein bod ni'n cofio hynny.

Ydy, mae'n amlwg fod newidiadau ar y gweill ym myd amaeth, ond rhaid cofio, gyda newid mae yna gyfleoedd yn codi, ac os ydy rhywun yn medru addasu yn gyflym i wynebu'r dyfodol y ffermwr yw hwnnw. Ac er bod y glaw yn teimlo'n fwrn i ni nawr efallai yn yr hirdymor mai dyna fydd un o'n asedau mwyaf fel amaethwyr. Heb anghofio y dylen ni ymfalchïo yn y cyfoeth o bobl ifanc anhygoel sydd gyda ni yn y diwydiant, sy'n llawn brwdfrydedd a syniadau newydd ac yn barod i wynebu'r hyn a ddaw.

Mae'n galonogol hefyd i glywed am y grwpiau gwahanol sydd wedi cael eu creu gan Lywodraeth Cymru i edrych yn fanwl ar y tri prif beth sy'n effeithio ar amaeth ar hyn o bryd, sef TB, y Cynllun Ffermio Cynaliadwy a'r rheoliadau dŵr newydd. Gobeithio'n wir y daw canlyniadau positif o'r cyfarfodydd hynny ac mai nid siop siarad fyddan nhw. Rhaid wrth symud ymlaen greu polisïau sy'n gwrando ar wyddoniaeth, ac sy'n mynd i amddiffyn diogelwch bwyd, law yn llaw â gofalu am yr amgylchedd.

Rhaid cofio, dyw bywyd ddim yn rhwydd o hyd, fe fydd yna heriau a rhwystrau i'n profi ni ar hyd y siwrne, ond os oes gyda chi freuddwyd, ewch amdani. Gyda chymorth a chefnogaeth, gwaith caled a dyfalbarhad, fe gyrhaeddwch lle ry'ch chi ishe bod yn y pen draw. Does dim ots pa mor anodd bydd pethau, mae bob amser golau ar ddiwedd y twnnel a dyddiau gwell i ddod.

Yn bersonol dwi wedi bod mor, mor ffodus ar hyd y daith i gael cyngor, cefnogaeth a chyfeillgarwch cymaint o bobl arbennig iawn. Alla i byth mo'u henwi, achos wir i chi, mae gormod o lawer ohonyn nhw a dim digon o dudalennau yn y llyfr hwn. Chi'n gwybod pwy y'ch chi. Diolch enfawr i bob un ohonoch chi.

Ac yma yn Shadog, dwi wedi bod yn ffodus i briodi ffrind gorau a phartner busnes craff, a dwi wir yn meddwl bod Gary a finne'n gwneud tîm da, ac yn mwynhau beth ni'n ei wneud, gyda'r cydbwysedd i finne rhwng y gwaith teledu a'r ffermio yn gyfuniad perffaith. Wedi dweud hynny, y swydd bwysicaf i mi ei chael erioed yw bod yn fam i Sioned a Dafydd. Nhw yw ein bywyd ni, ac mae'n anodd credu ein bod ni'n medru caru dau berson mor fach shwd gymaint.

16

'Pam y'n ni'n llosgi'r pren 'ma i gyd, Mam?'

Mae cwestiwn Sioned yn un digon teg. I lyged plentyn, mae'n rhaid bod llosgi pentwr mowr o bren mewn cae – heb fod unrhyw reswm amlwg dros wneud 'nny yn ymddangos yn hurt. Ac yn awr bod rhywun wedi fy rhoi 'ar y spot', 'wy'n gorfod cyfadde ei fod e'n edrych fel peth od i'w wneud. Dyw hi ddim yn Noson Tân Gwyllt, hyd yn o'd. Shwd mae geirio'r ateb fel bod plentyn wyth mlwydd o'd yn gallu ei ddeall? Dyma drio, o leia.

'Wel, ti'n gwbod bod hi'n amser lecsiwn, on'd wyt ti?'

Mae Sioned yn nodio ei phen, er nad yw hi'n deall bob dim mae hynny'n ei olygu.

'Ma Dad a'i ffrindie'n meddwl y bydd y goelcerth yn atgoffa'r bobl bwysig bo' ni'n dala 'ma,' dywedaf.

Mae Sioned yn pendroni am eiliad, yn gwgu yn ei dryswch.

'Ni?... Ffermwyr, ti'n feddwl?'

'Ie. Ni'r ffermwyr.'

Mae'n troi ei phen yn ôl i wylio *telehandler* melyn ein cymydog, Huw Waunlwyd, yn ychwanegu rhagor fyth o goedach ar ben y goelcerth. 'Wy'n gweld yn ei hwyneb ei bod hi'n treial deall y cysylltiad annhebygol rhwng coelcerthi a ffermwyr drosti ei hunan.

Wrth i'r *telehandler* fwrw am y clos ar siwrnai arall i ôl pren – mae yna ragor o hen balede newydd gyrra'dd o ffarm gyfagos, ac mae angen eu rhoi ar y pentwr – 'wy'n edrych ar y wlad o gwmpas ar y noson lwydedd hon â'r niwlen o law mân yn syrthio'n is drosom o hyd. Pryd mae'r haf yn mynd i ddod?

Tir Castell yw enw'r cae ry'n ni'n ymgasglu ynddo heno, ac oddi yma mae'r olygfa'n un eang a hyfryd, hyd yn oed ar noson lom fel hon. Nid yn aml wy'n cael loetran mor hir yn y man hwn, a chyn i'r noson ddechre'n ffurfiol, 'wy'n gwneud y mwya o'r cyfle.

O fan hyn, 'wy'n gweld rhai o'n ffermydd cymdogol yn blaen. Hefyd bentrefi Saron a Phenrhiwllan, a Phentre Cwrt wrth gwrs. Ysgol Bro Teifi. Tirlun bryniog yw hwn, sy'n gwbl nodweddiadol o Sir Gâr a Cheredigion, ac ardaloedd helaeth o Sir Benfro hefyd, a'r Canolbarth, bob cam i'r gogledd, bron â bod. Y 'Tirlun Cymreig' yr wyf i wedi dod i'w adnabod mor dda trwy fy ngwaith teledu. Ac yn sydyn, mae'r teimlad o fod yn rhan o rywbeth hen iawn, yn ymestyn yn ôl dros y canrifo'dd, yn fy nharo. Ein lle ni fel ffermwyr modern yn y tirlun hwnnw, ein bod ni, fel teulu bach Shadog, yn ddim byd ond manylion mewn llun mawr.

Mewn cornel ddiogel o'r cae, mae Dafydd yn whare gyda grŵp o ffrindie, heb boeni am y tywydd diflas. Gerllaw i Sioned a finne, mae Gary'n trafod y paratoadau muned ola gyda chyd-aelode o fudiad Digon yw Digon. Mae heno'n ben draw ar lot fawr o waith cynllunio. Ymhen rhai munude, bydd y goelcerth yn cael ei chynnau, ac wedyn fe fydd tipyn o dân, tipyn o wres. Er hynny, bydd gan y tân gystadleu'eth yn yr angerdd mae Gary a gweddill y mudiad yn ei deimlo dros ddod â thegwch yn ôl i fywyd y ffarmwr.

Wedi ymgasglu y tu ôl i'r ffens dros dro ger y goelcerth mae trawsdoriad o bobl o'r gymuned leol, a thu hwnt. Mae yma wleidyddion – cynrychiolwyr o'r pleidiau, aelodau ac ymgeiswyr seneddol fel ei gilydd – ynghyd â chynrychiolwyr yr undebau amaeth, cynghorwyr lleol a ffermwyr. Aelodau o'r cyhoedd hefyd. Ond y rhai sydd wedi dod yn eu heidiau yw'r perchnogion busnesau sy'n gwasanaethu'r diwydiant amaeth yn lleol; y cyflenwyr bwydydd a nwyddau, y gwerthwyr peiriannau. Milfeddygon hefyd. Pobl y mae eu bywoliaeth yn dibynnu ar lwyddiant ffermydd, ac sy'n gyflogwyr sylweddol yn ogystal. Eu llwyfan nhw yw heno. Maen nhw'n griw gofidus, wrth iddyn nhw sgwrsio'n dawel â'i gilydd. Sigla ambell un ei ben yn araf. Mae'r gwenu'n brin.

Bydd ugain o goelcerthi'n cael eu cynnau; un yn y gogledd, a'r rhan fwyaf yn brithio ardaloedd y canolbarth a'r de orllewin. Braf meddwl taw Gary a'i gyd-aelodau ym mudiad Digon yw Digon sydd wedi ysgogi cydweithio ar y radd hon, ond fe fyddai'n well pe na fyse'n rhaid. Do's dim teimlad o falchder yn llenwi eu calonnau. Ai fel hyn o'dd Merched Beca'n teimlo tybed, bron i ddau gan mlynedd yn ôl? Mae'n siŵr y byddent hefyd wedi dewis peidio â gwneud 'ffys', oni bai eu bod wedi eu gwthio i'r pen gan anghyfiawnder.

Ond buodd 'na boeni cyn penderfynu cynnal y noson goelcerthi. Ai dyma'r peth iawn i'w wneud, ond teimlodd Gary fod rhaid gwneud rhywbeth i gadw momentwn y mudiad i fynd – do'dd dim golwg bod arwydd o brotest yn mynd i ddod o gyfeiriad arall – ac y byddai'r goelcerth yn symbol cryf. Ond un o'r ofnau penna o'dd yn sgwlcan yn ei feddwl o'dd y posiblrwydd o orfod dioddef arolwg 'ar hap' gan Lywodraeth Cymru fel modd o ddysgu gwers iddo. Ro'dd wedi clywed honiadau bod hynny wedi digwydd i rywrai yn y gorffennol; nid bod 'da ni unrhyw beth i'w ofni yn Shadog pe byddai hynny'n digwydd.

Ro'dd y grŵp hefyd yn poeni a fyddai pobl yn cefnogi'r digwyddiad. Beth am yr agwedd iechyd a diogelwch? A o'dd hi'n gyfreithlon cynnal coelcerth o'r fath? Felly, dyma Gary a'r lleill yn mynd ati i gysylltu gyda nifer o gyrff gwahanol: Cyfoeth Naturiol Cymru, Agri Angels, y Frigad Dân a'r Heddlu, i enwi ond dyrnaid. Ac wrth gwrs, mae grŵp Digon yw Digon yn gorfod cystadlu â'r Etholiad Cyffredinol ac yn poeni'n fwy na dim na fydd y cyfryngau'n rhoi'r sylw dyledus i'w protest. Ond rhaid iddyn nhw fwrw 'mlaen â hi nawr. Ac o leia mae'r *Farmer's Guardian*, y *Farmer's Weekly*, BBC Cymru a rhaglen *Ffermio* oll wedi dod ac mae'n siŵr y bydd y gwefannau cymdeithasol yn pingo gyda lluniau ymhen dim.

Mae Sioned, sy'n pendroni'n dawel o hyd, yn cerdded gyda fi draw at y llwyfan byrfyfyr – ar ffurf trelyr isel. Wedi ei pharcio'n gefnlen drawiadol y tu ôl iddo mae un o lorïe cwmni bwyd Castell Howell, wedi ei haddurno gyda baneri anferth, yn eu melyn a du adnabyddus, yn bloeddio, 'Heb Amaeth, Heb Faeth'. Mae'r dorf barchus yn dechre ymgasglu o flaen y goelcerth, ac mae dau ohonynt yn camu i fyny'r bryn tuag at y pentwr mawr o goed; yn eu dwylo, ffaglau sydd wedi eu cynnau yn barod. Swyddogion o'r ddau undeb amaeth sydd â'r fraint o roi tân ym môn y goelcerth, sef Hefin Jones, Cadeirydd NFU Caerfyrddin, ac Ian Rickman, Llywydd UAC.

Er gwaetha'r ofnau ar noswaith ddamp fel hon, mae'r coed yn wenfflam mewn dim o dro, a'r paledau a'r boncyffion yn llosgi'n braf. Ddim yn hir yn ôl, coed ynn pert o'dd y boncyffion hynny, yn tyfu'n braf yng nghoedlannau'r ffarm, cyn i'r clefyd a'u lladdodd daro yma, fel ym mhob man arall. Mae 'na fylchau rhyfedd ar eu hôl. Cael a chael o'dd hi i'w torri a'u cludo i'r pentwr neithiwr hefyd. Fel pe nad o'dd gan Gary ddigon i'w wneud ar hyd y ffarm, gorfod iddo fynd ar ofyn cymdogion a ffrindie ar ôl i *chainsaw* Shadog roi'r gorau iddi ar yr amser gwaetha! Diolch byth bod Alun Pengaer mor barod i fenthyg *chainsaw* a help llaw, a bod Huw Waunlwyd, sy'n gwneud y gwaith contractio i ni, ar gael i helpu gyda'i *telehandler* yntau, neu fydden ni byth wedi dod i ben â hi. Ar adegau fel neithiwr, ma rhywun yn cael ei atgoffa'n gryf bod cymdeithas cefn gwlad – er gwaetha pawb a phopeth, ys dywedodd y gân – yn un glos a chymwynasgar o hyd. Do, fe fuodd hi'n gered 'ma neithiwr; bobo gwdyn o tsips o Bencader i bawb cyn dechre, a bant â ni. Dethon ni i ben â chodi'r goelcerth, heblaw y mân bethau a roddon arni heno, o fewn tair awr.

Dyw *pawb* ddim yn hapus ein bod ni'n llosgi'n coedach, cofiwch. Mae 'na rywun fydd wastad yn gweld o chwith, on'd o's e? Dyna fel mae hi pan fod rhywun yn treial trefnu pethau gan fwriadu'n dda. Bydd wastad rywun yn eich collfarnu am rywbeth. Postiodd ffarmwr lleol ar ei dudalen Facebook, pan glywodd ein bod yn bwriadu llosgi'r boncyffion, fod y peth yn 'warthus'; os yw ffermwyr yn achwyn bod pethe'n anodd, meddai, gydag ychydig o ymdrech gellid torri'r boncyffion 'nny a'u gwerthu am ryw wyth deg punt am lond *builder's bag*. (Prawf, falle, nad yw cefn gwlad cweit mor unedig ag ro'n i'n lico meddwl). Wrth gwrs, bydden ni wrth ein bodde'n gallu gwerthu'r pren am elw da, ond mae 'na bethe sy lawer pwysicach na phroffit weithiau.

Mae'r ddau a gynheuodd y goelcerth wedi cyrraedd 'nôl at y llwyfan dros dro, a'r siaradwyr yn paratoi i annerch y dorf barchus. Fe fydd aelodau blaenllaw o fudiad Digon yw Digon yn siarad; Prys Morgan, Wyn Evans, Aled Rees, Gwyn Edwards a Gary. Ond mae yna bwyslais ar y busnesau a'r cwmnïau heno, a sawl un yn bresennol i'w cynrychioli. Un ar ôl y llall maen nhw'n camu i gefn y trelyr i leisio'u hofnau am y dyfodol, eu dyfodol.

Pobl fel John Dalton, sy'n berchennog ar fusnes ATVs ger Llanbed. Aelwyn Evans o gwmni Caegwyn Farm Supplies, Llanwrda. Y fet, Angus Wyse. A llawer eraill. Pobl yn eu hoed a'u hamser yn llawn pryder, a rhai ohonyn nhw'n amlwg o dan deimlad. Mae'n fy nharo eto pa mor bell y tu hwnt i fuarthau ffermydd mae'r argyfwng ym myd amaeth yn taro, pa mor bellgyrhaeddol yw problemau ffermio. Yma yn Shadog ry'n ni'n cefnogi tua cant o fusnesau gwledig, a mond un ffarm y'n ni. Sawl teulu gwledig fydd yn dioddef os eith ffermydd fel ni i drybini? Mae'r dorf yn eu cymeradwyo.

Mae'r glaw wedi dechre cwympo o ddifri, ond mae'r goelcerth yn llosgi'n ffyrnig ar y bryn, sy'n arwydd y noson honno bod yna obaith, bod y fflam yn dal i losgi yng nghalonnau ffermwyr. Mae'r holl bobl ifanc sy'n bresennol, yn awchu i amaethu, eu brwdfrydedd a'u hangerdd yn amlwg, yn dangos heb os bod yna ddyfodol mewn amaethyddiaeth, dim ond bod synnwyr cyffredin yn goroesi yng Nghaerdydd. Mae'r boblogaeth yn tyfu, a does dim gwahaniaeth beth yw eich deiet, fe fydd wastad angen ffermwyr yn eich bywydau. Yma yng Nghymru ry'n ni'n gallu cynhyrchu rhai o'r bwydydd gorau yn y byd, a hynny yn naturiol, gan ddefnyddio'r adnoddau sy o'm hamgylch ni. Dyfarnwyd statws Dynodiad Daearyddol Gwarchodedig i'n cig coch, sy'n brawf ein bod yn cynhyrchu rhywbeth arbennig iawn, sy'n ddiogel, yn faethlon, yn safonol ac sydd wedi cael ei gynhyrchu mewn dull sydd gyda'r mwyaf cynaliadwy yn y byd, gyda safonau iechyd a lles uchel. Dylen, fe ddylen ni fod yn browd iawn o'n amaethwyr, ac 'wy'n falch iawn i gael bod yn un ohonyn nhw.

Mae Sioned wedi bod yn gwrando'n astud trwy'r nos ac mae hi'n troi ata i eto; 'yf fi wedi hen anghofio'r sgwrs fach gawson ni ar ddechre'r noswaith, ond mae wedi bod yn chwarae ar ei meddwl ifanc hi.

Mae'r cwestiwn yn dod o'r unman. Ife dyna yw bwrdwn y neges sy wedi ei tharo wrth iddi drio gwneud sens o bob dim? Falle bod y ddau fach wedi clywed gormod ar eu tad a finne'n trafod yn ddiweddar. Mae hi'n fy ngwasgu eto am ateb.

'Pam, 'te, Mam? Pam ma'n nhw yn erbyn ffarmo? So hwnna'n neud sens i fi... Heb ffermwyr fydd ddim bwyd i ga'l.'

'Wel,' dechreuaf esbonio, gan ddewis fy ngeiriau'n ofalus; dwi ddim yn siŵr sut 'wy am egluro. 'Ma lot o brobleme yn y byd... A ma pethe'n anodd... Dyw e ddim eu bod nhw'n erbyn ffermio, ond dyw pawb ddim cweit yn deall pwysigrwydd ffermio.

'Dim pobl o'r wlad sy bob tro'n neud y penderfyniade sy'n effeithio ar bobl y wlad. Dyna pam ma Dad a'r criw yn cynnau'r tannau yma heno ar draws Cymru, er mwyn atgoffa pawb bod ffermwyr dal yma, a bod ffermio yn bwysig. Ma heno yn gyfle i ddangos bod tân ym moliau'r ffermwyr o hyd a'u bod yn barod i frwydro er mwyn sicrhau bod ffermydd fel Shadog yn medru parhau am flynyddo'dd i ddod, achos falle, Sioned, rhyw ddiwrnod y byddi di neu Dafydd ishe ffarmo yn Shadog.'

'Ni yn ffarmo yn barod, Mam,' atebodd Sioned

'Be ti meddwl?'

'Wel,' medde Sioned. 'Ma wyth ceffyl gyda fi a llond cae o Ceri Hills gyda Dafydd. Ni mas gyda chi yn hwyr y nos ac yn gynnar yn y bore...'

'Wy'n nodio fy mhen, yn gwenu'n browd, gyda deigryn bach yng nghornel fy llygaid wrth ei thynnu'n agos am eiliad. Yna, mae'n chwifio at Dafydd – sydd, wrth gwrs, yn chwarae â'i ffrindie o hyd – cyn rhedeg draw i ganol y drygioni.

Dau drysor piau'r stori
a'u hiaith aur yw 'nghyfoeth i.

Mererid Hopwood

Hefyd o'r Lolfa:

£9.99

Crefftwr
Cefn Gwlad

ATGOFION

ARTHUR GWYNN JONES

£9.99

£11.99

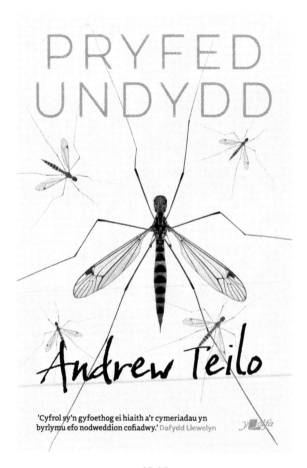

PRYFED
UNDYDD

Andrew Teilo

'Cyfrol sy'n gyfoethog ei hiaith a'r cymeriadau yn
byrlymu efo nodweddion cofiadwy.' Dafydd Llewelyn

y Lolfa

£9.99

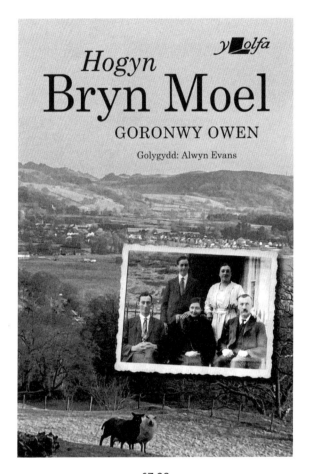

Hogyn
Bryn Moel

GORONWY OWEN

Golygydd: Alwyn Evans

£7.99

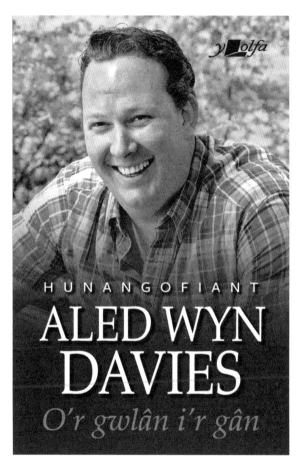

HUNANGOFIANT

ALED WYN DAVIES

O'r gwlân i'r gân

£12.99

Holwch am bris argraffu!
www.ylolfa.com